ERASMUS' ANNOTATIONS ON THE NEW TESTAMENT

ERASMUS' ANNOTATIONS ON THE NEW TESTAMENT

*

THE GOSPELS

Facsimile of the final Latin text (1535)
with all earlier variants (1516, 1519, 1522 and 1527)

Edited by
ANNE REEVE

Introduction by M.A. Screech
Calligraphy by Patricia Payn

Duckworth

First published in 1986 by
Gerald Duckworth & Co. Ltd.
The Old Piano Factory
43 Gloucester Crescent, London NW1

ISBN 0 7156 1990 X (cased)

British Library Cataloguing in Publication Data

Erasmus, Desiderius
Erasmus' annotations on the New Testament : facsimile of the final Latin text (1535) with all earlier variants (1516, 1519, 1522 and 1527).
1 : The Gospels
1. Bible. N.T.——Commentaries
I. Title II. Reeve, Anne III. Bible. N.T. 1535
225.4′7 BS1989.E7

ISBN 0-7156-1990-X

Printed in Great Britain by
Redwood Burn Ltd, Trowbridge

Contents

For

Margaret Mann Phillips

Editor's Note

Earlier stages of this work were helped by a grant from the Fielden Fund, and completion was made possible by an Emeritus Fellowship from the Leverhulme Trust. I am deeply grateful to the Trustees of both these funds.

A.R.

Introduction

In 1516 Erasmus published with Froben of Basle the *Novum Instrumentum Omne*, which was in two parts. One is regarded to-day as the *editio princeps* of the Greek New Testament, and also contains Erasmus' recension of the Latin Vulgate. The other contains a commentary which has never before been edited, the *Annotationes in Novum Testamentum*.[1]

The word 'Annotations' appearing in such a context may suggest technical matters of interest mainly to historians of New Testament scholarship. If so, the title is misleading. The *Annotations* make fascinating reading in themselves, with a wide appeal. Like the *Adages* – only more so – they are a book to dip into. The *Adages*, written over a long period and constantly expanded, were composed in much the same way as the *Annotations*. These 'adages' can be thought of as essays, each with a classical proverb as a starting-point; similarly the *Annotations* can be thought of at times as essays with Scriptural texts or tags as their starting-points. The *Annotations* do, of course, repay detailed study: but they do not demand it. In them Erasmus gives rein to his learning, his wit, his humour, his satire and his irony, and he also tells us something about himself. At times indeed they are astonishingly personal. He set out at first to write brief little notes, jottings, *annotatiunculae*, but his pen ran away with him. So did his wit. As edition succeeded edition, some of the more provocative or defensive comments spread over several folio pages. From this book, now that it has been edited chronologically, we can see what mattered to Erasmus and why. We can see him at work, strengthening an argument, toning down a generalisation, changing his mind. It is a priceless companion to Erasmus' correspondence – once, that is, the various layers of the text have been marked and dated. It is interesting to see Erasmus corroborating or changing an interpretation as

[1] It is planned to publish soon a study of the *Annotations* with translations and paraphrases. The reader is referred to it for a fuller development of points touched on in this Introduction. (The usual abbreviation *EE* is used here for the *Erasmi Epistolae* edited by P.S. and H.M. Allen, Oxford, 1906-1947). A useful corrective to some misconceptions about Erasmus' biblical scholarship is J.H. Bentley's *Humanists and Holy Writ: New Testament Scholarship in the Renaissance*, Princeton University Press, 1983, which has a useful Bibliography.

he finds new manuscripts or has been confronted with new problems by a correspondent; it is even more interesting to see him twisting and turning in defence of some of his deepest convictions – about peace and war, say, or repentance or original sin. We can see how his studies, his experience and his correspondence with a Jewish convert led him to be less hostile to the Christian cabbalah and how he strove to overcome a fairly visceral dislike of Jews – the longest note he ever cut out entirely was an anti-semitic one. (Since that note does not appear in the *Opera Omnia* few people today have ever read it and so have less chance of seeing how radically he changed his mind about Jews.) It is revealing, too, that the longest note ever added to his text is one on marriage and divorce. Erasmus realised that not all marriages could claim to have been joined by God; divorce might at times be necessary. He examined the question in depth, and at length, in 1535 – the year of the execution of Thomas More.

The *Annotations* contain nuggets of historical scholarship; they provide vignettes in which we can glimpse life as lived in the sixteenth century; they give us the experience of watching a Renaissance scholar at work. In them, we can appreciate, as nowhere else, aspects of how Erasmus thought and felt. We can see quiet but enthusiastic scholarship giving way to humour, exasperation, defensiveness or agression, even to a touch of paranoia. Erasmus had many friends: the *Annotations* help us to see why. He had many enemies too: his biting comments may lead us to wonder that he did not have more.

Erasmus' textual scholarship and subtle learning shook the foundations of much that had passed for certainty in the Western Church. All the Reformers owed him something. So did the theologians of the Counter-Reformation. The various versions of the *Annotations* trace his thought as it evolved. In them we can see being woven the very stuff from which he fashioned the 'philosophy of Christ'.

Erasmus was not a man who did one job at a time; while preparing the *Novum Instrumentum* of 1516 he was doing half-a-dozen other things as well. Expanding the *Praise of Folly* was one of them. That partly explains why the *Annotations* and the *Folly* have so much in common. There are close correspondences, too, with the *Colloquies*, the *Adages* and the polemical writings over a wide period of time. In the *Annotations* we can find the quintessence of Erasmus' thought as it was distilled and matured – often during periods of censure and attack. The comments are, after all, concerned with the basic book of the Western Church: the Latin Vulgate of the New Testament. Erasmus was showing people that it was unreliable.

Erasmus never lost sight of the fact that, however regrettably, the Vulgate was *the* text for the Western Church, cited, in book and sermon, at every turn, for a full millennium. It was the basis of many a doctrine, many a dogma, many an argument, many an impressive example of philosophical or theological reasoning. But Erasmus proved that scholars who erect their teachings on the foundation of readings found in it are often building on sand. Supposing the Greek means something else – supposing the Latin of their manuscripts or their editions can be shown to be corrupt ... supposing the Latin means one thing while they take it to mean another: sound theology demands goods Latin and good Greek. The Western Church also needed a Latin New Testament, revised to be a better vehicle for Gospel truth.

Anyone who relied on the Vulgate as it stood – or on Greekless guides who themselves relied on it – are exposed in the *Annotations* to the same learned mockery and the same unnerving certainty that mark the *Praise of Folly*. But the *Folly* is a complex work, often sporting with ideas in the spirit of the Classical *lusus*. It is a '*Moriae Encomium*', a praise of Folly in which Folly does the praising. Its import is veiled in paradox and whimsicality. The *Annotations* are more straightforward.

Both the *Moria* and the *Annotations* exist in several variant editions, expanded and modified. The very same words and phrases can be found added to both the *Moria* and the *Annotations*, composed at the same desk at the same time. Each can gloss the other. And that, when one thinks about it, is a remarkable fact. The *Moria*, after all, is one of the world's great funny books: the New Testament is not. Yet the fullest version of the *Moria*, the Greek New Testament, a fundamentally revised Vulgate and the *Annotations* on the Vulgate itself were first published at about the same time by a man who had been taught a special form of satire – both by St Jerome and by that most irreverent of anti-Christian writers, the second-century satirist Lucian. Erasmus' Gospel is the Gospel according to Folly. Guided by St Jerome, Erasmus divided mankind into two sets of fools, each laughing at the other. Christians are wise 'fools' – touched by God. Worldly fools are puffed up with what passes for wisdom in this world. The worldly think that the Christians are mad: the Christians know that the worldly are. In the *Annotations*, as in the *Moria*, there is much full-throated laughter at the expense of the worldly-wise – worldly monks not excluded.

Erasmus drew his religious certainties from Scripture. The *Annotations* lead to the source of his certainties: Christ, in the Greek New Testament. That text he read under the guidance of Plato and Aristotle, as well as of men such as Origen, Gregory of Nyssa, Jerome or Theophylact.

The book culminated in the edition of 1535, which was the last of a series. The first edition of 1516 was considerably shorter. Modifications – mainly additions, but some telling excisions – were made in 1519, 1522, 1527 and, finally, in 1535. They constitute a kind of spiritual and scholarly diary.

The edition of 1516 formed a separate section of the *Novum Instrumentum* and is often bound separately, as a second volume. The colophon is dated 1 March 1516. Since the printing of the work as a whole did not begin until 2 October 1515, it was set up and printed with some considerable speed – 'dashed out' (*praecipitatus*) is the term Erasmus used. Yet Erasmus was not content simply to correct the proofs of a finished manuscript. Froben and others encouraged him to make fundamental modifications and additions to his texts as he went along. The Greek of the New Testament itself was modified during printing – not always by Erasmus in person. As for the *Annotations*, they were recast and expanded in proof up to the last moment. It must have been a nightmare. Yet the 1516 *Annotations* are remarkably free of misprints; even the Greek *New Testament* is not quite so full of them as is often alleged. Anyone reading histories of New Testament scholarship finds that Erasmus has his detractors who repeat each other with bland assurance. Writers of established reputation pass on fantasies or legends. (Few of those who do show much acquaintance with the *Annotations*.) One legend, repeated from book to book for a century or more, asserts that Erasmus and Froben hurriedly skimped their work in order to steal a march on better scholars based in Spain. In Alcalá de Henares – 'Complutum' in Latin – a team of scholars and theologians were working under Cardinal Ximenes and Lopes Stunica. Their aim was eventually fulfilled in a major work of scholarship, the *Complutensian Polyglot*, the complete Bible with texts in Hebrew, Greek, Aramaic and Latin. It is a fact that the New Testament forming part of this Polyglot had already been set up and printed at Complutum by 10 January 1514 – two years before Erasmus' edition appeared on sale. But the work was not published, the intention being to bring out the volumes all together. Manuscripts were sent from the Vatican, and funds seemed limitless. Eventually a papal faculty to publish was granted on 22 March 1520, but even then there was delay and it was not put on sale until 1522. Erasmus and Froben had no need to hurry: Alcalá de Henares is the home of *mañana*.

One curious by-product of this legend of Erasmus' unseemly haste is that a rôle has been foisted on to his Greek New Testament which was never claimed for it. The volume which Froben printed is not, primarily, an edition of the Greek text at all. This is an important point. Erasmus never gave the Greek Testament pride of place in his work as editor. Where New Testament texts were concerned, his scholarly life was dominated by recensions of the Vulgate. Of course, the evidence of the Greek Testament played a vital part in such work; of course he realised that Greek manuscripts needed editing; but that purpose remained subsidiary to another. Erasmus' starting-point was the Vulgate, and his goal was a scholarly revision of it. It is often assumed that he translated his own new Latin text directly from the Greek. He did not. The enterprise was far more complicated.

Some time about 1505 Erasmus turned his critical attention to the Latin New Testament and started work on detailed, critical notes on it. Much of the work was carried out in England. His sources were both Latin and Greek. He pored over manuscripts of the New Testament – Latin first and then Greek – but also over the Fathers and exegetes. For some time the Latin element dominated, but both Latin and Greek made their contribution. During his years in England his task lay in restoring lost readings, eliminating scribal errors and detecting later interpolations. But that was not enough. Even the authentic, original Vulgate, in so far as it can be recovered, is seen to contain errors once it is compared with the Greek; such errors must be corrected. The Vulgate is often needlessly ambiguous or obscure. A better translation can often put that right. Here Erasmus had to tread with care. The Vulgate translation enjoyed great prestige: was it not the work of St Jerome? Even if Jerome had not translated it all, had he not revised it? Virtually everyone said so. Erasmus hesitated. He admired Jerome, and he could not allow that the Vulgate as known to his contemporaries – with all its infelicities and corruptions – should hide behind so great an authority. Jerome could not be held responsible for subsequent corruptions and interpolations, of course. But Erasmus went much further – like the Frenchman Lefèvre d'Etaples, he could not believe that Jerome himself had done so poor a job. By questioning Jerome's responsibility, both scholars hoped to appease hostile critics; to condemn Jerome was unwise, but was he not justified in differing from an anonymous 'translator'? Erasmus soon lost his air of cool detachment, and his tone was destined to set conservative teeth on edge:

> I do not willingly differ from the translator (whoever he was). But when the matter itself cries out that he had nodded or was deluded, I have not been afraid to point this out to the reader, defending the truth in such a way as to offend nobody. (Preface to *Annotations,* *2v°)

But for 'translator' many continued mentally to substitute 'Jerome'. Perhaps Jerome may, by implication, be said to have 'nodded' – Horace had said the same of Homer. But was it tactful – was it designed to 'offend nobody' – to claim that the 'translator' who was responsible for that most holy Latin text 'had been deluded' (*hallucinatum fuisse*)? Cicero had said as much of Epicurus (*De Natura Deorum* 1.26.72). An urbane bishop of Rome such as Leo X was not at all disturbed when Erasmus claimed that the Vulgate contained 'evident and monstrous solecisms', but the less urbane were scandalised – and some of them were powerful.

On his work of editing, correcting and improving Erasmus brought to bear the evidence of the best and oldest Latin manuscripts he could get hold of. Age was an important factor. He wanted to get back behind corrupt mediaeval texts to purer, older Vulgate readings. But as his knowledge of Greek and early Christian Latin improved, he saw more and more clearly that it was not enough to attempt to restore the Vulgate to its pristine state: the Vulgate is a translation which really does at times betray the Greek. But even when it does, the *Annotations* show that Erasmus did not simply emend it by translating his Greek directly into Latin. He minutely examined any ancient Latin versions of Scripture that came his way; isolated quotations or paraphrases in a Latin Father or in a Latin version of, say, Origen, might provide a better rendering of a word or phrase. He never restricted himself to manuscripts of the text of the New Testament. From the outset he made excellent use of commentaries and glosses.

Erasmus was sensitive to the nuances of other men's translations and explanations. There is little doubt that, when he began his work of recension, his Greek was still inadequate to the task. He set himself to learn the language properly, at a time when it was by no means easy to do so. In all his work in England he was seconded and encouraged by clergymen such as Warham and Colet (who had next to no Greek himself), as well as by laymen such as More. Grocyn was generous in supplying manuscripts.

For us, Erasmus is so much a man of the printed book that it comes as a surprise to realise that among the most precious fruits of his heroic labours of Biblical recension are not printed volumes addressed to the world at large but a handful of elegant manuscripts, privately written for Englishmen of power and importance. The text of the manuscripts is now available in print. Peter Meghen of Brabant, who normally worked for Colet, copied out, in parallel columns, the Vulgate and versions of Erasmus' fundamental recension of it. Simon Bening of Bruges provided illuminations. The volumes are sumptuous.

The four large folio volumes of this manuscript are now dispersed in London, Cambridge and Hatfield. The first three were destined for Colet; the fourth (containing *Acts* and *Revelations*) was a coronation gift to Henry VIII. Another fine, though less sumptuous, copy, which has interesting variant readings, is now in Oxford. Peter Meghen transcribed it also, but with the two texts arranged on alternate lines. Both lay-outs invite us to compare Erasmus' 'version' with the Vulgate, not with the original Greek, which appears in neither.

P.S. Allen believed that Erasmus found himself in Basle without a copy of his own recension and that his last visit to England, in 1515, was a partly unsuccessful attempt to obtain one. But this seems unlikely. The letter cited by Allen – written to Cardinal Grimaldi on 15 May 1515 – does not support his conjecture (cf. *EE* II, no. 384, preface, p. 183). There is a problem, however: in these manuscripts Erasmus is on the whole far less conservative than in his printed recension of 1516, and not until the 1519 edition do manuscripts and printed texts come close together. These divergencies cannot simply be explained in terms of manuscripts left behind in England. Some of Erasmus' most provocative changes are ones which anybody would remember: *Sermo* for *Verbum*, say, in the first chapter of St John. Their absence from the 1516 edition must be explained on other grounds. Yet the 1516 text has a boldness of its own, and prudence cannot be the explanation. In 1516 Erasmus shocked critics by making Christ thank God the Father for revealing the secrets of the kingdom not to 'babes' but to 'fools' (deriving the idea from the Basle Theophylact). If prudence was the only consideration, can we say that *Sermo* for *Logos* is less rash than *stulti* for Christ's *nêpioi*? Some of these bolder translations of 1516 disappear in 1519, precisely at the time when Erasmus put into print what is, in essentials, the more fundamental recension written out by Peter Meghen. Obviously the question demands further study.

The differences between Erasmus' printed Latin version of 1516 and that of these manuscripts can be seen almost at a glance from M. Gibaud's edition.[2]

These 'English' manuscripts give the reader no hint of Erasmus' Greek text. The decision to print it rather than the Vulgate in parallel columns against his own Latin 'Version' of the New Testament was a revolutionary one. We do not know how Erasmus reached that decision. Moreover many studies and translations of Erasmus spread confusion by using 'New Testament' to refer indifferently to the Greek, the Vulgate and Erasmus' 'version', and it is easy to be confused or misled. Erasmus himself can add to the confusion but, very helpfully, he often distinguishes between the 'Novum Instrumentum' and the 'Novum ut vocant (so-called) Testamentum'. In about 1516 he was tending to restrict the term 'Testamentum' to the Vulgate: an unsatisfactory title for an unsatisfactory text. The Christian Scriptures are not a testamentary disposition but a *diathêkê*, a compact or covenant between two parties (God and Man). So the fresh Latin recension of 1516 and its accompanying Greek text were given a title which corresponded more closely to Erasmus' understanding of *diathêkê: Novum Instrumentum*. That title did not include the Vulgate, which remained the *Novum Testamentum*.

Erasmus was enthusiastic about the New Testament in Greek, and strove to convey its meaning and savour in his Latin. Something of his

[2] The abbé Henri Gibaud: *Un inédit d'Erasme: la première version du Nouveau Testament copié par Pierre Meghen*, 1982. This volume may be bought from *Moreana*, F.49005 Angers.

enthusiasm can be recaptured from the preface to Leo X. He believed that his Latin recension could make the living Christ of the Greek freshly accessible to the Latin world. Christ as Word (*Sermo: Logos*) is to be found nowhere better than in the original Gospels and Epistles,

> in which that celestial Word, who once set out to us from the heart of the Father, yet lives, breathes, acts and speaks for us, so that nowhere else, in my opinion, is he more effective or more present.
>
> When I perceived that his gospel of salvation is to be sought, far more pure and lively, from the springs and to be drunk from the very fountains rather than from ponds and trickles, I revised the entire 'New *Testamentum*' as they call it – against the authority of the Greek Source, not rashly nor frivolously, but having adduced for consideration a great many manuscripts (*codices*) in both Greek and Latin – not just any ones, but very old ones, very correct ones.

What he revised was the 'Novum (ut vocant) Testamentum': the Vulgate. The result was his Latin *Instrumentum*. The phrase is not unique. A similar phrase is used, for example, in his Preface, 'To the Reader':

> With all necessary diligence and all appropriate faithfulness I have revised, against the Greek original, the whole of the 'New *Testamentum*', as they call it. (*EE* II, p. 166)

This 'Testamentum quod vocant Novum' is again the Vulgate. It was this text that Erasmus submitted to scholarly revision (*recognovimus*). The revision was undertaken with the help of texts in 'both the languages', Greek and Latin. He started with the Vulgate and tried to make it less obscure and corrupt. Where it was faulty or inadequate he went further, introducing other translations found elsewhere. As he told his readers, he had included in his authorities for his recension 'very old codices in Latin, two of which were furnished by John Colet' – Erasmus uses 'codex' for any manuscript. The value he attached to such manuscripts is shown by the length of time he spent learning how to decipher them. He had to be his own teacher of palaeography, since 'they were written in letters of so old a shape that I had to learn how to read them from scratch, acquiring the rudiments as though I were back in school again'.

These manuscripts of Colet's are now lost – presumably destroyed in the Great Fire of London which gutted St Paul's. But the *Annotations* tell us of others which he studied, some of which are still extant and highly treasured. What he called the 'Aurea Codex' (an eleventh-century Latin manuscript of the Gospels which he came across in the Augustinian priory at Korssendonk) was later removed to Berlin. His study of such manuscripts went on side by side with his study of Greek ones: Korssendonk also supplied a twelfth-century manuscript (complete except for Revelations) which later found its way into the Royal Library at Vienna. The Collegiate Church of St Domatian at Bruges furnished no less than four Latin manuscripts, when Erasmus chanced to visit it in 1521. One at least dates from the eighth century (cf. *EE* II, p. 168ff.; also the Toronto translation of the Letters; Introduction to Letter no. 373, that is, the Epistle Dedicatory 'To the Reader', 1515).

While the texts of the New Testament in Greek and Latin supplied him with an abundance of editorial material, so did the ancient Fathers and theologians. Erasmus had constant recourse 'to the quotations, emendations or explanations of universally approved authorities, namely Origen, Chrysostom, Cyril, Jerome, Ambrose, Hilary and Augustine' and added to them all his life. In 1516 most of the authorities actually cited are still in Latin – part of Origen's *Corpus* being extant only in Latin translation.

The Greek original came fully into its own when all other authorities failed. Erasmus engagingly tells us that he cited authorities for two reasons: first – and a more tactful man might have put it the other way round – he wished to show where his changes and emendations agreed with these authorities; and secondly, and more controversially, he hoped that his readers, encouraged by such frequent agreement, would trust his judgment, even when he had no other authority to marshal but his own – when, that is, he was forced to emend his Latin text by conjecture or directly against the Greek.

Additions to his Epistle Dedicatory in later editions strengthen his case and add more authorities.

As Erasmus' Greek improved, Greek authorities and the Greek Testament played a larger rôle in his work of recension. Eventually he came to realise that the Greek is *sui generis* and ought itself to be made available to anyone able to read it. Again the prefatory writings to the 1516 *Novum Instrumentum* help us to recover something of his enthusiasm. Does not the Greek contain the good old original wine of the Gospel?

> Just as an apple is more pleasant when you pluck it with your own hands from the tree which bore it; just as water is more sweet when you drink it as it gushes up from the source below; just as wine is more enjoyable when you draw it from the barrel in which it was first laid down: so, too, the Holy Scriptures have a special fragrance of their own, exhaling their own innate quality, when you read them in the words in which they were first written down, partly by those who drank them straight from Christ's holy, heavenly mouth, partly by those who transmitted them to us under the inspiration of his Spirit.

We cannot hallow Christ's words, as he spoke them in Hebrew – or, as Erasmus added in 1535, in Syriac. But the Greek is the next best thing. We must not neglect it.

Yet even this joyful appreciation of the taste of the Greek New Testament does not imply that Erasmus relished editing it. His Latin version was subject to constant revision; his Greek far less so, once he had established the basic text of 1516 and corrected it in 1519. He had, of course, to make many changes after the appearance of the Complutensian New Testament. He had already studied Greek manuscripts of the New Testament in England, but if, as is likely, he had made a working transcription of them, it is now lost without trace. The manuscript he actually sent to Froben's printers – now listed as *Basle 2* – contains a standardised 'Byzantine' text. He also consulted *Basle 1* (which contains the so-called 'Caesarian' text) and two volumes containing a 'Byzantine' text with commentaries by 'Vulgarius' (Theophylact). These were a great influence. The Gospel manuscript remains in Basle (*A. III. 15*) and the Pauline Epistles are in the Bodleian (*Ms. Auct. E. 1. 6.*). Both were brought to Basle from Byzantium by John of Ragusa. Throughout the rest of his itinerant scholarly life Erasmus avidly consulted any Greek text he could lay hands on. But evidence of this is to be sought less in his own Greek text than in his *Annotations*. A great deal of the new material to be found in them never got through to the Greek text as such. From Erasmus' point of view there was little reason why it should. As long as he could justify the text of his Latin 'version', it did not really matter whether his Greek evidence appeared in his parallel text or in the accompanying *Annotationes*. Erasmus realised that the Greek text needed editing – though he may not have been keenly aware of that when he was in England. Even the manuscripts which he found in Basle belong to different 'families', with divergent readings which cannot all be ignored. Nevertheless it is clear from P.S. Allen's account that Erasmus begrudged time spent editing the Greek (*EE* II, p. 182). He had even naïvely hoped to find in Basle a Greek manuscript of the whole New Testament that could be sent to the printers as it stood. As it was, he sent *Basle 2* itself to the printers – not a transcription of it – and farmed out the collation of his Greek manuscripts as much as possib' The final collation he had, reluctantly, to do himself (*EE* II, no. 421, lin… 49ff.). It has long been realised that some of the readings of the 1516 Greek text were not directly authorised by Erasmus himself.

It i… common to lament that Erasmus did not choose to edit *Basle 1*, the more exciting 'Caesarian' text. But the text he produced is close to that of the Byzantine *koinê* of *Basle 2* – the version widely used in Greek churches since the fourth century. There is a marked oecumenical element in Erasmus' theology; on many points he was apparently trying to bring the Latin West closer to the Greek East. Had he known that his basic text was the *koinê* of Byzantium – and why should he not have done so? – that might have been reason enough for choosing *Basle 2* as the manuscript to be sent, with corrections, to Froben.

At all events, Erasmus was not gullible enough to accept uncritically the evidence of four or five Greek manuscripts. His *Annotations* show him constantly learning from a wide range of evidence. He had far less to go on than modern editors, but his methods were similar; statements to the contrary in general histories of New Testament scholarship can safely be discounted. It does set one dreaming, though, to realise that, through Paul Bombasius, he actually had indirect access to readings of the *Codex Vaticanus* ...

Even the Byzantine *koinê* was enough to revolutionise the fresh Latin text which Erasmus presented as a revision of the *Novum 'Testamentum'*.

The Greek Scriptures in their freshness – read in the light of Origen, say, or Ambrose, or Chrysostom or Theophylact – he saw as weakened and coarsened by that 'so-called *Testamentum*'. The Greek gave joy to Erasmus; yet Latin, not Greek, was his own medium. That may explain why he and Froben – blissfully without thought of rivalling the Complutensians or anyone else – were content to furnish their *Novum Instrumentum* with a long and informative title (elegantly disposed in the form of an hour-glass) which fails even to mention that the Greek had been printed – for the first time – with the Latin revision!

> *The whole* Novum Instrumentum *diligently revised and emended by Erasmus of Roterdam, not only against the Greek original but also against the authority of many ancient and emended codices in both the languages and finally against the quotations, emendations and interpretations of the most approved authors, especially Origen, Chrysostom, Cyril, Vulgarius, Jerome, Cyprian, Ambrose, Hilarius, and Augustine: together with Annotations which tell the reader what has been changed and why. Whoever therefore you are who love true theology, read, know and then judge. If you are offended by any change, do not take offence at once, but ponder whether it be not changed for the better.*

Inside the volume the Greek original plays much the same rôle as the *Annotations* alone were originally intended to do: to justify the improvements and emendations to the Latin Vulgate. For us mentally to place the Greek in the first place, and then to think of the Latin as a high-class crib made directly from it, is to put the cart before the horse.

It is sometimes Erasmus' fault if we do. In a letter to Wimfeling outlining his plan for future publications he wrote:

> *Superest Novum testamentum a me versum et e regione Graecum, una cum in illud annotationibus.* (*EE* II, no. 305, p. 23, line 222f.).

That most naturally can be taken to mean:

> There remains the *Novum Testamentum* translated by me, with the Greek facing it and with notes on it.

Yet by no stretch of the imagination can his 1516 Latin *Novum Instrumentum* be seen as a new translation. It is, at most, a revision, based partly on the evidence of the Greek; and none of the annotations are on either the Greek or his Latin text. This is, nevertheless, the first reference to the plan to have Latin and Greek in parallel columns.

Whatever reservations we may have about Erasmus' Greek text, it largely satisfied scholars for generations. With changes, of course, it became the *textus receptus*, the 'received' text – the usual, current, customary Greek text, used by Protestant and Catholic alike.

The vital link between the Greek received text and the august Vulgate was also forged by Erasmus: the ever-expanding *Annotationes in Novum Testamentum*. The widespread neglect of this fascinating work is partly due to chance. To consult it, scholars mainly turn to Volume 6 of Leclerc's *Opera Omnia* (1703-1706). But to rely on Leclerc is to court error, for he prints the *Annotations* as footnotes. They were never conceived as such. Erasmus realised that they had something in common with those medleys of scholarly notes, jottings, essays and chit-chat which Renaissance readers called a *farrago* or 'miscellany'. That is why he felt impelled to put his readers on their guard: 'This is a pious work,' he warned, 'a Christian one.' He urged them to approach his volume of *Annotations* in the right frame of mind:

> No one should pick it up as he might pick up the *Attic Nights* of Aulus Gellius or the *Miscellanea* of Angel Politian. (* 4 r°)

Nobody consulting Leclerc has ever been tempted to do that.

The texts provided by him are quite uncritical. There are no variants to the Greek – not even those of the *editio princeps*. There are no variants either to Erasmus' Latin recension. Worst of all, there is no hint of the various dateable layers which make up the final version of the *Annotations*. Moreover anyone consulting Leclerc can be forgiven for thinking that, as they stand in small print at the foot of his folio pages, the *Annotations* refer to one or other of the texts printed above them – to Erasmus' Latin version, that is, or to the Greek. They do not. The two columns above them give the Greek and Latin texts of the 'Novum *Instrumentum*': the *Annotations* are anchored in the text which was *not* printed, the text being revised: they are not 'Annotationes in Novum *Instrumentum*'; they are 'Annotationes in Novum *Testamentum*'. Every one of these hundreds of notes refers to the Vulgate – to that '*Novum* so-called *Testamentum'* which so badly needed revising.

Erasmus was not concerned simply to produce a more pleasingly humanist version of the Vulgate. He made that point quite vigorously in his Preface. We can guess why. As a young man he had come across a manuscript of Lorenzo Valla's *Annotationes in Novum Testamentum* in the abbey at Parc, near Louvain, and he was so impressed that he edited them himself (Paris, 1505, Josse Badius / Jehan Petit). But Valla was also the author of *Elegancies of the Latin Language*, and elegance is a quality which Erasmus was known to value. Erasmus did not want it to be thought that his Scriptural enterprise was primarily a pursuit of such 'elegance'. Where Scripture is concerned, elegance can only play a secondary rôle. He resisted the calls of those who would have preferred his recension to be more radically Classical. He had, he insisted, 'pursued elegance' only in so far as it was proper to do so, and never to the detriment of simplicity (* 2 v°).

In the summer of 1514 Servatius Roger tried, as prior, to persuade him to come back to his convent at Steyn; Erasmus replied in a panicky, irritable, scathing letter written from Hammes Castle. Convents were ignorant places. He had better and holier things to do than live in them. Had he not corrected the entire *Novum Testamentum* by 'collating it with Greek manuscripts and ancient ones'? And had he not annotated it in a thousand places – fruitfully, for theologians? (*EE* I, no. 296, lines 155ff.).

Erasmus was concerned, as his dedicatory prefaces emphasise, to respect the idioms and emphases of the original Greek, 'fully explaining and revealing them' since they mattered to the Faith. But he did not wish to change the Vulgate where he did not have to. In his early days in England he had originally planned to edit Paul. The *Annotations* probably started life as brief notes to the Pauline epistles, explaining readings and obscure points of doctrine. Luckily for us, his pen ran away with him from the outset – it often did when he felt the need to defend himself or to laugh at boobies. Already in 1516 these *Annotations* contain revealing essays and scathing satire. When his scholarship or gibes offended, his reply, as often as not, was to blind his readers with science and then lash out ever more virulently. Even in the context of the gospel of peace and love, he mocked ignorance and error without pity. He seems to have been genuinely surprised when those whom he belittled or laughed at snarled back.

A Greek *Novum Instrumentum* quietly printed alongside even a fundamental 'revision' of the Vulgate need not have created a furore of resentment. It was, above all, the *Annotations* which did that. They emphasise the errors in the Vulgate and mock even honoured scholastic authorities when Erasmus found them inadequate to their task. Many scholars in the universities quite reasonably venerated Nicolas of Lyra and Hugo Carrensis, the great Cardinal of St Cher. But these men are repeatedly belittled. In the *Annotations* the mockery may be accompanied by harsh and detailed criticism. Even Thomas Aquinas is damned with faint praise – and with more than the ghost of a smile. Scholastic theology generally – to which Erasmus nevertheless owed a great deal, of course – comes off badly, as though nobody had much to gain from it, except grossness of error.

Yet, despite everything, Erasmus was safe. Pope and Emperor were on his side. The 1516 volume proudly displayed an Imperial Privilege for four years. And Leo X gave public approval. Once started, the commentary grew and grew. The gulf separating the intended *Annotatiunculae* from the copious pages of the *Annotationes* became wider with the years. As edition succeeded edition they became a kind of *apologia pro vita sua.* Erasmus always remained belligerently on the defensive over the need of theology to respect the work of 'mere' grammarians. 'He is crawling along the ground,' people said, 'tormenting himself over mere words and syllables.' But Christ, adored as the Word, himself proclaimed no jot or tittle to be vain. 'So why do we think any word of his is to be despised?'

This emphasis on the words of Christ may help also to explain a puzzling feature of the *Annotations*. In his preface Erasmus asserted that the Gospels were straightforward. Their Greek style is so simple and clear that even the 'translator' could not pervert them much. Yet even here 'if you reckon them all up' there are far too many errors 'where there ought not to subsist the lightest of doubts'. The Epistles of Paul, on the other hand, are obscure in style and content: 'it was necessary to change very many things.' Since Erasmus' scholarly interest had first centred on the Pauline epistles, one might have expected his emendations to them, and annotations on them, to be particularly dense. In fact they are not. Both the Gospels and the Epistles give rise to many emendations and to lengthy annotations. If anything, in the course of re-editing, the emphasis of the *Annotations* shifted to the Gospels, as Erasmus added more and more detail, more and more argument in defence of his concept of the *philosophia Christi*. Where the philosophy of Christ itself was attacked, it was to the Christ of the Gospels that he turned for the matter of, sometimes massive, annotations.

Yet in the *Annotations* Erasmus had planned to control his zeal, avoiding unreasonable awe (*superstitio*) while hoping not to appear 'lacking in industry'. He intended to deal briefly with the substance of a question, not to develop it fully. 'This enterprise naturally lacks delight,' he added; 'talkativeness could make it a bore' (a 4 r°).

In fact – thank goodness – Erasmus became talkative to the point of garrulousness. The *Annotations* are the work of a man both *passionné* and *engagé*. This sense of engagement increases from edition to edition, as new texts are studied, new enemies arise, new defences are erected, old defences are strengthened.

The Northern Renaissance was the age of the expanding book. Erasmus virtually invented the phenomenon. Readers of Montaigne know the fascination and delight to be found from following change upon change, addition upon addition. That is why the *Essays* are read in texts which use symbols to bring out the various layers of writing and which tell us what has been changed or left out. Until now readers of the *Annotationes* have had to forego such informative delights – or else follow each *annotatio* for themselves, from edition to edition. Since few libraries possess all the editions – even the British Museum lost the vital 1519 edition in the blitz during the 1939-45 war – the task has never been an easy one. In this volume the various layers of text have been identified and labelled; variants and excisions are traced and noted on the page itself.

It will be seen that the *Annotations* develop even more than Montaigne's *Essays* – as much, in fact, as the *De Legibus Connubialibus* of André Tiraqueau, the friend of Rabelais. They are, after all, a work which, in one form or another, spanned Erasmus' adult life. They arose out of work started as a young man in England; his fifth and last edition appeared a year before he died in Basle. Each of these five editions represents his very last word on particular questions at the date of writing. In all of them he was adding, correcting, re-thinking, re-casting up to the moment of printing the final proofs.

Amusingly, one of the earliest references to the *Annotations* is a claim to have finished them. It occurs in a letter which Erasmus wrote to Reuchlin from Basle in August 1514 (*EE* I, no. 300). But they never were really finished. The 1535 edition is the most complete; yet if he had lived longer he would have made further changes and additions.

To trace Erasmus' steps through these five editions is exhilarating; it reveals things about him which can be learned in no other way. He was convinced that scholarship, aided by the secret workings of the Spirit, would enable him to open up a text which was the jewel in the treasure-house of the Church. He did his work without hope of financial reward – sure, indeed, that the *Novum Instrumentum* would cost him money. He accepted that. He evoked Christ himself as 'witness' to this fact and claimed Christ as his 'helper' (*EE* II, no. 373, p. 171, line 214f.). A Renaissance scholar working on the New Testament who saw Christ as his *adjutor* (his 'helper' in the task of spreading the Gospel) was probably thinking of himself as in some way a successor to those *adjutores Dei* who were the Apostles. Froben was doubtless hoping to make a profit out of his labours. Not so Erasmus. It was to Christ alone that he looked for his 'solid reward'.

The present volume contains the *Annotations* on the four Gospels. The editing of the *Annotations* on the rest of the New Testament has been completed and is now being checked for the last time. They will appear in print as soon as possible after this volume. In all cases the calligraphy is by Miss Patricia Payn, who has been a delight to work with. At every stage she has shown care, foresight, ingenuity, taste and intelligence. A grateful acknowledgment is also warmly made to our colleague and friend Dr Sally North who (when my Research Assistant) made a pilot version of variants to the *Annotations*; that was made available to my wife, Anne Reeve, who was also able to profit from her experience. Simon Harris provided indispensable help with the transliteration of Erasmus' Hebrew characters into Roman Script. Professor Raphael Loewe also gave invaluable advice.

A debt of gratitude is owed to Mr J.E. Bardwell, the librarian of Dr Williams's Library, London. His kindness was quite exceptional. Taking advantage of the fact that the Library's copy of the 1535 *Annotations* was disbound, he permitted Anne Reeve to xerox the entire work. He kindly kept the book disbound so that, when she had completed her work as editor, the whole book could be professionally photographed. These photographs form the basis of this edition, Miss Payn having transferred to them, beautifully and legibly, the editorial material written out on the xeroxes by Anne Reeve.

All Souls College, Oxford M.A.S.

Postscript

Dr Andrew J. Brown ('The date of Erasmus' Latin translation of the New Testament', *Transactions of the Cambridge Bibliographical Society*, vol. 8, part 4, '1984' (1985)) has now brilliantly supplied the answer to the problem of the relationship between Erasmus' New Testament manuscripts and the printed editions. He does so with palaeographical and textual evidence which is absolutely convincing. He demonstrates that the London-Cambridge-Hatfield manuscripts were written by Peter Menghen in two stages; the second stage – that containing a text of Erasmus' Latin 'version' of the New Testament – dates from *after* the first printed edition and so well after the date given in a manuscript colophon. As for the Corpus Christi (Oxford) manuscript, it is later still. This revolutionary study, presented with probing accuracy and modesty, puts Dr Brown in the forefront of Erasmus scholarship and of Renaissance New Testament scholarship generally.

M.A.S.

Explanation of the Symbols, Abbreviations and Mss Notes

The text reproduced is that of 1535.

Symbols and mss notes enable the reader to identify the various stages of the text as it appeared in print in 1516, 1519, 1522, 1527, and 1535.

The aim has been clearly and accurately to date all additions, excisions and other changes. This has been done by the use of mss brackets placed within the 1535 printed text, showing when a word, phrase or passage first appeared. Bold dots show where variant readings are given in the margins. Hebrew has been transliterated; Greek ligatures have been resolved; Latin abbreviations have been expanded. Minor changes of spelling have been ignored unless otherwise important.

The text of 1516.

Where there are no brackets of any kind, the text as given in 1535 is already found in 1516 and in all subsequent editions.
The only exception to this concerns Erasmus's marginal headings. These first appear in 1519 unless otherwise bracketed.

Subsequent additions to the text of 1516.

Each stage of these additions is indicated by a combination of brackets and abbreviated year dates.

{ } with 19 in the margin means: first added in 1519;

< > with 22 in the margin means: first added in 1522;

( ) with 27 in the margin means: first added in 1527;

[ ] with 35 in the margin means: first added in 1535.

Variant readings, including excisions.

Attention is drawn to variants and excisions by bold dots within the text. When these occur, as they often do, where a date bracket is also appropriate, the bold dots are added to the brackets thus:

{ < ([or, when there are two such dots,

{ < ([

Details are then given in the wider - outer - margin. Where no bracket appears, the dot is superimposed on a stroke inserted in the text, thus: | .

When it has not been possible to give the variant or to write the note in the margin due to lack of space, an arrow beside the symbol in the margin directs the reader elsewhere, normally to the bottom of the page but occasionally higher up, thus:

{˙ ↓   or occasionally   {˙ ↑

<˙ ↓   or occasionally   <˙ ↑

(˙ ↓   or occasionally   (˙ ↑

[˙ ↓   or occasionally   [˙ ↑

In the rare cases where there is not enough space anywhere on the page, readers are referred to the appendices by instructions given against the symbol in the margin.

Asterisks draw attention to different readings explained in the margins.
When words have been transposed this is shown by dotted underlinings in the text and tr in the margin.
Dotted underlinings in the text without tr refer to variants given in the margin.

The transliteration of the Hebrew is in accordance with one of the less complex systems currently used for academic purposes and will be readily intelligible to Hebrew scholars. No reference is made to the frequently faulty vocalisation (interchange of pathaḥ and qamaṣ etc.). Whilst some of the confusion is doubtless due to similarity of sound, and to Erasmus' own inadequate grasp of the intricacies of massoretic Hebrew accidence and morphology, another factor could well have been paucity of adequately differentiated typefount. Apparently the typefount did not contain (or the typesetter entirely ignored) the letter ה he = h, for which ח heth = ḥ regularly appears. This being so, sic has not been inserted in regard to this particular error.

Summary Key

No bracket : text of 1516 or, for the margin headings only, 1519.

{   and 19 :   1519

<   and 22 :   1522

(and 27 :   1527

[and 35 :   1535

DES. ERASMI ROTE-
RODAMI IN NOVVM TESTAMENTVM ANNO-
tationes, ab ipſo autore iam quintum ſic recô-
gnitæ, ac locupletatæ, ut propemodum
nouum opus uideri poſsit.

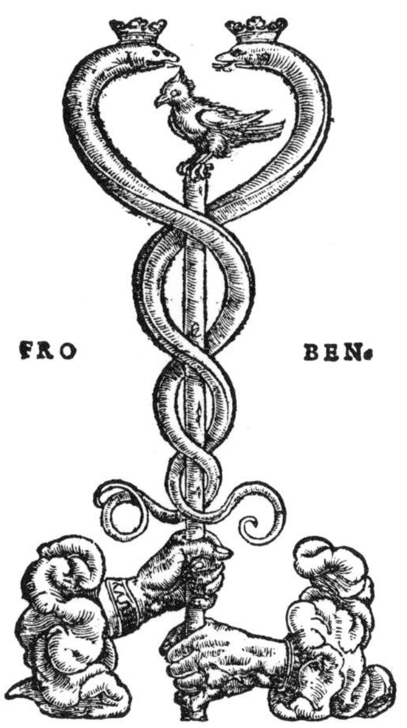

PLATO
Pulcherrimum uictoriæ genus eſt, ſeipſum uincere.

BASILEAE IN OFFICINA FROBENIANA
ANNO M. D. XXXV

Cum priuilegio Cæſareo.

IN ANNOTATIONES

27 NOVI TESTAMENTI PRAEFATIO, (PRIMAE AEDITIO-
nis quæ fuit An. M. D. XV. cui tamen post admixta sunt quædam, quæ ad tempus posterius pertinent usq; ad an-
35 num uigesimum primum [uigesimum septimum
& trigesimum quintum]. Hoc te lector nescire nolui, ne quid offendaris.)

DES. ERASMVS ROTERODAMVS
PIO LECTORI S. D.

22 QVANQVAM id pro (nostra) uirili, in ipso statim huius operis uestibulo fecimus, tamē haud
abs re fuerit, denuo lectorem commonere pau
cis, & quid illum in hisce commentariolis oporteat expectare, & quid nobis uicissim ab ipso
præstari conueniat. Primum annotatiunculas
scribimus, non commentarios, & eas duntaxat,
quæ ad lectionis synceritatem pertinēt, ne quis
ut improbus conuiua pro merenda cœnam ef-
flagitet, & requirat à nobis, quod ab argumenti suscepti professione sit alie
num. Hanc in præsentia fabulam agendam suscepimus. Proinde ut nobis
argumento seruiendū fuit, ita par est, ut candidus & comis lector ceu com-
modus spectator, faueat agentibus & præsenti scenæ sese accommodet. Te
stamentum, quod uocant, nouum omni qua licuit diligentia quaq; decuit
fide recognouimus, idq; primū ad Græcam ueritatem, ad quam ceu fontem si quid inciderit confugere, non solum illustrium Theologorum exem
19 pla suadent, uerum {etiam toties monent Hieronymus & Augustinus} & ip
35 sa Romanorū Pontificum decreta iubent: Deinde ad [fidem] uetustissimo-
rum Latinæ linguæ codicum, quorum duos exhibuit eximius ille diuinæ
Philosophiæ mystes Ioannes Coletus, Paulinæ apud Londinum ecclesiæ
Decanus, adeo priscis literarum typis, ut mihi ab integro discenda lectio, 16: fuerit
22 & in noscitandis elementis fuerit repuerascendum. Tertium præbuit illu-
strissima uirago Margareta Caroli Cæsaris amita, cuius in hac æditione
tertia frequenter adduximus testimonium aurei Codicis titulo, quod totus & auro sit conuestitus, & aureis literis pulchre descriptus. Mox aliquot
miræ uetustatis exhibuit Brugis, ut antiquissimum, ita longe celeberrimum
Collegium, diui Donatiani. Nam ante, codicem belle castigatum præbuerat collegium Consendonkense, præter eos quos nobis eruditissimi fratres

 Amorbachij

Amorbachij communicarant.Non igitur ad animi noſtri ſomnium emen
dauimus quędam,ſed ad horum quos recenſui codicum fidem,& aliorum
his ſimilium,quos non perinde refert memorare.〉Poſtremo ad probatiſſi/
morum omnium ſuffragijs autorum, uel citationem , uel emendationem,
uel enarrationē,nempe Origenis,Chryſoſtomi,Cyrilli, Hieronymi, Am/
broſij,Hilarij,Auguſtini〈Theophylacti,Baſilij,Bedæ〉quorum teſtimonia 22
cōpluſculis locis in hoc adduximus, ut cũ prudens lector perſpexerit certis
in locis noſtram emendationem cum illorum iudicio conſentire, in cæteris
item nobis habeat fidem,in quibus haud ſcio an caſu factum ſit,ut illi nihil
annotarint,aut alioqui ſuffragati fuerint. Verum quoniam ſciebam homi/
num more fieri, ut cum omnibus in rebus, tum præcipue in ſtudijs ſemper
offendat nouitas , & ueterem illum guſtum ac familiarem notamq;, ſicut
aiunt,ſaliuam pleriq; requirant, deinde perpendens quanto facilius ſit, his
præſertim temporibus, emendatos libros deprauare, quam deprauatos e/
Annotationes mendare,ſacris libris recognitis,hos uelut indices annexuimus:partim ut le
ctori faceremus ſatis reddita ratione, quid cur mutatum ſit, aut certe placa/
remus,ſi quid forte offenderit,ut uaria ſunt mortalium tum ingenia,tum iu
dicia:partim ut operis incolumitati conſuleremus,ne poſthac cuiuis in pro/
cliui eſſet rurſum uitiare, quod tantis ſudoribus fuerat utcunq; reſtitutum.
Primum igitur ſi quid librariorum uel incuria uel inſcitia , ſi quid temporũ
iniuria uitiatum comperimus,id non temere,ſed omnia quæ licuit, ſubodo
rati,germanæ reddidimus lectioni : ſi quid obſcurius dictum occurrit,illu/
ſtrauimus:ſi quid ambigue dictum ac perplexius,id explicuimus:ſicubi ua
rietas exemplariorum,aut diuerſa diſtinctio,aut ipſa ſermonis ambiguitas
uarios gignit ſenſus,ſic eos aperuimus,ut oſtenderemus quid nobis magis
Interpres probaretur,cæterũ lectori iudicium deferentes.Et quanquàm ab interprete
uetus quiſquis is fuit,ob inueteratam & receptam æditionem non libenter diſſen
timus,tamen ſicubi res ipſa palàm clamitat illum,uel dormitaſſe, uel hallu/
cinatum fuiſſe,nō ueriti ſumus & hoc indicare lectori,ita patrocinantes ue/
ritati,ut in neminem ſimus contumelioſi.〈Solœciſmos euidentes ac prodi/ 19
gioſos ſubmouimus,& ita ſermonis elegantiam ubiq;, quantum licuit,ſecu
ti ſumus,ut nihilo minor eſſet ſimplicitas〉Neq; piguit,ubi Græci ſermonis
uel ἰδίωμα, uel ἔμφασις aliquid habet, quod ad myſterij rationem perti/
net,commonſtrare & aperire. Deniq; teſtimonia ueteris inſtrumenti,quæ
non pauca citantur,uel ex interpretatione ſeptuaginta,uel ex ipſis Hebræo
rum fontibus,ſi quando illorum æditio,cum Hebraica diſſentit origine,cō
tulimus & excuſſimus:quanquàm id quidem οὐκ ἄνευ θησέως, ut Græcorũ
habet prouerbium . nihil enim alienius ab ingenio moribuſq; meis,quàm
ad exemplum Aeſopicę corniculæ alienis me uenditare plumis.Hac igitur
in parte〈cum primum hoc opus æderemus〉non nihil adiuti ſumus opera 19
ſubſidiaria

subsidiaria uiri non solũ pietate, uerumetiam trium peritia linguarũ emi/
nentis,hoc est ueri Theologi Ioannis Oecolampadij Vinimontani,quod *Ioãnes Oeco/*
ipse in literis Hebraicis nondũ eò processeram , ut mihi iudicãdi sumerem *lampadius à*
autoritatẽ.Equidẽ haud nesciebam , has minutias & ceu spinas longe plus *concionibus*
habere sudoris q̃ gloriæ , neq; multũ gratiæ ex hoc genere laboris solere *ecclesiæ Au/gustanæ*
redire ad autorem,tum lectori magis usui esse q̃ uoluptati. Verum si nos
tantũ tædij publicæ utilitatis respectu deuorauimus , par est nimirũ , ut le/
ctor item,uel suæ utilitatis causa non nihil molestiæ decoquat,& eum ani/
mum quem nos iuuandis alijs præstitimus , ipse præstet sibi suoq; cõmo/
do.Sunt hæc quæ tractamus minutissima fateor,sed eius generis, ut mino 16-27: modi
re propemodũ negocio magna illa tractari potuerint, quę sublimes Theo
logi magno supercilio , buccis typho crepantibus solent ἐκτραγῳδίζειν.
Ad hęc,eiusmodi,ut ob has minutissimas minutias,& illa maxima fuerint
aliquoties excutienda.Minima sunt,uerũ ob hæc minima, uidemus maxi/
mos etiam Theologos nonnunquã & labi insigniter & hallucinari.Quem
admodum & locis aliquot indicauimus , non uti quenquam insectemur
(qui morbus ab opere Christiano , imò à tota uita Christiana quàm lon/
gissime debet abesse) sed ut paucis exemplis citra cuiusquam cõtumeliam
adductis,nostram fidem lectori probemus,ne quis has ceu nugas contem
nat , quandoquidem re uera iuxta Flacci dictum , hæ nugæ seria ducunt. *Horatius*
Cur in ciborũ apparatu tam morosi sumus , in cultu minimis etiam offen/
dimur , in re pecuniaria nihil est tam minutum , cuius non habeatur ratio,
in solis literis diuinis displicet hæc diligentia,placet neglectus? Vt ne dicam
interim eam esse rei maiestatem,ut nulla pars tam humilis esse possit,quæ
sit homini pio fastidienda, imò quæ nõ reuerenter ac religiose tractanda.
Humi reptat,inquiunt,in uerbulis ac syllabis discruciatur . Cur ullum eius
uerbum contemnendum ducimus , quem uerbi titulo colimus & adora/
mus? Præsertim cum ipse ne minutissimum quidem Iota , aut apiculum in 16: Ioda
uanum abiturum testatus sit . Infima pars est , quam uocant literam , sed *Litera*
huic ceu fundamento mysticus innititur sensus.Rudera sunt, sed his rude/
ribus admirandi illius ædificij moles augusta fulcitur . Diuus Hierony/
mus eximios aliquot Græciæ scriptores taxat , quod historico contempto
sensu , suo arbitratu maluerint in allegorijs ludere : seq; ipsum deplorat,
quod calidus adhuc iuuenta , prophetam Abdiam allegorice fuisset inter/
pretatus , cuius nesciret historiam . Vt in uilissima concha preciosum latet
margaritum,ut sub friuola siliqua nobile tegitur granum, ut sub arida mi/
nutaq; tunicula,tam miranda seminis uis latet:ita in uerbis, ut apparet ple/
beis,in syllabis,in ipsis deniq; literarum apiculis , ingentia diuinæ sapiẽtiæ
mysteria condita sunt . Qui miratur , cur spiritus ille diuinus suas opes his
inuolucris tegere uoluerit,idem miretur,cur æterna sapientia pauperis,hu/

milis & contempti damnatiq; hominis personam assumpserit. Vt hæc mi-
Hieronymus nuta sciret diuus Hieronymus, nec Iudæum, eumq; nocturnum asperna-
tus est doctorem, nec ullum fugit laborem. Ob has minutias diuus Augu-
Augustinus stinus, iam episcopus, iam senex, ad puero sibi fastiditas Græcas literas re-
Origenes uersus est. Ob has Origenes, iam canus & senex ceu repuerascens ad He-
bræae linguæ descendit elementa, Catonem etiam illum Romanum supe-
Ambrosius rans. Ad has minutias libēter alludit Ambrosius, resistit Hilarius. Has pas-
Hilarius sim excutit, in his pia curiositate philosophatur, ille nō ore tantum aureus
Io. Chryso- Chrysostomus. Et Cyrillus hunc secutus, grande mysterium ex articulo
stomus Græco, id est unica literula ὁ, depromit, hinc uelut ineuitabile telum mutua
Cyrillus tur, quod torqueat in hæreticos. Vt ne dicā interim, quod dum hæc ex pro
16-22: ut fesso curamus, illa tamen aliquoties obiter aperiuntur. etenim quemadmodum qui sententias enarrant, coguntur aliquoties uerborū explicare rationem, ita nos dum in uerbis explicandis uersamur, cogimur interim & sen-
tentiarum uim aperire, Deniq; hæc grauioribus orsis & cœptis iam olim in
Paulum commentarijs præparamus. In quibus fortassis apparebit, utrum
iudicio, an casu ad has minutias descenderim. Sed age, fingat me qui uolet,
nihil aliud præstare potuisse, & uel ob ingenij tarditatem, & frigidum circum præcordia sanguinem, uel ob eruditionis inopiam, infimam hanc sum
psisse prouinciam, tamen Christiani pectoris est, qualecunq; officium bo-
16: missum ni consulere, quod pia sedulitate præstatur. CHRISTVS coniectum in
gazophylacium à paupercula quadrātem laudauit, rem per se uilissimam,
animo æstimans offerentis. In re uehemēter præclara, uel extrema functio
splendida est. In regijs, & qui uerrunt, & qui coquunt habētur honesti. Cæ
terum in domo dei, quæ tandem functio fastidienda uideri potest? Nos ru
dera cōportauimus, sed ad structuram templi dei. Alij locupletiores, ebur,
aurum, marmor, & gemmas addituri sunt. Nos uiam ante salebris ac lamis
molestam, industria nostra cōstrauimus, sed in qua deinde magni Theologi commodius essedis ac mannis uectētur. Nos circi solum æquauimus,
in quo iam inoffensius præclaras illas suæ sapientiæ pompas ædant. Nos
noualem antehac spinis ac lappis incommodū sarculo repurgauimus, quo
facilius illi felicem exerceant segetem. Nos campum aperuimus, amoliti
quæ obstabāt, in quo qui uolent posthac arcanas explicare literas, uel col-
ludant liberius, uel congrediantur expeditius. Quibus uetus illa theologia
magis arridet, ij magnum habent adminiculum, quò nituntur eluctandi.
Rursus qui iuxta parabolam Euangelicam dicit, uetus uinum melius est, &
huius recentioris Theologiæ studio ueterem negligit, habet is quoq; quo
sua quæ mauult, certius ac fidelius tractet. Et ut nihil hinc accedat commo
ditatis, nihil certe perditurus est de suo, si hæc accesserint, ijs qui malunt diuinas literas è purissimis fontibus, q̄ ex qualibuscūq; riuulis ac lacunis hau

rire

rire,toties aliunde aliò transfusis,ne dicam ungulis suum & asinorū perturbatis. Vt gratius est pomum,quod tuis manibus ex ipsa matre decerpseris arbore,ut dulcior aqua , quā ex ipsa uena subscatentem hauseris,ut iucundius uinū , quod ex eo depromseris dolio in quo primum fuerat cōditum: ita diuinæ literæ,nescio quid habent natiuæ fragrantiæ,nescio quid spirant suum ac genuinū, si eo sermone legantur,quo primū scripserunt ij,qui partim è sacro illo ac cœlesti hauserunt ore , partim eiusdem afflati spiritu nobis tradiderunt . Si Christi sermones extarent Hebraicis [aut Syriacis] hoc est , ijsdem uerbis proditi quibus ille locutus est , cui non cordi foret in illis philosophari,& non solum uerborum uim ac proprietatem, uerum singulos etiam apices excutere ? Certe quod huic est proximū habemus, & negligimus.Si quis ostentet Christi uestem,aut pedis uestigium, procumbimus,adoramus,exosculamur.Atqui ut uniuersas illius uestes,& totam maternæ domus supellectilem proferas,nihil est quod Christum expressius, efficacius , absolutius referat, exprimat, repræsentet q̄ Euangelistarum & Apostolorū literæ.Proinde si cui aut nō licet,aut nō libet,in his sacris uersari delicijs,certe ne obstrepat , ne obturbet,ne inuideat meliora conantibus. Amplectantur ipsi quod amant,habeant,fruantur.Nemo uetat. Nos illis hæc nō scripsimus.Sed erunt è diuerso quibus hæc admodū pauca uideantur,& malint nihil cum æditione uulgata cōuenire. Verū non hoc egimus, ut sermo politior esset,sed ut emendatior ac dilucidior: nec erat hic in scyrpo,quod aiunt,quærendus nodus.Quin illud potius optandum est omnibus,ut nihil usquā sit obuiū in sacris literis,quod hanc operam postulet.In Euangelijs , quoniā per se dilucidus ac propè semet explicans historiæ tenor simplici & inaffectato sermone profluit,ne fieri quidē potuit,ut admodum multa uitiare potuerit,uel interpres uel librarius. Quanq; hæc ipsa,si quis ad summā expendat,nimiū etiam multa sunt,illic ubi nullū oportebat subesse scrupulum. Cæterū in epistolis Apostolicis ob sermonis pariter & sententiarū obscuritatem,plura necesse fuit immutare . Nos interim adnotandi diligentiam ita moderati sumus , ut nec superstitione molesti, nec in diligentia diminuti uideremur.Rem autem omnem quàm potuimus paucissimis uerbis indicauimus magis quàm explicuimus , ne negocio suapte natura parum amœno,loquacitatis quoq; tædium adderemus . Pium est opus,Christianum est opus.Proinde te quæso lector optime, ut tu quoq; uicissim pias aures,& Christianū pectus ad legendū adferas.Ne quis hæc eo animo in manus sumat , quo fortassis sumit noctes Gellianas aut Angeli Politiani miscellanea,uidelicet quo neruos ingenij , uim eloquentiæ,& eruditionem retrusam uelut ad Lydium exigat lapidem . In re sacra uersamur,& in ea re,quæ simplicitate puritateq; potissimū est orbi commendata.In qua ridiculum sit humanā eruditionem ostentare uelle , impium humanam

16: suum + asinorum ungulis

19 only : margin : Simile

19 only : margin : Evangelia

19 only : margin : Epistolae apostolicae

19 only : margin : Lector

manam iactare eloquentiam, quam etiam si forsan adesset, dissimulare con-
16: illud ueniebat, ne quis merito possit obijcere τὸ ἐν φακῇ μύρον. Simplici puroq;
studio tradidimus hæc Christianis auribus, quo posthac in sacrosancta hac philosophia, & plures uersarentur, & lubentius, deniq; ut minore cum negocio, ita maiore cum fructu. Christum ipsum, quo teste & adiutore molimur hæc, parũ mihi propicium imprecor, nisi ex hisce laboribus adeo nihil uenamur emolumenti, ut magnam etiam certamq; rei pecuniariæ iacturam scientes ac uolentes acceperimus. Porrò famæ dulcedine tantum abest ut titillemur, ut ne nomen quidem nostrum fuerimus asscripturi, ni ueriti fuissemus, ne hac ratione operis minueretur utilitas: quod apud omnes suspecta res sit liber ἀνώνυμος. Nos ad utrũq; iuxta parati sumus, ut uel rationem reddamus si quid recte monuimus, uel ingenue confiteamur errorem, sicubi lapsi deprehẽdimur. Homines sumus, & humani nihil alienum à nobis esse ducimus. Hoc igitur animo cum ego dederim hæc optime lector, fac ut tu quoq; simili accipias. Ea res utriq; nostrum commodo futura est. Nam & tu plus capies utilitatis, si libenter & candide quod donatur acceperis, & me mearum uigiliarum minus pœnitebit, si cognouero bonis usui fuisse. Quod si quis existet, uel adeo præfractus ac morosus, uel adeo durus & iniquus, ut nullis incantamentis deliniri queat, ab hoc certe uel precibus impetrare nitar, ut illud saltem æquitatis tribuat pijs studijs, quod tribunalia tribuunt parricidis & sacrilegis. Illic turpe iudicatur, si cognitionem anteuertant calculi, nec pronunciatur, nisi causa diligenter excussa. Legat prius ac inspiciat, deinde si uideatur, damnet ac reijciat. Superbum est de libro ferre sententiam, quem non intelligas, superbius & de eo quem ne legeris quidem. Vale lector quisquis es, quem etiam atque etiam rogo, ut si quid fructus è nostris excerpseris lucubrationibus, officij memor sicuti Christiano dignum est, me uicissim pijs uotis Christo commendes, à quo uno solidum laboris huius præmium expectamus.

Calculi ne cognitionem anteuertant

16-19: ut

16-19: Basileae. An. M.D.XV
22: Basleae. An. M.D.XXI

IN NOVVM TESTAMEN

TVM, PRIMVM AD GRAECAM VERITATEM, DEINDE
ad uetustissimorũ Latinæ linguæ codicum fidem, postremo ad probatissimorũ scriptorum
27.19 citationẽ & enarrationẽ quartum(iam)diligenter recognitũ{cumq; suis collatum fontibus,} 22: tertio
35.19 adnotationes [DES.] ERASMI ROTERODAMI, in quibus{aperitur quibus|locis 19: in {↓
nostra uulgata æditio, cum Grecorũ uoluminibus, uel congruat, uel dissonet, ubi de-
prauatior, ubi castigatior.}Quod deprauatum erat, emendatur: quod obscurum,
19 explanatur: quod anceps & impeditum, expeditur:{quod intolerabili solœ-
cismo fœdum, restituitur.}Et non solum id agitur, ut castigata sit lectio
sed ne in posterum quoq; facile deprauari possit.

EVANGELIVM secundum Matthæum) ἐυαγγέλιον Græce Euangelium quid Græcis
sonat bonum nuncium. Quanq; Homerus in Odyssea hoc uerbo est usus, pro premio quod dari solet letum adferenti nunciũ.
Igitur historiam euangelicã, nec prophetiam uocauit, nec aliud
simile: sed rem nouam, nouo uocabulo signauit, quemadmodũ
19 &{Christus}apostolis uocabulum innouarat.I I↓
Liber generationis) Nominatiuus est absolute positus, ceu Titulus initiũ
uice tituli. Nam Matthæus, & Marcus, pphetico more ingressi libri, more
19 sunt euangelicam historiam:{siquidem prophetæ}solent à titulo prophetico {16: qui
exordiri: Visio Esaiæ filij Amos. Et, Verba Hieremiæ filij Hel-
ciæ. Ita & Marcus: Initium euangelij Iesu Christi. Quanq; uideo Herodotũ ad consimilẽ
modum suam exorsum historiam: Ἡροδότου ἁλικαρνασσῆος ἱστορίης ἀπόδεξις ἥδε: Et Lucianum
19 libellum de Astrologia{Ἀμφί τε οὐρανῶν, ἀμφί τε τῶν ἀστέρων ἡ γραφή}Vt appareat gentis etiã {16: et Assyriorum dea
fuisse consuetudinẽ. Quanq; hic titulus non est uniuersi argumenti: nec enim cõplectitur
summam historiæ euangelicæ, sed initium ac fontem duntaxat.

Filij Dauid, filij Abraham) υἱοῦ δαβίδ, υἱοῦ ἀβραάμ. Græcus sermo non nihil habet ambigui Filij dicuntur
tatis: potest enim hic esse sensus, filij Dauid, qui Dauid fuit filius Abrahæ: Potest & sic acci omnes posteri
19 pi, ut intelligatur Christus esse filius utriusq;. Porrò filium uocat nepotem{quemadmodũ
fratres uocãt Hebræi, non solum ijsdem prognatos parentibus sed & aliâs ex eadem generis serie propagatos}Illud obiter adnotandum, Matthæum genealogiæ recensionem accõ-
19 modasse, ijs quibus{scripsit hoc euangeliũ. Scripsit enim Hebræis, nimirum{ut creditur}He-
braice, quorũ affectibus sciebat fore gratissimũ, si perspexissent Christum esse filium Abra Christus cur
ham ac Dauid, quorũ memoria apud illos erat sacrosancta: & ad quos de Christo præces- Abrahæ ac
serat pollicitatio. Contra Lucas, quia gentibus scripsit euangeliũ, ab Adam ad ipsum usq; Dauid filius
deum, porrigit genealogiæ seriem. ut intelligerent Christi gratiam, non ad Iudæos solum, dictus
19 sed ad uniuersum{quoq;}mortaliũ genus pertinere. Indicauit hoc & Chrysostomus. Porrò
Dauid priorem nominat: non solum ob id quo cõmodius citraq; repetitionem genealogiæ
series texeretur, quam causam reddidit diuus Hieronymus: uerumetiam quod huius esset
apud Hebræos & recentior, & celebrior memoria, quod adfert Chrysostomus.

Genuit Isaac.) ἐγέννησε τὸν ἰσαάκ. Græcus interpres, quisquis is fuit. Nam autore Hieronymo, constabat olim hoc euangeliũ à Matthæo scriptum Hebraice fuisse, quod tamen
Chrysostomus non audet asseuerare: Sed dicitur, inquit, quod quantumuis constet, ego ta
19 men malim extare{quàm constare}Etiam si sunt qui putent à Ioanne uersum in linguã Gre Euangelium
22 cam. Etenim quantum ipse memoria consequor, nusquã Hieronymus⟨euidenter⟩indicat se Matthæi an
uidisse Matthæi euangeliũ Hebraice scriptum, maxime cum profiteatur se quatuor euan- Hebraice
19 gelia ad Græcam ueritatem emendasse,{cumq;}in hoc unum scripserit cõmentaria. Tum scriptum
quod in hoc euangelio non pauca citentur ex libris ueteris testamenti, quæ uideantur ab
ipsis fontibus dissidere. Vt uel hæc occasio compulsura fuerit Hieronymũ, ad archetypum
Matthæi confugere: maxime cum id alijs in locis frequenter, non admodum graui de causa soleat, gaudeatq; facere}Porrò quis ex Hebraico sermone uerterit in Græcum, ne id quidem ullo modo cognitũ. Adeo uacabat illa ætas omni ambitione. Sed ut cœperã, quisquis

a fuit

{ 16: quibus ratio redditur, veteris aeditionis aliquot locis immutatae. Quod
I 16: innovarat. Matthaeus hebraice sonat Mattithyahu hoc est donatus domino ipse, qui idem
dicitur lewi levi, quod hebraice sonat additum sive applicatum Liber

fuit interpres, Hebraicis nominibus diligenter suos addidit articulos: ut quoniã barbarica
sunt uocabula, nec ulla casuũ inflexione uariãtur, lector hoc modo sexum & casum posset
distinguere, τὸν ἰσαὰκ, ἐκ τῆς θάμαρ. {Iam illud minutius uideri poterat, quàm ut admone- 19
retur, nisi nunc potissimũ in eo negocio uersaremur, uariare Græcos codices, in quibusdã
N. ephelcticõ addi ν. ἐφελκτικὸν, in plerisq; non addi. ἐγέννησε non ἐγέννησεν. Siquidem Attici perpetuo addunt, siue sequatur consonans, siue uocalis, Iones contra. Argumento est illud apud
Aristophanẽ in Pluto, Καὶ μάντις, ὥς φασιν, σοφός. Etenim si φασὶ legas non constabit metri
ratio. Posterioris exemplum est illud Homericũ: ἠτίμησ' ἀρητῆρα, pro ἠτίμησεν ἀρητῆρα. Et
quod passim est apud Græcos ἐστ' ὅτι pro ἐστιν ὅτι. Proinde nõ est quod ea res magnopere
moueat lectorem, siue reperiat additum ν, siue secus. Etiamsi nos cõmunem Græcorũ linguam in hoc secuti sumus, addito ν, quoties sequitur uocalis, omisso quoties sequitur con
sonans: præsertim cum uideremus in hoc plerosq; Græcorũ codices consentire.}

Hebræã aspirationẽ Græci exprimunt per χ

De Thamar.) ἐκ τῆς θάμαρ. De Rahab ἐκ τῆς ῥαχάβ. Mirum cur {interpreti Latino} ma- 19
gis placuerit præpositio de quàm ex. Quis enim dicitur genuisse aut suscepisse filium de
illa, ac non potius ex illa? ⟨Non quod nesciam alicubi reperiri de, positum pro ex apud pro- 22
batos autores. Verum & uitandum arbitror, quod est inusitatum: & stultum fuerit si quis
putet hoc passim licere, quod uno aut altero loco sibi permisit scriptor aliquis. Quis enim
ferat si quis dicat, Cognoui de literis tuis, cum Latine dicamus, Cognoui ex literis tuis⟩ Cæ
terum Græci, quoniã non habent quo aspirent uocalem, nisi in principio dictionis, Hebraicam aspirationem ח, quomodo possunt exprimunt per χ, sic, רחב ῥαχάβ. Et ad eundem
modum hodieq; sonant Iudæi (sicuti narrant) Hispani eam literam. ⟨Certe Rachab scriptum 27.22
[Margareta Caroli Cæsaris amita comperi in bibliotheca illustrissimæ D. Margaretæ, fœminæ supra sexus modũ, omni uirtutum genere cumulatæ, planeq; dignæ & Maximiliano patre, & Philippo fratre, & Ca-
rolo Cæsare, Ferdinandoq; nepotibus: quorũ alterum eò felicitatis euexit fauor numinis,
ut uix ab homine sit optanda maior felicitas: alter sic ornatus est omnibus heroicis, uereq;
regijs dotibus, ut nulla possit accidere tam ingens fortuna, quæ ueris & proprijs illius bonis non uideatur inferior. Atq; utinam exemplum Margaretæ uel uiri imitentur, malintq;
quod datur uacui temporis à negocijs, lectione bonorũ uoluminũ consumere, quàm lusi-
bus aut inanibus fabulis terere. Codex est insignis, totus aureis conscriptus literis. Seruatur Mechliniæ, si quis forte uolet fidei meæ periculũ facere⟩ Indicauit & hoc Hieronymus
alicubi. (Theophylactus dubitare uidetur, an hęc fuerit Rhaab quæ exceperit exploratores 27
Hebræos Hierichonte, sic enim loquitur, putant quidam.)

Dauid cur solus cognominetur rex

Dauid regem.) Interpres addidit articulum τὸν βασιλέα, ueluti discernens eum ab alio
quopiã Dauid, qui non fuerit rex: uel hoc agens, ut hic insignite rex intelligatur: cum alios
multos reges cõmemoret, nulli tamen asscribens regij cognominis honorem. At mox cum
Dauid repetit, inculcat ad eundem modum regis cognomen articulo præmisso, ut recen-
tem illius ac celebrem apud Iudæos memoriam, tituli quoq; honore cõmendaret. ⟨Porrò si 22
ideo addidit articulum, quod hic primus omnium rex fuerit eorum qui recensentur in genealogia, sufficiebat addere βασιλέα, sine articulo⟩

Bersabeæ nomen cur non ponatur

Ex ea quæ fuit Vriæ.) ἐκ τῆς τοῦ οὐρίου, id est, Ex uxore Vriæ, siue ex ea quæ fuerat uxor
Vriæ. Nam in huiusmodi Gręcus articulus fungitur uice nominis quod subauditur. Cum
autem paulopost uertat τὸν τοῦ ζεβεδαίου, filium Zebedæi: (quemadmodum scriptum com- 27
peri in nonnullis exemplaribus:) quæ tandem erat religio hic uertere uxorem Vriæ? Illud
adnotandum, cur maluerit hac nota signare Bethsabee, quàm proprio uocabulo, siue quod
res ipsa notior esset ipso mulieris nomine, siue quod ad mysterium Christi & ecclesiæ pertinebat, eius facti refricuisse memoriam.

In transmigratione Babylonis.) A nobis quidem satis percipitur sensus, sed quibus ex
| 16: in Hebræorũ annalibus cognitum est Iudæorũ gentem per Nabuchodonosor regem | Baby-
lonem ductam fuisse captiuam, ac rursus per Esdram suis sedibus restitutam. Cæterum ex
his uerbis, nihil aliud intelligi potest, quàm uel Babylonem ipsam aliquò demigrasse, uel
Babylonẽ alios aliquò traduxisse, si transmigrationẽ usurpes actiue. Atqui sermonis usus
in hoc adhibetur, ut per eum cognoscant, discantq; rem, ij quibus antea fuerat incognita,
non ut agnoscamus, ac diuinemus, quod prius noueramus. Recte monet Fabius amphibo
logias

logias esse uitandas, quoad fieri potest, etiam si sensus nihil recipiat ambiguum: Veluti si
quis dicat, Video struthiocamelum deglutire ferrum. Nec enim periculum est, ne ferrum
deglutiat struthiocamelum. Id igitur multomagis cauendum, quoties aut anceps redditur
19 sententia, aut absurda, aut nulla. {De quo diligenter admonet Augustinus libro de doctrina
Christiana tertio.} Verti poterat. Posteaq; demigratū erat Babylonem, &, Cum demigras-
19 sent Babylonem, aut, {posteaq; deducti fuerant Babylonem: si cui placet μετοικεῖν usurpare
transitiue, aut, In demigratione Babylonica.} Quanq; planius etiā erat in exilio seu captiui-
tate Babylonica, &, Post exilium aut captiuitatē Babylonicam. Siquidem euangelista, rei
acerbitatem, uerbi lenitate temperauit, captiuitatem & exilium, demigrationem appellans
μετοικεσίαν, quod cōuenit & in eos, qui sua sponte sedes ac domicilia mutāt. Et hoc quoq;
tempus quod actum est apud Babylonios imputari in rationem genealogiæ putat Chryso
27 stomus. (Porrò transmigrandi uerbum est apud Suetonium in Tiberio Cæsare: tametsi de-
migrare Latinius est, quemadmodum idem dixit, transportauit, pro deportauit.)
35 Iechonias genuit Salathiel.) Admouet diuus Hieronymus, si Iechonias [hic] ad finem superioris τεσσαρεσκαιδεκάδος referatur, in proxima non esse quatuordecim, sed tredecim dun-
35 taxat: Vnde putat hunc Iechoniam, qui est [pater] Salathiel non fuisse filium Iosiæ, quem in
35 proxima serie penultimū recensuit, sed illius [Iechoniæ] filium. Cæterum Iechoniam uocari,
qui idem uocetur Iehoiachim: uerum patrem à filio distingui duabus literulis. Nam illum
יְהוֹיָקִים Iehoiakim dici per ק &, ם, id est, per k & m: hunc יְהוֹיָכִין Iehoiachin per כ ch
& ן n. Tametsi fatetur, hanc scripturæ differentiam apud Græcos, pariter ac Latinos scriptorum uitio, & longitudine temporū prorsus esse confusam: alioquin & בַּת־שֶׁבַע Bath-
scheba pro Betsabee dicendum, unde ne nos quidem quicq; ausi sumus immutare.
Virum Mariæ.) τὸν ἄνδρα μαρίας. Dicere poterat & æque Latine, & haud scio an uerecundius, maritum Mariæ. Etiam si non sim nescius, & apud Latinos inueniri uirum pro
22 marito. Nam hæc affinitatis sunt nomina, non coitus. <Quod si quis abhorret à uocabulo
mariti, audiat Augustinū ita loquentem libro aduersus Faustum xxiij. Primo, inquit, quia
maritus eius fuerat, propter uirilem sexum potius honorāda persona. Neq; enim quia con
cubitu non permixtus, ideo non maritus.> Porrò quæ Valla cauillatur hoc loco de Maria &
Mariam, minutiora iudicaui, quàm ut his lectorem uoluerim onerare. Præsertim cum si
19 qui forte requirant, ab illius commentarijs {per nos olim æditis} petere possint.
De qua natus est Iesus.) ἐξ ἧς ἐγεννήθη. Ex qua genitus fuit Iesus. Est enim passiuū eius
uerbi, quod toties uertit genuit ἐγέννησεν. Nihil enim est quod quenquā moueat ille scrupulus, improprie dici gignere mulierem, cum idoneis argumentis declarauerit Valla, tum
apud Græcos, tum apud Latinos gignere & gigni, tam mulieri competere, quàm uiro.
Nec abs re ridet hoc in loco quorundam inscitiam, qui uelut oraculum pronunciant discrimen inter has duas præpositiones, de & ex: quasi sic loquendum sit perpetuo, conceptus
de spiritu sancto, natus ex Maria uirgine, cum apud Græcos eadem sit præpositio ἐξ, quam
interpres suo arbitratu nunc de uertit, nūc ex, utcunq; uisum fuerit. Certe hic locus palàm
refellit friuolam & commentitiam illorum distinctionem.
Qui uocatur Christus.) ὁ λεγόμενος χριστός. Quoniam apud Hebræos plures fuerunt hu
ius nominis, ut Iesus filius Naue, & Iesus sacerdos, idcirco cognomine addito discreuit à
19 cæteris. {Quanq; uideo doctos aliquot in hac esse sententia, ut existiment seruatoris nostri
Iesu nomen nōnihil diuersum esse, à ducis Iesu & Iesu sacerdotis uocabulo, quod Hebræis
scribitur יְהוֹשֻׁעַ Cæterū nostri Iesu nomen ijsdem scribi literis, quibus olim ineffabile dei
nomen signabatur, interposita una duntaxat consonante Sin. Quod utinā tam doceri possit solidis argumentis, quàm dictu plausibile est & gratiosum auribus Christianorū. Optarim equidem uel hanc unam ob causam extare euangelium Matthæi uerbis & literis Hebraicis scriptum. Quod si esset, nil negocij foret, hanc de nomine Iesu opinionem, uel refel
lere, uel astruere.} Porrò Christus Græce unctum significat, quo uocabulo Hebræi signant
regem: quod apud illos inungi soleant, qui regni susciperent honorē, atq; hoc nomine suū
illum nimium iam diu expectatū appellant מָשִׁיחַ Messiah Hebræi, uno uocabulo, simul
& regis & sacerdotis dignitatem explicantes. Nam utriq; cōmunis est unctio, & utraq; di
19 gnitas uni cōpetit Christo. {Illud tametsi leuiculū est, tamen obiter admonuisse, non abs re

a 2 fuerit,

Amphibologia omnis uitanda

19.27: tr.

Transmigratio pro exilio

16-27: Admonet

16-27: postremum

Iechonias idē Iehoiachim

Hebræa, longe aliter scribūtur à græce scribentibus

Vallæ annotationes

16-27: onerari

Gignit & mulier

Christus Græce, Meßiah Hebraice, unctus Latine

{ 16: aut ut nos vertimus in transmigrationem in Babylonem. Quanquam

Christe, non Criste pronunciandum

fuerit, clericorũ uulgus in templis primam Christi syllabam exilem sonare, hoc est, per cappa, non per chi: ut quoties Christum uocandi casu cõpellant, cristas alloqui uideantur, non Christum. Atqui non offenditur ille barbarismis, fateor, at idem non delinitur. Detur sane uenia, ijs qui per inscitiam simpliciter errauerint, At si iure optimo tantum honoris defert ecclesia huic nomini, ut eo pronunciato, corpus inflectat, caput aperiat, genua curuet, qui sit piæ mentis, non grauabitur, opinor tantillum operæ sumere, ut uoces illas sacrosanctas,
19: quo ad potest
quantũ in ipso est, integre, & emendate pronũciet. Et sicuti Christianæ mansuetudinis est, non acerbius insectari, conuicijs ue percellere simpliciter errantium imperitiam, nec in huiusmodi leuiculis erratis atroces mouere tragœdias: ita rursus Christianæ simplicitatis est, eruditiorũ monitis libẽter obsequi. Alioqui si quis admonitus obstinate persistat in erratis, ac monitorẽ cui gratiã debebat, ultro rideat & incessat: atq; id deniq; postulet, ut illi secum errent potius, hoc est, ut uidentes cæcum sequantur errantem, citius quàm ipse errorẽ mutet, quis non intelligit quantũ hic absit ab illa Christiana simplicitate, cui uenia debebatur?
19: imperitiam
Et si deus odit fastuosam peritiam, quantopere tandem credimus illum auersari superciliosam, & intractabilẽ inscitiam? Non ferant ipsi, si quis pro Petro Phetrum, aut pro Philippo Pilipphum appellet: nec aliam ob causam id non ferant, nisi quia sic ipsi non soleant loqui. Et tamen in ijs, in quibus fœdior est lapsus, admoneri se non patiuntur.}

Omnes generationes.) πᾶσαι γενεαί. Græca uox πᾶς anceps est ad omne, ad quidlibet & ad uniuersum, unde hic magis quadrabat uniuerso, quandoquidẽ significat rei summa.
16: transmigrationem Babylonis

Cur in genealogia præteriti quidam.

Genealogia seruatoris quosdã prætermittit

Generationes quatuordecim.) Origenes in cõmentarijs quos scripsit in epistolam ad Romanos, & diuus Hilarius in expositione canonis in Matthæum, indicant à Dauid, usq; ad id temporis, quo deducti sunt Babylonem, non quatuordecim, sed septemdecim deprehendi generationes: idq; neq; mẽdacio, neq; negligentiæ uitio, sed consulto factum, ut tres in medio generationes præteritæ fuerint. Nam iuxta Matthæũ Ioras genuit Oziam, cum is quartus ab illo sit. Siquidem ut refertur libro Regum quarto, Ioras genuit Ozochiam, Ozochias Ioan, Ioas Amasiam, Amasias Oziam, quem eundem nonnunquã & Azariam uocant. Origenes contemnit literam, idq; facit suo more. Hilarius ideo putat præteritas, quod Ioras ex gentili fœmina suscepisset Ozochiam. Præterea quia per prophetam erat prædictum, non sessurum in throno regni Israëlis, usque ad quartam generationem, labem ethnici generis, euangelista uoluit abolere silentio. Sed hæc ad institutum proprie non pertinent, præsertim cum consentiant omnium Græcorũ & Latinorũ exemplaria. Nam quod scribit Hilarius in quibusdã inueniri codicibus, de Regum libris sentit opinor. Verum hac de re diligentius tractat diuus Hieronymus hunc enarrans locum. Illud expendat diligens lector, qui conueniat hic euangelistam offensum fuisse quorundam impietate, cum ante Ruth posuerit & uxorem Vriæ, & Rahab scelere nobiles fœminas.

Generatio uox ambigua

Christi autem generatio.) ἡ γέννησις. Mea sententia rectius erat natiuitas quàm generatio, uel ob id quo uitaretur amphibologia: etiam si nobis non est ambiguum. Alioqui generatio non solum ad nascentem, uerumetiam ad generantem pertinet. Et Latinius erat, Sic habebat quàm sic erat, sensu nihil immutato.{Leuiculum est, quod in Græcis codicibus 22
habetur Iesu Christi, τοῦ δὲ Ἰησοῦ χριστοῦ. Suspicor autem additum Iesu, uel à scriba, uel ex consuetudine recitationis ecclesiasticæ. Nam neque Chrysostomus quicquam attingit de nomine Iesu, cum de Christo hoc est Messia, faciat mentionem. Et ad contextũ sermonis non perinde congruit additum Iesu nomen. Sic enim habet: Et à transmigratione Babylonis usque ad Christum generationes quatuordecim. Christi autem generatio sic erat. Repetitur uox Christi è proximo.}Eleganter autem hac ceu præfatiuncula excitauit auditoris animũ, rem inauditam ac prodigiosam narraturus.

Iesu nomen additum uidetur

γὰρ particula connectens orationem

Cum esset desponsata.) Deest apud nos coniunctio γάρ, id est, enim. μνηστευθείσης γάρ. Quanquam ea nihil habet momenti, nisi quod narrationem cum pollicitatione præcedenti connectit. Est autem apud Græcos uox ei rei quam declarat accõmodatior, magisq; peculiaris. Siquidem illi μνηστῆρας uocãt, qui puellæ nuptias ambiunt, qui Latinis dicũtur proci. Et μνηστεύειν tradere sponsam proco.

16-27: ante

Mater Iesu Maria.) Mater eius est Græce. Nam Christi paulo aute meminit, ne uideatur de alio quopiam ordiri sermonem, τῆς μητρὸς αὐτοῦ. Atque ita scriptum legitur in peruetustis

19 uetustis Latinorũ exemplaribus{nominatim in duobus,quæ mihi in secunda recognitione
22 aderant, Paulino & Corsendoncensi.}Itidem in aureo codice Margaretæ,consentientibus
quatuor uetustissimis exemplaribus, quæ nobis præbuit collegium diui Donatiani Bru/
19 gis.}Et ad eum modum citat Origenes{in homilia, quæ uulgo legitur in cultu ecclesiastico,}
19 uarijs nominibus explicans uim eius pronominis eius{Neq; secus legit Chrysostomus ho/
27 milia in Matthæum quarta{cumq; hoc Theophylactus.}

Exemplaria uetustißima — 19: hac posteriore {↓

Priusquã conuenirent.) πρὶν ἢ συνελθεῖν. Verecunde significat coniunctionẽ uxoris & mariti. Alioqui conueniunt potius qui concordant,aut qui in eundem congregant locum. Congredi tamen & congressum legimus pro consuetudine mariti & uxoris. Quanquã & coire quondam uerbum uerecundũ,postea factum est usurpatione parum castum. Eos uero qui ex hoc loco sumunt ansam insaniendi,ut dicant Mariam postea more uulgari fœmi
19 narũ peperisse filios,abunde refellit Hieronymus scribens aduersus Heluidium, &{Chryso
19 stomus hunc edisserens locum. Deniq;}suffragatur{&}Laurẽtius exemplis aliquot ex ethni
corum quoq; libris in medium adductis. Nam id additum est ab euangelista, non ut quod secutũ esset significaret, sed ut inusitatæ rei miraculũ aperiret. Perinde quasi dicat aliquis, iudices de causa pronunciasse priusquã causam cognoscerẽt: cum iuxta solennem morem
22 prius audiant iudices quàm ferant sententiã.{Qui sic loquitur,nõ hoc sentit,iudices cogno
uisse causam,posteaq; tulerint sententiã.}Vt igitur illic priusquã causam cognoscerent, nihil aliud est quàm non cognita causa,& citra causæ cognitionem: ita hic priusquã coirent, nihil aliud est,quàm sine congressu connubiali,siue absq; coitu. Cæterũ ut res est gesta,ita
19 narrat euangelista{non ut ipse nouerat.}Nondum intelligebat Ioseph mysteriũ: grauidam
uidet:congressum non intercessisse nouit,& idcirco nondum euangelista pronunciat uirgineum esse conceptũ, donec angelum id aperientem producit. Quis enim hominũ suspicaretur, mulierem e spiritu cœlesti concepisse fœtum humanũ? Sed minus offendiculi habiturus erat sermo, si uertisset per præteritũ tempus, Priusq; conuenissent, siue ut nos uertimus,priusquã congressi fuissent. Siquidem mollius est,priusquã cognouissent causam,damnauerũt reum,quàm priusq; cognoscerẽt. Iam enim magis uidetur cognitio sequutura.

Conuenire pro coire — *Heluidianorum error* 19-27: tr. — 16: gentilium — *Priusquã quo modo accipiendum* — 16-19: ennarat — 16: Ut

Inuenta est in utero habens.) εὑρέθη. Cur non potius deprehensa est, aut certe reperta? Nam inuenimus quod quærimus, Deprehendimus, quod latebat, præsertim in flagitijs. Reperimus,uel casu obuia,uel præter spem oblata. Porrò participium ἔχουσα uice uerbi infi
19 niti positum est. Deprehensa est habens,pro eo quod est, Deprehensa est habere.{Annota
uit super hoc uerbo nõnihil & Chrysostomus homilia quarta,significans id reperiri, quod nouum præter spem,ac præter expectationem compertum sit}Mirum est autem quam ob
19 causam interpretẽ{Latinum,}delectauerit ea περίφρασις, In utero habens,pro grauida,siue
prægnante: cum hæc non solum idem significent, sed & uerecundius. Nam ferre uterum
19 dicunt Latini.{Quanq; enim in utero habere Græcis eleganter & usitate dicitur, at Latinis
non itidem. Proinde Mattheus,aut huius interpres Græcus eleganter dixit, ἐν γαστρὶ ἔχουσα. Quandoquidẽ Athenæus libro Dipnosophistarũ decimo scribit hunc in modum de Ischomacho mimo: Καὶ πτωχῆς τινὸς τῆς γαστέρος πονούσης, ἐπεὶ ὁ ἰατρὸς ἐπυνθάνετο, μὴ ἐν γαστρὶ ἔχει, πῶς γε εἶπεν, τριταία μὴ βεβρωκυῖα, id est, Et cum pauperculæ cuidam doleret uterus, ac medicus interrogasset, num in utero haberet,qui possit,inquit,cũ triduo nihil ederit. Cauillũ in hoc est,quod cum medicus sentiret,num grauida esset mulier,mimus ex ambiguo sumpsit an
35 sam iocandi.}Item Herodotus libro 3. scribit Cambysen regem Persarũ, aduersus sororem
& eandem uxorẽ θυμωθέντα ἐπιπηδῆσαι αὐτῇ ἐχούσῃ ἐν γαστρὶ καὶ ἐκτρωσάσαν ἀποθανεῖν,id est, cõmotum irruisse in eam quum esset in utero habens, ac aborsu facto mortuam esse.}Verũ de hoc mox paulo plura dicemus.

Inuenire, reperire, deprehendere [parũ eleganter positũ] — 16: cur evangelistam aut potius — 16: haec — *Iocus mimi ex Athenæo*

De spiritu sancto.) ἐκ πνεύματος ἁγίου, id est, e spiritu sancto. Nihil est enim quod nos moueat factitia quorundam differentia, Quanquam hic quoq;, loco uiri positus est spiritus sanctus. Siquidem lector audiens illam cum marito non fuisse congressam,& iam ferre uterum, statim cogitaturus erat, ex quo igitur alio uiro? Proinde mox excludit hanc cogi
19 tationem, non ex uiro{inquiens,}sed ex spiritu sancto.{Illud perpendat uelim, prudens, ac
uigilans lector, num hoc loco locus sit distinctioni diui Augustini, quam tradidit libro de natura boni, quem scripsit aduersus Manichæos capite uicesimo sexto. Ex aliquo recte

16: Statim enim — 16: Mox igitur — *Ex & de quid differant*

{ 16: eius. Mariam autem Syrorum lingua dominam sonat. Hebraei sic scribunt miryam sunt qui illuminatricem maris interpretentur. Priusquam
19-22: reads the same as this, after interpolation shown in text as { }

dici, quicquid de illo sit, at non retrorsum. Ex deo siquidem omnia sunt, uelut ab autore,}
at non de deo, quod res conditæ, non sint participes substantiæ diuinæ. Sed humanus ille
fœtus, quatenus erat humanus, iuxta prædictam distinctionem accommodatius, opinor,
dicetur è spiritu sancto, quàm de spiritu sancto. Certe apud Græcos eadem est præpositio,
quam nos nunc de, uertimus, nunc ex.}

Cum esset uir iustus.) δίκαιος ὤν. Quoniam Græcus sententiam extulit per participiũ,
liberum nobis reliquit, addere coniunctionẽ, quæ cõmodissime faceret ad sensum. Sed{hæc 19
uox}cum, magis<aliquoties>sonat aduersum quiddam. Vt cum sis pauper, tamen fastu tur- 22
ges. At hic ceu causam adducit, cur noluerit illam traducere, quod iustus esset.<Quasi di- 22
Iustus pro bono xisset, Ioseph eo quod esset uir iustus noluit eam infamare>Mire uero iustum uocat, ob id,
quod in ius trahere noluerit, neq; punire, quod lex punire iubet. Iustum autem uocat, non
ob unam uirtutem, quæ prima est inter quatuor morales, sed ob absolutam omnibus nu-
[ἀδικία pro omni peccato meris probitatem. Sic Aristoteles in Ethicis, Iustitia, inquit, in sese uirtutem amplectitur
omnem, & ἀδικίαν pro quouis peccato usurpant{sacræ literæ.}Subnotauit hoc Chrysosto- 19
mus. Nam prorsus raræ cuiusdam ac prodigiosæ probitatis erat, cum sponsæ tumentem
uterum, & indubitata conceptus signa uideret, nec expostulare cum uxore, nec queri apud
affines, nec zelotypia discruciari, nec in ius ire, & ad pœnam rapere, sed suos æstus apud se
duntaxat premere: tantum in animo secum de secreto diuortio cogitare. Grauidam uide-
bat & mysterium{ut dixi}nondum nouerat, quod mox ab angelo discit. 19

Nollet eam traducere.) παραδειγματίσαι, Illud demiror hoc loco, qui factum sit, ut interpreti Latino, sermonis politiem aliâs negligere solito, tam elegans uerbum in mentem
uenerit. Nam ad uerbum uertendum erat exemplificare, siue per periphrasim, exemplum
16-19: foede facere. Siquidem elegantior usus huius uerbi fuit in causa, ut celebres aliquot Theologi
Petrus Lombardus notatus lapsi sint hoc loco. Quorũ de numero est haud aspernandus theologus Petrus Lombardus
ῥαψῳδὸς eius operis, quod uocant Sententiarũ: quem arbitror equidem & probum fuisse
uirum, & ut illa ferebat ætas, eruditum. Atq; utinam illius labor tam feliciter cessisset orbi
16: Longobardus Christiano, quàm ab illo susceptus est pio studio. Siquidem apparet illum hoc egisse, ut semel collectis quæ ad rem pertinebant, quæstiones omnes excluderet. Sed ea res in diuersum exijt. Videmus enim ex eo opere, nunquã finiendarum quæstionum, non examina,
sed maria prorupisse. Is in quarto sententiarũ libro semel atq; iterum sic usurpat hoc uerbum, quasi tum sponsus traducat sponsam, cum rem habuerit cum illa.{Sic enim habet di- 19
stinctione uigesima septima: Quidam tamen asserunt uerum coniugiũ non contrahi ante
traductionem & carnalem copulam, nec uere esse coniuges aliquos, nisi intercedat com-
mixtio sexus. Rursum aliquanto post: Sed quia nondum traducta, nec res uxoria intercesserat, id est, concubitus coniugalis.[Satis autem arbitror liquere Petrum Lombardum, con 35
iunctionem &, accipere interpretatiue, Alioqui si traducere dixit pro eo quod est sponsam
in domum sponsi deducere, Coitus intercedere potest sine hac deductione, nec statim co-
gnoscitur quæ deducta est, Exemplũ est mater domini Iesu. Et hodie quum sponsa est admodum puella, mos est ut sponsus in unis ædibus annũ unum habitet cum sponsæ parentibus. Haud tamen inficior, traducere natiuo significatu esse alicunde aliò ducere, quemadmodum Demea Terentianus, traduci iubet & matrem & omnem familiam, Verum ibi
Terentius non est usus uerbo connubiali, nec uerisimile est hunc autorem imitatum fuisse
Terentium, sed quoniam tantum Latine nouit, nec id exacte, quod in euangelio legerat,
noluit eam traducere, interpretatus est noluit cum ea rem habere, quia cogitabat diuortiũ.]
Traductionẽ nõ recte accipi pro consensu ad cohabitandum Neq; me fugit, quosdam sic hinc elabi uelle, ut dicant traductionẽ hic accipi pro consensu
ad cohabitandũ, quod aliquanto etiam est absurdius, Perinde quasi quis refellens eum qui
diceret cucurbitã significare tergum asini, neget significare tergũ ipsum, sed clitellas tergo
impositas. Quod si traductio est consensus ad cohabitandũ, cur is separatur à reliquis officijs coniugũ: aut quod erit coniugiũ sine consensu domesticæ consuetudinis? Deniq; cum
hic consensus sit mutuus, traductio tam sponsæ tribuetur quàm sponso. Quis autẽ unquã
legit traduci sponsum? Iam ubi apud iurecõsultos de matrimonio tractantes fit mentio tra
ductionis? Quod si cõtendant sponsam traduci, cũ in ędes sponsi deducit, iam Iosephus &
Maria iunctim in unis ædibus habitabãt, imò Maria in ędibus Ioseph sponsi sui habitabat.

Id quod

Id quod clare testatur Chrysostomus homilia in Matthæũ quarta,addens id ueteri consue/
tudine receptum, ut sponsæ in sponsorũ ædibus haberẽtur. Et aliquanto inferius in eadem
homilia. Neq; enim,inquit,expellere de domo uoluit,sed à se tacite dimittere. Expellere de
domo uocat traducere,quod id citra infamiã sponsæ fieri nõ posset,maxime cum esset gra/
uida. Proinde res satis indicat,Petrum Lombardũ,aut alium quem is secutus est autorem,
ex hoc loco sumpsisse occasionẽ erroris, qui intellexerit Ioseph ob suspicionẽ adulterij no/
luisse coitu cõfirmare matrimoniũ} Pudendus quidem lapsus,præsertim in ijs,qui se totius
orbis doctores profiteãtur,sed ætati magis imputandus quàm homini. Quid enim poterat
eo seculo,quo prorsus extincta lingua Græca,maxima ex parte & Latina, Literis Hebrai/
cis plusquã sepultis,obliteratis omnibus fermè uetustis scriptoribus, si quid erat explican/ μετρόπολιν
dum ad Isidorum uelut ad sacram ancoram confugiebat : quem idem secutus Metropolis *Isidorus no/*
35.19 interpretatur à μέτρον mensura,& πόλις ciuitas,{quũ Græce sit μητρόπολις] & Acolytos{siue *tatus*
ut ego sanè legendum arbitror,acoluthos,sic enim Græci famulos à corpore uocant,inter/ *Metropolis*
pretatur}ceroferarios,aliaq; cõsimilia:nisi quod magis arbitror,hæc à recentioribus assuta, *Acoluthi*
qui ferè mos est,prę sertim in hoc scripti genere. Quin & illud demiror,quis indicauerit Ni
19 colao Lyrensi,traducere idem esse quod propalare. Sic enim interpretatur{Et in glossa quã
uocant ordinariã adiecit nescio quis,Pro traducere Græci habent propalare:perinde quasi
22 propalare, Græca uox sit. Hugo⟨Cardinalis⟩traducere interpretatur in damnũ suum ducere.}
Quanq; multis argumentis colligere licet, temporũ illorum plerosq; scriptores, Græcorũ
etiam cõmentarijs adiutos fuisse, qui tum ferè quomodocunq; uersi fuerant in Latinũ ser/
monem,ut suis indicabimus locis. Alioqui qui potuit Thomas diuinare ex ea translatione
quid sentiret Aristoteles,quã nec ipse fuerat Aristoteles intellecturus,etiam si Romane cal *Aristoteles*
luisset? Neq; uero damno,quod aliorũ monumentis adiuti sint. Illud demiror,cur ceu data *misere uer/*
opera,cælent eorũ nomina per quos profecerãt. Magis autẽ,cur libri quoq; suppressi sint, *sus olim*
unde decerpserãt. Verum hæc aliàs. Coaceruator sententiarũ uidetur hallucinatus ex uer/ **16-19: Magister**
19 bis Hieronymi, qui locum{præsentẽ}edisserens, scribit in hunc modum : Si quis fornicariæ
coniungitur,unum corpus efficitur. Et in lege scriptũ est, Non solum reos, sed & conscios
criminũ,obnoxios esse peccato. Quasi Ioseph ideo noluerit Mariam traducere,hoc est con
iungi cum ea,quod adulterã iudicaret, ne fieret unum corpus cum ea. Atqui non illic agit **16-19: Non enim**
Hieronymus de coniunctione connubiali,sed causam aperit,cur Ioseph uir iustus,noluerit
illam accusare, & populi fabulã reddere, quod palàm testantur ea quæ mox consequũtur.
19 {Nempe hęc,Sed hoc testimoniũ Mariæ est,quod Ioseph sciens illius castitatẽ,& admirans
quod euenerat,cælat silentio,cuius mysteriũ nesciebat}Est autẽ uarius usus apud Latinos *Traducere*
huius uerbi, traducere. Verum ut nullus elegantior, ita nec rarior alius, quàm cum signi/ *quid sit La/*
ficat promulgare quempiam, & in publicum uulgi sermonem efferre. Sic enim Martialis: *tinis*
Rideris,multoq; magis traduceris Afer,
Quàm nudus medio si spatiere foro.
Et Arbiter Petronius,Neue traducere uelitis tot amicorũ consilia secreta,quæ uix mille ho
mines nouerunt,hoc est ne uelitis in uulgus efferre. Apposite usus est hoc uerbo Seneca in
epistola ad Lucillium centesima : Volo luxuriam obiurgari,libidinem traduci,impotentiã
19 frangi.{Quoniam enim libido latebris gaudet, ac lucem hominumq; conspectum fugitat,
optat ut traducatur hic morbus,quo uel pudoris remedio sanetur}Translatum apparet ab
ijs,qui quo conspicui sint omnibus, per celeberrima urbis loca producũtur, id quod uictis,
aut facinoris alicuius damnatis ignominiæ causa fieri solet. Ita Liuius libro ab urbe condi/
ta secundo, Vos omnibus ciuibus, peregrinis populis spectaculo abeuntes fuisse, uestras
coniuges, uestros liberos traductos per ora hominũ. Vtitur in eundem sensum Tranquil/
lus in Vespasiano. Diuus Chrysostomus hunc edisserens locum apertissime uim indicat
19 huius uerbi cum ait: Non solum noluit eam damnare,sed ne publicare quidem{Nam hoc
27 uerbo usus est interpres Chrysostomi,⟨quũ pro damnare sit κολάσαι, pro publicare παραδειγματίσαι.) Rursum idem uerbum traducere,in iudiciũ trahere: item publicare,& in iudi
cium tradere interpretat} Nec ab hoc multũ abhorret Hilarius,qui παραδειγματίσαι, putat
esse legũ exemplũ ædere in quempiã. Sic enim ait in expositione canonis, quem cõposuit
19 in Matthæũ: Quia iustus ipse nollet in eam lege decerni.{Quin libro Numerorũ cap.xxv.

19-22: quae
quod noitra habet æditio: Tolle cunctos principes populi, & suspende eos contra solem in
patibulis, Diuus Augustinus iuxta illius regionis æditionẽ legit hunc in modum: Ostenta
domino duces populi contra solem. Cæterũ quod ille uertit, Ostenta, Græcus uerterat πα-
ραδειγμάτισον, uelut in exemplũ æde, quo cæteri hoc exemplo terreãtur. Idem hunc ipsum
adducẽs locum epistola 54. pro traducere legit, diuulgare. Quin & diuus Ambrosius enar
rans psalmũ, Beati immaculati, sermone septimo palàm à nobis stat, scribẽs hunc in modũ:
Quia iustus seipsum accusare malit, quàm alium deformare. Deniq; de Ioseph, cui despon
sata erat Maria mater domini scriptũ est, Quod cum eam grauem utero uidisset, cum esset
iustus, noluit eam traducere: & utiq; nullum adhuc audierat oraculum. Itaq; non solum ab
ultionis atrocitate, sed etiã ab accusatiõis seueritate iusti aliena persona est: potiusq; ducit,
suam remissionẽ accusari, quod non indicauerit, quàm alienũ crimen arguere. Atq; his o-
19: Vulgarius
mnibus consentiens Theophylactus Bulgariensis episcopus, Græcus (interpres noui testa- 22
menti) παραδειγματίσαι, inquit, τουτ' ἐστὶ φανερῶσαι καὶ κολάζεσθαι, id est, palàm facere ac punire (Deniq; est quidẽ anceps latina uox, siquidem nõnunq; traducit qui in diuersam ducit 27
partem, sic enim usurpauit, tum Cicero, tum Suetonius. Atqui Græca uox non patitur, ut
16: Itaque sensus
huc confugiamus) Sed ob morosos quosdam diutius inmoror his euincendis, quàm erudi-
19-27: Tr.
Ioseph cur uoluit Mariam dimittere
tus lector laturus sit) Sensus igitur est, Cum Ioseph esset uir probus, uideretq; sponsam gra
uidam, nec tamen mores eius paterentur, ut posset adulteriũ credere, cælandum esse duxit,
quod admirabatur. Quanq; reperio Theophylactũ in hac esse sententia, ut dicat Ioseph ob
id clanculũ uoluisse diuertere, quod se iudicaret indignũ consuetudine coniugis, quæ iam
è spiritu cœlesti concepisset. Verum hæc interpretatio coactior est. Nam si complexim legas, Reperta est, nimirum ab Ioseph, in utero habens è spiritu sancto, ut sit sensus: Iam tum
fuisse compertũ Ioseph, quod sponsa conceperat non ex ullo uiro, sed è spiritu, quorsum po
stea opus fuit angelo, qui moneret in somnis? Porrò cum hanc addit causam, cur timere nõ
debeat, Quod enim in ea natum est, de spiritu sancto est, satis indicat metum Ioseph, non è
reuerentia, sed uel è suspicione {quod non ueritus est dicere Chrysostomus} uel certe ex ad- 19
miratione fuisse profectum. Alioqui ex sermone angeli magis debuerat timere, certior factus de mysterio cœlesti. {Quod si cui durius dictum uidetur Ioseph quicq; addubitasse de 19
castitate Mariæ, is audiat Augustinũ durius etiam loquentem in epistola 54. ad Macedo-
nium: Vnde Ioseph, inquiens, cui mater domini fuerat desponsata, cum eam cõperisset esse
prægnantem, cui se nouerat non esse cõmixtum, & ob hoc nihil aliud quàm adulteram cre
didisset, puniri tamen eam noluit, nec approbator flagitij fuit} (Item Ambrosius de institu- 27
tione uirginis. Quid autẽ, inquit, præiudicat Mariæ, si cœlestis consilij mysterium Ioseph
16-22: hoc
non intellexit, & putauit uirginem non esse, quam pręgnantẽ uideret) Vsus est traducen-
di uerbo duobus in locis diuus Paulus apostolus, in epistola ad Colossenses cap. secundo.
16-22: exutos
καὶ ἐκδυσάμενος τὰς ἀρχὰς καὶ τὰς ἐξουσίας ἐδειγμάτισεν ἐν παρρησίᾳ, id est, Expolians principa
16-19: ostendavit palam
tus & potestates traduxit confidenter. Quod uicti soleant in triumphis circũduci, palamq;
ostendi populo. Et in epist. ad Hebræos cap. sexto: ἀνασταυροῦντας ἑαυτοῖς τὸν υἱὸν τοῦ θεοῦ, καὶ πα
ραδειγματίζοντας. Interpres proximo loco uertit traduxit, hic uertit ostentui habẽtes. Quanq̃
δειγματίζειν & παραδειγματίζειν
mihi sanè nonnihil interesse uidetur inter δειγματίζειν & παραδειγματίζειν, Siquidem δειγματίζειν est simpliciter, exempli causa ostendere, παραδειγματίζειν ob præpositionem additam, in malam partem sonat. Etiam si utrunq; deducitur à δεῖγμα, quod est exemplum,
16: quanquam
& δεῖγμα à δεικνύω deductum est, quod est ostendo.

Occulte dimittere.) ἀπολῦσαι Græcis ambiguũ est uerbum. Dimittimus exercitũ instru
ctum: dimittitur senatus: dimittitur concio, cum unicuiq; potestas sit quo uelit abeundi.
16: magis quadrabat
Dimittimus & amicũ uolentẽ proficisci. At hoc loco Latinius simul & apertius erat amit-
Dimittere pro repudiare
tere à se, siue repudiare, siue diuortiũ cũ ea facere (Id enim sensit euãgelista) idq; clanculũ,
quod palàm non posset citra periculũ simul & infamiã uxoris {Etiamsi me non fugit, apud 19
Suetoniũ dimissam dici, quæ sit repudiata} Neq; par est quenq; offendi, ceu duriore uerbo
repudiandi, cum Hilarius eruditus iuxta ac pius autor, non ueritus sit uti duriore. Sic enim
ait exponens canonẽ Matthæi: Volenti eam abijcere. Id nimirũ atrocius est q̃ repudiare.

In somnis.) κατ' ὄναρ, id est, per somnium. Quanq; sensum {eleganter} expressit interpres. 19
Nam quod in somnis apparet, per somnium appareat necesse est. (Nec est apud Græcos 22
Apparuit

16-19: reperio Vulgarium graecum evangeliorum interpretem in hac

Apparuit Ioseph, sed apparuit illi. Certe ei legitur, in emendatioribus nostris, nominatim in aureo Codice. Nam liceat interim hac nota significare librum, quem diximus esse in aulica bibliotheca Mechliniæ.> 19-27: margin: Uxor Joseph Maria

Accipere Mariam coniugem.) παραλαβεῖν, id est, adiungere in consuetudinẽ uitæ. Iam
19 enim acceperat{sed diuortiũ meditabatur.}Rursus interpres abhorruit a uocabulo uxoris,
cum euangelista non uereatur Ioseph patrem uocare Iesu. Certe diuus Hieronymus uxo/
19 rem legit, non coniugem. Id quod & interpretatio illius declarat.{Excusat enim uxores in diuinis literis aliquoties dici quæ sponsæ sint. Alioqui Græci sponsam appellant νύμφην. Porrò γυνὴ Græcis nunc uxorem sonat, nunc quamcunque mulierẽ. Chrysostomus homilia in Matthęum quinta, indicat nomen hoc parum competere in uirginem, sed tamen crebro tributum ab euangelistis quo mysterium cælarent, & arcerent stupri suspicionem.}

Accipere παραλαβεῖν melius adiungere

16-19: attestatur

Quod enim in ea natum.) τὸ γὰρ ἐν αὐτῇ γεννηθὲν, id est, genitum. Sic enim appellat id quod conceptũ est in utero, & nondum enatum. Natum enim dicitur etiam id, quod quo/
19 cunque modo cœpit esse.{Nos tamen conceptũ uertere maluimus, ne quem torqueret sermo minus usitatus. Porrò natum hic positum pro conceptum fatetur & indicat diuus Augu/
27 stinus libro primo quæstionum in Genesin.}{Et Tertullianus libro de carne Christi. Nam ex hoc loco insanus Valentinus dicebat Christum natum per uirginem non ex uirgine, quũ paulo superius Matthæus non abhorruerit ab hac præpositione, Ioseph genuit Iacob uirum Mariæ, ex qua natus est Iesus.}

Natum pro conceptum

Valẽtinus ait Christũ natũ per uirginem nõ ex uirgine

De spiritu sancto.) ἐκ πνεύματος ἐστιν ἁγίου, id est, è spiritu sancto est, siue ut nos uerti/
19 mus, A spiritu sancto profectum est: ut autorem indicet præpositio.{Iam diximus}quod re/
centiores aliquot Theologi, ingens mysterium subesse uolunt in hisce præpositionibus ex & de: cum apud Græcos eadem sit præpositio, apud nos diuersa, tantum quia libuit inter/
preti, qui frequenter affectat uarietatem, ubi nihil opus.

De & ex apud Græcos eadẽ

19 {Pariet autem filium.) Annotauit Chrysostomus, nõ esse dictum, Pariet tibi filium, quẽ/
admodum solet dici patribus: Et tamen dictum est, Vocabis nomen eius Iesum: quod autoritas imponendi nominis soleat esse penes maritum. Id tametsi uidetur à suscepto negocio alienius, tamẽ admonere uisum est, quod ad tuendã lectionis integritatẽ pertinere uidereť.} 19-22: sit

Et uocabis nomen eius Iesum.) Vel hic refelli potest Iudæorũ nostræ tempestatis uæsania, qui uolunt Christo diuersum fuisse nomen, à nomine ducis Iosue, & Iosue sacerdotis.
19 Certum est enim{ישׁע, siue additis duabus literis Vau & He}יהושׁע Hebræis sonare sa/
lutem. Et angelus uocabuli rationẽ exponens, Ipse enim, inquit, saluũ faciet populũ suum.
19 {Id quod annotauit & Hieronymus. Et diuus Chrysostomus homilia prima testatur in ipso statim euangelij frontispicio: Liber generationis Iesu Christi filij Dauid, studio ab euange/
lista additum Christi cognomen, ut eo discerneretur à duce Iosue. Rursum additum, Filij Dauid, quod ille Iosue de tribu Dauid non fuerit. Porrò si nomen erat diuersum, quorsum attinent hæ notæ, nomen à nomine secernentes? Cæterum}Latinius erat, A peccatis suis,} 16: Porro
quàm eorum. Verum interpres, opinor, uitauit amphibologiam: sed dum uitat hoc incom/
modum, in aliud incidit incõmodum. Neque uero periculum erat ne quis acciperet Iesum li/
27 berasse suos Iudæos à suis ipsius peccatis.{Medium erat à peccatis ipsorum.} 16: populum suum

Iesu seruatoris nomen idẽ esse cũ nomine Iosue ducis

19 {Per prophetam dicentem.)}{Sermo Græcus bifariam accipi potest. Altero modo sic, ut impleretur, quod dictum erat à domino, qui loquutus est per prophetam. Altero sic, Vt impleretur, quod dictum erat à domino per os prophetæ, cuius hæc sunt uerba. Hæc am/
phibologia Græcis hinc nascitur, quod utraque præpositio ὑπὸ & διὰ, id est, à & per, eun/
dem nominis casum asciscunt. τὸ ῥηθὲν ὑπὸ τοῦ κυρίου, διὰ τοῦ προφήτου λέγοντος. Verum poste/
rior sensus mihi magis probatur, quod uideam hanc sermonis figurã solennem esse sacris literis, quoties aliena uerba recitant. Id quod Latini faciunt per, inquit, & inquam. Iam uer/
22 bum impleretur, pro perficeretur, ut ignotum est Latinis auribus{nisi cum sentimus addi quod deerat rei consummandæ}ita ex Hebræi sermonis proprietate relictum est. Quod genus permulta licebit in apostolorum literis animaduertere.}

Amphibologia triplex

Implere, pro perficere

Ecce uirgo.) ἰδοὺ ἡ παρθένος. Apud prophetam Hebræum nomen est, non בתולה Be/
19 thula, quod propriè uirginem significat, & intactam uiro, sed עלמה alma{siue alama}quod puellam siue adolescentulam significat. Hoc ætatis est nomen, illud integritatis. Cæterum Hieronymus

Alma quid Hebræis | 19: sit

{16: praepositio. Hoc obiter admonendum duxi, quod
{16: dicentem.) Graecis anceps est sermo. Siquidem incertum est, utrum accipiendum sit dominum loqui per prophetam, aut a domino dictum per prophetam, cuius haec sint verba quod ὑπὸ & διὰ utraque praepositio gentivo jungatur. Sed posterior sensus verior est, quod hoc participio mos sit Evangelistis verba referre loquentis, quemadmodum Latini per inquit. Ecce

Hieronymus negat usquã inueniri in ueteri testamento uocabulum alma, nisi de uirgine.
Certe Genesis capite xxiiij. Rebeccam adhuc uirginem alma uocat. Et Deuteronomij capite xxij. lex punit raptorẽ alma, id est, puellæ, haud dubium quin de uirgine sentiens{quẽ 19
locum adducit & Origenes aduersus Celsum} Proinde Septuaginta uocem hanc interpretati sunt ἡ παρθένος, id est, uirgo, cæteris licet omnibus puellam interpretantibus. Quanq
apud Hebræos uox est anceps, ut quæ tum puellam significet, tum absconditã,{quod אלם 19
alam Hebræis sonet, absconditi}. Vnde quod in titulo noni psalmi positum est עלמות pro
quo cæteri interpretes transtulerunt pro adolescentia, Septuaginta transtulerunt, Pro ab-
sconditis: ut alma non solum uirginem significet, sed κατ' ἐπίτασιν uirginem absconditã,
& à uirorum conspectu seclusam. Qui mos & hodie{fere}manet Italis. Quin & punica lin- 19
gua, quam nonnulli uolunt ab Hebræis ortam, alma uirgo dicitur. Nam quod adiecit Hieronymus, Latinis quoq quod sanctum sit almum dici, ioco uerius quàm serio locutus uidetur.⟨Neque enim si in tot milibus uocum una aut altera casu conueniat, continuo uideri 22
debet linguarũ cõmertio fuisse factum⟩ Neq tamen alma uocabulũ competit in quamuis
uirginem, potest enim & anus esse, sed in eam uirginem duntaxat, quæ puella sit, & iam
nubilis, ac nondum nupta, hoc est cognita uiro. Verum si cum contentiosis agatur, quantumuis constet alma significare uirginem, non tamen euincemus ex his uerbis uirginem
fuisse quæ conceperit. Sic enim de infantula liceat loqui, Hæc pariet liberos, at non protinus pariet infantula. Verum cum ceu nouum signum polliceatur deus, quid noui fuerat,
si quæ prius erat uirgo, postea congressa uiro, conciperet ac pareret, id quod est omnium
cõmune? Postremo nec illud arbitror negligendum, non dictum esse simpliciter παρθένος,
Virgo illa sed ἡ παρθένος: Vt non de quauis uirgine possit accipi, quod nihil erat monstri, sed certa
quæpiam: ut insignis uirgo denotetur, quæ sit paritura. Proinde uertendum erat: Ecce uirgo illa concipiet. Ad quem modum nos locis aliquot articuli uim expressimus. Et ה apud
Hebræos hoc loco præpositum articuli uim habet.

In utero habebit.) ἐν γαστρὶ ἕξει, pro eo quod est, Grauida siue prægnans erit. Nam apud
Esaiam cap. vij. unde locus hic citatus est, הרה habetur, quod diuus Hieronymus conci-
↓⟨ piet uertit, cum tamen⟨Hebræa uox hic uideatur esse præsentis temporis⟩ Cæterum diuus 22
Excussa Hieronymi annotatio Hieronymus hunc enarrans locum legisse uidetur ἔχει præsentis temporis, non ἕξει futuri: quasi propheta ceu rem futuram prædixerit{& ob id scripserit, accipiet,}Euangelista re- 19
spexerit ad id quod iam erat factum.{Eaq gratia scripserit habet. Quod uerbum tametsi 19
præsentis sit temporis, tamen respondet uerbo præteriti temporis. Neque enim aliud pollet, habet in utero quàm concepit. Ostendit⟨Hieronymus⟩simile quiddam factum à Paulo, 22
qui cum adducat testimonium psalmi sexagesimi septimi: Ascendens in altum, captiuam
duxit captiuitatem, accipiet dona in hominibus, Accipiet futuri temporis uerbum, uer-
19: Ad haec terit in dedit. Atqui haud scio an hic locum habeat illa Hieronymi excusatio, quod quæ
propheta prædixerat futura, hic narrat facta, cum Matthæus ipsum prophetam adducat
suis uerbis loquentem: Vt impleretur, inquit, quod dictum fuerat à domino per prophetam ita loquentem. Postremo si euangelista narrat id quod gestum est, non dicendum erat
habet in utero, sed habuit. Iam enim Maria desierat esse grauida. Hi nodi non uideo, qui
possint explicari, nisi succurrat Hebræi sermonis proprietas, quem quisquis ignorat, multis in locis aut hæreat, aut impingat necesse est. Hic quoque locus argumentum præbet,
hanc æditionem qua uulgo utimur, tum nec in usu fuisse Hieronymo, nec ab illo castiga-
tam. Nam si usus fuisset, legisset & hic habet: Si castigasset, haberemus quod ille probat,
ac sequitur}. Verum, ut pace Hieronymi dicam, cur magis respexit huc, in habebit quàm
19: At in pariet, ubi tempus futurum relinquitur?{Aut quid peractum est Paulo, postea quàm 19
19: dedit mutauit (accipiet) in dedit, cum duxit præteriti temporis uerbum maneat? Nam si prophetæ scribentis tempus respicias, nondum Christus ascenderat in altum, neque captiuam duxerat captiuitatem. Hæc attingere uisum est, quo præberem eruditis, ac studiosis qualemcunq uestigandi occasionem.⟨Sed interim in mentem uenit, hunc quoque lo- 22
cum deprauate legi in commentarijs huius loci. Nam sciolus aliquis, audiens fieri mentionem futuri, mutauit accepit in accipiet. Accipiet dona in hominibus, quum & iuxta
Septuaginta sit ἔλαβεν, & iuxta ueritatem Hebraicam similiter uerterit Hieronymus.
Nec

⟨ 16-19: tamen, ut hebraici apices duo scilicet camez indicant praesentis sit temporis, praeteriti autem esset si unum foret camez. Caeterum

Nec aliter citat hunc locum Epist. ad Ephesios, capite quarto. Non animaduertit autẽ ra/
tionem futuri temporis, non esse in uoce uerbi, sed in re. Nam qui accepit elargienda non/
dum elargitus est, ut quæ cœpit, nondum peperit. Similis error quendam impulit, ut hoc
loco mihi grauem moueret tragœdiam.⟩Non grauabor autem & hoc indicare lectori pio,
locum hunc in cõmentarijs Hieronymi, in omnibus quæ uiderim exemplaribus, haberi de/
prauatũ, etiam in hac, quantum licuit elaboratissima æditione Basiliensi. Lectio restituetur
ad hunc modum. Sed propheta quia futura prædicit, significat quid futurum sit, & scribit
accipiet. Euangelista quia non de futuro, sed de præterito narrat historiã, mutauit accipiet,
& posuit habet. Qui enim habet, nequaquam accepturus est. Certe ex hac clausula: Qui enim
22 habet, nequaquam accepturus est, palàm est Hieronymũ legisse habet, non habebit.⟨Idem men/
dum esse uidetur in cõmentarijs quibus enarrat septimum caput Esaiæ.⟩

Emendatus in Hieronymo locus

Et uocabitur nomen eius.) καλέσουσιν, id est, Vocabunt, non uocabitur. Atque ita scriptũ
comperitur in antiquissimis simul & emendatissimis Latinorum exemplaribus. Quin &
Hieronymus cõmentariorum in Esaiam libro tertio, & illud adnotauit, euangelistam non/
nihil immutasse de uerbis huius prophetiæ: quippe qui pro וְקָרָאת, quod Hebræis sonat
& uocabis in masculino, siue uocabit in fœminino, ut referatur ad ipsam quæ peperit uir/
19 ginem, uocabunt mutarit.{Nam uocabunt legit & Origenes, testimonio hoc utens aduer/
sus Celsum. Et Chrysostomus clarissime testatur uocabunt esse legendum, homilia quinta.}
27 Sed uocabunt (inquit) ponens multitudinis numero Matthæus respexit populi personam,
cuius illa uox est, Nobiscum deus, nimirum sibi gratulantis de tali partu. Qua de re non/
nihil etiam meminit Theophylactus Bulgariensis episcopus, Græcus interpres etiam si re/
centior, haud aspernandus tamen. Emanuel autem Hebræis sonat, nobiscum deus. Nam
22 עִמָּנוּ nobiscum אֵל deus, עִמָּנוּאֵל nobiscum deus. Cæterum, quod⟨est interpretatũ, quo/
niam inusitatior est sermo, nec amphibologia carens⟩nos periphrasi maluimus reddere,
Quod si quis interpretetur, sonat nobiscum deus.

Vocabunt nõ uocabitur

16:19: Vulgarius graecus — Theophylactus

Exurgens autem Ioseph.) διεγερθεὶς, id est, experrectus, siue expergefactus, aut exci/
tatus. Quanquàm huius uerbi usus ad tria solet accommodari, ad eum qui surgit, qui re/
uiuiscit, & qui expergiscitur.

Et accepit coniugem.) Hoc est adiunxit sibi. Pugnat enim παραλαμβάνειν cum eo quod
est ἀπολύσαι, id est, reijcere. Sic enim usus est & diuus Paulus scribens ad Romanos: τὸν
δὲ ἀσθενοῦντα τῇ πίστει, προσλαμβάνετε, id est, Eum qui infirmus est fide, ne reijcite, sed admit/
tite, & adiungite uobis.

Filium suum primogenitum.) τὸν πρωτότοκον. Græcus articulus fauere uidetur Helui/
dianis, qui sic additur, quasi distinguat hunc filium à cæteris, sed magis accipiendus inter/
pretatiue, pro eo quod est, qui est primogenitus: ut intelligas eundem illum filium, de quo
prius est locutus, & quem è spiritu dixit conceptũ. Eadem de causa addit αὐτῆς, id est, suũ.
Alioqui quæ mulier parit alienum filium? ut interim sileam de mysterio, quod subest in uo
cabulo primogeniti. Cæterum quod ait: Donec peperit, Latinius erat, donec peperisset. Ex
his quoque uerbis Heluidiani uenantur erroris sui patrocinium, haud animaduertentes He/
bræi sermonis proprietatem. Ad eundem modum legis de coruo emisso Genesis cap. viij.
qui egrediebatur, & non reuertebatur donec siccarentur aquæ super terrã: cum significet
35 auem nunquã fuisse reuersam. Quanquam hac de re superius item nonnihil attigimus.[Porrò
quũ extra cõtrouersiam sit hic ἐγίνωσκεν uerecundiæ causa positũ pro coijt cum ea, coactũ
ac frigidum est quod quidam cõmenti sunt, ante partum non cognouit quantæ dignitatis
esset, post partum uisis miraculis cognouit illam esse toto mundo superiorem.]

Donec quomodo accipiendum

EX CAPITE SECVNDO

CVm ergo natus esset.) Græci codices, autem habẽt, non ergo. τοῦ δὲ ἰησοῦ γεν-
νηθέντος, id est, Nato autem Iesu, atque ita legit Chrysostomus, quanquam refra/
gantibus antiquis exemplaribus Latinis. Neque magni refert ad sententiam.

In Bethlehem Iudæ.) Iudææ legendum arbitror, non Iudæ, suffragantibus
uetustissimis exemplaribus nostris. Siquidem Iuda hominis nomen est, Iu/
dæa regionis. ἐν βηθλεὲμ τῆς ἰουδαίας. Cæterum obscuri uiculi nomen, quo magis agnosce/
retur addito regionis uocabulo illustrauit. Est enim Bethlehem oppidulum situm in tribu
Iuda

16-22: est

⟨ 16-19: quod scripsit interpres latinus quod est interpretatum, nec ad verbum reddidit graecum sermonem, nec latinitati satis consuluit, unde nos

19 16-22: deus. Apud Esaiam vaticinium illud {si quis forte requirat} in hunc modum legitur Hinneh ha-ʿalmah harah we-yoledeth ben we-qaratha shemo ʿimmanu'el. Exurgens

Iuda, unde Iudæa dicta est, haud procul ab Hierosolymis. Solemus autem regionis nomen
addere, etiam discernendi gratia, uelut Antiochiam Palęstinæ, quod altera sit eiusdem nominis in Asia, id quod hic quoq; locum habet. Siquidem alteram esse Bethlehē in Galilæa,
16-19: Iudicum — indicat liber Iosue{quemadmodū autor est Hieronymus in suis cōmentarijs, ac rursus enar 22
Bethlehē duæ — rans quintū Michææ caput. Scribit enim hunc in modum: Pulchre autem dicitur in Bethlehem Iuda, ad distinctionem eius Bethlehem, quæ in Galilæa sita est: sicut in eodem Iesu
uolumine repperi}Consimiliter deprauatū est quod paulo post sequitur: In Bethlehē Iudæ
Expensa opinio Hieronymi — pro Iudæa:{Hieronymus tamen arbitratur librariorū errore factum, quod scriptum sit Iu- 19
dææ pro Iuda: cum in Michæa legatur Iuda, usus hoc argumēto, quod non sit altera Beth-
lehem aliarum gentium, sed in Iudæa duæ sint, altera in tribu Iuda, altera in Galilæa. Consentiunt quidem exemplaria, quæ uiderim, tum Græcorum tum Latinorū cum opinione
Hieronymi: licet argumentū illius refelli poterat, quod ille Iudæam pro uniuersa regione
27: + Levi — accipit, quæ duodecim tribus complectitur: cum Iudæa proprie dicenda sit pars Iuda[& 35
19: neget — Iudæa duas tribus complectitur — Beniamin]Quod si quis contendat, Iudæam non usurpari, nisi pro uniuersa Iudæorum regione, is protinus ex ipsius Matthæi refelletur autoritate, qui paulo post scribit in hunc mo
19-22: fratris — dum: Cum audisset Archelaū regnare in Iudæa, loco Herodis patris sui, timuit illuc abire,
sed oraculo admonitus in somnis, secessit in parteis Galilææ. Nam qui consistet, eū fugisse
è Iudæa, & Galilæam adisse, si & Galilæa Iudææ pars est.{Etenim si Hieronymo creditur, 27
gentium Galilæa, erat in sorte tribus Neptalim, altera in tribu Zabulon. Cæterum quod
27: Roboam — Origenes libro περὶ ἀρχῶν quarto sic diuidit totam gentem ab Hieroboam filio Nabath sectam in duas partes, ut decem tribus quibus ipse imperabat, dicerentur Israel, cæteræ uero
27: Levitica — duæ, Beniamitica, & ea quæ ex regio genere Dauid duxit originem sit Iuda:[quibus sem- 35
per iuncta fuit tribus Leuitica, unde sacerdotes legebantur:]quicquid autem locorum hæc
natio acceperat à deo, cōmuni uocabulo dici Iudæam: ut in genere uerum sit, certe non uidetur perpeturo uerum.}Sed hæc ad sensum euangelistæ perpusillū habent momenti. Proinde siue Iuda legamus, siue Iudææ, non est quod aliquis digladietur, cum sensus sit idem:
& constet olim etiam Iudææ scriptum fuisse in uulgatis exemplaribus. Certe in uaticinio
prophetæ, quod mox adducetur, Iuda legitur non Iudææ, magno consensu codicum, tum
Græcorū, tum Latinorū.{Ad hæc Hebræis peculiare est, hominis uocabulum usurpare pro 27
gente seu loco.}Cæterum בית לחם Bethlehem Hebræis sonat domum panis, לחם lehem
panis, בית domus. יהודי Iudæus confitens: quo nomine nunc indigni sunt, qui Christū
pertinacissime pernegant.{Bethlehem ab Hieronymo in locis Hebraicis, ciuitas dicitur Da- 22
uid, quæ eadem dicta est Ephrata. Abest ab Aelia sex M.P. ad plagam meridianam. Idem
enarrans 5. Michææ caput, paruum uiculum appellat, sed ad reliquarū ciuitatū compara-
tionem. Nam & Lucæ capite secundo πόλις dicitur. Addam & illud: Si Hieronymus uidisset Hebraicum Euangeliū, ut creditur à Matthęo scriptum, non opinaretur hic corrupte
legi Iudææ pro Iuda, sed ex illius autoritate plane pronunciaret.}Porrò quod magi nomi-
↓ * Magi qui — nantur: nemo maleficas artes, quas uulgo magicas dicimus somniet. Siquidē quos Græci
sophos aut philosophos, Chaldæi magos uocant, ut testatur & diuus Hieronymus in Da-
↓ * — nielem. Illud minutius, quod παρεγένοντο, id est, accesserūt, uertit uenerunt:{Venerunt Hie 19
rosolymā, dicentes. Nomen urbis apud Græcos ferè neutro genere pronunciatur ἱεροσόλυ
Hierosolyma um, & Hierosolyma, solymæ — μα & σόλυμα: populus ipse Hierosolymi dicūtur, masculino genere, numero multitudinis,
quemadmodū & Solymi. Semel duntaxat, quod equidem meminerim, Hierosolymā lego,
idq; apud Cornelium Tacitum libro Augustæ historiæ xxi. Solymos, inquit, carminibus
Homeri celebratam gentem, conditam urbem Hierosolymā nomine suo fecisse, plurimi au
tores consentiūt. Verum haud scio an hic appositiue usurparit Hierosolymā, quemadmodum Iuuenalis in Satyris: Interpres legum Solymarum, Suetonius in Tito Vespasiano:
Cuius breui compos, & ad perdomandam Iudæam relictus, nouissima Hierosolymorū op
pugnatione, &c. Quanq; autem hoc leuius esse duco, quàm ut ea gratia quisquā cum alio
digladietur, tamen quoniā ita reperio scriptum ab ipsis, ut opinor, euangelistis, quomodo
sæpius obuium est apud probatos autores, præsertim apud Tacitum eo, quem modo citauimus, libro, nos sequi maluimus. Nonnunq; placuit periphrasis, utpote mollior, ac dilucidior, sicuti mox: Et tota Hierosolymorum urbs.}

Qui

* 16: Porro .... Danielem follows Illud .... venerunt

19 Qui natus est.) ὁ τεχθεὶς, {non γεννηθεὶς.} Participium est à uerbo pario, quasi dicas par-
35 tus est.¶Nos uim articuli cupientes exprimere, uertimus: Vbi est ille qui natus fuit, [uel est] rex Iudaeorum? Et rursum in stella apposuit articulum, αὐτοῦ τὸν ἀστέρα. Vt certam stellam intelligas, & non quamlibet, sed eximiam.

Articulus additus ¶↓

Et uenimus.) Venimus prima acuta pronunciandum est, utpote praeteriti temporis ἤλθομεν. Quod ego minutius esse ducerem quam ut admoneretur, nisi passim audirem multos in hoc & ambigere, & errare. Proinde nos uertimus accessimus. Ad haec:

Venimus adorare.) Graecanice dixit magis quàm Latine, uenimus ut adoremus, siue ad adorandũ. Minutius & illud, quod ἀκούσας participiũ praeteriti temporis, uertit audiens
19 Rectius erat, cum audisset, siue ut nos uertimus, auditis autem his Herodes. {Ad haec, quod hic in pronominis casu uariant Graeca exẽplaria, dum in nõnullis legitur προσκυνῆσαι αὐτῷ in alijs προσκυνῆσαι αὐτόν, non est quod quenquã moueat, quod uerbum προσκυνεῖν, apud Graecos autores utriq; casui iunctũ reperiatur. Id exemplis quoq; docerem, ni per se clarũ esset.} Praeterea quod omnis Hierosolyma poëtice magis quàm historice, pro tota dixerit Hierosolyma: nec id citra uitium amphibologiae, quasi plures sint Hierosolymae. Rursum quod fecit in ἀκούσας, idem fecit in συναγαγών. Verum haec quoniam leuicula sunt, & ad sensum non ita multum habent momenti, non est animus passim admonere.

προσκυνεῖν & dandi & accusandi casum admittit

Principes sacerdotũ.) ἀρχιερεῖς, id est, primarios sacerdotes, quos aliàs saepe uertit, pon-
19 tifices{ & nos alicubi sequuti sumus, quod uereremur ne non ferrent aures Christianorũ, si dixissem, pontifices maximos, more Latinorũ.} Alioqui princeps sacerdotum esse possit, qui ipse non sit sacerdos.

ἀρχιερεύς, quem aliàs pontificem uertit ¶ 16: qui ¶ 16: Nam

Et tu Bethlehem.) Testimoniũ hoc sumptum est ex Michaeae capite quinto. Diuus Hieronymus ingenue fatetur, id quod refertur à Matthaeo, neque cum aeditione Septuaginta, neq; cum Hebraica ueritate per omnia conuenire: siue quia uoluerit Euangelista studiose referre, sicut ab illis fuit responsum, ut ostenderet scribarum & pharisaeorũ in diuina scri-
19 ptura negligentiam: siue{iuxta quorundam opinionem} quod ipsi Euangelistae testimonia huiusmodi non è libris deprompserint, sed memoriae fidentes, ita ut fit, lapsi sint: quandoquidem deprehenditur aliquoties in sensibus quoq; nõnulla diuersitas, ut uerba prudentes
19 neglexerint. {Atq; hic sanè ne quis offendi possit infirmior, aut etiam morosior, non grauabor ipsa Hieronymi uerba subscribere ex huius loci cõmentarijs. Quod, inquit, testimoniũ nec Hebraico, nec septuaginta interpretibus conuenire, me quoq; tacente perspicuum est, & arbitror Matthaeum uolentem arguere, scribarum & sacerdotum erga diuinae scripturae lectionem, negligentiam, sic etiam posuisse, ut ab eis dictum est. Sunt autem qui asserunt, in omnibus penè testimonijs, quae de ueteri testamento sumuntur, istiusmodi inesse errorẽ: ut aut ordo mutetur, aut uerba, & interdum sensus quoq; ipse diuersus sit, uel apostolis, uel euangelistis, non ex libro carpentibus testimonia, sed memoriae credentibus, quae nonnunquã fallitur. Hactenus Hieronymi uerba recensuimus. Apparet autem hoc loco uirum eruditissimũ magnis fuisse constrictum angustijs, unde uix explicare sese potuerit. Nam prior illa ratio, quam suo nomine refert, ut cum sanctissimi uiri pace dixerim, coactior uidetur & affectatior. Primum enim id quod sequitur, Sic enim scriptum est per prophetam, non minus cõmode potest ad Euangelistae quàm ad pharisaeorũ personam referri. Deinde nusq; reperire licet, pharisęos & scribas in hoc notatos, quod legem ignorarẽt, sed quod ambitione, & auaricia corrupti, uidentes nõ uiderent. Etenim iurisperitus rogatus à Christo, quid legeret de magno mandato, respondet incontanter: Diliges dominũ deum tuum &c. & ille approbato illius responso: Hoc fac, inquit, & uiues. Porrò Sadducaeis dictũ est, Non
35 intelligẽtes scripturas.¶Arbitror autẽ eundem esse locum qui narratur Lucae decimo, Matthaei uigesimo secundo, & Marci duodecimo: apud Lucam Iurisperitus interroganti domino respondet, apud Matthaeum dominus respondet, quemadmodũ & apud Marcum. Sed ipse Marcus praebet ansam soluendae dissonantiae, apud hunc enim scriba repetit & approbans domini responsum uelut interpretatur. Apud Matthaeum uero fit mentio pharisaeorum qui per legisperitum proponunt quaestionem.] Iam altera defensio, quam aliorum nomine recenset Hieronymus, aliquanto etiam est durior: uidelicet memoria lapsos Euangelistas, saepenumero dissentire uerbis ab Hebraeo, nonnunq; & sensibus. Et hanc senten-

Pensitata Hieronymi opinio 16-22: as

Dissensio LXX ab Hebraeo

Lucae 10 19-27: alio in loco rogati 19-27: illorum

An lapsi sint alicubi memoria euãgelistae

b tiam

¶ 16: est. Id ante posuit pro conceptus. Nos

tiam ita refert aliorum titulo, ut tamen non insectetur uelut impiam. Notauit hunc locum idem Hieronymus in libello ad Pammachiū de optimo genere interpretandi, palàm ostendens Euangelistam non solum uerbis dissidere à prophetæ uerbis, uerūetiam sensum prorsus esse contrariū. Nam quod est in Hebræo. Paruulus es in milibus Iuda, & Septuaginta uerterunt: Modicus es ut sis in milibus Iuda, Euangelista dixit: Nequaquā minima es in milibus Iuda. Et tamen prophetæ sensum magis approbare uidetur Hieronymus, ostendens eum consentire cum uerbis diui Pauli: Elegit infirma mundi deus, ut cōfundat fortia. Atq; hunc locum ita claudit Hieronymus: Hæc replico, non ut Euangelistas arguam falsitatis, hoc quippe impiorū est, Celsi, Porphyrij, Iuliani, sed ut reprehensores meos arguam imperitiæ, & impetrem ab eis ueniam, ut concedant mihi in simplici epistola, quod in scripturis sanctis, uelint, nolint, apostolis concessuri sunt. Hactenus Hieronymus.

Excussa quædam Hieronymi

Certe Hieronymus non id postulat sibi concedi, ut sensum reddat contrarium, sed ut alijs uerbis eandem efferat sententiā. At in Euangelista fatetur sensum prorsus esse pugnantē cum sensu prophetæ. Quod si conceditur Euangelistæ, multo magis ignoscendum sit Hieronymo. At falsitatis crimen abominatur in Euangelistis, τὸ μνημονικὸν ἁμάρτημα non item.

Errarūt & apostoli, ut homines, at non in ijs, quæ ad salutē nostrā pertinebant

Neq; enim continuo forte uacillet totius scripturæ sacræ autoritas, sicubi uarient, uel in uerbis, uel in sensu, modo summa constet earum rerum de quibus agitur, & unde cardo pendet nostræ salutis. Vt enim spiritus ille diuinus mentium apostolicarū moderator, passus est suos ignorare quędam, & labi, errareq; alicubi iudicio siue affectu, non solum nullo incōmodo Euangelij, sed hunc etiam ipsum errorem uertit in adiumentū nostræ fidei: ita fieri potuit, ut sic [19-22: ita] temperarit organum apostolicæ memoriæ, ut etiam si quid humano more fugisset, id non solum (non) deroget fidei diuinæ scripturæ, uerūetiam fidem arroget, apud eos, qui alioqui [27] de composito scriptum calumniari poterant. Quod genus sit, si nomen pro nomine sit positum, id quod alicubi factum fatetur Hieronymus: aut si quid non suo narretur ordine, in quo sæpenumero torquentur ueteres interpretes. Et Hieronymus in præfatione cōmentariorum, quos scripsit in Matthæum, testatur Marcum ea quæ audiuit à Petro, iuxta fidem gestorum retulisse potius quàm ordine.

Spiritus non semper agit in sanctis

Spiritus ille cœlestis totum hoc salutis nostræ mysterium arcanis consilijs & abstrusis humano ingenio rationibus moderatus est. Neq; nostræ facultatis est, neque Christianæ modestiæ, quibus modis suum negocium temperarit præscribere. Solus Christus dictus est ueritas, unus ille caruit omni errore. Adfuit spiritus diuinus & diuo Cypriano, ut est probabile, & tamen quædam illius rejciuntur ab orthodoxis: adfuit & Hieronymo, rejciuntur & huius nonnulla: adfuit Augustino, atque ipse quædam sua recantauit. Prima quidem autoritas debetur apostolis & Euāgelistis: sed fieri potuit, ut Christus occulto nobis consilio, quiddam humanū in his quoq; residere uoluerit, perspiciens hoc ipsum ad humani generis restitutionem conducere. Poterat suos semel omni ignorantia, omni liberare errore, at iuxta Augustinū, & post acceptum spiritum sanctum deliquit Petrus, & ita deliquit, ut à Paulo meruerit acriter obiurgari. Dissentit à Barnaba Paulus, quod fieri non potuit, nisi alterutro errante. Quod si prorsus existimemus labefactari scripturæ totius autoritatem, si uel leuissimus error usquam insit, certe plusquam probabile est, in omnibus exemplaribus, quibus nunc utitur ecclesia catholica, nullum esse tam emendatum, cui non uel casus, uel studium alicuius, mendi nonnihil asperserit. Iam si placet superior ratiocinatio, aut hoc planè negandum est, aut labascet uniuersa fides diuinæ scripturæ. Atq; hæc dixerim optime lector, non quod huius sententiæ uelim uel autor esse, uel patronus, sed si qui forte sunt, qui putent huiusmodi nodos, quos aliquot nectit Hieronymus, explicari non posse, ne protinus sic interpretentur, ob unum aut alterum uerbulum, labefactandam totius scripturæ sacræ autoritatem, iniquiores erga sacros libros, quàm (erga) prophanos. [22] Grauis autor est Suetonius, etiam si in uno, aut altero loco lapsus esse comperiatur. Quod suffugium si non recipitur, equidem malo credere, uel apud Hebræos, uel apud nos locum esse deprauatum, aut si quid mutatum est diuino consilio mutatum in melius: aut deniq; scripturā quidem esse synceram, sed nostram imbecillitatē non assequi mysterium.

Nodus explicatus, quē Hieronymus non explicuit [19-22: adjiciam]

Illud repetam, si Hieronymo fuisset Euangelium Matthæi scriptū Hebraice, hoc sane loco testimoniū illius adduxisset. Quanq; autem impudens uideri possit, si nos conemur explicare nodum, quem Hieronymus ipse non explicat, explicaturus haud dubie

dubie, si potuisset: tamen illud secum perpendat uelim lector pius ac diligens, num hac ra/
tione possit ex his angustijs emergi, ut dicamus, subito in medio sermone personam cõmu
tatam, quod aliàs quoq; factum animaduertimus in sacris literis. Imaginemurq; prophetæ
uerba sic recitari, uel à pharisæis, uel ab euangelista, ut de suo nonnihil admisceat, quod ta/
men haudquaq; aduersetur sensui prophetiæ. Siquidẽ cum propheta sentiret antea Beth/
lehem humilem, contemptamq; fuisse præ cæteris Iudæ ciuitatibus, tamen futurũ, ut eius/
modi partu ædito, superet omnes felicitate, celebritateq;: quod à propheta dictũ erat, tacuit
Euangelista, quod sensit explicuit, non ad id tempus respiciens, quo hæc scripsit propheta,
sed ad sua tempora, quibus ædito Iesu, desijt esse minima Bethlehẽ, ac maxima cœpit esse.
Perinde quasi dixisset: Quod olim prædictum est à uate, fore ut ex omnium minima, fieres
omnium maxima, id iam contigit. Adijciam & illud, quo lectori copiosiorem cõmentandi
materiã suppeditem, Haud scio an per hyperbolen dictum accipi possit: Nequaq; minima
es in principibus Iuda, ut quam uehementer humilem intelligi uoluit, negaret uel minimã
esse inter principes, perinde ac si extremæ notæ hominẽ, negemus esse in hominũ numero:
& quemadmodũ Paulus supra modum contempta, uocat ea quæ non sunt. Subindicat &
tale quiddam diuus Hieronymus Michææ locum enarrans: Et tantis, inquit, milibus com/
parata, uix paruus es uiculus. Hæc uisum est in mediũ afferre, partim quo liberũ sit lectori
sequi, quod maxime probandũ existimarit, partim ut ex his aliquid forte succurrat melius,
ut solent alia ex alijs in mentem uenire studiosis.} Septuaginta uerterunt ad hunc modum:
22 ⟨καὶ σὺ Βηθλεὲμ οἶκος Ἐφραθὰ ὀλιγοστὸς εἶ τοῦ εἶναι ἐν χιλιάσιν Ἰούδα, ἐκ σοῦ μοι ἐξελεύσεται, τοῦ εἶναι
εἰς ἄρχοντα τοῦ Ἰσραήλ, id est⟩ Et tu Bethlehem domus Ephratha, nequaq; minima es, ut sis in
22 milibus Iuda. Ex te mihi egredietur, ut sit in principẽ Israël, ⟨etiamsi in Aldina æditione deest
ἥκιστα, aut οὐδαμῶς, si uera refert Hieronymus⟩ Hebraica hunc in modum transtulit Hiero/
nymus: Et tu Bethlehẽ Ephratha, paruulus in milibus es Iuda: ex te mihi egredietur, qui sit
dominator in Israël. Cæterũ quod Latine dicitur paruulus. Hebræis צָעִיר non simpliciter
paruulum significat, sed adulescentulũ & iuuenculũ. Vnde & in psalmo: Adulescentulus
sum ego, & contemptus. Pro adolescentulo est צָעִיר. Ad hæc notat Hieronymus eandem
ciuitatulã Bethlehem, quæ sita est in regione Ephrata, nunc uendicari sorti Iudæ, nunc Si/
19 meonis, nunc Beniamin. Porrò Ephrata אֶפְרָתָה Hebræis sonat furorẽ, siue {καρποφόρον, id
est} frugiferã, autore Hieronymo. Illa quoniã leuicula sunt, satis est indicasse, quod, In prin/
cipibus dixit, pro inter principes, & exiet, pro exibit. Item pro Dux esse ἡγούμενος, partici/
pium eius uerbi, unde deductũ est ἡγεμών, quod principem, ac ductorẽ significat, ac modo
19 uerterat, principem. Vnde {forte} melius uertisset: Exibit qui dux sit populo meo.

Euangelium Hebraice scriptum an uiderit Hieronymus

Hyperbole. Quomodo poßit accipi, Bethlehem nõ esse minimam

[handwritten] ↑ ↓ ↑ 16-19: es

Paruula qd proprie sit Hebræis

Qui regat populum meum.) ὅστις ποιμανεῖ, id est, Qui recturus est, siue reget futuri tem/
19. 27. poris, suffragantibus & Latinis exemplaribus uetustis, {nominatim eo quod exhibuit (Ioan
nes) Coletus,} Id significat non simpliciter regere, sed pascere, ut aliquoties transtulit, & re/
gere quomodo pastor gregem. Quanquã Græca uox non respondet Hebraicæ, quæ hoc
loco dominatum magis significat. Cæterum in psalmo, Quare fremuerunt gentes: Reges
eos in uirga, ποιμανεῖς, quod uerterunt Septuaginta, respondet Hebraicæ quæ est תְּרוֹעֵם.
19 {de quo nonnihil annotauit & Hilarius psalmum hunc enarrans.}

[handwritten] 16: reget ποιμαίνειν

Regere bifariam

Interrogate diligenter.) ἀκριβῶς, id est, Exacte, quod absolutam quandam significat di/
ligentiam. Inde uerbum ἀκριβόω, quo mox usus est: ἠκρίβωσεν παρ᾽ αὐτῶν, id est, Diligenter
didicit ab illis. Id significat accurate, exactaq; cura quippiam agere, ubi quis omnibus ner/
uis incumbit. Nec est, interrogate, sed, exquirite, siue examinate, ἐξετάσατε. Quin & illud
parum commode reddidit, Tempus stellæ quæ apparuit eis, τὸν χρόνον τοῦ φαινομένου ἀστέρος,
quæ apparuisset, siue apparuerat. Nos quo dilucidior esset sermo, uertimus hunc in modũ:
19 Quo tempore stella apparuisset. Nec additur apud Græcos eis. {Cæterum pronomen in/
terpres addidit, quo dilucidior esset narratio.}

Inuenerunt puerum.) Minutula sunt & illa, quod Græce non παῖς est, sed παιδίον di/
minutiuum, quasi dicas, puellum: quemadmodum & superius, diligenter interrogate de
puero, περὶ τοῦ παιδίου. At paulo superius, Præcedebat eos, προῆγεν. Quod ita est præce/
19 dere {quempiam} ut sit ceu dux uiæ. Præterea, Gaudio magno, χαρὰν μεγάλην, id est, Gau/
19 dium magnum Atticorum more {dictum est,} quod tamen Latine uertit interpres. Etiam si
b 2 Terentius

Diminutiua p primitiuis usurpantur. Atticus tropus gaudere gaudium

[handwritten] ↑ 16-22: Hebraica veritas sic habet We-'attah beth-lehon 'ephrathah ṣa'ir lihеyoth be-'alphey yehudah mimmekha li yeṣe' lihеyoth moshel be-yisra'el Quod hunc

Terentius dixit: Solidum gaudere gaudium. Et Vergilius: Furere furorem. Item quod In-
trantes domum, pro ingressi domum, ἐλθόντες εἰς τὴν οἰκίαν. Nam quod πεσόντες, id est,
prostrati, uertit procidentes, propè coactus fecit, & mollius est. Hæc & id genus minutula
multa sciens prætereo, ne lectori sim fastidio.

Et responso accepto.) {Dicat aliquis} Quid responsum est his, qui nihil interrogauerant? 19
χρησμοὶ dicuntur oracula, quæ redduntur à numine aliquo, sed petentibus aut consulenti-
bus. Vnde commodius uertisset oraculo moniti, siue oraculo accepto. {Nisi forte destituti 27
ductu stellæ, desiderarunt aliquod signum diuinæ uoluntatis.} Deinde, Ne redirent, Græce
est, μὴ ἀνακάμψαι, id est, Ne reflecterent, {si libeat superstitiose uertere} Verbum aptum, ac 22
peculiare facientibus iter nauigio aut equis. Ac mox:

Responsum pro oraculo

Apparuit in somnis.) φαίνεται κατ' ὄναρ, id est, apparet per somnium, uerbo præsentis
temporis {quanquã interpres Latine ac probe uertit} Rursus illud, Surge & accipe, ἐγερθεὶς 19
παράλαβε, id est, Experrectus adiunge tibi, siue assume comitem. Ac mox, ὁ δὲ ἐγερθεὶς, At
ille experrectus siue excitatus. {Quanquã ante iam admonuimus hanc uocem cõmunem 19
esse expergiscenti, surgenti, & reuiuiscenti.}

Dissensio Septuaginta ab Hebraica ueritate

Ex Aegypto uocaui filiũ meum.) Ex hoc testimonio quod Matthæus adduxit ex Osee
cap. undecimo, Iulianus ansam arripuit calumniandi Christianos, quod Euangelista uio-
lente detorserit ad Christum, quod dictum sit de Israële, nimirũ sequutus æditionẽ Septuaginta, qui locum hunc transtulerunt in hunc modum. Quia paruulus Israël, & ego dilexi
eum, & ex Aegypto uocaui filios eius. Sicut uocaui eos, ita abierũt à facie mea. Ipsi Baalim
immolabant, & sculptilibus adolebant incensum. Cæterum iuxta fidem Hæbraicã diuus
Hieronymus ita transtulit: Quia puer Israel, & dilexi eum, & ex Aegypto uocaui filium
meum. Vocauerũt eos, sic abierunt à facie eorum. Baalim immolabant, & simulacris sacri-
ficabant. Verum hisce de rebus, neq; enim nos in præsentia hoc agimus, Hieronymus copiose disserit, hunc enarrans locum: idemq; proprium super huiusmodi quæstionibus tra-
ctatum ædidit {nec præterijt locum hunc in libro ad Pammachiũ, de optimo genere inter- 19
pretandi.} Idem indicat, posse uideri sumptum è libris Numerorũ, capite uigesimoquarto,
dicente Baalam: Deus ex Aegypto uocauit eum, gloria eius quasi gloria unicornis.

Et mittens.) καὶ ἀποστείλας, id est, Missis carnificibus, aut ministris, aut satellitibus. Neq;
enim alioqui recipit Latini sermonis consuetudo. Quanq; Græcis ἐπιστέλλειν dicitur absolute, qui mittit epistolam: & ἀποστέλλειν, qui mittit mandatum aut nuncium.

ἐπιστέλλω, ἀποστέλλω, absolute

{Et in omnibus finibus eius.) τοῖς ὁρίοις αὐτῆς. Eius, non refert Herodem, sed Bethlehem: 19
id quod in Græcis indubitatum est. Eam ambiguitatem quo nos effugeremus, uertimus
In omnibus finibus Bethlehemiticis.}

A bimatu & infra.) ἀπὸ διετοῦς καὶ κατωτέρω, id est, omnes qui bimuli essent, aut minores. {Nam διετὴς Græcis duorum annorum spatium est.} Rursum, ἠκρίβωσε, quod supra 19
uertit diligenter didicit, hic transtulit, Exquisierat.

ἀκριβόω

Dissensio LXX & Hebræorũ

Vox in Rama audita est.) Testimonium desumptum est ex Hieremiæ cap. trigesimoprimo. Quanq; Euangelista nec iuxta Hebræum retulit, nec iuxta Septuaginta æditionẽ.
{Quemadmodum clare fatetur Hieronymus, prophetiam edisserens, ne quis mihi succen- 19
seat.} Siquidem iuxta Septuaginta sic legimus: {φωνὴ ἐν ῥαμᾶ ἠκούσθη θρήνου, καὶ κλαυθμοῦ καὶ ὀδυρ- 22
μοῦ, ῥαχὴλ ἀποκλαιομένη ἐπὶ τῶν υἱῶν αὐτῆς, καὶ οὐκ ἤθελησε παρακληθῆναι, ὅτι οὐκ εἰσίν. Ad hunc
quidem modum habet æditio Aldina, tametsi non omnino respondet ad ea quæ refert Hieronymus: nisi quod suspicor in Latinorũ codicibus hæc pleraq; fuisse deprauata. Siquidẽ
hic quæ tribuũtur Septuaginta, magis congruunt cum his quæ Hieronymus uertit ex Hebraica ueritate, nisi forte hæc librariorũ incuria confusa fuerunt.} Vox in Rama audita est,
lamentatio, & fletus, & luctus, Rachel plorantis filios suos, & noluit conquiescere, quia nõ
sunt. Iuxta Hebraicam ueritatem ita uertit Hieronymus: Vox in excelso audita est, lamen-
tationis, & fletus, & luctus, Rachel plorantis filios suos, & noluit consolari super filijs suis,
quia non sunt. Hieronymus admonet hic Rachel positũ non pro muliere, sed pro loco ipso,
quod Rachel enixa Beniamin, sepulta fuerit iuxta Bethlehem. Itaq; propter corpusculi hospitium locus nomen accepit sepultæ. Præterea Rama non esse uocabulum loci, quemadmodum uidetur: Sed רָמָה, Rama Hebræis excelsum sonat, ut claram ac longe lateq; sonantem

Rachel pro loco figurate

Rama quid Hebræis ex Hieronymo

16: fabricabant

16-22: fabricabant. Hebraea, si quis forte requiret habent ad hunc modum. Ki na'ar yisra'el wa-ohavehu u-mimmisrayim qara thi li-veni: qare u lahem ken halekhu mippeneyhem la-be alim yezabbehu we-lappesilim yeqatterun Verum

16-19: unicornis. Illic sic legitur. E'l mosio mimmisrayim ke-to aphoth re'em lo Et mittens

16-19: exquisierat. Quae nam est copiae sitis in hoc non admodum venusto interprete? Vox

16-22: sunt. Hebraice sic habent Qol be-ramah nishma' nehi bekhi tamrurim rahel mevakkah 'al baneyha me'anah le-hinnahem 'al baneyha ki 'eynennu Hieronymus

nantē,plorantis uocem intelligas.Proinde mirum est interpretē,quisquis fuit,Græcū:nam
Matthæus Hebraice scripsisse creditur,reliquisse uocem Hebraicā רָמָה, nisi forte pro loci
uocabulo trāstulit.Nam est omnino huius nominis locus in tribu Beniamin,iuxta Gabaa. 16-27: Assur
Ploratus & ululatus.) Pro duobus quæ nos legimus,Græci codices habent tria, θρῆνος
καὶ κλαυθμὸς, καὶ ὀδυρμὸς, id est,Lamentatio,ac ploratus ac fletus.Ac totidem recenset Hiero/
19.35 nymus{idq; iuxta autoritatē tum Septuaginta tum Hebraicæ ueritatis}tametsi in cōmenta 19-22: Hebraicam
rio non recenset nisi duo.]Sunt autē nominandi casu posita, cum per genitiuū uerterint & ueritatem
Septuaginta,& diuus Hieronymus. Cæterū quod sequitur,Noluit consolari,uel amphibo *Amphibolo/*
27 logiæ uitandæ gratia potius uertendū erat,Noluit consolationē admittere.(Quia non sunt: *gia semper*
Hoc subito uidetur ad Rachelis personā referri,Noluit hoc nomine consolationē admitte/ *uitanda* 27: consolari
re, quasi non essent ij qui mortui sunt, quū ad meliorem uitam profecerint. Tale quiddam
admonet Hilarius in Canone. Simile quiddā & Theophylactus, Mihi simplicius uidetur, *Non esse quo/*
ut intelligamus non esse dictos,qui perierunt.Siquidē his uerbis,non sunt,propheta uoluit *modo dicti*
explicare dolorem Rachelis inconsolabilē: & Herodis immanissimā crudelitatē. Offendit *sunt infan/*
Hilariū quod non esse dicantur,qui pro Christo trucidant.)Illud leuiculū,quod ἰδοὺ φαίνεται *tes*
id est,Ecce apparet,uerterit, Ecce apparuit, mutato uerbi tempore. Cum præsentis abusus
aptus sit rem ceu iam geraẽ narranti.Nam de hoc ἐγερθεὶς παράλαβε superius admonuimus.
Rursum Audiens, ἀκούσας δὲ, pro,Cum audisset autem: id quod passim negligit interpres,
nec id tamen perpetuo,ut intelligas ῥαθυμίαν fuisse potius, quàm iudiciū aut inscitiā. Illud 16-22: Herodis
19 recte mutauit,Quod regnaret, ὅτι βασιλεύει: quod{Grecus interpres}Hebraice magis quàm filius, frater
Græce dixit,Quod regnat.Cæterū Herodes hic pater fuit Archelai,quo Lugdunū relega/ *Herodes quis*
to per Tiberium Cæsarem, substitutus est in regnū frater huius Herodes à quo fuit irrisus 16-22: pater eius
27.35 Christus,(filius illius sub quo fugit in Aegyptū)[Ita Hieronymus Quanq; Iosephus quem Herodis
citat Hieronymus diuersa refert Siquidem Iudaicę antiquit.libro 17. cap. ultimo ita refert,
Cæsar autē uidelicet Caius Tiberij successor, ueniente Archelao aliquibus accusatoribus
astantibus causam hinc inde cognoscit. sed ubi se parū expurgat Archelaus,in exiliū trudi
præcipitur,in Vienna Galliæ habitaculo cōtributo:pecunias uero eius,rationibus iussit ap
plicari fiscalibus. De fratre huius Archelai Herode Tetrarcha,ita memorat idem Iosephus
libro 18.cap.16.Tunc Cæsar ueram credens accusationē,Tetrarchiā eius abstulit,& Agrip
pæ regno coniunxit,sed etiā omnes eius opes Agrippæ contribuit: ipsum autē æterno con
demnauit exilio, habitaculū ei constituens in Lugdunensi Galliæ ciuitate. Hæc Iosephus.
Vnde consequitur aut Hieronymū fuisse memoria lapsum, aut locum esse deprauatum in
19 cōmentario,aut Iosephi codices nō carere uitio.]{Iudæam hic pro parte regionis Iudaicæ po
situm admonuimus antea.} Timuit illò ire.) ἐκεῖ ἀπελθεῖν. Illò aduerbium est,etiam
si in uetustissimis codicibus scriptum est illuc. Nec est ire, sed abire, ἀπελθεῖν.
Et admonitus.) χρηματισθεὶς δὲ κατ᾽ ὄναρ. Miras huius interpretis delicias,quod modo uer *χρησμὸς*
terat,Responso accepto,nūc transfert,Admonitus. Diuus Hieronymus putat χρησμὸν dici, *qd proprie*
19 quoties deus per se respondet.Nec est,Et responso accepto,sed,Sed accepto responso{licet
reclamantibus exēplaribus Latinis.}Quanq; minutius hoc,uelut & illud, ἐλθὼν κατῴκησεν,
Profectus habitauit,siue, Venit & habitauit.Etiamsi in nōnullis codicibus est ἀπελθών,
Per prophetas,quoniā Nazaræus.) διὰ τῶν προφητῶν. Solitus citare nominatim autorē *Nazaræus qd*
prophetiæ,nunc in genere dixit, Per prophetas,quod נָזִיר Hebræis sanctus siue consecra/ *Hebræis*
19 tus dicitur iuxta Septuaginta. Et nō uno in loco,sed passim Christus sanctus dicitẽ{quando
de illo scriptū est,Cum uenerit sanctus sanctorū, cessabit unctio uestra.}Symmachus sepa/
ratum uertit.Alij floridū exponūt נֵצֶר. Nezer enim Hebræis flos uel germen,ut Septua/
ginta uerterūt,dicitur:uerum צ, illud per ו scribitur.Huc respicientes aliqui,dum conantur
hoc testimoniū ad certū referre locū, sumptū putant ex Esaiæ cap.xi.[Et egredietẽ uirga de ↓
radice Iesse, & flos de radice eius ascendet. Porrò גֶּזַע, quod soli Septuaginta transtulerūt *גזע, truncus*
Radicē,Aquila Symmachus ac Theodocion uerterunt κορμὸν, id est,Stirpem siue truncū. *est, non radix*
19 In hanc fermè sententiā Hieronymus{qui locū hunc annotauit,& in libello ad Pammachiū *Hebræis*
de optimo genere interpretandi. Chrysostomus homilia in Matthæū nona, existimat hoc
oraculū adductū ex aliquo uoluminū,quæ uel negligentia,uel impietate Iudęorū,uel tem/
porum,ac bellorū iniuria perierunt.}Illud addam, ὅτι, id est,Quia,coniunctio hoc sanè loco
19 fuerat omittenda{nisi reddidisset hunc ad modum, Quod Nazaræus uocandus esset.}

[16-22: capite 11. We-yaṣa' ḥoter miggezaʿ yishai we-neṣer misharashaw yifreh Et

EX CAPITE TERTIO

μετανοεῖν mutatam mentẽ sonat, non afflictionẽ corporis

Poenitentiam agite.) μετανοεῖτε. Quod pleruncq; uertit, Pœnitentiã agite {Opi 19
nor} quod Pœnitere, siue Pœnitemini, parum Latinũ uideretur: quancq; & sic
uertit alicubi. At nostrũ uulgus putat esse pœnitentiã agere, præscripta pœna quapiam luere commissa: quod apud Christianos, qui publice peccassent,
eiecti è consortio, propalam affligerent. Eacq; satisfactio siue pœna, pœniten
tia uocari cœpta. Qua quidem ex re, non mediocris error theologis quibusdam, qui quod
Augustinus de pœnitẽtia, hoc est, publica satisfactione scripsit, ad animi dolorẽ, quam con
tritionẽ uocãt detorquẽt. Alioqui μετάνοια dicta est a μετανοεῖν, hoc est à posterius intelligen
do: ubi quis lapsus, re peracta, tum demũ animaduertit erratũ suum. Quæ iuxta prouerbiũ

[16-22: ut 4]

Homericũ, prudentia stultorũ est. [Eodem spectat alterũ prouerbiũ δευτέρων φροντίδων ἀμείνό 35
νων. Vnde quod nos legimus pœnitet me fecisse hominẽ, Augustinus libro de ciuit. dei 15.
cap. 24. pro pœnituit legit recogitauit, iuxta fidem uetustissimi codicis. Indidem dicta est]
μεταμέλεια: quũ socordes in re pagenda, sero incipimus esse attenti, iam admoniti nostris ma
lis. (Græcæ uocis elegantiã annotauit Tertullianus libro aduersus Marcionẽ secũdo. Nam 27
& in Græco, inquit, sono pœnitentiæ nomen non ex delicti cõfessione, sed ex animi demu

Resipiscere, pro pœnitentiam agere

tatione compositũ est.) Meo iudicio cõmode uerti poterat, Resipiscite, siue Ad mentem re-
dite. {Siquidem resipiscit, cui uita superior displicet. Cæterum, pœnitentiã agere, pro affici 19
ducicq; pœnitudine, ut nolim pronũciare barbarũ ac solœcum, ita non memini legere apud
probos autores. Actus pœnitentia, pro ductus pœnitudine, semel est apud Suetonium} (Et 22
apud Plinium in epistolis, pœnitentiæ pœnitentiã egit, reperitur, sed addito casu paterno.

Pœnitentiam agere pro pœnitere

Sic enim dixisse uidetur, Pœnitentiã agere, pro pœnitere: quemadmodũ dicimus, Vitam
agere, pro uiuere (Absolute posuit Valerius Max. cap. de sapienter dictis ac factis. Respon 27
dit, utrum horũ fecisset, pœnitentiã acturũ, quod ex ijs quæ mox præcedunt, facile liquet,
cuius rei sit pœnitudo. Veluti quũ dicimus, Duxi uxorẽ, sed pœnitet) [Fabius lib. 9. indicat 35
Salustiũ scripsisse, non pœniturũ, pro non acturũ pœnitentiã.] Cæterũ non admodũ arrisit
periphrasis, Vitæ prioris pœnitentiã agite. aut, Delictorũ pœnitentiã agite. Et tamen erant

Pœnitentiæ uox unde dicta

homines pij iuxta ac eruditi, quibus circumitio magis placuit, ne quis calumniaret, ut nũc
sunt mores ac tempora, pœnitentiã ab Euangelio profligatam. Quancq; non protinus ideo
profligatur salubris illa satisfactio, quæ comitatur resipiscentiã, ac lachrymis, pijscq; officijs
delet, & quodãmodo pensat delictum, si Græca uox, nõ à pœna, ut quibusdã uidetur ducta
pœnitentia, (quũ probabilius sit ductam à pone tenendo,) sed à resipiscendo, mutatacq; sen- 27
tentia deducitur. Nos igitur utruncq; uertimus, ut omnibus quantũ licet gratificemur.)

Appropinquabit enim.) ἤγγικεν. Dubium nõ est, quin errore librariorũ acciderit, quod
perpetuo penè legatur futurum pro præterito, in hoc sanè uerbo, cum sit appropinquauit.
{Atcq; ita citat Chrysostomus homilia decimaquarta} (Id eo frequẽtius accidit, quod nõnullæ 19.27
nationes præpostere uice. b. pronunciant. u. & contra, ut uiuere pro bibere, bibere pro uiuere.) Quancq; in huiusmodi uerbis Græci nonnuncq; abutuntur præterito uice præsentis.
Mollius erat, Instat, siue adest {siue In propinquo est} regnũ dei. Nam id est appropinquasse 19
in propinquo esse. Siquidẽ Iudæis adhuc in umbris & ceremonijs uersantibus, aduentabat

Appropinquabit, non recte

quidem, sed eminus. Certe appropinquauit præteriti temporis scriptũ reperi in uetustissimis exemplaribus Latinis {in hoc consentientibus, atcq; etiam in excusis plerisq; castigatio- 19
ribus. Subindicauit & Origenes uerbum Appropinquauit, non ad tempus, sed ad actum
referri, homilia in Matthæum prima} (In uno Donatianico erat, appropinquat.) 22

Vox clamantis.) Ipse Ioãnes Baptista, apud Ioannẽ euangelistã testatur hoc de se dictũ.
Est autẽ apud Esaiam cap. 40. consentiente Hebraica ueritate, cum æditione Septuaginta:
nisi quod Septuaginta nõ repetunt, In solitudine. (Græca sic habent φωνὴ βοῶντος ἐν τῇ ἐρήμῳ, 22
ἑτοιμάσατε τὴν ὁδὸν κυρίου, εὐθείας ποιεῖτε τὰς τρίβους τοῦ θεοῦ ἡμῶν. Porrò quod apud prophetã
est, Dei nostri, Euangelista sensum reddens, non uerba, posuit Eius) Cæterũ Parate, Græce
est, ἑτοιμάσατε, hoc est, Promptã, paratã, & expeditã reddite. Hebraica uox פַּנּוּ proprietatẽ
habet, ut significet uiam apertam, & oculis intuentiũ conspicuã facere, à uerbo פָּנָה quod
est Respexit. Obstant enim affectus mundani, quo minus homines uideant Christum ad-
uenientem: quibus sublatis {iam ceu} præparata uia domini, conspicitur aduenient salus. 19

Habebat uestimentũ de pilis.) ἔνδυμα αὐτοῦ, id est, Indumentum suum, & è pilis magis
quàm

16-19: solitudine. Hebraica sic habent Qol qore' ba-midbar pannu derekh 'adonai yashsheru ba-'aravah mesillah le'lohenu Caeterum

22: as 16-19 above, after interpolation

quàm de pilis: deinde cameli, non camelorum. Quanquã hæc non magnopere faciunt ad
sententiam: tamen quo scripturæ seruaretur integritas, non abs re putauimus admonere.
22 Et zonam Græce dixit, pro cingulo⟨tametsi zonæ uocabulum Latinis receptum scio.⟩
35 Esca autem.) τροφή, id est, cibus siue alimonia, à τρέφω nutrio.[Quod interpres uertit locustas, Græce sunt ἀκρίδες, uox inde dicta, quod id animal summas aristas aduolans depa-
scatur, Coactior enim uidetur etymologia, quæ ἀκρίδας hinc dictas existimat, quod exiguo
sint capite, quasi ἀκαρίδας. Theophylactus quem quidam titulo decepti putant Athanasiũ
esse, indicat ἀκρίδας herbæ aut fruticis agrestis genus intelligi posse, nõ animal. diuus Hieronymus super hac uoce nihil annotauit, non taciturus opinor, si de frutice sensisset Euangelista. Hilarius autem, atque etiam recentiores Rabanus & Lyranus animal accipiunt. Qui
ἀκρίδας nolunt esse animal, uocem dictam existimant, à particula Gręcis augente α & κράω
quod est edo, inde fruticem aut herbam dictam κράσιν, quod uirens etiãnum edatur ab animantibus. Quanquam hæc etymologia rectius quadrat in animal, quod segetes depopulatur,
quemadmodũ legimus Exodi decimo. At Aelius Dyonisius negat Atticis herbam κράσιν
dici, sed κέρασιν, quanquam hęc adhuc multũ absunt ab Acridibus. nec huc pertinet, quod quidã
tradunt ἀκρίδας dici paniculos ab auena dependentes. Verum hæc utcunque habent, apud
Latinos certe ueteres, non memini legere locustam pro frutice aut herba, sed tantũ pro ani-
mante, quod geminũ memorant terrestre ac marinũ. Illud probabiliter colligitur ex ijs quæ
de locustis prodidit antiquitas, eas fuisse non per omnia similes nostratibus. Nam illæ uola-
bant quaternis alis, & ex Africa nonnunquam cõmigrabãt in Italiam: quũ de nostratibus non — 19-27: margin:
querãtur agricolę, nec ipsæ in alienã regionẽ agminatim deuolent. id si cui mirum uidetur, — Notatus Perottus
cõferat nostrates colũbas cum columbis Italicis, dicas esse diuersi generis. Simile discrimen — + Calepinus
est, & in piscibus & in arboribus [multis.] Cogor hoc loco desiderare prudentiã in nõnullis — 19-27: locustas
19.35 scriptoribus[quorũ de numero est Nicolaus Perotus,]uir alioqui pulchre doctus, uariæ le- — 16-27: vir tantus
ctionis, ac suo sæculo de studijs præclare meritus,]qui nolunt locustã hoc loco animal esse, — 16-27: Calepinus,
sed fruticẽ nescio quem aut surculũ delicatũ, & ceu rem uehementer impiam execrantur, si — rogans, cur amicus
Ioannes Baptista tam uili cibo pastus dicatur. Atque hic deum immortalẽ quàm insulse rheto- — dei non eadem
ricatur λεξικογράφος quidam, rogans cur non eadem opera amicus dei, muscas cæteraque por- — opera muscas
22.35 tenta ederit, quibus deus afflixit inimicos suos⟨Aegyptios⟩[quasi uero non reddamur ob id — ederit + c, portenta
ipsum deo chariores quod pietatis amore ciborũ delicias cõtemnimus. Primũ si istis absur- — 19-27: margin: Locusta quid
dum uidetur, hominẽ uesci locustis, meminisse debebãt ab claris autoribus proditũ]non Par- — 16-27: Primum constat
35.19 thos modo sed alias[quoque]nationes locustarũ esu uictitasse.{Siquidẽ Plinius lib. 11. cap. 29. — 16-27: solum sed + alias
testatur hoc istis tam abominandũ animalculũ, Parthis etiam in delicijs fuisse. Idem lib. 6. — 27: animal
35 cap. 30. refert quosdam Aethiopiæ populos non alio cibo uiuere[solitos,] quam locustarũ, quas — 19-27: in deliciis etiam
35 in hunc usum fumo saleque durant, nec id latuit Perottum, tantũ cibi uilitate offenditur.}[Qui — 27: negat Perottus
lustrarũt procul semotas regiones, narrant & hodie Aegyptios uulgo uesci locustis. Itaque si — 19-27: durarent
locustã immundũ animal uocant quod plebeium uile parabile, ac pauperũ cibus fuerit,]hoc — 16: Et 22-27: Atqui
35 ipsum in laudẽ sanctissimi uiri retulit Euãgelista, quod[cum iuuenis esset magni sacerdotis — 16-27: Evangelista retulit
filius, magna tum apud populũ tum apud regẽ autoritate, in deserto potius ferarũ ritu,]uili — in laudem Joannis
35 parabilique cibo uiuere maluerit: nõ quod[hoc cibi genus superstitiose]affectarit[uir pius, sed — 16: vixerit 19-27: vixerit
35 partim]quod eremus hũc cibum[ultro suppeditaret,[opinor enim illum quũ apud ciues aut — 16-27: et hunc vestimentum
regẽ ageret, nõ requisiuisse locustas: partim ut iuxta uaticiniũ Esaiæ, Christique testimoniũ
Heliã prophetã referret]Ad hęc, quos offendit cibi uilitas, cur ijdem non offenduntur pilis ca- — 16-27: Denique quos
35 melorũ, & cingulo coriaceo? Quasi uero magis cõuenerit ut[pauperis Christi[prodromus] — cibi vilitas offendit
35 & ad crucẽ destinati, placentis & atticis bellarijs saginaretur,[mulsum & aromatiten pro aqua — 16-27: praeco
biberet, pro pilis camelorũ byssinis & holosericis uestiretur, pro loro baltheo bullis aureis in-
signito cingeretur. Videntur igitur hæc non minus ethnico spiritu dicta, quam Platina, uir sanè
doctus Gregorio pont. Ro. eius nominis primo, patrocinatur aduersus nescio quos qui illius
gloriam hac calumnia conabãtur obscurare, quod dum urbẽ templis, basilicis, monasterijs,
ac xenodochijs exornat, quasdam uetustas structuras sit demolitus. sic autem agit causam
illius, ut utatur inficiatione: quasi fuisset Gregorius natione Romanus uehemẽter impius
in patriã futurus, si quas colũnas, arcus, & amphitheatra ueteris paganismi reliquias fuisset hoc animo demolitus, ne hospites eiusmodi spectaculis à templis ac basilicis auocarentur,
quũ hodie uideamus si qua supsunt paganicæ uetustatis monumẽta, à multis longe pluris

 fieri

16-27: affectarit. Joannes eum cibum, quem opinor cum apud Herodem ageret, quibus libet cibis usum fuisse, sed quod eremus

16-27: saginaretur, + sericis ac milesiis ornaretur vestibus. Verum haec non minus ethnice dicta sunt,
19 quam Platina crimen Gregorii Pontificis Rhomani {huius nominis primi} deprecatur, — 16: Saxum quoddam
22 cuius causam sic agit, quasi ille prorsus vir impius sit futurus, ⟨ac non — 19: Saxa
ignoscendi facinoris autor⟩ si constet paganicae vetustatis monumenta — 22: Saxa statuarum
ab eo submotum fuisse. Et omnis (p. 20)

fieri, quàm loca sacra. Sed ut ad rem, si uilitas istos offendit, hoc uituperant, quod in summã laudem cõmemorat Euãgelista: sin immundũ appellant animal, quod Iudæis uesci nephas erat, declarant quod non diligenter uersati sint in sacris uoluminibus, quũ Leuitici undecimo, inter uolucres nominatim excipiant Bruchus, Atacus, Ophimachus, & Locusta, quæ inter se finitimi generis sunt, & inter munda censentur, eò quod licet habeant quaternos pedes, tamen posterioribus longioribus saliunt super terrã. Plinius lib. 11. cap. 29. referens locustas fœminas mox à partu perire, uermiculo circa fauces innascente, & eodem tempore perire mares, miratur eas tam friuola ratione mori, quũ singulę quoties libuit serpentẽ necent faucibus eius apprehensis mordicus. Hoc locustarũ genus uidetur esse, quod alij uocant ophimachũ, serpentibus infensum. Nec recte colligit Lyranus hinc, ophimachũ uesci serpentibus, quod Aristoteles dicat animantia coitus aut cibi causa pugnare, quũ aranea perimat serpentẽ, quo tamen nõ uescitur. rursus alienũ est quod ait, ophimachũ esse mali nutrimẽti quod uescatur serpentibus, innuens ophimachũ inter immunda censendũ, quũ illic referat inter munda. & si mali nutrimẽti est quod uescitur homini noxijs, abstinendum esset à ceruina quod cerui uescant serpẽtibus, demũ & à gallinis, quod delectent araneis & scorpijs. Non hęc cõmemoramus, quod omnino negem hic ἀκρίδας accipi posse pro frutice aut herbæ genere, licet id nondũ satis liqueat, quũ de locustis nulla sit controuersia quin & in cibis fuerint, alioqui Leuiticus ridicule cõmemorasset eas inter mũda, nõ sacrificijs, sed hominũ esui: Verũ ut eos refellam, qui pernegant & absurdũ existimãt, hoc loco animal esse locustam, interim et interpretẽ accusantes, qui sic uerterit, & Hieronymũ qui non emendarit, ni doceant & locustã apud Latinos pro herba aut frutice inueniri. Porrò quũ eremus multas gignat arbores frugiferas licet fœtu fortassis immitiore, quũ ultro multos gignat frutices & holera quibus olim uictitabant prophetarũ filij, deliciarũ genus erat unica tantum herba uesci, aut summa uirentiũ decerpere, præsertim quũ his per hyemem deficientibus locustæ solis æstu desiccatæ, hybernis quoque mensibus sint usui.]

Et omnis regio circa Iordanem.) καὶ πᾶσα ἡ περίχωρος τοῦ ἰορδάνου, id est, Et omnis regio undique finitima Iordani. Omitto leuicula illa, quod ἰδὼν uertit Videns, pro, Cum uidisset.
16: Genimina Quod πολλοὺς τῶν φαρισαίων, id est, Multos pharisæorum, Græce magis quàm Latine di-
[16: Progenies xerit, pro Multos è pharisæis, siue Multos pharisæos.

[Genimen inaudita uox] Progenies uiperarum.) γεννήματα τῶν ἐχιδνῶν. Idem est, quod aliâs uertit, Genimina ui-
perarũ {sed parum Latine} Nam progenies dicuntur ab alio progeniti: atque idem sonat Græ 19
{16: + rectius ca uox. Poterat dicere, filios, siue germina. Genimen enim haud arbitror usquã comperiri
apud probatos autores {Nam geno pro gigno, quo usus est Varro & Lucretius, sed in poë- 22
22: absoletius mate, uerbũ est Obsoletius, quàm ut hodie quisque uti uelit. Atque ut hoc utcunque reperit, ita
genimen nusque est inuenire. Ego sanè quod ad me pertinet, uellẽ inueniri, ac receptũ esse.}

Quis demonstrauit uos.) In {uetustis &} emẽdatioribus codicibus scriptũ est, Vobis {nõ 19
Vos} ὑπέδειξεν ὑμῖν, & magis Subindicauit, siue submõstrauit, quam demõstrauit: quasi dicas,
clanculũ indicauit & admonuit, ut fugeretis imminens periculũ. Nam quod ἀπὸ μελλούσης
ὀργῆς, id est, A futura ira, uertit A uentura ira, recte mutauit: nisi quod apertius erat, Ab ira
quæ futura est, ut certã intelligas iram iam instantẽ {Certe Futura legitur in aureo codice} 22

Dignus cui casui adiungatur

Fructum dignum pœnitentiæ.) καρποὺς ἀξίους τῆς μετανοίας, id est, fructus dignos pœnitentia. Quanquam ambiguum est, utrum genitiuus pœnitentiæ, pertineat ad nomen fructus,
an ad dignos, quod raro iungitur apud Latinos paterno casui. Et ita positum est, ut magis
uideatur referendum ad proximã uocem dignos: ut sit sensus, Si uere uos pœnitet, ut præ
uobis fertis, sic uiuite, ut appareat uos resipuisse, & ex animo pristinæ uitæ pœnitentia teneri. {In eum fermè sensum Chrysostomus enarrat} {Nos uertimus: Facite fructus qui de- 19. 22
ceant pœnitentiam, quo uitaremus amphibologiam, uel sensum potius absurdum. Nam
22: poenitet fructus digni pœnitentia sunt, quorum merito aliquem pœnitere debeat. Nec mihi displicet ut Dignos accipiatur absolute pro legitimos & idoneos, quomodo non infrequenter
usurpatur apud Græcos, apud Latinos quoque nonnunquam.}

Μὴ δόξητε

Et ne uelitis dicere.) καὶ μὴ δόξητε λέγειν, id est, Ne uideamini dicere: ut sit sensus, Ne sic uiuatis ut uideamini totam fiduciam pietatis collocasse in affinitate patrum. Quanquam potest & sic accipi, Ne sitis in hac opinione, ut dicatis uos esse filios Abrahæ: tanquam id sufficiat ad iustitiam, è sanctis esse prognatos. Et mox: Quoniam potens est.)

19 ὅτι coniunctio aut omittenda erat aut uertenda in quod, non in {quoniam, aut quia.}
Filios Abrahæ.) τέκνα τῷ ἀβραάμ. Articulus Græcus indicat Abrahæ, datiui casus esse, Amphibolo/
27 non paterni. Quasi dicat Abrahæ non defuturos filios, etiã si illi non sint nati. (Quidã in hu gam tollit
iusmodi uice articuli addunt pronomẽ ipsi, sed amphibologia tolletur, si legas Abrahamo.) articulus
Iam enim securis.) ἤδη γὰρ καὶ ἡ ἀξίνη, id est, Iam enim & securis. Nec est ociosa coniun/
19 ctio: indicat enim cum epitasi proximũ instare periculum. {Siquidem quamdiu spes est re/
medij, stercoratione, aut putatione subuenitur arborum uitijs. Cæterum ultimæ despera/
tionis indicium est, quoties securis admouetur radici} Diuus Hieronymus citat subinde ad
radices, non ad radicem, licet reclamantibus Græcorum exemplaribus.
Excidetur & in ignem mittetur.) Vtrunque uerbum Græcis præsentis temporis est, Ex/ Exciditur,
ciditur, & mittitur, ἐκκόπτεται, καὶ βάλλεται: Primum ut sententia sit generalis: deinde, quod mittitur
abusus temporis magis facit ad emphasim periculi proxime imminentis: uelut admota ra/
19 dicibus securi, iamiam futurũ sit, ut funditus excidatur arbor. {Atque ita legisse Cyprianum, Tempus præ/
conijcere licet ex ipsius uerbis, quæ scribit in expositione orationis dominicæ. Nam cum sens aliquãdo
omnis, inquit, arbor non faciens fructũ, excidatur, & in ignem mittatur, utique & sermo &c. significat acti
Alioqui dicturus erat: Cum omnis arbor sit excidenda, & in ignem mittenda.} Illud leuius, onem tantum
quod εἰς μετάνοιαν, uertit in pœnitentiam, pro Ad pœnitentiam.
Qui autẽ post me uenturus est.) ὁ δὲ ὀπίσω μου ἐρχόμενος, Qui uenit, præsentis temporis,
aut qui uenturus est. Est enim hoc participiũ, quemadmodũ & illius uerbũ anceps, ut intel
ligas uel ætate iuniorem Christum, uel successurũ in munus prædicandi. Illud minutulum:
Non sum dignus.) οὐκ εἰμὶ ἱκανός, id est, Non sum idoneus. Et fortior ad uires refertur,
27 non ad animi magnitudinẽ, ἰσχυρότερος, id est, Valentior, siue plus potens quàm ego. (quum
iuxta Latini sermonis elegantiam fortitudo magis sit animi quàm corporis.) Et ὑποδήματα
19 soleas sonat, magis quam calceamenta: {hinc dicta Græcis, quod pedibus subligentur.}
In spiritu sancto.) Quod in nostris additum est, Et igni, in nõnullis Græcorũ exempla/ In spiritu &
35 ribus erasum est, fortassis odio quorundã hæreticorũ, [qui pro lotione utebantur inustura.] igni baptis/
19 Certe Hieronymus legit, In spiritu & igni: atque item Hilarius, {cumque his Cyprianus:} & in mus
19 nonnullis Græcorũ codicibus {additum conspicitur. Atqui Chrysostomus homilia in Mat/
27 thæũ undecima, legit & interpretat̃, In spiritu & igni.} (Quanquam secus legit Theophylactus.)
22 ⟨Porrò ne quis in nostris codicibus arbitretur casu additũ, sic legit & interpretatur Hierony
35 mus.⟩ [Quod autem ait in spiritu & igni trifariã potest accipi: primum ut referatur ad spiritũ
sanctum specie linguarũ ignearũ in die Pentecostes missum in discipulos, quem ipse domi/
nus Act. primo baptismũ appellat: Ioannes baptizauit uos aqua, uos autẽ baptizabimini
spiritu sancto non post multos hos dies. dein, ut pertineat ad ignem afflictionum & crucis:
Nam hunc quoque baptismũ appellauit dominus, ita respondens filijs Zebedei: potestis bi/
bere calicem quem ego bibo, & baptismo quo ego baptizor baptizari? Tertio per ignem
intelligi potest uigor Euangelicæ gratiæ, qui intus datur, quũ Iudaici ritus fuerint frigidi.
Ignis enim inter omnia elementa maximam habet agilitatem, omnia in se transformans ac
19.27 sursum rapiens.] {Tametsi In præpositio, iuxta idioma Hebræi sermonis addita est.} (Quod 19: Licet
genus est illud apud Ioannem, In spiritu dei eijcio dæmonia, quod perinde ualet, quasi di/
ceret, Spiritu dei eijcio. Annotat hoc ut rem seriam Augustinus in homilia de uerbis do/
mini ex Matthæo undecima, proferens similes formas, percusserunt in gladio, Succende/
runt in igni, & accepit cultros petrinos in quibus circunciderat filios Israël.)
19 {Cuius uentilabrũ.) πτύον Græcis instrumentũ quo grana repurgant̃ à paleis. Augusti/
nus edisserens psal. 92. legit palam pro uentilabro, quod idem pala quoque fieri consueuerit.}
Triticum in horreum suum.) τὸ σῖτον αὐτοῦ. id est, Triticũ suum: Vt Suum pertineat ad
triticum non ad horreum. Atque ita scriptum est, non solum in omnibus Græcis exemplari/
19 bus, uerumetiam emendatis, ac uetustis Latinorũ codicibus, {non solum calamo descriptis
19 uerumetiam formulis excusis.} Deinde paleam est, non paleas. τὸ δὲ ἄχυρον, {licet reclaman/
22 tibus nostris exemplaribus.} ⟨Verum hoc nihil ad sensum.⟩
A te debeo baptizari.) Non est debeo, sed χρείαν ἔχω, id est, Opus habeo ut abs te bapti/ Debeo pro
19 zer. {Porrò uerbo baptizandi, tametsi Græco, tamen quoniam res ipsa noua eo ad nos per/ opus habeo
manauit, placuit constanter uti. Quanquam Cyprianus in epistola ad Cæcilium ausus est
ita

[Baptizo Latine tingo] ita legere:Docete omnes gentes,tingentes eos in nomine patris,& filij,& spiritus sancti.}
Sine modo.) ἄφες ἄρτι. Quod hic uertit, Sine, mox transfert, Dimisit, cum utrobique sit
16-19: quae est ista idem uerbum. Quanquam non est idem,sinere, & dimittere. Rogo quis est hic lusus in literis
diuinis? Aut dicendum erat,Omitte nunc,ut intelligas id,quod est consentaneũ,Ioannem
iniecta manu, conatum{uetare}Iesum. Ac mox, Tunc omisit illum. aut,Sine nunc,& tunc 19
sinit illum. Nam ἀφίησιν, præsentis temporis est,non præteriti.
⟨Baptizatus autẽ Iesus.) Iesus in aureo codice non addebatur, nec in uno Donatianico. 22
Siquidem quũ essemus proxime Brugis, qua non alia ciuitas hodie florentior, aut bonorũ
ingeniorũ feracior,in omnium celeberrimo congressu,quũ aliorum principum innumera-
bilium,tum præcipue Caroli Cæsaris semper Augusti,&⟨R.D.⟩Thomæ cardinalis Ebora- 27
[Donatiani collegiũ Brugis] censis,scrutati sumus bibliothecã uetustissimi collegij,uulgo dicti,sancti Donatiani: quod
hodieque ueteris eruditionis ac disciplinæ non pauca tenet uestigia. Ibi reperimus Euange-
liorũ codices complures,quorum aliquot inscriptione etiam testabantur se descriptos ante
annos octingentos. Vnum,in quo testamentũ nouum totum habebatur:alterum omnium
uetustissimũ, & usu tritissimũ, sed mutilum & accisum: in quo nihil erat noui testamenti,
prẹter epistolam Pauli ad Romanos,epistolas Iacobi,Petri,Ioannis,& Iudæ.Horum nobis
copia facta est,per omni uirtutum genere præcellentem Marcum Laurinum, eius collegij
decanum. Habebat ea bibliotheca complures alios libros antiquitatis uenerandæ,quæ ne-
glectu quorundam perierunt,ut nunc fermè sunt sacerdotum mores, magis incumbere pa
tinis quàm paginis, & potiorem habere curam nummorũ quàm uoluminũ. Hoc te nescire
nolui lector,quod horum codicum testimonio sum frequenter usurus in hoc opere.Et εὐθὺς
quod hic est apud Græcos,in plerisque Latinis codicibus non additur.⟩
↓* Sicut colũba * Sicut columbã.) ὡσεὶ περιστεράν. Obscurius reddidit interpres. Videtur enim dicere,more
16-19: Oscitanter columbæ descendisse spiritum sanctum,cum sentiat eum specie columbæ descendisse.
Et uenientem super se.) Ex Græco sermone non liquet utri sint aperti cœli, Christo, an
Ioanni, tum uter uiderit columbã descendentẽ. Atqui,ex Euãgelistæ uerbis magis uidetur
[Amphibologia] ad Christũ referri, quàm ad Ioannem, nisi quod sequitur, ἐπ' αὐτόν, quod interpres uertere
debuisset,Super eum{siue super ipsum}Alioqui si Super se sentiendũ erat,dixisset, ἐφ' αὑτόν 22
Ad hæc,non referebat ut Christus hæc uideret, quæ fiebant propter Iudæos, quo euidenti
signo intelligerent eum esse Messiam,non Ioannem, ad quem alioqui uox patris missa ui-
Marcus Matthæi abbreuiator,autore Augustino deri poterat,nisi columba palàm designasset Iesum.At Marcus, qui Matthæum redegit in
compendium,aliquanto etiam obscurius facit, & nisi res ipsa loqueretur, & obstarent hæc
duo uerba,ἐπ' αὐτόν,prorsus intelligeremus Christum uidisse,non Ioannẽ.Lucas ita recenset,ut quis uiderit,non aperiat.Solus Ioannes palàm explicat, Ioannem Baptistam uidisse.
[εὐδοκεῖν,qd Græcis] In quo mihi complacui.) ἐν ᾧ εὐδόκησα. Verbum est peculiare diuinis literis, quo pro-
pensum animum, ac præcipuũ qu[…]dam affectum significant. Perinde sonat quasi dicas,
In quo bonam de meipso habeo opinionem: & ut ita loquar,Ipse mihi placeo: siue,In quo
mihi complacitũ est.{Augustinus sermone sexagesimotertio legit,In quo bene sensi,{sequu- 19.22
tus Cyprianum suum, qui itidem legit libro aduersus Iudæos primo, cap. decimoquarto.⟩
⟨Vterque sequutus uidetur Tertullianũ qui libro contra Praxean legit,in quem bene sensi, 27
& hic sequutus ut opinor Irenæũ,qui freque̅ter hoc modo loquitur.⟩Nam εὐδοκεῖν id Græcis sonat.⟨Vnde illis εὐδόκιμοι dicuntur,celebres & de quibus magnifica est opinio.⟩Cæte- 27
[ἀγαπητὸς qd] rum illud Dilectus,quod mox præcesserat, ἀγαπητὸς est Græcis,quod plerunque uertere solet,Charissimus.Est enim nomen,non participiũ,& omnimo plus quiddam indicat,quàm
dilectus. Atqui si usquam erat charissimus dicendum,hic certe dicendũ fuerat,{cum de filio 19
Christo loquatur.Et ita citat aliquoties Hieronymus.}

EX CAPITE QVARTO.

TVnc ductus.) ἀνήχθη, id est, subductus, siue sublatus, uelut è medio abdu-
ctus.Nec enim protinus cœpit prædicare,sed abdidit sese dies aliquot.Porrò
quod simpliciter dixit,à spiritu, solitus addere sanctum, palàm est eum loqui
πνεῦμα, πνοὴν, quid differant de spiritu, cuius modo meminerat, & ob id addidit articulum, ὑπὸ τοῦ πνεύματος.{Nam quoties is accedit, ferè de spiritu sancto sentiendum esse docet 19
Didymus in opere de spiritu sancto. Etiamsi πνεῦμα pro quocunque spiritu,nõnunquam & pro
mentis

* 16 : placed after following entry.

mentis impetu usurpetur: cum πνοὴ non aliter ꝗ pro flatu positũ reperiatur in arcanis literis, subnotãte Augustino libro de ciuitate dei decimo tertio. Rursum diaboli nomen ub ꝗ reliquit interpres, & in Paulinis epistolis aliquoties, ubi non spiritũ impium, sed simpliciter

27 delatorẽ aut calumniatorẽ significare (uidetur.) Id enim Græcis sonat διάβολος à uerbo δια- 16-22: significat

22 βάλλειν, quod est deferre, traducere, siue infamẽ reddere. Cæterũ quod in Hilario pro à dia-

19 bolo legit, à Zabulo, fortassis errori librariorũ est asscribendũ. Tametsi eadem uox & alias Zabulus, pro

22 apud hunc legitur, nec tamen apud hunc solum. Verum undecunꝗ hoc inoleuit, certe con diabolo

27 stat ab Euangelistis diabolum appellari, non zabulum, siue zabolum ut scriptum reperi in Ζά, pro, διὰ

emendatioribus codicibus. Sunt qui za positum existimant, pro διὰ, quod à uetustis Græcis in aliquot dictionibus factum esse uerissimũ est, nimirum iuxta proprietatẽ Aeolicam.

35 Sed mirum unde recentiores Latini, affectarint eam antiquitatẽ.) Friuolum enim est quod nonnulli zabulum media producta, compositũ putant ex za syllaba, quæ Græcis nõnunꝗ uim habet augendi, ut in ζάθεος, & βουλὴ, quod abundet cõsilijs. Dictus est enim accusator fratrũ, à διαβάλλω.] Ad hæc quod hic uertit postea, ὕστερον, sæpe uertit nouissime, uerti poterat, Tandem esurijt, siue deniꝗ esurijt, ut intelligas eum tum demum sensisse famem. 16: 'Ad haec ... famem' forms last sentence of following entry.

Accedens tentator.) ὁ πειράζων, id est, Is qui tentat. Ad eundẽ modum Paulus apostolus, μή πως ἐπείρασεν ὑμᾶς ὁ πειράζων, id est, Ne quo modo tentasset uos, ille qui tentat, hoc est, ille qui solitus est tentare. Quanꝗ nomẽ uideri poterat πειράζων, uelut, εἴρων, pro dissimulatore. πειράζων participium, pro nomine, ut βασάζων

Non in solo pane.) Testimoniũ est Deut. cap. octauo, quod ad uerbũ penè retulit Chri-

19 stus. {Vt ostenderet tibi, quod nõ in solo pane uiuat homo, sed in omni uerbo, quod egredit de ore domini.} Cæterũ tam Græce quàm Hebraice, uiuet est futuri temporis, ζήσεται, יִחְיֶה. {↓

Tunc assumpsit.) παραλαμβάνει, id est, Assumit, hoc est, comitem abducit. Ac rursum paulo inferius, παραλαμβάνει est præsentis temporis. Cæterum pinnaculum, πτερύγιον est, diminutiuum ab ala, quod in alarum morem motetur.

19 Angelis suis mandauit.) ἐντελεῖται, id est, Mandabit, futuri temporis. Atꝗ ita scriptum Corsendon- 19-27: Tr

22 comperi in exemplari Corsendoncensi, consentientibus tribus Donatianicis.) Similiter & cense uetustũ 2/3/1

apud Hebræos, יְצַוֶּה. Atꝗ ita legitur in psalmo nonagesimo, unde locus hic desumptus exemplar

19.22 {est} consentientibus & Septuaginta: ὅτι τοῖς ἀγγέλοις αὐτοῦ ἐντελεῖται περὶ σοῦ.) Calumniatur au ⟨↓

tem Hieronymus hoc in loco calumniatorẽ, quod perperam citarit scripturæ testimonium, decerpens quod erat cõmodum, & prætermittens quod offendebat. Omisit enim illud, Vt custodiant te in omnibus uijs tuis. Deinde tacuit quod ibidem sequitur, Super aspidem & basiliscum ambulabis. Postremo quod de quouis uiro bono dictum est, id detorsit ad Christum, cum ei totus psalmus non queat accõmodari. Verum opinor diabolum non ob hoc uocandum in ius, quod inerudite citarit scripturã, sed quod maliciose & impie. Ad hæc, μή ποτε, quod suo more uertit, Ne forte: rectius erat, Ne quando. Diabolus à calumnia defensus

Dixit illi Iesus rursum.) πάλιν ita positũ est, ut utrouis referri possit. Dixit rursum, aut, Rursum scriptum est. Deinde uox ea nonnunꝗ sonat iterationem, nonnunꝗ contrarietatem. Si ad, dixit, referatur, iterationẽ significat: nam semel ante responderat. Si ad sequens uerbum, contrarietatẽ, quasi dicas, è diuerso scriptum est, ut opponat scripturam illius scripturæ. At mox haud dubie significat iterationem, πάλιν παραλαμβάνει. πάλιν Græcis bifariam accipitur

Non tentabis.) Locus est Deuteronomij cap. sexto. Apud Hebræos pluratiuo numero legitur, Ne tentetis dominũ deum uestrũ, secundũ quod tentastis in loco tentationis. Et hic Christus tantum decerpit, quantũ erat cõmodum. Reliquit enim quod sequitur: Sicut tentasti eum in loco tentationis, quod ea pars non competebat, nisi in populum Israëliticum. ↑↓ 16: Israhel

Si cadens.) εἰ πεσών, id est, Si prostratus, siue pronus, Qui gestus est adorantis. Eodem uerbo usus est de Magis.

Vade satana.) Quid est uade? Num eum aliquò mittit Christus, ut dicat uade? Græce Vade & uade

19 est ὕπαγε, id est, Abi, siue discede. Et additum est {in Græcorũ codicibus uulgatis} ὀπίσω μου post me

19 σατανᾶ, id est, Post me satanas. At perperam siquidem Origeni credimus. Is enim annotat {↓ hanc differentiam homilia prima, Petro dictum esse, uade post me, satanæ tantum dictum, abi: quod prius illud competat in discipulum, iuxta illud: Venite post me, faciam uos fieri piscatores hominũ. Posterius conueniat in eum, qui tantum rejciendus esset, non etiam ad morem gerendũ inuitandus. Nec addit hæc uerba, Post me, Chrysostomus hunc enarrans locum Nostra lectio præfertur Græco

{ 16: Christus. Si hebraica sic habent Ki lo' 'al ha-leḥem le-vaddo yiḥyeh ha-'adam ki 'al kol moṣa' pi 'adonai yiḥyeh ha-'adam Caeterum

⟨ 16-22: desumptus {est}. Ki mal'akhaw yeṣawweh lakh lishmorekha bekhol derakheykha 'al kappayim yissa'unekha pen tiggof ba-'even raglekha Calumniatur

↑ 16-22: legitur. Lo' tenassu 'eth 'adonai 'eloheykhem ka-'asher nissithem be-massah Ne

{ 16: sathanas. Ac totidem verbis Christus increpuit petrum, conantem impedire passionem. Porro (p. 24, line 8).

19: Vulgarium locum homilia xiij. Contra apud Theophylactum adduntur. Proinde nostris exemplari/
bus hac in parte assentiendum puto, quod conijciam eas uoces ex altero Matthæi loco huc
additas à scriptore memori scioloq́ꝫ, quod locis aliquot factum ostendemus. Augustinus
enarrans psalmū nonum, legit: Redi retro satana. Atq́ꝫ ita legitur non solum in plerisq́ꝫ co/

Paulinū exemplar ex Londino

dicibus per typographos excusis, uerūetiam in uetustissimo codice ex bibliotheca Paulina
apud Londinum, sed dissentiente exemplari Corsendoncensi. Apparet Retro positum pro
ὀπίσω μου, sed mihi, ut dixi, probatur Origenis annotatio, præsertim cum uideam Ambrosiū

Satan Hebræis quid

aliquoties hoc citato loco, suffragari.} Porrò שטן Hebræis sonat, aduersariū, & qui obsistit,
atq́ꝫ obturbat. At qui à tergo est, non obsistit.{Proinde Petro, qui iam præire domino cona/ 19
batur, increpans ne subiret mortē, dictum est, Sequere me, discipulū agens, non aduersariū.}

Dominū deum tuum.) Locus est Deuteronomij cap. sexto. Nisi quod illic pro Adora/
bis scriptum est, Timebis, in æditione uulgata.[nec aliud uerterunt septuaginta] Cæterū qui 35
adorat, is reueretur ac timet quem adorat. Præterea quod additum est soli μόνῳ, Hebræus

Adorabis pro timebis

expressit per articulū, את יהוה אח, id est, Ipsum dominū. ואתו, Et illi ipsi seruies, ut intel
ligamus nullum præterea adorandū, ac nulli præterea seruiendum, Cæterū quæ de λατρεία

Laurētius aduersus theologos de latria

Laurentius disserit aduersus theologos, qui uolet ab ipso petat: nos breuitati studemus.

Tunc reliquit,) ἀφίησιν, id est, Relinquit, præsentis temporis. Idem uerbum quod supe/
rius uertit, Dimisit.

In ciuitate Capharnaum.) εἰς καπερναούμ.〈Ita scriptum conspicimus in aureo codice, con 22
sentientibus aliquot Donatianicis.〉Ciuitatē interpres Latinus addidit de suo. At id magis
factum oportebat in Nazareth, ob Græcum articulum appositum, τὴν ναζαρέθ.

Viam maris non uia

Via maris.) Græcis accusandi casus est, ὁδὸν θαλάσσης, id est, Viam maris. Theophy/

Præpositio Græca subaudita

lactus Græcus interpres subaudiendam putat præpositionem κατὰ, aut παρὰ, hoc est, Iuxta
uiam maris. Nam hic mare uocat lacum Genezareth, in cuius litore sitæ sint Capernaum,
Tyberias, Bethsaida, & Chorozaim.

Galilææ duæ

Galilæa gentium.) τῶν ἐθνῶν, Expressius erat, ἡ τῶν ἐθνῶν, articulo apposito. Sunt enim
duæ Galilææ, altera cognomento gentiū, in sorte Tribus Neptalim, finitima Tyrijs, in qua
Solomon xx. ciuitates donauit Chirā regi Tyriorū. Altera est in tribu Zabulon è regione
Tyberiadis ac stagni Genezareth, autore Hieronymo.(Tametsi quidam sic distinguūt, ut 27
gentiū referatur, non ad Galilæam, sed ad populū. Gentiū populus qui sedebat in tenebris.)

In regione umbræ mortis.) Græci secus legunt, ἐν χώρᾳ καὶ σκιᾷ θανάτου, id est, In regio/
ne & umbra mortis. Etiamsi iuxta Hebraicam ueritatem ita uertit Hieronymus, Habitan/
tibus in regione umbræ mortis. Et Hebræis unica dictio est צַלְמָוֶת, composita ex umbra
& morte, ut intelligas altissimā caliginem, qualis est apud inferos. Illud annotandum, Habi

Sedere pro habitare

Sedes pro habitatione

tantibus mutatū esse in Sedentibus, etiam si sedes habitacula dicuntur. Alioqui qui sedent,
ijdem qui modo ambulare dicebantur. Quanq́ꝫ etiam pro illo ambulabat, positū est, καθήμενος,
sedens〈quemadmodū habebat unus codex Donatiani.〉Vnde liquet seu Matthæū, 22
seu huius interpretē, sententiā reddere uoluisse, potius quàm anuumerare uerba prophetę.

Euāgelistæ nō citant prophetias ad uerbū

Hieronymus enarrans hunc locum apud Esaiam, testatur à Matthæo iuxta Hebraicā ueri/
tatem citari, etiamsi uerbis nonullis præteritis. Omittit enim Euangelista: Primo tempore
alleuiata est, & nouissimo aggrauata est.〈Quod tamen mire dissidet apud septuaginta. Si/ 22
quidem pro eo quod Hieronymus uertit ex Hebraica ueritate, Primo tempore alleuiata
est terra, Septuaginta uerterunt, τοῦτο πρῶτον ταχὺ πίε, ταχὺ ποίει, id est, Hoc primum bibe,
ueloclter fac.(Nam itidem citat Tertullianus libro aduersus Marcionem quarto. Hoc pri/ 27
mum bibito, cito facito.) Nec hanc interpretationem, quæ nihil habet affine cum Hebræis,
reijcit aut insectatur Hieronymus.〉

Pœnitentiā agite.) μετανοεῖτε,{Resipiscite.} De quo superius dictum est. Et ἤγγικεν, Ap/ 19
propinquauit, siue instat & adest{aut in propinquo est.} 19

Addūt aliquoties Græci per occasionem

〈Ambulans autem Iesus.) Iesus non erat in aureo codice. Quanquam arbitror & apud 22
Græcos hæc nonnunquā addi, ob sermonis consequentiam, præsertim si quando decerpta
recitantur è codicibus Euangelicis.〉

Mittentes rete.) βάλλοντας ἀμφίβληστρον, Est retis genus, quemadmodū & sagena, hinc
dictum, qud undiq́ꝫ complectatur. Nam rete Græcis, δίκτυον est.

Vos fieri

16-22: vulgata. Apud Hebraeos ita legimus. 'Eth 'adonai 'eloheykha tira' we-'otho ta'avod Caeterum

16-22: dimisit, homo nimirum copiosus. In

16: prophetae. Apud Esaiam sic legitur, Ka-'eth ha-ri'shon heqal 'arṣah zevulun we-'arṣah naftali we-ha'aharon hikhbid dered ha-yam 'ever ha-yarden gelil ha-goyim: ha-'am ha-holekhim ba-ḥoshed ra'u 'or gadol yoshevey be-'ereṣ ṣal-maweth 'or nagahh 'aleyhem Hieronymus

19 Vos fieri piſcatores.) Fieri,redundat.Græce eſt,Faciam uos piſcatores.{Porrò piſcatores hominũ, mollius eſt apud Græcos, ἁλιεῖς ἀνθρώπων. Nam piſcator à piſcibus dictus eſt,
ἁλιεὺς à mari,quaſi iuxta Gallorũ linguã dicas,marinatores,quod in mari uerſent.}Quanquam
hoc minutulũ uelut & illud aliquãto poſt,Relictis retibus & patre,Græci addũt,ſuo,αὐτῶν.
Et ſanans omnem languorem.) θεραπεύων. Quod ſæpe uertit,curans:& omnino θεραπεύειν eſt mederi pharmacis. Vnde Galenus opus ſuum de morborum remedijs, θεραπευ-
τικὴν appellat.Proinde miror Euangeliſtæ interpretem hoc uerbo abuſum,quod magis ui-
22 debatur fugiendum.{Quanquam eodem uerbo abuſus eſt Marcus capite primo : καὶ ἐθεράπευσε
πολλούς. Item Lucas capite quarto : ἐθεράπευσεν αὐτούς. Eadem ratio in uerbo Latino curare,quæ in Græco.Hoc loco fugit interpres Latinus,ac uertit ſanans pro θεραπεύων. Cæterum in Marco ac Luca non uitauit. Non enim ſtatim ſanantur qui curantur:& multi ſanantur non curati.}Deinde νόσον, quod planè morbum ſignificat, hic plerunque uertit languorem. Rurſum μαλακίαν, quod ad uerbum ſonat mollicıem,non male uertit, infirmita-
19 tem,rectius tamen{uerſurus}languorem.Eſt enim languor,leuis ac lentus morbus,qui non
affigit quidem lecto, ſed tamen facit, quo minus firma ſimus ualetudine. Denique fortaſſe
melius erat, Quemuis morbum, quàm omnem. Neque enim ſanauit omnes ægrotos, ſed
19 quemuis morbũ {quoſdam enim morbos medici putant immedicabiles} Niſi quod omnis
pro quiuis abutuntur nonnulli Latinorum.

Abijt opinio.) ἀπῆλθεν ἡ ἀκοή, id eſt, Abijt auditus,ut uerbum uerbo reddam.Nec inficior opinionem inueniri pro fama : uerum non omnia quouis loco quadrant. Nos uertere
maluimus,Dimanauit fama eius,uel ob hoc,quo uitaremus amphibologiam.

19 {Tormentis comprehenſos.) βασάνοις συνεχομένους, id eſt, Qui cruciatibus ſiue torminibus coarctabantur, ſiue contrahebantur. A morbis ſeparauit tormina, quorum uiolentia
corpus omne contrahitur. Torminibus ego malim, ob uitandam amphibologiam : ſunt
enim & quæſtionum tormenta.}

Qui dæmonia habebant.) δαιμονιζομένους. Vnica uox eſt,qui à dæmonibus agebantur.
19 Simile eſt quod ſequitur, σεληνιαζομένους, quod interpres uertit,Lunaticos:{quod certis interuallis furor illos repeteret. Diuus Hieronymus negat hos uere affectos fuiſſe ui ſyderis
Lunæ,cum eſſent dæmoniaci,ſed arte dæmonũ factũ,quo creaturã dei infamarẽt.Arbitror
ob id Lunaticos dictos,quod furor non eſſet perpetuus,ſed certis recurreret interuallis.}

De trans Iordanem.) καὶ πέραν ἰορδάνου, Trans Iordanem. Interpres addidit, De. Reperiuntur enim huiuſmodi ſic poſita,ut motum à loco ſignificent. Vt Quintilianus:Salutem
publicã trans mare petendam,id eſt, E tranſmarinis regionibus. Et peregre redijt,id eſt,ex
peregrinatione.Et,foris acceſſit,id eſt aliunde.Nam,De ſub pede,de poſt fœtantes,oratio-
nes ſunt inauditæ Latinis.Poterat explicare periphraſi,à regionibus ultra Iordanem ſitis.

EX CAPITE QVINTO.

VIdens autem Ieſus.) Ieſus,hoc loco nõ additur,nec in Græcis, nec in uetuſtis
Latinorũ codicibus. ἰδὼν δὲ τοὺς ὄχλους, id eſt,Cum uidiſſet autem turbas.
19.27 {Beati pauperes ſpiritu.) Video theologorũ uulgus{inter quos eſt & Beda}
35 id interpretari de tenuitate facultatum ,[& qui ſcripſit in hunc Euangeliſtam
opus imperfectũ annotat quod dictum ſit πτωχοὶ non πένητες, id eſt,mendici
non egeni,ut exprimeret ſummã egeſtatem,]cum potius referendum ſit ad animi celſitudi-
nem ac ferociã. Siquidem Græci μεγαπνεῖν dicunt elato eſſe animo, ac præferoci, cuiuſ-
modi ferè ſunt principes, aut qui regnum ambiunt. Atque hic eſt fermè malorum omnium
fons. Ad hunc ſenſum facit & id,quod annectitur,Quoniam ipſorum eſt regnum cœlorũ.
Porrò pauperes ſpiritu dixit, quod diuitum familiaris ſit ferocia. Certe diuus Auguſtinus
palàm in hanc ſententiam interpretatur, cõmentariorum, quos in hunc domini ſermonem
ædidit,libro primo,ac rurſum enarrans pſalmum ſeptuageſimumtertium.Neque diſſentit
Hieronymus,ita ſcribens:Adiunxit ſpiritu,ut humilitatem intelligeres,non penuriam. Iti-
27 dem interpretatur & Chryſoſtomus homilia in Matthæum decimaquinta}{Et huic conſen
35 tiens Theophylactus. Neque ſecus, diuus Hilarius in Canone Matthæi}[Itaque coactius &
alienius mihi uidetur hic inducere quæſtionem de profeſſione mendicitatis aut uoluntarię
paupertatis : ſed dominus per modeſtiam ac ſubmiſſionẽ ſui oſtendit uiam ad ueram ſub-
c limitatem

θεραπεύειν
Apoſtoli non ſanabãt pharmacis
νόσος & μαλακία quid differant
Omnis pro quiuis
Opinio pro fama
Tormina & tormenta
Lunatici qui
Tranſmare pro è tranſmarinis
Foris pro ἔξωθεν
Pauperes ſpiritu qui Chriſto dicti

16: no chapter five
19-22: ferocitatem
19-22: ferocitas
16: lunaticos, nos syderatos vertimus. Non quo damnaremus quod ille posuit, sed explicaremus. De trans

limitatem,Nam Adam per superbiam deiectus est à regno in seruitutem.]
Beati qui lugent.) In Græcis codicibus prius est,Qui lugent:postea Beati mites.Id opinor casu factum,quod in huiusmodi recensionibus subinde labi soleant librarij.
↓* [Periphrasis in * Misericordiã consequent.) ἐλεηθήσονται. Cur nõ est ausus uti periphrasi in consolabunt,
sacris literis {cum hic non uereatur facere.}Hilarius longiore, sed dilucidiore circũitione est usus, Quia 19
ipsis,inquiens,misericordiã pręstabit deus.(Et Augustinus,Quoniã ipsorũ miserebit deus.) 27
[Cor, oculus {Beati mundo corde.) καθαροὶ τῇ καρδίᾳ, id est, mundi corde. Pro quo Augustinus di- 19
animi ctione composita legit,mundicordes,cum Græcis duæ sint dictiones. Fortassis hic non parum quadrasset, Puri corde, quod mundicies sordibus magis opponatur, purum autem
proprie dicatur, quod nullius admixtione sit uitiatum: nam oculorum uice posuit cor. Et
aliâs oculum simplicem uocat.}
Pacifici, qui Beati pacifici.) εἰρηνοποιοί. Vt intelligas haud satis esse Christianis, ipsos esse pacatos,
pacẽ cõciliãt nisi accesserit & inter alios pacis conciliandæ studium.{Annotauit hoc diligenter Chryso- 19
stomus.}Sed hæc,ut nunc ferè sunt mores,surdis canuntur.> 22
<Cum maledixerint uobis homines.) Homines non est in Græcis libris, sed hoc uel in- 22
[Addita uox terpres,uel quod probabilius est,librarius addidit de suo:quanq non erat admodum opus.>
(Id eò uisum est admonere,ne quis frustra philosophetur hic in dictione homines.Quod ge- 27
nus est apud Paulum, si adhuc hominibus placerem.)
Et persequuti uos fuerint.) Haud perperam interpres de suo repetit, Vos, quod apud
Latinos maledicere & persequi,non recipiant eundem casum quem apud Græcos.<Addi- 22
dit iterum,homines,quod nec apud Græcos est,nec in aureo codice.>
Omne malum.) Gręci codices[quidam]addunt uerbum, πᾶν πονηρὸν ῥῆμα, id est,Quod- 35
uis malum uerbum.(Consentit exemplar quod à Leone pontifice missum sequuti sunt His- 27
pani.)[Licet Chrysostomus citans hunc locum lib.3. cap.11. de sacerdotio non addat ῥῆμα, καὶ 35
εἴπωσι πᾶν πονηρὸν καθ᾽ ὑμῶν, & dixerint omne malum aduersum uos.]Nam quod mox πο-
λύς, id est, multa,uertit copiosa, probe fecit.{Atq hæc sunt illius sacrosanctæ philosophiæ 19
Philosophia dogmata,quæ Christus tanta cura,tantaq autoritate tradidit: neque id promiscuæ turbæ,
19-27: peculiaris sed peculiariter suis,hoc est, sacerdotibus & episcopis, imò omnibus ingenue Christianis:
tr: Christi neq quouis loco,sed in monte. Nec frustra addidit Matthæus, aperiens os suum. His nominibus ipsa ueritas,quæ neq fallit, neq fallitur, nobis felicitatem promisit. Et tamen mirum quàm ad hæc frigemus omnes. Imò non pudet quosdam absolutam profitentes religionem,hæc eludere,uelut antiqua iam & obsoleta. Impium ferè habetur,non cõstabilisse
rem,quocunq modo. Bellum etiam in templis laudatur ab episcopis,à theologis,à mona-
19-22: episcopalum chis. Nam ipse noui quosdam,qui decantandis belli laudibus, ad episcopi dignitatẽ emer-
[Aristoteli serunt. Aristotelis decreta nos magis commouent quàm Christi. Atqui hæc est illius cœle-
plus satis stis doctoris propria peculiarisq doctrina, quam nemo philosophorũ unquam efficaciter
tribuimus tradidit. Audiui quosdam qui sibi uehementer theologi uiderentur, ad hæc adoranda nobis, si modo uere Christiani sumus, nasum sanna corrugantes, & ea modis omnibus abo-
minantes, quæ Christus(æterna)felicitate pensat. Neque ueritus est optimus ille Chryso- 27
stomus ad singulos beatitudinis gradus interpretari,quod Christus pronunciauit beatum,
etiam in hac qualicunq uita beatius esse, quàm illud quod mundus beatissimum esse iudicat. Nos qui nobis uidemur plusquam sesquichristiani, ne id quidem æquis auribus accipimus, si quis simpliciter accipiat eorum, quæ Christus docuit hic præstanda, præmium
ab ipso reponendum in futuro. Et cum nobis permittamus, ut in his, in quibus totius religionis nostræ cardo est, impune simus impij, blasphemiq, dictu mirum quas tragœdias
excitemus,si quis ad commentitias quorundam propositiones audeat hiscere. Sed his de-
plorandis alius fortasse commodior dabitur locus.}
Sal fatuus Sal euanuerit.) μωρανθῇ. Vt nihil causer de genere salis, quid est euanescere? Qua uoce
reddidit in Paulo, ἐματαιώθησαν. Hic cum de sale loquatur,dicere debuit: Infatuatus fuerit,
siue insipidus factus fuerit,aut certe,ut Vallæ placet,desipuerit. Quandoquidem Martialis & Betas, quod insipidæ sint, fatuas uocat. Porrò quod taxat Valla, πόλιν non urbem,
sed ciuitatem,esse uersum,non solum minutius est,uerumetiam iniquius, Quod genus est
& illud, ὑπὸ μόδιον, id est, Sub modium,siue subter modium:cum alioqui Græcis μέδιμνος
modius

* 16: Placed after: 'Beati pacifici)'

modius sit. Annotandum autem interpretem, aut fortassis Euangelistam ipsum Romana
usum uoce, quod & aliàs sæpicule facit, uelut indicabimus suis locis.

[Modio] Romana uoce usus Euangelista)

Vt luceat.) καὶ λάμπει, id est, Et lucet. Ostendit enim quid consequatur, non quid affe-
19.27 ctandum sit. {In exemplari Paulino scriptum erat, Et luceat} (Refertur enim ad lucernã quæ
sic lucet, si fuerit imposita candelabro.)

}↓

Quoniam ueni soluere,) ὅτι ἦλθον, id est, Quod ueni, siue quod uenerim. Siue, quod
Latinius est, Ne putetis me uenisse. &, Ad soluendum potius quàm soluere. Quanquam hoc
27 ipsum καταλύσαι potius significat destruere ac demoliri (uel abrogare) quàm soluere: (aliter
enim soluitur lex, aliter pecunia debita, aliter zona siue nodus.)

Soluere pro destruere

Amen dico uobis.) אמן, quod apud Hebræos sonat fiat, siue uere, ceu uocem Hebræis
35.19 peculiarem nemo [Latinus] uertit, {neque quisquam Euangelistarum Græce scribens} {Est autem uox confirmantis & asseuerantis.}

* see below

19 Iota unum aut apex.) Cum {probabile sit} Iesum Hebraice fuisse loquutum, dubium non
19 est quin quod hic Iota uocat, ea sit litera, quam Hebræi iod appellant, {omnium} minutissi-
19 ma, quæ sic nonnunquam adiicitur, ut propemodum superuacanea uideri {queat. Sed quid api
cem dixit? Cum ne Græcorum quidem uetustissimis mos fuerit apicibus uti, & sero apud
Hebræos receptum sit, accentiuncularũ notas ascribere, quibus tamen hodie non utuntur,
nisi forte summũ elementi fastigium apicem uocauit, aut eam notam quæ nõnullis addita
facit o לא. Mihi uidetur hic sermo καθ᾽ ὑπερβολὴν dictus. Neque enim laboratur de literarũ
apiculis: cum constet non pauca etiam uolumina ueteris instrumenti intercidisse, quorum
35 nomenclaturã adhuc uidemus in canonicis uoluminibus, [ueluti libros bellorũ domini, qui
citatur Numerorũ 21. & librum Iustorũ qui citatur Iosue cap. 10. & 2. Regnorũ cap. primo,
aliosque qui citantur in libris Regum & Paralipomenon. Oportuit autem summæ fuisse au
toritatis, quorum autoritate toties nititur scriptura Canonica. An uero fuerint in Canone
Hebræorũ aliis excutiendũ relinquo. Non igitur laboratur de apicibus,] sed asseuerat nihil
27 omnino promissum aut proditum in lege Mosaica, quod Euangeliũ non absoluat.} (Ab hac
sententia non abhorret Augustinus exponens sermonem domini in monte habitum.)

[Iota & apex qd sit in euangelio] Hebrew: {ן 16: omnium {↓
[Hebræi serõ receperunt apices]
Hyperbole
16-27: intrabitis

19 Non intrabis.) οὐ μὴ εἰσέλθητε. Apparet positum esse ἀττικῶς, {ob geminatã negationẽ.}
19 Etiam si non negarim hæc aliquando significare tempus futurum {præsertim conduplicata
negatione.} Reus erit.) ἔνοχος ἔσται. id est, Obnoxius erit. Quanquam & rei dicuntur
19 obnoxii: ueluti reus uoti {qui uoto sese astrinxit, ac debitorem constituit.}

[Negationes duæ pro una οὐ μὴ pro una negatione & facit tempus futurum aut modum potentialem]

Qui irascitur fratri suo.) In nonnullis Græcorũ codicibus ascriptum est εἰκῆ, id est, Temere, aut sine causa. Verum Hieronymus edisserens hunc locum, itemque secundo dialogo
aduersus Pelagium, negat id in uetustis, ac bonæ fidei exẽplaribus repertum. Et additum
uidetur ab audaculo quopiam, qui ceu mitigare uoluerit, quod alioqui durius dictum ui-
19 debatur. At quin eadem opera in cæteris idem adiecit, εἰκῆ: {Qui dixerit racha sine causa,
qui dixerit fatue sine causa.} Proinde diuus Hieronymus duas has uoces, Sine causa, iubet
19 eradi. Quanquam prior lectio magis probatur Laurentio. {Et Chrysostomus homilia in Matthæum decimasexta, legere uidetur εἰκῆ, distinguens iram opportunam ab intempestiua,
27 & negans affectum penitus eximi nobis, sed cohiberi duntaxat ac regi.} (His consentanea
scribit Theophylactus. Non erat opus hic distinguere iram iustam ab iniusta, aut iram carnis ab ira animæ, aut iram qua irascimur homini & qua irascimur hominis uitio, si sentia-
mus dominum hic loqui de ira uulgari, qui est motus animi tendens ad ultionem doloris,
nimirum primus ad homicidium gradus. Alioqui & iudex qui cum ira punit nocentem,
peccat aut certe imperfectus est, quum hic Christus doceat perfecta. Verum ut redeamus
ad particulam εἰκῆ, id est, sine causa, quam diuus Hieronymus negat esse in ueris exem-
22 plaribus, (quid hic adferent qui contendunt hanc translationem ab Hieronymo fuisse casti-
gatam? Quod damnat relictum est, & quod relictum est ad sensum pertinet non ad uerba,
quæ uidetur alicubi neglexisse.) Augustinus lib. retract. 1. cap. 19. testatur in Græcis codicibus nõ addi sine causa, Nam in sermone habito in monte, uult etiam in cæteris duabus partibus subaudiri, qui dixerit, racha, sine causa, qui dixerit, fatue, sine causa.)

Sine causa additum autore Hieronymo

εἰκῆ additum]

Qui dixerit fratri suo racha.) Apud Hebræos contumeliæ uox est, quasi Latine dicas
27 cerebrosum, aut cerebro carentem (siue uacuũ.) In psalmo quarto exponitur, ריק per uani-

 tatem

{ 19-22: luceat, fortassis Graece erat λάμπη Quoniam
* 16: Jesus Hebraeis hebraice sit locutus
{ 16: uideri possit. Deinde apicibus nec uetustissimi Graecorum, nec uetustissimi Hebraeorum utebantur. Quanquam & Hebraei habent, quid aliquoties superscribunt, ut in, alohim & lo punctum supra scriptum cholem uocant, et facit o. Non intrabis

Racha qd iuxta diuersos interpretes

tatem{: Decidam merito ab inimicis meis inanis. Atq; in hac quidem sententia est Hiero- 19
nymus, qui perinde ualere putat racha, ac si Græce dicas κενός.} Quin & Græci hominem
nihili, ῥάκος appellant, à ueste detrita, reijculaq; sumpto conuicio.{Quod indicat & diuus 19
Augustinus cōmentariorum, quos in hunc ædidit locum, libro primo.}At uidetur racha,
magis esse uox indignantis, uelut interiectio. Alioqui quid intererit, inter racha & fatuū?

Excussa Hieronymi opinio

{Consentaneum est enim Christum gradus quosdam ostendere, quorum primus sit irasci, 19
secundus sono aliquo incerto motum animi significare, tertius in manifestum conuicium
prorumpere. Atq; ita sentit Augustinus eo loco quem paulo ante adduxi, addens se id à
Iudæo quopiam accepisse, Racha Hebræis interiectionis instar esse, eaq; uoce nihil certi,
sed tantum animi indignationē significari. Chrysostomus homilia decimasexta, tradit racha, non esse uocem grauioris aut atrocis conuicij, sed ab impatientia, stomachoq; loquētis
proficisci: quomodo seruis nonnunquā stomachosius loquentes dicimus: Abi tu, dic illi tu.
Quin & Syriacæ linguæ testimonium adducit, in qua racha ponatur pro eo quod est, tu.}
(Sic enim seruis loquimus, & his quos contemnimus. Cum Chrysostomo concordat Theo 27
phylactus. Nonnulli sic distinguunt inter racha & fatuum, ut differentia peccati non sit in
dictis, sed in animo dicentis. Nam dominus suo more doctrinam suam attemperans ad captum simplicium, hoc modo proposuit exemplum iræ leuis, quæ nondum decreuit ultionem, & iræ grauioris per racha, & iræ grauissimæ quæ proxima sit homicidio per fatue.
Alioqui plerunq; grauius peccat, qui tacitus irascitur, quàm qui conuicijs debacchatur.

Racha siue rocho non esse interiectionē

Nec desunt qui recha doceant esse legendum, non racha, quod Chaldæis sonet rocho. Eam
uocem nolunt esse interiectionē, sed simpliciter significare uacuum. Nec esse conuicium,
aut si est, leuius esse conuicium, quod competat in eum qui careat eruditione, aut alia re,
quam sibi quisque parare ualeat sua industria, cum fatui conuicium pertineat ad impietatem. Quod attinet ad dictionem racha, si recha legendum est, quū in codicibus Græcis ac
Latinis summus sit consensus, aut Euāgelista reprehenditur si Græce scripsit, aut interpres
quem oportet antiquissimum fuisse, quisquis fuit, nam quidam autumant fuisse Ioannem
Euangelistam. Deinde quum dominus sit usus uulgari lingua, quæ Syro Chaldæoq; sermone corrupta fuit, si Chaldæi pro racha dicunt rocho, quid mirum, si dominus pro recha
dixit racha. Neq; enim consequitur, sic scribitur in ueteris testamenti uoluminibus, igitur
sic pronunciauit Christus, tametsi Græci codices rhaca habent non racha. Quod attinet
ad distinctionem fatui constat Græce scriptum μωρὲ, quid Hebraice scripserit Matthæus
nobis incertum, qua uoce Paulus usus est de discipulis domini: quæ stulta sunt mundi elegit deus: non utique significans impios, sed humiles & imperitos iuxta mundum, & ipse
Paulus agnoscit stulti uocabulum, non quod uere stultus esset, sed quod stultorum sit de se
ipsis magnifice prædicare, quod tamen non est impietatis, sed ineptum potius, si modo uera prædicent. Iam ut non est conuicium, si quis hominem tardum obiurgans appellet tardum, ita non sit conuicium, si quis hominem impium emendare cupiens, appellet stultum.
In singulis igitur subaudiendum est, si quis iratus dixerit, racha, si quis iratus dixerit, fatue.

Fratris uocabulum quos cōplectatur

Quidam philosophantur in dictione fratris quasi fratres non sint nisi qui cōmunem agno-
scunt patrem. Ego arbitror hic nomine fratris omnes homines intelligi. Etenim quum dominus præcipiat, ut maledicentibus impijs benedicamus, cui concedit dicere fatue, duntaxat iuxta sensum quem indicauimus.)

↓ * *συνέδριον & βουλὴ*

(16-22: apud Graecos Amphyctyonum)

* Concilio.) Non est βουλῇ, quod & ipsum significat conciliū, sed συνεδρίῳ, quod conses-
sum iudicum significat{id quod indicatū est & à Chrysostomo.}In huiusmodi consessibus, 19
uelut(Athenis in curia Martis,)grauiores causæ solent agitari.(Nam in iudicio quod inter- 27
dum ab uno peragitur multa spes est elabendi, ad synedrion non nisi grauis causa defertur,
iamq; non tam de damnando reo quàm de supplicij modo deliberatur.)

Gehenna quid

Gehennæ ignis.) εἰς γέενναν τοῦ πυρός, id est, ad gehennam ignis.{Sed Hebraice magis 19
quàm Græce aut Latine dictum est, gehennæ ignis, pro gehennæ incendio, siue gehenna
ardente.} Porrò apud Hebræos gehenna גֵיא־הִנֹּם sonat, Vallis ennon, de quo inferius
plura dicemus(capite decimo.) 27

Reconciliari fratri tuo.) Palam est hic uerbi modum errore librariorū fuisse mutatum,
reconciliari, pro reconciliare, imperatiui modi, διαλλάγηθι. Vnde nos uertimus reconcilie-
ris, ne

* 16-22: Placed before preceding entry (p. 27).

ris, ne perinde facilis esset deprauatio. Certe reconciliare legitur & in peruetustis Latino/
19 rum exemplaribus,{uelut in Paulino. Et in Corsendoncensi manifestum rasuræ uestigium {16: at
indicabat,& illic scriptum fuisse,reconciliare.}Omittam ὕπαγε, abi potius uertendū fuisse,
quàm uade. Nec esse,offeres,sed πρόσφερε, id est,offer,siue adfer.

Esto consentiens.) ἴσθι εὐνοῶν, id est, Esto beneuolus, siue quod addit Hieronymus, be/
27 nignus,etiam si non uideam quid benignus respondeat ad εὐνοῶν.(Nonnulli uerterūt con/
cors quemadmodum indicat Augustinus.)

Et aduersario.) ἀντιδίκῳ. Non absolute sonat aduersariū,sed aduersariū causæ, siue litis.
Siquidē actorem sentit,qui reum facit, & in ius trahit. Rursus autē μήποτε, Ne forte uertit,
cum rectius sit,Ne quādo,aut simpliciter,Ne. Præterea ὑπηρέτῃ, quod hic uertit ministro,
nōnunq̄ carnificem transtulit,aliâs exactorē.Est autē is qui exequitur iudicis sententiā.

ἀντίδικος]

ὑπηρέτης uarie transl/latum]

Nouissimum quadrantem.) ἔσχατον κοδράντην. Cur non potius extremum quàm nouis/
simum? Nec enim de temporis agitur ordine, sed de summa. Deinde apparet hic quoque
Romanam uocem usurpatam ab exteris,id quod in plerisque fit,sed deprauate. Est autem
quadrans nummulus,quarta pars assis,quam à tribus uncijs Plinius triuncium uocat. Gu/
lielmus Budæus immortale suæ gentis decus: utpote uir non solum omnium quos unquā
Gallia genuit eruditissimus,uerumetiam diligentissimus,eundem esse putat,qui Ciceroni
dicitur teruncius. Atq; eum nummum uulgo ceu minutum contemptui fuisse, prouerbio
quoq; testatum est,id quod in Chiliadibus nostris adnotauimus.

Latina dictio usurpata à Græco scri/ptore

Gulielmus Budæus]

Triuncius & teruncius

Mœchatus est eam.) Vt dissimulem interim, quod toties iam uertit quia pro quod: ut
demus mœchari Latinis esse receptū: Nam & Catullus mœchari dixit,& Terentius mœ/
19 chum,Quis unquā{Latinus}dixit,mœchatur illam? Proinde si mœchari hoc loco significat
adulterium cōmittere, uertendum erat ad hunc modum, Qui uiderit uxorem siue matro/
nam ad concupiscendam eam, iam adulterium cum illa cōmisit. Sin mœchari positum est
pro quouis illicito concubitu,quemadmodum aliquoties inuenitur, pro Mœchatus est di/ 16-19: fornicari
19 cendum erat,Stuprauit eam.{siue ut Suetonius loquitur,adulterauit eam.}

Adulterat eam

Scandalizat te.) Mirum est Græcam uocem usqueadeo placuisse, cum dicere licuerit,
Offenderit,siue obstaculo, aut offendiculo fuerit. Nam quod ἔξελε, id est, Exime, siue ex/
trahe uertit, Erue, reprehendi non potest.

Quàm totum corpus tuum.) Huiusmodi sermonis character apud Grecos inuenitur,&
apud nonnullos Latinos,sed græcissantes. Verum id,cum additur ἤ, ut subaudias μᾶλλον.
At hic secus habetur, καὶ μὴ ὅλον, & non totum &c. Atq; itidem in parte proxima. Proinde
mirum est interpretem affectasse græcanicum schema, quod sermo Græcus non habebat.
Nec est,Eat in gehennā,sed βληθῇ, id est,conijciat.Etiamsi sic loquunt Græci βάλλ' ἐς κόρα/
19 κας, Abi ad coruos,sed subaudientes σεαυτόν.{quasi dicas,abijce teipsum,siue aufer te.}

Quàm, Græ/cis subauditur

*Libellum repudij.) Quod Græce unico uerbo dicitur ἀποστάσιον, quasi dicas,diuortio/
19 nale,hoc est,libellum diuortij.{Annotauit hoc loco Chrysostomus,quod præcipit de uxore
non relinquenda, pendere ex superioribus: Inter tales enim, quales paulo ante descripsit,
neq; quisquam eijciet uxorem nisi adulterā, neq; quisquam recipiet alienam cum iniuria
prioris mariti. Moxq; subiungit de nō iurando,quod ita uetuit,ut nihil omnino exceperit.
Et tamen quasi non sit hoc à Christo serio dictum passim iuramus.Certe uotis omnibus op
tandum,ut tales sint Christiani,ut neq; diuortio sit opus,neq; iureiurando.}

Ἀποστάσιον quid] *↓

Qui dimissam duxerit, adulterat.) μοιχᾶται. Quod uerterat mœchatur, tandem trans/
22 fert adulterat. Quanquam aliud est adulterare,quàm adulterium committere,{quoties ab/
19 solute ponitur.}{Augustinus de adulterinis coniugijs ad Pollentium, indicat hanc clausu/
lam, Et quicunq; dimissam duxerit, mœchatur, in nonnullis codicibus Græcis ac Latinis
non ascriptam fuisse:quod ex superiore sermone satis consequatur. Quod tamen apud ne/
minem alium reperi,uel scriptum,uel annotatum.}

Adulterat La/tinis nō poni/tur absolute, quemadmodū mœchat]

Iterū audistis.) πάλιν ἠκούσατε,Rursum audistis.Nec em̄ iteratione significat,sed ordinē.

Neq; per cœlum.) μήτε ἐν οὐρανῷ, id est, Neq; in cœlo,quā tamen præpositionē,opinor
iuxta proprietatē Hebræi sermonis, apostoli subinde usurpant pro per, ut in digito dei, &
In nomine tuo prophetauimus,quemadmodum suis indicabimus locis.

Iurare uetitū Christianis]

Est,est: non,non.) ναί,ναί. οὔ,οὔ. Quod hic uertit est, Græcis est aduerbium affirmandi,

Ναί

* 16: placed after following entry.

ναὶ, ſed quod uſurpetur & à Latinis. Interpres aliquoties uertit, Etiam, quod uulgo, parum
Ita quomo eruditi dicunt Ita: quaſi ita reſpondeat negationi, Non. Ac reperitur quidem apud Teren-
do affirmat tium ita, ſed dictum ab improbius reſpondente, Quod genus eſt illud, Sic erit. Cæterum
nemo putet conduplicationem ad eundem pertinere, ſed prior pars ad interrogantem pertinet, poſterior ad reſpondentem. {Niſi ſic accipias, Si ſermo ueſter affirmat, uere affirmet, 19
ſin negat, uere neget. Quod ſecus habet apud iſtos, qui quod pollicentur non præſtant,
& quod ſe negant facturos, faciunt.}
* 19-22: Nam His abundantius eſt.) τὸ δὲ περισσὸν τούτων, id eſt, Quod præter hæc acceſſerit. Mire tor-
19: positionum quent hunc locum Theologi {quidam,} A malo eſt, alij interpretãtur, à malo diffidentis, non 19
Excuſſum præ à malo iurantis, alij à malo pœnæ, non à malo culpæ. Verum opinor Chriſtum ſimpliciter
ter ueterũ ex ſenſiſſe, perfectis (Nam de his loquitur) omnino non eſſe iurandũ, pro rebus hiſce, pro qui- 27
↑ * *poſitionẽ, quo* bus uulgus deierat. *Alioqui in cauſa fidei, aut pietatis, etiam Chriſtus & apoſtoli iurant.
19: verum si *modo uete-* {Vult enim ſuos eſſe tales, ut non ſit opus ullo iureiurando. Quorſum enim attineat iurare, 19
mur iurare ſi nemo ſit, qui quenq; uelit circũuenire, etiam ſi id poſſit impune, ſed (e ſuo) quiſq; alterum 27
† 19-22: e suo † æſtimans animo nemini diffidat? Nam qui uere ſit Chriſtianus, etiam ſuo incõmodo con-
ſulit cõmodis alienis: tantũ abeſt, ut ullũ uelit fallere. Et charitas adeo credit omnia, adeoq;
non diffidit, ut parum etiam honeſta, quoad poteſt, interpretetur in bonũ. Hac autẽ ratione
multarũ quæſtionũ nodi diſſolui poterunt, ſi intelligamus Chriſtũ non ſimpliciter hæc uetuiſſe, ſed uetuiſſe eo more fieri, quo uulgato more hominũ fiebant. Sic uetuit iraſci, ſic uetuit ſalutare quenq; in uia, ſic uetuit diteſcere, ſic uetuit reſiſtere malo, ſic uetuit appellari
magiſtros, ſic uetuit uocare patrẽ in terris. Verũ hæc ad hoc inſtitutũ proprie non pertinẽt.}
Dentem pro dente.) Græci addunt coniunctionẽ, &, καὶ ὀδόντα ἀντὶ ὀδόντος. Eadem addit
in uetuſtis exẽplaribus Latinis. Illud obiter adnotandũ, in huiuſmodi orationibus ne poſſe
quidem apponi Græcum articulum: quod quilibet oculus, & quilibet dens ſignificetur.
Quõ prohibe Non reſiſtere malo.) μὴ ἀντιστῆναι τῷ πονηρῷ. Malum uel ad rem referri poteſt, uel ad ho-
mur reſiſtere minem. {Præterea poteſt ablatiuus eſſe inſtrumenti. Nolite reſiſtere cuiquam, malo, hoc eſt 19
malo iniuria, ſiue uerſutia. (Hic ſenſus placuit Chryſoſtomo, quum ait reſiſtendum homini malo, 27
ſed patientia: non enim ignem igni extingui, ſed aqua.) Mirum eſt autem hic additus articulus quam uim habeat, τῷ πονηρῷ, quaſi certum malum ſignificet. Niſi forte uoci appo-
ſitiuæ adiunctus eſt: quaſi dicas ei qui malus eſt.} (Quidam interpretant nomine mali ſigni- 27
ficatũ diabolum, quorũ eſt Theophylactus.) Quis autem ſic loquitur? Dico tibi non abire,
pro eo quod eſt, iubeo ne uſquam abeas? Deinde quid facient huic loco, qui lites qui bella
calculis omnibus approbant inter Chriſtianos? Chriſtus abſolute uetuit reſiſti malo, nimirum uulgari uia, ut malum malo repellatur, hoc eſt, conuiciũ conuicio, uulnus uulnere, bellum bello, cædes cæde. (Imò quid prætexent ij, qui beneficiũ maleficio repenſant?) Illud leui- 22
culum, quod ὅσις uertit, Si quis, pro quiſquis: niſi forte legit, εἴτις. Item quod στρέψον, id eſt,
Verte, ſiue obuerte, tranſtulit præbe. {Auguſtinus alicubi legit Para.} 19
Præbere ma- {Præbe ei & alterã.) Hæc Chriſti hyperbole mea ſententia nihil aliud docet, quàm ſum- 19
xillã, quomõ mam patientiam, animiq; moderationem, utq; tantum abſimus à cupiditate uindictæ, ut
intelligendũ ultro parati ſimus alteram potius iniuriam admittere, quàm malum malo penſemus. Atq;
hoc fortaſſe ſenſit Auguſtinus, cum aliâs, tum in libello de mendacio, & libro uigeſimo ſecundo contra Fauſtum, ſcribit illam præparationem alterius maxillæ in corde faciendam,
non in corpore. Nec enim hoc ſenſit Chriſtus obuertendam ſiniſtram malam, ei qui dextram percuſſerit, ſed ea nos uoluit eſſe lenitate, ut ad alteram iniuriam accipiendam ſimus
paratiores, quàm ad retaliandam priorem. Neque uero continuo cum mendacio coniun-
[Hyperbole ctum uideri debet, quicquid habet hyperbolen. Quam & aliâs annotauit præter Origenem, Hieronymum, & Chryſoſtomum, diuus Auguſtinus in diuinis literis. Quod genus
illud in libro Iudicum: Camelis eorum non erat numerus, & erant ſicut arena, quæ eſt in
littore maris. Rurſum illud in Pſalmis: Aſcendunt in cœlos, & deſcendunt uſque in abyſ-
19: deprimentibus ſum: nempe de undis maris uiciſſim attollentibus ſeſe, ac ſubſidentibus. Certè ſchema hoc
Dextra ac ſi- palàm annotauit Auguſtinus in epiſtola ad Marcellinam quinta oſtendens, ſi quis tropum
niſtra p una, ſermonis reijciat, magis conuenire, ut in ſiniſtram primus ictus dicatur exceptus, quod in
aut altera hanc magis, quàm in dextram fertur impetus ferientis. Idem admonet in Luca non fieri ullam

Iam ſiniſtræ,dextræ'ue mentionẽ:ut intelligamus hoc loco ſiniſtram ac dextram nihil aliud
eſſe,quàm unam & alteram. Quemadmodum in alia quadam parabola,quinq; talenta po
ſuit pro plurimis dotibus,duo pro mediocribus,unum pro minimis. Cæterum animaduer
tendum eſt, ut ſubito mutarit numerum. Ego autem dico uobis: Sed quiſquis percuſſerit
te in maxillam &c. Non ob aliud, niſi quod hic numerus accõmodatior eſt ad inſigendum
animo quod dicitur,dum quiſq; ſibi dici putat,quod dicitur.}

Numerus cur aliquando mutatur

Et pallium.) καὶ τὸ ἱμάτιον. Hic recte diſtinxit ueſtimenti genus,Siquidem χιτὼν, tunica,
27 ueſtis eſt interior. ἱμάτιον exterior,quæ Romanis eſt toga,Græcis pallium(Niſi quod ἱμάτιον, apud Græcos interdũ pro quouis ueſtimenti genere ponitur. Vnde recte monet Auguſtinus hunc eſſe ſenſum , ſi quis tollat unam aliquam ueſtem , concede illi potius ſi quid
aliud habes ueſtium quam cõtendas. Alioqui præpoſterus eſſet ſermo. Pallium enim quæ
ſumma ueſtis eſt primum detrahitur,deinde tunica.)

ἱμάτιον χιτὼν Species pro genere

Mille paſſus.) μίλιον ἕν, id eſt,Miliariũ unum. Alioqui non reſpondet quod ſequitur.

Alia duo.) Ne illud quidem, alios duos. Atq; hic rurſus Græcus uſurpauit uocem La-
22 tinam(Etiamſi huius uocis mentionem fecit Heſychius)Nec eſt Alia duo Græcis,ſed ὕπαγε μετ' αὐτοῦ δύο. ut intelligas duplum oportere concedi, ſimplum extorquenti: quemad-
27 modum docuit de maxilla,& ueſte(Etiamſi diuus Auguſtinus philoſophatur hic in numero ternario, Theophylactus & Chryſoſtomus non attingunt.)Nam quod αἰτοῦντί σε, id eſt,
Poſcenti te, uertit, petenti abs te, recte fecit.

Lapſus interpretis

27 Ne auertaris.) μὴ ἀποστραφῇς, Ne auerſeris(ut legit Auguſtin)hoc eſt,ne reijcias. Quanq̃
& auertor reperitur,ut ſit uerbũ depoſititiũ,ſed in carmine uſitatius,ut apud Bœotium:
22 Eheu quàm ſurda miſeros auertitur aure.(Sicut præuertitur.)
19 {Diliges proximum tuum.) Græci τοὺς πλησίον appellant familiares, & quibuſcum ha-
22 bemus arctam ac domeſticam conſuetudinem(non ſolum cognatos)Neque enim eſt ſu-
perlatiuus gradus apud illos.}
27 (Et odio habebis inimicum.) Hoc quoniam non legitur in ueteris inſtrumenti literis quidam interpretantur hanc eſſe additionem phariſæorum, non ſcripturam. Idem prædicant
de cæteris articulis, quaſi Chriſtus nihil addiderit præceptis legalibus, ſed tantum explana
uerit. Certe diuus Auguſtinus in priore libro quo enarrat hunc locum, ſic refert, quaſi reperiatur in ſacris libris,Sic enim ait: Nec quod in lege dictum eſt, oderis inimicum tuum,
uox iubentis iuſto accipienda eſt, ſed permittentis infirmo. Tale nimirum erat Iudæorum
uulgus. Quemadmodũ autem in iraſcendo accipimus tropum, itidem & in odio receptus
nodum explicat. Certe Chryſoſtomus fatetur , dominum olim non exegiſſe ab infirmis,
quod ſuo tempore præcepit iam inſtructioribus.)

Odio habebis inimicũ,unde additum

Diligite inimicos ueſtros.) Poſt hæc uerba, particulã addunt Græci codices, inter quos
& Theophylactus, quã in noſtra æditione nõ reperio. εὐλογεῖτε τοὺς καταρωμένους ὑμᾶς,id eſt,
Bene precemini deuouẽtibus uos. Quam ſanè nec Hieronymus addit,nec Chryſoſtomus.
Proinde haud ſcio, an eam ſtudioſus aliquis ob affinitatem ſententiæ, ex epiſtola Pauli ad
Romanos huc aſcripſerit.Nam hac occaſione comperimus locos aliquot immutatos.

16-19: Vulgarius
Additum aliunde

22 (Pro perſequentibus & calumniantibus.) ἐπηρεαζόντων καὶ διωκόντων: quorũ utrunq; penè
idem ualet,Nam ἐπήρεια Græcis dicit̃ inſultus proprie in bello,quaſi dicas,ἐπάρεια,à Marte,
Hinc dictum apparet uerbũ,ἐπηρεάζω,quod eſt uexo,ſiue uim facio,& impeto.Sed quoniã
Græci docent ἐπηρεάσαι nonnunq; idem ualere quod βλάψαι,nos uertimus lædunt.)

ἐπηρεάζω unde dictum

19 Qui ſolem ſuum.) ὅτι τὸν ἥλιον, id eſt, Quia ſolem ſuum.{Licet refragantibus exemplaribus Latinis , Et fieri poteſt, ut interpres pro ὅτι legerit ὅς, ſiue ὅσις.}Quanquam hoc
nihil refert ad ſenſum.Et ἀνατέλλει, recte circumlocutus eſt,Oriri facit,ſiue expromit.Item,
Pluit,Græcis eſt βρέχει, rigat. Rurſum:
19 Quam mercedem habebitis.) Græce eſt, ἔχετε, id eſt,Habetis,præſentis temporis{ut rei
ſignificatio ſit,non temporis}Porrò mercedem pro gratia poſuit.

Et publicani.) τελῶναι, id eſt, qui uectigalia redimunt, unde & redemptores dicuntur.
Genus hominũ olim infame apud Iudæos,nunc apud Chriſtianos,cum primis honeſtum.
19.22 Nec id ſanè mirum,cum inſtitores{ac menſarij}omnibus penè anteponantur(apud utriuſq;
Reipublicæ ſummates)quos nec Ariſtoteles, nec Tullius inter honeſtos ciues haberi uult.

Publicani olim infames, nũc in primis honeſti habiti

c 4 Nec eſt

↓ ⁞ Nec est, Hoc faciunt, sed τὸ αὐτό, id est, Idem faciunt. Et salutaueritis,⁞ est ἀσπάσησθε, quod⁞
non est simpliciter salutare, sed osculo & complexu salutare, quod olim ex more fiebat
inter amicos, non solum apud Iudæos, uerumetiam apud Græcos & Romanos.⁞(Alioqui 27
uulgare est officium obuio dicere salue.)

Fratres uestros.) Pleriq; Græci codices habent, τοὺς φίλους ὑμῶν, id est, Amicos uestros.
Verum Iudæi fratres appellant quomodolibet cognatos, atq; ita legit Hieronymus.

Quid amplius facitis.) τί περισσόν, id est, Quid eximium, aut quid supra cæteros.

Nonne & ethnici?) Rursus hoc loco nōnulli codices Græci habent τελῶναι, id est, Publi
cani. Cæterū ex interpretatiōe Chrysostomi, deprehendere licet illū ethnici legisse, cum ait:
Propter quod etiā hic Gentiles & publicanos producit in mediū, ut talibus discipulos com
parando personis, etiam pudore ad uirtutē accendat.(Certe Theophylactus repetit hic τε- 27
λῶναι, id est, publicani.) Nam ethnicus gentilē sonat, qua Græca uoce uidetur interpres de-
Gentilis quid pprie Latinis
lectatus, ob id, opinor, quod gentilis aliud quiddā significet Latinis auribus,{nempe gentis 19
affinitate coniunctū.}Ac rursum, non est hic, Hoc faciunt, sed Sic faciunt, οὕτως ποιοῦσιν.

Estote igitur uos.) ἔσεσθε, id est, Eritis. Interpres legisse uidet̄, ἐστε. Omitto, quod ὁ ἐν τοῖς
οὐρανοῖς, quod uertere solet, Qui est in cœlis, nūc mutauit, cœlestis. Cæterū coniunctio &,
sicut Et pater, non additur apud Græcos. Tantū est, Sicut pater uester cœlestis.

EX CAPITE SEXTO.

Eleemosyna sex syllabis

NE iustitiam uestram.) Græcis est, ἐλεημοσύνην, id est, Eleemosynam, non iustitiam, ut respondeat quod sequitur: Cum ergo facis eleemosynam (Ita legit, 27
& interpretatur Chrysostomus & Theophylactus.) Tametsi Hieronymus iu
stitiam legit, sed interpretans eleemosynam.{Atq; item Augustinus sermone 19
secundo de uerbis domini ex Matthæo,}(similiter interpretans ut legit.) Illud 27
obiter admonendū, Latinos usurpantes Græcam eleemosynæ uocem, fraudare illam una
syllaba{cum Græcis habeat sex syllabas.} 19

{• 19-27: ut
Vt, aliquoties sequelā significat, nō finem

{Videamini ab eis.) Augustinus eo quem modo citauimus loco, indicat hanc particulā 19
sic addendam orationi superiori, ut finem significet coniunctio Vt, non sequelam. Neque
enim uetat conspici recta facta, sed nō uult hoc animo fieri.}(Apud Latinos enim hic sermo 27
anceps est, ut uideamini, id est, sic ut uideamini, aut hoc animo ut uideamini. Cæterum in
Græcis nulla est amphibologia, πρὸς τὸ θεαθῆναι.) Rursum in eo quod sequitur:

Mercedem non habebitis.) Verbi tempus mutauit, οὐκ ἔχετε, id est, Non habetis.

Hypocrita Græcis histrio

Sicut hypocritæ.) Hæc quoq; de uocum est numero, quibus interpres uidetur delectatus. Alioqui ὑποκριτὴς Græcis histrionem significat: hoc est, qui ficta persona fabulam agit
apud populū, quos eosdem actores uocamus. Vnde quam nos pronunciationē, aut actionem dicimus, illi ὑπόκρισιν appellant. Quanquā quisquis quouis modo simulat, ac fingit,
hypocrites uocari potest. Vnde Paulus, ἀγάπη ἀνυπόκριτος, id est, Charitas non ficta,{si- 19
mulandi nescia.}Cæterum quod ad histrionicam gesticulationē attinet, belle quadrat quod

[*θεαθῆναι*

modo dixerat, πρὸς τὸ θεαθῆναι, id est, Vt spectentur, quod actorum est, & hinc theatrum.
{Quis enim mimus, quis histrio minus est id quod uidetur, quàm isti, qui inani labiorum 19
motu, & uocum strepitu uideri uolunt precari deum, cumq; illo colloqui? Aut qui Iudaicis

↓ ⁞ *Synagoga cōciliabulū*

ceremonijs sanctimoniā mentiuntur?}Rursum⁞quod hic uertit, In synagogis, apertius erat,
In conciliabulis. Significat enim cōuenticula, quæ solent fieri in plateis, ac foro, seu triuijs.
Et uicos hoc loco intellige, non eos qui non sunt oppida, sed in quos diuiditur urbs.⁞(Nam 27

[*Platea quid proprie*
* entries reversed

paulo post meminit plateārū, quæ proprie dicūtur uiæ latiores, in quibus solent fieri plebis
conuenticula, in qua dictione philosophantur quidam, quod impiorū ciuitates plateas habent, quum uia uirtutis sit arcta.) Ad hæc: * Receperunt mercedem.) ἀπέχουσιν, id est,
Habent, siue tulerunt. Nam ἀπέχουσι, sonat quod alicunde sit acceptum.

* [*ἀπέχω quid proprie*

* Nesciat sinistra tua.) Græce duæ sunt dictiones. μὴ γνώτω, ne sciat.

[*Hyperbole*

{Nesciat sinistra tua quid faciat dextera.) Non absq; figura dictum est, sed ὑπερβολικῶς, 19
quasi dicas, Ipse nescias, quod facis, si fieri potest, tantū absit, ut alijs ostentes. Figurā annotauit & Chrysostomus homilia xix. &(hunc sequutus Theophylactus, Cæterum)addunt ⁞. 27
{Græci}ἐν τῷ φανερῷ, id est, in propatulo, siue in aperto.(Quod tamen Augustinus negat se 19.27
comperisse in Græcis codicibus, & ideo nec exponendum arbitratur. Theophylactus interpretatur

⁞ 16: 'Et salutaveritis .... Rhomanos' forms last sentence of next entry.
⁞ 16: 'Rursum .... urbs' forms last sentence of next entry.
⁞. 16: 'Et addunt .... aperto' forms last sentence of next entry (p. 33).

terpretatur etiam, ἐν φανερῷ, quum manifestabuntur omnia bona malaque opera. Mihi germana lectio uidetur quam probat Augustinus.)
27 Reddet tibi.) Græce est, αὐτὸς ἀποδώσει σοι, id est, Ipse, siue idem reddet tibi, {quo dilucidius distinguat personam patris, ab eorum persona quibus confertur beneficium.}
Et cum oratis.) καὶ ὅταν προσεύχῃ, id est, Cum oras. Nam & paulo ante usus est numero singulari, Cum facis eleemosynam. Etiamsi mox uariat. Nec est:
22 Non eritis, sed οὐκ ἔσῃ, id est, non eris.) {Et in nonnullis Latinorum codicibus ascriptum 22: Tristes
est, sicut hypocritæ tristes, quũ hæc dictio tristes nec apud Græcos sit, nec in nostris emen- hypocritae tristes quid
datioribus.} Qui amant.) φιλοῦσιν. Quod licet significet, amant, tamen Græcis fre- φιλοῦσιν
quenter usurpatur pro solent. Hoc certe loco magis quadrabat, solent. Rursum est: Amãt Græce
Synagogis.) Quod nos uertimus, conciliabulis. Et anguli uocantur nõ recessus, ut uul- pro solent
gus accipit, sed flexus uiarum, ueluti iuxta compita, ac triuia.
Vt uideantur ab hominibus.) ὅπως ἂν φανῶσι τοῖς ἀνθρώποις, id est, Conspicui sint ho-
27 minibus {seu potius ut conspicui possint esse} Cæterum:
In cubiculum.) Est ταμεῖον, quod Latine penu, siue cellam appellant, ubi reconduntur,
19 quæ ad usum domesticum pertinent, nos conclaue uertimus. {Interpres Origenis quisquis
fuit, Nam Hieronymũ non esse stilus arguit, homilia in Matthæum uigesimatertia, uertit
promptuariũ: quod tamiæ Græcis dicantur, quos nos promos condos appellamus. ταμεῖον Tamias, pro-
tamen utrunque significare uel cellam promptuariam, uel conclaue, seu cubiculum, testis est mus condus
Hesychius.} Clauso ostio.) Græci addunt, tuo, σου. Atque item uetusti Latinorum
codices, quod suæ quisque domi maxime in occulto fit. Præterea:
Patrem tuũ in abscondito.) Nõnulli codices habebãt, τῷ ἐν τῷ κρυπτῷ, id est, Patrẽ tuũ
27 qui est in abscondito {ut certũ intelligas patrem, diuersum à corporali, & arcanũ singulare,
quo pater occultatur cœlestis qui nusque non adest, sed nobis occultus} Ac rursum additur.
19 In manifesto.) ἐν τῷ φανερῷ. {Atque ita legit Chrysostomus homilia decimasexta. Annota- Addunt Græ-
uit & hoc loco tropum sermonis Chrysostomus. Neque enim hoc sensit Christus, non esse ci quod in no-
Christianis precandum, nisi in penuario domus, sed non magis affectandum, ut homines stris abest
laudent precantem, quàm si abditi in retrusissima ædium parte soli precentur.} 19-22: praedicent
Nolite multũ loqui.) μὴ βαττολογήσητε. Græcis est dictio cõposita prouerbialis, à Batto Battologia ex
quodam poëta, qui cõscripsit hymnos, in quibus eadem subinde inculcauit: quemadmodũ prouerbijs
copiosius explicatum est in Chiliadibus nostris. Huc allusit Ouidius cum Battum indicem
eadem facit iterantem. In illis Montibus, inquit, erant, & erant in montibus illis.
19 Cuius βαττολογισμὸν ridicule imitatus Mercurius, Et me mihi {perfide} prodis,
Me mihi prodis, ait. Sunt qui malint Battum fuisse quempiã balbum, & hæsitanti ore,
impeditaque lingua: cui uidelicet hominũ generi peculiare uidemus, cum ne semel quidem,
quod cupiunt, possint effari, uoces easdem iterum atque iterũ repetere. Vnde quod hic docet
Christus, non solum pertinet ad immodice prolixas preces: cum alioqui Paulus iubeat nos
citra intermissionẽ orare, & ipse Christus legatur orasse prolixius: uerumetiã ad illos, qui
19 superstitiose preculas easdem sine fine iterant. Quo quidem {morbo} usqueadeo non uacant Superstitio
Christiani quidam, ut in his summũ pietatis fastigiũ collocent. Porrò quod hodie uidemus quorundam
19 sacerdotes, nihil dicam qualibus, sed certe nimium prolixis precibus, hisque præscriptis, {ali- in precibus
quoties ineptis, ac ridiculis, ne dicam impijs} oneratos, quid super hac re sentiam, satius est
non attingere: partim quod res paucis explicari non possit, partim quod fortassis nec citra
periculũ: ne dum huic malo mederi conamur, alterũ inuitemus grauius: ut sunt, qui uitijs
suis patrociniũ undelibet aucupent. Illud dicam, nõ esse prudẽtis cum suo seculo pugnare.
Et bonæ mentis est, maiorũ decretis libenter ac simpliciter obsequi. At rursus illorũ est, ut
summa uigilantia, quod sit optimũ, & cum Christi dogmatis maxime consentiẽs statuant.
Hieronymus admonet, ex hoc loco natam hæresim quorundã, qui Christianorũ precatiões 16: orationes
ueluti supuacaneas in totũ aspernabant. Fuit his diuersa factio Psallianorũ, siue Euchitarũ, Euchitæ
nomen inditũ ab orando, qui totos dies ociosi, tantũ precularũ emurmurabãt, mira linguæ Psalliani
uolubilitate, ut Augustinus id scripserit incredibile. Monachos uetabãt sustentandæ uitæ
19 causa manibus operari, ne quando cogerẽtur precationes interrumpere. {Vtinam quicunque 16: orationes
Christi philosophiam profitentur, sic abhorreant ab hac superstitione, ut precum puram
& illibatam

& illibatā uictimam, Christoq; gratam offerant. Nam cantiuncularū, clamorū, murmurū,
ac bomborū ubiq; plus satis est, siquid ista delectant superos. Abunde satis erat hoc indul/
gere idiotarū, ac stultorū affectibus, ut cuiq; liberum esset priuatim quæ uellet, aut quantū

Publicas preces conuenit moderatas esse, & sanctas

uellet precari. Cæterū publicas preces optarim esse moderatas: nec in his quicq; admisceri,
non depromptum ex sacris literis aut certe ab his uiris profectum, quorū scripta spiritum
apostolicū resipiunt. Nunc cuiusmodi est, compelli tanta censura (sacerdotes) ut deliri senis, 27
19-22: legas aut muliercuiæ nænias legant sacris admixtas? {Leuius uideri poterat quàm ut operæpre/ 27
cium esset admonere apud Græcos non esse uerbum nolite, etiamsi latine uertit interpres,
nisi uiderim Augustinū in hac uoce frustra philosophari, quum alias, tum in libro de gratia

Philosophari uolēs inductionibus, fontes consulat oportet

& lib. arb. ad Valentinū cap. ij. Ratiocinans enim hominē sua uoluntate in lege dei consi/
stere subijcit hæc uerba. Deinde tam multa mandata, quæ ipsam quodāmodo nominatim
conueniunt uoluntatē, sicut est, noli uinci à malo. Et huius formæ multa refert è sacris uolu/
minibus. Hoc semel admonitū uolui, ne quis imprudens ad eundem impingeret lapidem.)

βαττολογεῖν πολυλογία

⟨Sicut Ethnici faciunt.) Faciunt non additur nec apud Græcos, nec in aureo codice, nec 22
in Donatianicis.⟩ In multiloquio.) Hic non est βαττολογία, sed propio usus est
uerbo πολυλογία: uelut exponens quid dixerit, βαττολογεῖν.
Petatis eum.) πρὸ τοῦ ὑμᾶς αἰτῆσαι αὐτόν. Et Latinius & apertius dixisset, Priusq; petatis
16: orabitis ab eo. Deinde, προσεύχεσθε ὑμεῖς, id est, Orate uos, non Vos orabitis. Maior enim est pro/
nominis emphasis in fine appositi, quo discernat illos ab ethnicis.
Qui es in cœlis.) Articulus Græcus ueluti distinguit illum patrem à patre terrestri, ὁ ἐν
τοῖς οὐρανοῖς. {Perinde quasi dicant. Nos in terris patrem nescimus, ex te uno pendemus pa/ 19
ter cœlestis: à quo nobis petenda sunt omnia, quibus opus est ad ueram uitam.

Sanctificare pro illustrare

Sanctificetur nomen tuum.) ἁγιασθήτω Sanctum dicitur non solum purum, & impollu/
tum, uerumetiam uenerandum, & inuiolatum. Et Augustinus explicans tropos ueteris in/
strumenti libro quarto, ostendit hic Sanctificetur dictum, nō pro eo quod est fiat sanctum,
sed pro, declaretur sanctum. Quanq; apud Hieremiam queritur deus nomen suum pollui
inter gentes culpa suorum. Nullum autem probri genus intolerabilius ingenuis animis,
quàm parentum ignominia. Siquidem uerissime dictum est apud Græcum tragicum:
Δουλοῖ γὰρ ἄνδρα κἂν θρασύσπλαγχνός τις ᾖ Ὅταν συνειδῇ μητρὸς ἢ πατρὸς κακά.
Rursum nulla res æque fulcit, & exhilarat filiorū animos, ac parentū gloria. Nam hos affe/
ctus quos hominū uulgus habet erga corporeos parentes transfert in deū. Quod genus est
19-22: mox & illud quod sequitur, Adueniat regnū tuum. Si patres ad amplos honores prouehant, sub
eorū umbra regnant & filij, & sibi putant accrescere, quicqd dignitatis, aut autoritatis ac/
creuit patri. Iam ut regni, ita & familiæ in hoc sita est felicitas, ut autoritati patris, aut regis
morigeri sint omnes, nec ulla sit factio, dissidiumue, sed ab unius uolūtate pendeāt omnia.}

Fieri uoluntas nō sine tropo dicitur

(Fiat uoluntas tua.) Tropi nouitatem annotauit & Augustinus. Non enim fiunt uerba 27
nostra, quum perficitur quod iussimus, sed quum iubemus. Nec facit sermonē, qui re præ/
stat quod dictum est, sed qui loquitur. Nec fiunt uota nostra quū contingit quod optamus,
sed optando fiunt. Ita fit uoluntas nostra, quū datur uolendi facultas. Verum hæc sermonis
forma sumpta ab Hebræis, adeo frequens est in literis sacris, ut mutanda non fuerit. Alio/
qui latinius erat, fiat quod uis etiam in terra, quemadmodum fit in cœlis.)

Sicut &

16-22: Rursum Sicut in cœlo & in terra.) ὡς ἐν οὐρανῷ καὶ ἐπὶ τῆς γῆς, id est, Quemadmodum in cœlo,
sic etiam in terra. Interpres dum exprimit Græcam figuram, obscurius extulit sententiam.
Sensus autē est: Sic fiat, quod tu uis in terris, hoc est, in tuo populo cœlesti, (qui adhuc cor/ 27
pore uersatur in terris) quemadmodū fit in cœlo, ubi nemo repugnat uoluntati tuæ.

ἐπιούσιον quid Cotidianum quid Græcis

16-19: alibi Panem nostrum cotidianū.) τὸν ἄρτον ἡμῶν τὸν ἐπιούσιον. Quod hic uertit supersubstan/
tialem, ad uerbum superessentialē sonat. Id autore Hieronymo Septuaginta plerunq; trans
ferunt περιούσιον, pro quo apud Hebræos reperitur סְגֻלָּה, quod Symmachus ἐξαίρετον, id
est, eximium, siue egregium uertit: quanq; idem alicubi uerterit peculiare. In Euangelio,
quod appellatur Hebræorum, pro supersubstantiali pane reperit Hieronymus מָחָר, quod
dicitur crastinum. Equidem ut nihil horum improbo, ita quod postremo loco positum est,
16: oratione mihi maxime probatur. Nec enim in precatione tam cœlesti Christus de hoc, {opinor,} lo/ 19
16: gentiles quitur pane, quem à suis parentibus accipiunt, & gentes. Et apud Græcos ἐπιοῦσα crasti/
nus

19.27 nus dicitur dies{Sic enim usus est & Lucas in Actibus apostolorū capite septimo.(τῇ δὲ ἐπι
ούσῃ ἡμέρᾳ, id est, postero die)Et indicat Augustinus nōnihil tale, sermone uicesimo octauo,}
ut hic sit sensus: Quemadmodū patres terreni prospiciunt liberis suis panem, quo corpus
alatur, etiam in posterū diem, ita tu nobis prospice panem cœlestem animi cibum, qui pa/
ter es cœlestis, & pater spirituū. Verum hac de re nonnihil dicemus & aliâs. where?

19 Et dimitte.) ἄφες. Cur nō potius remitte? Nam Græca uox polysemos est{Audio quos/ **Dimitto pro**
35 dam offensos, quod pro dimitte uerterim, remitte. Cur isti non item offendunt, quod[2. Pa/ **remitto**
ralip.36. Manasses sic orat, Peto rogans te domine, remitte mihi, remitte mihi: quod]in sym
bolo apostolorū, ut uocatur, credamus remissionem peccatorū potius quàm dimissionem?
22 ‹Quod si primus omnium pro dimitte dixissem remitte, quid erat flagitij? Nunc diuus Cy/ **Rabulæ qui/**
prianus enarrans hunc locū toties iterat remitte pro dimitte, idq; in uoluminibus à me non **dam notati**
æditis: ut quod aliquoties relictum est, Dimitte, probabile sit à scriba positum. Ad eundem
modum citat, libro ad Quirin. iij. cap. xxij. referens ex Marco, Remittite, si quid habetis, ut
35 & pater uester qui in cœlis est, remittat uobis, Item eiusdem operis cap. xxviij.[Iterū in psal
mis, Remisisti iniquitatem peccati mei, & remisisti iniquitatem plebis tuæ.]Quin & Augu
stinus libro ad Catechumenos ij. cap. x. quoties utitur remittendi uerbo: Tibi confide, quo/
niam remissa sunt tibi peccata tua. Rursum: Et hanc professionem fidei suæ, in qua remit
tuntur omnia peccata &c. Quod si apud hunc frequenter inuenimus dimittere pro remit/
tere, aut datum est uulgatæ consuetudini sermonis popularis, aut à librarijs deprauatū est.
Quorsum autē attinet excutere quoties hoc uerbum sit obuium apud alios scriptores eccle
35 siasticos[pro condonare, quū toties occurrat in euangelicis & apostolicis literis, uelut Mat/
thæi 12. Omne peccatum & blasphemia remittetur hominibus, Et Lucæ 7. Remittuntur ei
peccata multa q. d. multū. Et Ioannis 20. Quorū remiseritis peccata, remittuntur eis.]Quod
si usq; adeo sanctum existimant male Latine loqui, non obstamus, quo minus isti fruantur
suo Dimittite. Quod quæso est istud hominum genus? Nos modestissime duobus uerbis
annotauimus, quod rectum est: neq; cuiquā unquam uel uerbo molesti fuimus, si cui ma/
gis arrideat, dimitte. Isti recte admoniti, quiritantur in concionibus apud indoctam plebe/
culam, ad lapides prouocantes: debacchantur in conuiuijs: latrant in gynæceis, in nauibus,
in uehiculis, & ubi non? Clamant actum esse de religione Christiana, se frustra theologos
esse, repertum qui non ueritus sit precationem dominicam corrumpere. O linguas execan
das, & indignas, quibus Euangelium Christi prædicetur. Ad hoc explicandum infantes, &
insulsi, ad lacerandā hominis benemerentis famam, & diserti sunt, & uenusti scilicet, Syco/ **Sycophātæ p**
phantas præstant, hierophantas professi. Quid autem arrogantius? Per nos illis licet, quan/ **hierophantis**
tum libitum fuerit σολοικίζειν, nullus obstrepit, nullus reclamat, nobis per illos emendate lo/
qui non licebit? Sed præstat id quod erat institutum persequi.}

27 (Debita nostra.) ὀφειλήματα. Quidam hic argutātur debiti uocem plura complecti quàm **Debiti uox**
peccati, uidelicet pœnam culpæ debitam, quod an uerum sit nūc non excutio Certe diuus **plus cōple/**
Augustinus simpliciter interpretatur debita peccata, & Lucas undecimo pro ὀφειλήματα po **ctitur quàm**
nit ἁμαρτίας, & interpres uertit peccata nostra.) **peccatum**

Sicut & nos.) ὡς καὶ ἡμεῖς. Hoc loco non conditio, sed similitudo significatur: id quod eui/ **ὡς non condi/**
dentius explicat Lucas. Sentit enim alterum fieri inter filios cœlestis patris, alterum rogat **tionem sonat,**
19 ut fiat{Neq; enim rogant, ut uicissim inter sese sibi dent ueniam, quod in ipsis situm est, sed **sed similitudi/**
27 quemadmodū ipsi inter sese mutuis erratis ignoscūt, ut(facere)par est eiusdē familiæ filios: **nem**
ita sit & ille propitius pater, nec ulcisci uelit, si quid forte aduersus ipsum deliquerunt.}

27 (Et ne nos inducas.) εἰσενέγκῃς. Augustinus indicat in nonnullis codicibus fuisse scriptū
ne inferas, ad sensum tamen arbitratur nihil referre. Nec refert, nisi quod εἰσενέγκειν, magis
sonat impingere ac ui inducere, quum inducatur & uolens amicus. Hoc indicasse satis est
huic proposito: Cætera petantur ab alijs.)

A malo.) ἀπὸ τοῦ πονηροῦ. Potest & ad rem referri, quasi dicas, à malitia. Verum articulus **A malo, quo/**
additus suadet, ut magis referatur ad diabolū. Nam huius est tentare. Et hunc opponit pa/ **modo accipi/**
19 tri, unde cœpit precatio{Ita docet Chrysostomus, hunc edisserens locum.} **endum**

Quia tuum est regnum.) Hanc coronidem in omnibus Græcorū exemplaribus adiectā
cōperio,†ὅτι σοῦ ἐστιν ἡ βασιλεία, καὶ ἡ δύναμις, καὶ ἡ δόξα εἰς τοὺς αἰῶνας ἀμήν, id est, Quoniā tuum †↓
est

† comperio 16-22: + interpretatur eam Vulgarius ὅτι 22: Theophylactus

Adiecta pars precationi dominicæ apud Græcos [16-19: Vulgarium] [16-19: salvatorem]

est regnum,& poteftas,& gloria in fecula amen. Verum quando nec in ullis Latinorũ ex/
emplaribus afcriptum uifitur, nec exponitur ab Hieronymo,aut ullo prorfus interpretum,
preter{Chryfoftomũ,& huius abbreuiatorẽ}recentem Theophylactum,apparet ex folenni 19
confuetudine fic additum, ut angelicæ falutationi quædam adiecerũt,nec ab angelo dicta,
nec à quopiam alio. Nam, benedicta tu in mulieribus,Elizabeth uerba funt, Et: Quia pe/
perifti feruatorem animarũ noftrarũ, à nemine dictum eft. Confimili ftudio adiectum eft
in fine pfalmorũ, Gloria patri. Proinde non eft cur Laurentius Valla ftomachetur bonam
precationis dominicæ partem fuiffe decurtatam. Magis taxanda fuerat illorum temeritas,
qui non ueriti fint, tam diuinæ precationi fuas nugas affuere.{Nugas enim iure dixerim ad 19
diuinam doctrinam,quicquid ab hominibus profectum fuerit:præfertim fi quod ab homi/
nibus annexum fit,ad Chriftum autorem conferatur. Quod fi quis contendat, hoc ab ipfo
Chrifto fuiffe additum,neceffe eft,ut fateatur omnes noftros,ac totam Romanã ecclefiam
hactenus fugiffe bonã partẽ dominicæ precationis,}Ac ne Africanã quidem(recte legiffe.) 22-27
Nam Cyprianus enarrans peculiari libello locum hunc Euangelij,ne uerbo quidem agno/
fcit hanc coronidem. Porrò qui ideo putant ab Euangelifta fuiffe additam, quod Chryfo/
ftomus interpretetur, leui nituntur argumento. Siquidem interpretatur ille,quod folennis
ufus ecclefiæ(Græcanicæ)quotidie fonabat:perinde quafi quis enarrans Pfalmos,interpre/ 27
taretur folennẽ illam Coronidẽ,Gloria patri & filio. Nec mirum fi hoc dignatus eft facere
Chryfoftomus, cum in homilijs diligenter exponat hymnum quo Monachi quidam foliti
funt confecrare conuiuiũ fuum.(In aurea Catena hoc modo citatur Chryfoftomus, Quia 27
uero folicitos nos fecerat inimici memoria, in hoc quod dixerat, libera nos à malo, rurfus
audaciam præbet per hoc, quod in quibufdam libris fubditur, quia tuum eft regnum &c.
quod unde fumptum fit nefcio)[Nam hæc uerba non reperiuntur in Chryfoftomi cõmen/ 35
tarijs.]Qui contendunt hanc Coronidem afcriptam fuiffe ab Euangelifta, ijdemq; confir/
mant hanc æditionẽ, aut effe Hieronymi, aut certe ab illo caftigatã,uelim ut explicent no/
bis, cur ille tantam facræ precationis partem aufus fit omittere, qui ne in cõmentarijs qui/
dem ullam huius fecerit mentionẽ. Hæc cum fint dilucidiora,quàm ut argumentis egeant,
tamen non defuerunt,qui mihi ex hoc quoq; loco grauem ftruerent calumniam.)Cæterum
Amen,quid Amen,quod Aquila interpretatur fideliter, & hic fimili modo uideri poterat adiectũ, Hie/
ronymus admonet orationis dominicæ effe fignaculum.

Peccata eorum.) παραπτώματα, id eft,Delicta,ut mox uertit,fiue errata,fiue lapfus. Si/
quidem à labendo uox dicta eft. Et Latinius, Sua, quàm Eorum. id quod conftanter con/
temnit interpres. Ac rurfum. Dimittet,pro remittet.

Triftis quid proprie

Hypocritæ triftes.) σκυθρωποὶ, id eft, Tetrici, parumq; alacres. Latine uertit interpres,
modo intelligatur, Triftis,non qui doleat, fed qui uultu fit inamœno,ac feuero. Nam alias
Triftis eft anima mea,pro dolente uertit,& contriftare pro dolore afficere, λυπεῖσθαι.(Mi/ 22
ror hypocritæ Græcam uocem ufque adeo placuiffe Chriftianis Latinis, cum fimulator di
catur Latine. Non mihi tempero, quin animi gratia recenfeam quod adiectum eft in Ly/
Lyranus notatus rani cõmentarijs. Neq; enim fufpicari libet, illum ufque adeo ineptiffe,Hypocrita,inquit,
dicitur ab hypos, quod eft fub, & crifis aurum: quia fub auro uel fub honeftate exterioris
conuerfationis habet abfconditum plumbum falfitatis. Eant nunc & negent referre,utrum
Græce norit aliquis, an fecus.)

Exterminare quid Græcis *ἀφανίζουσι quid*

Exterminãt enim.) ἀφανίζουσι. Quod Chryfoftomus interpretatur, διαφθείρουσι καὶ ἀπολ/
λύουσι, id eft,corrumpunt ac perdunt.{Quod uidelicet odiofius putat perfonis hiftrionum. 19
Siquidem illi natiuam faciem perfona tegunt duntaxat, ifti uero corrumpunt ac perdunt
propriam faciem,& citra perfonam agunt fabulam. Qui fic interpretãtur hoc mihi uiden/
tur fecuti,quod qui perit è medio fublatus dicitur etiam Græcis.}Diuus Hieronymus uer/
Exterminare uerbum interpretis dãnatũ ab Hieron. tendum putat,demoliuntur,addens exterminandi uerbum infcitia interpretum frequenter
obuium effe in facra fcriptura: cum aliud quiddam fignificet, quàm illi fentiri uolunt. Si/
quidem exterminare,eft è terminis,ac finibus profligare,quemadmodum eliminare,extra
limen, ac foras efferre.(Sic ufus eft Cicero libro offic. 3. & alijs præterea locis.)Hilarius hoc 27
loco ἀφανίζειν interpretatur conficere,nec id fanè ineleganter. Eft enim obfcurare,ac uelut
è confpectu tollere: uelut qui fucis utuntur, cælant fuam faciem,ac ceu perfona tegunt: ita
qui ficta

qui ficta macie, tristicq; pallore sanctimoniam simulant. Nam & pietas suam habet tenuita/
tem, suum pallorem, sed in quo Christi reluceat alacritas.
Vt pateant hominibus.) ὅπως φανῶσιν. Quod modo uertit, Vt uideantur, nunc uertit, Parere pro
Vt pateant, mire lasciuiens sua copia. Cæterum, νηστεύοντες participiū uerbi infiniti uice po apparere
situm uidetur, more Græcorū, unde nos ita uertimus, Quo perspicuū sit hominibus ipsos
ieiunare. Nec enim in hoc reprehendunt, quod studerent uideri ieiunare, cum non ieiuna/
rent, sed quod ieiunium omnibus conspicuū esse uellent, quod potius erat dissimulandum.
Itidem mox, Ne uidearis hominibus ieiunans, ne conspicuū sit hominibus te ieiunare.
Receperunt mercedem.) Rursus est ἀπέχουσι, id est, Habent, ut ante cōmonstrauimus. ἀπέχω]
Reddet tibi.) Et hic addunt Græci codices, ἐν τῷ φανερῷ, id est, In propatulo, ut oppona/
tur ei, quod est, In occulto! Cæterū, hic quod ἀφανίζει uertit, demolitur, ex sententia Hiero/ !↓
nymi facit. Quanq; ego malim Corrumpi, quū de tineis loquatur & blactis. Nam Demo/
19 liri potius est parietem, aut murum destruere. {Verbum à mole dictum.}
Thesaurizate.) Mirum cur Græca uox usqueadeo delectarit θησαυρίζετε, cum dicere θησαυρίζειν
potuerit, Reponite, recondite, colligite, coaceruate. Thesaurus enim proprie diuitiæ sunt quid]
35 sepositæ, & in longum tempus reconditæ, quam Persæ gazam appellant. [Constat enim
Græcis θησαυρὸν dici παρὰ τὸ εἰς αὔριον θεῖναι, hoc est, in crastinum siue in posterum repo/
nere.] Neque tam est effodiunt, quàm perfodiunt, διορύσσουσι. Siquidem perfosso pariete, διορύσσω]
fures ad scrinia penetrant.
22 ✱ ⟨Nec erugo nec tinea.) οὔτε σὴς οὔτε βρῶσις. Cyprianus libro tertio ad Quirinum legit, ✱ 22-27:
Neque tinea, neque comestura exterminabit⟩ Nec est: entries reversed
✱ Thesaurus tuus.) sed uester ὑμῶν. Etiamsi mox numerum mutat, Si oculus tuus sim/ ✱
plex. Nec est, Est cor tuum, sed ἔσται, erit.
Lucerna corporis tui.) Nec additur in Græcis exemplaribus, tui, sed tantū corporis, & Tui redundat
sententia plusculū habet dignitatis, si omittatur, ut sit absoluta. Quod lucerna est in domo,
id est, oculus in corpore, non in tuo solum, aut meo, sed in quouis hominis, aut animantis
19 corpore.! Atq; ita legit diuus Chrysostomus {in his homilijs, quas Basileæ uidimus Græce !↓
27 scriptas} ⟨cōsentiente Theophylacto & æditione Hispaniensi,⟩ atq; ita citat Hieronymus scri
bens aduersus Luciferianos. Deniq; sic scriptum comperimus, & in peruetustis Latinorū
19 codicibus. {Sumitur enim similitudo ab oculo corporis ad oculum mentis. Quod est oculus
in corpore animātis, id est affectus in animo, qui si purus fuerit, totus animus erit syncerus.
Proinde prior illa pars, Lucerna corporis est oculus, pertinet ad id, unde ducitur collatio.
Posterior, Si oculus tuus fuerit simplex &c. pertinet ad ea, ad quæ accōmodatur similitu/
do: unde addit, tuus, qui spiritualis es, & cuius oculos synceros requiro.}
Si oculus tuus nequam.) πονηρός, id est, malus, siue peruersus. Nam græca uox magis so Nequam, pro
nat uersutū, ac maliciosum, ut opponat simplici. Simplex oculus est nulla re uitiatus, puta malus
lemis, aut pituita, aut morbo. Cęterū lippus, aut strabus, aut lusciosus, deprauatus est. Alio/
27 qui nequam oculus ⟨emendate loquentibus⟩ magis sonat libidinosum, quàm uitiatum.
Ipsæ tenebræ quantæ.) τὸ σκότος πόσον, Quod addidit ipsæ, recte explicuit uim articu/
li Græci. Cæterum festiuior erat oratio, si non addidisset, Erunt, quod apud Græcos non
additur. Tantum est, tenebræ quantæ.
22 Vnum odio habebit.) τὸν ἕνα μισήσει ⟨Sermo nonnihil habet obscuritatis, etiamsi sensus Vnum & unū ⟨↓
liquet.⟩ Duos enim ponit, puta, Demeam, ac Mitionem, quorum alterutri sit adhærendum, obscure
nam utrique simul non potest. Aut Demea diligendus est, ut oderis Mitionem, aut Mitio
22 diligendus, ut oderis Demeam. Proinde ⟨mea sententia⟩ rectius uertisset per Hunc & hunc, Tropus per/
quàm per unum & unum. Deinde non est ociosus Græcus articulus. certum enim signi/ plexus, ex/
22 ficat, perinde quasi demonstret aliquem, ⟨τὸν ἕνα, τὸν ἕτερον. Quanquam illud, τὸν ἕνα, non planatus] ⟨↓
sic accipiendum est, ut prius referatur ad deum, alterum ad Mammona: Alioqui bis idem
diceret, sed ut utrunq; τὸν ἕνα, ad utramlibet personam pertineat: quam utramcunq; dele/
geris, ei opponitur, τὸν ἕτερον. Quod si hic accipias, ut iuxta consuetum distribuendi mo/
rem, prius ἕνα notet Demeam, posterius Mitionem, iam hic erit sensus, Demeam odio
habebit, ac Mitionem diliget: aut Mitioni adhærebit, & contemnet Demeam. Itaq; uides
idem bis dici, quum, aut coniunctio significare soleat diuersitatē. Sed tota oratio ad utram/
d libet

! 16: Caeterum .... destruere forms last sentence of preceding entry.
! 16: corpore. Nec est oculus tuus, sed tantum oculus. Atque
⟨ 16-19: μισήσει. Obscure ac ut liberius dicam inepte vertit interpres. Duos
⟨ 16-19: aliquem, proinde nos ita vertimus, aut enim hunc habebit odio, & alterum illum diliget, aut huic adhaerebit, & alterum illum negliget 16: Et Mammonae – 19: Annotavit (both p.38)

libet personam pertinet, nec aut [coniunctio] mutat personam}{sed rem. Annotauit super ea 35.19
re nonnihil & Chrysostomus homilia uigesimasecunda.}

[Mammona quid] *[16-22: illi]* *Afrorum lingua finitima Hebraicæ*

Et mammonæ.) Mammona neq; Græca uox est, nec Hebraica, sed Syriaca, ut ostendit
diuus Hieronymus, idem apud eos significans, quod apud Græcos πλοῦτος, quem poëtæ
deum faciunt. Est enim uox singularis numeri, generis masculini. Diuus Augustinus in/
dicat linguam Pœnorum affinitatem habere cum Hebræorum lingua: id quod alicubi fa/
tetur & Hieronymus: Porrò Pœnorum lingua Mammon uocari lucrum. Cæterum quod
idem Mammona uocem putauit Hebraicam, cum Syra sit, mirum non est: cum inter He/
bræam quoq; & Syram nonnulla sit cognatio.

Anima pro uita

Animæ uestræ.) τῇ ψυχῇ. Animam pro uita posuit, uelut & aliàs: Qui perdiderit ani/
mam suam. Cæterum:

[Additum aliquid]

Quid bibatis.) Etiamsi reperitur additum in nonnullis codicibus, superfluum est, quod
cibi nomine potus contineatur, & aquæ potus nemini non pateat. Certe nec apud Chry/
sostomum additur, nec apud Hilarium. Hieronymus indicat in nonnullis codicibus ascri/
ptum fuisse, uerum edisserens negligit. Nos passi sumus adijci, ne Latina non responderēt
Græcis.{Certe in peruetustis exemplaribus non ascribitur, licet paulo inferius etiam potus 19
fiat mentio. Nolite esse solliciti dicētes, quid mãducabimus, aut quid bibemus}Ac rursum:

19-22 margin: Cibi nomine & potus continentur

Nonne anima.) Apertius erat, nonne uita.

Quàm esca.) τῆς τροφῆς, id est, Cibo, siue alimonia, ut potum quoq; cōplectatur. Etiamsi
Aristoteles potum esse neget, qui nutriat, ut cuius uis sit cibū in membra digerere. Cæterū
pro πλεῖον{quod Græcis sonat plus}recte mutatū est pluris{& Latinitatis habita ratio.} 22.19

16-22: pluris... recte

Respicite uolatilia.) ἐμβλέψατε τὰ πετεινά, id est, Intuemini ad uolatilia, ut uerbum uer/
bo reddam. Certe respicit qui in tergum deflectit oculos. Vnde maluimus circumloqui,
Vertite oculos ad uolatilia cœli.

[ὅτι εἰδικῶς sumptum]

Quæ non serunt.){Sic enim legitur in plerisque codicibus,}ὅτι, id est, Quia non serunt. 19
Et diuus Hieronymus legit quoniam. Ego malim Quod, ut accipiatur εἰδικῶς. Siquidem
idipsum est, quod nos uult intueri, aues non facere sementem, cum tamen hominum more
uiuant{nec interim ulla distringantur sollicitudine parandi uictus.} 19

16-22: quod non faciunt *19-22: cum nulla* *19: parando victu*

Magis pluris *[διαφέρειν duo sonat]*

Magis pluris estis.) μᾶλλον διαφέρετε, id est, Magis antecellitis siue præstatis illis. Siqui/
dem διαφέρειν Græcis non solum est differre, sed & præcellere. Quoniam in ipso uerbo uis
est comparatiui: aut congeminatio epitasin habet eminentiæ, aut μᾶλλον positum est pro
potius. Proinde nos uertimus, Nonne uos longe præcellitis illa? Nam interpres uidetur
etiam affectasse sermonis absurditatem.{Augustinus de tropis ueteris testamenti demon/ 19
strat apud Hebræos aduerbium comparandi nonnunq; adijci ex superfluo. Et fieri potest
ut hanc quoq; sermonis formam expresserit Græcus interpres.}

[μεριμνῶν quid pprie]

Quis ex uobis cogitans.) μεριμνῶν. Plus est q̃ cogitans, sed anxie ac sollicite cogitans,
Participium eius uerbi quod sæpe uertit, Sollicitum esse. Porrò, quod sequitur:

Ad staturam suam.) Græcis est ἡλικίαν, quæ & ætatem significat, quasi dicas grandi/
tatem. Vnde & maior & minor, & grandis ad ætatem referuntur: quod ex auctu corporis
ætas deprehenditur in adolescentibus.

[Lilia agri]

Lilia agri.) τοῦ ἀγροῦ. Non ociose addidit, ἀγροῦ, quod hortensia lilia nonnihil debere ui/
deri poterant curæ humanæ: quemadmodum ante dixerat, uolucres cœli, ut distingueret
ab altilibus. Nec est considerate, sed καταμάθετε, id est, Cognoscite, siue cognoscitis. Nam
Græca uox anceps est. Vt omittam, quod ὅτι rursum uertit: Quoniam pro quod, tametsi
præstabat omitti. Ac rursus: Coopertus est, pro amictus fuit, siue indutus, περιεβάλετο.
Ad hæc: Pro Vnum, rectius uertisset, unumquodlibet horum.

16: Per

Quanto magis.) οὐ πολλῷ μᾶλλον, id est, An non multo magis. Vbi quæso quid erat cau
sæ, cur interpres uariaret Græcum sermonem? Porrò,

[ὀλιγόπιστοι] *19-27: Vocabula quædam sic recepta, ut tolli nō possint*

Modicæ fidei.) Grecis est dictione cōposita ὀλιγόπιστοι, quod in Luca uertit, Pusillæ fidei.
ἀξιόπιστος est grauis & idoneus cui fides habeatur. ὀλιγόπιστος, siue cui parum fidendum,
siue qui parum fidit.{Sunt enim in sacris literis uoces aliquot, receptiores, quàm ut possint 19
loco moueri, quarum est, Fides, quæ Latinis magis pertinet ad eum qui pollicetur aut præ/
stat, quàm ad eum qui fidit: nisi cum dicimus fidem habere, pro credere. Proinde magis hic
quadrabat

22 quadrabat,exiguæ fiduciæ,quàm modicæ fidei.{Siue ut nos uertimus,Parum fidentes.}
19 Scit enim pater uester.) Hoc loco Græci addunt, ὁ οὐράνιος, id est, cœlestis. Nec est{in
plerisque.}Sollicitus erit sibi, sed curam habebit suijpsius, μεριμνήσει τὰ ἑαυτῆς, id est,curabit
19 sua.{Augustinus in libro aduersus Adimantum legit: Nolite cogitare de crastino,nam cra-
22 stinus dies ipse cogitabit sibi.{Eundem ad modum legit Cyprianus, enarrans precationem
dominicam.}Et nonnulla exemplaria habent, μεριμνήσει ἑαυτῆς.}
Sufficit diei malicia sua.) ἡ κακία, Malum. Vt apud Græcos κακὸν, itidem apud Lati- Κακία & κάκωσις quid differunt
nos anceps est,ad afflictionem,& improbitatem. At κακία uirtuti opponitur,quam Latini
nonnulli maliciam uocant,alij uitium. Cæterum κάκωσις afflictionẽ sonat, à uerbo κακόω,
quod est malis afficio. Abusus est igitur κακία, pro κάκωσις, ut indicat Hieronymus, edis-
19 serens hunc locum. Præterea in cõmentarijs Ecclesiastæ: Rursus in cõmentarijs Amos.{&
Chrysostomus homilia uigesima tertia.} Satis malorum adfert ipsum tempus, ut non affli-
19 gamus nosmetipsos sollicitudine futurorum malorum.{In hanc sententiam adducit hunc
Euangelistæ locum Augustinus in secundo commentario sermonis Christi in monte dicti,
27 Maliciam interpretans malum pœnale.}{Docuit hoc primus omnium Tertullianus libro
aduersus Marcionem secundo.}

EX CAPITE SEPTIMO.

Nolite condemnare,& non condemnabimini.) Hæc uerba nec in ullis Græco- Redundat in nostris
rum exemplaribus reperi,nec apud Hieronymũ referuntur, nec apud Chrysostomum,nec apud Hilarium,denique nec in uetustissimis codicibus Latinis.
19 Vnde uidentur è spatio marginali delata in contextum.{Interpretatus est aliquis,quod dixit,Iudicare,hoc loco nihil aliud esse quàm dãnare: sicut & apud
Paulum subinde iudicium pro condemnatione ponitur.}Nec est paulo ante:
Et non iudicabimini.) sed Ne iudicemini, ἵνα μὴ κριθῆτε. Atque ad eum modum legit Hi- Iudicare Hebræis pro condemnare
22 larius,{consentientibus exemplaribus diui Donatiani.}Vt dissimulem, quod pro κρίνετε &
μετρεῖτε, id est, Iudicatis & metimini, uerterit, iudicaueritis, & mensi fueritis, quodque pro
19 μετρηθήσεται uerterit remetietur uobis,reclamante latinitate.{Nam addito nomine dicere po- 16: + addita præpositione
19 terat, alij metientur uobis.{Verum haud scio an satis latine dici possit, iudicabimini. Neque 19-22: caste
enim opinor,iudicatus dicitur, de quo pronunciatũ est, sed res iudicata, & iudicata causa,
de homine iudicatũ,nisi addas iudicatur insanus,pro habetur. Proinde mea sententia tolerabilior est Augustini lectio: Nolite iudicare,ne iudicetur de uobis: quo enim iudicio iudicaueritis,iudicabitur de uobis. Optimum autem fuerit si legamus: Nolite condemnare,ne
condemnemini.} Et trabem in oculo tuo.) τὴν δὲ ἐν τῷ σῷ ὀφθαλμῷ δοκὸν οὐ κα-
τανοεῖς. id est, Quæ uero est in oculo tuo trabem, non animaduertis. Præterea, frater sine.
22 {Frater}nec ascriptum est in Græcis,nec in Latinis antiquis, sed tantum, ἄφες ἐκβάλω, id est Redundat
22 Sine eijciam.{consentit & codex aureus.}Rursum:
Et ecce trabes est in oculo.) Græce festiuius est, subaudito uerbo substantiuo, καὶ ἰδοὺ 16-27: tuo
ἡ δοκὸς ἐν ὀφθαλμῷ σου, id est, Et ecce trabes in oculo tuo. Ad hæc:
19 Videbis eijcere.){Nimiũ græcanice dixit.}διαβλέψεις ἐκβαλεῖν, id est, Dispicies ut eijcias. Videbis eijcere Græce
Nolite sanctum dare.) μὴ δῶτε, id est, Ne detis. Id quod ad eundem modum perpetuo
22 uariat.{Id indico, non quod male uertat interpres, sed ne quis in uerbis frustra philosophe- Nolite dare pro ne detis
tur: quasi uoluntas etiam sit hic uetita.}Et rectius erat proijciatis, quàm mittatis, βάλητε.
Vt ne dicam, quod μήποτε, id est, Ne quando, uertit, ne forte, parum tempestiuiter, extenuans periculum, quod auctum magis oportuit. Nec est, Pedibus suis, sed ἐν τοῖς ποσὶν
19.35 αὐτῶν, id est,Inter pedes suos.{nisi placet, ἐν, usurpatum pro per, more Hebræorum.}{San-
ctum autem positũ est neutro genere pro re sancta, τὸ ἅγιον. nos uertimus, quod sanctum
est. Iudæi sanctum appellabant, quod esset semotum ab usu prophani uulgi, & à conse-
cratis cum reuerentia tractandum.}
19 Et canes conuersi.) Canes apud Græcos non additur.{nec attingitur ab interprete Chry Redundat canes
22 sostomo.}neque in emendatioribus Latinorum exemplaribus.{ac ne in aureo quidem.}Potest
autem conculcatio & laceratio ad canes pariter & porcos referri. Sæuiunt enim & apri.
Canis prophanum animal, & sus immundum, quod ab unguentis peculiariter abhorret.
Cæterum margaritis siue unionibus olim summum fuisse precium, abunde testis est Pli-

* 16: Et rectius .... βάλλετε forms last sentence of following entry.

16: Denique ··· vos follows nec ··· lanient nius. Denique quod dixit Conuersi, στραφέντες, apertius erat, Versi in uos. Nec est Dirum-
pant, sed ῥήξωσιν, id est, Lacerent, siue lanient.

[Durus sermo ⟨Nunquid lapidem porriget ei.) Hanc locutionis duriciem molliuimus interpretatione 22
sensu tamen manente, ne quis calumnietur, quod à uerbis discessimus.⟩

Data δόματα Bona data.) δόματα ἀγαθά, id est, Donationes bonas, siue bona dona. {Est autē hic tropus 19
ex idiomate sermonis Hebræi: quod genus est illud in numeris: Ego accepi fratres uestros
leuitas, de medio filiorū Israël, dationem datam domino. Sic enim legit Augustinus, indicans tropos huius uoluminis, cum Græci legant, δόμα δεδομένον. Nec enim hic data partici
pium est, sed nomen. Alioqui qui datur, quod iam datum sit: Ac maluerā dona quàm data:
nisi quod δόμα recte dici possit, quocunque modo datum, ut medici sua pharmaca δόσεις uocant, cum donum sit gratuitū, quod Græci sua uoce δῶρον appellant.} Rursus & illud:

16-27: Dare Dabit [bona] petentibus se.) Quod nos explicuimus, si postuletis ab ipso, (quemadmodū 35.27
16-27: petatis ab illo & superius fecit interpres.) Item Et uos facite illis, omisit (uoculam) οὕτως καὶ ὑμεῖς, id est, sic 27
& uos facite. Atque ita legit Chrysostomus, {Augustinus item cōmentario secundo in hunc 19
locum. Idem ait in uulgatis codicibus scriptum fuisse: Omnia quæ uultis ut faciant uobis
Varietas exemplariorum homines bona, ita & uos facite illis. Putatque bona additū ab interprete Latino explicandæ
rei gratia, cum in Græcorum exemplaribus non habeatur. Quanquā ea dictio additur &
apud Cyprianum in expositione precationis dominicæ.} Rursum:

Quæ ducit.) ἀπάγουσα, id est, Quæ abducit. Ac mox:

[Quàm pro quia Quàm angusta porta.) ὅτι στενή, id est, quia angusta porta, Quanquam dissentientibus
exemplaribus plerisque Latinis. Interpres legisse uidetur, ὡς στενή. {Certe in Paulino codice 19
utrobique scriptum erat, quia.}

Pseudoprophetæ qui A falsis prophetis.) ψευδοπροφητῶν. Græcis una est dictio, sicut pseudochristi, & pseuda
postoli. ψεῦδος Græce mendacium est. Ac magis sonat falso prophetas, quàm falsos. Et
[ἐπιγνῶναι, & γνῶναι, quid differāt mox, ἐπιγνώσεσθε, agnoscetis est potius quàm cognoscetis. Et:

Nunquid colligunt.) Quidam habent, μήτινες, id est, num qui. Rursus:

Arbor mala.) σαπρόν est, non πονηρόν, quod magis putrem sonat & carie uitiatam, (aut 27
marcidam) quàm malam, si quid Suidæ credimus. Vt ne cōmemorem, quod utrunque uer-
[Præsens tempus pro nullo certo tēpore bum præsentis [temporis] uertit per futurum, ἐκκόπτεται καὶ βάλλεται, id est, exciditur & mit 19
titur. Atque ita scriptum est in peruetustis exemplaribus. Nec enim Christus prædicit, quid
sit futurum malis arboribus, sed quod uulgo fit uitiosis arboribus, idem ostendit euenturum infrugiferis hominibus.

Cōduplicatio apud Hebræ. Domine domine.) κύριε κύριε. Non solum retulit βαττολογίαν precantium, quam ante
taxauit, uerum etiam expressit sermonis Hebraici proprietatē: quæ quod exaggerat, con-
16: Esaiam geminatione auget: quod genus illud apud Hieremiā capite septimo: Templum domini,
templum domini, {templum domini.} Cæterum hæc uerba: 19

[Redundat in nostris Ipse intrabit in regnum cœlorū.) In Græcis codicibus non adduntur nec repetuntur ab
Hieronymo, {refragantibus licet exemplaribus Latinis.} Nec est: 19

* In nomine tuo.) sed per tuum nomen, τῷ σῷ ὀνόματι, [absque præpositione ἐν, quam solet 35
↓* apponere] quanquam id nihil refert ad sensum.

Virtutes Hebræi uocāt potenter facta * Virtutes multas.) δυνάμεις, ut intelligas potēter facta, quæ uim diuinā demonstrarēt. Itē

Omnes qui operamini.) Omnes nec est in Græcis codicibus, nec in antiquis Latinis,
sed tantum, οἱ ἐργαζόμενοι, id est, Qui operamini. Rursus:

Et irruerunt.) καὶ προσέκοψαν, id est, impegerūt, diuersum est ab eo quod mox præcessit,
προσέπεσαν, [siue προσέπεσον.] ** Et admirabantur.) Græcis est uehementius, ἐξεπλή- 35
σσοντο, id est, Stupuerunt, siue attoniti facti sunt: siue stupore perculsi sunt.

↓** Ἐξουσία & δύναμις differunt Sicut potestatem habens.) ὡς ἐξουσίαν ἔχων. Vt condonem quod pro tanquā uertit, sicut.
** Potestatem.) Non est hic δύναμιν, sed ἐξουσίαν, quod magis sonat autoritatem, hoc est
potestatem & ius aliquid faciendi. Non ut scribæ qui sibi uindicabant autoritatem. [Non 35
enim dicit, hæc ait dominus, sed ego dico uobis: & in ædendis miraculis, nō implorat opem
patris, sed ait, adolescens tibi dico surge.] Rursus in

Scribæ.) Eorum additur apud Græcos γραμματεῖς αὐτῶν, Et de Pharisæis hoc loco nulla
mentio, {in Græcis quæ quidem uiderim exemplaribus.} 19

Cum

* and ** : 16 : entries reversed.

EX CAPITE OCTAVO

CVm autem descendisset.) Iesus hic apud Græcos non additur, ut illa dissimu
lem, ἐὰν θέλῃς, Si uelis, quod transtulit, si uis. Et:
Extendens manum.) Pro extensa manu, ἐκτείνας τὴν χεῖρα.
19 Volo mundare.) καθαρίσθητι. Mundare passiuū uerbū {est} imperandi mo/
do. Proinde uertimus, uolo, mundus esto. Cæterū ἑκατόνταρχος, quē hic centu Ἑκατόνταρ/
19 rionem uocat, sic enim Græce sonat, qui decem {decurijs} præsit, Hilario tribunus dicitur, Et: χος Hilario
Rogans eum.) παρακαλῶν, id est, obsecrās. Est enī uehemētius hoc, illud δεόμενος abiectius tribunus di/
Puer meus.) παῖς μου. Ea uox & ætatem significat, & filium & ministrum. Tametsi Lu ctus 16: Caeterum ...
cas δοῦλον, id est, seruum, appellat uoce non ambigua. Nec est simpliciter, iacet, sed βέβλη dicitur placed in
ται, & aliquanto post, βεβλημένον, ubi quis toto corpore prostratus iacet, id quod in gra/ "Puer meus" at ↑
uibus accidit morbis. Nec est: ↕
Male torquetur.) sed δεινῶς βασανιζόμενος, id est, Grauiter, siue acerbe discruciatus. Vt
ne dicam, quod ἄλλῳ, pro Alteri uertit alio, contempta grammatica.
22 ⟨Sub potestate constitutus.) Constitutus aliquis addidit de suo, nec reperitur in exem/
plaribus emendatioribus, nec in aureo.⟩
Non inueni tantam fidem.) οὐδ' ἐν τῷ Ἰσραὴλ, id est, Ne in Israël quidem. Vt intelligas
19 Centurionem non fuisse Israëliten, id quod indicant Hilarius & Hieron. {Atqꝫ item Chryso Centurio an/
stomus homilia uigesimaseptima. Putatqꝫ eundem hunc esse Centurionē cum eo de quo idem fuerit/
meminit Lucas, licet in nonnullis à Matthæi narratione uideatur discrepare.}
In tenebras exteriores.) Græci subinde usurpant comparatiua uice superlatiuorū. Vn/ Cōparatiuus
de nos uertimus, Tenebras extremas. Neque tamen est, ἐσχάτας, sed ἐξωτέρας, quasi dicas, pro superla/
extimas, ut intelligas in regno lumen esse, à quo quo longius absit aliquis, hoc magis uer/ tiuo
sari in tenebris.
In illa hora.) Post hæc in nonnullis exemplaribus ascripta reperi, καὶ ὑποστρέψας ὁ ἑκατόν Varians locus
ταρχος εἰς τὸν οἶκον αὐτοῦ, ἐν τῇ ὥρᾳ ἐκείνῃ, εὗρε τὸν παῖδα αὐτοῦ ὑγιαίνοντα, id est, Et reuersus
19 Centurio in domum suam, in illa hora offendit famulum suum sanum. {Nos ea sequi ma/
luimus, quæ cum nostris consentiunt.}
Dæmonia habentes.) δαιμονιζομένους, id est, Dæmoniacos, siue qui à dæmonibus ageban
tur. Sed addunt Græci codices, similiter & uetusti Latini πολλούς, id est, multos.
Ipse infirmitates nostras.) Adduxit hoc testimonium Matthæus ex Esaiæ capite quin/ 16: Aliquanto coactius hoc adducit
19 quagesimotertio, {nonnihil ad suum deflectens negocium.} Etenim quod illic dictum est de
19 passione Christi {& sublatis hominum peccatis} hic accōmodat ad ægrotos sanatos: quanqꝫ
19 hæc sanatio, illius typum habebat. {Ad hunc modum excusat Euangelistam Chrysostomus Vaticiniū non {↓
22 homilia uicesimaoctaua.} ⟨Septuaginta ita reddiderunt καὶ τὰς ἁμαρτίας αὐτῶν αὐτὸς ἀνοίσει. nihil deflexū
Cæterū quod in nostris legimus, Et ægrotationes nostras portauit, sciat lector, nostras hoc ab Euāgelista
sanè loco, nec esse apud Græcos, nec in aureo codice, nec in alijs emendatioribus, sed repe/
titur, è proxima particula. Ita mox: Et dicit eis Iesus. Iesus additum est, nec est in Græcis,
27 nec in aureo codice.⟩ Hebræa Hieronymus ita reddidit, Vere languores nostros ipse tulit, &
dolores nostros portauit. Pro languoribus Septuaginta uerterunt peccata.
Iussit discipulos suos ire.) Discipulos suos addidit interpres explicandæ rei gratia, ἐκέ/ Addita quædā
22 λευσεν ἀπελθεῖν. ⟨Nec additum comperi in aureo codice.⟩ Cum enim turbam cuperet effu/
gere, dubium non est, quin discipulos uoluerit comites, certe è turba pauciores. Verti po/
19 terat per impersonale {uerbum} Iussit abiri siue discedi. Et quod sequitur, Trans fretum, εἰς Transfretum
τὸ πέραν, etiam ad montem referri poterat, aut simile quippiam, nisi mox fieret mentio na/ Græcis habet
uiculæ. Significat enim ulteriorem stagni ripam. amphibolo/
22 ⟨Vulpes foueas habent.) φωλεούς. Fortassis aptius erat cauernas. Et quod hic uertit nidos giam
Græce est κατασκηνώσεις, quod magis sonat obumbracula. Augustinus aduersus Faustum φωλεός
lib. xxij. cap. xlviij. legit diuersoria. Eodem modo refert Cyprianus libro ad Quirinū tertio. κατασκηνώ/
Habent enim aues in tempestate præter nidos receptacula sua, uelut cauos arborum trun/ σεις
cos, aut densa dumeta, aut arborum frondes.⟩
19 {Filius hominis.) τοῦ ἀνθρώπου. Vt nihil ex his uerbis agat Augustinus, qui putat Christū Augustini sen
non dici filium Adæ. Atqꝫ huc torquet, quod dictum est in psalmis: Ego sum uermis & tentia expēsa

d 3 non

↕ 16: morbis. Ita Virgilius Viridi proiectus in antro. Nec

{ 16: habebat. hebraei sic habent. 'Akhen holinu hu' nasa' u-makh' ovenu sevalam holayenu Hieronymus

19: as 16 after interpolation { } 22: as 19 after interpolation ⟨ ⟩

non homo: cum aliàs, tum epiſtola centeſima uigeſima. Rurſus agens contra Fauſtum lib. quinto, locum hunc adducit, probans Chriſtum natum ex fœmina. Verum haud difficilis eſt huius noduli ſolutio. Siquidẽ Chriſtus ſe filium Adæ uocat, quod ex eius poſteris pro-
Filius hominis pro filio Adæ gnatus eſſet, ex quo prodiſſent & cæteri mortales uniuerſi. Diuus Hieronymus edisserens caput Eccleſiaſtæ nonum, admonet iuxta ſermonis Hebraici proprietatem, uulgus hominum, filios hominis dici. Nam ijs quoq; locis ubi nos legimus, filij hominũ, apud Hebræos haberi, בְּנֵי הָאָדָם hoc eſt filij hominis, uidelicet Adam.}

[Redundat ſuũ Vbi caput ſuum reclinet.) Suum pronomen, nec additur in Græcis codicibus (nec apud 27
Chryſoſtomũ aut Theophylactũ) nec in antiquis Latinis, (ne in aureo quidem ac Donatia- 22
nicis) Et abſolutior eſt ſermo, ut intelligas adeo nõ eſſe ubi totum corpus acquieſcat, ut nec ſit, ubi uel caput acclinet. Vt diſſimulem, quod paulo poſt ἄφες pro ſine uertit, dimitte. Nec eſt ſimpliciter Suos, ſed τοὺς ἑαυτῶν νεκροὺς, id eſt, Suos ipſorum mortuos.

[Nauicula pro nauc Et aſcendente eo.) ἐμβάντι αὐτῷ, id eſt, Ingreſſum eum (ſiue cum inſcendiſſet nauim) Nec 22
eſt nauiculam, ſed nauim πλοῖον. Ne quis hic ingens ſomniet ſubeſſe myſterium, quod nauiculam dixerit non nauim. Sanè nauiculam dixit (non Euangeliſta) ſed interpres haud ſcio 19
quis, & incertum quid ſecutus. Certe τὸ πλοῖον, id eſt, nauigium ſiue nauim ſcribunt Euan-
[Matthæus an Euãgeliũ ſcripſerit Hebraice geliſtæ cæteri (quos Græce ſcripſiſſe conſenſus eſt omniũ) ut donemus Matthæo Hebraice 19
ſcriptum Euangeliũ, quod ipſum mihi non ſit uerisimile, cum nemo (ſat idoneis argumen- 22
tis) teſtetur ſe uidiſſe ullum illius Hebraici uoluminis ueſtigium. Siquidem illud quod Na-
Euangelium Nazarenorũ zarenorum uocant, nec Hebraice ſcriptum teſtatur Hieronymus, ſed Chaldaice, formulis duntaxat Hebraicis, inter apocrypha cenſetur. Deinde ſtilus Matthæi cum ſtilo Marci planè conſentit, haud admodum diſſentiens à dictione Ioannis. Proinde mihi uidetur probabilius hoc Euangelium eadem ſcriptum fuiſſe lingua, qua cæteri ſcripſerunt Euangeliſtæ. Idem ſentio de epiſtola ad Hebræos, quæ non ob aliud uiſa eſt quibuſdam primũ Hebraico
Nõ ſtatim Hebraice ſcribit, qui ſcribit Hebræis ſermone conſcripta, niſi quod ad Hebræos ſit inſcripta. Quaſi uero neceſſe ſit, ſi ipſe nunc librum ædidero aduerſus Iudæos, me Iudaice fuiſſe locutum, aut ſi ad Scotos, Scotice. Verum demus, ut dixi, Matthæũ Hebraice ſcripſiſſe, non Græce, Certe apud alios item Euangeliſtas πλοῖον legimus hoc loco, non πλοιάριον, id eſt, nauim, nõ nauiculam. Et tamen hinc
Nauicula Petri, cuius typus arca Noë ortum arbitror, quod paſſim iam nauiculam appellent Petri, quoties eccleſiam ſignificant. At magis conueniebat ingentem eſſe nauim, quæ uniuerſum hominum genus reciperet, magiſq; reſponderet ad typum arcæ, quæ capaciſſima fuiſſe deſcribitur. Ad conſimilẽ modum concilium diſtinguunt à conciliabulo, exiſtimantes conciliabulum eſſe diminutiuũ, aut compoſitum, quaſi dicas concilium diaboli: cum apud Hieronymum in partem bonam
pro concilio poſitum reperiatur, (uelut in epiſtola ad Gerontiam uocat cõciliabula Chriſti.) 27
16: Quanquam At hæc pluribus fortaſſis admonemus quàm res ipſa poſtulat, niſi quod uideo quoſdam in
huiuſmodi nugis, uelut in re (ſeria) mire philoſophari, uel ſomniare potius. Nec mirum ſi 19
labuntur in his ignari ſermonis Græcanici. Quis enim ſuſpicaretur hunc toties fruſtra dicere nauiculam pro naui? Et tamen ſi quis interpretem percontetur cur toties nauiculam
16: Item dixerit, non habiturus ſit quod reſpondeat, niſi forte (quod apud Lucianum in inſulis for- 19
[Iocus de Homero, cur orſus ſit Iliadem à κοσε μῆνιν tunatis reſpondet Homerus) rogatus cur Iliadem exorſus eſſet à μῆνιν) Sic mihi tum libuit. 22
Rurſus paulo poſt pro naui nauiculã uertit parum tempeſtiuiter ὑποκάτω τῶν. {Item pro flu- 19
ctibus} à fluctibus, eſt ὑπὸ κυμάτων. {atq; ita legit Chryſoſtomus: ut omittam quod hic de 19
ſuo addidit aliquot uoces, ut & mox addidit Ieſus, utique de ſuo.}
16: inepte (Et acceſſerũt ad eum diſcipuli eius.) Diſcipuli eius non additur in aureo codice. In Græ 22
cis tamen reperio diſcipulos.)

Om. →

Impauit pro increpauit Imperauit uentis.) ἐπετίμησεν, id eſt, increpauit. Atq; ita primitus fuiſſe ſcriptum opinor. Cæterum aliquis offenſus dandi caſu, uentis, quem tamen hic more Græcanico ſolet
addere, mutauit, imperauit. {Hieronymus hunc explanans locum, utriuſq; uerbi meminit: 19
Creaturæ, inquiens, quas increpauit, & quibus imperauit, ſentiunt imperantem. Quod quiſquis ἐπιτιμᾷ imperat quidem, ſed pœnam comminans, ni pareatur.} Atq; illud Qua-
Ποῖος & ποταπὸς differunt lis, non eſt ποῖος quo ſimpliciter interrogamus, ſed ποταπὸς quod admirationis habet ἐμφασιν. Mox autem perperam omiſit Græcam coniunctionem: quia uenti & mare, ὅτι καὶ
οἱ ἄνεμοι καὶ ἡ θάλασσα, quia & uenti & mare. (Conſentit Græcis codex aureus.) Etiam ſi 22·19
prius

{ 16: κυμάτων. Deinde cur non potius excitaverunt quam suscitaverunt, cum de dormiente loquator, ut omittam quod hic de suo addidit aliquot voces, ut & mox addidit Jesus, utique de suo. Imperavit

Om. a note in 1519-27 on 8:26: modicae fidei

prior coniunctio, non tantum connectit, uerum etiam auget. Quia mare quoque & uenti obediunt ei, quæ nulli solent obedire.] Rursus:

Et cum uenisset Iesus.) καὶ ἐλθόντι αὐτῷ, id est, cum uenisset, nec additur Iesus.

Gerasenorum.) Græci legunt γεργεσηνῶν, id est, Gergesenorũ. Hieronymus in locis He- *Gergessa eadẽ quæ Gadara*
braicis prodidit, sua etiamnum ætate uiculum extitisse in monte situm, haud procul à lacu Tiberiadis, ubi porcos in mare præcipites isse memorabãt. Quanquam apud Marcum hic ipse locus Gadarenorũ uocatur, & eodem nomine apud Lucã. unde colligere licet, eidem urbi, quæ regioni dedit nomen, diuersa fuisse nomina, & eandem dictam Gerasam, ac Gadarã. Id quod indicat & diuus Hieronymus in locis Hebraicis, addens Gerasenorũ mentionem fieri in Euangelio. At idem mox in Gergessa refert illic porcos præcipites isse in mare: ut consequatur, aut Gergessam uiculum esse in regione Gadarenorũ, aut eandem esse Ger-
27 gessam & Gadarã. (Quam Græci uocant Gergesam opinor Hieronymo dici Gargasi, quã ait esse ciuitatẽ trans Iordanem, iunctam monti Galaad, quæ ipsius ætate dicta sit Gerasa, urbs insignis Arabiæ. Hanc ut refert, quidam existimabant eandem esse cum Gadara.)

Sæui nimis.) χαλεποὶ λίαν. Hilarius legit periculosi pro sæui. Nam Græcis χαλεπὸς uox est πολύσημος, nunc sæuum, nunc molestum, ac difficilem, nunc atrocem, nonnunquam & periculosum significans. *χαλεπὸς multa declarat Græcis*
27 Quid nobis & tibi.) Imò quid hic interpreti cum Græca figura? Vertendum erat (si la- *Locutio græca male reddita. Quid nobis & tibi*
tine loqui uoluisset) Quid tibi rei nobiscum est? Ac mox:
19 Erat autem non longe.) Græci habent longe, ἦν δὲ μακρὰν [magno quidem consensu co- *Erat nõ longe pro erat longe. in quo consentit æditio Hispaniensis*
dicum quos ego uiderim, sed reclamãtibus item magno consensu nostris. Ex Chrysostomo non potest certum colligi quid legerit, ne ex Hieronymo quidem, ex Hilario tantundem. Apud Theophylactũ reperio ἦν δὲ μακρὰν scriptum: licet ex interpretatione parum liqueat,
35.27 quid legerit [quemadmodũ Chrysostomus uersus] (Probabilius autẽ est dæmones procul à Christo fuisse relegatos. Cum codicibus quos uidimus consentit etiam æditio Hispanien-
35 sis) [Nihil tamen ad sensum refert utrum legas procul an non procul. Nam si grex conferatur ad eos qui Christo erant proximi, procul erat, Sin & alia loca semotiora, nõ procul erat, quia erat in prospectu. Puta enim gregem abfuisse ad trecentos passus. Quod autem alij Euangelistæ addunt ἐκεῖ, id est, ibi, siue illic, non arguit magnitudinẽ interualli. Hæc enim aduerbia nonnunquam totam regionem complectuntur.] Nec est,

Si eijcis nos hinc.) sed εἰ ἐκβάλλεις ἡμᾶς, id est, Si eijcis nos, consentientibus & Latinis ex- *Redundat hinc*
22.27 emplaribus peruetustis, (cumque his aureo codice & Donatianicis) (Nec uideo quid efficiat aduerbium hinc.) Rursus ἐπίτρεψον ἡμῖν ἀπελθεῖν εἰς τὴν ἀγέλην, id est, Permitte nobis, ut abeamus in gregem porcorum, ille uertit, Mitte nos in porcos.

Magno impetu abijt.) Vnicum uerbum Græcum, tribus est circumlocutus, ὥρμησεν, id *ὁρμάω quid*
22 est, Ferebatur, siue ruebat. Nam omnino ὁρμὴ impetũ significat (Et in aureo codice, Impetu *Periphrasis interpretis*
tantum legitur, magno non additur, consentientibus & Donatianicis.) Ac rursum:
27 (In aquis.) Hilarius in Canone quem ædidit in Euangelium Matthæi, admonet fuisse scriptum, In aquis multis, quum nihil huiusmodi reperiam apud Latinos aut Græcos, quos ego sane uiderim.)
19 Hæc omnia.) Hæc pronomen addidit [aliquis] de suo, quod nec in Græcis extat codici- *Additum ab interprete*
22 bus, nec in uetustioribus Latinis (nec in aureo) Ac mox, καὶ τὰ τῶν δαιμονιζομένων, quod com
22 mode uerti poterat, Et quæ accidissent dæmoniacis. (Ac mox:
Et rogabant eum.) Eum addidit aliquis. Nec additur in aureo codice) Et aliquanto post,
27 A finibus eorum, dixit pro à finibus suis, (uel à finibus ipsorum.)

EX CAPITE NONO

ET ascendens Iesus.) Iesus hoc loco non reperitur, nec in Græcis, nec in anti- *Iesus additum*
quis Latinorũ codicibus. Etiamsi in prima æditione, haud scio quo casu fuerat additũ. Facit enim iteratio mox positi nominis, ut de altero quopiam Iesu loqui uideatur. Nec est, Ascendens, sed ἐμβὰς, id est, Ingressus, siue conscensa *Nauicula pro naui*
22 (aut inscensa) naui, pro quo hic rursus nauiculam, quasi nauis non sit latinum. Præterea διεπέρασεν, id est, traiecit, rectius quàm transfretauit. Nam ut lacus mare dicatur, *Fretum pro mari*
27 fretum haud uideo quomodo dici possit. (Non enim quod mare est, statim & fretum, Nam

mare inclusum angustijs fretū dicitur, quanquam poëtæ suo iure uocibus his abutunt̃ interdū.)
[In ciuitatem suam.) εἰς τὴν ἰδίαν πόλιν, id est, in propriam ciuitatē, uidelicet Capernaum. 35
Siquidē Matthæi quarto legimus, quod relicta Nasareth, cōmigrarit Capernaū.] Ac mox:
Iacentem.) βεβλημένον, [proiectum,] de quo superius admonuimus. 35
[Redundat * Dimittuntur tibi peccata tua.) Tua (non additur in uetustis Latinorū codicibus, nec in 22
* 16-19: Dimittuntur) Græcis aliquot habetur, ne in aureo quidem. Idem accidit paulo post in repetendo.)
expanded follows 'Quid est facilius)' Videns autem Iesus.) καὶ ἰδὼν, id est, Cum uidisset autem. Et mox suo more, dimittuntur, pro remittuntur.
Amphibologia in Græcis {Dixerunt intra se.) Sermo Græcus anceps est: potest enim accipi ut intelligamus illos 19
inter se murmurasse. Sed satius est ut accipiamus, illos tacitos sic in animo fuisse locutos,
propter id quod sequitur, Iesus sciens cogitationes illorum} Ac paulo post,
Et cum uidisset Iesus.) ☉ ἰδών. Chrysostomus legit, καὶ εἰδὼς ὁ ἰησοῦς, id est, cum sciret Ie-
↓(sus. (Theophylactus legit ἰδὼν, Ad sensum minimum refert.) Præterea, 27
Vt quid cogitatis.) omisit uos, ἱνα τί ὑμεῖς, id est, Vt quid uos. Et,
* Quid est facilius.) τί γάρ ἐστιν, id est, Vtrum enim est, Consentientibus & Latinis uetu-
↓‖ stis, quod ad coniunctionem pertinet. ‖
[Persona subito mutata {Vt autem sciatis.) Subito mutata persona, duriusculam facit orationem: sequitur enim, 19
Tunc dicit paralytico.}
Turbæ timuerunt.) Græcis est ἐθαύμασαν, id est, admiratæ sunt {Ita legit Chrysostomus 19
19: Vulgarius homilia xxx. & huic concinens Theophylactus.} Etiamsi Hilarius legit timuerūt. Addidit
Duplex lectio enim: Opus istud admiratio consequi non metus debuit, Vnde apparet in quibusdam scri-
16-19: se ptum fuisse pro ἐθαύμασαν, ἐθάμβησαν. Quarū uocum magna inter ipsas affinitas est.
τελώνιον In Telonio.) ἐπὶ τὸ τελώνιον, id est, Ad teloneum. Locus est in quo sedet Telones, id est
τέλος publicanus exigens tributum, quod Græcis τέλος dicitur. Vt ne recenseam illa minutula
τελώνης quod Matthæum nomine pro ματθαῖον λεγόμενον. Quod in,
Amphibologia nō uitata Ecce multi.) coniunctionem &, omiserit. Quod ἀκούσας uerterit uidens. Quod non ui-
tarit amphibologiam, Non est opus medico ualentibus, cum licuerit dicere, Non egent
qui recte ualent medico.
(Cum publicanis.) Notatus est ab Hieronymo Tertullianus, quod hos dictos publica- 27
16: apud Oseam nos putarit ethnicos fuisse. Vide libellum ad Damasum de filio prodigo.)
↓‖ Misericordia pro beneficentia → Misericordiā uolo.) Locus est [Osee] capite sexto. Hebraica ‖ Hieronymus uertit ad hunc 19
modum: Quia misericordiā uolui, & non sacrificium (consentientibus per omnia Septua- 22
ginta, ὅτι ἔλεος θέλω καὶ οὐ θυσίαν.) (Offenditur hic nonnihil Laurentius Valla, quod θυσίαν 27
uerterit sacrificium, quum eandem uocem in Luca uerterit hostiam. Nam sacrificium dici
potest & suffitus & deprecatio, Hostia proprie est mactatæ pecudis, quæ tamen & ipsa di-
[θυσία à nidore citur θυσία ob nidorem quem reddit quum incenditur.) Ac paulo post,
Sed peccatores.) Græci addunt ad pœnitentiam εἰς μετάνοιαν, etiamsi non addit Hieronymus: apud Chrysostomum tamen reperio. Nam leuiculum est, quod mox προσέρχονται,
id est, Accedunt, uertit accesserunt.
νυμφὼν duo significat Filij sponsi.) υἱοὶ τοῦ νυμφῶνος, id est, Filij thalami nuptialis, id quod plus est quàm sponsi,
hoc est, filij sponsi domestici ac proximi. (νυμφῶνα uocat ecclesiam quā opponit synagogæ 27
ἐπίβλημα assumentū quæ seruorū est, non filiorū.) Ac aliquanto post: Immittit cōmissuram ἐπιβάλλει ἐπίβλημα,
id est, ut ad uerbum reddam, Immittit immissuram, siue ut alibi uertit, assuit assumentum.
Horatius pannum uocat: Assuitur, inquiens, pannus. Vulgus petiam uocat. Ac mox:
Et peior scissura fit.) σχίσμα, quod rupturā uertere poterat. Nonnunquam uocem Græcam
relinquit, ut apud Ioannem: Et erat scisma inter eos, cum potuerit dicere dissensio.
ῥάκος & Panni rudis.) ῥάκους ἀγνάφου, quod modo dixit ἐπίβλημα, hic uocat ῥάκος, quæ est parti-
rudis quid cula panni. ἀγνάφου, quod nondum est à fullonibus apparatū, uelut cum pannus à textore
[ἄγναφον qd uenit. Quanquam γναφεῖς, id est, fullones, ueteres etiam uestes, aut sordidatas renouāt ac repur-
gant. Et rude dicit̃, quod recens est {Sic enim uocat animos nondū humanis traditiūculis in 19
[Hugo Cardinalis notatus fectos. Operæpreciū est uidere ac ridere, quantū hic tumultuet̃ Hugo (Cardinalis) disputās, 22
num hinc colligi possit, neophytis non esse indicendū ieiuniū. Imo putat hæc ipsa ad mona-
chos quosdā pertinere, qui quoslibet illectant in nassam sui instituti. Deniqꝫ notari & istos,
qui

(16-19: Iesus, si tamen ii commentarii graeci sunt eius, cuis habent titulum. Praeterea
19: mox ‖ 16-19: pertinet. Sed quod hic diminuit, vox repensat. Siquidem dimittuntur tibi
19: ne est peccata tua, tua addidit de suo, quod nec apud graecos est, nec in vetustis latinis.
Turbae 19: Ut autem
‖ 16-22: Hebraica sic habent Ki hesed hafasti we-lo' zavah Hieronymus

qui uersicolori amictu utuntur. O scriptorem copiosum, sic nascuntur ingentia uolumina.}
Plenitudinem eius.) τὸ πλήρωμα, id est, supplementū. Sic enim appellant pannum additum uesti, ad sarciendam rupturā. Offensus enim dissimilitudine noui panni, postea de-
trahit, & maior ac deformior fit ruptura. Item,
Vinum nouū in utres nouos.) Nouū & nouos nō respondent eidem uoci apud Græcos
[Nouū enim dicitur νέον, quod proprie respondet senio, & cōpetit ijs quæ sentiūt ætatē: καὶ Nouus νέος
19 νοὺς opponit̄ uetustati.{Est autē & uinis sua quædā ætas, utribus aut panno nō item}Porrò Nouus καινος
27 Quæ sanguinis fluxum patiebat.) Græcis unica dictio est, αἱμοῤῥοοῦσα, (id est,) sanguinis αἱμοῤῥόω]
profluuio laborās, ab αἷμα sanguis. & ῥόος fluxus. Omitto minutiora illa, quod ἐν ἑαυτῷ, In- * ↓
tra se uerterit, pro Intra sese: quod λέγει, Dicit, dicebat: quod ὄπισθεν, id est, à tergo, transtulit,
19 retro.{Cæterū θάῤῥει, quod hic male uertit cōfide, quodq; nos aliquoties uertimus, Bono ani θαῤῥεῖν quid
mo esto, Ambrosius enarrans psalmū, Beati immacul. sermo. iij. legit: Constans esto filia.} proprie
22 ⟨Impone manum tuam.) Tuam non addebatur in aureo codice cum sit apud Græcos.⟩
Et dixit, puella surge.) Hæc quatuor uerba, nec habentur in Græcis exemplaribus, nec 16-19: quinque
22 in uetustis Latinis, nec adduntur ab Hieronymo.⟨Postremo nec in aureo codice comperi,
nec in Donatianicis.⟩Ac paulo post:
19** Et dixit eis Iesus.) καὶ λέγει, id est, Dicit, consentientibus & uetustis codicibus{Latinorū.}
Quia possum hoc facere uobis.) Vobis non additur apud Græcos. Et ὅτι perperā uer- 16: Qui possunt
tit, Quia, pro, quod possim, siue, Creditis me posse. Ac mox, Vtiq;, Græcis est ναί, quod
aliās uertit etiam. Est enim aduerbium affirmantis. Ac paulo post:
Et comminatus est eis.) Non est ἐπετίμησεν, quod aliquando uertit Increpare, aliquan- Comminari
do Comminari, sed ἐνεβριμήσατο, quod proprie significat acriter, ac uelut iracunde com- uarie Græcis
27 minari cum austeritate, (uox à fremitu dicta.) Vt euidentius sit, quod sequitur, illos omnia ἐπιτιμᾶν ua-
diuulgasse. Sic enim rectius opinor transtulisset διεφήμισαν, quàm diffamauerunt. Certe rie uertit
circumloqui poterat, Sparserunt famam eius. Item: ** **↓
Nunquam apparuit.) Recte omisit ὅτι, quod tamen libenter solet addere. Vt dissimulem quod hic κώμας uertit castella, cum alibi frequenter transferat uicos. Cum uici mœni- κώμη uicus,
bus careant, castella minuta sint oppida, sed mœnibus cincta. Et quod νόσον languorē pro pro quo ca-
19 morbo. Nam quod μαλακίαν infirmitatem{transtulit}tolerabile est.{Siquidem & Græci di- stellum
cunt μαλακῶς ἔχειν, pro parum commode habere.} μαλακῶς
Misertus est eis.) Plusculum emphaseos habet græca uox ἐσπλαγχνίσθη, id est, Affectu ἔχειν 22-27:
35 [misericordiæ]tactus est. Siquidem Hebræi uehementem ac pium affectum uiscera uocant. σπλαγχνίζο- tractus
Et rectius erat erga eos, quàm eis. Ac mox: μαι quid pro-
Quoniam erant uexati.) Ad eum modum legit & interpretatur diuus Hieronymus, & prie
item Hilarius. Chrysostomus quoq; legit ἐσκυλμένοι, quod sonat diuulsos & diuexatos. Ἐσκυλμένοι
Quādoquidem grāmatici uexare dictum uolunt à ueho. Nonnulli codices habebāt ἐκλελυ- Ἐκλελυμένοι
μένοι, id est, dissipati seu dissoluti. Alterū uenit à λύω, alterum à σκύλλω. Iam quod protinus 16: defecti sive
sequitur, ἐῤῥιμμένοι, quod hic uertit iacentes, rectius uertisset disiectos siue sparsos, à uerbo destituti
ῥίπτω, quo participio usus est & Lucianus, agens de stellis toto cœlo passim, temere, nulloq;
ordine sparsis. Quanq; potest ἐσκυλμένοι, pertinere ad ouium uellera sentibus lacerata, &
hoc posterius ἐῤῥιμμένοι, ad oues huc & illuc dispersas: id quod accidere solet, cum abest pa
stor. Nec enim aliud est animal destitutius, magisq; pendens de præsidio pastoris, q; oues:
id quod etiam prouerbio testatum est, προβάτειον ἦθος, id est, ouilli mores. Ouilli mores
Vt mittat operarios.) ὅπως ἐκβάλῃ, id est, ut eijciat. Ita scriptum reperi in peruetustis co- ἐκβάλλειν ←
22 dicibus,⟨nominatim in aureo, ac Donatianicis,⟩ atque ita uertit paulo superius interpres, uarie uertit
Nos maluimus Extrudat, ut intelligamus uel celeriter mittendos, ac uel inuitos & contan-
19 tes extrudendos in opus dei: id quod alicubi notauit Hieronymus hunc citans locum.{Hi- 16: ita eijciat, ut
larius pro mittat legit eijciat.} 19-22: ut eijciat ut

EX CAPITE DECIMO

ET conuocatis duodecim.) καὶ προσκαλεσάμενος. Ita fermè uertit, nec omnino perperā, nec apte tamē, cum græca uox sonet Ad se uocatis. Proinde nos uertimus, Accersitis duodecim Et Græcus articulus additus τοὺς, indicat nō posse accipi, de quibuslibet duodecim, sed de certis, nēpe illis quos delegerat Iesus.

Potestatem

* 16-22: sanguinis .... laborans follows ab .... fluxus
** 16: Item: Nunquam apparuit .... solet addere forms last sentence of 'Et dixit eis Jesus', above.

Potestas spiri/tuum, sicut po/testas maris an recte

Potestatem spirituũ immundorũ.) Pleriq; Græci codices habent, ἐξουσίαν κατὰ πνευμά/
των ἀκαθάρτων, id est, Potestatẽ aduersus spiritus immundos. Quanq; apud Chrysostomũ,
si modo liber mendo uacat, non reperio additam præpositionem (nec apud Theophylactũ.) 27
Alioqui potestas spirituũ intelligi poterat potestas, quam habent illi. Nisi quod Græcis po
testas est, ἐξουσία, id est, ius in aliquẽ & autoritas. Proinde Hilarius offensus amphibologia
legit, Potestatẽ eijciendorũ spirituũ immundorũ. Quanq; & hoc mox addidit Euãgelista.

νόσος morbus uerius quàm languor

Subinde rursum, Omnem languorem {Languorem uertit} νόσον, de quo iam dictum est. 19
Primus Simon.) Indicat diuus Hieronymus non eodem ordine recenseri Apostolos ab
alijs Euangelistis quo à Matthæo: ne quis ob hoc omnium primum faciat Petrum, quod
hic primo loco ponitur. Nam cæteri (in iugis Matthæum præponunt Thomæ, Matthæus 27
ipse Thomam præfert modestiæ causa. At in epistola ad Galatas Paulus primo loco recen
set Iacobum, Iacobus & Cephas & Ioannes, qui uidebantur esse columnæ) Et Hieronymus
existimat eius esse, ordinem ac merita singulorũ Apostolorũ distribuere, qui illos delegit,
innuens {ut uidetur} autoritatem Apostolis omnibus parem fuisse, quod ad apostolici mu/ 19
neris functionem attinet. [Certe ex ordine recensionis, non efficaciter colligitur quis cui sit 35
præferendus. Siquidem ubi multi numerantur, aliquis primus sit oportet.] Cæterum ordo
qui extat in nostris uoluminibus, nonnihil dissidet à Græcis: at Græci consentiunt cum

Ordo aposto/lorum

Hieronymo, qui per iuga digerit Apostolorũ numerum, sic ut primo loco iungat Petrum
& Andream, Proximo Iacobum Zebedæi & Ioannem fratres: Tertio Philippum ac Bar/
tholomæum: Quarto Thomam & Matthæum: Quinto Iacobum Alphæi, & Lebbæum
cognomento Thaddæum: Sexto Simonem Cananæum, & Iudam Iscariotem. Simonem
Petri cognomine distinguit à Simone Cananæo: & Iacobum Zebedæi filium, ab Iacobo
Alphæi filio. In quo obiter illud admonendum ὁ τοῦ ζεβεδαίου, articulum Græcum uerten/
dum fuisse in id nomen, quod in articulo subauditur, (uidelicet filius, quemadmodum in 27

Publicani no/men cur addi/tum Matthæo

ὁ τοῦ ἀλφαίου.) Cæterum cum unus fuerit Matthæus, ut opus non esset nota, qua discerne/
retur: & si fuisset opus, habebat & alterum nomen, nempe Leui, tamen addidit ὁ τελώνης,
siue ut se deijceret, siue ut ostenderet omnibus aditum patere ad Christum. Etiam si Græ/
cus articulus patitur, ut uertatur, Qui fuerat publicanus, aut, Ille quondam publicanus.

16-27: filio

Iudas trino/minis

Cæterum Iudæ proditori, cognomen addidit, siue ut discerneret ab Iuda Iacobi fratre, qui
idem Thaddæus ac Lebbæus dictus est, ut sit trinominis, siue ut ex cognomine significa/
ret eum ei facinori natum. quod Isachar יִשָּׂשכָר Hebræis sonat mercedem: atque à tribu
unde fuit oriundus nomen sortitus uidetur. Quanquam non desunt, qui à uiculo cogno/
men deductum malint. Nec est Scariotes, quemadmodum habetur in nostris codicibus,

Iscariotes

Spania pro Hi/spania dicitur Græcis. Sic in uenitur et apud Chrysostomũ & apud Athanasium

sed Iscariotes. Nam idem facimus Latini cognomento Iudæ, quod Græci (scriptores eccle/ 22
siastici) faciunt Hispaniæ, σπανίαν pronunciantes, cum teste Plinio, terra sit insigni fertili/
tate. Opinor id à Prænestinis natum, quibus, ut ait Plautus, Conia est Ciconia {Apud Chry 19
sostomum Iscariotes legitur} Ad hæc:
Lebbæus cognominatus.) In Latinis exemplaribus non legitur, sed tantum Thaddæus.
(Hieronymũ autem ita legisse declarat, quod in nominibus Hebræis apud Matthæum me/ 27
minit Lebbæi, corculum interpretans.)
Misit Iesus.) ἀπέστειλεν, id est, Emisit, siue potius emandauit. Siquidem id est proprie
ἀποστέλλειν, cum mandatis emittere, à quo uerbo dicti sunt apostoli.

Samaria ciui/tas & regio

Nec est, In ciuitates Samaritanorũ.) sed in ciuitatem, εἰς πόλιν. quod efficacius est: ut
intelligas in nullam ciuitatem illorum eundum. (Quanq; non inconuenienter accipi potest 27
de ciuitate quæ regionis nomen obtinet, tanquam metropolis.) Rursus:
Ad oues quæ perierũt.) πρὸς τὰ πρόβατα τὰ ἀπολωλότα, id est, Ad oues perditas: ut frequen
ter citat hunc locum Hieronymus. Vt ne dicam, quod ὅτι ἤγγικεν, primum omittenda fuerit

16: non

coniunctio Græca: deinde appropinquabit (Græcis) non esse futuri temporis, sed præteriti, 22·19
uertendum, Adest, siue instat, siue in propinquo est. Qua de re iam admonuimus.

κτήσασθε qd

Nolite possidere.) μὴ κτήσασθε. Quod magis significat parare, quàm possidere. Vt hæc
tria simul referantur ad id quod sequitur, In zonas. Siquidẽ ex hisce tribus rebus solet cudi

χαλκὸς pro pecunia

moneta: quæ primum ærea fuit ac ferrea, nam utrunq; significat χαλκός, deinde argentea,
postremo aurea. Vt contra acciderit pecuniæ, ac moribus hominũ, qui ex aureis degenera/
runt in

(16-22: caeteri primum locum tribuunt Matthaeo, proximum Thomae. Et Hieronymus

27 runt in plusquã ferreos.{χαλκὸν interpres uertit pecuniam, quasi aurum & argentũ non sit pecunia. Certe Marci sexto χαλκὸν uertit æs, quum illic tolerabilius uersurus fuerit pecuniam, ut generali nomine cõplecteretur omnem monetam: hic post cõmemoratas omnes species dure subiecit genus complectens & alia, præter monetam.} Porrò quod dixit εἰς τὰς ζώνας, id est, In cingulos, iuxta ueterum morem locutus est: iuxta quem milites, si quid erat æris, id in zonis gestabant. Vnde prouerbiũ illud apud Flaccum, Zonam perdidit. De eo
22 cui nihil erat pecuniæ, quemadmodum in Chiliadibus nostris copiosius explicatũ est. ⟨Nos uertimus, In crumenis, non quod esset elegantius, sed quod apertius idem significaret.⟩

Zona pro crumena

Neq; duas tunicas.) δύο χιτῶνας. Latinius erat, neq; binas tunicas. Nam Græci nesciũt hanc elegantiam, quæ tamen non erat negligenda Latino interpreti.

Interrogate.) ἐξετάσατε, id est, Exquirite. Et ἄξιος, dignus posuit absolute pro idoneus, quod nonnulli Latini perperam imitantur.

* Donec exeatis.) ἕως ἂν ἐξέλθητε. Id pertinet ad illud quod proxime præcessit εἰσέλθητε, & utrunq; refertur ad ciuitatem. Nam præceptum eò spectat, ne crebro mutent hospitium, neue ambiant apud quem diuersentur: Neque rursus temere in quamuis irruant domum
27 quæ paulo post sit mutanda.⟨Sic Ambrosius & Chrysostomus.⟩

Donec exeatis, quomodo intelligendũ

Dicentes pax huic domui.) Horum uerborũ nihil est in Græcis exemplaribus, nec ad-
19.22 duntur ab Hieronymo.{Tantum est salutate eam.} Imò cum ait⟨Hieron.⟩ Occulte salutationem Hebraici, ac Syri sermonis expressit, indicat salutationẽ non fuisse explicatam, sed ex hoc colligi, quod sequitur, Veniet pax uestra super eam. In uetustissimo quodam exemplari Latino ascriptum reperi, sed in margine: Primum dicite, pax huic domui. Vnde con-
19 ijcio, quod ferè fit, hoc ex alijs Euangelistis huc additum fuisse.{Quanq; ne quid dissimu-
27 lem, additur apud Hilarium in canone, & apud Chrysostomum homilia tricesimatertia⟨sed latine uersa, quũ in Græcis cõmentarijs non addatur.⟩ Rursus apud Theophylactum non additur.} Porrò ne quis existimet nouum hoc salutationis genus primum à Christo fuisse repertum: qui sic usus est omnibus rebus uulgatissimis, ut eas longe aliò traheret, quemadmodum Græci solenni more dicunt χαῖρε, Latini salue, sic Hebræi Syriq; שלום לך Scholom lecho, id est, pax tibi. Eam salutationem nunc sibi, ceu peculiarem uendicant episcopi, parum decoram ijs, qui non solum ipsi belligerantur, uerumetiam alios ad bella concitant. Cæterum in, Domus illa.) Illa addidit interpres de suo, cum non sit nec in Græcis codicibus, nec in antiquis Latinis.

19: margin Additum quidam in evangelio

Pax huic domui non additur

19: Vulgarium

Pax tibi, salutatio uulgaris apud Hebræ.

Veniet pax uestra.) ἐλθέτω, id est, Veniat. Nec est reuertetur, sed reuertatur, ἐπιστραφήτω. Suffragantibus & uetustissimis Latinorum codicibus. Ac paulo post,

De domo uel ciuitate.) Græci addunt ἐκείνης, id est, Illa.

Et simplices.) Non est ἁπλοῖ, sed ἀκέραιοι, quod aliàs uertit synceri. Mire uero pinxit
19 Christus hac similitudine simplicem prudentiam, ac prudentem simplicitatem,{hominum uere Christianorum.} Innoxium animal columba, & cui totum salutis præsidium in alarum pernicitate situm est. Est enim hæc auis pernicissimi uolatus. Et arte magis quàm uiribus suam incolumitatem tuetur serpens. Nam hactenus consistit collatio.
19 {Cauete autem ab hominibus.) ἀπὸ τῶν ἀνθρώπων, id est, Ab illis hominibus, id indicante articulo. Neque enim monet omnes homines obseruare, sed malos, de quibus mox dixerat, ac paulo post loquitur.}

Simplex bifariam dicitur Græcis

Simplex prudentia Christianorum

Articuli uis

19-22: observandos

In consilijs.) εἰς συνέδρια, id est, In concilia, hoc est, consessus senatorum, ac iudicum. Ac rursus Synagogas, rectius uertisset conciliabula, siue conciones. Nec enim tantum loquitur de templis Iudæorum.

Synagoga conciliabulũ

Ad præsides autem.) Græce est ἡγεμόνας. Quod omnino præsidem, seu præfectũ prouinciæ significat aliquoties. Cæterum illud,
27 Nolite cogitare.) Græce est, μὴ μεριμνήσητε, id est, Ne sitis anxij, siue solliciti.⟨Non cogitationem dominus iubet abijcere, sed sollicitudinem.⟩ Et rursum:

μεριμνᾶν

Odio omnibus.) μισούμενοι ὑπὸ πάντων, id est, Odio habiti ab omĩbus, uariauit, sed recte.
22 ⟨Nec additur apud Græcos hominibus, ac ne in aureo quidem codice.⟩

Non consummabitis ciuitates.) οὐ τελέσητε. Quid est nõ consummabitis? Num illi ædificabunt ciuitates? Cur autem hic ueritus est à uerbis aliquantũ recedere, cum idem sæpenumero

Consummabitis obscure uersum

* 16: placed after following entry.

numero faciat ſine cauſa? Nam ſenſus eſt, Filium hominis cito uenturũ, & priuſq; illi poſſint peragrare omnes ciuitates Iſraëliticas. (Proinde nos periphraſi explicauimus, Non per- 22
ambulaueritis omnes ciuitates &c. quo redderemus emphaſim gręcæ uocis τελέσητε. Itaq; ſcriptum eſt in aureo codice.) Ac rurſum Donec, ἕως durius poſitum quàm in initio huius Euangelij. Ad hæc, ὑπὲρ τὸν διδάσκαλον, ὑπὲρ τὸν κύριον, Super magiſtrum, ſuper dominũ. Cur non potius Supra præceptorem, ſupra dominũ, ſiue ſuperior aut potior domino?

Beelzebub qd ſonet Hebræis

Beelzebub.) Mirum cur Græci perpetuo mutent b in l in hac dictione, beelzebul, ſcribentes pro beelzebub, cum neutrum elementum apud illos finale ſit β & λ. Alioqui hæc uideri poterat cauſa: præſertim cum neque uocum, neque figurarum ulla ſit affinitas, ut aurium, aut ſcribarum errore factum uideri poſſit. Diuus Hieronymus indicat, idem eſſe
16: Belbeel
Beel, & Baal, & ſonare Hebræis idolum (à Sidonijs ad Iudæos profectũ, ſiue à Babylonijs.) 27
בעל & zebub, זבוב muſcam, quaſi dicas idolum muſcæ, atque hoc nomine ſpurciſſimũ idolum fuiſſe Accaronitis, qui ſunt quidem in regione Iudææ, ſed impij. Ab hoc Hebræos principem dæmoniorum Beelzebub appellaſſe.

προσονομασία non reddita

Quod non reueletur.) ἀποκαλυφθήσεται, id eſt, Reuelabit̃, atq; ita legit Hilarius. Etiamſi nondum redditur Græcarum uocum inter ſeſe affinitas κεκαλυμμένον & ἀποκαλυφθήσεται, id eſt, Tectum & retegetur. Ac rurſum γνωσθήσεται, id eſt, Scietur, non, ſciatur.

Gehenna quid & unde dicta

Prædicate.) κηρύξατε. Quod proprium eſt præconum, & publicitus apud populum ſua uoce promulgantium aliquid. Gehenna uero uocabulum negat Hieronymus in antiquis inueniri libris, ſed primum à Chriſto proditum. Locus eſt in ſorte tribus Beniamin, ſed ab
16: Saluatore positum
impijs poſſeſſus, in quo filios exuſtos igni deuouebant & immolabant dæmonio Moloch, quemadmodum ethnici nonnulli Saturno. Is uocabatur Tophet, ſitus in ualle filij Ennon, quemadmodum legis quarto Regum, capite uiceſimotertio. (Vbi legis hunc in modum: 27
Contaminauit quoq; Tophet quod eſt in conualle filij Ennon, ut nemo conſecraret filium ſuum aut filiam per ignem Moloch. Item Paralip. 28. de Achas ita legimus: Qui adoleuit incenſum in ualle Ennon, & luſtrauit filios ſuos in igni iuxta ritum gentiũ quas interfecit dominus.) Cæterum גיא Hebræis uallem ſignificat. Et dominus apud Hieremiam capite ſeptimo, cõminatur ſe cõmutaturum nomen loco: ut non amplius dicatur uallis Tophet aut Baal, neq; uallis Ennon, ſed πολυάνδριον, id eſt, tumulus multorum cadauerum. Vnde locus apud Iudæos execrabilis habebatur, quemadmodũ apud Græcos κυνόσαργες, de quo dictum eſt à nobis in Chiliadibus. Apud Euangeliſtas uſurpatur, pro loco, in quo crucientur impij. (Apud Hieremiã autem ita legis cap. 7. Aedificauerũt excelſa, ſiue aram Tophet, 27*
quæ eſt in ualle filij Ennon, ut incenderẽt filios ſuos, & filias ſuas igne &c. Ac mox: Et non dicetur amplius Tophet, & uallis filij Ennon, ſed uallis interfectionis, & ſepelientur in Tophet, eo quod non ſit locus &c. Rurſus cap. 19. Non uocabitur amplius locus iſte Tophet, & uallis filij Ennon, ſed uallis occiſionis. Pro Tophet Septuaginta uerterunt πολυάνδριον. Rurſum 32. Et ædificauerunt excelſa Baal, quæ ſunt in ualle filij Ennon, ut initiarent filios ſuos & filias ſuas Moloch &c. Hæc ideo lector retuli, ut obiter indicem cuiuſdam calumniatoris rabioſam inſectationem, qui tamen plurimorũ iudicio doctiſſimus habetur, ſuo ipſius plane deus eſt, niſi quod doctis etiam omne iudicium eripit liuor & odium. Scribit enim me hoc loco tot fere mendacia aſſuiſſe quot ſunt uerba. Primum mendacium facit, quod in locis quos cito, ex libro Regum 4. cap. 23. & Hieremiæ 7. hæ duæ dictiones, ge & ennon, non legantur coniunctim, ſed alter habeat gia hennon, id eſt, uallis Ennon, alter gia ben hennon, id eſt, uallis filiorum Hennon. Quæſo quod hic mendacium eſt, quum ego de iunctis aut diſiunctis dictionibus non loquar, ſed indicem quibus in locis fiat mentio rei unde nomen hoc ſumptum eſt quo ſignificamus inferos? Si illic nulla ſit mentio Tophet, ubi initiabant atq; etiam occidebãt filios ſuos idolo Moloch, iure mihi obijciet mendaciũ. Nihil enim aliud profeſſus ſum. Audi nunc alterum mendacium non à me poſitum, ſed in me ſcriptum. Aio Tophet eſſe in tribu Beniamin. Hoc, inquit, in locis quæ commemorat non habetur. Quid? An iſtuc promiſeram haberi in locis quæ cito? Hieronymus in locis indicat Tophet eſſe in ſuburbanis Hieruſalem, & Hieroſolyma erat in ſorte Beniamin, quemadmodum in ijſdem locis teſtatur Hieronymus. Iſte profert nobis caput Ioſue 18. Ibi, inquit, inuenies utrunq;. Quod utrunq;? gehennon unica dictione. Quis hoc negabat? & in

πολυάνδριον κυνόσαργες

Tophet

Iudæus quidã calumniator notatus

* 27 addition, continues onto p. 49.

& in Beniamin forte locum esse, Hoc ego docui quanq; non citato loco, nisi quod autorem
profiteor Hieronymũ. Atqui hoc ipsum iste magno conuicio obijcit, quod hoc autore ni-
tor in Hebraicis. Me uero non pudet illum uirum alicubi sequi autorem, cuius interpretationem amplexa est, & quem inter præcipuos doctores habet ecclesia. Obijcit & Hieronymo mendaciũ, quod dixerit gehennæ uerbum in ueteribus libris non inueniri, sed primum
à Christo proditum pro inferis, quum reperiatur in libro Abot, quasi diuus Hieronymus
35 illic somniarit de apocryphis Iudæorũ libris, ac non potius [agat] de ueteris testamenti uoluminibus. Rursus impingit mihi quod scripserim illic liberos a parentibus immolari solere,
quum Hieronymus tantum dixerit, initiari. imò Hieronymus hunc enarrans locum, dicit:
filiosq; suos incenderent uel initiarent. Idem enarrans locum apud Hieremiã, ita loquitur:
Filios suos in igne idolis consecrarint, siue holocaustum obtulerint. Arrodit & illud, quod
quum Hieronymus scripserit Tophet locum fuisse delitiarũ, ego dixerim Iudæis fuisse nomen abominabile, quemadmodum apud Græcos est cynosarges. Miræ uero delitiæ, idolo
incendere filios. Atqui locus qui prius alliciebat amœnitate, postea factus est abominan-
dus, uidelicet impletus hominũ cadaueribus, quemadmodũ docet scriptura sacra. Et ideo
manebat abominabile nomen Iudæis, quod illic detestabili superstitione perierint animæ
plurimorũ, filiorũ etiam corpora. Impingit quod negem me uidere quid intersit inter racha
& fatuum, & hinc colligit homo dialecticus me Christo tribuere iniustitiã. Imò sic loquor:
Si uerum est, quod scribit Hieronymus racha sonare cerebro uacuum, non uideo quid intersit inter racha & fatuũ. Atrocius est carere cerebro quàm appellari fatuũ. Obijcit quod
unum tantum locum citarim ex psalmis, ubi racha ponitur pro uacuo, hinc ratiocinans me
non legisse, nisi unum aut alterũ psalmum, quasi quod ipse fecit difficile fuerit uel ex lexico
facere, si ad id quod institueram pertinuisset. Obijcit, quod quũ cæteri dubitent de racha, ego
solus affirmem. Imò Hieronymus affirmat, & item Chrysostomus: ego solus dubito, negãs
me uidere discrimen, inter racha & fatuum, si uera est Hieronymi sententia. Et Hieronymi
sententiã ipse reijcit mecum faciens. Atq; obiter admiscet me detraxisse uirgini matri perpetuam integritatem, Christo suam diuinitatem, perfricta fronte mentiens: ad hæc Germanos docuisse sedis Romanæ contemptũ. Et his alia multa similia blaterat homo qui sibi uidetur fato seruatus fulciendæ Ecclesiæ dei, uociferans impudentissimũ esse quenquã hoc
seculo scribere libros quo uiuit tale ingenium. Quid autem post tot fumos, tot glorias, tot
conuitia docet nos? recha legendum non racha, & rheca posse dici, qui tamen abundet diuinis dotibus: & unde hæc docet? Ex libris Iudæorum quos non agnoscit ecclesia Christianorũ. Deinde gehennon compositũ legi in libro Iudicum, & gehennã pro inferis inueniri
in libris Abot, similia prolaturus mysteria, nisi uereretur, ne sanctum canibus, & margaritas obijciat porcis. Nimirũ huiusmodi scriptores si nobis Ecclesia Romana miserit, facient
illam apud omnes gratiosam. Imò nisi tales aluisset euexissetq; Romana sedes, non uenisset in publicum orbis odium. Nos humilia tractamus, nimirũ pro natura argumenti quod
suscepimus, nulli obstantes, quo minus adferat sublimiora. Imò nisi hæc humilia præcessis-
27 sent, fortassis non essent qui ista sublimia discere, uel cuperent, uel possent.)

Hieronymus à calumnia defensus

Tophet quomodo dictus locus deliciarum & execrabilis

Romanæ ecclesiæ maxime nocent qui uolunt uideri prodesse maxime

end of addition

Duo passeres.) δύο στρουθία, id est, Duo passerculi, & diminutio facit ad emphasin. Ac
mox rursum ἀσσαρίου, Asse diminutiuũ est, quasi dicas teruncιolo. Quanq; Romanam uocem effinxit, siue interpres, siue Euangelista. As enim siue assis, qui & libella dicitur, nummulus erat, cuius uilitas etiam prouerbijs testata est. Catullus, Omnes unius æstimemus
assis. Illud mirum, Hilarium subinde repetisse unum pro unus, quod στρουθίον apud Græ-
19 cos neutri generis sit, nisi forte malumus hoc imputare librarijs. {Cyprianus citat, neuter,
quod duorũ esset facta mentio. Mirum autem quid secutus Chrysostomus legat, & unus
ex illis non cadet in laqueum sine patre uestro. Et ad eundem sanè modum legit Origenes
homilia in Lucam trigesimasecunda. Nam ut Origenis non sit hoc opus, tamen hominis
35 est eruditi. Theophylactus nobiscum legit, Super terram.} [Vnde probabile est, Chrysostomo fuisse exemplar, in quo scriptum erat, εἰς παγίδα, pro ἐπὶ τὴν γῆν.]

Passerculi

Ἀσσάριον

19: Vulgarius

Cadet in laqueũ pro cadet in terrã, ad eundem modũ locis aliquot citat Atthanasius

Vestri autem.) Vestri hoc loco primitiuum pronomen est potius quàm deriuatiuum,
quasi dicat, de uobis. Nam Græci carent hac distinctione. Significat autem uilissimam hominis partem, Interpres, aut certe scriba omisit Græcam coniunctionem, καὶ, &: Et capilli,

etiam
ſeu magis pili{quæ tamen ad emphaſin facit,cum ſentiat,adeo nos non eſſe neglectui patri 19
cœleſti,ut is capillos etiam noſtros habeat numeratos.}Pauloq; poſt,
Meliores eſtis.) διαφέρετε, id eſt,Præſtatis,quod alibi uertit,pluris eſtis.Nec eſt,
Confitebitur me.) ſed in me ἐν ἐμοί. Hoc eſt in nomine meo.Item cõfitebor in eo ἐν αὐτῷ.
{Sic legit & Chryſoſtomus}⟨Quanq; hunc ſermonem ſuſpicor eſſe idiomatis Hebraici.⟩ 19.22
Διχάσαι
{Separare hominem aduerſus &c.) διχάσαι, quod ſignificat in duo diducere quæ prius
erant coniuncta,quod ſubnotaſſe uidetur & Chryſoſtomus hunc ediſſerens locum. Vnde
Græci διχοςατεῖν, uocant per ſeditionem inter ſe contendere,& ſeditionem διχοςασίαν,quo/
ties Scinditur incertũ ſtudia in contraria uulgus. Locus autem eſt apud Michæam capite
ſeptimo,iuxta ueritatẽ Hebraicam:Ab ea quæ dormit in ſinu tuo,cuſtodi clauſtra oris tui,
quia filius contumeliam facit patri,& filia conſurgit aduerſus matrem ſuam, nurus aduer/
νύμφη ſponſa uel nurus
ſus ſocrum ſuam,inimici hominis domeſtici eius}⟨Græca uox eſt anceps νύμφη quæ ſi re/ 22
feratur ad maritum,ſponſam ſonat,ſi ad parentes ſponſi,nurum.⟩
Qui inuenit.) ὁ εὑρών, id eſt, Qui inuenerit. Eſt enim præteriti temporis, ut & illud ὁ ἀ/
πολέσας, qui perdiderit. ſic paulo poſt:
In nomine prophetæ quomodo intelligendum
(In nomine prophetæ.) Scio quoſdam has particulas, in nomine iuſti,& in nomine pro/ 27
phetæ referre ad Chriſtum,qui uere iuſtus ſit & propheta. Quanquã mihi uidetur hic eſſe
ſenſus,Qui recipit iuſtum,non quia cognatus ſit,aut affinis,aut diues,aut potens,ſed quia
iuſtus,erit & ipſe iuſtus accepturus mercedem ſuæ iuſtitiæ.Et in nomine reliquimus,quod
aliquoties nec ſub nomine, nec per nomen, nec nomine omiſſa præpoſitione ſatis explicat
idioma ſermonis Hebraici. Ac mihi ſanè nimium moroſi uidentur, qui nuſquã concedunt
Peculiaria uocabula concedenda ſacris literis
euangelicis literis ſua peculiaria uocabula , quũ in rhetoricis ferant ſtatum & conſtitutio/
nem uoces longe aliud ſignificantes Latinis auribus, & finem pro definitione, & ſuperla/
tionem,uocem Latinis inauditam,pro eo quod Græci uocant hyperbolen.⟩
Mercedem prophetæ accipiet.) Neq; prophetæ, neq; iuſti apud Græcos additur arti/
Articuli uis
culus τοῦ, unde non poteſt accipi de certo propheta ſeu iuſto, ſed de quocunq;, non de eo
qui recipitur. ut ſenſus ſit, ipſum quoq; qui prophetam receperit, fieri prophetam, qui iu/
ſtum receperit fieri iuſtum.[Nam hic ſenſus arridere ſolet Ioanni Coleto. Quanquã ſecus 35
interpretari uidetur Chryſoſtomus.]
Ex minimis his.) τῶν μικρῶν τούτων, id eſt, E puſillis his, ſiue è paruis . ne fruſtra ſibi pla/
ceant quidam qui ſe minimos uocant, cum alij minorum occuparit cognomen.{Quanquã 19
minimis legit & interpretatur Hilarius. Ex Hieronymi , Chryſoſtomiq; interpretatione,
non ſatis liquet quid legerint.Et huius ipſius Euangeliſtæ capite uiceſimoquinto, ἐλαχίςων
legitur, Quamdiu feciſtis uni ex minimis iſtis &c.}At mox.
Frigidam popoſcit
Calicem aquæ frigidæ.) Græce eſt ποτήριον ψυχροῦ, id eſt, Poculum frigidæ,ut ſubaudi/
endum ſit ὕδατος. Sic enim loquũtur & Latini,frigida lauat: Et,frigidam popoſcit. Porrò
Addere auſus eſt interpres
μόνον, id eſt,tantum, quod proxime ſequitur, referri poteſt, uel ad ſuperiora : ut ſit ſenſus,
ſufficere ſi quis uel frigidam duntaxat aquam exhibeat: uel ad ſequentia,ut intelligas ſatis
eſſe quiduis, modo id fiat tanquam diſcipulo Chriſti.

EX CAPITE VNDECIMO

Conſummauit præcipiens
CVm conſummaſſet præcipiens.) Græcanicam figuram male reddidit inter/
pres. Eſt enim iuxta ſermonis proprietatem participium poſitum uice uerbi
infiniti, ἐτέλεσε διατάσσων, pro διατάσσειν. Quemadmodum μέμνημαι ἐλθών,
id eſt,Memini ueniens,pro memini ueniſſe. Proinde nos uertimus, Cum fi/
nem feciſſet Ieſus mandandi{ſiue præcipiendi.} 19
In uinculis.) ἐν δεσμωτηρίῳ, id eſt, In carcere. Nomen eſt à uinculis dictũ. Nam eſt aliud
φυλακὴ à cuſtodia dictum. Et mox τὰ ἔργα, cur non potius facta quàm opera? Nam opus
{eſt}quod extat, ueluti domus. Quanquã in his minutulis ſæpe conniuemus. Vt ne dicam 19
quod in πέμψας, Mittens uertit, pro miſſis duobus{non obſeruata temporis ratione.} 19
ἔρχομαι utriuſq; temporis
Tu es qui uenturus es.) σὺ εἶ ὁ ἐρχόμενος, id eſt, Tu es ille ueniens ſiue uenturus. Eſt
enim græca uox ad utrumlibet tempus anceps.Illud maioris eſt momenti, quod ἃ ἀκούετε
καὶ βλέπετε, id eſt,Auditis & uidetis uertit, Quæ audiſtis & uidiſtis. Eſt enim plenior ſen/
ſus,ut de omnibus,quæ faciebat Ieſus,intelligatur.

Et cæci

* 16: Ut ne dicam .... duobus inserted in next para. at !.

ἀναβλέπω uisum recipio

Et cæci uidēt.) ἀναβλέπουσι. Grecis expressius est,quasi dicas reuidēt,seu recipiūt uisum.

Euāgelizo te Græce duntaxat

Pauperes euangelizantur.) εὐαγγελίζονται. Planè Græcorū more locutus est interpres,
qui cum dicant benefacio te,& benedico te: proinde & passiuis horum ἀναλόγως utuntur,
19 bene patitur abs te{benedicitur abs te}Nam utroq; modo loquuntur, εὐαγγελίζω σοι & εὐαγγελίζω σε, ut indicat Theodulus de dictionibus rhetoricis. Proinde nos uertimus,Paupe-
22 res lætum accipiunt⟨Euangelij⟩nuncium. Allusit enim ad uerba prophetæ: Euangelizare
pauperibus misit me. Illa leuicula sunt,quod σαλευόμενον uertit, Agitatam,pro eo quod est,
19 quæ agitatur siue mouetur,sed huc et huc undarū more.{Vnde Hilarius,ut temporis etiam
rationem obseruet,uertit, Arundinē uento moueri}Et quod οἱ τὰ μαλακὰ φοροῦντες, uertit,
Qui mollibus uestiuntur,pro mollia gestantes,ut subaudias,uestimenta.

ναί

Etiam dico uobis.) ναί, id est, Certe. Aduerbiū confirmantis, quod paulo superius uertit utique. Cæteris enim abnegatis,postremum hoc confirmat.

Articuli uis

Et plusquā prophetam.) Bene uertit, si περισσότερον legas genere neutro, sin masculino,
sonat præstantiorē propheta. Nec hic liceret articulū apponi, τοῦ προφήτου: quod ad nullum
19 certum prophetam possit accōmodari,{cum illum omnibus anteponat.}
35 [Sed quid existis uidere.) Hic distinctio nonnihil habet ambiguitatis: apud Origenem
hanc comperimus distinctionem, ἀλλὰ τί ἐξεληλύθατε, ἰδεῖν προφήτην, id est, Quur existis,
ad uidendum prophetam?]

Nati mulierū qui, cōtra opinionem Hieronymi

γυνὴ mulier uel uxor

Inter natos mulierum.) ἐν γεννητοῖς γυναικῶν. Absolute dixit,ut ad omnia pertineat,quæ
22·19 possint è mulieribus nasci.⟨Opinor enim γεννητοῖς neutro genere positum esse⟩{Non quod
27 alios sentiat quàm homines,sed quod schema sermonis habeat epitasin.(Vehemētius enim
est, nullum animal hoc sceleratius, quàm nullus homo sceleratior.) Iam tametsi pie ratioci-
19 natur}Hieronymus,Christum non teneri hac formula, quod ex uirgine sit natus,{tamen ad
reuincendū contentiosum non satis haberet ponderis:cum}alibi Christus ipse matri loquēs
27 dicat, γύναι,id est,mulier.(Præterea qua fronte Paulus Galatis scribit,factum ex muliere, si
Christus ex muliere natus non est? Verum est mulierē apud Latinos aliquando significare
corruptam,& tamen hoc non obstitit interpreti,quo minus uirginem Mariam mulieris no
35 mine cōpellarit.)[Quod si uirgo adulta Latine Græceq; dicitur mulier,multo minus absurdum est,maritatam & matrem dici mulierem]Deinde quorsum opus erat mox excipere se
19 ipsum,si non tenebatur hac formula?{Ait enim de se,sed qui minor est in regno cœlorū,ma
27·35 ior est illo}(Augustinus[quum alias,tum contra aduersariū legis & prophetarū lib.2.cap.5.]
argutatur de distinctione, quod hęc particula,in regno cœlorū,possit utrolibet referri. Qui
minor est, uidelicet tempore,is in regno cœlorū maior est. Aut qui minor est in regno cœlorum,is illo maior est. Hæc uidebuntur puerilia,sed ad præsens institutū pertinent.

Distinctio notata

Ioannes non præfertur prophetis

Non surrexit maior.) Annotauit hoc Hieronymus Ioannem non præferri prophetis ac patriarchis omnibus, sed æquari, Non enim si Petrus non est maior Ioanne, statim Ioannes erit maior Petro.)

Regnū cœlorum uim patitur, secus interpretatur quàm pleriq; accipiunt

Hilarius unus nobiscū faciēs

Vim patitur.) βιάζεται, id est, Vi inuaditur, siue occupatur, uel ob turbam irruentium,
ac ui conantiū irrumpere,adeo iam urgebat tempus Euangelij. Etiamsi me non fugit Hie-
19 ronymum{Augustinum}cumq; his plerosq;, secus hunc locum interpretari. Verum liceat
& à probatissimis autoribus alicubi dissentire: quandoquidē illi non solum fuerunt homines,uerum permisere sibi in tropologia nonnunq; abuti scripturæ testimonijs. Primū illud
liquet opinor, hoc loco regnum cœlorum dici, nouam Euangelij doctrinam, ad quam iam
ultro confluebat turba, ceu pertesa Mosen. Nec enim in hoc uim patitur doctrina Christi,
neq; ui rapitur,si nos uim admouemus affectibus nostris,sed magis uim facit. Ad hęc quid
hic senserit ipse mox explicat: Omnes enim prophetæ & lex usque ad Ioannem, uidelicet
19 causam reddens,cur ita cupiant irrumpere,cum Mosaicæ legis tempus iam præterisset.{Ita
22 connectit sermonis consequentiam,& Chrysostomus homilia trigesimaoctaua,(Huic suc-
cinit Theophylactus.)Nec Hilarius ab hac nostra sententia admodum discrepat, interpretans cœlorū regnum Iudæis ueluti debitum ex pacto,uiolentia fidei occupandum à gentibus. Eius uerba si quis requiret,subscribam. Vt rerum,inquit,natura exigit,uim potentior
affert minorq; erit cui uis affertur. Quid est ergo, quod diripiens est, quodq; uim patitur,
contuendum est. Infidelitatem discipulorū Ioannis dominus animaduerterat: turbæ etiam

} 16-27: Nec est quod hic arguat

} 16: quasi non

opinionem de eius nuncio intellexerat, in cuius scandalo ingens fidei periculum sentiebat,
ire potius apostolos ad oues perditas Israël iusserat. Ipsos instituі oportebat in regno, & in
Abrahæ, ac Isaac, & Iacob familia retineri. Sed omnis hæc prædicatio profectū publicanis
& peccatoribus afferebat. Ex his enim iam credentes, ex his iam apostoli, ex his iam regnū
cœlorū. Cæterū Ioanni à plebe non creditur, autoritatē Christi opera non merentur. Crux
futura erat scandalo, iam prophetia cessat, iam lex expletur, iam prędicatio omnis includit,
iam Heliæ spiritus in Ioannis uoce præmittitur. Alijs Christus prędicatur, & ab alijs agno-
scitur. Alijs nascitur, & ab alijs diligitur. Sua eum respuunt, aliena suscipiunt. Proprij insectantur, cōplectuntur inimici. Hæreditatē adoptio expedit, familia reijcit. Testamentū filij
repudiant, serui recognoscunt. Itaq; uim regnum cœlorū patitur, inferentes diripiunt illud.
Quia gloria Israël patribus debita, à prophetis nunciata, à Christo oblata, fide gentium occupatur & rapitur. Hactenus Hilarij uerba retulimus. (Hoc sermone dominus excludit mur 27
mur Iudæorum, qui indignabantur, quod ab ipsis promissam Euangelij gratiam, reciperet
quoscunq;, Imò, inquit, non illos recipio, sed ipsi uobis contantibus irrumpunt.)
16-27: Michae ⟨Rapiunt illud.) Aptius est quod legitur cum in alijs uetustis tum in aureo codice: Et ui- 22
19-27: Michaem olenti diripiunt illud. (Sumpta metaphora ab arce quæ irrumpentibus hostibus diripitur.) 27
Helias apud Ipse est Helias.) Locus est in calce Malachiæ prophetæ, Ecce ego mittam Heliam pro-
Malachiam phetam, antequàm ueniat dies domini magnus & horribilis.
{Helias qui uenturus est.) Mollius erat, qui uenturus erat. Nam quo pacto uenturus est, 19
Participia qui iam prædicationem suam peregerat? Notum est autem participia præsentis temporis,
Græca etiam ad præteriti imperfecti significationem pertinere.}
16-27: Simile Similem æstimabo.) ὁμοιώσω, id est, Assimilabo, siue quod Latinius est, similem esse di-
cam. *Hieronymus annotauit hic Græce esse, ἐν ἀγοραῖς, id est, In mercatibus siue foris. Nam
Forū duplex Latinis forum est etiam in quo aguntur causæ. Cæterum ἀγορὰ Græcis proprie forum est
rerum uenaliū. Vnde uerbū ἀγοράζομαι, id est, emo. Nec est, Clamantes, sed προσφωνοῦντες,
id est, acclamantes, siue alloquentes. Rursum, non est, Coæqualibus, sed ἑταίροις, id est, so-
Prouerbium dalibus. Hilarius habet, & clamantibus inuicem, ex quo conijcio illum legisse ἑτέροις pro
euangelicum ἑταίροις. Nec est simpliciter cecinimus, sed ηὐλήσαμεν, id est, cecinimus tibijs. {Ita sanè citat 19
diuus Augustinus libro quæstionū Euangelicarū secundo, capite undecimo, Cantauimus
tibijs & non saltastis} (Itaq; uocem hanc eandem uertit Lucæ capite septimo.) Quis autem 27
unquā dixit lamentauimus? ἐθρηνήσαμεν, id est, lamentati sumus, siue luximus, aut, ut sensum magis exprimam, lugubria cecinimus. Siquidem ueteres uarijs harmoniarum modis,
quos appellant Phrygium, Dorium, Lydium, uarios mouebant affectus. tibijs ad alacritatē
incitabant. Et legimus ἀθλήτου μέλος, pro lugubri cantione. Sensus igitur est, diuersis rationibus tentauimus uos excitare, nec ullo pacto potuistis cōmoueri. Porrò planxistis, Græ
cis est ἐκόψασθε, quod inde dictū est, quod olim in luctu seipsos cæderent manibus, qui proprie planctus dicitur. Apparet autem uulgarem fuisse cantiunculā, quam pueri inter se ca-
nerent. Quemadmodū & Pittacus consultorem suum ad pueros trocho lusitantes mittit,
16-19: Quemad-modum ut audiat πλὴν τῇ σαυτοῦ ἕλα. Sicut copiosius dictum est in Chiliadibus nostris.
Dæmonium habet.) In nonnullis scriptum erat, ὅτι πνεῦμά ἐστιν, id est, Spiritus est. Sed
dissentiētibus {cæteris} omnibus. Erat autem & hoc unum è criminibus Socratis, quod Ge- 19
nium haberet peculiarem, qui uocabatur Socratis dæmonium.
Filius hominis {Venit filius hominis.) τοῦ ἀνθρώπου, ut ad Mariā referri nō possit, cū articulus sit generis 19
id est, Adæ masculini, ne quis hic frustra philosophet in filio hominis, quod alicubi facit Augustinus.}
Homo uorax.) Grçcis est φάγος, q̄d magis sonat edacē siue comedonē. Deīde q̄d sequit̄,
Vini potator.) Apud Græcos iucundius est ob dictionem compositā οἰνοπότης quasi dicas uinibibus, cui pugnat ὑδροπότης, aquæbibus. (Augustinus libro aduersus Faustum xvi. 22
ὑδροπότης cap. xxxi. pro οἰνοπότης refert uinaria, uoce ni fallor deprauata ex uinauria, ab hauriendo
οἰνοπότης uino.) Atq; hinc uerba composita, οἰνοποτεῖν, ὑδροποτεῖν. Horatius: Quæ scribuntur aquæ
potoribus. Ac rursum. Plurimæ uirtutes δυνάμεις est, (uox diuinam potentiam significans,) 27
de quo iam admonuimus. Nec est, Corazam apud Græcos, sed χωραζὶν, id est, Chorazin
χωραζὶν ubi Sunt autem castella Galilææ Bethsaida & Chorazin. Item ἀνεκτότερον, Remissius, quod
ante uerterat Tolerabilius.

Quia

* 16: Hieronymus .... emo forms last sentence of this entry.

35 [Quia non egissent pœnitentiam.) Quod hic est semel atque iterum μετενόησαν, non poterat æque commode reddi per resipuissent: itaque periphrasi rem expressimus.]
Nunquid usque in cœlum.) Interpres legisse uidetur ἦ pro ἡ, hoc est, coniunctionem Lectio duplex
pro articulo, & diuus Hieronymus admonet hunc locum bifariam haberi in exẽplaribus.
In his quæ nos uidimus sic est scriptum, ἡ ἕως τοῦ οὐρανοῦ ὑψωθεῖσα, ἕως τοῦ ᾅδου καταβιβασθήσῃ,
19 id est, Quæ ad cœlum usque exaltata es {siue elata} usque ad inferos deduceris {Et sic adducit Chrysostomus homilia in Ioannem uicesimasecunda, ac rursus in Matthæum tricesima
27 octaua} {& huic concordat Theophylactus.)
Forte mansissent.) ἔμειναν ἄν. Quorsum opus erat hic Forte, nisi quod interpres omnino Forte pro uti-
abusus uidetur passim, Forte, uice coniunctionis expletiuæ. Paulo superius eandem præ- que non recte
termisit: In cilicio & cinere pœnitentiam egissent. Et quam nunc dubitantis esse uult, alibi
facit confirmãtis, ut in epistola ad Hebræos, Si illud prius culpa uacasset, non utique secundi
27 locus quæreretur. (Valla pluribus locis in medium adductis, arguit interpretis inconstantiã.)
Obsecro quid sibi uult hæc tam auida uarietatis affectatio, uel cum ipsius incõmodo sen-
19 sus? {Nam hic confirmationẽ res ipsa desiderabat potius, quàm addubitationẽ. Quin & illud excutiendum, quomodo Iesus scribatur respondisse, cum nullus quicquã interrogarit:
35 nisi forte ideo responsum dicitur, quod superiori sermoni subijciatur} [Alij malunt hoc esse
idiomatis Hebraici sermonis, ut respondere ponatur pro dicere.] Ac paulo post.
Quia abscondisti.) Rectius erat, quod absconderis. Et confiteor dixit, iuxta sermonis Stulti cogno-
Hebræi proprietatẽ, pro laudo, seu gratias ago. unde & nos ita uertimus, quo sensus esset men in literis
19 dilucidior {Confitetur enim & agnoscit beneficiũ, qui gratias agit} Ac mox Paruulis, est νη- diuinis
19 πίοις, quod & stultum significat & infantem {hoc est, qui ætatis uitio nondum sapiat. Non νήπιοι &
enim dixit μωροῖς, quod annotauit & Chrysostomus.} At hic magis quadrabat stultis, ut op- μωροὶ quid
ponatur sapientibus. Nec est quod quenquam offendat stulti cognomen, cum palàm dicat Pau- differunt
27 lus: Quæ (μωρὰ, id est,) stulta sunt mundi elegit deus. Nec enim hic sapientes uocat, qui uere
22 sapiunt, sed qui mundo uidentur sapere. ⟨Sic stultos uocat, non qui uere stulti sint, sed qui
mundo stulti sint. Et tamen nos hac in re quorundã sensum nostro iudicio prætulimus.⟩
27 (Sapientibus & prudentibus.) σοφῶν, qui Græcis interdum eruditi uocantur, & συνε-
τῶν, quod magis sonat intelligentes. Non enim est φρόνιμοι. his duabus uocibus opponit
unam, νηπίοις, quasi dicas simplices infantes, qui propter ætatem, nec eruditione polleant,
nec usu rerum sapiant.)
Ita pater.) ναὶ ὁ πατήρ. Quod aliâs uertit etiam, aliâs utique, nunc uertit Ita. Præterea pa- ναὶ
ter nominandi casus est, non uocandi: quo tamen, haud scio quam ob rem, in diuinis literis
abutuntur, ut deus meus, ὁ θεός μου. Porrò, Sic fuit, recte omisit coniunctionem ὅτι. Etiam
si quidam habent, Quoniam sic fuit.
Et placitum fuit.) ἐγένετο εὐδοκία, id est, Fuit bona uoluntas, siue beneplacitum. εὐδοκία
22 Et ante te.) ἔμπροσθέν σου, id est, Coram te, siue in oculis tuis ⟨Hoc peculiari uerbo sacræ
literæ significant fauorem ac beneuolentiam numinis, non tributam nostris meritis, sed ab
ipsius gratuita bonitate profectam⟩ Rursus illud, Reficiam uos, est ἀναπαύσω, id est, refo-
cillabo siue recreabo. Nec enim, ad cibum est referendum, sed ad remediũ lassitudinis: cum
ab hoc uerbo deductum sit nomen, quod mox uertit requiem ἀνάπαυσιν, quod in psalmis
uertit refectionem, Super aquas refectionis ἀναπαύσεως. Cæterum, 16: est
Iugum meum suaue.) χρηστόν magis sonat facile, cõmodum, aut humanũ, siue blandum Iugum suaue * ↓
* 19 quàm suaue, quod aliâs uertit bonum, siue bonitas, ut suo demonstrabimus loco. {Nam iugum appellat imperium, quod mite, blandum, ac minime asperum, minimeque seuerũ uult
intelligi. Mirum quid secutus Augustinus, locũ hunc sic adduxit libro quæstionũ ad Sim-
plicianum primo: Iugum enim meum leue est, & sarcina mea suauis est: nisi forte id libra-
35 riorũ incuria fuit inuersum. [In epistolis nominatim 45. extat uera lectio, Iugum appellans
lene, & sarcinã leuem] Ambrosius explanans psalmum, Beati immaculati, uocis huius proprietatem annotauit, uertens χρηστόν suaue. Sed in psalmo pro eo quod nos legimus boni-
22 tatem, ille iucunditatẽ legit ⟨Cyprianus libro aduersus Iudæos secũdo cap. xiij. legit iugum
35 meum bonum est⟩ [Illud constat χρηστόν Græcis dici παρὰ τὸ χρῆσθαι, hoc est, ab utendo, Vnde
χρηστότης facilitas & cõmoditas morum ad uitæ consuetudinem, & χρηστολόγοι dicti sunt, qui
c 3 dictis

* 19: addition continues to p. 56

dictis essent blandi magis quàm factis benigni.] Mouet hoc loco diuus Hieronymus quæstionem, quomodo iugum Euangelicæ legis leuius ac mollius dicatur lege Mosaica, cum hæc factum duntaxat puniat, nostra uoluntatem quoque, neque soluit quod proposuit. Certe Mosaicam legem superstitioso, ac rebelli populo pro tempore impositam, Petrus in Actis apostolorum aperte uocat onus durum, & graue, quod nec ipsi, nec maiores ipsorum portare ualuerint. Neque dubitari potest, quin uerum sit quod ueritas ipsa pronunciauit. Vere blandum est iugum Christi, & leuis sarcina, si præter id quod ille nobis imposuit, nihil imponeretur ab humanis constitutiunculis. Præter mutuam charitatem nihil ille præcipit: neque quicquam tam amarum est, quod non condiat, condulcetque charitas. Facile toleratur, quicquid est secundum naturam. Nihil autem magis congruit cum hominis natura, quàm Christi philosophia, quæ penè nihil aliud agit, quàm ut naturam collapsam suæ restituat innocentiæ, synceritatique. Sed quemadmodum apud Iudæos legem per se molestam aggrauabant hominum constitutiones, ita cauendum est etiam atque etiam, ne Christi legem per se blandam ac leuem, grauem & asperam reddant humanarum constitutionum, ac dogmatum accessiones. Quæ sic primum obrepunt, ut uel tanquam pusilla negligantur, uel pietatis specie cõmendata libenter amplectantur etiam, homines probi magis quàm prouidi. Semel recepta paulatim gliscunt, augescuntque, donec in immensum aucta, iam nolentes premant, & obruant: seu consuetudinis, cuius uiolenta tyrannis est, præsidio, seu principum autoritate, quod temere receptum est in suum emolumentũ abutentium, mordicusque retinentiũ. Quàm pura, quàm simplex fides à Christo nobis tradita, quàm huic simile symbolum, siue ab apostolis ipsis, siue à uiris apostolicis proditum? huic deinde multum adiunxit ecclesia, dissidijs hæreticorum dissecta, uexataque: quorum & si quædam sunt, quæ citra fidei dispendium poterant omitti, tamen pleraque uidebantur etiamnum ad rem pertinere. Tot iam erant symbola, quot homines, nihilo melius bonæ fidei signum, quàm cum in contractibus res multis, ac uerbosis syngraphis agitur, quæ cum ad excludendas captiones adhibeantur, quo circumspectius scriptæ sunt, hoc plus captionum solent ferè gignere. Postremo res eò paulatim deducta est, ut scholasticorũ aliquot placita, quos articulos uocãt, aut homunculorũ quorundam noua quædam ad fastum cõminiscentium, uel opiniones, uel somnia, propemodum æquentur articulis fidei apostolicæ. Atque in his nec scholæ diuersæ, nec eiusdem scholæ mystæ inter se consentiunt: neque apud ipsos perpetua sunt, sed pro tempore mutantur. Et tamen ita primum irrepserunt, ut in scholis tantum haberentur probabiles opiniones. Mox scholæ parietes egressæ in libros, & in publicas adeo conciones eruperunt. Ac sæpenumero fit, ut quod semel utcunque prodidit definiendi temeritas, confirmet & augeat tuendi pertinacia. Sunt autem pleraque huius generis, ut impium sit homini de his definire. Qualia ferè sunt, quæ de ratione essentiæ diuinæ, deque distinctione personarum, philosophamur. Ea si tantum in hoc adhibeantur, ut animos nostros abducant ab his sordidis cogitationibus ad sublimiora, non est improbandum studium. Sin, ut hæc quæ longe superant humani ingenij captum, cum supercilio pronunciemus: & earum rerum scientia, quas nec angeli satis intelligunt nos iactemus apud populum, mihi nec pium uidetur, nec utile. His proxima sunt, quæ de ratione mysteriorũ, uelut è cœlo petita pronunciamus. Cum magis ad pietatem faciat ex his excerpere, quæ ad uitæ sanctimoniam conducant. Verum hæc pronunciandi temeritas à ueteribus orta nunc longius progressa est, quàm ut ferri possit. Sunt qui nectant nobis frigidum syllogismum, & ex loco parum intellecto, aut ex hominis constitutiuncula pariunt articulũ fidei. Atque ex his Christiani aut non Christiani censemur, quæ ne tantulum quidem ad Christianã attinent pietatem. Iam quàm popularis, quàm expedita est doctrina Christi, apostolica, & patrum apostolicorũ, quàm nunc impedita, spinosa, ne dicam tenebricosa facta, partim admixtu legum, ac disciplinarũ humanarum, partim somnijs, & inuentiunculis ambitiosorum hominum, posteaque sacræ theologiæ professio scenica quædam ac theatrica res esse cœpit. Tota hominis ætas non sufficit quæstiunculis, & inutilium argutiarum labyrinthis. Inter hæc quando Christianæ uitæ studium, si iam octogenarij tantum dubitare didicimus? Nam de humanarum constitutionum onere, quid attinet dicere, cum iam olim diuus Augustinus in epistola ad Ianuarium, stomachetur ac deploret ecclesiam Christi sic premi, ut tolerabilior propè fuerit Iudæorum

Christi iugum per se leue, quomodo aggrauatũ à nobis

Obrepunt onera

Fides quomodo aggrauata

Doctrina aggrauata

Constitutionum onus

19: ut articuli Parisienses, ut ↓ *

22 *

* 22: further addition.

dæorũ quàm Christianorũ conditio? Et tamen ille ob friuola quædam nudipedalia nescio
quæ destomachatur. Quid si uideret liberum illum Christi populum, tot legibus, tot ceremonijs, tot laqueis irretitum? neque simplici hominum tyrannide oppressum? principum
prophanorũ, episcoporum, cardinalium, pontificum? multoꝗ maxime, horum satellitum,
22 ⟨qui religionis imagine personati, uentris agunt negocium?⟩ Ipsis sacramentis ad hominum
salutem institutis, ad quæstum nostrum, ad fastum, ad tyrannidem, ad opprimendum plebeculam abutimur quidam. Iudæis nullum uestis genus erat interdictum, præter id quod
esset è lino, lanaꝗ contextum. Nunc quot de cultu constitutiones, quanta uestium, colo- *Vestitus*
rumꝗ superstitio? Quàm ex huiusmodi nugis, quæ per se nec honestatẽ habent, nec tur-
pitudinem, sed pro temporum ratione, pro mortalium opinione mutantur, censentur Chri
stiani, de quibus nihil unquam meminit Christus? Pauca erant Iudæorũ ieiunia, & tamen *⟨Ieiunia⟩ Ciborũ discrimina*
nemo capitale esse dixit, si quis illis ipsis statis diebus non ieiunasset. Nos quot grauamur
inedijs? ad quas non inuitamur, sed cogimur sub pœna, ut aiunt, æternæ damnationis. Iu-
35 dæis certa piscium & [aliorum] animantium genera sunt interdicta, sed ad esum non admodum expetenda. Nos bonã anni partem piscium esu contabescimus, inedia disrumpimur.
Nec ætati subuenitur, nec morbo, nisi legis relaxatio nummis redimatur. Quin & festorũ
apud Hebræos mediocris erat numerus. Aetas Hieronymi præter diem dominicum pau-
cissima nouerat festa. Nunc feriarũ, neꝗ finis, neꝗ modus, quæ cum primitus ad pietatis *Festa*
uacationẽ paucæ sint institutæ, nunc ad scelerum exclusionem tolli debebant: nisi sacerdotum auaritia suis rebus consuleret potius, quàm ueræ religioni. Quid loquar de perplexis
& inextricabilibus uotorũ uinculis, quorum alia redimi possunt, sed immensa pecunia, alia *Vota*
22 nullo modo possunt. ⟨Atꝗ hæc in dies magis ac magis urgemus, ne quæstus nobis pereat.⟩
Iam matrimonij conditio quanto cõmodior Iudæis, quàm nobis? Quot laqueis, quot tricis *Matrimoniũ*
22 coniugium inuoluimus ⟨ne scholasticũ dogma nobis pereat⟩ Pœnitentiæ & confessionis sa- *Confessio*
cramentum quibus modis arctauimus, quot hominum decretis impeditum reddidimus?
ut ne quid dicam interim de onere precum, quæ quotidianis etiam accessionibus aggra-
uantur. Ad hæc quasi parum sit legum, & constitutionũ decretalium, indies nouarum con *Constitutiones humanæ*
stitutionum examina prorumpũt. Imò uelut hoc quoꝗ parum sit, grauari nos uolunt iure
nescio quo consuetudinis, quæ primum à duobus deliris profecta paulatim inualuerit. Ex-
cõmunicationis fulmen ubique promptum & intentatum, irregularitates, anathematiza-
tiones occursant undiꝗ. Pontificis Romani sacrosancta autoritate, quæ non nisi subleuan
dis ecclesiæ rebus ualere debet, sic abutuntur quidam in absolutionibus, in dispensationi-
bus, in condonationibus, in executionibus, ut permulta sint, quæ uere pij sine gemitu spectare non possint. Sacerdotiorum adeo perplexa res est, ut Aristotelicam philosophiam o-
mnem perdiscas citius, quàm praxin sacerdotiorum. In templis uix uacat Euangelium in- *Suppressa Christi doctrina*
terpretari. Concionis bona pars ad commissariorũ arbitrium consumenda est. Nonnunꝗ
& sacrosancta Christi doctrina, aut supprimenda, aut ad illorũ rem detorquenda. Ad hæc
qui modeste pij sunt, taciti secum ingemiscunt. Qui populi malis aluntur, & quorũ interest Christi gregem, quem ille suo sanguine liberum reddidit, quàm maxime seruum esse, &
obnoxium, adeo non reclamant, ut modis omnibus exaggerent. Accedunt ijs, qui uel ambiunt præmiũ aliquod obsequij, uel timent pœnam libertatis. Ita dum nemo succurrit, res
paulatim eò prolabitur, ut penè nihil iam pudeat. Et charitas quidem iuxta Paulum omnia
sustinet. Fateor. Sed hæc mala multo mitiora sunt, quoties ab hostibus gregis Christiani in-
geruntur. Olim sæuiebat tyrannus impius, sæuiebat hæreticus. Episcopi consolabãtur. Ipsi
mutuis hortatibus animabãt sese. Titulus honestus solatij pars erat. Deniꝗ graue nõ erat, *Persecutrix ecclesia non persecutionẽ patiens*
quod Christi nomine perpetiebantur. Verum intolerabile est, ut inquit Augustinus, cum
eadem hæc à membris, imò à moderatoribus ecclesiæ, corpus ecclesiæ patitur. Ab ijs potissimum inijciuntur laquei, unde par erat impeditis subueniri. His malis medicandis una superesse solet ancora sacra, generale concilium. At nũc hæc ipsa uertuntur in reipub. caput.
Nec ulla superest medendi spes, nisi si Christus ipse uertat, aut certe excitet pontificum, ac
principũ animos, ad ea quæ ueræ sunt pietatis, Aut Theologi, & cõcionatores, nõ seditiosis
clamoribus, sed sobrie placideꝗ quæ Christo digna sint magno cõsensu doceãt & inculcẽt.
Nam ut Turcus, aut Tyrannus quispiam per tumultum subuerso rerum ordine, per occa-

sionem restituat rem Christianam, non opinor ullis pijs optandum. Ego certe abominor etiam. Vnum illud etiam atque etiam admonendi sumus omnes, ut iuxta Pauli doctrinam sic libertatem à Christo datam amplectamur, ne eam occasionẽ demus carni, & sub libertatis prætextu, turpius seruiamus uitijs. Sed sic excutiamus iugum hominũ graue, ut uere
blando Christi iugo premamur.⟨Minus imperat Euãgelica charitas, sed plus impetrat. Tu- 22
multus ubiq; uitandus: & præstat ferre principes impios, quàm nouatis rebus grauius malum accersere. Sed tamen ardentibus uotis assidue pulsandus Christus, ut suis uicarijs mentem inspiret loco dignam, ut omisso suæ gloriæ, suæ uoluptatis, sui lucri studio, studeant gloriæ lucroq; Christi: Malintq; Christum late regnare legibus euangelicis, quàm se in angusto tyrannidem obtinere decretis humanis.⟩Verum hæc pluribus à me disserta uideo, quàm uel proposueram, uel annotationes professo conueniebat.}

EX CAPITE DVODECIMO

ABijt Iesus.) ἐπορεύθη. Cur non potius Ambulauit, siue Iuit? Itidem uertit & in primo psalmo: Abijt in consilio impiorum. Nec est Sabbato, sed Sabbatis,
σάββασι. {ut legit & Hilarius}Siquidem & totum illud tempus septem dierũ, 19
sabbatũ appellabatur, & singuli sabbata. Ac mox inuertit, ἐν σαββάτῳ, id est,
in sabbato, uertens sabbatis⟨tametsi multa huiusmodi solet admiscere casus⟩ 22
Sabbatũ δευτερόπρωτον {Chrysostomus admonet hoc esse sabbatum, quod Lucas appellat δευτερόπρωτον, id est 19
Secundo primum: de quo suo dicetur loco}Deinde,

Quod nõ licet eis.) Eis, addidit de suo, uel interpres, uel librarius. Nã absolutius est, Nõ licet. Ac mox paria fecit, Esurijt Dauid, omisso αὐτός, id est, ipse: Ipse & qui cum eo erãt. Et
Sabbatum uiolant.) βεβηλοῦσιν, id est, Prophanant.{Siquidem βέβηλοι prophani dicunt.} 19

Sacerdotes in templo.) Perijt apud nos iucunda uocum inter se redditio, ἱερεῖς ἐν τῷ ἱερῷ: quasi dicas, Sacrifici in sacro, quæ seruata est in sabbatis & sabbato. Item,

ἀναίτιος, insons, uel inculpatus — Et sine crimine sunt.) ἀναίτιοί εἰσιν, id est, Inculpati sunt, siue Nihil eis imputatur: aut ut nos uertimus, Crimine uacant. Quanq; aptius est quod hic uertit interpres, Sine crimine, quàm quod alicubi citat Hieronymus, Sine culpa sunt, Siquidem αἰτία crimen est potius quàm culpa. Etiamsi non sum nescius, apud Græcos ἀναίτιον aliquoties accipi pro innoxio, siue insonte, quemadmodũ mox uertit: Nequaq; condemnassetis innocentes, ἀναιτίους.

Hic, aduerbiũ — Quia templo maior est hic.) ὧδε. Hic, hoc loco aduerbium est demonstrandi, non pronomen: quod admonuit & Hieronymus, ut intelligas eum locum esse sanctiorem templo, qui templi dominũ teneret. Quidam Græci codices habebant pro μείζων, μεῖζον, id est, Maius, quod plenius esset: ut sit sensus, Est hoc loco, quod sit maius templo.

Et si ceciderit.) ἐμπέσῃ, id est, Inciderit. Nec est Habeat, sed Habebit, ἕξει.

⟨Nonne tenebit & leuabit eam.) κρατήσει καὶ ἐγερεῖ, id est, Apprehẽdet & eriget. Habet enĩ 22
hoc ouillũ genus, ut fulmine aut ictu alioqui prostratũ, nisi erigatur à pastore, pereat.⟩Et mox

19-27: igitur — Quanto magis melior.) πόσῳ οὖν διαφέρει ἄνθρωπος, id est, Quanto magis præstat homo, siue præstantior est. Quorsum opus erat hic affectare sermonis absurditatem?⟨διαφέρει 27
dictum pro antecellit.⟩Et aliquanto post,

Restituta est sanitati.) ὑγιής, id est, Sana. Quanq; interpres hoc sanè bene uertit.

↓* Euangelium Nazarenorũ — * Tunc dicit homini.) In Euangelio quo quondam utebantur Nazareni, & Ebionitæ, quodq; locis aliquot citatur ab Hieronymo, testaturq; à se ex Hebræo sermone uersum in Græcum: neque defuerunt qui putarint ipsius Matthæi authenticum esse, scriptum fuit, hunc hominem fuisse cæmentarium, atq; huiusmodi uocibus Iesu opem implorasse: Cæmentarius eram, manibus uictum quæritans. Precor te Iesu, ut mihi restituas sanitatem, ne turpiter mendicem cibos.

Faciebant consilium.) ἔλαβον, id est, Ceperunt: & συμβούλιον consilium, hoc est, consultationem inter se. Et,

Recessit.) ἀνεχώρησεν. Laurentius mauult, Secessit, quod aptius sit subducenti se. Vnde & à secessu dicti anachoritæ. Et,

* Sequuti sunt eum multi.) Græci addunt, ὄχλοι, id est, Turbæ multæ.

Laurentius notatus (19-27: Gr) — Ne manifestum eum.) Latinius erat, Ne se aut ne ipsum manifestũ facerent. Argutatur hic nescio quid Laurentius, nimirũ ὑπὲρ τὰ ἐσκαμμένα πηδῶν, Christum ob id interminatũ ne se

* 16: placed after 'Sequuti sunt eum multi', below.

ne se proderent, quod profugisset à pharisæis, quasi metueret, ne ab illis deprehenderetur.
27 Aliud in hisce rebus mysteriũ. Nam non semel hoc à Christo factum legimus,(quo fugeret
gloriæ captatæ suspitionẽ, quoq; nobis prẹberet exemplũ modestiẹ) Rursum legimus eum
27 mandasse, ut narrarẽt omnibus quod accidisset(ut nos doceret, dei gloriã non esse celandã.)
Ecce puer meus.) Testimoniũ est apud Esaiam capite quadragesimosecundo. Quanq;
Mathẹus aliquanto diuersius citat, quàm uel apud Septuaginta legatur, uel apud Hebræ/
19 os.{Nam Hebræa diuus Hieronymus} reddidit ad hunc modum: Ecce seruus meus, susci/
piam eum. Electus meus, complacuit sibi in illo anima mea. Dedi spiritũ meum super eum.
Iudicium gentibus proferet. Non clamabit, neq; accipiet personam, nec audietur foris uox
eius. Calamum quassatum non conteret, & linum fumigans non extinguet. In ueritate e/
ducet iudicium. Non erit tristis, neq; turbulentus, donec ponet in terra iudicium, & legem
eius insulæ expectabunt. Ea Septuaginta uertunt hunc in modum: Ecce Iacob puer meus,
assumam eum. Israël electus meus, suscepit illum anima mea. Dedi spiritum meum super
eum, iudicium gentibus educet. Non clamabit, neq; dimittet, neq; audietur foris uox eius.
Calamum quassatum non conteret, & linum fumigans non extinguet, sed in ueritate re/
ducet iudicium. Splendebit & non conteretur, donec ponat super terram iudicium, & in
nomine eius gentes sperabunt. Cæterũ quod una uaticinij pars in medio prætermissa sit,
Non erit tristis, neq; turbulentus, donec ponat in terra iudicium, Siue iuxta Septuaginta,
Splendebit & non conteretur, donec ponat super terram iudicium, Id Hieronymus putat
scriptoris errore factum, qui, quod sæpenumero fit, ea uerba, quæ intercesserant inter iu/
dicium, & iudicium, oblitus omiserit. Verum hac de re qui cupiet edoceri copiosius, legat
enarrationẽ Hieronymi, in hunc prophetæ locum: ad hæc, libellum eiusdem ad Algasiam
19 {quæstione secunda.} Illud admiror, quid Lyrano uenerit in mentem, ut scriberet hoc testi/
monium à Matthæo adductum, iuxta interpretationẽ Septuaginta, cum longe magis con
sentiat cum Hebraica ueritate, etiamsi ab hac quoq; nonnihil discrepans, sed uerbis potius,
quàm sensu. Annotandum obiter & illud, cum Hieronymus edisserens præsentem prophe
tæ locum, releget nos ad suos in Matthæum cõmentarios, in quibus plenius super hac re
disseruerit, atque in ipsis cõmentarijs, uix summis, ut aiunt, digitis rem attingat, in conie/
cturam uocor, id quod sæpenumero sum suspicatus, eos commentarios, à fastidioso quo/
22 piam lectore decurtatos, prætermissis in medio quæ non intellexerit.(Quos tametsi fatetur
ipse neq; iustos esse, neq; plenos, tamen ad alios quos ille in prophetas & aliquot epistolas
Pauli plenos scripsit, uix cõmentarioli dici merentur.) Idem factum arbitror in cõmentarijs,
quos idem scripsit in Psalmos: quanquam in hos quisquis is fuit, gemina debacchatus est
iniuria. Primum, quod quæ libuit, prætermiserit. Deinde, quod compluribus locis, suas nu/
gas, ceu purpuræ pannum assuerit. Nam quod in Marcum habemus commentum, præter
titulum nihil habet Hieronymi. Cæterum cõmentarij in Lucam, quos ipse locis aliquot ci/
19 tat, prorsus interciderũt.{Visum est obiter ostendere lectori, quomodo Cyprianus adducat
hunc locum in libello, quem scripsit aduersus Iudæos: Ecce puer meus, filius meus dilectis/
simus. Super eum ponam spiritum meum, & iudicium gentibus nunciabit. Non clamabit,
neq; contendet. Arundinem quassatam non confringet, & linum fumigans non collocabit,
quoadusq; expellat in contentione iudiciũ, & in nomine eius gentes credant. Etiamsi hunc
ipsum locum aliquanto secus adducit libro aduersus Iudæos secundo, capite duodecimo.}
Porro quod nos pro puero uertimus Filium, Septuaginta δοῦλον, id est, Seruum, ut Græcis
ac Latinis παῖς & puer ambigua uox est, itidem & Hebræis עבד. Quod si usquam conue
22 niebat παῖδα uertere Filium, certe hic quadrabat, cum de Christo loquatur.(Neq; defue/
runt apud Græcos, qui serui uocabulum uererentur tribuere filio dei. Quorum est Chryso
stomus, si modo illius sunt cõmentarij, quos habemus in epistolam ad Hebræos.)
Cæcus & mutus.) τυφλὸς καὶ κωφὸς, id est, Cæcus & mutus. Quanq; κωφὸς Græcis etiam
surdũ significat, ob id opinor, q̃d qui natura surdi sunt, ijdem & muti sint oportet. Ac mox,
22 Ita ut loqueretur, & uideret.) Hic repetunt Græci codices Cæcus & mutus.(In nonnul/
lis etiam congeminatur coniunctio, καὶ λαλεῖν καὶ βλέπειν, in nonnullis non geminatur.)
27 (Quod erat reddendum, ut is qui cæcus erat ac mutus, & loqueretur & uideret.)
Nunquid hic est.) Hic nonnulli Græci codices addunt, ὁ χριστός, id est, Num hic est ille
Christus

Euangelista & à LXX et ab Hebræo dissonans {↓

↑16: Hieronymus

Omissum aliquid in Euangelio

Cõmẽtaria in Matthæũ Hieronymi uideri decurtata

) 16-19: Quod

Cõmentarij in Marcum non sunt Hieronymi

Christus filius aptius dicitur quàm seruus

Κωφὸς Græcis & surdus est, & mutus

{ 16: Hebraeos. Siquidem hebraea sic habent. Hen 'abdi 'etmokh bo behini rasetha naphs.: nathati ruhi 'alaw mishpat la-goyim yosi': lo' yis'aq we-lo' yissa' we-lo' yashmia' ba-hus qolo: qaneh rasus lo' yishbor u-phishtah kehah [text omits neg.: lo'] yekhabbenah le-'emeth yosi' mishpat lo' yikhheh we-lo' yarus 'ad yasim ba-'ares mishpat u-le-toratho 'iyyim yeyahelu Ea redditit

[*Articuli uis*] Christus filius Dauid? Quanquã hic quoq; ὁ υἱὸς articulus appositus facit,ut non possit de quouis filio Dauid intelligi, sed de certo quodam, nempe qui prophetarũ oraculis promissus expectabatur. Et, In se diuisum.) καθ᾽ ἑαυτῆς. Et fidelius & apertius reddidisset,Diuisum aduersus semetipsum,ut mox uertit,Contra se.

Spiritus autem blasphemiæ.) Id certe palàm{est}librariorũ uitio corruptum esse, quod 19
tamen in omnibus fermè codicibus inoleuit.Nam apud Græcos est, ἡ τοῦ πνεύματος βλασφημία, id est, Sed spiritus blasphemia: ut intelligas maledictum, quod fiat aduersus spiritum.{Iuxta synceram ac germanam lectionem adducit hunc locum(diuus Hilarius in Ca/ 19 27
none quo explicat Matthæum.Item)Augustinus sermone de uerbis domini ex Euangelio Matthæi undecimo:idq; iterum atque iterum,ne quis casum esse causetur,hoc tantum disputans,blasphemiã non pro quouis accipi maledicto, nec spiritus,pro quouis spiritu. Sed quod hic confusius dixit Spiritus blasphemia,alibi clarius expressum est, Qui blasphemauerit in spiritum sanctum. Etiamsi non negem in Græcis uerbis amphibologiã esse: quod intelligi possit, conuiciũ ab ipso spiritu profectum. Carrensis hunc enarrans locum, Quid ergo, inquit, aliud est spiritus blasphemiæ, quàm affectatio & desiderium uituperationis diuinæ? Spiritus blasphemiæ spirat ad odium dei: Spiritus sanctus spirat ad amorem dei. Atqui ne quis Græcorum codicum autoritatem impudenter contemnat,consentiunt cum

[Spiritus blasphemia] *Erratum inexcusabile in uulgatis codicibus* *[Hugo Card. taxatus]*

19: *Maguntinensis*
Græcis uetusta Latinorũ exemplaria<cum primis autem & codex aureus>& inter excussa 22
typis suffragatur & glossæ,quam uocant ordinariam,æditio Mogontinensis.}

<Qui autem dixerit uerbũ contra spiritum.) Verbum,hoc quidem loco non ponitur,sed 22
subauditur è proximo.Græcis suffragat̃ & codex aureus>Rursum est σαπρὸν, de quo diximus.Et γεννήματα, quod aliâs uertit Geniminaa<hic>rectè uertit Progenies. Et ἐκβάλλει, quod 22
hic uertit Profert,aliâs uertit eijcit,aliâs Emittit.Nos expromit ac Depromit transtulimus.

{Tribus diebus, & tribus noctibus.) Licet Latinus extulerit per ablatiuũ casum, tamen 19
Græcis est accusatiuus: ut iam nõ possit accipi species temporis,sed spacium, τρεῖς ἡμέρας,
19-27: *De triduo*
& τρεῖς νύκτας. Proinde diuus Hieronymus quæstionẽ explicat per tropum qui grãmaticis Synecdoche dicitur. Siquidem cum unus duntaxat dies huius tridui fuerit integer,nempe Sabbati cum nocte adiuncta,nec Christus in sepulchro fuerit,nisi uespera parasceues,ac diluculo dominicæ quo surrexit,tres tamen dies in sepulchro scribitur egisse.Ad eandem rationem explicat diuus Augustinus libro de quæstione Euangeliorũ primo, quæstione 7.

Triduũ quod Christus egit in sepulchro

19-22: *tribus Magdalenis*
Etiamsi Faber usqueadeo fastidit Synecdochen libello de triduo Christi,odio opinor grammatices,cum qua illi parum conuenit,ut ipsa indicat res,ne cui parũ philosophus uideatur.}

Plusquam Ionas hic.) Item.

Plusquam Solomon hic.) Vtrobiq; est ὧδε aduerbiũ, non pronomen, ut ante monstrauimus. Quod ueteres orthographi solent distinguere,Hic pronomen scribentes per i simplex,Hic aduerbium per Græcam diphthongum ει, heic. Id quod Valla testatur sibi compertum,in aliquot peruetustis marmorum inscriptionibus.

Hic nomen, hic aduerbiũ (19-22: *heic*)

[*ἄνυδρα*] Per loca arida.) Non est ξηρῶν, sed ἀνύδρων, id est, Aquis carentia, & siticulosa. Nam huiusmodi ferè sterilia sunt, & ob id desolata. Vnde filia Calep, agrum irriguum superne atq; inferne petit. Vt omittam,quod πονηρότερα uertit Nequiores,pro Sceleratiores: quod ex generatione mala fecit pessimam, cum sit πονηρᾶ.

<Et intrantes habitant ibi.) In exemplari quodam scriptũ erat, & εἰσελθὼν, Et ingressus ut 22
referatur ad spiritũ qui collegit socios. Verũ hoc ad sensum minimũ refert>Ac paulo post,

Quærentes eum.) Græci addunt, Quærentes ei loqui, ζητοῦντες αὐτῷ λαλῆσαι. Neque enim perierat,sed expetebatur ad colloquium. Item paulo post,

↓∗ Quærentes te.) ζητοῦντές σοι λαλῆσαι, id est, Quærentes tibi loqui.{Vtinam autem popu 19∗
lus Christianorũ uniuersus, sic esset deditus cultui beatissimæ Mariæ, ut totis studijs illius uirtutes æmularetur. Cæterum aut hodie uulgus pio quodam fauore plus satis illi tribuit, aut parum tribuit Chrysostomus,hunc explanans locum homilia duodecima. Nam ipsius uerba ex interprete subscribam: Quamuis,inquit,ex facto matris nonnihil importunitatis quoq; accessit.Considera igitur tam matris quàm fratrum importunitatem.Nam cum debuissent intrare,atque cum turbis simul audire, aut saltem expectare foris sermonis finem, ac demum accedere, ambitione quadam,ac ostentatione commoti, foras eum in præsentia omnium

Chrysostomus aliquid imperfectum tribuit Mariæ uirgini

∗ 19 : addition, continues to p. 59.

omnium euocauerunt. Cæteraq; quæ sequuntur in hanc sententiam. Rursus in altera ædi-
tione, nam uariant codices, eiusdem numeri homiliae hanc imperiosam importunitatem in 19: ila scriptum comperio
fratres potissimũ refert, matri parcens. At idem enarrans Euangelium Ioannis de nuptiali
miraculo agens, clarius etiam tribuit Mariæ affectum aliquem ambitionis, gloriæq; humanæ, Optabat enim, inquit, ut iam hominum gratiam conciliaret, & ipsa clarior filij gratia
efficeretur: & fortasse aliquo humano afficiebatur affectu: quemadmodum & fratres eius,
cum dixerunt, Ostende teipsum mundo, cupidi eius miraculis sibi famam comparare. Ac
paulo post idem agens: Siquidem non adhuc debitam de ipso opinionẽ habebant, sed more
matrum Maria iure omnia se filio præcepturam censebat, cum tanquam dominum colere
22 & reuereri fas esset. Hactenus Chrysostomi uerba recensuimus. ⟨Augustinus uidetur illi tri
buere nonnihil diffidentiæ⟩ Nos eam prorsus à peccato originali facimus immunem, at hic
uidetur aliquod actuale, ut uocant, peccatum tribuere: nisi forte is affectus omni culpa ua-
22 cat, quem illi tribuit. ⟨Atq; ita potius arbitror sentiendum. Nam ut ignorantia quædam esse
potest absq; culpa, ita & dubitatio & affectus maternus culpa uacare potest⟩ Christus apud Christus parũ
Lucam quoq; parum blande respondet parentibus: Quid est quod me quærebatis? An ne- blandus matri
sciebatis quod in his quæ patris mei sunt, oportet me esse? Mox subijcit Euãgelista: Et ipsi
non intellexerũt uerbum. Rursus prædicanti beatum uentrem matris, & ubera lactatricis:
Quinimò, inquit, Beati qui audiunt uerbum dei. Rursus in cruce mulierẽ uocat, & Ioanni
transcribit. Quibus ex rebus stultissime collegerãt Manichæi, Mariam non fuisse matrem
Iesu, nisi uulgi opinione, uidelicet negantes eum fuisse hominẽ. Nos id sanè possumus pie In negocio rei
colligere, quoties agitur negocium reipublicæ, quoties agitur negociũ religionis, non mul- publicæ & fi-
tum apud nos ualere oportere corporalis affinitatis affectũ. Hieronymus sic elabi conatur, dei non multũ
ut dicat hunc qui renunciauit Christo, insidiose fecisse, tentantem, num ob suorũ affectum tribuendũ affe
intermissurus esset prædicandi munus. Atq; ob id acrius à Christo responsum. Ego hac in ctibus cogna-
re meam non interpono sententiã: tantum optarim, sedulitatem quorundam omnia in san tionis
ctis in immensum exaggerandi, uerti potius ad studium æmulandi, quod illos uere beatos
reddidit.} Verum hæc leuiculi sunt momenti. Quod genus & illa, quod pro

Extendens manum.) Græci legunt, Manum suam. Deinde, quod in his

Ipse meus frater.) Nonnulli codices habent αὐτὸς, nonnulli οὗτος, id est, Hic.

EX CAPITE DECIMOTERTIO

22 ⟨ SEdebat secus mare.) Eruditi quidam uehemẽter hanc uocẽ Secus, execrant, Secũs pro iu-
ut Gotticam, & Sarmaticã, aut siquid his quoq; barbarius: cum tamen recen xta reperiri
seatur à Donato, operis exigui nõ exiguo autore. Neq; uideri potest uox ab apud idoneos
interprete cõficta, qua tam frequẽter utitur. Vsus est ea Plinius lib. 24. cap. 15 autores
Chamæleucen, inquit, apud nos farranũ siue farfugiũ uocant: nascitur secus
35 fluuios, folio populi. [Quintilianus libro institutionũ 8. cap. 2. tractans περὶ τῶν ἀδιανοήτων,
hoc adducit exemplũ, Conductus est cæcus, secus uiam stare] Nec dubito quin alijs cõplu-
ribus locis inueniri possit. Si quis uelit esse morosior, fortasse causabitur aliquis, nõ perinde
apte dici, Sedet secus uiam, ac Nascitur secus fluuios, aut Pascitur secus ripam, quod in his
imaginemur ceu motum quendã rei sequentis. Nam apparet, secus & secundũ habere co-
27 gnationẽ cum uerbo, sequor. ⟨Itaq; de herba rectius dici, nascitur secus fluuios, quẽadmodũ
salices secus ripam, quod in his intelligat series quædã. De uno homine sedente non item.)

Exijt qui seminat.) ἐξῆλθεν ὁ σπείρων, id est, Exibat qui seminabat, siue seminator. Siqui- σπείρων ut πράζων
dem huiusmodi participia accõmodant se uerbis, quibus adiunguntur.

22 ⟨Seminare semen suum.) Semen suum, nec est apud Græcos, nec in aureo codice⟩ Nam
illud recte, Et dum seminat, ἐν τῷ σπείρειν, id est, Inter seminandum. Ac mox, βάθος uertit
Altitudinem, pro Profunditate. Et, ἐκαυματίσθη, Aestuauerunt, pro Exusta sunt, siue Aestu
perierunt. Ac rursum, ἐξηράνθη Exaruerũt, uertit Aruerũt. Item ἀνέβησαν, Surrexerũt, quod
19 aliâs uertit, Ascenderũt. Mollius {Succreuerũt, aut} Increuerunt, siue Emerserunt spinæ.

Et dederunt fructum.) Hic interpres maluit Latinitati consulere, quàm uoces reddere
Græcas. Alioquin ad uerbum ita uertendum erat: Et dederunt fructum, hoc quidem centum, illud uero sexaginta, illud uero triginta, καὶ ἐδίδου καρπόν, ὃ μὲν ἑκατόν, ὃ δὲ ἑξήκοντα, ὃ δὲ
τριάκοντα. Tametsi uerti poterat, Hoc quidem centuplum, illud uero sexagecuplum, aliud
uero

Centesimum pro centuplum

uero trigecuplum. Siue. Aliud centena, aliud autem sexagena, aliud autem tricena, ut sub/
audias, grana. Nam Græci carent huiusmodi distributiuis.(Abusus est hoc loco articulis 27
postpositiuis uice præpositiuorũ, quod tamen & aliâs sæpe fit.)
[Quod minus quidem est omnibus seminibus.) Quidam mouent hic scrupulum, existi/ 35
mantes semen papaueris & rutę minutius esse semine sinapis, quasi semen papaueris sem/
per & ubique sit eiusdem magnitudinis. satis est in genere uerum esse quod dicit dominus.
Quin illud perpendendum est, hic granum sinapis non simpliciter conferri cum quibus/
libet seminibus: alioqui uinceret cupressus arbor procera, cuius semen adeo minutum est,
ut uisum etiam fallat: sed cum seminibus holerum λαχάνων. atqui papauer non censetur
inter holera, sicuti nec ruta, quod utraque herba in medicinis usum habet uerius quam in culinis.]
Vt adimpleatur in eis.) Nonnulli codices habebant, καὶ ἀναπληροῦται ἐν αὐτοῖς, Et impletur.
{Ita legit diuus Chrysostomus: itaque scriptum comperi in exemplari Corsendoncensi.} Cæ/ 19
terum In eis, in plerisque Græcis exemplaribus non habebatur, nec in Latinis uetustioribus,
{sed Eis duntaxat.} Nec est Dicentis, sed λέγουσα, id est, Dicens.<Consentiente & aureo codi/ 19.22
ce, ac Donatianicis> siue Quæ dicit.{Facit enim ipsam scripturam loquentem.} 19
Auditu audietis.) Testimoniũ quod adducit, extat apud Esaiam capite sexto. Dissentit
autem hoc quoque loco ueritas Hebraica ab æditione Septuaginta. Nam Septuaginta sic tra
dunt hunc locum, quasi deus prædixerit futurum, ut audientes non audirent, & uidentes

Hebraica ueritas

non uiderent. At Hebraica ueritas indicat hoc iussum à domino, ut uidentes non uiderent,
& audientes non audirent. Iuxta Septuaginta citat Lucas, utpote Græce doctus magis quam
Hebraice, in Actis apostolicis capite uigesimooctauo, <πορεύθητι καὶ εἰπὲ λαῷ τούτῳ. ἀκοῇ ἀκού- 22
σετε καὶ οὐ μὴ συνῆτε, καὶ βλέποντες βλέψετε, καὶ οὐ μὴ ἴδητε. ἐπαχύνθη γὰρ ἡ καρδία τοῦ λαοῦ τούτου,
καὶ τοῖς ὠσὶν αὐτῶν βαρέως ἤκουσαν, καὶ τοὺς ὀφθαλμοὺς αὐτῶν ἐκάμμυσαν, μήποτε ἴδωσι τοῖς ὀφθαλ/
μοῖς καὶ ὠσὶ ἀκούσωσι, καὶ τῇ καρδίᾳ συνῶσι καὶ ἐπιστρέψωσι καὶ ἰάσωμαι αὐτούς>:(id est,) Vade ad po/ 27
pulum istum, & dic, Aure audietis, & non intelligetis, & uidentes uidebitis, & non perspi/
cietis. Incrassatum est enim cor populi huius, & auribus grauiter audierunt, & oculos suos
compresserunt, ne forte uideant oculis suis, & auribus audiant, & corde intelligant, & con/
uertant se, & sanem eos. Cæterũ Hebræa ita reddidit Hieronymus: Auditu audite, & no/
lite intelligere, & uidete uisu, & nolite cognoscere. Excæca cor populi huius, & aures eius
aggraua, & oculos eius claude, ne forte uideat oculis suis, & auribus audiat, & corde intel/

Septuaginta consulto quædam mutarũt

ligat, & conuertatur & sanetur. Apparet igitur Septuaginta consulto mutasse scripturam
Hebraicã, ne impijs daretur ansa blasphemiæ, quasi deus esset nobis autor malorũ. Verum
cum huiusmodi complura sint loca in diuinis literis, uelut illa: Indurauit deus cor Pharao/
nis Et, Fiat mensa eorum in laqueum &c: Non oportuit offendi hoc uno, sed agnoscere po
tius idioma sermonis diuini, qui hac figura cõminatur, ac terret impios, ceu iubens eos id
facere, quod suapte malicia facturi sunt: sicut dictum est Iudæ. Quod facis, fac citius. Illud
admirandum cum Hieronymus non uno in loco dicat apostolos iuxta ueritatem Hebraicã
citare solitos testimonia ueteris instrumẽti, & non iuxta Septuaginta, Matthæum hoc loco
non idem facere, præsertim cum <ipse> Hebræo sermone scripsisse credatur Euangeliũ. Nam 22

Lucas Græcis literis magis quàm Hebraicis eruditus

Lucam excusat [haud scio quàm commode, quod magis calluerit Græcas literas, quàm He 19
braicas. Alioqui uerisimillimum esse Paulum Hebræum cum Hebræis agentem, adductu/
rum fuisse testimonium Esaiæ iuxta ueritatem Hebraicam. Hanc excusationem non admit
tent opinor, qui quicqd in apostolis fuit, diuini spiritus peculiare donum esse uolunt, præ/
cipue donum linguarum] Et epistolam ad Hebræos, [Hieronymus] testatur ob id non fuisse 35
receptam à quibusdam, quod quædam adducat testimonia ueteris instrumenti, quæ in He/
bræorũ uoluminibus non habeantur. Quin hunc ipsum edisserens locum, super hac re nul
lam facit mentionẽ, ceu dissimulans opinor, quod explicari non poterat. Nisi forte mutarũt
hunc locũ, quos offendit, hoc ipsum quod offendit Septuaginta, maxime cum sic adducatur

Vallæ opinio reiecta

in Actis apostolorũ. Et sæpenumero cõperimus locum ex altero loco mutatũ: dum lector
uel melius esse putat, quod alibi legisse meminit, uel deprauatũ suspicatur, quod diuersum
est. Cæterũ quod Valla legendũ putat, Audietis & non intelligatis, uidebitis & nõ perspi/
ciatis, ut sit imprecantis, non assentior homini: quod compertũ sit hæc uerba sæpenumero
pro futuris usurpari, certe apud Euangelistas <præsertim addita duplici negatione, οὐ μή.> 22

Vobis

16: hebraea ad hunc habent modum, shim'u shamoa' we-'al tavinu u-re'u ra'o we-'al teda'u hashmen lev ha'am ha-zeh we-'oznaw hakhbed we-'eynaw hasha' pen yir'eh be-'eynaw u-be-'oznaw yishma' u-levavo yavin we-shav we-raphah lo Quae quidem ita reddidit

27 (Vobis datum eſt noſſe myſteria.) μυστήριον, id eſt, Arcanum, tametſi de rebus ſacris ple/
runque uſurpatur.)

19 {Aliud centeſimum, aliud ſexageſimum.) Græce quidem habetur, ἑκατὸν, ἑξήκοντα, τριά/
22 κοντα, id eſt, Centum, ſexaginta, & triginta{atq; itidem codex aureus}Quod ea, ut dixi, lin/
gua careat nominibus numerorũ diſtributiuis. Sentit enim ex ſingulis granis plura proue/
niſſe, ex hoc centena, ex alio ſexagena, ex alio rurſum tricena. Mihi dudum non liquebat
35 centeſimũ pro centenum, aut centuplum apud probos autores reperiri.[Videtur tamen in
hunc ſenſum uſurpaſſe Plinius lib.5. cap.4. Ita inquit appellatur fertilitatis eximiæ, cum
centeſima fruge agricolis fœnus reddente terra. Rurſus lib.18. cap.10. Cum centeſimo qui/
dem & Leontini Siciliæ campi fundunt.]Porro quod torquetur hic Hieronymus, centuplũ
prouentum referens ad uirgines, ſexagecuplum ad uiduas & continentes, trigecuplum ad
coniugatos, cum alij primum prouentũ tribuerint martyrio, ſecundum uirginibus, tertium
uiduis & continentibus, nullum locum relinquentes honorabili connubio: Auguſtinus in
quæſtionibus Euangeliorũ, quæſtione nona, primas tribuit martyribus, ſecundas uiduis,
27 tertias coniugatis:(Theophylactus centeſimũ refert ad anachoritas ut apparet, hoc eſt, pau
pertatem perfectam aſſequutos, tantumq; uacantes rebus diuinis, ſexageſimũ ad cœnobi/
tas, qui laborent adhuc unde uiuant, trigeſimum ad coniugatos.)Ego ut hanc piam diligen
tiam, ſanctamq; curioſitatem nõ improbo in literis diuinis, ita ſimplicius arbitror accipere,
ut Chriſtus docendi gratia, poſuerit centuplum pro ſummo, trigecuplum pro infimo, ſexa/
gecuplum pro mediocri: quemadmodũ fecit in talentis decem, quinq;, & uno. Atq; id ſanè
ſic admonitũ eſſe uelim, ut nullius ſententiæ ſit præiudicatum à nobis. Apud Lucam nulla
graduũ mentio, tantũ centeni fructus meminit. Auguſtinus libro de ciuitate dei uigeſimo
primo, teſtatur quoſdam hunc locum ſtultiſſime huc detorſiſſe, ut diceret, impios à ſanctis
liberandos ab æterno ſupplicio, ab alijs trigenos, ab alijs ſexagenos, ab alijs centenos, pro
portione meritorũ. Verũ quoniã certus ſit præſcriptus numerus, ſi hac fiducia negligamus
fieri meliores, periculũ eſſe, ne ſanctorũ numerus nõ reſpondeat tantę multitudini maloru.}

19-27: nondum liquet

Certi numeri poſiti ad craſſius deſignãdos certos gradus

Stulta opinio de fructuũ gradibus

Qui iuxta uiam ſeminatus eſt.) ὁ σπαρείς. Seminatur ſemen, & ſeminatur terra. Sicut aſpergitur humor, & aſpergitur humore ueſtis. Sic igitur hic dicit hominem ſeminari, ut terram ſatam dicimus, & agrum conſitum. Quanq; effugere poterat hanc ſermonis duriciem, ſi dixiſſet, In quem iuxta uiam incidit ſemen.

27 (Hic eſt qui uerbum dei audit.) dei nec additur apud Græcos, nec in aureo codice, nec in
Donatianicis, ſed articulus additus, τὸν λόγον, indicat de quo uerbo loquatur. Iam hoc inte/
rim diſſimulandum, quod uerbum uice ſermonis uſurpat.)

Redundat dei

Articuli uis

Sed temporalis eſt.) ἀλλὰ πρόσκαιρος. Expreſſius Græce, quaſi dicas, Ad tempus, & nõ perpetuus, nec ſibi conſtans, ſed ad exortam occaſionem mutabilis. Ac mox,

Et fallacia diuitiarum.) ἀπάτη τοῦ πλούτου. Græca uox indicat fallaces dici, non quod fallant, hoc eſt, fruſtrentur hominem, ſed quod à uia deducant: id enim eſt proprie ἀπατᾶν. Siquidem πάτος, uia trita.

Ἀπατᾶν à uia deducere

Hic eſt qui audit uerbum &c.) Non eſt ſimpliciter, Et fructum adfert, ſed ὃς δή, id eſt,
Quod deniq;, ut intelligas cæteros omnes infrugiferos, hunc demum reddere fructũ. Cæ/
19 terum articulus Græcus ὁ μὲν, ὁ δὲ, poteſt uel ad uerbum referri, uel ad hominẽ: quod{λόγος}
uerbum apud Græcos generis ſit maſculini. Quanq; ad uerbum eſſe referendum arguit,
quod ſuperius idem tribuit ſemini iacto, quod hic uerbo: nam uerbum ſemen eſt.

Δή quid ualeat

Superſeminauit.) καὶ ἔσπειρε, id eſt, Seminauit. Apparet interpretem legiſſe, ἐπέσπειρε. Ac paulo poſt.

Cum autem creuiſſet herba.) ὅτε δὲ ἐβλάστησεν ὁ χόρτος, id eſt, Cum autem germinaſſet, ſiue pullulaſſet herba. Nam χόρτον aliquando uertit Herbam, aliquando fœnum, nonnunquam gramen. Item,

χόρτον nunc herbam, nunc fœnum uertit

19 Vis imus & colligimus.) θέλεις οὖν ἀπελθόντες συλλέξωμεν, Vis{igitur}abeamus & colli/
gamus ea? Ac rurſum μήποτε uertit, Ne forte, pro nequando.

Sinite utraq; creſcere.) ἄφετε συναυξάνεσθαι ἀμφότερα, Sinite pariter creſcere ambo. Rurſus

Ad comburendum.) Græci codices addunt αὐτά, id eſt, Ea: conſentientibus & uetuſtis
19 exemplaribus Latinis{quod tamen recte omiſſum eſt ab interprete}Nam quod μακρότερον,

f id eſt

id est, Minus, uertit Minimum, recte fecit. Atqui cur quod hic fecit in Minus, non idem
fecit in maius est omnibus, ut diceret, Maximum est omnium. Ac mox,

Et habitarent.) καὶ κατασκηνοῦν, id est, Nidulentur. Quandoquidem & ante καταυκηνώσεις uertit Nidos. Rursus.

Quod acceptum.) ἣν λαβοῦσα. Recte mutauit genus uerbi: modo intelligamus ipsam
mulierem cepisse fermentum.

Sata, Cabus, Batus, mensurae

In farinae satis tribus.) σάτα τρία. Sata non est hic participiũ à ferendo, sed Hebraea, aut
certe Syra uox est, significans mensurę genus, quae capit sesquimodium, iuxta morem prouinciae Palęstinae, autore Hieronymo. Cuiusmodi sunt & illa, Cabus, & Batus. Genesis capite decimooctauo, quod Hebraice legitur, שְׁלֹשׁ סְאִים קֶמַח. Nostra aeditio habet Sata,
quod ipsum {nomen} aliàs uertit Mensuras. Atque ita legit hoc quoque loco diuus Hilarius: 19
Abscondit in farinae mensuris tribus. Quanquam hęc uox mensura, cõmunis est Hebręis cum
Latinis, quemadmodum nugae & aliae nonnullae, ut testis est Hieronymus in cõmentarijs
16-22: Esaiae (quos aedidit in) Esaiam. Porro tribus addidit, ut ostenderet ingentem farinae magnitudinẽ, 27
16: Quanquam quae tamen tota paululo fermento afficiatur. Et Chrysostomus putat Tria positũ pro multis. Hieronymus magis ad mysterium trinitatis refert {gaudens in numero philosophari.} 19

Nomẽ pro nomine in Euangelio; Esaias pro Asaph; Prophetas omnes dictos, qui sacra scribunt

Aperiam in parabolis os meum.) Admonet hoc loco diuus Hieronymus, in plerisque codicibus scriptum fuisse, Per Esaiam prophetam. Deinde cum id nusquam reperiretur apud
Esaiam, à prudentibus sublatum fuisse nomen prophetae. Coniectat autem primũ ab Euangelista scriptũ fuisse, Non Esaiam, sed Asaph: deinde factum, ut scriba, cum non agnosceret
nomen Asaph, putans librarij uitio uocem inductam, mutauerit Asaph in Esaiam: ut cuius
nomen & notius esset, & subinde citaretur à Matthaeo. Nam psalmus septuagesimussextus,
unde mutuo sumptũ est hoc testimoniũ, inscribitur Asaph. Caeterũ non solum Dauid, sed
& caeteros omnes qui psalmos scripsere, prophetas uocari, ne in solos duodecim hoc cognominis putemus competere. Quanquam nec hic Euangelista superstitiose curauit Hebraea uerba reddere, contentus explicuisse sententiã. Nam quod Septuaginta uerterunt φθέγξομαι,
id est, Loquar, hic reddit ἐρεύξομαι, id est, Ructabo: quod illi προβλήματα, id est, Problemata:
sive ut nos legimus, Propositiones: hic κεκρυμμένα, id est, abscondita. Nam Hebraea sic {uertit Hieronymus: Aperiam in parabola os meum, loquar aenigmata antiqua.} 19

Constitutio καταβολὴ

A constitutione mundi.) καταβολῆς, quod à deijciendo nomen habet, uidelicet cum in
imo iacitur fundamentum, quasi dicas, A fundatione mundi, siue A iactis mundi fundamentis. Et aliquanto inferius.

19-27: margin: Impostor qui sua miscuit; Commentarij Hieronymi in psalmos [contaminati]

Edissere nobis.) φράσον ἡμῖν, id est, Dic nobis. Quanquam antiquissimi codices habent
dissere, non Edissere. Est autem φράσον, omnino plus quiddam quàm loquere. Hoc loco
succurrit illud admonere, impostorem nescio quem, non solum aedidisse permulta sua, nomine Hieronymi, uerumetiam medijs illius commentarijs suas naenias intermiscuisse: id
quod haud dubie fecit in hoc psalmo, quem modo citaui. Rem ex Hieronymo sublegit:
Caeterum ineptia sermonis, ridiculi διαλογισμοὶ, βαττολογία, soloecismi, caeteraque id genus
deliciae ipsius sunt, ut aliàs euidentius aperiemus.

Filij nequam.) εἰσὶν οἱ υἱοὶ τοῦ πονηροῦ. Obsecro, quis ex his Latinis possit percipere, quid
sibi uelint Graeca? Nam Nequam genitiuus casus est Graecis: & uidetur ad diabolum pertinere, propter additum articulum τοῦ. ut impij dicantur filij diaboli: quem & in precatione signat hoc nomine. Nisi mauis πονηροῦ sumi pro substantiuo nomine neutri generis, ut
intelligas filios maliciae.
16-19: oratione

Quem qui inuenit.) ὁ εὑρών. Praeteriti temporis est, Qui inuenerat.

Abscondit.) Item praeteriti temporis ἔκρυψε. Multa minutula sciens ac prudens praetereo, ne nimium molestus sim lectori.

* 16: entries reversed

* Bonas margaritas.) καλοὺς. Quod nõ solum Bonas significat, sed frequentius Pulchras.
Siquidem in his pulchritudo precium auget.

Sagena, quod alibi uertit Rete

* Sagenae missae.) Graecã uocẽ reliquit, cum ante speciẽ genere reddiderit in ἀμφίβληστρον.
Retis est genus, quod Laurentius Latine dici putat uerriculũ, à uerrendo mari dictũ, quod
ingens longissimis funibus circũducitur. βληθείσῃ rectius uertisset Iactae, quàm missae.

Ex omni genere.) Piscium, non additur apud Gręcos. Tantũ est, ἐκ παντὸς γένους {etiam si 19
Piscium

{ 16: sic habent, 'ephteḥah be-mashal pi 'abbi'ah ḥidoth minni qedem A constitutione

Piscium subauditur. Ex Hieronymi Chrysostomique interpretatione non satis liquet, addi/
35 derint nec ne.} [Certe apud Origenem non additur, quũ toties hunc locum iteret inter enar/
randum] Deinde συναγαγούσῃ, rectius erat Contrahenti, quàm congreganti. Ac mox.
19 Educentes, & secus littus {sedentes} &c.) Græca aliquanto secus habẽt, ἀναβιβάσαντες ἐπὶ Secus]
τὸν αἰγιαλὸν, καθίσαντες συνέλεξαν τὰ καλὰ εἰς ἄγγεια, id est, Cum subduxissent in littus, seden/
22 tes collegerũt quæ bona erant in uasa. ⟨Nec enim additur Sua, ne in aureo quidem codice.⟩
Etiamsi in nõnullis exẽplaribus scriptũ deprehendit, καὶ καθίσαντες, id est, Et cum sedissent.
Indicat enim id per ocium fieri. Nec est Bonos, sed absolute Bona, ut ad genera referat pi/
scium, quod ante dixerit Ex omni genere. Neque enim hic cõmemorandũ arbitror, & aliud
nonnunquam retibus attrahi: quod Plautino illi euenit, qui iacto reti, Vidulum cepit. Ac mox:
Malos.) σαπρά, id est, Mala, quod superius indicauimus magis sonare Putria, siue Vitiosa.
19 Intellexistis hæc.) {Hunc sermonem} apud Græcos præcessit proxime,
Dicit illis Iesus.) λέγει αὐτοῖς ὁ ἰησοῦς. Et,
Etiam.) Rursus est, ναί, confirmantis aduerbium. Pauloque post:
Paterfamiliâs.) οἰκοδεσπότης, id est, Dominus domus: ut accipiamus, non cui sint liberi,
sed qui familiæ suæ ius habeat. Ac mox,
Doctus in regno dei.) Non est πεπαιδευμένος, sed μαθητευθεὶς, ut intelligas ex discipulo Παιδεύω
factum doctorem. Nam ut nemo recte imperat, nisi qui prius ipse paruerit imperio, iuxta μαθητεύω
prouerbiũ, ita nemo bene agit magistrum, nisi prius egerit bonum discipulum. Nec est In
regno, sed Ad regnũ εἰς τὴν βασιλείαν, ut intelligas longe diuersum doctrinæ, & institutio/
35 nis genus. [Origenes inter enarrandũ toties iterans hæc uerba, constanter legit τῇ βασιλείᾳ,
hoc est ipsi regno doctus, ut idem sensus sit, doctus regno & doctus in regnum, quasi dicas
rudiori doctrina præparatus regno, id est, doctrinæ spirituali.] Rursum quod sequitur Vir/
tutes, est δυνάμεις, de quo iam sæpe diximus.
Fabri filius.) τέκτονος. Valla putat Græce τέκτονα fabrum esse lignarium: cum Suidas Faber etiã
palàm indicet uocabulum lapidarijs ac lignarijs esse commune. Apparet enim dictionem lapidarius
à τεύχω ductam. Ac nos cum Puteolis essemus, in antiquissimis saxis templi, uidimus no/ Græcis
mina tectonum esse inscripta, nimirum Græcam uocem Latinis literis, quod ea pars Italiæ
quondam Græcissauerit: id quod indicant antiqua monumenta. Porrò apud alium Euan/
gelistam, ipse Christus faber appellatur, ut consentaneũ sit eum aliquandiu manibus labo/
rasse. Cæterum mater Iesu, Mariam est hoc loco iuxta sermonem Hebraicum.* *↓
Et fratres eius.) Iuxta morem Hebræorũ, fratres uocat, non quibus cõmunes essent pa/ Excussa Hie/
rentes, sed quibus stirps, ac genus esset cõmune: qua de re doctissime simul & copiosissime ronymi sen/
disseruit Hieronymus in libro aduersus Heluidium. Cæterũ illud obiter demiror, cur idem tentia
hunc enarrans locum scripserit: Miraris si errant in fratribus, cum errent in patre? Nam in
patre uere errabant, existimantes Iesum filium esse Ioseph, cui nupserit Maria. At in fratri/
bus, qui nam errabant, nisi forte isti cognati erant Ioseph, nõ Mariæ, ut illorũ affinitas nihil
19 attinuerit ad Christum {ad hoc sanè ut illius cognati huius fratres dici possent. Licet eodem
in opere, quo refellit Heluidium diuus Hieronymus, fateatur illos non aliter dictos fratres
Iesu, quàm Iesus ipse dictus sit filius Ioseph. Atqui si falso crediti sunt fratres, quemadmodũ
Ioseph falso creditus est pater, qui consistit, quod paulo ante scripsit illos cognatione dictos
fratres, Verum hæc ad uiuum exigere non est huius instituti proprium.}
Et Ioseph.) ἰωσῆς, id est, Ioses, quod quidam inflectunt Iosetis. Id nomen quoties occur/ Ioses non
rit deprauant in Ioseph. Atqui Hieronymus citans hunc locum aduersus Heluidium, Ioses Ioseph
19 legit {& Iosetis} non Ioseph. Item,
Sine honore.) ἄτιμος, Vilis, siue neglectus, aut contemptus. Cui diuersum est ἔντιμος
Charus, siue in precio habitus. Nam de uirtutibus sæpius iam admonui.

EX CAPITE DECIMOQVARTO

PVeris suis.) παισὶν, id est, Ministris, seu famulis, Quanquam Græca uox
& seruos, & ancillas, & liberos, & omnes denique domesticos complectitur,
19 præter patremfamiliâs {& matremfamiliâs.} Ac subinde,
Virtutes operantur.) δυνάμεις ἐνεργοῦσιν, Non est, ἐργάζονται, quod signifi/
cat operari: uerum hac uoce ἐνεργοῦσιν uis quædam efficax significatur, ut &

* 16: Caeterum .... Hebraicum forms last sentence of 'Et Joseph)', below at !

aliâs indicauimus. Necq; enim est idem uerbũ, quod alibi: Pater meus usq; modo operatur,
& ego operor. Quem locũ hic citat Laurentius, at parum in loco (Nec enim est idem uerbũ 27
illic, quod hic) [Alioqui si Vala nobis probare uoluit operari uocem Latinã interdum accipi 35
actiue, ridiculã sumpsit operam. Illud admonere uoluit: hoc loco operanſ, nõ posse passiue
↓ꟾ accipi, quũ Græce sit ἐνεργοῦσιν.] Et κρατήσας, magis est Cepit, q̃ Tenuit, aut iniecta manu. ꟾ
{Et in nonnullis exemplaribus habebatur, ἐν φυλακῇ, in alijs rursum, εἰς φυλακήν.} 19
Herodiadem.) Patronymici speciem habet, aut certe diminutiui nominis. Hieronymus
tradit hanc fuisse filiam Arethæ regis, haud scio an eius cuius meminit Paulus. Eam Philip
16-27: Galilaeae po Tetrarchæ Itureæ, ac Trachonitidis locarat. Post orta inter se, & generum simultate, filiam ab illo abductã, Herodi fratri, sed inimico copulauit, quo magis illum ureret. Cæterũ
↓C Herodes qui hic Herodes (filius esse traditur [Herodis Ascalonitæ] illius sub quo Christus fugit in Aegy- 27.35
ptum, frater illius sub quo passus est. [Vero tamen propius est eundem fuisse Herodem qui 35
decollauit Ioannem, & sub quo passus est dominus] Plurimũ autem obscuritatis attulit historiæ regum quorundam ambitio, qui locis innouarunt uocabula, & uel tradito suo nomine uolebant in posteris esse superstitem sui memoriam, quod accidit in Ptolemæis, aut
celebrium principum nomina sibi usurpabant, uel modica deflexione distinguebãt succes-
sorem, ut Constans, Constantinus, Constantianus.)
[γενέσια Die autem natalis.) γενεσίων δὲ ἀγομένων, id est, Cum agerentur autem natalicia {Atque 19
19-22: Chrysostomus ita legit Chrysostomi interpres.} Ac mox,
Saltauit filia.) ὠρχήσατο. Non subsilijt, ut uulgus putat, sed quemadmodũ gesticulantur
in choreis. Nam id proprie sonat Latinis saltare, Græcis ὀρχεῖσθαι. Et paulo post,
Postulasset ab eo.) Ab eo, præterquam quod barbare additum est, nec in Græcis habetur exemplaribus. (Ab ipso dicendum erat.) Et rursum: 27
Præmonita à matre.) προβιβασθεῖσα, id est, Prius instructa: quod uulgo dicunt informata.
[πίναξ pro In disco.) ἐν πίνακι, Quod alibi uertit, Catinum: etiamsi Græce magis sonat Tabulam.
disco Quandoquidẽ quadris tabellis cibus apponitur. Apparet enim hoc ludibrij causa factum,
quasi & hic missus quidam esset, genialis illius ac natalicij conuiuij. Pauloq; post,
Et misit.) καὶ πέμψας. Cõmodius supplesset, Misso carnifice, aut ministro: id quod alibi
facit (Certe Marcus expressit, q̃d hic erat subaudiendũ, ἀποστείλας ὁ βασιλεὺς σπεκουλάτορα) 22
Decollare a- Porrò quod hic uertit Decollauit, Græce est, ἀπεκεφάλισεν, quod ad uerbũ sonat Decapita
pud Suetoniũ uit. Quanq; decollandi uerbo usus est Seneca in ludo de morte Claudij: uerum poterat eo
16: haud scio an usus uideri ludibrij causa {nisi idem uerbũ esset apud Suetoniũ in Caligula Cæsare.} Imò a- 19.22
[Decollat, qui iubet pud eundẽ Senecã libro de Ira ad Nouatũ) Illud adnotandũ, cur dixerit, Missos ab Herode,
qui Ioanni caput præciderẽt, tamen mox subijcit, ipsum amputasse. Facit enim qui iubet.
Addidit interpres Et illa attulit matri.) Illa, additum est explicandi gratia, alioqui nec in Græcis, nec in Latinis uetustioribus codicibus habetur (postremo nec in aureo) (nec in Constantiensi, & ta- 22.27
men additum probo.) Ac rursum,
Misertus est.) ἐσπλαγχνίσθη. de quo iam admonuimus. Ac mox,
Et curauit languidos.) ἐθεράπευσε τοὺς ἀῤῥώστους, id est, Sanauit male ualentes, siue Qui
mala erãt ualetudine. Mirum enim quàm interpres hoc uocabulo languoris sit delectatus.
Vt interim prætereeam illa minutiora, quod ἀπελθεῖν pro abire, uertit Ire. Quod ὁ δὲ εἶπεν,
id est, Ille autẽ dixit, uertit, Qui dixit: quod & aliâs facit. Quod ὄχλους Turbam pro turbas.
Quod ἐπὶ χόρτους, id est, Super herbas, siue gramina transtulerit, Super fœnum, cum ante
uerterit herbam. Quod ἀναβλέψας, Aspiciens pro Suspiciens: siue ut temporis etiam habeatur ratio, Sublatis in cœlum oculis. Nam κλάσας ἔδωκε, id est, Fregit ac dedit, tolerabilius est: quanquam apertius erat, Cum fregisset, dedit. Deniq; quod
19-27: Additum Discipuli dederunt turbis.) Dederunt uerbum de suo addiderit, quod nec additum est à
II. dederunt Græcis, nec in uetustis Latinorũ codicibus inuenitur (Nec erat opus addere.) 27
Et tulerunt reliquias.) Græca sic habent, καὶ ἦραν τὸ περισσεῦον τῶν κλασμάτων δώδεκα κοφίνους πλήρεις, Et sustulerunt quod superfuerat fragmentorum duodecim cophinos plenos.
Cophinus mẽ- Cophinus autẽ ueteribus mensuræ genus fuit, autore Iulio Polluce: quanq; hic pro sportis
suræ genus positum apparet, quod Lucas σπυρίδας appellet, hoc est, sportulas.
Manducantium autem &c.) οἱ ἐσθίοντες ἦσαν ἄνδρες ὡσεὶ πεντακισχίλιοι, χωρὶς γυναικῶν καὶ
παιδίων

ꟾ 16: manu. Nec est in carcerem, sed in carcere ἐν φυλακῇ. Herodiadem
C 16-22: Herodes pater fuit illius, sub quo passus est Christus. Die

παιδίων, id est, Erant autē qui comederant{ fermè quinquies mille, præter mulieres ac pue- | 16-27: uiri
ros. Verum hic Latinitatis duntaxat iniuria est. Cæterū quod iussit posuit pro Compulit,
siue id factū est ab interprete, siue à librario, cum sensus etiam iniuria coniunctū est. Nam
35 Græce plus est quàm [iussit] ἠνάγκασεν, [id est, coëgit, siue] compulit. Vt intelligamus eos in- | Iußit pro compulit, nō recte
uitos à præceptore discessisse, quem sic amabant, ut nec punctum temporis possent abesse.
27 Quemadmodū annotauit & diuus Hieronymus, qui compulit legit, non iussit. (Annotauit | 19-27: tr: compulit
35 idem Theophylactus) [Et his omnibus antiquior Origenes, identidem iterans hanc uocem | ἠνάγκασεν
22-27 atque etiam interpretans.] Certe compulit habet etiam codex aureus. (Offendit aliquē inepte
misericordem, uox cōpellendi durior, Atqui non coëgit dominus, nisi iubendo. Verum ea
uox dura cōmendat nobis & amorem discipulorū erga dominū, & obedientiā. Quū enim
illis dulcissimū esset semper adesse præceptori, tamen quod iubētur faciunt, non responsan
tes, secus quàm uulgus discipulorū solet, qui & libēter absunt ab oculis magistri, & si quid
imperatur aduersum affectibus ipsorū, excusant responsantque.) Vt illa dissimulem, quod
27 Præcederent eum.) Dixit pro præcederent se{aut præcedērēt ipsum.} Nam quod Valla | Præcedere præire
mauult Præirent, quàm Præcederent, non uideo quid illum debuerit offendere. Et,

Dimitteret turbas.) Eleganter uertit, si modo intelligamus eum non fugisse simpliciter
turbas, sed ab se dimisisse, quo modo solemus amicos abeuntes dimittere. Quanquam ἀπολύω
Græca uox anceps est ad multa, ad absoluere, repudiare, dimittere quomodocunque.

Solus orare.) κατ᾽ ἰδίαν, id est, Seorsim, siue priuatim, aut secreto, quemadmodum alibi
uertit. Porrò aduerbiū utrolibet referri potest, ad uerbum superius, Ascendit, aut ad Adorare: quanquam rectius ad posterius. Ac mox,

Nauicula autem.) τὸ δὲ πλοῖον ἤδη μέσον τῆς θαλάσσης, id est, Nauis autē iam medio mari. | Nauicula pro naui
Mirum enim quàm hoc diminutiuo delectetur. Deinde,

Iactabatur.) Græce est, ἦν βασανιζόμενον, Quod ante uertit Torqueri, nos uertimus, | βασανίζεσθαι uarie uertit
Afflictabatur. Ac rursum,

Venit ad eos.) ἀπῆλθεν, Abijt. Quanquam apparet eum sic abusum hoc uerbo ἀπελθεῖν, | 19-27: affictari
quemadmodum Græci ἀφικνεῖσθαι, id est, Peruenire.

Phantasma est.) Græcam dictionem reliquit, Latine poterat Spectrum dicere: qua uo-
ce usus est Tullius, ac Plinius. Græcis etiam φάσμα dicitur.* Nam illa leuicula sunt, quod | φάσμα φαντασμα θαρρεῖν *↓
εὐθέως δὲ, id est, Statim autem, uertit, Statimque. Quod θαρσεῖτε, id est, Bono animo sitis, siue
Fidite, uertit, Habete fiduciam, ociosa periphrasi. Quod

Super aquam.) ἐφ᾽ ὕδατα, pro Super aquas. Porrò quod hic uertit Mergi, Græcis est κατα-
ποντίζεσθαι, id est, Inuolui undis marinis. De modicæ fidei, ὀλιγόπιστε, iam diximus. Ad hæc, | ὀλιγόπιστος

Quare dubitasti?) εἰς τί ἐδίστασας, id est, ad quid uacillasti? Id enim Græca uox sonat, | Vacillare
19 cum animus nunc huc{nunc}illuc impellitur. Donec nihil spectabat, nisi Christum, in tuto
erat Petrus: at dum fluctuat animo, protinus periclitatur in fluctibus.

Et cum ascendisset.) καὶ ἐμβάντων αὐτῶν, id est, Et ingressis illis. Loquitur enim de Iesu &
Petro simul ingressis. Ac mox, αὖθις αὖ, Nauiculam pro naui, cum sit πλοῖον. Nec est, | Nauicula pro naui

In terram Genezar.) Sed Genezareth. Quanquam apparet apud illos utrunque nomen esse
19 eiusdem lacus. Nam sentit regionem ei lacui finitimā.{Magno autem consensu Genezar
legunt Chrysostomus & Hilarius, suffragantibus & uetustis exemplaribus.} Cæterū Hiero | Genezareth quid Hebræis
nymus hoc loco scribit in hunc modum: Si sciremus quid in nostra lingua resonaret Gene
zareth, intelligeremus quomodo Iesus per typum apostolorū, & nauis, ecclesiam de perse-
quutionū naufragio liberatā, transducat ad littus, & in tranquillissimo portu faciat requie-
27 scere. (Hæc Hieronymus.) Primum, quid suam dicit linguā? non opinor Syrorū, inter quos | 16-19: nisi forte
22 habitabat id temporis ⟨quam si callebat,⟩ non defuisset Latina uox qua Syram expressisset.⟩ | 22: id temporis
Dein cum ait, Si sciremus, uidetur confiteri incompertam eius nominis interpretationem. | 16-19: Deinde
19 {In uulgatis Hebraicorū nominum collectaneis, legimus Genesar significare ortus principium, siue initium natiuitatis, nec aliud significare Genezareth, quàm Genesar. Quanquam
ad hanc interpretationem non uideo quid faciant uerba Hieronymi.}

Cum cognouissent.) ἐπιγνόντες, id est, Cum agnouissent. Est enim consentaneū multos | Agnoscimus ante uisum
22 illic fuisse, qui Iesum antea uiderant⟨à qua sententia non abhorret Hieronymus⟩ Ac mox,

Miserunt.) ἀπέστειλαν. Cur non est ausus addere Nuncios. Nec est, In uniuersam regionem

* Nam illa .... Super aquas forms last sentence of preceding entry.

gionem, sed εἰς τὴν ὅλην περίχωρον, In totam undiq; finitimam regionem. Nam illud,
[Omissa nox Vt uel fimbriam.) Eleganter uertit, cum sit Graece, κἂν μόνον ἅψωνται, id est, Vt uel tan-
gerent duntaxat. Et quod est, Vestimenti, Grecis est ἱματίου. quod aliquãdo pallium uertit.
Significat enim summam uestem, id quod ad ἔμφασιν facit.

EX CAPITE DECIMOQVINTO

TVnc accesserunt.) τότε προσέρχονται, id est, Tunc accedunt. Ac mox,
Scribae ab Hierosolymis Ab Hierosolymis scribae.) οἱ ἀπὸ ἱεροσολύμων γραμματεῖς. Articulus facit,
ut uertendum fuerit, Qui ab Hierosolymis uenerant scribae, siue Hierosoly-
mitani scribae. Idem indicat Chrysostomus, hunc enarrans locum : Nam erãt
& aliarum urbium scribae. Nec est, Traditiones, sed παράδοσιν, id est, Tradi-
[παράδοσις quid tionem, consentiente uetustissimo codice Latino, (atq; etiam Constantiensi) {Nos institutũ, 27.19
Traditio, insti siue constitutionẽ uertere possumus.} Nec enim queruntur de omnibus traditionibus, sed
tutum à maio de una duntaxat : nempe de non lauando manus.
ribus profectũ Nam deus dixit.) Graece est, ἐνετείλατο λέγων, id est, Praecepit dicens. Vt respondeat ad
16: Mandavit id quod praecessit, ἐντολὴν Mandatum {siue quod malim, Praeceptum} Caeterum 19
Honorare pa- Honora.) Graece est, τίμα, quod significat, Honorem habe. Verum secundũ consuetu-
rentes, quid dinem sermonis scripturarũ, magis pertinet ad subsidiũ, quàm ad honorem. Praecepit enim
16-27: hebraici deus id quod gentiliũ quoq; legibus cautum est, ut liberi parentibus, uel aetate defectis, uel
inopia laborãtibus, uel alioquin afflictis, opitulentur, & ut Graeci loquũtur, ἀντιπελαργῶσι.
Id hodie quidam non intelligentes, parentes suos tantum non adorant, eumq; honorem pa
rentes à liberis exigunt, atq; ita totum pietatis officium abunde persolutũ arbitrantur. Ad
eundem modũ usus est Paulus scribens Timotheo : Honora uiduas, quae uere uiduae sunt.
Ac rursus: Presbyteri duplici honore digni sunt. Quin & apud Latinos, honor pro pręmio
gratiaq; usurpatur, quae pro merito refertur. Et apud Graecos τιμή, à τίω deductũ est, quod
quoties in bonam accipitur partem, significat dependo, siue persoluo.
Munus quod- Munus quodcunque est.) δῶρον ὃ ἐὰν ἐξ ἐμοῦ ὠφεληθῇς, id est, Donum quodcunq; ex me
cunque, locus profectum fuerit adiuueris. Caeterũ sensus uerborũ est aliquanto obscurior, unde ab omni
uarie exposi- bus multifariam exponitur. Quidam enim haec uerba tribuunt filio, qui sic loquatur patri:
16: hebraicam tus Donarium quod ex me uenturum erat in corban, nam Syram uocem posuit Marcus, hoc
est, in gazophylacium templi, id totum consumitur in tuos usus, tibiq; iuuando impendi-
tur, nimirum fraudato templo {Atq; ita praetextu pietatis bis uiolabant pietatem : primum 19
19-22: veluti desertis parentibus, uelut in gratiam dei: deinde deum ridebant, non immolantes, quod im
molatum fingebant, ut ait Chrysostomus. Velut si pater ouem, aut simile quippiam petijs-
set à filio, ne deesset negandi praetextus, fingebat filius eam ouem templo destinatam. Idq;
scribae nefas uideri uolebant, in priuatos usus asserere, quod templo dicatum esset: perinde
quasi deus suo iure fraudaretur. Atq; utinam hic pharisaeorũ morbus à Christianorũ mo-
19-22: margin: ribus abesset. Huiusmodi captionũ plena sunt omnia. Et Christi aut Mariae peculium dici-
Notati sacerdotum tur, quod uel in luxum sacerdotũ ac monachorũ seruatur, uel in principis alicuius prędam.
mores Sacrilegium habetur hinc egenis subuenire. Horum laqueis testamenta transferuntur ad
alendum ocium, & luxum quorundam religionem cultu tituloq; profitentium, fraudatis
& exclusis aliquoties & liberis}: (quasi quod datur alendis liberis aut cognatis, consecretur 27
diabolo) Caeterum ideo dixit pharisaeis, Vos autem dicitis {non quod haec illorũ sint uerba, 19
sed} quod illi docerẽt liberos ad eum modum loqui patri: quo parentes, dum metu sacrilegii
abstinebant ab his, quae uidebantur destinata templo, penuria conficerentur : atq; ita quod
deus iusserat impendi confouendis parentibus, id in lucrum cedebat sacerdotum. Alij refe-
19-22: creditorem runt haec ad pharisaeos, qui uerbis huiusmodi terrerent debitorẽ, grauantem reddere quod
debebat. Nam arte id agebant pharisaei, ut si quis debitor esset, unde uel ob inopiam, uel ob
potentiam nihil posset extorqueri, creditor pecuniam eam consecraret corbonae. Iamq; ius
exigendi transierat ad istos qui debitorem territabant, ad hunc modum: Tu pecuniam deo
dicatam, apud te detines, & in prophanos consumis usus, quod templo consecratum est?
Atq; ita fraudabatur creditor sua pecunia. Verum haec non uideo quid ad parentes hono-
19: Vulgarius randos pertineant {etiamsi hunc quoq; sensum recensent Hieronymus, ac Theophylactus.} 19
Magis ad rem facit, ut filius dicat, quicquid templo dicauero, id patri impensum est, nempe
deo

22 deo,atq; ita irrisum patrem destituat.⟨Sic enim interpretabatur legem diuinam,quæ proui/
derat ne parentibus,morbo,ætate,inopia'ue laborantibus deesset subsidiũ, Honora patrem
& matrem,Patrem honora,id est,deum patrem omnium,& Synagogam matrem.⟩Nam il/
27 lam interpretationẽ reijcit etiam Chrysostomus,si modo non fallit interpres, (siquidem ha
ctenus suppeditabat Græcum exemplar,) ut filius dicat patri,nullum honorem tibi debeo,
19 sed si quid impendero est donum.Siquidem nec hoc ad pharisæos pertinet,{quo titulo filius 16: Nam
officium præstet patri.Loci obscuritas fuit in causa,ut interpretes alia atq; alia diuinarent.
Quod autem adfert Aurelius Augustinus in libro quæstionũ Euangelicarũ primo, quæ/ Excussa Augu
stione decimasexta, hisce uerbis filios adultos negare sibi gratum esse, quod parentes pro stini sententia
ipsis offerrent munera, posteaq; ad eam ætatem peruenissent, ut ipsi pro se possent offerre
donaria,an Euangelico congruat sensui,alijs expendendũ relinquo. Mihi sanè non admo/
35 dum probatur.}[Sed hunc locũ aliquanto dilucidius explanat Origenes,in fragmento quod
nos uertimus.]Cæterũ in ὃ ἐὰν ἐξ ἐμοῦ, omnino subaudiendũ est aliquid,ut exprimas articuli
Græci uim: & liberum est subaudire,quod sententiæ sit accõmodum,est,aut erit,aut aliud
simile. Deinde ὠφελήθῃς, magis legendum uidetur ὠφεληθῇ, ut sit Iuuaris. Tu iuuaris omni
dono, quod daturus eram templo. Quandoquidem Christus hoc uelut exemplum contu/
27 meliæ cõmemorat,qua liberi edocti à pharisæis,afficiant suos parentes,(nisi coniunctio ἐὰν
referatur etiam ad uerbum ὠφεληθῇς, ut accipiatur subiunctiuus, id est, iuuaberis siue iuuari
poteris.)Deinde τιμήσῃ, si per η scribatur,sonat,Honorabis,si per ει, Honorabit.Nostra uero
translatio,neq; cum Græcis satis quadrat,neq; sententiam ullam explicat. Proinde quantũ
licuit in tanta sententiarũ uarietate, id quod optimum iudicauimus sequuti, uertimus ad
hunc modum: Quicquid doni à me profecturũ erat, id in tuum uertitur cõmodum,& non Subaudien/
19 honorabit patrem suum,aut matrem suam,nempe filius sic edoctus à uobis.{Et tamen qui/ dum aliquid
cunq; sensus erit, durior est sermonis compositio, quod hæc particula, Quicunq; dixerit
patri & matri, non habet quod respondeat, nisi subaudiamus, Benefacit, aut aliud simile,}
27.22 (quod nullus admonuit præter glossam,quam adducit Catena aurea.)⟨Mirum est Lyranum
sic scribere in hunc locum, quasi non legerit quenquam ueterum interpretum. Nec enim
admodum refert attingere, quæ hoc loco aduersus Lyranum disserit quidam, & rursus in
hunc alius quispiam.⟩

Labijs me honorat.) Apud Græcos plusculum est uerborum, ἐγγίζει μοι ὁ λαὸς οὗτος τῷ
στόματι αὐτῶν, καὶ τοῖς χείλεσί με τιμᾷ, id est, Appropinquat mihi populus hic ore suo, & labijs Deest in no/
me honorat. Verum adiecit nonnihil aliquis,qui uoluerit absolutũ reddere prophetæ testi/ stris
monium, cum Hieronymus enarrans hunc prophetæ locum, indicet Euangelistam decer/
19 psisse,quod sibi cõmodum iudicabat: & neq; retulisse{per omnia}ut in Hebræo scriptũ est,
neq; ut à Septuaginta uersum.Est autẽ locus apud Esaiam capite uigesimonono.Hebraica †↓
sic reddit Hieronymus:Pro eo quod appropinquat populus iste ore suo,& labijs suis glori/
ficat me,cor autem eius longe est à me, & timuerunt me mandato hominum,& doctrinis.
22 Septuaginta uerterunt in hunc modum:⟨ἐγγίζει μοι ὁ λαὸς οὗτος ἐν τῷ στόματι αὐτοῦ, καὶ ἐν τοῖς
χείλεσιν αὐτῶν τιμῶσί με. ἡ δὲ καρδία αὐτῶν πόῤῥω ἀπέχει ἀπ' ἐμοῦ. μάτην δὲ σέβονταί με, διδάσ-
κοντες ἐντάλματα ἀνθρώπων καὶ διδασκαλίας, id est,⟩Appropinquat mihi populus iste ore suo,
35 & labijs suis honorat me,cor autem eius longe est à me, frustra[autem]colunt me,docentes
hominum præcepta,atque doctrinas. Ipsa igitur res indicat hoc testimonium non ita legi à Deprauatus
Græcis, ut est adductum ab Euangelista, sed ut est restitutũ à studioso quopiam : qui cum locus apud
deprehendisset locum apud prophetam, quod mutilatum esse putabat, expleuit: Idq; non Euangelistã
ex Hebræorũ libris, quos ignorabat,sed ex æditione Septuaginta,quam Græci sequuntur.
Porrò quod hoc loco interpres,haud scio quis, uertit

Sine causa.) Græce est, μάτην, id est, Frustra, & sine fructu potius quàm sine causa.
Atq; ita legitur in translatione Septuaginta. Deniq; Longe est, Græce est, ἀπέχει, id est,
Abest, Nec est, 16: Non
27 Doctrinas & mandata hominum.) Apud Græcos(enim hoc loco)non additur coniun/ Præcepta ho/
ctio. Verum διδασκαλίας ἐντάλματα ἀνθρώπων, id est, Doctrinas, mandata hominum, ut minum
appositiue legatur Doctrinas,quæ sunt mandata hominum non dei. Atque ita comperi in
19.22 uetustissimis illis,quæ iam complusculis locis adduxi,{Latinis}exemplaribus:⟨postremo in

† 16: Hebraei sic habent. Ki niggash ha'am ha-zeh be-phiw u-bi sephathaw kibbeduni we-libbo rahaq mimmenu wa-tehi yir'atham 'itti misewath 'anashim melummadah. Et sic reddit

aureo codice⟨& in exemplari quod erat ad manum quum hanc æditionē quartam adorna- 27
remus Constantiensi.⟩Et consentiunt Hebraica, מְצְוַת אֲנָשִׁים מְלֻמָּדָה, quod ad uerbum
ita reddere liceat, Mandata hominum doctrinas. Nec tam est Colunt, quàm Reuerentur,
σέβονται, quod propius etiam accedit ad Hebraicam ueritatem, בִּכְבוֹדִי.

Conuocatis turbis.) προσκαλεσάμενος τὸν ὄχλον, id est, Aduocata, siue uocata ad se turba, aut accersita. Quod tamen ita fermè perpetuo transfert. Cæterum Coinquinat, Græ-
Κοινοῦν, pro- phanare — cis est, κοινοῖ, id est, Commune facit⟨siue ut Augustinus legit, Communicat, libro aduersus 22
Faustum decimosexto, capite trigesimoprimo.⟩Nam Iudæi quod sanctum purumq; non
sit, id cōmune uocant, quod Latini prophanum, impurum, aut nefastum. Nam pura, san-
16-19: impurat — cta, minimeq; prophana uocantur, Vnde nos uertimus, Impurum⟨reddunt.⟩Ac mox, Im- 22
purum reddet hominem.{Annotauit hoc Origenes, seu potius Origenis interpres, edisse- 19
rens caput epistolæ ad Romanos decimumquartum, indicans in nonnullis exemplaribus
Latinis fuisse scriptum, Communicant, in nonnullis Coinquinant.}

Adnominatio- nis gratia ne- glecta — Sed quod procedit.) Perdidit interpres gratiam προσονομασίας, atque item φαντιώσεως
in his uocibus τὸ εἰσερχόμενον, & τὸ ἐξερχόμενον, id est, Quod ingreditur, & quod egreditur.
Ac paulo post, οἶδας ὅτι, id est, Nosti, & Quia uertendum erat in Quod: aut certe per infinitum uerbum reddendus sensus. Ad hæc, ἀκούσαντες τὸν λόγον τοῦτον, (Pro)uerbum, rectius 27
uertisset, Sermonem: cum Græca uox sermonem significet magis, quàm uerbum, aut certe
Verbum pro dicto — dictum. Vt ne dicam, Scandalizatos positum pro offensos.

Cæci sunt duces cæcorū.) Græcus sermo festiuior est, ὁδηγοί εἰσι τυφλοὶ τυφλῶν, id est,
Duces sunt cæci cæcorum. Nam ὁδηγοὶ proprie dicuntur, qui cōmonstrant uiam, ab ὁδὸς
uia, & ἄγω duco⟨siue ἡγοῦμαι præcedo.⟩Ac mox φράσον, edissere, de quo superius admo- 22
nuimus, etiam si mihi non improbatur. Nec est,

Non, pro nondum — Non intelligitis.) Sed οὔπω, id est, Nondum, ut respōdeat ad ἀκμὴν, id est, Adhuc, quod
tamen uehementius quiddam est, quàm ἔτι.

⟨Cogitationes malæ, homicidia.) In Græcis aliquot exemplaribus scriptum erat, φθόνοι, 22
id est, Inuidiæ. Atq; ita sanè habet æditio Aldina. Huic simillima uox est. φόνοι, id est, Cædes siue homicidia. Nec ex Chrysostomo nec ex Hieronymo liquet quid legerint.⟩

Male, pro misere — Male uexatur.) κακῶς δαιμονίζεται, id est, Misere. Quanquā & Male Latinis usurpatur
pro Misere. Ac rursum ὁ δὲ, id est, At ille ait, uertit, Qui ait, uelut affectata dissonantia, tametsi id non magni refert. Item,

Non respondit ei uerbum.) λόγον.{Rursus}cur potius uerbum quàm sermonem? Nam 19
sensus est, non respondit illi quicquam.⟨Nec enim est idem tropus in sermone Græco, qui 22
est in Latino: quemadmodū dicimus non rescripsit literam pro eo, quod erat nihil omnino
rescripsit.⟩Præterea ἠρώτησαν, id est, Interrogabant, quo tamen uerbo nōnunquam abusus
uidetur pro rogo. Nam hæc uox Latinis est anceps. Item,

Dimitte illam.) ἀπόλυσον, id est, Absolue illam: siue ut impetrato quod petit abeat, siue ut aliquo pacto illi satisfiat.⟨Nos uertimus, Amitte pro eo quod est ablegato. Sic enim 22
Terentius usus est amittendi uerbo, ut opponatur retinendi uerbo. Neque enim semper
amittere idem est quod perdere.⟩

Ad oues quæ perierunt.) τὰ ἀπολωλότα, id est, perditas, ut sæpe citat Hieronymus. Cæ-
Adiuuare — terum articulus indicat non omnes oues intelligi, sed eas quæ periissent.*Et, Adiuua, βοήθει
βοηθεῖν & — rectius, Succurre. Nam adiuuamus laborantem, & βοηθεῖν, inde dictum, quod ad uocem
βοηδρομεῖν — periclitantis & quiritantis accurritur, id quod & βοηδρομεῖν uocant.
unde dicta — ** Non est bonum.) Græce est καλὸν, quod magis honestū & pulchrum significat, quàm
bonum, ἀγαθόν. Nam indecorum est, cibum filiorum obijcere canibus. Hæc enim Iesus ex
publico Iudæorum affectu dixit, qui se solos deo charos & sanctos iudicabant, cæteros o-
mneis canum habebant loco. & liberorū est magis quàm filiorum, τέκνων: ut ea uox filias
quoq; complectatur, præsertim cum mulieri loquatur.

Abijcere po- tius quàm mit- tere — Mittere canibus.) βαλεῖν τοῖς κυναρίοις, id est, abijcere catellis. Eadem est uox, quā mox
uertit diminutiue. Nam & catelli edunt.) καὶ γὰρ τὰ κυνάρια. Ne quis in huius
mutatione uocis somniet subesse mysteriū⟨cum apud Græcos utrobiq; sit eadem.⟩Tametsi 19.35
diuus Hilarius uidetur altero loco legisse canibus, nisi forte non consuluit exemplar Græcum

§ 16: Ad hæc .... dictum follows Ut ne dicam .... offensos
*16: Et Adiuua .... vocant forms last sentence of 'Dimitte illam)', above.
** 16: follows 'Etiam domine)', p. 69.

cum. Ait enim mulierē diminutiui nominis blandimento canum opprobriū leniſſe. Quod cōmentum non habet locum, niſi priore loco, legas κυσί.] Præterea,
Etiam domine.) ναὶ κύριε. Confirmantis eſt aduerbiū, non refellentis. Verum eſt quod dicis, Turpe eſt panes filiorū abijci catellis, ego licet ſim canis, micas peto non panes. ναὶ]
Habentes ſecum.) ἔχοντες μεθ᾽ ἑαυτῶν, id eſt, Adducentes ſecum. Nam id quoq; ſignificat ἔχω. Hieronymus interpretatur deducentes, ſiue portantes. Ac ſubinde,
Mutos, cæcos, claudos, debiles.) χωλοὺς, τυφλοὺς, κωφοὺς, κυλλοὺς, id eſt, Claudos, cæcos, mutos, mutilos, ſiue mancos. Hieronymus admonet, q̄d hic uertit debiles, Græcis eſſe κυλλοὺς: quod ita refertur ad manū, quemadmodū χωλὸς ad pedem: ut ſicut qui uno pede claudicat, claudus dicitur, ita cui altera manus manca aut truncata ſit, κυλλὸς dicatur. Nam debilitas generale malū eſt totius corporis. Vnde cum paulo poſt, ſanatos referens, dixiſſet mutos loquētes, cæcos uidentes, claudos ambulantes, non repetit κυλλοὺς, quod nihil haberet, quod huic nomini reſponderet. Ex quibus Hieronymi uerbis conſtat, id quod reperitur in Græcis exēplaribus κυλλοὺς ὑγιεῖς, id eſt, Debiles ſanos, additū à quopiā, qui id putauerit librarij uitio prætermiſſum. Vt diſſimulem, quod ἐδόξασαν uerterit, magnificabāt pro glorificabant. Nam de illis προσκαλεσάμενος, & σπλαγχνίζομαι, non ſemel iam admonuimus. Κυλλοὶ qui Græcis
Ne forte deficiant.) μή ποτε, id eſt, Ne, aut nequando. Ac paulo poſt,
Vnde ergo nobis.) Ergo redundat, πόθεν ἡμῖν, id eſt, unde nobis.
Panes tantos.) ἄρτοι τοσοῦτοι, id eſt, Tot panes, ſiue tam multi panes, aut certe tantum panum. Nam Græca uox numerum ſignificat, non magnitudinem, hoc eſt, quantitatem diſcretam, non continuam, ut loquuntur Dialectici. Porrò, Tanti pro tot non recte
Vt diſcūberent.) Græcis eſt ἀναπεσεῖν, quod ſignificat humi conſidere, non in lectis. Et,
Gratias agens fregit.) εὐχαριστήσας ἔκλασεν, id eſt, Cum gratias egiſſet, ſiue gratijs actis fregit. Ac rurſum,

19 Diſcipuli dederunt populo.) Dederunt {interpres Latinus} addidit de ſuo. Nec eſt,
Quatuor milia hominū.) ſed τετρακισχίλιοι ἄνδρες, id eſt, Quater mille uiri. Nam quod χωρὶς uertit Extra pro præter, laudo copiam, etiamſi nihil opus. Deinde παιδίων Pueros uertit paruulos, ita ſolet reddere νηπίους.
In fines Magedan.) εἰς τὰ ὅρια μαγδαλά, id eſt, In fines Magdala. Atq; ita legit diuus Chryſoſtomus, addens Ieſum abiſſe in fines Magdalorū. Sic enim uertit interpres. Nam hic ut ante dixi, deſtituit nos Græcum exemplar truncū. Ac meminit quidem Hieronymus Magdali in deſcriptione locorū. Cæterum hoc loco Magedam legit, non Magdalā, his quidem uerbis: Magedam, ad cuius fines Matthæus euangeliſta ſcripſit dominū perueniſſe, ſed & 16-19: confinia Mageda Magdala
27 Marcus eiuſdem recordatur. Nunc autem regio dicitur Macera, contra Ieſuram. (Rurſus interpretans uoces Hebraicas apud Matthæum meminit Mageda. In uetuſtiſſimo codice qui habebat cōmentarios Theophylacti, ſcriptum erat, ὄρη non ὅρια, id eſt, montes non fi-
35 nes. Sed uni teſti, ut aiunt, ne Catoni quidem creditur) [Marcus pro Magedan habet Dalmanutha, putantq; locum fuiſſe binominem.]

EX CAPITE DECIMOSEXTO

Serenum erit.) εὐδία, id eſt, Serenitas, ut ſubaudias erit, ſicut & in proximo,
Hodie tempeſtas,) ſubauditur erit, σήμερον χειμών. Ac magis exprimit certum prognoſtæ iudicium hoc ſchema ſermonis. Porrò, Prognoſtæ
Rutilat.) Idem uerbū eſt, quod modo uerterat, rubicundū eſt, πυῤῥάζει. Et,
Non poteſtis ſcire.) Scire non additur nec in plerisq; Græcis exemplari-
19 bus, nec in antiquis Latinis. Quanquam in nonnullis reperi ſcriptum, οὐ δύνασθε {Non po-
19 teſtis} in quibuſdam, οὐ συνίετε {id eſt, Non intelligitis.} Item,
Intuemini & cauete.) ὁρᾶτε καὶ προσέχετε, id eſt, Videte & cauete, ſiue ut alibi uertit, Attendite. Quis enim unquam dixit, Intuemini pro Cauete? Nam hæc uerborū idem ſignificantium conduplicatio, nihil aliud quàm epitaſin cautionis habet. Videre pro cauere
22·27 Inter ſe.) ἐν ἑαυτοῖς, Inter ſe mutuo, ſiue intra ſeſe. ⟨Intra ſe habet codex aureus⟩ ut intelligas tacitam cogitationem.) Nam διελογίζοντο quoq; ambiguum eſt ad diſputantem, & ad cogitantem. Ac mox, ἐν ἑαυτοῖς, id eſt, Inter uos, ſiue intra uos. Ac paulo poſt, ἑαυτοῖς ad utranq; perſonam
19 Quinq; panum, & quinq; milia.) Cur non {potius quinq; milium} Quanq; accuſatiuus panes {↓

{16: non utrumque eodem vertit casu? Quanquam

{panes}erat cōmodior ob turbam genitiuorū.(Quidam Latini codices habebant,quinq; pa- 19.27
num & quinq; milium, quidam, quinq; panum in quinq; milia, quum emendatiores cum
[Lectio uarias Græcis legant quinq; panum quinq; milium, ut non sit asyndeton, sed panes illorū dicantur qui eos comederunt,aut certe genitiuo græco absolute posito, quū essent quinq; milia.
Similis uarietas est in proximo sermone, septem panum & quatuor milia, uel in quatuor
milia,uetustiores habebāt,septem panum,quatuor milium.)Cæterum articulus additus fa-
[Articuli uis cit ut de certis panibus(deq; certis hominibus)intelligamus τοὺς πέντε ἄρτους, & τῶν πεντακισχι- 27
16:4 quinque ille λίων, Quinq; illos panes, illorum quinq; milium. Poterat{fortasse}posterior genitiuus ab- 19
milia solute uerti, Cum essent quinq; milia hominum. Et aliquanto post,
Quare non intelligitis.) πῶς οὐ νοεῖτε, id est, Quomodo non intelligitis,ut sit obiurgantis, hoc est, Qui fit, ut non intelligatis?
Cæsareæ duæ Cæsareæ Philippi.) καισαρείας τῆς φιλίππου. Dilucidius erat Cæsareæ eius quæ cogno-
minatur Philippi. Siquidem articulus additus distinguit hanc Cæsaream, quæ Philippi co
gnomen habet,ab ea quæ citra cognomē Cæsarea dicitur. Ea est,quam[maior ille]Herodes 35
↓* Iudæorum rex*instaurauit,in honorem Augusti Cæsaris,quæ prius turris Stratonis uoca-
16-27: Herodes batur. Cæterum Cæsarea Philippi ea est, quam extruxit eius filius[Philippus Tetrarcha 35
Ituręæ & Trachonitidis]in honorem Tiberij Cæsaris,quæ mutato nomine,deinde Paneas
dicta est, in prouincia Phœnices ad radices Libani, ubi Iordanis è duobus oritur fontibus,
Ior & Dan, autore Hieronymo.
[Quem me di- Quem dicunt homines?) τίνα με λέγουσιν, id est,Quem me dicunt: atq; ita scriptum de-
cunt,deest in prehendi & in uetustissimis codicibus Latinis{nominatim in exēplari Paulino(Vetustissi- 19.27
nostris prono mus omnium Irenæus lib.3.cap.2.pronomen addidit,quem me dicunt.)In nōnullis Græcis
men tantum erat,quem me dicunt esse?}(Quanq; Hieronymus in cōmentarijs negat Christum, 22
uelut arroganter de se percontantem dixisse, Quem me dicunt esse, sed Quem dicunt esse
filiū hominis,(etiamsi potest intelligi modestiæ argumentū non esse in omisso pronomine 27
sed in addita particula, filium hominis,) Nec ex Origene, nec ex Chrysostomo satis liquet
additum fuisse me)(Apud Theophylactum addi constat.)Et, 27
[Articuli uis Filium hominis.) τὸν υἱὸν τοῦ ἀνθρώπου. Neutrum expressit articulū, cum neuter sit ocio-
Filius hominis sus. Nam certum filium, ac certum hominem significat, nempe Adæ, qui apud Hebræos
אדם, id est,Homo dicitur.Proinde friuolum est istorum cōmentum,qui putant Christum
ob id dici filium hominis, quod ex matre duntaxat sit progenitus, cum hic homini præpo
natur articulus masculinus, τοῦ. Itidem in eo quod sequitur:
Articulus qd Tu es Christus.) ὁ χριστός, id est,Tu es ille Christus{& tu es ille filius dei.Quin etiam par 19
ualeat ticipio ζῶντος, articulus additus est apud Græcos, idq; non abs re,quod subindicat Orige
nes,adducens illud, Viuo ego dicit dominus. Filius, non cuiuslibet dei, Nam erant & gen
tibus sui dij, sed filius illius dei, qui solus habet immortalitatem, quiq; fons est, & parens
omnis uitæ}(Leuiculum est,quod paulo ante, 22
[Iesu nomen Dicit illis Iesus.) Iesus additum est, cum absit in Græcis atq; aureo codice.)
additum Simon Bariona.) Mirū cur id uterq; interpres alia lingua maluerit q̄ Gręce,aut Latine.
Bariona quid Nam alibi uertit{ut apud Ioannē cap.primo,Tu es Simon filius Ioannis,& rursus cap.xxi.} 19
16: hebraice Simon Ioannis diligis me plus his? Nisi forte allusit ad mysteriū reuelationis.Bar בר enim
filium sonat,& יונה columbā. Addito elemento יוחנן sonat Ioannē. Porrò Ioanna interpretantur domini gratiam{Hieronymus putat deprauatū esse Bar Iohanna in Bariona.} 19
Petrus Quia tu es.) ὅτι, Quod non quia,id est,dico te esse Petrum. Petrus autē Græcis saxum
Cephas significat πέτρος. quemadmodū & Cephas Syro sermone{ut testis est Hieronymus}non 19
Hebraico,soliditatē sonat.Saxum enim illum appellat,quod solidus sit in confessione fidei,
& non uulgarium opinionum leuitate huc & illuc uacillet: & super istam petram, hoc est
solidam istam fidei professionē extruam ecclesiam meam, in quo fundamento si constiterit,nec inferi quicquā aduersus illam poterunt{nedum homines.}(In eam sententiam Theo- 19.27
Locus expli- phylactus & Chrysostomus, quem citat Catena aurea.)Etiamsi diuus Augustinus in ho-
catus uarie milia huius loci,hæc uerba super hanc petram, ipsi accōmodat Christo, non Petro :Tu es,
inquit, Petrus, & super hanc petram quam confessus es, super hanc petram quam cogno-
uisti,dicens:Tu es Christus filius dei uiui,ædificabo ecclesiā meam,id est,Super meipsum
filium

* 16-27: pater Herodis tetracha Trachoniditis

filium dei uiui, ædificabo ecclesiam meam, Super me ædificabo te, non me super te. Nam
uolentes homines ædificari super homines,dicebant: Ego quidem sum Pauli,ego autē A-
pollo,ego uero Cephæ,ipse est Petrus. Et alij qui nolebāt ædificari super Petrum,sed super
27 petram,Ego autē sum Christi.(Idem libro retractationū priore,cap.21.recenset utranq; sententiam,propensior tamen in hanc, ut Petrus profitens Christum filium dei uiui typum ge
rat ecclesiæ, cui traditæ sint claues. Cæterum lectori liberum facit eligere, utram uoluerit.)
19 Proinde miror esse, qui locum hunc detorqueant ad Romanum pontificem{in quem haud
dubie cōpetunt in primis uelut in Christianæ fidei principem. At non in hunc unum,sed in *Ecclesia non*
omnes Christianos,quod elegāter indicat Origenes homilia prima,narum quas habemus.} *est fundata su*
Verum sunt, quibus nihil satis est, nisi quod sit immodicū. Ita quidam ad inuidiam usque *per Petrum*
Franciscum prodigiosis efferunt laudibus,quem exprimere magis oportebat,q̃ in immensum attollere. Nam deiparæ uirgini, & Christo fortasse non potest ascribi nimium. Quanq̃
hic quoq; optarim omnes tam ad imitandi studium inflāmatos, quàm quosdam uidemus
19 sedulos in exaggerandis laudibus.{Diuus Cyprianus in epistola primi libri tertia, uidetur
accipere super Petrum esse fundatā ecclesiam, Petrus tamen,inquiens, super quem ab eodem domino fundata fuerat ecclesia. Nisi forte sic excusandus est Cyprianus, quod Petrū
hic non pro homine illo sed pro typo accepit, quod propemodum indicant quæ sequūtur,
27 Vnus pro omnibus loquens,& ecclesiæ uoce respondens,ait, Domine quò ibimus?(Similiter excusari possunt loca in quibus S.Hieronymus in epistolis uidetur dicere,super Petrū
fundatā ecclesiam Christi)Itaq; Petrus saxeus solidam ecclesiæ fidem repræsentat}Cæterū
nostra interpretatio uerbis duntaxat dissidet ab Augustiniana, quā ideo induximus, quod
illius uideretur coactior,ad quam tamen maluit deflectere,quàm in alterum incurrere sco-
pulum,uidelicet ut in homine poneret ecclesiæ fundamentum.
19 {Non præualebunt aduersus eam.) Notauit huius sermonis amphibologiam Origenes, *Amphibolo-*
quod pronomen eam, uel Petram referre potest, uel ecclesiam. Verum id ad sententiam *gia*
perparui refert.}Porrò inferi posuit,pro inferno. Quanquam ne id quidem satis Latinum.
Græcis est, ᾅδου, id est, Tartari, siue Orci, Lactantius tamen in carmine sic usus est:
Inferus insatiabiliter caua guttura pandens. Item,
Erit ligatum & in cœlis.) Et coniunctio redundat, nec apud Græcos additur, nec in ue-
35 tustis exemplaribus. Ad eundem modum, Solutum in cœlis [legendum]Pro solutum & in
cœlis. Ac paulo post,
Mandauit discipulis suis.) διεστείλατο,Quod uerbum in psalmis uertit,distinxit.Rectius
27 erat edixit.(Nam hinc dictum uidetur,quod edictum ad omnes mitti solet.)Ac rursum,
Quia ipse esset Iesus Christus.) ὅτι, uertendum erat,per quod.Et Iesus non additur,nec
19 in Græcis exemplaribus, nec in emendatis nostratibus.{Quanq; in Paulino scriptum erat
Iesus Christus.In altero,quoniam ipse esset Christus Iesus. Origenes homilia in Matthæū
prima,frequenter adducit hunc locum iuxta nostram sententiam. Videamus ergo,inquit,
si iam opera apostolatus facientes eos uolebat etiam prædicare, quoniā ipse erat Christus.
Et si uolebat,dignū est quærere quid est,quod nunc pręcipit discipulis suis,ut nemini dicāt *Prædicare*
quoniam ipse est Christus.Item aliquanto post:Ideo & saluator mittens apostolos,uolebat *Iesum*
ut nemini dicerent manifeste, quoniam ipse erat Christus. Ad eundem modum semel atq; *Prædicare*
iterū repetit in sequentibus,distinguens tempus,quo satis erat prædicare Iesum,& tempus *Christum*
19 quo prædicandus erat Christus}Et obstat sensui{si Iesum addas}Nihil enim magni erat esse
Iesum,quod uocabulū erat hominis,haud dubium quin id temporis sexcentis cōmune. At
19 Messiam esse,magnū erat.{Alioqui perinde fuerit, ac si legas, ut nemini dicerent se esse Iesum Christū.Etenim quo minus huc confugiamus,ut dicamus accipi posse,ne cui diceret,
quod Iesus esset Christus, obstat primū pronomen ipse, deinde etiam ipse sermonis ordo.
27 Neq; enim quisq̃ ita loquitur,Nemo credit,quod fuit Plato Christianus.(Sed nemo credit
quod Plato fuit Christianus.) Quanq; hoc sanè mollius est aliquanto, quàm quod hoc loco
legimus.Nescio an hic Iesus nō pro uocabulo hominis proprio,sed pro seruatore sit positū
ut intelligamus illum uetuisse, ne se dicerent esse seruatorē Messiam. Neq; enim,opinor,
Iesus siue Iosuah simpliciter seruatorē sonat Hebręis,sed à salute denominatū est}Ac mox,
Quia oportet ire.) ὅτι Quod oporteret se abire,aut Quod sibi esset abeundum.

A senioribus

A ſenioribus.) πρεσβυτέρων. Haud ſcio an rectius fuerit Græcam uocem relinquere, A
presbyteris,quemadmodum ante fecit. Quandoquidem hic honoris uocabulum eſt potius
quàm ætatis. Ac paulo inferius,

Et aſſumens eum.) καὶ προσλαβόμενος, Et apprehenſum eum, nimirum ut ſolent fami-
liarius aliquid dicturi.

Propitius tibi eſto

Increpare eum.) Idem uerbum quod aliquoties uertit,cõminari{nimirum ἐπιτιμᾶν.} 19
Abſit à te domine.) Hieronymus annotauit ſignificantius eſſe quod legitur à Græcis,

[Verba mutauit interpres

ἵλεώς σοι κύριε, id eſt,Propitius tibi domine,ut ſubaudias,eſto aut ſis.{Ad hunc modũ legiſſe 19
Origenem homilia in Matthæũ prima, declarat interpres, & hunc ſecutus Chryſoſtomus,
homilia quinquageſimaquinta,ac rurſus,octogeſimatertia}(Nec diſſonat Theophylactus.) 27
Atque ipſa uerbi omiſſio facit ad affectũ Petri{uehementer quod dictum erat abominantis.} 19
Eſt autem ſermo abominantis,peculiaris Hebræis. Mihi magis uidetur ſubaudiendum,Sit
tibi deus,quàm ſis: quanquam ita uiſum eſt Hieronymo.{Auguſtinus in pſalmum trigeſimum 19
quartum, legit, Propitius tibi eſto, non fiet iſtud. Item ſermone de uerbis domini ex Matthæo xiij. Rurſum libro aduerſus Fauſtum xvi.capite decimoſeptimo}Ac mox,

Vade retro poſt me ſoli Petro dicitur

Vade retro ſatana.) ὕπαγε ὀπίσω μου σατανᾶ, id eſt,Abito poſt tergum meum ſatana. שָׂטָן
Hebræis ſonat aduerſariũ. Vnde Petrum ſatanam uocat,non diabolũ intelligens,ſed quod
humano affectu aduerſaretur conſilio diuino. At totidem penè uerbis nũc repellit Petrum,
quibus ante tentantẽ diabolũ.{Illud indicauit Origenes hoc loco dici Petro, Vade poſt me. 19

Vade & uade poſt me

Cæterũ apud hunc ipſum Matthæũ capite quarto, diabolo tantum dici ὕπαγε, id eſt,Abi:
nec addi Poſt me,quod obedientiæ ſit ire poſt Chriſtũ. Id autẽ in apoſtolos quadrat,non in
diabolum,quemadmodũ & illic admonuimus : licet hæc differentia,nec in Græcis codicibus,nec in noſtris ſatis conſtanter obſeruatur,haud ſcio an incuria ſcriptorum.}

Scandalũ unde dictũ Græcis

Scandalum es mihi.) Mirum quàm hæc quoque Græca uox placuerit Chriſtianis, quæ
nobis obſtaculum,ſeu impedimentũ ſonat,ut teſtatur & Hieronymus in dialogo aduerſus
Pelagianos, σκῶλον & σκάνδαλον, à ruina dictum, quod occaſio ſit cadendi,ſi quid obſtet
eunti, & σκάζω claudico, quod claudus inflectens ſe, uideatur tendere ad ruinam. Vertere
poterat,Obſtaculo mihi es,etiam ſi Græce eſt μου. non μοι, id eſt,Meum,non mihi.

[ἀντάλλαγμα

Quam dabit homo commutationem?) ἢ τί δώσει ἄνθρωπος ἀντάλλαγμα τῆς ψυχῆς αὐτοῦ,
Hic ἀντάλλαγμα uocat,id,quo dato redimitur aliquid,iuxta priſcorum cõmercia,quæ non
moneta,quemadmodum hodie,ſed mutua rerum permutatione conſtabant. Eſt igitur ſenſus, omnium rerum iacturam eſſe faciendam citius quàm uitæ. Quæ ſi ſemel pereat, nihil

16: quo

eſt tam charum, cuius permutatione poſſis illam redimere, quicquid dederis. Proinde nos

[Anima pro uita

uertimus, Aut quid dabit homo, quo redimat animã ſuam? Sanè animam uitam appellat.
Quemadmodum & Horatius, Animæque magnæ prodigum Paulum :{& in hunc certe ſen- 19
ſum interpretatur Origenes}(Sumitur enim ſimilitudo à uita corporis quæ cuique chariſſi- 22
ma eſt,ad uitam animi,quam oportet eſſe multo chariorem.)

De hic ſtantibus

De hic ſtantibus.) Nonnulli Græci codices habebãt, τῶν ὧδε ἑστώτων, id eſt, Sunt quidam
inter hos qui hic ſunt,ſtantes,ſiue ſunt aliquot præſentiũ ſtantes.{Vt articulus τῶν referatur 19

[Articulus additus aduerbio

ad aduerbium ὧδε, quemadmodũ dicimus, τοὺς νῦν, τοὺς πάλαι. Origenes homilia tertia,
nonnihil philoſophatur de ſtantibus, quaſi non omnes ſteterint, ſed ij duntaxat, qui affixi
eſſent Chriſto,quaſique non omnes eſſent uiſuri regnum dei.}

EX CAPITE DECIMOSEPTIMO

{Diſſonantia in numero

ET poſt dies ſex.) De numero dierum conſentit Marcus cum Matthæo, cum 19
Lucas tradat octo fermè dies interceſſiſſe,id ita explicat Chryſoſtomus,ut dicat Matthæũ ac Marcum eos tantum dies ſupputaſſe,qui medij interceſſerãt
inter ſermonẽ habitũ,& montẽ aditũ : Lucam uero duos etiã extremos impu
taſſe,nempe eum quo prior habitus eſt ſermo,& eũ quo montẽ conſcenderũt.}

Aſſumpſit Ieſus.) παραλαμβάνει, id eſt,aſſumit,præſentis temporis. Item paulo poſt.

Duxit illos.) ἀναφέρει αὐτούς, id eſt,Subducit illos,ſiue abducit eos. Nec eſt,Reſplenduit

Sicut nix & ſicut lumen

ſed ἔλαμψεν, id eſt,Fulſit ſiue ſplenduit,non ἀπέλαμψεν. Ad hæc in omnibus quæ quidem
ego uiderim Græcis exemplaribus ſcriptum erat,non, Sicut nix, ſed ὡς τὸ φῶς, id eſt, Sicut
lux(cõſentiente etiam æditione Hiſpanienſi)Vnde uideri poterat errore ſcribæ, lux muta- 27
tum in

27 tum in nix, nisi (tantus esset Latinorũ codicum consensus) præsertim cum alius Euangelista C↓
27 meminerit fullonis, cuius ars est candidare uestes. (Apud Theophylactũ contextus habet, sicut lux, ex cõmentarijs non liquet quid legerit, ne ex Chrysostomi quidẽ aut Hieronymi. Inter colores plurimũ lucis habet albus, & quæ lucent candida dicũtur, ueluti luna. Faciem domini comparauit soli, qui solus aureus est, uestimenta lumini reliquo, quod candorẽ habet, quanquam obscuratur à sole.) Quanquam Valla de his uerbosius argutatur: quæ si quis cupiat
19 cognoscere, {& si quid uidebũtur ad Euangelij sensum facere} sunt in promptu. {Dubium nõ est quin Origenes legerit, Sicut lumen, homilia tertia, nõ dissimulans interim apud Marcũ non luminis, sed niuis fieri comparationẽ. Itidem citat homilia xxx.} Et

Cum eo loquentes.) συλλαλοῦντες, magis sonat confabulantes, ut familiare colloquium Rabula quidã notatus
22 intelligamus. {Et hoc loco rabula quispiam publicitus apud populũ detulit Erasmi nomen, qui scripsisset, Euangelia nihil aliud esse quàm fabulas aniles, cum ego nihil aliud annotassem quàm Græcæ uocis proprietatem, neque mutarim in uertendo uerbum colloquendi. Et hic tamen erat insignis cultu dominicali, Baccalaureus sacrosanctæ theologiæ, doctrinæ Euangelicæ præco. Non miror inter tot huius ordinis milia, existere talia portenta: illud miror, non compesci à cæteris huiusmodi labes ac dedecora, non solum ordinis sui, uerum etiam totius populi Christiani.} Pauloque post,

Respondens autem Petrus.) ἀποκριθείς. Abutitur & aliàs hoc uerbo, cum nihil præcesserit, ad quod respondeat.

27 (In quo mihi complacui.) ἐν ᾧ εὐδόκησα. Quod Cyprianus ita reddit, in quo bene sensi: Itidem Irenæus.)

19 {Ipsum audite.) Iam iterum ea uox audita summam autoritatem arrogat Christo, unum hunc doctorẽ creauit ipse deus pater. Hoc autoritatis nulli Theologorũ, nulli episcoporũ, nulli pontificum, aut principum tributum est. Non quod his non sit parendum, sed quod Christo præcipue, & ob Christũ illis, si modo Christo digna præcipient, & si sequentur eorum uestigia, de quibus dictum est, Qui uos spernit me spernit, & qui uos audit, me audit. At nunc uidemus dormitari passim ad Christi doctrinã, ceu crassam ac rudem, & concionis auribus inculcari quid dixerit Scotus, quid Thomas, quid Durandus, & pluris fieri inter monachos, quid statuerit Benedictus, aut Bernardus, aut Franciscus, quàm quid is docuerit, de quo uno uox patris audita est, Ipsum audite. Illi ferre non possunt, si quis uerbulo eleuet Dominici aut Francisci autoritatẽ, & nos feremus æquo animo seruulos anteponi domino.} Autoritas Christi summa. Ipsum audite
35 [Illud obiter admonendũ, ubi narratur uox hęc patris audita iam baptizato domino, non additur ab Euangelistis, ipsum audite, probabile tamen & hanc partem non abfuisse, & si non fuisset prolata, sensus eam includit. In hoc enim manifesto testimonio cõmendat filium suũ, ut illi fides haberetur. Vnde cultus ecclesiasticus in Epiphanijs canit publicitus, Spiritus sanctus uisus est, paterna uox audita est, Hic est filius meus dilectus, in quo mihi bene complacui, ipsum audite.] Cæterũ quod aiunt sese ex scribis audisse, id legitur in calce Malachiæ: Ecce mittam uobis Heliam prophetã, antequam ueniet dies domini magnus & horribilis, & conuertet cor patrum ad filios, & cor filiorũ ad patres eorum, ne forte ueniam & 16-27: pharisaeis accidisse Scribæ qui Iudæis *↓
19 percutiam terram anathemate. {Porro quod hic scribarũ fit mentio, non sic est accipiendũ, quasi quorũlibet scribarũ partes fuerint, ex prophetarũ oraculis respõdere, sed erat hominũ genus, quos Hebręi suo quodam nomine uocant, quorũ hæc erat professio, ut quemadmodum olim apud Romanos in rebus dubijs ex Sibyllæ libris per aruspices respõsa petebant, ita isti consulti ex prophetarũ libris responderet, quos & Herodes consuluisse narratur.}

Heliam oportet primum uenire.) ἐλθεῖν πρῶτον, id est, Venire prius. Hic certe faciendum erat, quod aliàs facit, ut superlatiuum uerteret per comparatiuũ. Sentiunt enim Heliam uenturum antequam ueniret Christus. Primum pro prius

Genibus prouolutus.) γονυπετῶν. Græcis unica dictio est, perinde sonans, quasi dicas, accidens ad genua. Et aliquanto post,

Incredula & peruersa.) διεστραμμένη, id est, Distorta: ac recte sanè uertit, modo recte in-
19 telligatur. {Peruersum enim proprie dicitur, quod à rectitudine deflexum est.}

Quousque ero.) ἕως πότε ἔσομαι, id est, Quousque tandem. Nec enim ociosa est expletiua coniunctio, sed impatientiam quandam tædij indicat. Rursus aliquanto post,

g Et incre

C 16-22: nisi secus & legeret & interpretaretur Hieronymus atque item Chrysostomus, praesertim
* 16: Caeterum .... anathemate forms last sentence of following entry.

[..olo/gia] Et increpauit eum.) Ambigit & Hieronymus utrò referendum sit eum, ad hominem an
ad dæmonium. [Quum enim ait, siue, subindicat uariam sententiam.] Mihi magis uidetur 35
ad dæmonium pertinere. Vnde uertendum erat illud, non illum: [certe ad dæmonium refert 35
Chrysostomus in Cathena aurea, & hunc sequutus Remigius. Theophylactus ad puerum
refert. Ex Origene & cæteris parum liquet. Illud constat Christum nusquam increpare dæ/
moniacos, dæmones frequenter.] Nam in eo quod sequitur:

[Solœcismus 16: illo] Quare nos non potuimus eijcere illum?) Apparet librariorū errore factum, ut illum scri
ptum sit pro illud. Est enim Græce αὐτὸ, & dæmonium præcessit.

Transi hinc.) Omissa est apud nos una uox, μετάβηθι ἐντεῦθεν ἐκεῖ, id est, Transi hinc il/
luc {licet alterum aduerbiū non reperiam apud Chrysostomū.} (Omissum arbitror ab inter/ 19.27
prete, Certe apud Theophylactū est) [quemadmodū & apud Origenem] Nec est. 35

Non eijcitur.) Sed οὐκ ἐκπορεύεται, id est, Non egredit {Interpres legisse uidetur, ἐκβάλλε/ 19
ται. & ad sensum haud magni refert} Porrò quod ἐν προσευχῇ καὶ νηστείᾳ, id est, In oratione &

[In, pro per apud Hebræos] ieiunio transtulit per orationē & ieiuniū, bene mutauit Hebraicā figurā. Nam Hebræi בְּ, id
est, in, ut בְּיַד חֲזָקָה in manu forti, בַּיהוָה in domino, utuntur pro per, ut iam admonui.

Qui didragmam accipiunt.) Bis in unica dictione peccamus: & quod per g scribimus,
cum sit per ch scribenda: & quod singulari numero, ac genere fœminino proferimus, quæ
est, neutri & pluralis, (quæ uox emendate legitur in aureo codice, atque etiam in Donatiani 22

[16: enim] uoluminibus) atque etiam Constantiensi) Siquidem [est] Græcis τὰ δίδραχμα. Ait enim, Acci 27.19
piunt: ut intelligas eos solitos à singulis accipere, &, idcirco absolute dixit multitudinis nu

[Drachma] mero. Est enim Græcis δραχμή, id est, Drachma, nomismatis genus, nempe sex continens
[Didrachma quid] obolos, minæ Atticæ centesima pars. Inde didrachmum nomismatis uocabulum duplum
drachmæ, & tridrachmū & tetradrachmū. Quorum omnium meminit Iulius Pollux libro
de rerum uocabulis nono. Et quod continenter sequitur.

[Præsentis temporis natura] Non soluit didrachma.) Soluit præsentis est tēporis, τελεῖ, ut intelligamus exactorē illū,
non hoc percontari, num Iesus iam soluisset uectigal, sed deberetne soluere, & an illius esset
soluere. Alioqui mentitus erat Petrus, qui responderit ναί, id est, etiam. Cæterū quæ Lyra/
nus nugatur hoc loco, de didrachma ex Isidoro & Papia, quis posset absque risu legere?

Præuenit illum Iesus.) προέφθασεν, id est, Occupauit siue anteuertit. Indicat enim Petrū
ea de re Iesu locuturū fuisse, sed ille non expectata oratione Petri anteuertit. Nec est tribu/

[κῆνσος census] tum, sed tributa, τέλη. Nam quod addit κῆνσον, Latinam uocem Matthæus (aut huius) [in/ 27.19
terpres] usurpauit, nimirū quod res esset Latinorū, & solent plerunque res peregrinæ & ali/
unde inuectæ, suæ gentis uocabula secum adducere. Porrò στατήρ, tametsi ponderis quoque
modus est, quem Hebræi שֶׁקֶל uocant, hoc sanè loco nummū significat, qui quatuor con/

[Stater quid] tinebat drachmas. Nam cum didrachmū exigeretur à singulis, Iesus staterem reddi iussit,
duorum nomine suo ac Petri. Qua quidem ex re mox nata est inter discipulos disceptatio,
quis primas teneret in regno cœlorū, quod Petrus æquatus Christo, cæteris antepositus ui/
deretur. {Illud obiter annotare uisum est, etiamsi ad hoc institutū proprie non pertinet, non 19
satis intelligi mihi, quid sibi uelit, quod in hunc locū scribit Hieronymus, Dominus noster,
& secundum carnem, & secundū spiritum, filius regis erat, uel ex Dauid stirpe generatus,

19: nosque [Excussa Hieronymi opinio de uectigali ecclesiasticorum] uel omnipotentis uerbum patris. Ergo tributa quasi regum filius non debebat: sed qui hu/
militatem carnis assumpserat, debuit adimplere omnem iustitiam. nos infelices, qui Christi
censemur nomine, & nihil dignum tanta facimus maiestate. Ille (propter eximiam charitatē) 27
pro nobis & crucem sustinuit, & tributa reddidit, nos pro illius honore tributa non reddi/
mus, & quasi filij regis, à uectigalibus immunes sumus. Siquidē uidetur Hieronymus hoc
arrogantiæ tribuere, quod ecclesiastici grauentur tributū pendere principibus, cum hodie
summa pietas habeatur, pro immunitate clericorū modis omnibus digladiari. Christus te/
status se non debere, soluit tamen, at non pro suis omnibus, sed pro se duntaxat ac Petro, (si/ 27
mul & detrectans solutionē, & obsequens illorū rapacitati. Fortassis illud docens, non dan/
dum quod nō debetur, & tamen ubi res poscit, aliqua pecuniæ iactura redimendā magna/

[Excussa Augustini sententia] tum offensam. Possunt & sic accipi Hieronymi dicta, Christus tantus pro nobis se submisit
& nos qui Christi nomine gloriamur & fruimur immunes à uectigalibus, nō respondemus
illius erga nos charitati.) Augustinus quæstione in Matthæū uicesimatertia, ex hoc loco col/
ligit

ligit immunitatē Christianorū. Quod dixit, inquiēs, ergo liberi sunt filij, in omni regno in/
telligendū est, liberos esse filios, id est, nō esse uectigales: multo ergo magis liberi esse debēt
in quolibet regno terreno filij regni illius, sub quo sunt omnia regna terræ. Hactenus Augu
stinus. Quod si recipimus, nulli Christiani debēt uectigal suis principibus, cum omnes sint
illius regni filij. Atq; haud scio, an mutato regno, uectigalis quoq; genus fuerit mutandū,
& num Augustinus de hoc agat tributo, quod nos principi Christo debemus.}

EX CAPITE DECIMOOCTAVO

Quis putas.) τίς ἄρα μείζων. Putas interpres posuit loco cōiunctionis expletiuę.
Et μείζων cōparatiuū superlatiui uice positū apparet, cum de pluribus fiat ser/
mo. Certe sic legit Augustinus in homilijs, quas ædidit in Matthæū. Ac mox, Paruulus p puero
Aduocans paruulum.) προσκαλεσάμενος. Quod toties iam uertit conuo/
cans, ut ne quid interim causer de mutato participij tēpore. Nec est Paruulū,
sed παιδίον, id est, Puellum diminutiuū à puero. Etsi non sim nescius alicubi diminutiuū
hoc usurpari pro grandi puero, tamen hoc sanè loco non fuerat ociosa diminutio. Facit enī
ad emphasim, dum non solum inuitat illos ad imitationem cuiuscunq; pueri, sed pueri ad/
27 modum pusilli. (Nec uideo, cur nōnullis puelli uocabulum mollius uideatur, cum Pruden/ Puellis uox casta
tius non ueritus sit Christum appellare pusionem, Nec Hieronymus abhorruerit à uoca/
bulo puelli. Cur autem obscœnius sit puellus, quàm puella?) Ac rursum,
Sicut paruuli.) ὡς παιδία, id est, Sicut puelli. Atque ita citat diuus Hieronymus enar/
rans Esaiam: Et iterum,
Sicut paruulus iste.) ὡς τὸ παιδίον, id est, Vt puellus, siue puerulus. nam & hoc est apud
probatos autores. Illud mirum, interpretem qui soleat copiam affectare, hoc loco non mu/ ↑↓
tasse paruulum. Præsertim cum paruuli uocabulū non admodum faciat ad sensum Christi.
Siquidem paruulus esse potest, & qui natu sit grandis, cuiusmodi sunt Pumiliones, & Py/ 16-27: poeticus populus
35 gmæi, [quibus à cubitali proceritate nomen est inditum.] At hic innocētiam ac simplicitatē
22 intelligi uoluit, qua prima puericiæ ætas prædita est. (Sed huiusmodi quædā uoces illa tem/ Articuli uis
pestate fuerant receptæ.) Nec additur Iste in plerisq; Græcorū exemplaribus, nisi quod arti
culus, τὸ, fermè tantundem efficit. Dilucidius autem uertisset in hunc modum: Nisi quis se
reddiderit humilem, ut est puellus hic, hoc est tantulum, quantulus hic puer est, & deijciat
semetipsum ad huius modulum. Cæterum Iesus per humilitatē corporis innuit ταπεινοφροσύνην, hoc est animi modestiā, & per corporis proceritatē significat animum elatum.
* Hic maior est in regno.) μείζων, id est, Maximus, ut paulo superius indicauimus. Nam Maior pro maximus *↓
19 sunt {quorū est Origenes} qui hæc ad ipsum Christum pertinere putant, quo {ut nihil humi/
19 lius fuit, ita} nihil maius. {Nec ociose uidetur additus articulus ὁ μείζων, quasi dicas ille ma/
22 ximus: ad quem quo quisq; propius accesserit, hoc maior erit in regno cœlorū.} (Quanq; &
alioqui articulus reddit maximum illum de quo disputabant apostoli.)
De pusillis istis.) τῶν μικρῶν. Non est eadem uox Græcis, quæ modo fuit paruulorū, παι-
19 δίων. {Atq; hoc duntaxat loco Origenes, uel huius potius interpres legit Pusillis, siue par/
uulis, cum in superioribus legat puerum.} Ac paulo post,
Mola asinaria.) μύλος ὀνικός. Significat ingens saxum. Siquidem in molis saxum quod Lapis molaris
substernitur, ut alterū quod circumagitur sustineat, Græcis ὄνος, id est, Asinus dicitur, unde
19 & prouerbiū, ἀνθρώπινος ὄνος, sicut in Chiliadibus annotauimus. {Nec absurdum est tamen,
quod secutus est Hilarius, ut molam asinariā accipiamus quam asellus circumagat. Siqui/
dem molæ leuiores, quas trusatiles uocant, hominis manu circūferuntur. Cæterū grauio/
res à iumentis, quibus occluduntur oculi, aguntur in gyrum} Expressit autē supplicij genus
27 peculiare Palæstinis, (ut indicat Hieronymus, quod ob enormia crimina solet exigi. Igitur
ex atrocitate pœnæ crasso populo demonstrat culpæ magnitudinem.) Cæterum,
In profundū maris.) Græce est, ἐν τῷ πελάγει τῆς θαλάσσης, id est, In Pelago maris, pro eo πέλαγος unde dictum
q̄d est in medio mari. Nam longius à litore solet esse pfundius. Quandoquidē qui Græcas
tradunt etymologias, pelagus dictū putant, quod sit τῆλε τῆς γῆς, id est, Procul à terra, quasi
telagus. Certū igitur exitiū duabus rebus significat, magnitudine saxi, & pfunditate maris.
Væ homini per quem.) Pleriq; Græcorum codices addunt ἐκείνῳ, id est, Illi. Et,
Abcide eū.) Nōnulli codices habebāt αὐτά, id est, Ea, ut ad utrunq; q̄d pcessit referat̄. Et,

g 2 Debilem

↑ 16-19: soleat vel cum sententiae detrimento copiam

* 16: follows 'In profundum maris)', below.

[κυλλὸς Debilem.) Est, κυλλὸν, de quo iam dictum est. Significat enim non quouis modo debilem, sed cui altera manus sit detruncata, aut alioqui manca. Et rursus,
Cum uno oculo.) Græcis uox est composita, μονόφθαλμον, quod unoculum dicere po-
terat, siue luscum, quemadmodum uertit alibi.
[Varia lectio Venit enim filius hominis seruare quod perierat.) In nonnullis Græcis exemplaribus
hæc uerba non ascribuntur, nec apud Hieronymum{in cõmentarijs}horum ulla est mentio. 19
[Ne Origenes quidem hanc particulam attingit] In nõnullis contra reperiuntur{uelut apud 35.19
(27: ac Chrysostomum}(Theophylactum)[& Hilarium.] Et, 27.35
Quæ errauit.) Græcis est, τὸ πλανώμενον, id est, Errantem. Nec est,
Quia gaudebit.) sed ὅτι χαίρει, id est, Quod gaudet, siue gaudeat. Ac paulo post,
Vt pereat unus de pusillis istis.) ἓν neutro genere, ut referat, παιδίον. Vnde recte uertisset, Vnus puellus. Nec est,
Lucratus eris.) Sed ἐκέρδησας, id est, Lucrifecisti, aut Lucratus fueris. Quandoquidem
peculiaris est huius temporis usus.
↓† παρακούειν ut παροράν Quod si nõ audierit.) ἐὰν δὲ παρακούσῃ, id est, Quod si auditũ neglexerit, atq; idem uerbũ
mox repetitur{Quanq; in nõnullis priore loco erat, μὴ ἀκούσῃ, posteriori παρακούσῃ}Ac mox, 19
Erunt soluta & in cœlo.) Coniunctionem addidit de suo, ut superius indicatum est:{In 19
[addita coniunctio hoc autem mire philosophatur Origenes, quod hic dictum sit In cœlo, cum Petro tradan-
tur claues regni cœlorum, ut quicquid ille soluerit, aut alligauerit in terris, id solutum aut
alligatum dicatur in cœlis, non in cœlo.}
[πάλιν Et iterum dico uobis.) πάλιν, ἀμὴν, id est, Rursus amen dico. Neq; enim bis dixit idem,
sed est initium alterius parabolæ. Rursus autem apud Latinos anceps est ut apud Græcos
πάλιν. At iterum{apud nos}non item. 19
Septuagies septies, quomodo accipiendum Vsq; septuagesiessepties.) ἕως ἑβδομηκοντάκις ἑπτὰ, id est, Vsq; septuagiesseptem, sic enĩ
Græca ad uerbũ reddi possunt, ut subaudias peccata aut uitia, aut simile quippiã. Nec acci-
↓* piendus est numerus septuagintaseptem duntaxat, sed quadringentorũ nonaginta: quandoquidẽ hanc summã efficiunt septuagiesseptem, interprete Theophylacto, & item Hiero
16-19: Vulgario nymo. Nam ingentẽ numerũ posuit pro infinito{quem tropum euidenter indicauit Chry- 27
sostomus, quod probabile non sit quenq; toties offensam repetiturũ. Ita loquimur trecentos infere, pro innumeris, & milies audiui}[In eadẽ sententia fuisse uidetur Hilarius quũ ait: 35
Quanto magis oportere ostendit sine modo ac numero ueniam à nobis esse reddendã &c.
Atqui septuagintaseptem, non est numerus infinitus. Allusit autẽ dominus ad locũ qui est
Geneseos quarto. Vbi deus cõminatur ei qui occiderit Cain, pœnam septuplam. Lamech
autem ait qui ipsum occidisset, daturum pœnas septuagiessepties. Quem numerũ Hebræi
{19-27: Licet putant nõ excedere septuagintaseptem. Itidem]{Origenes, aut certe huius interpres in calce 19
homiliæ sextæ, uidetur accipere simpliciter errata septuagintaseptẽ}[Maior numerus bene 35
conuenit in condonando, at in ulciscendo non item.]
↓** ** Rationẽ ponere.) συνᾶραι, id est, Conferre, ac simul subducere, aut suscipere cõputum.
Nam id hoc loco significat ratio. Ea tollendis calculis conficiebatᷓ, aut certe explicandis aut
[↓*** cõplicandis digitis. Vnde & Terentius subducta ratione dixit. Nam quod decem milia talenta dixit, pro talentorũ, Latinitatis duntaxat iniuria factum est, sensu incolumi. Et mox:
Non haberet unde redderet.) μὴ ἔχοντος δὲ αὐτοῦ ἀποδοῦναι, id est, Cum non posset autem soluere. Siquidem ἔχω additum uerbis infinitis plerunq; significat possum. Latinissi-
me dixisset, cum non esset soluendo. Pauloq; post:
Varia lectio Rogabat eum dicens.) Vetustissimi codices Latini scriptum habebant, orabat. Pleriq;
Græci προσεκύνει, adorabat{pro eo quod est supplicabat: quod supplices contacta gena 19
& genu uelut adorabant, obtestantes per numen, cui supplices curæ sunt}nonnulli παρεκάλει, id est, obsecrabat.
[μακροθυμεῖν Et patientiam habe.) Græce est, μακροθύμησον, id est, Longanimis esto{siue Leni animo} 19
(pro quo multi legunt magnanimũ, & pro μακροθυμία, magnanimitas. Nam inter se natura 27
cohærent, magno esse animo & leni, quod uindictæ cupiditas arguat pusillum animum.)
Et debitum dimisit.) τὸ δάνειον ἀφῆκεν, id est, mutuum remisit, siue æs alienum remisit.
Ac paulo post:

Et suffo

† 16-22: obaudierit hoc est
* 16: trecentorum
** 19-27: Ponere rationem
*** 16: Nam quod .... incolumi forms last sentence of 'Et iterum dico vobis)', above.

Et suffocabat eum.) Et dilucidius & fidelius erat, κρατήσας αὐτὸν ἔπνιγεν, id est, Iniecta Suffocat
22 illi manu, obtorto collo trahebat. Id enim est κρατεῖν & πνίγειν hoc loco. Nam κρατεῖν pro pro trahebat
iniicere manum & aliâs utuntur Euangelistæ. Porrò quod addit πνίγειν pertinet ad ui tra/
hentem, uel in carcerem, uel ad iudicem. Item Narrarunt διεσάφησαν, id est, Indicarũt, siue
aperuerunt, aut prodiderunt. Rursus:
* Serue nequam.) πονηρὲ, id est, Male, siue scelestè. Verum huiusmodi permulta præte/ * ↓
19 reo sciens, ne morosiore diligentia molestus sim lectori. Ac mox:
Omne debitum remisi tibi.) πᾶσαν τὴν ὀφειλὴν ἐκείνην ἀφῆκα, id est, Totum illud debi/
tum remisi. Ac subinde.
De cordibus uestris.) Hic addunt Græci τὰ παραπτώματα αὐτῶν, id est, Errata ipsorum,
quod haud scio an explicandi causa sit additum, quandoquidẽ apud Hieronymũ non addi
tur. Etiamsi additur apud Chrysostomũ, ac Theopylactum.

EX CAPITE DECIMONONO

↓** 19 SI licet.) Pro licet ne, Græce dixit, magis quàm Latine, Et ἀπολῦσαι repudia/ Dimittere
re, siue abiicere. Quacunq; ex causa.) κατὰ πᾶσαν αἰτίαν, id est, pro repudiare
Ex quauis causa. Nimirũ illud sentientes, esse causas aliquas iustas diuortij,
quemadmodũ indicat Origenes. Siquidem Moses tantũ iuris permisit ma/
ritis, ut iniqua uideatur lex aduersus uxores, quibus nulla de causa licebat à
marito diuertere, cum his esset potestas ob quamlibet leuem fœditatẽ abijcere uxores, tan/
tum scripto libello repudij. Sic enim legimus Deutero. cap. xxiiij. Si acceperit homo uxorẽ, Ius repudian/
& habuerit eam, & illa non inuenerit gratiam ante oculos eius propter aliquam fœditatẽ, di immodicũ
scribet libellũ repudij, & dabit in manu illius, & dimittet eam de domo sua. Cumq; egressa apd' Hebræos
alterũ maritum duxerit, & ille quoq; oderit eam, dederitq; ei libellum repudij, & dimiserit
de domo sua, uel certe mortuus fuerit, non poterit prior maritus recipere eam in uxorem.
Proinde Christũ tentant pharisæi, ut si probasset Iudæorũ repudia tam licentiosa, uideretur
aduersus naturalem æquitatẽ pronunciare, quæ ethnicis quoq; fauorabilis est, apud quos
ius erat mutui diuortij, neq; quauis tamen ex causa: sin secus, uideretur in Mosaicã legem
27 contumeliosus. Illi putabant sibi licere quauis de causa quoties libuisset uxorem abijcere,
Id Christus astringit, unicam duntaxat causam excipiens, nempe stupri. Annotauit huius Quacunq; de
dictionis ἔμφασιν, is quisquis fuit, cuius extat homilia xxxviij. inter mixtas Chrysostomi causa, id est,
titulo. Origenes hunc edisserens locum, putat & alia crimina uel paria adulterio, uel etiam quãlibet leui
grauiora, ueluti ueneficiũ, parricidiũ, dirimere matrimoniũ. Augustinus in causa diuortij,
idololatriã æquat adulterio: quod cultus idolorũ, sit adulterio misceri cum immundis spiri/
tibus. Sed ad hanc rationem omne peccatum, quod nos alienat à deo, dirimet matrimoniũ.
Ego puto ob id exceptũ adulteriũ, quod hoc ex diametro pugnet cum natura matrimonij. ratio Authoris
Neq; protinus tollitur matrimonij sacramentũ, si in paucis coniugium male initum bene Cur fornica/
dirimatur: non profecto magis quàm adulterijs quæ nunc passim crebra sunt, aut diuortio tio potißimũ
quod nos indulsimus male cohærentibus. Quanq; hanc rationem de sacramento, nullus ue excepta
terum, quod sciam adduxit, cum tamen super his crebra, prolixaq; sit disputatio, præsertim
Augustino, ac Hieronymo. Neq; statim homo disiungit, quod deus coniunxit, imò quod
per lenas, ac lenones, per uinolentiã, per stulticiam & incogitantiã male cõiungit diabolus,
22 id per autores ac ministros ecclesiæ suæ bene disiungit deus. Atq; utinam sic coirent inter
Christianos omnia matrimonia, ut autore deo iure dici debeant inita: aut tales essemus o/
mnes, ut non opus foret aliquo diuortio: nec esset in nobis ea σκληροκαρδία, ob quam olim
Iudæis permissum est uxorem abijcere. Augustinus ad Pollentium exceptionẽ torquet ad
partem duntaxat priorem, Facit eam mœchari: ut ad hoc tantum ualeat exceptio, non quo
liber sit à matrimonio qui repudiat uxorem, sed ne uideat illam facere mœcham cum mœ/
cham repudiet. Cæterum quicunq; eam duxerit, siue causa adulterij repudiatam, siue alia Exceptionẽ
35 quauis de causa, committit adulterium. Quod Augustini comentum an perinde cum ipsa argute tor/
ueritate, naturaq; consentiat, ut est argutũ, eruditis expendendũ relinquo. Certe locus hic quet Augu/
difficultatũ plenus est, ut de quo non eadem senserint ecclesiastici doctores: Cum Ambro/ stinus
sius exponens epistolam ad Corinthios priorem tribuat marito ius repudiandi, neq; secus
sentiat Origenes. Unde coacti sumus aliud quoddam diuortij genus inducere, quod ita di/

* 16: follows 'Et patientiam habe)', p. 76.
** 19: addition, continues onto p. 78.

rimat consuetudinē domesticā, ut nihilo secius maneat coniugij uinculum. Quod quidem
Diuortiū nomine tantū à nobis repertum — diuortij genus, imò nomen duntaxat diuortij cum à nobis sit repertum, de hoc non percon
tatos fuisse Iudæos per se liquet, quibus (hoc) prorsus erat incognitū. Porrò quod hodie pas 27
sim in scholis dictitant, solo consensu contrahi matrimoniū, utinam tam probatum esset,
⟨ 19: in Eucharistia & in divortiis — quàm receptum est. Neq; postulo, ut hic quicquam de pristina patrum constitutione de
mutet ecclesia, si id antehac nunquam est factum. Quod si factum ⟨est alijs aliquot in rebus,⟩ 22
optarim & hic fieri, si id pertineat ad salutem hominum. Si fieri non potest, certe uotum à
19 margin: Ecclesia decreta sua mutavit nunquam — pietate proficiscitur: & optat sæpenumero charitas, non quod fieri possit, sed quod fieri ue
lit. Sed hisce de rebus, ut (antehac) attigimus nonnihil, ita copiosius dicetur in Paulinis epi 27
stolis [1. Corinth. 7.] Quanquam hæc ipsa sic dicta uelim accipi, non quasi asseram, sed qui 35
proponam eruditis excutienda.} Ac mox:

I 16: sunt Masculum & fœminam.) ἄῤῥεν ϗ θῆλυ, neutri generis apud Græcos.

[Amphibologia {Et dixit propter hoc dimittet homo.) Incertum erat an deus ille creator olim hoc dixerit, 19
19-27: relinquet — an Christus hæc locutus, illud adiecerit. Propter hoc relinquet homo patrem & matrem.
Augustinus libro de nuptijs, & concupiscentijs secundo, capite quarto, sic accipit, quasi di
xerit deus: Quod tamen, inquiens, dominus Iesus in Euangelio deum dixisse cōmemorat,
quia deus utiq; per hominē dixit, quod homo prophetando prædixit. Quanq; & Genesis
capite secundo, unde hæc desumpta sunt, ita referūtur hæc uerba, ut uel ab Adam dicta ui
16: rectius erat — deri possint, uel ab eo qui texuit orbis conditi historiam, uel ab ipso deo.
}16: Et — ἀπολύω καταλείπω προσκολλᾶσθαι qd proprie — Dimittet patrem & matrem.)} ϗ καταλείψει. {Relinquet seu deseret potius quàm dimit 19
tet. (dimittimus discedentem, deserimus cui periclitanti desumus.) 27
{Et adhærebit uxori suæ.) προσκολληθήσεται, id est, Adglutinabitur. Metaphora sumpta ab 19
his, quæ glutino sic cōmittuntur, ut ... unum esse. Annotauit emphasin uerbi Chryso
stomus homilia sexagesimatertia.} Ac mox:

Duo in carne una.) δύο εἰς σάρκα μίαν, id est, In carnē unam, hoc est, è duobus fiet unus,
siue unum: quandoquidem masculus & fœmina (Græcis) neutri generis sunt. {Annotauit 27.19
hanc sermonis Hebraici formam Augustinus, libro huius argumēti septimo. Quod genus
sunt & illa libro Iudicū. Et eris nobis in caput omnibus habitantibus Galaad. Item in psal
mis, Esto mihi in deum protectorē.} Ne articulus quidem uidetur ociosus ϗ ἔσονται οἱ δύο,
Caro pro homine — hoc est, Erunt qui duo fuerant, in carnem unam. Nam totum hominē carnem uocat, ut &
↓{ — aliâs scriptura diuina totum hominem animam appellat. {Astipulante nobis & diuo Augu 19
stino libro de ciuitate dei decimoquarto. Quod genus & illud est Pauli ad Romanos: Ex
operibus legis non iustificabitur omnis caro. Quid enim est omnis caro, nisi omnes homi
In carnē unā apud Hebræos — nes? Et uerbum caro factum est, id est, Sermo diuinus homo factus est} Porrò in carnem le
gendum esse, non in carne, demōstrauimus ex Hieronymo in scholijs nostris, quibus illum
illustrauimus, {ubi sic explicat Matthæi uerba, In unam dixit, non in duas. Et Cyprianus 19
epistola libri secundi octaua, Erunt, inquit, duo in unam carnem. (Et Tertullianus libro ad 27
uersus Marcionem tertio, Et suggerens Ephesijs quod in primordio de homine prædicatū
est, relicturo patrem & matrem, & futuris duobus in unam carnem, id est, in Christum &
ecclesiam. Rursum libro de monogamia, & erunt duo in unam carnem non tres neq; plu
res. Hæc admonere uisum est,) ne quis hic frustra obscœni quippiam imaginetur, aut illud
[Euangelista addidit de suo — somniet, quod est in tabulis Græcorū, ἄρθρα ϗ ἄρθοις ἔχων.} Tametsi in Genesi unde locus
hic sumptus est, non est, Erunt duo: sed tantum erunt וְהָיוּ לְבָשָׂר אֶחָד Duo addidit euan
gelista explicandi gratia [aut certe interpres Grǽcus adiecit, si Matthęus scripsit Hebraice, 35
quod mihi non fit uerisimile.] Ac mox,

Itaq; iam non sunt duo.) οὐκ ἔτι, id est, post hac non sunt duo: nempe post initum con
iugium. Creati fuerant duo, non unus, nimirum masculus ac fœmina. Rursus copula ma
trimonij è duobus reddidit unum. Non abludit prorsus ab hac sententia fabula Aristopha
nis, quam apud Platonem adducit in conuiuio. Quanq; obscœnior est.

Coniunxit συνέζευξεν — Quod deus coniunxit.) συνέζευξεν, id est, Coniugauit, & eodem iunxit iugo. Trans
latum à bubus simul ducentibus idem iugum. Nos uertimus Copulauit. Et,
↓ I — Ad duriciem cordis.) Græcis unica dictio est, σκληροκαρδίαν. I
Non expedit nubere.) γαμῆσαι, id est, Ducere uxorē, aut certe contrahere matrimoniū,
siue

{ 16: apellat. Est autem hic sermonis color Hebraeis familiaris. Erit mihi in patrem pro eo quod est erit mihi pater, seu vice patris. Porro

I 16: σκληροκαρδίαν Ex hoc potissimum loco lex inducta apud Christianos ne dirimantur matrimonia, cum caetera Christi dogmata, de non iurando de non resistendo, de in diem vivendo, de iuvandis ac diligendis inimicis, atque id genus per multa vel antiquare patiamur, ut interpretatione commoda prorsus abrogemus, solum urgemus de matrimonio. Atqui si id Iudaeis concessit Moses ob duriciem cordis, & par pene duricies sit in nobis, cur non idem conceditur, quibus conceduntur & lupanaria? Christus fornicationem excepit, at apud nos nullum tam obscoenum fornicationis genus, quod liberet → appendix A.

siue contraxisse. Nam apud Latinos, uir non dicitur nubere, nisi qui seruit uxori, uelut illa
27 potius uir sit quàm ille. Etiamsi Festus Pompeius indicat olim nubere Latinis etiam (uiris)
cōmune fuisse uerbum, quemadmodū Græcis γαμεῖν. At apud Hebræos, ut dictum est, nō
erat mutuū repudiandi ius, quemadmodū apud Romanos, sed soli marito phas erat repudiare. Cuius etiam zelotypiæ mederi cogebatur uxor, fœdo horrendoq́ exemplo.

γαμεῖν cis anceps

Non omnes capiunt.) χωροῦσιν. Hoc loco capiunt non pollet idem quod intelligunt siue
apprehendunt, ut Lyra uidetur sensisse, qui commenti uice addidit: Quia altus est status,
ad quem infirmi non possunt ascendere. sed capiunt, id est, capaces sunt: quomodo locum
capacem uocamus, qui tam est spaciosus, ut possit recipere quod infertur. Ita Paulus uult
dilatari Corinthios, quo se capiant. Procliue est enim intelligere quod dictum est, uerum id
dictum, non descendit in animos omnium, quod sint aliis affectibus occupati, ut illic non
sit locus diuino consilio. Atq; idem uerbum legis in eo quod sequitur:

Capere χωρεῖν

Qui potest capere capiat.) ὁ δυνάμενος χωρεῖν χωρείτω.

Qui facti sunt.) οἵτινες εὐνουχίσθησαν, Qui castrati sunt, siue Qui facti sunt eunuchi. Nam
eunuchi repetendū erat. Atq; idem uerbū mox ipse uertit castrati sunt. Porrò εὐνοῦχος Græce sonat cubilis custos, quod barbari huiusmodi portentis suas uxores seruādas cōmittere
19 soleant. Porrò ui execti Spadones dicuntur. {Petrus Comestor, eunuchos interpretat̄ bene-
uincentes, ab eu, bene, & nuche, uictoria, quod sit summa uictoria: quasi non sit durius uin-
27 cere inanem gloriā, aut etiam pecuniæ studium aut iram. (Eunuchus autem dicitur ab εὐνὴ
cubile, & ἔχω, sicut δαδοῦχος & σκηπτοῦχος.) Idem Spadones interpretat̄, à spata dictos: ad
27 quam etymologiā, omnes Germani, Spadones dici possint. (Et hoc cōmentū sequitur Hugo
Cardinalis. Quū tales scriptores olim sint amplexi theologi, nunc quidam Erasmum ferre
non possunt. Quin Hugoni castrati dicuntur, quasi casti nati. Dominus tria eunuchorū ge
nera distinxerat, unū eorū qui natura non possunt aut nō appetunt congredi cum muliere.
Alterū eorum qui ui execantur, Tertium qui uolentes ob regnū dei sese continent, In qua
classe ponemus eorum genus, qui uel arte, uel metu detruduntur in cœlibatū, ut scortari liceat, uxorem ducere non liceat: adeo ut si profiteantur concubinā, sint catholici sacerdotes:
sin uxorem dici malint, coniiciantur in ignem. Mea sententia clementius tractarent suos liberos parentes, si quos cœlibatui destinassent, pueros etiamnū curarent execandos, quàm
si integros nolentes aut inscios coniicerent in hoc incendiū libidinis.) Ac rursus, Oblati sunt
ei paruuli, τὰ παιδία, id est, Puelli.

Eunuchus unde dicitur

Hugonis Cardinalis taxata etymologia

Nemo detrudendus ad professionem cœlibatus

16: occurent nobis

Quid me interrogas de bono.) Plerique Græci codices habent τί με λέγεις ἀγαθόν, id est,
Quare me uocas bonū, sed perperā, ni fallor, ex alio euāgelio uerbis huc translatis. Quanq̄
19.27 ad eum modum legit Theophylactus {& Hilarius.} At secus Hieronymus, Origenes (homi-
27 lia viii.) & Chrysostomus (xiiii.) Apparet offensum lectorē parum attentum, quod non perinde uideret̄ quadrare Christi responsum. Solus deus bonus est. Atqui belle quadrat. Non
enim hic obiurgat eum, quod ipsum bonū diceret, quanq; bone apud Hilariū non additur,
19 sed q̄ homo cum esset, de bono percontaret̄, cum in hominibus nihil sit boni. {Porrò bonus
est qui bene facit. Quod si nihil est uere boni in humanis factis, nec bonus dicetur quisquā.
22 ⟨Quicquid enim in nobis boni est, diuini muneris est.⟩ Quod si maxime legamus, Quid me
dicis bonum, nihil est necesse ut hæreticorū interpretationē recipiamus, qui putant boni co
gnomen in unum patrem proprie cōpetere. Imò Christus subindicat se esse deum, & ob id
27 (iuxta quorundā interpretationē) obiurgat hominē, quod ei tribueret cognomen boni, quem
nondum crederet deum, quod haud scio an quisquā apostolorū adhuc perfecte crediderat.}
27 (Hoc loco caute legendus est Origenes. Alioqui sermo illius resipit Arianū quiddam, quasi
ne filius quidem dicatur proprie bonus, nec aliter filii bonitas differat ab hominū bonitate,
nisi quod filius in omnibus bonis uicinior est patri, quàm cæteri filio. Quemadmodū autē
fatetur nullum hominē proprie dici bonum ad cōparationē diuinæ bonitatis, ita putat nullum hominis opus dici bonum, si ad diuinam iustitiam conferatur.) Et perturbate uertit.

Varia lectio, qd me interrogas de bono

16-19: Vulgarius
16: Hilarius

Bonus solus deus

Vnus est bonus deus.) οὐδεὶς ἀγαθὸς εἰ μὴ εἷς ὁ θεός, id est, Nullus est bonus, nisi unus nem
pe deus, ut ὁ sit articulus explicantis.

Locus noue expositus

19 {Diliges proximum tuum sicut teipsum.) Origenes hunc enarrans locum homilia inter
æditas octaua, testatur sibi uideri hæc uerba addita, nec esse scripta ab ipso Matthæo, idq;

Locus expensus p Origenē

 duobus

duobus colligit argumentis. Primum quod apud Marcum, & Lucam nihil addatur huiusmodi, cum res alioqui eadem referatur. Deinde, cum Paulus in epistola ad Romanos cap. decimotertio testetur his uerbis: Diliges proximū tuum sicut teipsum, summā totius legis contineri: qui conuenit, ut dicatur adhuc aliquid deesse, qui se prædicet hæc omnia præstitisse? Atq; illic deplorat librariorū incuria, & castigatorū uitio sic fuisse deprauata noui testamenti exemplaria, ut difficillimum sit restituere. Quanq; ob contentiosos explicuit utcunq; nodū hunc, ex Euangelio apocrypho, quod inscribitur Hebræorū. In quo de iuuene hæc res exponitur hunc ad modum, Dixit ad eum alter diuitum. Magister quid bonum faciens uiuam? Dixit ei, Homo leges & prophetas fac. Respondit ad eum, feci. Dixit ei: Vade uende omnia quæ possides, & diuide pauperibus, & ueni sequere me. Cœpit autem diues scalpere caput suum, & non placuit ei. Et dixit ad eum dominus: Quomodo dicis legem feci & prophetas, quoniā scriptum est in lege: Diliges proximū tuum sicut teipsum? Et ecce multi fratres tui filij Abrahæ, amicti sunt stercore, morientes præ fame, & domus tua plena est multis bonis, & non egreditur omnino aliquid ex ea ad eos. Et conuersus dixit Simoni discipulo suo, sedenti apud se, Simon filius Ioanne: Facilius est Camelum intrare per foramen acus, quàm diuitem in regnum cœlorum. Ex his ratiocinatur Origenes, ut donemus sic fuisse scriptum ab Euangelista, quemadmodum nos legimus, tamen difficultatem quæstionis sic explicari posse, ut accipiamus Christum redarguisse iuuenem, credentem se legem implesse, cum id quod est caput legis præterisset, sinens pauperes inopia
perire, cum ipse diues esset. {Chrysostomus illud etiam addit, quod elatus esset, quod men- 27
dax quod tentandi animo percontaretur. Verum ad hæc non quadrat id quod legimus apud Marcum, & Iesus dilexit, siue osculatus est eum. Mihi simplicius uidetur ut accipiamus adolescentem in suo genere bonum, ob imbecillitatem, nondum fuisse capacem euangelicæ perfectionis.} Nec est:

Euangelium Apocryphū Hebræorum

Vende omnia quæ habes.) Sed πώλησόν σου τὰ ὑπάρχοντα, id est, Vende tua, siue facul-
tates tuas. Nec apud Hieronymum additur omnia. {Nec in aureo codice, nec additur apud 22
Græcos coniunctio, &. Tantum est, Vade uende} {nec sua gratia caret ἀσύνδετον.} 27

Et abijt tristis.) Magis est, dolens, siue mœstus, λυπούμενος. Et nōnulli codices habebāt, καὶ πάλιν. At in emendatioribus scriptū est πάλιν δὲ. Rursus aūt, siue, Imò iterū dico uobis. Corrigit enim quod ante, licet mollius dictum, offenderat discipulos: idq; durius repetit.

Camelus per foramen acus

Facilius est camelum.) Diuus Hieronymus haud dubie camelum accepit pro animan-
te {secutus opinor Origenem} Theophylactus dissentit, uolens hoc loco significare rudentē 19
nauticum, atq; id sanè magis quadrat ad foramen acus. Et apud unum Suidam, κάμιλον eo
reperio significatu. [post hūc Camers κάμηλον ait esse rudentem, sed nullum citat autorem.] 35
Iulius Pollux inter instrumenta nautica non meminit. Atq; hac quidem in re magis assentior Hieronymo. Nam quod istos offendit, qui ex camelo funem faciunt nauticum, nempe quod absurdū uideatur camelum duci per foramen acus, hoc ipsum pro nobis facit: Siquidem Christus hoc exemplū uelut ἀδύνατον proposuit. Vult enim omnino uideri impossibile, ut Camelus ingens animal, ac tortuosum, per foramen acus transeat. [Quod si uidetur 35
subabsurda collatio, meminerit alibi reprehensum à domino, qui paret ejcere festucam ex oculo fratris, quū ipse trabem in oculo suo non uideat. Quid absurdius quàm hominem gestare trabem in oculo? Verum hæc sermonis absurditas ad Emphasim facit.] Nec est, quod hic fabulas aniles cōminiscātur: Hierosolymis fuisse portam cui nomen fuerit acus: aut q̃d impossibile, pro difficile positum interpretentur. Imò si diuitem interpretent̄ fidentem suis
diuitijs, id quod ferè diuitum uulgus facit, ita demū poterunt hunc explicare nodum. {Atq; 27
hunc sensum aperuit nobis Marcus capite decimo. Filij, quàm difficile, inquit, est confiden
tes in pecunijs in regnū dei introire.} Quod si uerum est ingentes funes nauticos Camelos
uocari Græcis, apparet ab animantis & ingentis, & distorti similitudine dictos [nisi forte ob 35
id quod apud illos nautici funes è camelorum pilis texerentur.] {Neq; uero meo animo per 19
omnia satis facit, quod Hieronymus annotauit non esse dictum à Christo, Impossibile est diuitem intrare, sed difficile. Vbi difficile ponitur, inquit, non impossibilitas prætenditur, sed raritas demonstratur: cum mox fateatur idem ab eodem dictum impossibile. Siquidem allata comparatione Cameli per foramen acus euntis, Hoc dicto, inquit, ostenditur, non difficile

Diuites qui dicti Christo

27 difficile esse, sed impossibile.}{In dialogo aduersus Pelagianos primo, diuersa ratione explicat sese, negans eos esse diuites, qui alijs diuites fuerunt potius quàm sibi.}Quin & illud per
foramen acus, bifariam accipi potest, siue pro foramine quod habet acus, siue pro foramine acu facto. Postremo non est

In regnū cœlorū.) Sed in regnū dei, εἰς βασιλείαν τοῦ θεοῦ, Quanquam mihi magis probatur,
19 quod lego apud Chrysostomū & Hieronymū, Regnum cœlorum.{Sentit enim diuites non
22 esse accōmodos euangelicæ doctrinæ,}⟨quam ferè uocat regnum cœlorum.⟩

Quis ergo poterit.) τίς ἄρα δύναται, id est, Quis nam potest, id quod supra uertit, Quis
putas. Et aliquanto post,

In sede maiestatis.) ἐπὶ θρόνου δόξης, id est, In throno gloriæ. Maiestas pro
22 ⟨Centuplum accipiet.) ἑκατονταπλασίονα, quasi dicas singula centuplicata. Est enim nu- gloria
merus multitudinis.⟩Et,

Vitam æternā possidebit.) κληρονομήσει, quod ad uerbum uertit aliquoties Hæreditabit.
Nos circumlocuti sumus, & uitæ æternæ sortietur hæreditatem.

EX CAPITE VIGESIMO

Simile est regnum.) ὁμοία γάρ ἐστιν, id est, Simile est enim. Cohæret enim cum
superiori sententia.

Et primo mane.) ἅμα πρωΐ, id est, Ipso statim diluculo, seu, Primo statim
diluculo, siue, Mox ut diluxit. Pauloque post,

Ex denario diurno.) ἐκ δηναρίου τὴν ἡμέραν. Primum nihil opus erat addere Denarius
27 Græcā præpositionē ex,⟨quū Latini dicant conductū denario.⟩Deinde denarius hic nummi
Romani genus est, ualens treis solidos, & semissem, ut autumat Gulielmus Budæus homo 16-22: obolos
nusquā non diligentissimus, non solum eruditissimus. Nec est diurno, sed in singulos dies,
siue dietim. Vnde uerti poterat, Pactus cum operis in singulos dies denario.
22 ⟨Ite & uos in uineā meam.) Meam nec est apud Græcos, nec in aureo codice.⟩Rursum:
27 Quod iustum fuerit.) καὶ ὃ ἐὰν, id est, Quodcunque,⟨siue quicquid.⟩Ac mox de undecima conductis hora,
19.27 Ite & uos in uineam.){In uulgatis Græcorū exemplaribus nō additur Meam,⟨nec apud
27 Theophylactum,⟩nec apparet Hieronymū addidisse.⟨Nec additum comperi in exemplari
Constantiensi, nisi quod pronomen explicat uim articuli τὸν ἀμπελῶνα.⟩Præterea}hoc loco Articuli uis
addunt Græci, quod in nostris exemplaribus non habetur, καὶ ὃ ἐὰν ᾖ δίκαιον λήψεσθε, id est,
27.19 Quodcunque⟨siue quicquid⟩iustum fuerit, accipietis.{Verum id quoniam apud Hieronymū
non additur, uideri potest ex superiori loco repetitum.}Item:

Acceperunt singulos denarios.) ἀνὰ δηνάριον, id est, Denariatim, ut ita loquar, & singuli potius quàm singulos.
19 {Hi nouissimi una hora fecerunt.) μίαν ὥραν ἐποίησαν, id est, Vnam horam fecerunt. In- Facere horā
certum an unam horam sit accusatiuus transitiuus, an temporis, hoc est, ut accipiamus eos
fecisse horam, qui spacium horæ peregerint in opere, an eos fecisse opus horæ spacio.}

Diei & æstus.) Non est æstus, sed æstum βάρος τῆς ἡμέρας καὶ τὸν καύσωνα, id est, Pondus Aestus pro
27 diei, & æstum.⟨Siquidem in Græcorū exemplaribus magno consensu, non solum habetur aestum C↓
καύσωνα, sed etiam additur articulus τὸν καύσωνα, ut intelligas diuersum esse sensum, quod
prior particula referat ad diuturnitatē laboris, posterior ad difficultatē temporis. Siue enim
allegoriā accōmodes, ad Iudæos prius uocatos & ad gentes posterius, siue ad eos qui iuue
nes uocantur & ad eos qui senes: congruet pondus diei, quod Iudæi, post diutinā legis ob-
seruationē uocati sunt, ad euangeliū: gentes subito ad eandem gratiā admissæ sunt. Cæterū
diei æstus est, quod sub lege magis feruebat concupiscentia, & in iuuenibus grauius est incendium, libidinis & iræ, quū hæc in senectute quæ uespera est uitæ remissiora sint. Non
35 igitur est ociosa distinctio utcunque in Latinos codices irrepsit error.⟩[Certe Augustinus ser- •
mone 59. de uerbis domini in Euangeliū Ioannis legit æstum non æstus.]Deinde,

Volo autem & huic.) Et, redundat θέλω δὲ τούτῳ, Volo autem huic. Rursum,

Aut non licet mihi quod uolo facere.) Græci addunt ἐν τοῖς ἐμοῖς, id est, In rebus meis, 16-27: An
27.35 ⟨tametsi potest & ad personas referri.⟩[Augustinus loco quem mox indicaui legit iuxta Græ
cos, de meo.]Et mox:

An oculus

C 16-22: aestum, velut exponentes quid dixerit onus diei. Deinde

An non licet gemina lectio

An oculus tuus nequam est &c.) Apparet aurium errore uariatam scripturã, quod εἰ si,
& ἢ uel eadem uoce sint apud Græcos. Si leges, si, pendere potest à superioribus oratio, ut
sit sensus, num ideo mihi minus licet(benigniter)facere de bonis meis ut uolo, si tu oculum 27
habeas maliciosum & inuidum? cum ego certe non possim, non esse bonus. Si legis ἢ, An
uertendũ erat non Aut, ut sit sensus. Num mea benignitas in cæteros cruciat tuos oculos?
Quandoquidem ex huius beneficentia nata est illius inuidentia, non ex iniuria dantis id,
quod erat in pactis.⟨Certe An habet codex aureus(& Constantiensis.)Etiamsi neq; nescio, 22·27
neq; inficias eo, εἰ quoq; Græcis nonnunquam habere uim percontandi: neq; reclamo, si
cui uetus translatio magis arridet.⟩

εἰ nõnunquã percontandi uim habet

Multi sunt uocati.) πολλοὶ γάρ, id est, Multi enim. Et uocati & electi hoc loco nomina
sunt non participia κλητοὶ ἐκλεκτοί, quæ tamen propemodum uice participiorum uidentur
usurpari. Et aliquanto post,

Secreto & dixit.) Desunt(in nostris)aliquot uerba κατ᾽ ἰδίαν ἐν τῇ ὁδῷ, id est, Seorsim in 27
itinere. Quanq; hic magis quadrabat solos, quod ita uertit nonnunq;. Noluit enim ullos
itineris comites præter discipulos. Et aliquanto inferius,

19: Sinistro
16-27: a sinistris
Sinister Εὐώνυμα

Et unus ad sinistram.) Vt ne cõmemorem interim Latinius fuisse futurum, A dextris
mihi, quàm meis, Hoc loco A sinistris est εὐωνύμων. Sic enim Græci ominis causa dicunt sinistram corporis partem εὐώνυμα, hoc est, boni ominis: sicut poëtæ furias uocant Eume-
nidas, ut apud Iob, Benedicere positum est pro maledicere.

Calix poculi species apud Macrobium

Potestis bibere calicem.) ποτήριον, id est, Poculum, quod tamen semper calicem uertit,
cum poculũ ad unguem exprimat Græcam uocem. Poculum enim quoduis uas unde bi-
bitur, ut ποτήριον, & ipsum à potando dictum. At calix poculi species est, quæ Græcis sua
uoce κύλιξ, dicitur. Est autẽ sermo prouerbialis, De eodem bibere poculo, pro eo quod est,
participem esse mali: quemadmodũ fusius in Chiliadibus explicuimus. Et in emendatioribus Græcorũ exemplaribus non legitur μέλλω πίνειν, id est, Bibiturus sum, sed πίνω, id est,
Bibo,(ut præsens narratur, quod instabat.)Atq; ita legit Chrysostomus. Insuper post hæc ad- 27
ditur apud Græcos, ἢ βάπτισμα ὃ ἐγὼ βαπτίζομαι βαπτισθῆναι, id est, Baptismate quo ego ba

Deest in nostris

ptizor baptizari? Nam & apud Marcũ hæc adduntur. Atq; ad hunc modum eadem mox
repetũtur, Calicem quidem meum bibetis, & baptismo quo ego baptizor baptizabimini.
Verum haud scio an hæc in hunc locum ex Marco traducta sint: id quod sæpenumero solet accidere, præsertim cum apud Hieronymũ addita non comperiam. Quanq; adduntur

19: Vulgarium

apud Origenem & Chrysostomum,{ac Theophylactum.}Deinde, 19

19: Vulgario
Non est meum dare

Non est meum dare uobis.) Vobis addidit aliquis de suo, apud Græcos tantum est οὐκ
ἔστιν ἐμὸν δοῦναι, id est, Non est meum dare, ut sit absolutum, & intelligas totum hoc reijci in
patrem, atq; ita legit Chrysostomus{consentiente Theophylacto.}Verum ut adderent Vo- 19
bis, in causa fuit, quod sequitur: Sed quibus paratum est. Verum ea oratio ἀκέφαλος est,
subaudiendum enim, id ijs continget quibus præparatum est à patre meo.{Neque tamen 19
dissimularim Hieronymum sic interpretari, ut propemodum suspicari possis, eum legisse
ut nos uulgo legimus, licet patris quoq; mentionem admisceat.}

16-22: græcis gens
Dormitatio interpretis

Principes gentium dominãtur eorum.) ἄρχοντες τῶν ἐθνῶν κατακυριεύουσιν αὐτῶν. Cum præcesserit gentiũ, cur non repetit earum, imò cur non eis? Ac mox In eas magis quàm in eos?
Nam ἔθνος neutri generis est. Nec est simpliciter Dominantur, sed κατακυριεύουσι Dominantur in eas, siue aduersus eas.{Frequenter enim ea præpositio in malum sonat, quod ty- 19
ranni populi malo gerant principatũ.}Nec est, Qui maiores sunt, sed οἱ μεγάλοι, id est, Magni siue magnates. Siquidem id erat proprium cognomentum regis Persarum, unde Ale-
xander magnus est dictus. Ac rursum,

Potestatem exercent.) κατεξουσιάζουσιν αὐτῶν, id est, Ius siue autoritatẽ exercent. Et præpositio similiter in partem malam sonat, indicans eam potestatem esse tyrannicam, & cum
malo parentium esse coniunctam.⟨Vnde in quibusdam(codicibus)perperam mutatum est 22·27
Inter eos pro in eos.⟩Porrò quod hic interpres Græcam uocem expressit periphrasi, poterat 27
& in priore parte facere, dominium exercent in eos.⟩Ac paulo post,

Quicunq; uoluerit maior fieri.) μέγας γενέσθαι, id est, Magnus fieri. Atq; ita citat Hieronymus edisserens caput Ezechielis xlv. Ne quis causificet Græcam scripurã esse uiciatã.

Non

Non uenit ministrari.) Quis unquam dixit hominem ministrari, cui ministerium exhi- *Solœcismus*
betur? Non hercle magis quàm benedici, de quo quis bene loquatur, aut annunciari, cui *interpretis*
19 nunciatur aliquid. Atqui sic loquuntur Græci {sed} Latinorum auribus prorsus inauditum.
Vertere commode poterat ad hunc modum. Non uenit ut sibi ministraretur, sed ut aliis
ipse ministraret, οὐ διακονηθῆναι, ἀλλὰ διακονῆσαι. Rursum hic animã uitam appellat, non *Anima pro uita*
eam partem quæ est altera hominis. Rursum:
Pro multis.) ἀντὶ πολλῶν. Aliud quiddam sonat Grecis, quàm Latinis: apud nos tantum *πολλοὶ Græ-*
opponitur paucis, apud illos populi multitudinẽ sonat, atque id fermè quod Latinis sonat uul- *cis nõnunquã*
gus. Et redemptionẽ, Græce est, λύτρον, quod proprie precium significat, quo redimuntur *sonat uulgus*
19 captiui aut serui {quod Galli uocant ransonam} à uerbo λύω, quod est soluo. Deinde: *Redemptio*
Et confestim uiderunt.) Græci nonnihil addunt uerborũ, ἀνέβλεψαν αὐτῶν οἱ ὀφθαλμοί, id *λύτρον*
est, Visum receperunt illorum oculi, quod antea mentio facta sit oculorum. *ἀναβλέπειν*

EX CAPITE VIGESIMOPRIMO

AD montem oliueti.) ἐλαιῶν est, id est, Oliuarũ. Semel duntaxat in Actis apo- *ἐλαιῶν*
stolorum legimus montem, qui dictus est ἐλαιών, id est, Oliuetum, si modo *ἐλαιών*
scriptura non fallit. Etenim eadem dictio si ultima sit acuta, significat oliuetum, sin circumflexa oliuarum. Hic certe est oliuarum, propter additum articulum, τῶν. Pauloque post:
19 In castellum.) εἰς τὴν κώμην. Vicum aut oppidum sonat {ne quis putet arcem esse, aut *κώμη castellũ*
magnatis palatium, quod opinari uidetur Carrensis.}
Et confestim dimittit.) In nõnullis Græcis codicibus habetur ἀποστέλλει, præsentis tem- *Dimittit eos*
poris, ut pertineat ad discipulos. Verum quid opus erat repetere: Et dimittet eos, cum iam
dixerit: Ite in castellum. Vnde mihi legendum uidetur ἀποστελεῖ, id est, Emittet, ut referatur
35 ad iumenta [quemadmodum legitur apud Marcum capite undecimo.] Atque ita legit Chry-
27.19 sostomus, (Theophylactus) ac Hieronymus, {consentiẽtibus Latinis exemplaribus uetustis:
35 neque secus interpretatur Hilarius} [Potest tamen fieri ut Matthæus aut huius interpres maluerit tempus præsens ad significandã celeritatem.] Deinde quidam habebant, Hoc factum
27 est: quidam, Hoc totum factum est. Neque magni refert. Chrysostomus non addit totum, (si
credimus interpreti, Nam Theophylactus addit.)
Dicite filiæ Sion.) Testimonium hoc sumptum est ex Zachariæ capite nono. Quanquam *Euangelista*
Euãgelista nec usquequaque conuenit cum Hebraica ueritate, neque cum Septuaginta. Nam *nec cũ LXX*
Dicite, nec est apud Hebræos, nec apud Septuaginta. Rursum quod hic dicit: *consentit, per*
Venit tibi mansuetus.) Hebræis est עָנִי, id est, pauper. Nam eadem dictio, si scribatur *omnia nec cũ*
19 per י, pauperem sonat, si per ו, mansuetũ. {Hebræa} sic reddidit Hieronymus. Exulta satis *Hebræo* {↓
filia Sion. Iubila filia Hierusalem: Ecce rex tuus ueniet tibi iustus & saluator. Ipse pauper *Pauper, pro*
& ascendens super asinam, & super pullum filium asinæ. Iuxta Septuaginta sic legimus. *mansueto*
22 ⟨χαῖρε σφόδρα θύγατερ σιών, κήρυσσε θύγατερ ἱερουσαλήμ, ἰδοὺ ὁ βασιλεύς σου ἔρχεταί σοι δίκαιος καὶ
σώζων αὐτούς, πραΰς, καὶ ἐπιβεβηκὼς ἐπὶ ὑποζύγιον, καὶ πῶλον νέον, id est⟩ Gaude uehementer
filia Sion, prædica filia Hierusalem. Ecce rex tuus ueniet tibi iustus & saluans ipsos, man-
27 suetus, & ascendens super subiugalem & pullum nouum. (Interpres legisse uidetur αὐτὸς,
quũ Aldina æditio habeat αὐτούς.) Porrò quod hic est saluator, Hebræis est נוֹשָׁע alludens
ad nomen Iesu. Vnde locum hunc Iudæi iuxta historiam referunt ad Christum. Item:
Sedens super asinum.) ἐπιβεβηκώς, id est, Conscensa asina. Et rursum:
Vestimenta.) Magis est togas, siue pallia, τὰ ἱμάτια, id est, summas uestes.
Osanna filio Dauid.) Non sine causa Matthæus, aut interpres, Hebraicam reliquit uocem, opinor, quod peculiaris sit eius gentis acclamatio: quemadmodum apud Romanos,
Iò triumphe. Verum super hac uoce uaria fuit interpretum opinio. De quo qui uolet edoceri plenius, legat Hieronymi libellum ad Damasum pontificem Romanum, in quo notat
Hilarium, quod ob imperitiã Hebraicæ linguæ osanna interpretatus sit, redemptio domus *Lapsus Hila-*
19 Dauid. {Licet ad eundem fermè modum interpretetur Ambrosius.} Atque omnino sic inter- *rij in osanna*
19 pretatus est {Hilarius} in canone, quem scripsit in Matthæum. Nam osanna, inquit, Hebraico sermone significatur redemptio domus Dauid, insigni nimirum lapsu, cum Hebræis id *16: pudendo*
quod constat פְּדוּת redemptio dicatur, tum domus בֵּית. Porrò Dauid cum eadem uox sit
apud

{ 16: mansuetum. Adhuc quaedem prorsus omisit. Hebraea sic habent Gili me'odh bath ṣiyyon hari'i bath yerushala(y)im hinneh malkekh yavo' lakh ṣaddiq we-noshá hu' 'ani we-rokhev 'al ḥamor we-'al 'ayir ben-'athonoth Ea sic reddidit

apud Hebręos,quæ apud Gręcos,ac Latinos,uel ab ipso quantumuis inscio sermonis He/
Hilarius non uult mutari Septuaginta interpretationem
bræi deprehendi poterat,si modo animum aduertisset. Verum coniicio sanctum Hilarium
cum hæreret ad eam uocem, ex Iudæo quopiam sciscitatũ, quid apud illos sonaret osanna,
atq; illum ut irrideret Christianũ respondisse,quod in buccam ueniebat,redemptio domus
Dauid. Vide quid est alienis cernere oculis, alienis ambulare pedibus. At idem in exposi/
tione psalmi secundi, non probat ullam interpretationem ueteris instrumenti, præter eam
quæ fertur esse Septuaginta,propterea quod Bresith בְּרֵאשִׁית quæ prima uox est libri Ge/
neseos apud Hebræos tria significet, in principio, in filio, & in capite. Nimirum sic est hu/
manum ingenium,tantum probat quisq;,quantũ se confidit assequi posse. Græce{utcunq;} 19
Hilarius leuiter Græce doctus
nouerat Hilarius.{Nam prodidit Hieronymus, huic aurulam modo Græcanicæ literaturæ 19
fuisse gustatam.}Et idcirco Græcorũ flosculis libenter ornat sua cõmentaria. Verum cum
literas Hebraicas prorsus ignoraret, interpretationi Septuaginta nihil uolebat accedere.
Porrò diuus Augustinus,quoniã ne(is)quidem Græce(ad plenum)sciebat, non probat Hie/
ronymi studium,qui nouum testamentũ ex Græcorũ fontibus,uel uerterit,uel emendarit.
Quanq; hoc utcunq; tolerandum putat, propterea quod collatis codicibus deprehendisset
Augustinus senex rediit ad Græcas literas
Hieronymianã in ea re fidem. Nam Augustinus Græcas literas puer utcunq; degustarat,
ad quas senex redire coactus est:quandoquidẽ & Epiphanij Græcum de hæresibus librum
ut potuit,est imitatus. Cæterũ Hebræi sermonis quoniam prorsus erat ignarus, ferendum
non putat, ut Hieronymus quicquam ex Hebræorũ fontibus mutaret, idq; cum fidem ho/
Augustinus ex Latinis æstimat Hebræa nõ ex fonte
minis in nouo testamento iam haberet cõpertam.{Et tamen hic ipse, qui uetat Hieronymũ 19
trium linguarũ egregie peritum, quicq; innouare in sacris libris, plurimos locos annotauit
in uoluminibus instrumenti ueteris, atq; id sane non ex Hebræorũ, sed Latinorũ, & Græ/
corum exemplaribus,quod genus illud libro ex Numeris,adducto loco,Et omnem multi/
tudinem mulierum,quæ non nouit concubitũ masculi,uiuificate. Mox subiicit,Nusquam
certius apparet Hebræa locutione mulieres etiam dici uirgines solere. Sed qui nam id ap/
paret,nisi uocem Hebræam proferat? Quod si contigisset Augustino linguarũ peritia,quæ
Hieronymo,non dubitasset facere,quod illum facere uetat.}At hodie magni quidam,ut sibi
uidentur,theologi,cum ne Latine quidem sciant,omnis antiquæ,bonæq; literaturæ rudes,
& ob id hostes,nihil admisceri uelint diuinis literis, nisi quod ab ipsis possit intelligi. Verũ
quemadmodum Hebrææ literæ ab Hilario neglectæ sui contemptum ultæ sunt in osanna,
ita passim his temporibus ulciscuntur sui neglectum bonæ literæ,dum subinde impingunt
nusquam non hærent, nusquã non labuntur, & eruditis uiris de se uel risum uel cõmisera/
tionem excitant.(Hæc nequaq; dicta sunt in contumeliã ordinis theologici,sed in quosdam 27
parum dignos hoc ordine.)Sed ut ad rem redeamus,Hieronymus indicat hunc locum sum/
ptum ex psalmo cxvij. in quo præter alia,quæ manifeste de Christo dicta reperiuntur,hoc
quoq; legitur : O domine saluum me fac, ó domine bene prosperare: benedictus qui uenit
in nomine domini. Porrò pro eo quod habetur in Septuaginta: O domine saluũ me fac,in
Osanna quid
Hebræo legitur אָנָּא יְהוָה הוֹשִׁיעָה נָּא, quod manifestius interpretatus est Symmachus,
dicens : Obsecro domine, saluum me fac obsecro. Siquidem הוֹשִׁיעָה saluifica significat,
& נָּא interiectio est apud Hebræos,uelut efflagitantis,aut obtestantis.

Benedictus, id est, quod laudatus
{Benedictus qui uenit.) εὐλογητός. Hæc uox passim occurrit in arcanis literis,aliena qui/ 19
dem à sermone Latino : nec est tamen quam illius uice subdamus,nisi placeret dicere, lau/
dandus, aut laudatus. Græcis (εὐ λέγει) benedicit aliquis illum, de quo bene prædicat, & is 27
benedicitur,de quo est honesta fama. Quemadmodum & benefacit aliquis illum,in quem
confert beneficium. Et bene passus dicitur ille, qui beneficio fuerit adiutus. Quod dictum
est de benedicere,& benedictus, idem dictum puta de maledicere, & maledictus. Quod si
Christianũ est, in his contempta linguæ Latinæ consuetudine peregrinũ idioma recipere,
& ceu nouum sermonem Christianis peculiarem fingere,cur id non fit & in cæteris omni/
bus.Nam quod rectum est,quodq; iudicio fit,id perpetuo factum oportuit. Nunc si teme/
Inconstantia interpretis
re,& utcunq; incidit in animum interpreti,modo uitata est peregrini sermonis proprietas,
modo recepta,quid uetat ab aliis eruditis quædam in melius restitui? Equidem arbitror ad
hanc formam pertinere, quod Augustinus in annotandis tropis ueteris testamenti citat ex
Deuteronomij capite undecimo: Quæ fecit uirtutem Aegyptiorũ. Atq; is putat perperam
à Latinis

à Latinis uirtutem uerti in uirtuti, cum sensus sit: Virtutem Aegyptiorũ ad nihilum reda/ Facere illum
ctam, uidelicet non animaduertens idioma Græci sermonis, quod an cum Hebræis conue Græce, pro
niat, non satis habeo compertum. Mirum autem cur hic non agnouerit idioma sermonis, facere illi
seu Græci, seu Hebraici, cum mox libro sexto, adducat exemplum, quo dictum est, Ancil/
lam tuam facias, pro ancillæ tuæ facias.}
22 ⟨Qui uenit in nomine domini.) ὁ ἐρχόμενος, Ille qui uenturus erat siue est. Potest enim
esse futuri temporis, atq; ita legitur in aureo codice, suffragantibus & Donatianicis.⟩
* Propheta à Nazareth.) ὁ ἀπὸ ναζαρὲθ, id est, ille Nazarenus. Ac qđ paulo post adducit: *16-27: entries reversed
* Mensas numulariorũ.) κολλυβιστῶν, qui ijdem trapezitæ uocantur. Porrò testimonium, κολλυβιστῶν]
quod adducit, sumptũ est ex Esaiæ capite quinquagesimosexto: Domus enim mea domus
orationis uocabitur cunctis gentibus, Consentientibus & Septuaginta.
Ex ore lactentium, & infantium.) Sumptum est ex Psalmo octauo. Porrò quod hic uer/
tit Infantium, Græce est νηπίων, quod hactenus uertit, paruulos.
Abijt foras extra ciuitatem.) ἐξῆλθεν ἔξω τῆς πόλεως. Quid opus erat foras? Exiuit è ci/
27 uitate, sat erat, ⟨aut abijt extra ciuitatem.⟩ Ac subinde:
Et mansit ibi.) ηὐλίσθη, quasi dicas, stabulauit, hoc est, diuersatus est. Vnde illud in Actis αὐλίζεσθαι]
apostolorum, συναυλιζόμενος, de quo suo dicemus loco. Pauloq; post:
Fici arborem.) συκῆν μίαν, id est, Ficum quandam. Siquidẽ Hebræi unum pro quodam Vnũ pro quo/
usurpant. Interpres addidit arborẽ, ne de fructu acciperemus, ob quod aliâs atq; adeo mox dam ponunt
27 uertit ficulneam, non satis probato apud Latinos uocabulo, ⟨quum ficulnus sit appositiuũ à Hebræi]
ficu quemadmodum quernus à quercu.⟩ Nec est: Ficulnea, an
Secus uiam.) sed ἐπὶ τῆς ὁδοῦ, id est, In uia. Hæc est illa ficus cuius folijs nonnulli suam Latinum
obtegunt inscitiam: cum ea signarit magis istos qui cultu, qui titulis, qui splendidis uerbis
sanctimoniam præ se ferunt, cum uita non respondeat. At isti sedulo cauent, ne quid bona/
rum attingant literarum: & dicunt quàm possunt insulsissime, ne quid affinitatis habeant
cum hac ficu. Cæterũ ista ratione maxime in ficum incidunt. Audio incultam ac sordidam
orationem, expecto uitam simplicem, & innocentem, hoc est fructum, quem orationis spe/
cies, id est, folia, pollicebãtur. Vbi propius uentum est Sardanapalos inuenio, inuenio Mi/ Allegoria fi/
das ac Satrapas: Omnia tyrannica: solus sermo refert apostolos. Hæc est illa ficus, quam cus perperam
odit & execratur Christus: cui si putet elata doctrina, & fastuosa eloquentia, quanto magis accepta [mul/
oderit arrogantẽ, ac superciliosam inscitiam, & sanctimoniæ fuco personatam infantiam? tis]
Verum hæc ut πάρεργα, missa faciamus.
19 {Quomodo continuo aruit.) In uulgatis Græcorum codicibus repetitur ficus, sed à li/ Addita uox]
brarijs, ut opinor, additum: quandoquidem in uetustis exemplaribus non repetitur, nec
apud Hieronymum.}
Et non hæsitaueritis.) μὴ διακριθῆτε, id est, Non dijudicaueritis. Etenim qui diffidit, di/
spicit ac dijudicat. Ac mox, τὸ τῆς συκῆς ποιήσετε, id est, id quod accidit ficui facietis. Deinde:
27 Tolle & iacta.) ἄρθητι καὶ βλήθητι, id est, Tollere ac mittere passiue, ⟨quasi dicas tollitor,
ac proijcitor.⟩ Et rursum aliquanto post:
In qua potestate.) Vtrobiq; potestas hic Græcis est ἐξουσία, quod ius & autoritatem si/ Potestas
gnificat, non potentiam, aut uires. Item: ἐξουσία
Cogitabant inter se.) παρ' ἑαυτοῖς, id est, Apud sese. Et aliquanto post:
Omnes enim habebãt Ioannem.) Emendati codices Græcorũ habent ἔχουσιν, id est, Ha/ Habẽt Ioannẽ
19.22 bent, ut referatur ad ipsos Pharisæos ita cogitantes {suffragante ⟨Latino⟩ codice Corsendon/ non habebant]
22.27 censi} ⟨atq; item aureo, consentientibus & duobus Donatianicis, ⟨deniq; Constantiensi.⟩
Nec ego dicam uobis.) Dico ex Græcorũ codicum & aurei codicis autoritate.⟩ Dico p dicam]
In uineam meam.) ἐν τῷ ἀμπελῶνί μου, id est, In uinea mea, suffragantibus & uetustissi/
mis Latinorum exemplaribus. Et ibidem:
Eo domine.) In Gręcis legitur Ego domine, non eo. Qui sermo est sese presto, ac prom/ Ego domine
27 ptum offerentis ad quiduis. ⟨Ita puer Samuel quum se uocatum crederet ab Heli, dicebat:
Ecce ego,⟩ pro quo Latini dicunt, Eccum, siue præsto sum. Origenes legit ναὶ κύριε, id est,
27 Etiam domine. In nonnullis tamen Græcis reperio pro ἐγώ, ὑπάγω, id est, abeo, ⟨sed ut ar/
bitror ad Latinorum exemplaria castigatis.⟩

[πρῶτος pro prior]

{Et dicunt ei, primus.) πρῶτος. Augustinus annotans idioma sermonis Hebraici, libro 19
sexto, cõmonstrauit hic improprie positum superlatiuum, cum de duobus fiat sermo. Nisi
quod illic Nouissimus scriptum est, lapsu, ni fallor, memoriæ, nisi malumus id scribæ impu
19-22: paulo ante tare, qui putarit & illic Nouissimus scribendum, quod superius de nouissimo facta sit men
tio (in parabola uineæ. Atqui Nouissimus scriptum comperi in exemplari quod exhibuit 27
Constantia, ut casu factũ uideri non queat. Vnde colligitur aut narrationis diuersum fuisse
ordinem in his libris quos habuit Augustinus, aut nouissimũ dictum, de quo primum facta
sit mentio. Is enim à præsenti loco nouissimus est, hoc est extremus. Quemadmodũ à patre
sursum genealogiã supputanti, nouissimus est tritauus, ita qui primus erat in proponendo

[Augustini opinio excussa]

nouissimus est in responsione. Hieronymus meminit utriusque lectionis, sed hanc qua nos
utimur magis probat, quam eum & fuisse sequutũ liquet ex ipsius interpretatione, ut accipiamus Iudæos ex ipsorũ responsione coargui. Et tamẽ si cui placet altera lectio sic nodum
explicat, ut dicat Iudæos peruerse respondisse, quod intelligerent se captari quæstiuncula.
Atqui cur hic uitent captionem cum in proxima parabola respondeãt, malos male perdet.

[Hieronymi cõmentarios in Matthæũ uideri decurtatos]

Obiter & illud indicabitur. Quũ hic locus ex Hieronymo referatur in Catena aurea, nec in
his cõmentarijs illius quos habemus reperiatur nec alibi in eius scriptis, certe quod meminerim, argumentũ est hos fuisse decurtatos, quam suspitionem meam & aliâs significaui.
Diuus Hilarius primum & alterũ dictum esse putat pro maiore natu & minore) Ac mox:

[Meretrices præcedunt] 16: significans

Meretrices præcedent.) προάγουσιν, Præcedunt præsentis temporis {suffragantibus ue- 19
tustis exemplaribus Latinis (cumque his aureo codice & Constantiensi) Sentit enim illas esse 22·27
promptiores ad accipiendam Euangelij doctrinam (Nec est: 22
In regno dei.) Sed in regnum dei. Græcis exemplaribus suffragatur codex aureus.)
Et fodit in ea torcular.) ληνόν. Nam lacunis olim effossis, uinũ (recens expressum) excipie 22
batur. Vnde & alibi lacum uertit. Hinc Bacchus poëtis Lenæus dicitur. Ac paulo post:

[Verebũtur forte filium. forte additũ perperam Matthæo]

Verebuntur forte filium meum.) Forte, nec est apud Græcos, nec in uetustis Latinorũ
exemplaribus (nec in aureo codice (ne in Constantiensi quidem, qui mihi postremus conti- 22·27
git) nec apud Hieronymum. Additum apparet à quopiam, qui uerebatur, ne deus aut men
titus uideretur, qui futurũ dixerit quod non euenit, aut inscius futuri. Quasi uero necesse

[Parabolæ non necesse est ut cõgruant per omnia]

sit, ut per omnia quadrent, &, ut aiunt, ad amussim parabolæ. Quædam admiscentur ut ex-
pleatur narrationis ordo, id quod testatur & Augustinus in opere de doctrina Christiana.
<Locus hic à duobus impetitus est graui calumnia, qui cõtendunt ab Euangelistis scriptum 22 * ↓
fuisse: Forte uerebuntur: uidelicet à Matthæo hoc loco, & à Marco capite xij. sed uocem
erasam à falsarijs nescio quibus, præsertim cum apud Lucam capite uigesimo, sine controuersia addatur forsan, ἴσως. Primum non hoc, opinor, exiget à me quisquam, ut quicquid
plus minus'ue sit apud aliquem Euangelistã, id ad cæteros ilico transferatur. Præterea pro
me facit codicum Græcorũ omnium consensus. Ad hæc Latinorũ ferè omnium, quos ego
sanè uiderim, presertim emendatiorũ. Consentit & æditio Basiliensis, quam fratres Amorbachij è uetustissimis exemplaribus nobis summa fide dederunt. Ac ne Hieronymus quidem hunc locum enarrans, usquam admiscet aduerbium forte. De quo mox plura dicam.
Certe Origenes exponens hunc Matthæi locum, tota enarratione declarat se legisse quod
nos legimus. Siquidẽ homilia xix. mouet huiusmodi quæstionẽ: Cum paterfamiliâs deus,
dixerit, Verebuntur filium meum, & exitus doceat illos nõ fuisse reueritos, apparet deum
ignorasse quid esset futurũ. Huius quæstionis nodum ita soluit, ut dicat id quod in genere
dictum est, Reuerebũtur filium meum, constare, Propterea quod aliqui qui Christum amplexi sunt, non illum occiderunt, sed reueriti sunt. Nimirum hoc agit Origenes, ut si deus
prædixit futurũ, quod non euenit, aut ignorarit quid esset futurũ, aut mentitus sit. Cumque
inter tractandũ subinde repetat Euangelistæ uerba, nusquam tamen addit forte: ut id casu
factum uideri non possit. Nec aliter quæstionẽ hanc ingreditur Hieronymus, quàm Orige
nes. Porrò, inquit, quod iungitur, Verebuntur filium meũ, non de ignorantia uenit. Quid
enim nesciat paterfamiliâs, qui hoc loco deus pater intelligitur? Ex his nimirum liquet hoc
offendi Hieronymũ, quod secus euenit, quàm paterfamiliâs euenturũ prædixerat. Sed a-
pertius pro nobis facit, quod legitur eodem in loco apud eundem Hieronymũ, Interroge-
mus Arium & Eunomium. Ecce pater dicitur ignorare, & sententiã temperat, & quantũ in
uobis

22: addition, continues to p. 87.

trobis est,probatur esse mentitus. Si legit hic Hieronymus.Forte reuerebuntur filium meū,
potuisset uideri inscius futuri deus,mentitus uideri nō poterat. Nam qui sic loquitur,Cras
forte rex appellet: si non appulerit nemini dicetur mentitus, cum nihil certi pronunciarit.
Quid est igitur temperare sententiam? Relinquere locum resipiscentiæ,dum sermone suo
spem aliquam sibi reliquā esse significat. Verum illud aduersum nos facere uidetur, quod
Hieronymus meminit de ambigēdo: sed semper,inquit,deus ambigere dicitur. Etenim qui
hoc animo dicit aliquid futurū,ut animum addat, aut spem faciat, is nimirū uidetur ambigere. Sic enim deprecamur pro uapulaturis, Posthac erit bonæ frugi. Et cum animum ad-
dimus, dicimus: Posthac non cōmittes,ut quisquā te officio superet,aut Dabis operam,ut
hunc lapsum officio penses. Ad eundem modum deus,cum præsciret Iudæos interfecturos
filium suum,tamen ut admoneat illos,quid facere debeāt,ita loquitur,quasi spes esset fore,
ut reueriti filium tandem resipiscerēt,qui toties prophetas occiderāt. Ac rursus pro diuersa
27 parte stare uidetur Chrysostomus homilia sexagesimanona(Nam hunc obijciunt,Ad hoc
ita respondeo.)Primum fieri potest, ut hic, forte, interpres addiderit de suo. Fieri potest,ut
Chrysostomus aduerbiū hoc,retulerit ex Luca: quemadmodū enarrans Matthæū,è Luca
retulit,De domo & familia Dauid,quod apud Matthæū in contextu nō erat. Denique quod
ad sensum attinet nihil est in Chrysostomo,quod cogat addi Forte. Cum enī ait: Non igno
rantis certe,absit hoc enim,sed magnitudinē peccati uolentis ostendere,cuius nullam unque
satisfactionem ostendere potuerunt: magis uidetur ignorare qui prædicit futurū quod futurum non est,quàm qui dicit,Forte futurū est. Item magis ostendit magnitudinē peccati,
27 qui hoc dicit futurū,quod omnino fieri debuit,quàm qui dicit, Forte facient.(Probabile est
igitur apud Chrysostomū Græcum non addi forte, quando nec apud Theophylactum additur.)Cæterū similia loca quæ proferuntur ex prophetis,Si forte uel ipsi audiant,&,si forte
quiescant,non est in Græcis ἴσως, sed ἐὰν ἄρα. Quid sit apud Hebræos nescio. Porrò quod
addit Hieronymus in cōmentarijs simile quiddam haberi & in Euangelio, Forte uerebuntur filium meū,non dubium est,quin ex Luca citarit, sensum referens potius,quàm uerba.
Hæc uisum est ascribere: non quod absurdum existimem, si quod addit Lucas, & hic ad- Locus à calu-
iectum esset, sed ut integritatem lectionis, ac nostram industriam à calumnijs defendam. mnia defensus
Illud non omittam, quod legimus in cōmentariolo Hieronymi, quo locum hunc explanat:
Sed semper ambigere dicitur deus, suspicor librariorū uitio, pro Sæpe, mutatum Semper.
(Neque enim semper sic loquitur in sacris literis deus.)

Dixerunt intra se.) ἐν ἑαυτοῖς. Græcis quidem anceps est sermo, utrum sentiat intra se, 16-27: Dicebant
an inter se. Quanquam accommodatius est inter se,ut intelligas illos colloquio conspirasse
aduersus filium. Nec est:

Et habebimus hæredita.) Sed κατασχῶμεν, id est,Occupemus, siue Obtineamus, aut ut
legit Chrysostomus: Vt possideamus. Ac subinde:
27 Et eiecerunt extra uineam.) ἔξω τοῦ ἀμπελῶνος.(Latinius erat)E uinea, pro Extra uineā: Eijcere extra
27 (etiamsi Qu. Curtius scripsit, extra munimenta se euoluit.)Et in, uineam

Male perdet.) Græcus addidit αὐτούς, id est, Eos, iuxta morem Hebræorum, Latinus
interpres recte omisit.

In caput anguli.) εἰς κεφαλὴν γωνίας. Hebraica figura dixit: Factus est in caput, pro eo
quod erat, Cœpit esse caput anguli. Vnde Paulus scribens Corinthijs, uocat eum ἀκρογω-
νιαῖον, id est,Summū in angulo. Is enim solidissimus,ac maximus sit oportet,qui parietem
utrunque committat,& contineat. Et rursus ibidem:

A domino factum est istud.) Istud, siue hoc, non pertinet ad totum hoc quod præcessit, Factū est istud
27 sed uel ad caput,uel ad angulum: quod utrunque(Græcis)sit generis fœminini,uelut αὕτη caput, aut an-
pronomen. Similiter id quod sequitur. gulus iste

Et est mirabile.) θαυμαστή, id est, Admirandus angulus, siue Admirabile caput anguli.
19-22 {Sic enim interpretatur Origenes homilia decimanona}(Cuius uerba non pigebit hic asscribere,quantū ad huius rei probationē attinet: Et iste lapis donum est donatum à deo ædifi-
cio uniuerso,et admirabile caput in oculis nostris,qui possumus eum uidere oculis mentis.
Qui Chrysostomum Latine reddidit,ita uertit,ut nos uulgo legimus. Mihi tamen subolet
Chrysostomū ad lapidem angularem retulisse pronomen, qui duos maxime inter se dissi-

C 16-22: ἀμπελῶνος quid invitavit hic ut depravate maluerit loqui interpres quam emmendate? Cum dicere licuerit e vinea pro extra vineam, nisi hoc ipsum pulchrum esse ducit vel gratis σολοικίζειν. et in

* 22: addition, continues to p. 88.

22: vident dentes populos in eandem religionem coagmentarit, quando ita scribit: Et ut uideant nihil
horum deo esse aduersum, sed ualde acceptum atque gratum, mirabile præterea stuporisq;
plenum à domino factum esse, subiunxit, lapidem. Hæc & quæ sequũtur, si conferas lector,
uidebitur Chrysostomus de lapide loqui, quamuis interpres, aut fortassis scriba, sequutus
suam memoriam, lectionem perturbarit. Subindicat enim Chrysostomus doctores Iudæorum uoluisse ædificare, sed absque lapide Christo, qui connecteret utrunq; populum. Atq;
hęc ex cõiectura duntaxat diuinamus, certius iudicaturi, si Gręci codicis esset copia. (Certe 27
manifestum est Theophylactum legere factum esse, & mirabilem, referre ad angulum. Sic
enim exponit, ἡ γωνία δὲ αὕτη θαυμαστὴ ἐστί, καὶ παρὰ κυρίου ἐγένετο, id est, Hic autem angulus
admirabilis est, & à deo factus) Iam quid Hieronymus uerterit ex Hebræo, non satis liquet,
cum constet pleraq; eius uolumina fuisse deprauata, à sciolis scribis: nec ipsis uoluminibus
inter se consentiẽtibus. Proinde fieri potest, ut ex sua memoria reposuerit, illud factum est
istud, & hoc est mirabile. Quod si maxime demus ita uersum ab Hieronymo, tamen istud
ad caput referri potest, hoc est ad Christum. Nec est necesse ut ad complexum orationis,
quæ præcessit referatur. Certe Hieronymus enarrans Psalmũ cxvij. legit & exponit hunc
in modum: Et est mirabilis in oculis nostris. Non in illorum, qui eum reprobauerũt, sed in
nostris, qui eum credendo suscepimus. Hactenus Hieronymus. (In genere nobiscum facit 27
Augustinus, tametsi locus mendo non caret ni fallor. Ipse sermonis tenor docet sic esse legendum, id est, caput anguli à domino factus est. Quod si maxime legimus, factum est ei,
tamen quæ sequũtur arguũt quid senserit. Sequuntur enim hæc. Quamuis enim hoc non
esset factus, nisi fuisset passus, non tamen hoc ab eis à quibus passus est, factus est. Quin &
Arnobius, mirabilis refert ad lapidem, non ad complexum sermonis. Et ipsum, inquit, lapidem mirabilem in suis oculis habentes, confitentur &c.) Porrò siue referas ad lapidem, siue
Calumniator taxatus sine nomine ad caput, siue ad angulum, sensus est idem, & ad Christum pertinet. Cum tot autores tam
graues sequutus sim in annotatione mea, cum sensus optime quadret ad nostram lectionẽ,
tamen extitit quidam, qui tragicis uerbis exaggerauit hic inextricabilem errorem meum,
ex Hebræi sermonis Idiomate petens huiusmodi solutionem. Hebræi, inquit, cum careant
neutro genere, abutuntur fœminino. Huius generis esse quod legitur Iosue capite tertio: In
hoc scietis: Cum Hebræis sit, In hac scietis. Et Psal. xl. In hoc cognoui, pro, In hac cognoui.
Porrò Psal. xxvi. interpres etiam Hebraicũ genus reliquit, Vnam petij à domino hanc re-
quiram. In hanc fermè sententiã ille. Quæ ut demus maxime esse uera, nihil aliud efficiunt,
nisi ut intelligamus sic posse legi, ac uerti, quemadmodũ habet æditio uulgata. Non consequitur autem, ut necesse sit, cum cõmodior etiam sit sensus, ut ad caput seu angulũ, hoc est
ad Christum referatur, quemadmodũ faciunt probatissimi interpretes. Vbi est igitur error
ille inextricabilis, ac periculosus, nisi hic nouus Hebræus succurrisset? Addam ridiculum
quiddam: A duobus ut dixi, locus hic fuit impetitus, quorum prior confessus est apud He-
Calũniator à calumniatore ex diametro dissentiens bræos sic haberi, quemadmodũ ego notaram, alter affirmat contra haberi, (uterq; se profi- 27
tetur scire Hebraice, & uterq; suam sententiam scriptis euulgauit, & interim Erasmus uo-
catur intractabilis, qui diffidat talibus monitoribus) Atq; ego sane uix unquam duos uidi,
qui in re Hebraica consentirent, siue hoc linguæ, siue hominum est uitium. Porro testimo-
16: psalmis nium conflatum est è duobus locis, prior pars è Psalmo {centesimodecimoseptimo} secunda 19
ex Esaia capite uigesimooctauo. Nempe ea quæ mox subsequitur: Qui ceciderit super lapidem &c. [Non quod dominus referat uerba prophetæ, sed quod ad illa alludens uelut in- 35
terpretetur. Nam propheta sic loquitur, iuxta translationem Septuaginta, Qui crediderit,
non confundetur. Ex quo colligitur sensus contrarius; Qui non crediderit, confundetur.
Non credere impingere est, & confundi conteri.]

Quia auferetur.) ὅτι, Quia. Quod interpres aliquot locis recte prætermisit, hic sine cau
sa addidit, ut hoc magis sit oscitantiæ, quàm imperitiæ, aut superstitionis. Nam si religio
Iustitia regni cœlorum fuit quicquam omittere, cur omisit alibi, si iudicio omisit, cur alibi apponit? Item,

Facienti fructus eius.) Eius ad regnum refertur, non ad deum, αὐτῆς, {quod Græca le- 19
gentibus per se liquet} Pauloq; post,

Tenere.) κρατῆσαι, quod melius capere, siue manus inijcere. Et,

Sicut prophetam.) Commodius erat, Tanquam prophetam, siue Velut prophetam. {In 19
uetustissi

uetustissimo exemplari, nempe Corsendoncensi, scriptum reperi, Habent, præsentis tempo
ris uerbo. Quanquam hoc sane loco duriusculum est, & refragabatur alter codex, nempe
22 Paulinæ bibliothecæ.⟨Certe Græcis est εἶχον.⟩

EX CAPITE VIGESIMOSECVNDO

ET altilia.) καὶ σιτιστά. Belle respondet uox Latina Græcæ. Vt enim altilia ab
27 alendo dicuntur, ita σιτιστὰ à σιτίζω, quod est cibo, siue nutrio.⟨Ireneæus, aut
huius interpres, alicubi uertit, saginata.⟩ Cæterum, Occisa, parum apte red/
didit: nam τεθυμένα, magis sonat Immolata, aut certe mactata, quod olim in
nuptijs sacris epulis agerentur conuiuia. Cæterum,
In uillam suam.) Non admodum incomode εἰς τὸν ἴδιον ἀγρόν, id est, In propriū agrum *Villa domus agri*
ut uerbo reddam uerbum, aut In rus suum, ut sensum magis exprimam. Porrò uilla domus
est in agro. Et aliquanto inferius,
Et egressi serui eius.) ἐκεῖνοι, id est, Illi, non Eius. Nec est,
Quos inuenerunt.) sed ὅσους, id est, Quotquot repererunt. Ad hæc:
Malos ac bonos.) Græce est, πονηρούς τε καὶ ἀγαθούς, id est, Malosq; ac bonos, si quis ad
uerbū reddi uelit. Aut si Latine, Seu malos seu bonos, ut intelligas nullo delectu. Nam hic
est sensus, ut boni pertineat ad Iudæos, qui sibi & hodie uidentur boni, mali ad gentes. Ex
Iudæorum enim affectu loquutus est Christus, cum utriq; fuerint mali. Ac mox,
Et impletæ sunt nuptiæ discumbentium.) Interpres dormitans Græcum genitiuū reli/ *Interpres dormitans*
19 quit, cum dicere debuerit, Discumbentibus.{Neq; enim uerisimile est eum affectasse Ver/
gilij more loqui, Implentur ueteris Bacchi, pinguisq; ferinæ.} *Genitiuus rei non personæ*
35 Iam quanq; alicubi licet reperire, Implentur ueteris Bacchi,[Totam Siciliam impleuit no/ 16: Nam
19 minis sui, & impleuit socios spei]haud tamen inuenias, Domus impletur hominum,{ut iam 19: eam
35 contemnas amphibologiā.[Deniq; patiar interpretem hic affectasse Liuiano more uoluisse
loqui, nisi aliâs sic impingit ad eundem lapidem ut nulla sit excusatio.]De tenebris exterio/
19 ribus, iam ante dictum est.{In nonnullis Græcis codicibus sic legitur, δήσαντες αὐτοῦ πόδας καὶ
χεῖρας, ἄρατε αὐτόν, ἐκβάλετε εἰς τὸ σκότος, id est, Ligatis manibus ac pedibus eius tollite eum,
eijcite in tenebras &c.}Ac rursum, Vocati & electi, nomina sunt Græcis, non participia,
κλητοὶ καὶ ἐκλεκτοί, cum paulo ante fuerit κεκλημένοις, Dicite inuitatis.
Vt eum caperent.) παγιδεύσωσιν, id est, Illaquearent. παγὶς enim laqueus quo feram ca/ *Capere παγιδεύειν*
22 pimus, aut auem. Cæterum Herodianos appellat milites Herodis.⟨Is fuit Antipatri filius,⟩
22 quem⟨alienigenam ac⟩proselytum Augustus præfecerat Iudæis⟨dato regno⟩ut ab ijs impe/
22 ratoris Romani nomine tributa colligeret.⟨In hac sententia uideo fuisse Hieronymum, qui
cum res erat haud mecum illi qui locum hunc calumniatus est⟩Theophylactus putat He/ 16-19: Vulgarius
rodianos dictos, non quod essent illius ministri, sed factio quæpiam Iudæorū affirmantium
Herodem esse Christum, quod homo nō Iudæus apud Iudæos regnaret omnium primus, *Herodiani qui*
nempe filius Antipatri, quod ridiculum putat Hieronymus. Verum pharisæi contendebāt
Iudæorū populum, qui decimas solueret, essetq; deo dicatus, non debere soluere tributum
Cæsari, nec prophanis parere legibus. Herodiani contra principis sui negocium agebant.
Proinde simul adeunt Christum, uni pariter utriq; molientes insidias, ut quicquid respon/
disset, alterutri factioni redderet obnoxius. Chrysostomus putat Theodam & Iudam quo/
35 rum mentio fit in actis ob id interisse, quod negarent tributū oportere pendi Cæsari.[Huius
autem dogmatis autor fuit Iudas quidam Gaulonites, qui Essenis, Sadduceis & Pharisæis,
quartam sectam adiunxit, Vide Iosephum libro antiquitatū 18. cap. 2.]
Cognita autem Iesus nequitia.) πονηρίαν, id est, Malicia, seu uersutia. Nam nequitia
magis ad libidinem pertinet. Deinde cur non potius dixit inscriptio, quàm superscriptio?
19 {cum Græce sit, ἐπιγραφή. Ac paulo post,
Reddite igitur Cæsari.) Mire Christus temperauit responsum: rogatus insidiose de re
mundana, iubet ostendi numisma, uelut ignotū: ubi ostensum est, sic agit quasi non agno/
scat imaginem, neque inscriptionem. Quod ubi didicit ab illis, non dixit absolute, Reddite *Cæsaris imago*
quæ sunt Cæsaris Cæsari, sed, Reddite igitur. Quasi diceret, Si uerum est quod dicitis, hæc
esse Cæsaris, soluite illi quod illius est. Neq; enim continuo quicquid imaginem habet Cæ *Cæsari debitū tributum*
saris, debetur Cæsari, aut principi. Fortassis alienius fuerit admonere Græcam uocem ἀπὸ

δοτε, esse ancipitem, quod accipi possit, Reddite, uel redditis, ut intelligamus Christum ar-
repta occasione notasse uitam illorum, qui solliciti quid deberetur Cæsari, non illud potius
curabant quid deberetur deo. Redditis Cæsari quod illius habet imaginem, & illud reddite
↓ } deo, quod dei habet inscriptionem, atque imaginem, nempe animam.}
[Si quis mortuus fuerit non habens filium.) Ita magno consensu habēt omnes Latini co- 35
dices, quos mihi uidere contigit, etiam uetusti ac manu descripti, quum Græci constanter
habeant, μὴ ἔχων τέκνα, id est, non habens liberos. Deuteronomij 25. pro liberis habetur semen, hoc est posteritas. Fortassis apud Hebræos nomen non transibat ad posteros nisi per
masculos, alioqui Græcis τέκνον tam filia dicitur quàm filius. Et apud Latinos liberorum
parens dicitur is quoque cui unica proles est. Quisquis enim orbus non est, liberorum parens dicitur. Apud Marcū ca. duodecimo habetur τέκνα, & interpres uertit filios. Fortassis
hic sciolus aliquis metuens ne mulier unius filij mater cogeretur fratri coniugis defuncti
nubere, filios mutauit in filium, quum hæc cauillatio sit planè sophistica. Ad sensum enim
nihil refert, utrum dicas, non reliquit filium, an non reliquit filios, propterea quod hic non
agitur de numero sed de specie. Itaque filios non habere dicitur, qui nullam habet prolem.]
Noua inter- Neque nubent, neque nubentur.) Neque temporis ratio seruata est, neque latinitatis. Nam
pretatio Græce est, οὔτε γαμοῦσιν, οὔτε ἐκγαμίζονται, id est, Neque ducunt uxores, neque nuptum dantur: ut γαμοῦσιν pertineat ad sponsos, & ἐκγαμίζονται ad puellas. Quis enim unquam audiuit nubuntur? Quanquam interim perijt schematis gratia, quæ & ipsa seruari poterat, Neque
ducunt uxores, neque ducuntur.{Augustinus in cōmentario in sermonem domini in monte 19
Nubunt, non habitum primo, legit, Neque nubent, neque ducent uxores.(Sed arbitror locum à librarijs de- 27
nubent prauatum.) Rursum sermone primo, de uerbis apostoli, nisi quod hic deprauatoris incogi-
} 19-22: legitur tantia(Nubent legitur non nubunt, quū sequatur) ducunt, nō ducent, nempe iuxta Græcos. 27
⟨Deprauasset & hunc locum, si fuisset attentus⟩ Consimiliter adducit hunc locū & Ambro- 22
sius in expositione Psalmi cxviij. sermone undecimo}: (Neque nubunt, neque uxores ducunt. 27
Non enim designat tempus, sed uitæ genus exprimit.)
[Sed erunt s. a. pro sunt Sed erunt sicut angeli dei.) ἀλλ' ὡς ἄγγελοι θεοῦ εἰσί, id est, Velut angeli dei sunt. Atque ad
eum modum comperi scriptum, & in uetustis exemplaribus Latinis,{nominatim in aureo, 19
) 19-22: (tum in uetustissimo) quod exhibuit in hūc usum ecclesia diui Pauli Londinensis. Atque item 27
nominatim in eo in eo quod exhibuerunt canonici collegij Corsendoncensis in Brabantia. (Postremo quod 27
præbuit collegium Constantiense.) Ex quo satis, opinor, liquet in superioribus uerbis tempus librarij uitio mutatum. Offendit lectorem aliquem, quod resurrectio nondum accidisset, atque ea gratia futurum tempus magis conuenire. At Christus indicat resurrectionis
tempus iam adesse. Sic enim resurrectioni destinatos uocat resurrectionem, sicut euange-
Regnū cœlo- licam sequentes doctrinam uocat regnum cœlorum. Post apparebit in nobis resurrectio,
rum apud nos at interim peragitur in nobis resurrectionis negociū. Quin & Origenis interpres ita uertit
homilia uigesimasecunda. In resurrectione neque nubunt, neque uxores accipiunt, sed sunt
19-22: cavilletur sicut angeli in cœlo. Itaque paulo post repetit, ne quis casum esse causetur.
Non est deus mortuorū.) In exemplaribus quæ mihi uidere contigit, repetebatur hæc
uox deus, οὐκ ἔστιν ὁ θεός, θεὸς νεκρῶν, id est, Non est deus, deus mortuorum, Verum idem
non reperio apud ullum interpretem. Vnde coniectandum est, quod erat subaudiendum
id abs quopiam adiectum fuisse}(nisi quod Theophylactus ut legit, ita repetit, enarrans, 27
deus, deus.)
[Φιμόω Quod silentium imposuisset.) ἐφίμωσεν, id est, Obturasset os, siue occlusisset os. Et in
Paulo, Non alligabis boui, est οὐ φιμώσεις, Non occludes os. Nec est,
Legis doctor.) sed νομικός, id est, Qui uersatur in negocijs legalibus, ad uerbum sonat
22: damnem legalis, siue legitimus,⟨etiamsi non damno quod uertit interpres⟩ Nec est, 22
Ex toto corde.) Sed in toto corde, ἐν ὅλῃ τῇ καρδίᾳ,{Etiamsi apud Græcos, ac Latinos su- 19
peruacanea est præpositio.} Et rursum non est,
Hoc est maximū & primum.) Sed πρώτη καὶ μεγάλη, id est, Primum ac magnū, quanquam
Sicut teipsum hic primum dixit præcipuum. Hilarius legit, Quod est magnum ac primum.
ὡς apud Græcos Sicut teipsum.) ὡς σεαυτόν. Græcis unicum aduerbium est ὡς, quod nos uix duodecim
reddimus. Proinde frustra cauillantur, qui putant hic non modum amoris æqualem significari

} 19-27: Et aliquanto inferius.

ficari,ſed ſimilitudinem,ut amemus proximum, non æque atq; noſipſos, ſed ſimili genere
amoris. Horum argutationes licebat excludere, ſi uertiſſet, Proximum tuum perinde, ut 16-19: cavillationes
teipſum. Neq; enim huius eſt loci refellere eos, qui nimis Ariſtotelice inducunt charitatis Ariſtoteles
ordines. Magis placet mihi Paulina ſimilitudo de membris corporis, in quo plus etiam ho/ facit honorũ
27 noris adhibemus ijs quæ per ſe ſunt infirmiora.(Porrò quod interpres uertit Proximum, ordines
Græce eſt τὸν πλησίον. Eam uocem frequenter obuiam in ſacris literis, ne quis ut parum Proximus]
Latinam faſtidiat, eſt apud Suetonium in Othone. Alij febrim ſimulaſſe aiunt, eamq; ex/
cuſationem proximis mandaſſe, niſi quod apud Græcos familiares duntaxat dicuntur οἱ
35 πλησίον.)[Familiaritatis autem eſt hærere lateri.]Nec eſt,

Vniuerſa lex.) Sed tota, ὅλος ὁ νόμος.

EX CAPITE VIGESIMOTERTIO

19.22{ SVper cathedrã Moyſi.) ἐπὶ τῆς μωσέως καθέδρας, id eſt, In Moyſi ſede.(Porrò
27 pro Sederunt rectius diceretur Sedent,(ſiue Conſederunt,)quemadmodũ ad/
ducit Auguſtinus aduerſus Fauſtum lib. xvi. cap. xxix. In his enim uerbis ſic Cathedra Mo
uſurpamus uocem præteriti temporis, ut intelligamus actum etiamnum ma yſi quomodo
nentem, uelut in Stetit, & appropinquauit.)Hunc locũ quidam eò torquent, accipienda[ſit]
quaſi parendum ſit omnibus, quæ præcipiunt epiſcopi, aut præpoſiti, etiam impij, ob mu/
neris autoritatem : cum Chriſtus de ijs loquatur, qui recte docerent legem Moſaicam, non
qui ſuis conſtitutiunculis illaquearent homines. Ita nunc quoq; fortaſſis audiendus ſit epi/
ſcopus, qui recte doceat Euangelium, etiamſi ipſe parum euangelice uiuat. Cæterum quis
ferat eos, aduerſus Chriſti doctrinã, pro ſuo cõmodo fixis, ac refixis legibus, meram tyran/
22 nidem exercentes in populum, ſuoq; quæſtu ac maieſtate metientes omnia.(Qui conſtitu
tiunculis ad quæſtum, ad tyrannidem excogitatis irretiunt populũ, non ſedent in cathedra
27 euangelica, ſed in cathedra Simonis magi, aut Caiphæ.(Atq; hoc ita dictum ſit de malis epi Excipit bonos
ſcopis, qui utinam nulli ſint uſquam, ut bonorũ autoritati nulla in parte derogetur. Id adij/ à nota
cere ſuperuacaneum erat, niſi hoc ſeculo nihil non arroderet calumnia.)

Quæcunque dixerint uobis, ſeruate.) Apud Græcos additur una dictio ὅσα ἂν εἴπωσιν
ὑμῖν τηρεῖν τηρεῖτε, id eſt, Quæcunq; dixerint uobis ſeruare, ſeruate. Poſitum eſt autem di/
xerint Græco more, pro Iuſſerint.

19 {Vt uideantur ab hominibus.) πρὸς τὸ θεαθῆναι τοῖς ἀνθρώποις, id eſt, Ad hoc, ut ſpectentur
hominibus, hoc eſt, Spectaculo ſint hominibus, ſiue conſpicui ſint. Conuenit enim ſpecta/
culi uerbum hiſtrionibus, ut & ſuperius indicatum eſt.}Cæterũ φυλακτήριον phylacterium Phylacteria *↓
19 Græca uox Latinis eſt conſeruatoriũ, quod in his ſeruatur memoria legis.[à uerbo φυλάττω, quæ
quaſi ſic præſtarẽt, id quod deus iubet per Moſen, ſeruari præcepta ſua. Nam huius ſuper/
ſtitionis occaſionem ſumpſiſſe uidentur partim ex Deutero. cap. xvi. Audi Iſraël, dominus
deus ueſter, deus unus eſt. Diliges dominũ deum tuum ex toto corde tuo, & ex tota anima
tua, & ex tota fortitudine tua. Eruntq; uerba hæc, quæ ego præcipio tibi hodie, in corde tuo,
& narrabis ea filijs tuis, & meditaberis ſedens in domo tua, & ambulans in itinere, dor/
miens, atq; conſurgens. Et ligabis ea quaſi ſignum in manu tua. Eruntq; & mouebuntur
inter oculos tuos, ſcribeſq; ea in limine & oſtijs domus tuæ. Proinde phariſæi, quo uide/
rentur admodum obſeruantes legis, ſcribebant Decalogum in membranis, ceu duobus uo
luminibus, quorum alterum fronti coronæ uice circumponebant, alterum brachio : ut ſiue
quò manum porrigerent eſſent in conſpectu, ſiue caput mouiſſent ob oculos eſſent. Itaq;
perſonati ſeſe plebis, ac mulierculatũ oculis uenditabant. Hunc morem teſtatur Hierony/ 19-27 margin as p.92
mus ad ſuam uſque ætatem duraſſe apud Iudæos, Perſas, ac Babylonios, atque eos qui id
facerent apud illos habitos ceu religioſos. Velut hodie apud nos habentur, qui diuerſis, ac 19-22: faciunt
27 nouis cultuũ formis & coloribus ſanctimoniam apud uulgus profitentur,(quũ non omnes 19: haberi
ſuo reſpondeãt ornatui.)Partim ex Numerorũ cap. xvi. Legimus enim illic hunc in modũ:
Loquere filijs Iſraël, & dices ad eos, ut faciant ſibi fimbrias per angulos quatuor palliorũ,
ponentes in eis uittas hyacinthinas, quas cum uiderint recordentur omnium mandatorum
domini. Siquidem hinc hypocritæ captantes auram popularem, atque ex mulierculis ſe/
ctantes lucra, faciebãt grandes fimbrias, & acutiſſimas in eis ſpinas ligabant, quo uidelicet
ambulantes, aut ſedentes aliquando pungerentur, nec ſinerentur uſquam obliuiſci legum.

16: Caeterum .... legis forms last sentence of next entry (p.92).

Superstitio quorundam Christianorum / *Superstitiosa pharisæorũ hypocrisis* / 19-22: facie͏bant

Et quo quiſq; latiores fimbrias circumferret, hoc religioſior habebatur apud ſuperſtitioſos
ac ſimplices. Atq; utinam hoc hiſtrionum genus non adeo paſſim eſſet apud Chriſtianos,
ad quos collati phariſæi, ſynceri, ſimplicesq; queant uideri. Non quod non oporteat pietatem etiam cultus, aut uictus ſimplicitate, mundicieq; profiteri, ſed quod ſuperſtitionem, &
oſtentationem ubique oporteat abeſſe, & præcipuam pietatis partem in animo, ac moribus deceat eſſe ſitam. Damnat hoc loco Hieronymus mulierculariũ quarundam ſuperſtitionem, quæ quod olim in phylacterijs faciebant phariſæi, id tum facerent in paruulis Euan
gelijs, & in crucis ligno, alijsq; rebus huiuſmodi. Quæ habent, inquit, zelum dei, ſed non
iuxta ſcientiam, culicem liquantes, & camelum glutientes. Si uir ſanctiſſimus hæc ſentit
de mulierculis, quarum infirmitati par erat nonnihil condonare, quid dicturus ſit, ſi uideat

19-27: margin to p. 91 — *Superstitiosa reliquiarum ostentatio*

hodie paſſim ad quæſtum oſtentari lac Mariæ, quod honore propemodum æquant corpori Chriſti conſecrato? prodigioſum oleum, fragmentula ligni crucis, tam multa, ut ſi in
aceruum redigantur, uix una nauis oneraria uehat: hic oſtentari Franciſci cucullam, illic
intimam ueſtem Mariæ uirginis, alibi pectinem Annæ, alibi caligam Ioſeph, alibi calceum
Thomæ Cantuarienſis, alibi Chriſti præputium: quod cum ſit res incerta, religioſius adorant, quàm totum Chriſtum. Neque uero hæc ita proferuntur tanquam ferenda, & plebe-
culæ donanda affectibus, uerum huc ferè ſumma religionis uocatur, auaritia ſacerdotum,

Christus in solos hypocrytas ſæuit / 19-22: nae͏ui͏us / 19-27: saevus

& monachorũ quorundam hypocriſi: quos alit populi ſtultitia. Atque in hiſce comœdijs
primas agunt epiſcopi quidam factitij, ne nuſquam ualere uideantur, hæc ſuis diplomatis
approbant, ſuis condonationibus ornant, tanta grauitate, ut quoties mihi legitur iſtorum
comprobatio, minus credam, quàm antea credebam. Quibus in rebus, niſi grauis ineſſet
uerae pietatis iactura, Chriſtus non tam acriter in hoc hominum genus inueheretur, cum
alioqui lenis ſit in peccatores.}

Ac magnificant fimbrias.) Græcis additur hic, τῶν ἱματίων αὐτῶν, id eſt, Veſtimentorũ,
ſiue palliorum ſuorum{Etiamſi Latinius erat, Dilatant.} 19

Primos recubitus.) Græcis iucundior eſt elocutio per dictiones compoſitas πρωτοκλι-
σίαν, & πρωτοκαθεδρίαν, quaſi dicas, Præcubitum, & præſidentiam. Et,

7 — Matt 26:49, Mark 14:45

Nolite uocari rabbi.) Græcis⟨in nonnullis exemplaribus⟩congeminatur ῥαββεὶ ῥαββεί, id 22
eſt, Rabbi rabbi. Ad eundem modum & Iudas ſalutat dominũ, Rabbi rabbi. Videtur autẽ
ea conduplicatio apud Hebræos honoris aliquid habere. Vnde morem hunc exprimens
Chriſtus, Non omnis, inquit, qui dicit mihi domine domine intrabit. Et hodie ſacerdotes &
epiſcopos honoris gratia bis dominos facimus. Quanq; nec apud Hieronymum, nec apud
Origenem, nec apud Chryſoſtomũ⟨nec apud Theophylactum⟩huiuſce rei certum inuenio 27

Cõduplicatur dictio uarie apud Hebræos

ueſtigiũ.{Auguſtinus in annotationibus troporum ueteris inſtrumenti, cõmonſtrat uarie 19
conduplicari dictionem apud Hebræos, aliquoties ita ſignificari multitudinem, aut diſtri-
butionem. Quod genus eſt illud in Exodo, iuxta ueterem æditionẽ, Et colligebant aceruos
aceruos, quaſi dicas aceruatim. Nonnunq; indicari uehementiã, quale eſt illud apud Hieremiam, Ficus bonas bonas, & ficus malas malas. Interim generalitatis habet ſignificatio-
nem: Quod genus illud in Leuitico: Homo homo ſi maledixerit deum, ſuum peccatũ accipiet, pro eo quod erat, Homo quicunq; is fuerit. Item in Numeris, Viri uiri, ſi præuaricata
fuerit uxor eius. Huic affine tropo⟨eſt,⟩quod Latini quoq; paſſim uſurpant, Vt ut, pro ut- 27
cunq;: ubi ubi, pro ubicunq;: qualis qualis, pro qualiſcunq;. Item cum ter beatum uocant,
magnopere beatum. Iam de tropo ſermonis, qui ſic accipiendus eſt, nõ ut intelligamus ue-
titum quocunq; modo uocari magiſtros, ſed certo modo uetari, diligenter & copioſe di-
ſputat Auguſtinus ſermone de uerbis domini, ex Matthæo xi.}

Rabbi

Vnus eſt enim ueſter magiſter.) Addunt Græci, ὁ χριστός, id eſt, Qui eſt Chriſtus. Eadem
uox paulo poſt repetitur. Nec uocemini magiſtri. Si rabbi idem ſonat quod magiſtri, uidetur idem bis dixiſſe, cum paulo ſuperius dixerit: Nolite uocari rabbi. Ni forte rabbi præceptoris eſt uocabulũ, nempe qui docet: unde & apud Hebræos רַב à multitudine ſcientiarũ

[καθηγητὴς διδάσκαλος Quia clauditis, non qui

dicta eſt uox. Et nõnulli Græcorũ codices non utrobiq; repetunt, Vnus eſt magiſter ueſter,
καθηγητὴς, ſed priore loco habent, διδάσκαλος, quod doctorẽ ſonat, & reſpondet uocabulo
rabbi. In altero ponitur καθηγητὴς, quod gubernatorẽ ac moderatorẽ uitæ ſignificat.

Qui clauditis.) ὅτι κλείετε, id eſt, Quia clauditis, non qui{ſuffragante & Paulino codice 19
Latino,

16-22: facimus, cum semel dominum dici, qui pater sit, barbaricum sit. Quanquam

27 Latinos (& eo quem ſequuti ſunt fratres Amorbachij. In Conſtantienſi raſura declarabat
ſcriptum fuiſſe quia) Ac mox item,
Qui circuitis mare.) ὅτι περιάγετε, id eſt, Quia circumitis, ut paulo ſuperius, ὅτι κατεσθίετε
27 quod (utrobiq;) librariorũ errore factum apparet, quanq; id ad ſenſum haud magni refert.
22 Orationes longas orantes.) Græce eſt, καὶ προφάσει μακρὰ προσευχόμενοι, id eſt (ut ad uer
bum reddam, Et) prætextu longum orantes, hoc eſt, Sub prætextu longæ precationis, qua
ſanctimoniæ uenabantur opinionem. Sic enim uertit eadem apud Marcum, ſub obtentu
19 longæ orationis. Et apud Lucam, Simulantes orationẽ longam. {Interpres Origenis uertit,
22 Longa occaſione orantes. Is autẽ legiſſe uidetur μακρᾷ dandi caſu} (Neq; uero eſt ocioſa con
iunctio καὶ. Sentit enim illos hoc grauius eſſe puniendos, quod non ſolũ explerent uentres
ſuos facultatibus uiduarũ, quarum tenuitati magis debebant ſubuenire, uerumetiã rem im
piam facerent, prætextu pietatis, id quod diligenter annotauit & Chryſoſtomus. Vtinã hic
locus emendet quoſdam, qui ſimili arte deuorant domos, non modo uiduarũ, ſed uxorum,
uirginũ, ſenum, adoleſcentũ, ruſticorũ, atq; etiam principum, nec deuorant tantũ, ſed etiam
contaminant & inficiunt. Hos uentres orbi peſtilentes, taxat hoc loco Chryſoſtomus.)

Prolixæ preces. 16: id

Mare & aridam.) Hebraico more terram, aridam uocat יַבָּשָׁה Et proſelytus Græca uox
eſt, προσήλυτος, nobis aduena. Sic enim dicebatur Hebræis, quem ex aliena natione in ſuæ
legis conſortium recepiſſent, illi uocant גֵּר Ac mox:
Et facitis eum filium gehennæ duplo, quàm uos.) Græce eſt διπλότερον ὑμῶν, id eſt, Du
plicius quàm uos eſtis. Quaſi utriq; ſint duplici nomine filij gehennæ, uerum hic aduena
22 magis quàm illi. (Ita citat Auguſtinus libro ſecũdo contra literas Petiliani cap. lxxij. Facitis
eum filium gehennæ duplicius quàm uos.) Id enim ſonat ſermo Græcus. Etiam ſi ſecus in
terpretantur omnes: nempe ut intelligamus illos uno duntaxat nomine malos eſſe, quod
non ſeruarent legem, in qua nati eſſent: aduenã gemino nomine, primum quod ethnicus,
19 & idololatra, mox nec Iudæus probus, dum relabitur in uitam priſtinã, {& ex malo ethnico
fit peior Iudæus. Fortaſſis & hoc ad noſtros mores pertinet, qui magnum quiddam exiſti
mamus, Iudæum ad baptiſmum pellexiſſe. Non quod hoc non ſit optandum omnibus no
bis, ut omnes Iudæi reſipiſcant: Sed quod quidam ex ea re ſuæ gloriæ conſulunt, nec ea uia
pelliciunt, qua oportet, & pellectum non ea docent, quæ uere ſunt Chriſtianiſmi. Nam qui
27 fieri poteſt, ut alios reddamus Chriſtianos, niſi prius ipſi fuerimus Chriſtiani? Fit igitur (ali
quoties,) ut pro ſcelerato Iudæo, ſceleratiorẽ habeamus Chriſtianũ, cuius rei uel Hiſpaniæ
teſtes eſſe poſſunt. Et ſunt qui nouo exemplo armis Chriſtianos faciant, ſub religionis am
pliandæ prætextu, ſuis opibus, ſuæq; ditioni conſulentes. Nihil agetur his rebus, niſi nego
cium animo pure Chriſtiano ſuſcipiatur. Huic confine eſt, quod monachorũ nonnulli fa
ciunt, qui partim aſtu, partim ſtudio pietatis, ſed abſq; iudicio, quos poſſunt ad ſuũ quiſq;
uitæ inſtitutũ pelliciunt, præſertim quos augurentur ſibi futuros uſui: ac miris technis rudi
ſimpliciq; inſidiantur ætati, quæ nondum nouit, neq; ſe, neq; ueram religionem.

Duplo filij gehennæ quomodo accipiendi 22: enim

Iudæi baptizati

Turcæ quõ uincendi 19-27: tr.

Pueros nõ pelliciendos arte neq; ui cõpellendos ad laqueos uitæ monasticæ

Debitor eſt.) ὀφείλει Debet, hoc eſt, reus eſt, ac pœnæ debitor: quod lex uetet iurare per
nomen dei. Totus autem hic locus pertinet ad eos, qui quod caput eſt omnis religionis, ta
cent apud populum, ſi quid minus ad rem pertineat id inculcant: ueluti de poteſtate pon
tificis, de condonationibus, de opinionibus Thomiſtarum, aut Scotiſtarum. }
Stulti & cæci.) Apud Græcos repetitur & in altero loco μωροὶ καὶ τυφλοί.
22 Qui mundatis.) ὅτι καθαρίζετε, id eſt, Quia mundatis (conſentientibus & noſtris emen
datioribus, præſertim aureo) Cæterum:
Quod intus eſt calicis, & quod deforis.) Quæ Græce pure dicuntur, parum munde red
didit Latine, τὸ ἔξωθεν καὶ τὸ ἐντός. Vertere poterat, Exteriorem poculi partem, & id quod
intus eſt. Nec eſt,
Pleni eſtis.) Sed plena ſunt, γέμουσιν, ut pertineat non ad phariſæos, ſed ad poculum &
27 catinum. Conſentiunt Latini codices uetuſti cum Græcis exemplaribus. (In Conſtantien
ſi deprauator ueram lectionem eraſerat.) Nam ſenſus eſt, Pocula & patinas phariſæis foris
eſſe nitidas, ac bene lotas: Cæterum ipſum uinum ipſoſq; cibos eſſe immundos, utpote
partos rapinis, & fraude: atque hanc immundiciam præcipue uitandam, ijs qui uere mundi
uideri uellent. Id cum quidam non intelligerent, ἀδικίαν, id eſt, Iniuſticiam, uerterunt in

Cõtra eos qui humana prædicant potius quã quæ ſunt Chriſti

Mundicies phariſaica

Immundi

* 16: prolixae orationis ; 19: longae orationis
(16: 'Quia similes estis' from p. 94 placed here preceded by, 'Certe in…'

Immundiciam. Quanquam in nonnullis exemplaribus ἀκρασίας, id est, Intemperantiam
inuenio, quomodo legisse uidetur Origenes.{Noster interpres legisse uidetur ἀκαθαρσίας.} 19
16: variatus — In summa uidetur hic locus apud Chrysostomũ,& alios ueteres uarius habitus fuisse.{Au/ 19
gustinus sermone trigesimo legit, Pleni estis dolo & rapina, sed Lucam opinor edisserens.
Paropsis & parapsis — Porrò paropsis Græcis patella est, aut disculus, quo apponitur cibus aut condimentum.
Quandoquidem apud Italos sua cuique patella apponitur, distributo in partes conuiuio.
Parsimonia communem patinam inuenit. Legitur & parapsis eodem sensu apud Suidam,
uocem dictam apparet à rotunditate, flexuq;.}

Quia similes estis.) Germana lectio apud nos durat,haud scio quo casu, Cum in,
{Qui mundatis.) fuerit deprauata}{in multis.)Et, 19.27

↓ + Dealbatis.) est κεκονιαμένοις, id est,Incrustatis,quod opus albarium dicitur. Incrustan/
tur enim gypso,aut calce. Et φαίνεσθε Paretis. Cur non potius apparetis,siue uidemini?

Qui ædificatis.) ὅτι οἰκοδομεῖτε, id est,Quia ædificatis. Vt dissimulem,

Si fuissemus non essemus.) Pro,si fuissemus,non fuissemus,cum Græcis idem uerbum
repetatur, ἤμεν,οὐκ ἤμεν,{siue ut in quibusdam est scriptum ἤμεθα,ἤμεθα. Merito mouet hoc 19
19-22: hoc nomine — loco quæstionẽ Origenes,cur imprecetur hoc nomine, uæ pharisæis. Neq; enim ideo sunt
execrandi quod extruerent monumenta prophetarũ, neq; in hoc quod ab homicidis pro/
phetarũ essent progeniti : cum in altero sit officium,alterũ non sit in manu nostra unde na/
Locus obscurus explicatus — scamur. Verum ideo reprehendũtur,quod ad simulandam sanctimoniã extruerent monu/
menta sanctorũ, & falso negarent se consensuros fuisse in illorũ cædem, si iisdem tempori/
bus uixissent,cum re ipsa declararent se crudelius etiam sæuituros fuisse in prophetas,cum
ipsum Christum pararent occidere. Addit illud Chrysost. illos haudquaquam studio erga
prophetas extruxisse monumenta illorũ,sed ne non extaret trophæum, ac uestigiũ egregij
Zacharias filius Barachiæ quis — facinoris à maioribus patrati, atq; ita deterrerentur cæteri à libertate reprehẽdendi. Cæte/
rum de Zacharia filio Barachiæ, quæstio est impeditior, neq; prorsus adhuc à quoquã ex/
plicata. Quidam fabulam adducunt ex apocryphis libris, fuisse in templo certum locũ de/
↓ * ** — signatũ,ubi inter sacra peragenda consisterent uirgines.in eo dum staret Maria mater Iesu,
↑ 19-22: cum — iam autẽ *constabat eam peperisse,nec uulgus intelligebat** diuinitus concepisse,id populus
19-22: ferret + tamen — indigne ferebat. Hic cum à Zacharia patre Ioannis defenderetur,per tumultum interfectũ
fuisse inter ædem posteriorẽ & altare. Ita fermè Origenes, eadem fermè Hieronymus, nisi
quod hic uariat, dicens Zachariam patrem Ioannis Baptistæ, ideo fuisse occisum, quod
Christi prædicarit aduentum. Alij referunt ad Zachariam Barachiæ filium, qui in duode/
cim prophetis habetur undecimus. Verum quanquã in hoc patris nomen consentit,tamen
parum est uerisimile,quod huiusmodi nihil reperiatur in historijs diuinis de Zacharia pro
pheta. Ad hæc cum illis tẽporibus uix extiterint ullæ templi ruinæ. Tertia opinio propior
uero est,ut intelligamus de Zacharia filio Ioiadæ,quẽ in libris Regum,& Paralipomenon,
Nomen pro nomine — occidit rex Ioas inter aram & templum. Res & nomen conuenit, solum patris nomen re/
clamat, quod is Ioiadæ filius scribatur, non Barachiæ. Ex hac postrema difficultate bifariã
elabuntur. Hieronymus testatur in Euangelio Nazarenorum, cum hæc refertur historia,
Zachariam non Barachiæ dici filium,sed Ioiadæ : nimirum innuens in codicibus,librario/
rum errore pro Ioiada scriptum Barachiam. Chrysostomus aliam aperit fenestram, uideli/
cet, Barachiam binominem,eundem Ioiadam dictum fuisse.}

Genimina uiperarum.) γεννήματα, quod superius recte uerterat, Progenies.

Verbum præsentis tẽporis — {Quæ occidis prophetas.) ἡ ἀποκτείνουσα. Quoniã participio præsentis temporis est usus 19
Actus sine temporis ratione — & sermo Christi ad utrunq; tempus respicit, accipi potest actus citra tẽporis certam ratio/
nem, perinde quasi dicas, Interfectrix prophetarũ, quæ & occidisti, & occidis, & occisura
es. Hoc ideo admonui,quod uideam Origenem uehemẽter torqueri, quo explicet rationẽ
historiæ,cum nusq; legamus Hierosolymis occisos,aut lapidatos prophetas plures.Opinor
& Hierusalem nomine quæ caput erat Iudeæ,totam intelligi regionem}Nec est,

Ecce relinquitur, non relinquetur — Ecce relinquetur.) Futuro tempore,sed præsenti, ἀφίεται, id est,Relinquitur,suffragan
tibus & uetustis Latinorum exemplaribus.

< Et sub alas suas.) Suas addidit de suo nescio quis.Nam nec apud Græcos est,nec in au/ 22
reo codice,nec in Constantiensi.>

Ex capite

+ 16: 'Et dealbatis .... calce' follows 'Et .... videmini'
* 19-22: cum constaret iam
** 19-22: intelligeret

EX CAPITE VIGESIMOQVARTO

IPse autem respondens dixit.) Apud Græcos non est, Ipse, nec respondens,
27 Nihil enim interrogabant discipuli,{sed, Iesus autem dixit illis.}Nec est,
27 Videtis hæc.) sed οὐ βλέπετε ταῦτα,{Ita legit & Theophylactus,}id est,
Nonne uidetis hæc. Et,
Non relinquetur hic lapis.) Hic, hoc loco aduerbium est ὧδε, id est, In hac
19 structura.{Siquidem hoc animo discipuli ostendebant structuras templi, ut Christus commotus operis magnificentia, mutaret sententiam, nec sineret euenire, quod euenturum paulo ante prædixerat: aut certe sentiebant, opus esse maius, aut munitius, quàm ut quisquam posset demoliri.}

In montem oliueti.) ἐλαιῶν, id est, Oliuarũ. Et mox, Secreto, κατ' ἰδίαν, id est, Seorsim, siue Priuatim, hoc est, Semotis turbis. Et aliquanto inferius:

Prælia & opiniones præliorum.) πολέμους καὶ ἀκοὰς πολέμων, id est, Bella, & rumores, siue famam bellorũ. Siquidem ἀκοὰς, ad uerbum sonat auditiones. Interpres nullum facit discrimen inter prælium & bellum. Deinde opinio nonnunquam pro fama reperitur usurpatum, sed cum ad hominem refertur, non cum ad rem. Alioquin opinio belli est, quoties putatur esse bellum, cum non sit. Est autem rumor belli nonnunquam tristior ipso bello.

Opinio belli, pro rumore belli

Oportet enim hæc fieri.) Pro hæc, Græci legunt τὰ πάντα, id est, Omnia.

Sed nondum est finis.) Nonnulli codices habebant, ἔσται, id est, Erit finis.

Pestilentiæ & fames.) Iocundam uocum affinitatem latinus interpres non potuit reddere in λιμοὶ, & λοιμοὶ, quæ scriptura magis quàm pronũciatione discerni possunt. Deinde
19 in tribus{dictionibus}gratiam habet ὁμοιοτέλευτον, λιμοὶ, λοιμοὶ, σεισμοί. Et ad harmoniam facit τὸ ἀσύνδετον. Et Pseudoprophetæ* unica dictio est cõposita, quam uulgus illiteratũ diuidit ψευδοπροφῆται. Nec significat prophetã mendacem, sed qui falso nomine propheta uocetur, cum non sit: sicut ψευδαπόστολοι, qui sibi uindicant eum titulum falso. *↓

λιμὸς fames λοιμὸς pestis

Quoniam abundabit iniquitas.) διὰ τὸ πληθυνθῆναι τὴν ἀνομίαν ψυγήσεται ἡ ἀγάπη τῶν πολλῶν. Verbum infinitũ præteriti temporis, quoniam adhæret uerbo futuri temporis, transit & ipsum in uim futuri. Quanquam cõmodius uertisset per participium ad hunc modum, Multiplicata iniquitate frigescet charitas multorum, ut locis aliquot citat diuus Hieronymus. Nisi quod hic præpositionis uis non redditur διὰ τὸ, quæ facit ut intelligamus frigus charitatis, non aliunde proficisci, quàm ex magnitudine iniquitatis.

Et tunc ueniet consummatio.) τέλος, quod hactenus uertit, finis. Et paulo superius, & hic addidit articulum, τὸ τέλος. quasi dicas, ille finis qui expectabatur. Facit enim articulus, ut certum aliquem finem intelligas.

A Daniele.) διὰ Δανιὴλ, id est, per Danielem. Est autem locus apud hunc prophetam in calce capitis noni, Consummabit autẽ pactum multis hebdomada una, & in dimidio hebdomadis deficiet hostia, & sacrificium. Et erit in templo abominatio desolationis, & usque ad consummationem & finem perseuerabit desolatio. Porrò quod Græcus appellat βδέλυγμα, id est, Abominationem, siue execrationem, hoc loco idolum intelligitur, interprete Hieronymo. Idque nonnulli de statua Adriani Cæsaris interpretantur, quæ usque ad ætatem Hieronymi steterit in eo loco, in quo antea fuerat sanctum sanctorum, & ob id addit Desolationis, quod templum dirutum fuerit.↑ Et nonnulli codices habebant, τὰ ἐκ τῆς οἰκίας, id est, Res domesticas, siue suppellectilem domesticam.

Daniel citatus à Christo

Adrianus subuertit sanctũ sanctorum

↑ see below at **

27 (In tecto.) ἐπὶ τοῦ δώματος, aut cœnaculum intelligit, aut ipsum tectum, in quo ueteres inambulabant.)Cæterum non est simpliciter:

Non reuertatur.) sed μὴ ἐπιστρεψάτω ὀπίσω, id est, Ne redeat retro, hoc est & latinius, & apertius, Ne rursum redeat. Nec est, ** **↓

Tollere tunicam.) sed τὰ ἱμάτια, id est, Vestimenta, siue pallia, hoc est, summas uestes. Quanquam Hilarius legit tunicam.

Prægnantibus & nutrientibus.) Prægnãtibus recte mutauit, & Latinius extulit, quàm si Græca ut sunt reddidisset, ταῖς ἐν γαστρὶ ἐχούσαις, id est, In utero habentibus, ut aliàs solet transferre. Cæterum Nutrientibus, Græce est accõmodatius θηλαζούσαις, lactantibus, siue
19 mamma nutrientibus. quod θηλὴ papillam fœmineæ mammæ significat.{Vnde Augustinus

* 16: 'Et Pseudoprophetae .... falso' forms last sentence of preceding entry.
** 16: 'Nec est .... legit tunicam' placed at ↑ above.

nus edisserens Psalmum trigesimũnonum, Mammantibus dixit, pro nutrientibus.} [Itidem 35
citat libro de Triade 9.cap.9.iuxta fidem ueterum exemplariũ manu descriptorũ.] Nec est,

Iter sabbati
Hyeme uel sabbato.) sed χειμῶνος μηδὲ ἐν σαββάτῳ, id est, Hyeme neque sabbato. Hyems ad iter faciendũ incõmoda est. Et sabbatis nefas erat Iudęis iter facere, nisi ad pauca stadia. Sentit enim Christus celerrime, ac procul esse fugiendum, {ideoque cauendũ, ne quid obstet 19
celeritati fugæ. Magna pars euangelicæ intelligentiæ in tropis est sita.}

Vsque modo.) μέχρι τοῦ νῦν, id est, Vsque ad præsens tempus, aut quod apertius erat, Vsque nunc, etiam si parum latinum & hoc.

16-22: Fiat

Negationes tres pro una
19-27: tr.
Neque fiet.) οὐδὲ οὐ μὴ γένηται, id est, Neque fiat, ut sit abominantis. Quanquam uideo illos non nunquam his uerbis abuti pro futuro, [si gemina præcedat negatio οὐ μή.] Porrò congeries 35
trium negationum emphasim habet negandi.

Nisi breuiati fuissent.) ἐκολοβώθησαν, id est, Decurtati fuissent, cum aliquid amputatur, ac præciditur. Vnde Græcis κολοβῶται dicuntur, qui uerba trunca, ac dimidiata pronunciant. Nec est, Fieret salua.) sed οὐκ ἂν ἐσώθη, id est, Nequaquam esset seruata,

Caro pro toto homine
siue Haudquaquam fuisset incolumis omnis caro. Ac rursum Hebræorũ more carnem pro homine posuit, tametsi absolutius quiddam habet caro: ueluti cum Latini, omnes mortales pro omnes homines dicunt. Sunt enim mortales, qui homines non sunt: & caro est, quæ non sit hominis. Illud haud scio, an sit admonendum,

[hic ὧδε]
Ecce hic Christus.) Hic aduerbiũ esse, non pronomen, ὧδε. & ὁ χριστός, Ille Christus, ut certum aliquem intelligas.⟨Elegantior autem est sermo, non addito uerbo est, quod non ad- 22
ditur in aureo codice.⟩[In Constantiensi quidam inter uersus ascripserat barbarica manu, est.] 35

Christus omniũ maxime cõmunis
Neque enim significat quemuis unctum è multis, sed unicum illum, qui ab omnibus expectabatur.{Hunc locum enarrans diuus Augustinus in quæstionibus euangelicis, rectè qui- 19
dem interpretatur, his uerbis excludi schismata hæreticorum, sed cauendum est, ne ad nos quoque pertineant, qui nobis orthodoxi uidemur. Audimus monachos passim clamantes, (de superstitiosis loquor, nõ de pijs) Ecce Christus hic est, nec hos tamen inter se consentire. 27
Obseruantes dicunt, apud Coletas & Conuentuales non est Christus, sed hic est.⟨Iacobitæ 22
clamant, hic est Christus, apud Augustinięses non est⟩Rursus Benedictini clamant, hic est Christus, non apud mendicantes.⟨Denique clamat hoc genus omne, hic est Christus. Apud 22
sacerdotes, qui cucullam non gestant, Christus non est.⟩Tot undique uoces obstrepunt clamantium, hic est Christus. Sed quid ait ipse Christus? Nolite credere.(Non est diuisus Chri- 27
stus, nõ est in rebus corporalibus) Nusquã non est Christus, ubicunque sunt affectus Christo digni. Vult ille cõmunis esse omnium, qui sol est mundi. Non dignatur circũscribi loco no includi titulis humanis, aut cultu, ceremonijs ue.⟩Denique non uult ostendi digito, sed affe- 22
ctibus uult exprimi.⟩(Hic denuo testandum est, me non damnare ceremonias quæ condu- 27
cunt ad pietatem, dissidium damno & superstitiosam fiduciam: atque utinam eò proficiat omnium pietas, ut hæc mihi sine causa dicta uideri queant, aut certe tanto cum fructu dicantur, quàm syncero animo dicuntur à nobis.)

Ceremoniæ non damnatæ sed harum fiducia

[Sicut fulgur.) ὥσπερ ἀστραπή. Nihil fulgure celerius, & quanquam fulgur non pertingit ab 35
oriente usque ad occidentẽ, tamen nobis ita uidetur. Certe breuissimo tempore immensum conficit spacium. De fulgore solis non potest accipi, sol enim paulatim oritur, eiusque aduentus diu præsentitur antequã appareat. Denique ἀστραπή nihil aliud sonat quàm fulgur. Neque reuera fulgur emicat è cœlo, sed regione nubium: neque dominus dicit quod fulgur ab oriente pertingat usque occasum, sed quod emicans ab oriente subito appareat in diuersa parte cœli. Lucas dicit emicare de sub cœlo in ea quæ sub cœlo sunt. Quod si quis dicat Christũ non loqui more poëtarum apparentia sed uera, dicendum est, ad exprimendũ subitum & inexpectatum sed omnibus conspicuũ aduentum Christi, satis esse accõmodare quod apparet oculis nostris. Tonitru expectatur uiso fulgure, sed quando sit erupturũ fulgur, nullo indicio præsentitur, sed antequam expectes iam emicuit & abijt.]

[ψευδόχριστοι
↓*
Pseudochristi.) Vnica dictio est ψευδόχριστοι, ne quis & hanc dirimat, id est, falso nomine Christi, quod modo indicauimus.* Item illud, ὥστε πλανᾶσθαι, maluissem uertere, Vt fallendi sint, propter uerba futuri temporis, ad quæ referuntur{hæc.} 19

Si fieri potest.) εἰ δυνατόν. Cur non potius, Si fieri possit?

Si in

* 16: 'Item ···· referuntur' forms last sentence of following entry.

Si in penetralibus.) Græce est, ἐν τοῖς ταμείοις, quod ante uertit, In cubiculis. Sunt enim ταμεῖα, loca in ædibus abstrusa, ac penitiora, in quibus reponimus, quæ uolumus esse tuta. Vnde & à penitus, penu dictum est.

Vbicunq; fuerit corpus.) πτῶμα, Græcis est, id est, Cadauer, illis à cadendo dictũ, quem Σῶμα 16: graecis
19 admodum & cadauer Latinis. Loquitur enim de corpore animantis mortui {Atq; ita fre- πτῶμα
quenter adducit hunc locum Origenes homilia trigesima} Quanquam Hieronymus fre-
19 quenter, adducens hunc locum, corpus legit, non Cadauer {Admonet} tamen significan-
19.22 tius dici Cadauer {Chrysostomus homilia septuagesima Corpus legit, non Cadauer <id est,
27 σῶμα, non πτῶμα> (si modo non fallit Interpres. Nã Theophylactus πτῶμα legit, non σῶμα.)
Item qui scripsit homilias in Lucam, quas habemus Origenis titulo, homilia decimasexta, 19-22: contra
Cadauer legit} Nec addunt Græci coniunctionem, Et aquilæ, sed οἱ ἀετοί, id est, Aquilæ. Conuolant enim aquilæ, & maxime uultures ad animantium cadauera.

Plangent.) κόψονται, ut intelligas planctum insanum: qui fit, ubi quis præ doloris impatientia suum ipsius corpus cædit, ac lacerat. Plãgere quid

Cum uirtute multa & maiestate.) μετὰ δυνάμεως καὶ δόξης πολλῆς, id est, Cum potentia & gloria multa. Gloriam certe legit Hieronymus, citans hunc locum in commentarijs Zachariæ. Rursum, Emittet est magis quàm Mittet, ἀποστελεῖ. Nec est,

Cum tuba & uoce magna.) Sed μετὰ σάλπιγγος φωνῆς μεγάλης, id est, Cum tuba uocis magnæ, ut intelligas tubam uocalẽ, & procul sonantem. Aut cum tubæ uoce magna: nam Grẹcus sermo anceps est. Tuba et uoce pro tuba uocis

A summis cœlorum.) ἀπ' ἄκρων οὐρανῶν, id est, A summis cœlis, hoc est, à summis uerticibus cœlorum. Et quod hic uertit,

Ad terminos eorum.) Græce est, ἕως ἄκρων αὐτῶν, id est, Vsq; ad summos eosdem, siue usq; ad summa eorum, ut duo summa intelligas, suprema, & ima. † ↑↓

22 <Ab arbore fici.) Græce est, A ficu. Sed quoniam uox Latina est anceps, bene reddidit periphrasi.> Et mox, Arbor fici pro ficu

Discite parabolam.) Hic certe magis conueniebat Latine loqui, Discite similitudinem siue Collationem, ne quis somniet ficum parabolas dicere.

Tener fuerit.) Gemmam sentit in surculis, unde erumpunt frondes. Nec est Nata, sed Enata, ἐκφυῇ.

* Et scitote.) γινώσκετε. Anceps uerbum est, quod modo uertit, Scitis. Vt omittam quod ὅτι transtulit, Quia, non suo loco. Et, * 16: entries reversed

* In ianuis.) Rectius erat, In foribus, siue ad fores. Est enim sermo prouerbialis, quo significamus aliquid esse in proximo.

Generatio hæc.) ἡ γενεὰ αὕτη. Illud obiter annotandum, γενεὰν apud Græcos aliquoties accipi, non pro ipsa natione, seu gente, sed pro eo, quod Latini nunc ætatem uocant, nunc memoriam, nonnunquam & seculum. Vnde Nestor τρεῖς γενεὰς uixisse legitur, quod tres hominum ætates durauerat. Ad eum modum uidetur hoc accipi loco. Generatio, pro ætate hominum

Donec omnia fiant.) ταῦτα πάντα, id est, hæc omnia.

27 Non præteribunt.) παρέλθωσιν. (Et paulo superius, οὐ μὴ παρέλθῃ.) Abuti uidetur his
27 uerbis (præsertim cum his uocibus οὐ μὴ:) alioqui magis sonat, Non prætereant, siue Præterire non possint, δυνητικῶς.

Nec angeli cœlorum.) Expressius erat, Ne angeli quidem. Cæterũ in Marco additum est, μηδὲ ὁ υἱός, id est, Neq; filius. Et fatetur diuus Hieronymus hoc asscriptũ fuisse etiam apud Matthæum in nonnullis Latinis codicibus, in Græcis non haberi, præsertim in exemplaribus Adamantij, ac Pierij. Atqui ex homilijs Origenis, quas scripsit in Matthæum, apparet illum addidisse Filium, cuius hæc sunt uerba: Qui non cognouerunt de die illo, & hora, neq; angeli cœlorum, neq; filius. Præparat enim filius scientiam diei illius & horẹ cohæredibus promissionis illius, ex quo seipsum exinaniuit. Ac paulo post: Et præparans omnẽ quem uult scire illum diem, & horam cum sanctis angelis, & cum ipso domino nostro Iesu Nec filius dei nouit diem extremi iudicij
19 Christo. Ad eundem modum legit Augustinus in homilijs quas ædidit in Matthæum {sermo. xxi. nec legit solum, uerumetiam interpretatur} Cumq; hoc Hilarius, cum ait in expositione canonis, dicens diem illum omnibus esse incognitum, & non solum angelis, sed

† 16-19: ima, ut ne quid interim caviller de arbore fici, quam non audet suo vocare nomine opinor metuens graecum illud proverbium τὰ σῦκα σῦκα τὴν σκάφην σκάφην λέγων. Et mox

etiam filio ignoratum. Legit & interpretatur eodem modo Chrysostomus ⟨Apud Theo- 27
phylactum in contextu quidem nescio quo casu non additur, quum interpretetur particulam de filio⟩Denique & Hieronymus ipse in progressu enarrationis sequitur hanc lectionem.
Et cum Marcus ἐπιτομὴν scripserit Matthaei, consentaneum est illum non hoc addidisse de
[...]itata occasio Arianorum
suo, Proinde suspicor hoc a nonnullis subtractum, ne Arianis esset ansa, confirmandi filium
esse patre minorem, qui nobiscum aliquid ignoraret. Verum erat igitur ex Marco item era-
dendum, ubi plane legitur. Neque conuenit hac uia tollere occasiones haereticorum, alioqui
bona pars euangeliorum foret eradenda. Et in primis illud, Pater maior me est. Interpretatione medendum erat huic malo, non rasura: calamo, non scalpello.

Sicut autem in diebus Noe.) Etiamsi nihil refert ad sensum, tamen non est, In diebus Noe,
sed ὥσπερ αἱ ἡμέραι τοῦ νῶε, id est, Sicut dies illi Noe, sic erit &c.

Nubere γαμεῖν
Nubentes, & nuptui tradentes.) γαμοῦντες καὶ ἐκγαμίζοντες. Rursum, Nubentes accom-
modauit uiris. Dicere poterat, Ducentes uxores, & nuptum dantes. ut alterum ad uiros pertineat, seu magis ad utrosque, sponsum ac sponsam: alterum ad soceros, & socrus.

Extremi iudicii dies omnibus incertus, & semper expectatus
Vnus assumetur.) Latinius Vnus & unus, uertisset in Vnus & alter, aut in Alter & alter. Deinde librarius, opinor, mutauit tempus uerborum. Nam Graecis est, ἀφίεται & παρα-
λαμβάνεται, id est, Relinquitur & assumitur. Nec est ociosa temporis catachresis. Indicat e-
nim rem mox, ac certo futuram. Quandoquidem Christus uoluit suos in hac esse opinione, ut extremum illum iudicii diem semper expectarent parati, ceu mox uenturum, {non quod 19
uellet eos errare, sed quod uere mox uenit, etiam quod post aliquot annorum milia uenit,
si quis aeternitatem contempletur}. ⟨Et quod certo scitur esse uenturum, nec scitur quando, 27
semper uelut instet expectatur⟩ Atque in hac opinione fuisse uidemus Petrum, Paulum, Hie
ronymum, Gregorium, cumque his innumeros {alios.} 19

Redundat in nostris
⟨Duo in lecto, unus assumetur, & unus relinquetur.) Hanc particulam hoc loco non ad 22
dunt Graeci codices ⟨Nec apud Theophylactum, uel legitur, uel exponitur. Chrysostomus 27
tamen exponit, nescio an aliunde ascitum.⟩ Videtur huc ascriptum ex Lucae cap. xvii. Grae
cae lectioni suffragabantur duo codices diui Donatiani ⟨& Constantiensis.⟩{Nec est, 27. 19
Si sciret.) Sed εἰ ᾔδει, id est, Si scisset.}

16-27: venerit
Qua hora, pro qua custodia
Qua hora fur uenturus esset.) Nonnulli Graeci codices scriptum habebant, ποίᾳ φυλακῇ,
id est, Qua custodia. Atque ita legit Origenes in homiliis. Porro custodiam uocauit tempus
excubiarum. Veteres enim noctem in aliquot excubias diuidebant, quas alicubi uigilias
16: patris
uocat. Ponit enim duas personas, patremfamilias excubantem, & furem insidiantem.
16-22: Ponit
Nec est, Sineret, sed εἴασεν, id est passus fuisset, aut siuisset. Fingit enim alicui parum uigi-
lanti, domum perfossam a furibus, non id passuro, si scisset tempus nocturnum quo fures
↓ *Similitudo non est necesse ut quadret per omnia*
essent aggressuri. Porro furem uult intelligi, diem illum extremum: patremfamilias, unum-
quemlibet nostrum. Ergo cum ille ueluti fur obrepere tentet, & incertum sit quo tempore,
nobis uidelicet iugiter est excubandum, ne dormitantes opprimat. Vnde miror Hilarium
furem hunc interpretari diabolum {licet autorem sequutus sit Origenem, sed saepe coactius 19
enarrantem sacras literas. Nihil enim est quod nos offendat dissimilitudo rerum, aut
personarum collatarum. Satis est in hoc constare similitudinem, ad quod adhibetur. Fur
non expectatus obrepit: eaque res facit, ut semper uigilet paterfamilias: Ita dies ille inopinan
tes opprimet, ni semper excubuerimus.}

Quia nescitis qua hora uenturus sit filius hominis.) Graeci sic habent, ὅτι ᾗ ὥρᾳ οὐ δοκεῖτε
υἱὸς τοῦ ἀνθρώπου ἔρχεται, id est, Quia qua hora non putatis, filius hominis ueniet. Ita legit Chry
16-19: Vulgarius
sost. uel huius interpres: etiamsi secus legit Theophylact. ⟨quem Graecum habebamus.⟩ 27

Quis putas.) τίς ἄρα, id est, Quisnam. Nam ita mauult Valla.

Constituit, pro constituet
Quem constituet.) κατέστησεν, constituit, praeteriti temporis est. Ponit enim quod acciderit ⟨ad similitudinem.⟩ 22

Familiam suam.) θεραπείας, id est, Famulicium, ut intelligatur eum praefectum famulis.
Vt dissimulem, quod εὑρήσει rectius uertisset, Offenderit, siue Repererit, quam Inuenerit.

Super omnia bona.) ἐπὶ πᾶσι τοῖς ὑπάρχουσιν αὐτοῦ, id est, Super omnes res suas: siue ut a-
licubi citat Hieronymus, Super uniuersam substantiam: propius accedens ad Graecum ser
monem exprimendum. Etiamsi non male uertit interpres.

Moram

* 19-27: margin: 'Christi adventus, furi nocturno comparatus.'

Moram facit dominus meus uenire.) χρονίζει ἐλθεῖν, id eſt, Contatur redire, ſiue differt re ditum. Nec additur Suos, ſed tantum eſt, Conſeruos. * — χρονίζειν *↓

Manducet autem & bibat.) ἐσθίειν τε καὶ πίνειν, id eſt, Edereq; & bibere, ut pendeat à uer bo incipiet. Quanquam in nonnullis eſt ἐσθίειν δέ, id eſt, Edere uero.

Qua nõ ſperat.) ἐν ἡμέρᾳ ᾗ οὐ προσδοκᾷ, id eſt, In die quo nõ expectat. Mirũ aũt cur hic
19 interpretẽ delectarit ἀκυρολογίας {qui ſperare maluerit, q̃ expectare, cũ Græce ſit expectare.}
Et diuidet eũ.) καὶ διχοτομήσει, id eſt, Diſſecabit: à δίχα τέμνειν, id eſt, In duas diſſecare partes.

Sperare, pro expectare

EX CAPITE VIGESIMOQVINTO

OBuiam ſponſo & ſponſæ.) Et ſponſæ, non additur in Græcis codicibus. Nec
19 apud Chryſoſtomum, aut Hilarium ulla fit Sponſæ mentio: {apud Chryſoſtomum homilia ſeptuageſimanona, qua locum hunc ediſſerit: Ac ne in contextu quidẽ, qui præferri ſolet, nec in tota enarratione, ſponſa nominatur, quod
35 attinet ad occurſum: [quemadmodũ nec apud Theophylactum.] Quanquam
19 apud Origenem {homilia trigeſimaſecunda} in titulo hiſtoriæ Euangelicæ, neſcio quis ad-
19 iecit, cum ipſe diſſerẽs, nullam Sponſæ faciat mentionem: {Aut potius ſic facit mentionem,
ut declaret ſe Sponſo tantũ legiſſe, non Sponſo & Sponſæ. Sic .n. exponit: Omnes iſti ſenſus lampadas ſuas accipiunt, id eſt, Organa ſua naturalia, ſiue ſecundum uerbum dei uti
uolentes, ſiue & contra uoluntatem dei, tamen accipiunt eas, quando recipiunt ſponſum
eſſe eccleſiæ uerbum dei, & filium dei. Et egrediuntur de mundo, & de erroribus deorum
multorum, Et ueniũt obuiam ſaluatori, qui ſemper paratus eſt uenire ad uirgines eas, ut ſimul ingrediatur cum dignis earum, ad beatam ſponſam eccleſiã. Hactenus Origenes. Ex
his liquet obuiã iri ſponſo eunti ad ſponſam, ut illum deducant in ædes ſponſæ. Nam ſpon
ſa domi ſedet, ſponſum operiens. Non prodit foras, uelut auida uiri. Item in cæteris. Cum
repetitur de mora ſponſi, de clamore coorto, Ecce ſponſus uenit, de ſponſa ſiletur. Tantum
22 uno loco uidetur (Origenes) occurſum & ad ſponſam referre, cum ait, oportere obuiam ire
ſponſo uerbo, & eccleſiæ immaculatæ. Atqui ubi de clamore dicitur, quo omnes uocantur
ad occurſus officium, cõſtat nullam fieri ſponſę mentionem. Ait enim, Ecce ſponſus uenit,
35 exite obuiam ei. [Nec ſtatim conſequens eſt, ſi enarratio facit mentionem ſponſæ, ab euangeliſta ſponſam expreſſam eſſe. In relatiuis enim alterũ ex altero intelligitur. Nemo poteſt
ſpõſum animo cõcipere, niſi ſimul & ſpõſam cogitet. Hac ratione ſolui poterat, quod Hila
rius ſpõſæ meminit, in una pſona Chriſti ſpõſum & ſpõſam interpretãs, ut ſpõſum accipiamus naturã diuinã, ſpõſam humanã, niſi ipſe Hilarius indicaſſet ſe legiſſe ſpõſo & ſpon
ſæ his uerbis, Deniq; tuba excitante ſponſo tantum obuiam proditur. Erant enim iam ambo unum, quia in gloriam ſpiritualẽ carnis humilitas exceſſerit. ex his uerbis apparet Hilarium priore loco legiſſe, ſponſo & ſponſæ. poſteriore ſponſo tantum. Nec Hieronymus
in huius loci cõmentario ullam facit ſponſæ mentionem.] Quanq; hac de re non eſt, quod
quiſquam contendat. Quod ſi quis alicubi repererit additum Sponſam, intelligat & ſponſam aliquouſq; ſponſo occurrere, ut ſponſi comites recte dicantur utriq; occurriſſe. Spon-
ſus Chriſtus eſt, & huc ſpectat tota parabola, ut illi iã aduenienti, fide ac pijs factis obuiam
eamus. Ad ſponſam nulla parabolæ pars pertinet: imò illi ipſi qui bene occurrunt, ſponſa
ſunt Etiamſi me non fugit, apud Auguſtinum addi ſponſæ mentionem, epiſtola centeſi-
mauigeſima. At rurſum ſermone de uerbis domini ex Mattheo uigeſimoſecundo, locum
hunc ediſſerens, nec legit, nec enarrat ſponſæ uocabulum.} †

Spõſus occurrens ſponſæ — }↓ {↓

19-22: tr: ſponſo iri obuiam

Sponſo & ſponſæ

†↓

Non ſumpſerunt.) ἔλαβον. Aptius erat ſumpſerant. In his enim præterito imperfecto aut ſecundo indefinito, uice præteriti pluſquamperfecti abutimur.

Non ſumpſerunt

Ne forte non ſufficiat.) μήποτε, id eſt, Ne non ſufficiat: aut ſi mauis exprimere coniunctionem expletiuam, Ne quando non ſufficiat. Nec eſt ſimpliciter,

Emite uobis.) Sed ἀγοράσατε ἑαυταῖς, id eſt, Emite uobis ipſis. Eſt autem inabſoluta oratio, ni ſubaudias, timemus, aut periculum eſt, aut non faciemus. Intelligitur enim id, quod non explicatur, prudentes uirgines negaſſe illis oleum. Nec eſt,

Sermo imperfectus

Dum irent emere.) Sed ἀπερχομένων δὲ αὐτῶν ἀγοράσαι, id eſt, Abeuntibus autem illis ad
19 emendum, uenit {ſponſus &c.}
Nouiſsime.) ὕστερον, id eſt, Deinde, ſiue poſterius. Quod ut aliâs tolerabile ſit, hic certe

Nouiſsime pro poſtea

i 2 non

* 16: 'Nec ... Conſeruos' forms last sentence of following entry.

} 19-27: occurſum. Apud Hilarium vero in canone huius evangelii. Quanquam

{ 16: mentionem. Etenim cum Christus sit sponsus, quorsum hic opus sponsa? Non sumpserunt)

† 27: vocabulum. Theophylactus nec legit sponsae, nec attingit in enarrando. Non sumpserunt)

non quadrabat,cum de duobus uirginum ordinibus loquatur.⟨Vero non additur nec apud 22
Græcos, nec in codice aureo:[ne in Constantiensi quidem,nisi quod hic quoq; quidam di/ 35
uersa manu adiecerat, uero.]

Vigilate itaq;.) Quidam addunt,Et orate,quod nec in Græcis inuenitur,nec in nostris
emendatioribus⟩[Imo totam hanc particulã, nec legit nec attingit enarrãs Theophylactus, 35
quemadmodum nec Origenes,nec Hilarius: tametsi Hieronymus & legit & interpretatur
nõ indiligẽter.similiter & Chrysost. Si adiecticia est,asscripta uideri potest ex Marci ca. 13.]

Quia nescitis diem,neq; horam,) Hoc loco repetunt Græci codices, quod superius ad/
debatur,In qua filius hominis ueniet, ἐν ᾗ ὁ υἱὸς τοῦ ἀνθρώπου ἔρχεται.

Bona sua.) τὰ ὑπάρχοντα,Facultates suas,siue substantiã suã,uti superius admonuimus.

Virtus Propriam uirtutem.) δύναμιν, id est, Facultatem , siue Potestatem:ut ad uires, non ad
δύναμις probitatem pertineat.

Et lucratus est.) καὶ ἐποίησε,id est,Fecit,siue Cõfecit.Et Latinius,Altera duo q̃ Alia duo.

Venit & posuit.) Vtrunque præsentis est temporis, ἔρχεται καὶ συναίρει, id est,Venit &
16: obtulit subducit,siue Ponit.Ac paulo post,προσήνεγκεν, id est, Attulit potius q̃ tulit.

Superlucratus sum.) ἐκέρδησα ἐπ' αὐτοῖς. id est,Lucratus sum supra,siue ultra ea . quod
idẽ & postea simili modo repetitur.⟨Certe lucratus sum habebat codex aureus⟩Quidã codi 22
ces pro ἐπ' αὐτοῖς, habebant ἐν αὐτοῖς,id est,In illis,Hebraico more,pro eo quod est,Per illa.

Euge. εὖ Euge serue.) εὖ δοῦλε,id est,Bene,seu Recte serue. Vox est collaudantis,& applauden/
tis,ei qui functus officio{Licet idem polleat euge, εὖγε, bene sane.} 19

Congregans ubi non sparsisti.) καὶ συνάγων ὅθεν οὐ διεσκόρπισας, id est, Congregans in/
de, ubi non sparsisti.

Meto ubi non semino.) θερίζω ὅπου οὐκ ἔσπειρα,id est,Meto ubi non seminaui[præsertim 35
quum sequatur , & congrego ubi non sparsi . Ac paulo ante seruus ita loquitur, Metis ubi
Pecunia non seminasti,quæ uerba dominus retorquet in famulum.]Nec est Pecuniam Græce , sed
ἀργύριον ἀργύριον, id est,Argentum . Quam uocem diuus Hieronymus ad mysterium accõmodat,
etiamsi Græcis nonnunquã pro pecunia usurpatur, sed argentea, per synecdochen{quem/ 27
admodum pro gladio dicimus ferrum.}

⟨Committere pecuniam meam.)Cõmittere non est hic credere,sed βαλεῖν, hoc est Depo 22
nere.Quanq̃ sensum bene reddidit interpres.Ac mittere cõperi scriptũ in codice aureo⟩[In 35
codice Cõstantiensi rasuræ uestigiũ testabatur scriptũ fuisse mittere. καταβαλεῖν Græcis di
cuntur, qui præsentem numerant pecuniam,& crumena βαλάντιον dicta uidetur quod in
eam mittatur pecunia.]

[Additum Et quod uidet̃ habere.)καὶ ὃ ἔχει,id est,Et quod habet.Atq; ita legit & Hilarius.unde appa
alicunde ret ex altero euãgelista huc trãscriptũ,qđ absurdũ uidebat̃ tollere qcq̃ ab eo, q̃ nihil habeat

Maiestatis suæ.) δόξης, id est,Gloriæ.Nam ita frequenter gaudet uertere.

Et separabit eos ab inuicem.) Cum præcesserit Gentes , tamen mutato genere subiecit
Eos,quod tamen interpreti non potest imputari, cum sic habeatur in Græco. Verum ab in
uicem Latinius certe reddi poterat,Separabit eos,alios ab alijs, siue Alteros ab alteris,cum
de duobus loquatur ordinibus, altero piorum , altero impiorum . Porrò συνηγάγετε belle
uertit Collegistis,pro Hospitio excepistis{hospitem & errantem.} 19

⟨Tunc dicet rex & his qui à sinistris.) Rex,nec additur apud Græcos, nec in aureo cod.⟩ 22

Sitientem.) ἢ διψῶντα, id est,Aut sitientẽ: cõsentientibus & antiquis Latinorũ codicib.

Fratribus meis minimis.) ἐλαχίστων.Mirum quid interpreti uenerit in mentẽ,ut eandem
uocem paulo post uerteret per comparatiuum minoribus, cum de eisdem loquatur . Et ta/
minores unde men ex hoc loco,puto,sibi cognomen Minorum sumpserũt quidam Franciscanæ familiæ.
16-19: factionis Maledicti.) κατηραμένοι, id est,Execrati,siue deuoti.

EX CAPITE VIGESIMOSEXTO

PAscha fiet.) γίνεται καὶ παραδίδοται, id est, Fit & traditur. Vtrunque Græcis
præsentis est temporis.

[Caiaphas te/ Caiphas.) Græci scribunt καϊάφας, id est,Caiaphas{quatuor syllabis.} 19
trasyllabum Ne forte tumultus fieret,) ἵνα μὴ θόρυβος γένηται, id est , Ne tumultus fiat,
: Græcis ut referatur ad personam Pharisæorum,his uerbis inter se consultantium,Ne
quid

quid tentemus in die festo, ne tumultus oriatur in plebe per occasionem diei festi. Nam for *Persona alia*
te addidit de suo interpres.

✳ Alabastrum.) ἀλάβαστρον, delicata pyxis unguentaria uitrea, ita dicta à λαβεῖν prehen- *Alabastrus* ✳↓
dere, & particula priuatiua α, addita per pleonasmum ρ, quod ob leuorem comprehendi *unguenti, ut*
non posſit. Sic & Horatius: Nardi paruus onyx! Et, Precioſi, eſt βαρυτίμου, quaſi dicas, gra *onyx nardi* †↓
uis precij, quod olim appenderetur æs, non numeraretur.

19.27 ✳ Vt (quid) perditio.) Non eſt hic ἵνα τί, ſed εἰς τί, id eſt, Ad quid, ſiue Quorſum. εἰς τί ··· Quorsum
✳ Multo.) Eſt quidem Græce πολλοῦ, tamen Latinius, opinor, erat Magno. in 16 appears above

Quid moleſti eſtis.) τί κόπους παρέχετε, id eſt, Quid moleſtias exhibetis, aut Cur negociū after 'interpres'
27 faceſsitis? (Quanquam recte uertit interpres.) (1-2)

Opus bonum.) ἔργον καλόν, quod non ſimpliciter bonum, ſed egregium, ac pulchrū
ſignificat. Et,

Meipſum autem non ſemper habebitis.) Vtrobiq; Græcis eſt ἔχετε, id eſt, Habetis, præ
ſentis temporis. Nec eſt ἀεί, aut διὰ παντός, id eſt, Semper, ſed quouis tempore, πάντοτε, *Pauperes*
quod ποτέ, unde compoſitum eſt, ad hunc quoq; modum poſsit accipi. *habetis*

Mittens enim.) βαλοῦσα præteriti tēporis eſt, unde plenius ſic extuliſſet, Nam quod hæc
miſit unguentū hoc in corpus meū, id fecit in ſepulturā mei, ut ſignificet ſe breui moriturū

Dicetur quod hæc.) λαληθήσεται καὶ ὃ ἐποίησεν αὕτη, id eſt, Dicetur & hoc quod hæc fecit. Nam Quod, hoc loco non eſt coniunctio, ſed nomen relatiuum.

In memoriam eius.) εἰς μνημόσυνον αὐτῆς. Eius, fœminini generis eſt, unde ad ipſam re- *Memoria*
27 fertur mulierem (magis congruebat ipſius.) Porrò μνημόσυνον non ſimpliciter ſignificat me- *μνημόσυνον*
moriam, ſed pignus aliquod, aut monumētum, quod amicus apud amicum relinquit, quod
27 illum ſui commonefaciat. Vnde non inepte uertiſſet, In monumentum (ipſius.) Cæterū hæc C↓
particula In memoriam eius, non refertur ad propius uerbum fecit, ſed ad prius dicetur.

Iudas Scariot.) ἰσκαριώτης, id eſt, Iſcariotes: de quo iam admonuimus. *Iſcariotes*

Primo autem die.) Die, apud Græcos ſubauditur, nō explicatur: ſicut & illic, Prima aūt
ſabbati. hic τῇ δὲ πρώτῃ τῶν ἀζύμων, id eſt, ut uerbum uerbo reddam, Primo infermentatorū. *Azymi infer*
19 ut ſubaudias totidem ſubſtantiua {quot ſunt articuli} Primo die panum infermentatorum. *mentati* 16: verba
35 Ad quendam.) [Non eſt πρός τινα ſed] πρὸς τὸν δεῖνα, id eſt, Ad illum. Sic autem loquun *δεῖνα*]
tur Græci, cum ſignificant certum hominem, quem tamen non nominent. Vnde apparet
35 Chriſtum ædidiſſe nomen, cæterum Euangeliſtam obticuiſſe. [Hic ſcrupulus uehementer 16: tamen
torſit Auguſtinum libro de conſenſ. Euang. cap. 80.]

Qui intingit mecum.) ὁ ἐμβάψας, id eſt, Qui intinxit. Etenim ſi, illo intingente manum, *Qui intinxit,*
dixiſſet, Qui intingit mecum, hic me prodet, indubitatum ac manifeſtum fuiſſet ſignum. *pro qui intin-*
Nunc autem uoluit etiam locum dare pœnitentiæ Iudæ. Et tamen propius argumentum *git* 16-19: tradet
dixit, indicans illum non ſolum adeſſe in conuiuio, uerumetiam in eadem patina, in idem
19 ius immergere manum, quod eſt intimæ familiaritatis. {Quemadmodum annotauit & O-
rigenes homilia trigeſimaquinta, ſic enarrans hunc locum, ut hoc ſermone Chriſti, magis
ſit exaggerata inſignis Iudæ malicia, quem ne menſæ quidem communis familiaritas, quæ
ſolet ethnicis quoq; haberi ſacra, à deſtinato facinore retraheret.}

22 In paropſide.) ἐν τρυβλίῳ, id eſt, In catino, ſiue patina. (Mirum) quur libuerit Græcam uo
cem altera Græca reddere.

Per quem filius hominis tradetur.) παραδίδοται, id eſt, Traditur, præſentis temporis uerbum. Iam enim hoc agebatur, nimirum præſtituta pecunia. Et mox:

Qui tradidit illum.) ὁ παραδιδοὺς αὐτόν, id eſt, Qui tradebat, ſiue Traditor illius.
19 Cœnantibus autem.) ἐσθιόντων, id eſt, Edentibus {ſiue Veſcentibus.}
22 Accipite & comedite.) λάβετε, φάγετε, Sumite, edite, citra copulā. (Et hic Chryſoſtomus *accipite, edite*
35 enarrās, repetit illa ex Paulo, Quod pro uobis frangit) [Seu magis ex Lucæ ca. 22. ubi legi- 22: frangetur
tur, quod pro uobis datur, hoc eſt, diſtribuitur: quemadmodum de poculo dixerat, diuidite
27 inter uos. panis autem frangendo diſtribuitur.] (Theophylactus admonet fuiſſe uerum corpus, non corporis figuram, quod panis ineffabili modo transformetur.)

Et accipiens calicem.) καὶ λαβὼν τὸ ποτήριον καὶ εὐχαριστήσας ἔδωκεν αὐτοῖς. Et ſumpto
poculo, & gratijs actis, dedit illis.

i 3 Hic

✳ 16-22: Ut {quid} perditio) precedes 'Alabastrum)' but in 27 follows 'multo)'.
† 16: onyx, ne quem offendat figura sermonis. Et
C 16-22: monumentum sui nonnulli recentiores memoriale vocant. Iudas

Hic est enim sanguis.) Enim non est in⟨nonnullis⟩Græcis{codicibus, ut nec paulo ante 22·19
in consecratione corporis.}
Noui testamenti.) Articulus additus significantiorem Græcis reddit orationem, τὸ τῆς
καινῆς διαθήκης, id est, Qui est noui testamenti. Significat autem hic testamentum, quod
Effunditur condunt morituri. Qui pro multis effundetur.) τὸ περὶ πολλῶν ἐκχυνόμενον, id est,
frangitur Qui pro multis effunditur. Quanquam reperio hoc nonnunquam pro futuro poni sicut
ἐρχόμενος: nisi quod Paulus utrunque præsentis temporis participio extulit, τὸ κλώμενον &
τὸ ἐκχυνόμενον, id est, Quod frangitur, quod effunditur, quemadmodum suo annotabimus
loco{Effunditur legit & interpres Origenis homilia trigesimaquinta.} 19
Hymno dicto Et hymno dicto.) καὶ ὑμνήσαντες, id est, Cum dixissent, siue cecinissent laudes, ut intelli
gas apostolos dixisse hymnos non tantum Christum.
* 16: entries reversed * Oliueti.) Rursum ἐλαιῶν, id est, Oliuarum, quod iam toties fuit obuium.
* Percutiam pastorem.) Vaticinium est apud Zachariam prophetam capite decimotertio. Conuenit autem æditio Septuaginta cũ Hebraica ueritate{nisi quod pro eo quod Hie- 22
ronymus uertit. Super uirum adhærentem mihi, Septuaginta uerterint, ἐπὶ ἄνδρα πολίτην
αὐτοῦ, id est, Super uirum ciuem eius. Id Hieronymus accidisse putat ambiguitate unius ele
menti ו, quod non discrepet à י nisi sola magnitudine: & si י legatur, Meum significat;
Percutiam si ו, Eius. Septuaginta uerterunt hoc modo, πάταξον τὸν ποιμένα καὶ διασκορπισθήτωσαν τὰ
pastorem πρόβατα. Ex πάταξον Euangelista fecit πατάξω, & ex διασκορπισθήτωσαν, fecit διασκορπισθή-
↓⟩ Excussa Hie- σονται. Præterea⟩quod illic dictum est sub persona prophetæ rogantis, ut deus percutiat pa-
ronymi sen- storem{⟨Euangelista⟩accommodauit ad personam ipsius dei. Id enim prodidit Hieronymus 22
tentia libro de optimo genere interpretandi ad Pammachium: atque eadem ferè repetit, enarrans
hunc prophetæ locum. Atqui hac sanè in re, aut ego prorsus hallucinor, aut lapsus est Hie
ronymus: quem ut fateor uirum fuisse summa doctrina, pari eloquentia, incomparabili san
ctimonia, ita hominem fuisse non possum diffiteri. Etenim si quis attentius expendat eum
16-19: ne posse prophetæ locum, is comperiet, nihil esse necesse, imò non nisi dure, hæc ad prophetæ perso
quidem nam accommodari. Quod quo magis perspicuum fiat, ipsa uerba subscribam. Framea suscitare super pastorem meum, & super uirum cohærentẽ mihi, dicit dominus exercituum.
Hæc certe palàm est dici sub persona dei, cum addiderit, dicit dominus exercituũ. Ac mox
sequitur: Percute pastorem, & dispergentur oues. Hæc quoque sunt dei uerba alloquentis
gladium suum. Quod si quis uelit aliò torquere, certe quod sequitur non sinet: Et conuer-
tam manum meam ad paruulos. Atque adeo reclamat euidentius, quod continenter adiun-
↓** Calumnia im gitur. Et erunt in omni terra dicit dominus.{Hunc quoque locũ magnis tragœdijs calumnia- 22 **
pudẽs depulsa tus est quidam, qui si tam esset ad docendum quæ recta sunt instructus, quàm uidetur anima-
tus ad calumniandũ aliena, dignus esset qui inter celebres scriptores annumeraretur. Cum
nemo plus tribuat Hieronymo, cum illud in me criminati sint quidam, libris etiam æditis,
quod Hieronymum Augustino alioqui summo prætulerim: hic me clamitat mihi Hierony
mum unum ex omnibus delegisse, qui cum monomachiam susciperem, & canit frigidum
Hieronymi encomium, quasi non ante sit à me maiore spiritu laudatus. Quanquam hoc
ipsum laudis quod hic tribuit Hieronymo, mutuatus uidetur ex meis scriptis. Et hos tumul
tus cit homo turbulentus, quod in re minime periculosa dissenserim ab Hieronymo, cum
summa tamen honoris præfatione, præsertim cum ipse Hieronymus sibi parum constet?
Ego sacrilegus, qui Hieronymum dixerim hominem esse. Quid autem dici potest clementius? Et actum erat de honore Hieronymi, ni lapis iste uiri patrocinium tanto spiritu suscepisset. Sed ut omissis cauillis, rem lectori paucis aperiamus, In libello de optimo genere interpretandi, cum hoc ageret ex professo Hieronymus, ut ostenderet quædã apud Hebræos
discrepare ab interpretatione Septuaginta, aut apostolorum citationibus, adduxit & hunc
Zachariæ locum, sic distinguens personas, ut argumento quod instituerat tunc, congrue
bat. Cæterum in commentarijs quibus locum hunc Euangelistæ enarrat, sic temperat sententiam, ut quod in libello de optimo genere interpretandi scripserat, propemodum recan
tare uideatur: Hoc, inquit, alijs uerbis in Zacharia propheta scriptum est, & ni fallor, ex
persona prophetæ ad deum dicitur, Percute pastorem. Porrò quod hunc sensum confirmat consensu psalmi sexagesimi; Quoniam quem tu percussisti, persequuti sunt, Ut demus hoc

⟩ 19: sed evangelista
** 22: addition continues to p. 103.

mus hoc sensisse psalmographum, quod interpretatur Hieronymus, haud cogit tamen, ut
persona loquentis mutetur. Cum enim constet priorem partem uaticinij, Framea suscitare
super pastorem meum, pertinere ad deum patrem, si quod mox sequitur ad eundem refera
tur: Percute pastorem &c. tamen idem existit sensus, Christum à patre fuisse percussum,
qui suo gladio mandauit, ut percuteret. Percutit enim, qui percutiendum tradit. Cæterum
Hieronymus enarrans ipsum prophetam, magis etiam à seipso dissentit, & accommodat
totam orationem patri. Quod quo magis perspicuum sit, ipsius uerba subscribam: Nec pu
tandum est de altero loco assumptum testimonium, quia in Euangelio deus à se pastorem
dicit esse percussum, & in præsenti loco gladio atque mucroni legimus imperatum: Per/
cute pastorem, & dispergentur oues. Hactenus Hieronymus. Vides palàm patris imperan Dissonat Mat
tis mucroni suo uocem esse, Percute pastorem, non autem uerba prophetæ obsecrantis. thæus à pro/
Vides nullam esse mentionem eius rei, quam posuerat in libello de optimo genere inter/ pheta sed uer
pretandi, cum hic maxime tempestiuum fuerit hoc inculcare. Quid igitur dissonat in Mat bis non sensu
thæo? Verba dissonant, res eadem est. Quisquis enim loquitur gladio suo, Percute, signi/
ficat se mox uelle percutere, & ideo Matthæus uerbis omissis sensum expressit: Percutiā
pastorem. Quin & pronomen omisit Matthæus, quum in propheta sit, Super pastorem
meum. Quod ipsum etiam inuitat, ut sermonem patri potius accōmodemus. Suum enim
uocat unicum illum se dignum, cum alijs alij sint pastores, quorum nonnulli tales sunt, ut
illis percussis, melius habeat grex. Sed exultat calumniator, docens nos personas in literis
diuinis aliquando mutari subito. Nihil erat necesse, ut hoc ab isto disceremus, quod toties
in libris nostris testati sumus. Verum hic nihil cogebat mutare personā. Et apparet Hiero/ 22: Sed
nymum suæ sententiæ pœnituisse. Atque hic est doctor iste egregius, qui omnibus rebus in
structus, accessit ad tractādas sacras literas, quas ego heri aut nudiustertius cœpi attingere.
Cum ante annos uiginti scripserim Enchiridion: & in hoc opere tumultuario quod inficia
ri non possum, plura citem ex diuersis autoribus, quàm operis ratio postulet. Ipse tantū in his
quæ à nobis citantur obambulet, uenans quod arrodat. Ac ne hoc quidem quanquam non tu/
multuanter, sed per ocium agat, illi feliciter succedit. Sed ut missum faciam, hunc lapidem,
arbitror Hieronymum hac in parte æquiorem esse suo Antimacho, quàm tali Symmacho.⟩

Gallus cantet.) φωνῆσαι, id est, Sonet. Et Græcus quidem sermo per se anceps est, nisi
22 hypostigme iungat, Ter, aduerbium uerbo Abnegabis:⟨etiamsi apud alios Euangelistas
non est eadem ambiguitas.⟩

Tunc uenit Iesus.) Venit præsentis est temporis, ἔρχεται.

In uillam quæ dicitur Gethsemani.) χωρίον, id est, In locum: quando ita mauult Valla. Gethsemani
27 Nam ad sensum haud magni refert ⟨Alibi uertit agrū, & agrū hoc loco legit Hilarius.⟩ Por/ uallis pingue/
ro Gethsemani, Hebræis sonat, uallis pinguedinum. Nam גיא uallem, שמן pinguedinem dinum autore
significat. Ea est ad radices montis Oliueti, ut testatur Hieronymus in locis Hebraicis. Hieronymo

Contristari & mœstus esse.) λυπεῖσθαι καὶ ἀδημονεῖν, id est, Dolere & grauiter angi. Nam
ἀδημονεῖν, impotentem animi molestiam significat: quo uerbo usus est & Paulus, ut suo
demonstrabimus loco.

19 Tristis est anima mea.) {Triste magis dicitur, quod tristitiam adfert, seu molestiam. La/ {↓
22 tinius erat, In dolore est, siue Mœret, ⟨aut Mœsta⟩ est anima mea.}

Sustinete hic.) μείνατε ὧδε, id est, Manete hic. Et aliquanto inferius:

Iterum secundo abijt.) Latinius erat, Et rursus iterum abijt, πάλιν ἐκ δευτέρου ἀπελθών.

27 Venit & inuenit.) Vtrunque præsentis temporis, ἔρχεται καὶ εὑρίσκει, ⟨& reperit potius
19 quàm inuenit.⟩ Sic non potuisti.) οὕτως οὐκ ἰσχύσατε, id est, Adeo non potuistis {siue Sic/
22 cine non potuistis} ⟨suffragante & aureo codice.⟩

Transire nisi bibam illum.) παρελθεῖν ἀπ' ἐμοῦ ἵνα μὴ αὐτὸ πίω, id est, Transire à me, ut
19 non bibam, siue Quo minus bibam illum. {Atque ita sanè legit Chrysostomi interpres ho 19-22: Chrysostomus
milia trigesima quinta.}

Et uenit iterum.) καὶ ἐλθὼν εὗρεν αὐτοὺς πάλιν καθεύδοντας, id est, Et cum uenisset, repe/
rit eos denuo dormientes.

Tunc uenit ad discipulos.) Hic Venit & Dicit utrunque præsentis est temporis ἔρ/
χεται & λέγει.

{16: mea): Περίλυπός ἐστιν ἡ ψυχή μου id est supra modum tristis est anima mea.
Nam περὶ additum significat excessum. Sustinere hic.)

[Dormite iam & requies. Amphibologia
Notatus Valla
Ironia in sermone Christi
19: Vulgarium

Dormite iam & requiescite.) Dubium erat, an legendum esset: Dormite & requiescite,
an Dormitis & requiescitis, nisi addidisset λοιπὸν, id est, Posthac, siue De cætero, pro quo
interpres posuit iam: Nec id sanè male. Argutatur hoc loco Laurentius Valla, nescio quid,
non conuenire, ut qui paulo ante obiurgauerit suos quod dormierant, nunc dormire iusserit: præsertim cum mox subijciat: Surgite eamus hinc. Quanquam Origenes, Chrysostomus (Hilarius) & Hieronymus in hunc sensum interpretantur, ut Christus iusserit eos dor- 27
mire {Et allegorijs rem explicant.} Verum saluo aliorum iudicio, potest sermo Christi habe 19
re nonnullam ironiam, Hactenus non potui à uobis impetrare, ut paulisper mecum uigila
retis, nunc ipsa res excitabit uos, cum uideritis meum supplicium, & uestrum periculum.
Atque ita probe quadrant ea quæ consequuntur, Surgite, ecce appropinquat. {Atque hæc mea 19
sententia minus mihi displicere cœpit, posteaquam comperissem Theophylactum in Mar
cum multis uerbis eam inculcare.}

Ecce appropinquabit.) ἰδοὺ ἤγγικεν, id est, Ecce appropinquauit, præteriti temporis, siue
Adest {aut In propinquo est.} 19

Et filius hominis tradetur.) Traditur est Græce, præsentis temporis, παραδίδοται.

Appropinquauit pro imminet

Ecce appropinquabit qui me tradet.) ἤγγικεν ὁ παραδιδούς με, id est, Appropinquauit
qui me tradit.

Cum gladijs & fustibus.) καὶ ξύλων, id est, Et lignis. Atque ita uertit alibi.

Missi à principibus.) Missi, addidit interpres explicandi causa, quanquam non habita
generis ratione, cum præcesserit turba: ut dicendum potius fuerit missa.

19: Etiamsi

Ad quid uenisti.) ἐφ' ᾧ πάρει, id est, Ad quid ades, siue aduenis. Nec ita potest accipi, ut
intelligamus, Quo malorum uenisti, sed cuius rei gratia uenisti? {quandoquidem articulus 19
est dandi casu ᾧ. Etiamsi in nonnullis exemplaribus scriptum reperio ἐφ' ὅ. Quanquam
omnino noue, articulus postpositiuus usurpatus est, uice τίνι aut τί.}

Amputauit.) ἀφεῖλεν, id est, Abstulit.

Gladio perire qui gladio percusserit quomodo accipiendum

Gladio peribunt.) In gladio est Græce {tametsi præpositionem recte omisit interpres.} 19
Nec est Peribunt {in nonnullis exemplaribus} sed morientur, ἀποθανοῦνται. {Atque ita legit 19
Augustinus secundo commentario, quo explicat sermonem Christi habitum in monte. Lo
cus hic nonnihil distorsit diuum Augustinum, quod palàm refelli possit hic sermo, gladio
perituros, quicunque gladium sumpserint, cum constet latrones etiam aliquot non perire
gladio. Proinde interpretatur gladio peccati iugulari animam eius qui gladio percusserit. Quod si uerum est, quid opus erat uerbum futuri temporis Morietur? Iam enim mortua est anima percussoris etiam priusquam gladium uibret in proximum. Itaque mea quidem sententia simplicius erit, ut dicamus Christum in genere sensisse, nõ esse apostolicum
uti huiusmodi defensione, ut ferrum ferro repellamus, & iniuriam iniuria retaliemus. Nec
enim ad eum modum uitari malum, sed fieri ut mutuis iniuriarum uicibus sine fine pro-
pagetur malum. Alioqui si ad uiuum exigamus hunc sermonem, imò si ad uerba, quid faciemus iudici & magistratui gladium portanti? quid imperatori, qui solenni etiam ritu gla
dium accipit à Christi uicario? Sunt huiusmodi permulta Christi dicta, in quibus sententiæ summam spectare conuenit.}

Modo, pro nunc

Et exhibebit mihi modo.) Modo, in locum non suum translatũ est, cum debuerit adiun
gi uerbo rogare, ὅτι οὐ δύναμαι ἄρτι παρακαλέσαι, id est, Quod non possim nũc rogare. ⟨Suf- 22
fragatur & codex aureus.⟩ (In Constantiensi rasura declarabat studium deprauatoris.) 27

Legiones.) Hic quoque Græcus usurpauit uocem Latinam, λεγεῶνας.

⟨Quia sic oportet fieri.) Si, quod, accipitur εἰδικῶς, supplendum est aliquid ad sensum, 22
Scripturæ quæ dicunt, quod ita oportet fieri.⟩

Vt adimplerentur.) πληρωθῶσιν, Vt impleantur, ut ad Christi loquentis personam referatur. Quanquam potest & ad apostoli personam scribentis referri.

Vsque in atrium.) ἕως τῆς αὐλῆς, id est, Vsque atrium, siue usque ad atrium.

Vt eum morti traderent.) ὡς, siue ὅπως θανατώσωσιν, id est, Vt occiderent: {aut si placet 19
periphrasis, Morte afficerent: etiamsi Vergilius dixit, Dede neci.}

[Deest in nostris

Et non inuenerunt.) In Græcis codicibus bis ponitur, Et non inuenerunt, ⟨siue Inuenie- 22
bant⟩ καὶ οὐχ εὗρον. καὶ πολλῶν ψευδομαρτύρων προσελθόντων οὐχ εὗρον, id est, Et non inuenerunt.

Et cum

19 Et cum acceſsiſſent multi falſi teſtes,non inuenerunt.{Ad eum modum legit interpres Ori/
27 genis homilia trigeſima quinta}(Nec eſt ocioſa repetitio. Itidem legit & Theophylactus.)
22 Nouiſsime.) ὕστερον, id eſt, Deinde,ſiue Poſterius : quod iam ſæpius ita uertit.⟨Fortaſſe
comparatiuum poſitum eſt pro ſuperlatiuo.⟩

Et poſt triduum reædificare illud.) καὶ διὰ τριῶν ἡμερῶν οἰκοδομῆσαι αὐτόν, id eſt, Per treis
19 dies{ſiue triduo}ædificare illud . Sic enim mox exprobrant : Qui deſtruis templum dei, &
in triduo ædificas,non reædificas.

Aedifico, non reædifico

Ad ea quæ iſti aduerſus te teſtificantur.) τί οὗτοί σου καταμαρτυροῦσι, id eſt , Quid , ſiue
Cur iſti contra te dicunt teſtimonium?

Adiuro te.) ἐξορκίζω,Exorcizo.Idem uerbum quo utimur in conſecratione aquæ ſacræ,
19 & eiiciendis immundis ſpiritibus.{Sed ubi eſt interim,quod tã magnifice præcipit Calepi/
nus quidam, clamans ἐξορκίζειν uerbum eſſe barbarum, & ſolœciſmos noſtros rideri à ſpiri
tibus immundis,quoties legimus,exorcizo te, cum dicendum ſit,exorgizo te:idq; probat
admodum dialectice:Suida,inquit,ſcribit ἐξοργιεῖν eſſe εἰς τὴν ὀργὴν ἐμβαλεῖν. Quod per/
22 inde eſt ac ſi quis dicat,Cepe herbam ſignificat, Igitur Sæpe uidi, non Latine dicitur}⟨Et ta
men ſunt qui mihi indignantur, quod ab hoc auſim diſſentire.

Calepinus taxatus

Si tu es Chriſtus filius dei uiui.) Viui,nec eſt in Græcis,nec in aureo codice.⟩

Dixit illi Ieſus.) Dicit eſt & in Græcis,& in antiquis Latinis.

Blaſphemauit.) ὅτι ἐβλασφήμησεν,id eſt,Quod blaſphemauit.Quanquam quod coniun
22 ctio,ut ſuperuacanea recte omiſſa eſt.⟨Nã ut Græcis habet uim affirmandi,ita Latinis uitia
ret ſermonis puritatẽ.Porrò blaſphemandi uerbũ ſcio Latinũ non eſſe,ſed blaſphemiam ta
men reliqui, quod nobis atrocius quiddã ſonat q̃ conuicium, nempe conuicium in deum.⟩

ὅτι quum habet uim affirmandi, omittitur Latinis

Quid adhuc.) τί ἔτι, id eſt, Quid præterea:aut, Quid inſuper.

Audiſtis blaſphemiam.) Græci addunt αὐτοῦ, id eſt, Eius, ſiue ipſius.

Palmas in faciem dederunt.) Græcis unica dictio eſt ἐῤῥάπισαν, id eſt, Alapas impege/
22 runt.⟨Non reprehendo tamen,quod periphraſis exprimat indignitatem rei.⟩

19 Vna ancilla.) παιδίσκη. Poteſt accipi,ut ſonet puellam{Eſt enim diminutiuum à παῖς.}

Exeunte autem illo.) Græce accuſatiuus eſt, ἐξελθόντα δὲ αὐτόν, id eſt, Egreſſum autem
eum. Nec eſt Ianuam,ſed In ueſtibulum, εἰς πυλῶνα, ſiue In ueſtibulo,aut Ianua.

Alia ancilla. Ancilla addidit interpres. εἶδεν αὐτὸν ἄλλη, Vidit illum altera.

22 Deteſtari.) ἀναθεματίζειν, id eſt, Deuouere,⟨aut Execrari⟩ſiue ut in quibuſdam legitur,
καταναθεματίζειν: quod grauius eſt quàm ἀναθεματίζειν.

καταναθεματίζειν

Quia non nouiſſet.) ὅτι οὐκ οἶδα, id eſt, Quia non noui. Quanquam coniunctio ὅτι,non
19 reſpondet Latino:& recte mutauit interpres figuram Hebraicam.{Quod tamẽ aliâs neſcio
qua ſuperſtitione non audet:uelut ibi,Et confeſſus eſt,quia non ſum ego Chriſtus.}

Gallus cantauit.) ἐφώνησε, id eſt,Clamauit, ſiue Sonuit. Quanquam recte gallicinium,
ſiue galli cantus dicitur.

27 Quod Ieſus dixerat.) Græci addunt αὐτοῦ, id eſt, Sibi ,(ſiue ipſi .)Et qui legendum eſt,
19 non quod. τοῦ εἰρηκότος, id eſt, Qui dixerat{Id palàm fit ex interpretatione Origenis:cuius
interpres pro, Quod dixit,uertit,Dicentis:ſenſus enim eſt, qui dixerat ita futurum. Quan/
doquidem huiuſmodi participium ſeruit utriq; tempori , præterito perfecto , & præterito
pluſquam perfecto.Idem interpres pro eo quod Græcis eſt αὐτοῦ, uertit,Ad ſe.Ne quis hoc
omnino contemnat, per nos annotatum.}

Qui dixerat

EX CAPITE VIGESIMOSEPTIMO

22⟨PRINCIPIBVS ſacerdotum , & ſenioribus populi.) Hoc loco non additur Po
puli , nec apud Græcos, nec in aureo codice , ſed ſubauditur è loco qui proxi/
me præceſsit.⟩

Redundat apud nos populi

Sanguinem iuſtum.) ἀθῷον, id eſt,Inſontem,ſiue innocentem. Ita mox uer/
19 tit,Innocens ego ſum à ſanguine{iuſto.}

Tu uideris.) σὺ ὄψει, id eſt, Tu uidebis, ſiue Videris, prima acuta, ut ſit futurum uerbi
22 ſubiunctiui à uidero.⟨Nec uideo qui conſtet ratio ſermonis,niſi aut dicamus indicandi mo
dum uſurpatum pro modo imperandi,aut imaginemur ab ὄψομαι futurum,præſens ὀψέω:
unde ſit imperatiuum ὄψει, ſicut à ποιέω ποίει.⟩

Laqueo

Periphrasis interpretis probata

Laqueo se suspendit.) ἀπήγξατο. Vnum uerbum tribus est circumloquutus, & recte. Tantum enim ualet ea dictio, ac si dicas, laqueo se praefocauit. De corbona dictũ est alias, quod aliter uocant gazophylacium.

Prophetae citatũ testimoniũ expẽsum

16: superius, quod alias

Ager ille Acheldemach.) Graeci codices non habent uocem Hebraicam, sed tantum Dictus est ager ille, ager sanguinis. Annotauit hunc quoq; locum diuus Hieronymus in libro cui titulus, de optimo genere interpretandi, negans quod hic citat ex Hieremia Matthaeus, prorsus extare apud Hieremiam. Verum esse apud Zachariam prophetam, sed ita ut quae retulit Euangelista, parum respondeant ad Hebraicam ueritatem, ac multo minus ad uulgatam aeditionem Septuaginta, Etenim ut idem sit sensus, tamen inuersa esse uerba, imo pene diuersa.{Ob calumniosos, ipsius Hieronymi uerba subscribã. Rursus in Matthaeo, redditis à Iuda proditore triginta argenteis, & empto ex eis agro figuli, scribitur: Tunc impletum est, quod scriptum est per Hieremiam prophetam dicentem: Et acceperunt &c. Hoc in Hieremia penitus non inuenitur, sed in Zacharia alijs multo uerbis, ac toto ordine discrepante. Vulgata quippe aeditio ita se habet: Et dicam ad eos, Si bonum est coram uobis, date mercedem mihi, aut renuite. Et appenderunt mercedem meam triginta argenteos. Dixitq; dominus ad me: Pone illos in conflatorium, & considera si probatum sit, sicut probatus sum ab eis. Et tuli triginta argenteos, & misi eos in domo domini in conflatorium. Quantum distet ab Euangelistae testimonio Septuaginta translatio, perspicuum est. Sed & in Hebraeo, cum sensus sit idem, uerba praepostera sunt, & pene diuersa. Et dixi, inquit, ad eos: Si bonum est in oculis uestris, adferte mercedem meam, & si non, quiescite. Et appenderunt mercedem meam triginta argenteos. Et dixit dominus ad me, proijce illud ad statuarium, decorum precium, quo appreciatus sum ab eis. Et tuli triginta argenteos, & proieci eos in domo domini ad statuarium. Accusent Apostolum falsitatis, quod nec cum Hebraico, nec cum Septuaginta cõgruat translatoribus, & quod his maius, erret in nomine, pro Zacharia quippe Hieremiam posuit. Sed absit hoc de pedisequo Christi dicere, cui curae fuit non uerba aut syllabas aucupari, sed sententias dogmatum ponere. Hactenus Hieronymi uerba retulimus. Is excusari facile potest, quod hic aliud agens non explicuerit nodum propositae quaestionis. Magis mirum, cur nec ipsum prophetae locum edisserens, nec Matthaeum enarrans diluat, quod fatetur etiam maius esse quàm uerbis & ordine discrepare, pro Zacharia positum Hieremiam: Praesertim cum idem in huius Euangelistae capite decimotertio, ubi itidem ex Esaia citatur, quod est Asaph, dicat scriptoris accidisse uitio. Origenes ingenue fassus, quae hic citantur ex Hieremia, nusquam apud Hieremiam legi, ne apud Hebraeos quidem, duplicem aperit rationem expediendae quaestionis. Aut enim culpa scribarum commutatum nomen praesertim cum inter uoces nonnulla sit affinitas: Aut testimonium assumptum ex libro, qui inscribitur apocrypha, hoc est, occulta Hieremiae, quae Hieronymus fatetur à se lecta, Quanquam non probat, ut ad apocryphorũ autoritatem locus hic referatur. Nec mihi sane probatur, praesertim cum adducatur, non monendi, arguendi, aut hortandi causa: quas ad res nonnunquam & ethnicorum testimonijs abutimur, sed ut serium oraculum, quo passionis mysterium sit explicatum. Origenes minus iniquus apocryphis quàm Hieronymus, existimat hoc è libris apocryphis peti posse: sicut illud quod adducit Paulus in epistola ad Corinthios priore, Quod oculus non uidit &c. ex Heliae apocryphis desumptum arbitratur. Item in epistola ad Timotheum secunda, capite tertio, de Iamnes & Mambres, qui restiterunt Moysi, cum horum in Exodo nulla fiat mentio, desumpta uideri ex apocrypho libro, cui titulus, Iamnes & Mambres. Nec defuisse, qui ob hanc causam contenderint, hanc ad Timotheum epistolam, Pauli non esse, sed frustra: cum eodem nomine nemo taxauerit priorem ad Corinthios. Chrysostomus autem enarrans epistolam ad Timotheum, indicat alias duas uias explicandae quaestionis de nomine: Quarum altera est, quod Iudaei quaedã habuerint, quae citra librorum monumenta, per manus tradebant uiua uoce, ea uocabant ἄγραφα, siue traditiones. Fieri autem posse, ut huiusmodi loca ab illis hausta sint. Altera est, quod ait fieri potuisse, ut licet haec scripta non fuerint, nec ab alijs audierit, tamen afflatu sancti spiritus didicerit Apostolus. Mihi uero proximũ uidetur, apud Graecos errore scriptorum mutatum nomen, atque inde deceptum interpretem Latinum, nobis tradidisse quod legerat. 19*

Hieronymus

Error in nomine autoris

Apocrypha Hieremiae

Apocrypha Heliae

Ἄγραφα Iudaeorum

Equidem

* 19: addition continues to p. 107.
{ 16: diversa. Caeterum locus est apud Zachariam ca. 11. Si quis velit excutere. Nam res perplexior est, quam ut hic paucis explicari possit, & prope πάρεργον est. Refert Hieronymus (p. 107).
19-22: as above after addition {} Refert Hieronymus

22 Equidem arbitror nihil esse huiusmodi in Euangelistis.{Glossa quam uocant ordinariam,
haud scio unde hauserit, quod indicat in quibusdam codicibus non haberi nomen Hieremiæ, sed tantum, per prophetam. Addit aliam elabendi uiam: Quoniam eodem spiritu afflati scripsere prophetæ, non absurde uni cuipiam tribuebatur quod ab alio dicitur, nec ob-
liuionē fuisse, quod Matthæo pro nomine Zachariæ, occurrerit nomen Hieremiæ, sed mo
derationem diuini spiritus. Aperit & aliam rimam, quod nōnihil huius prophetiæ sit apud
Hieremiam capite trigesimosecundo, uidelicet de agro empto. Cæterum hæc uerba, Quæ
appreciauerūt, nec apud Hieremiam esse, nec apud Zachariam, sed addita sub persona E-
uangelistæ. Hæc in medium profero, iudicium lectori relinquens.} Cæterum etiam si fuisset
in nomine duntaxat memoriæ lapsus, non opinor quenquam adeo morosum esse oporte-
35 re, ut ob eam causam totius scripturæ sacræ labasceret autoritas, [præsertim quum Augusti
nus libro de consensu Euangelistarum 3 cap. 7. tribuat audaci imperitiæ, quod in nonnullis codicibus pro Hieremia scriptum inueniatur Zacharia: Putat autem germanam & apo
stolicam scripturam esse Hieremia. Nominis autem errorem tribuit lapsui memoriæ, cui
aliud nomē pro alio occurrerit, ita occultis de causis spiritu sancto moderāte scriptoris men
tem. Idem in hoc opere multis locis tribuere uidetur obliuionem quandam & reminiscen-
tiam Euangelistis, siue dum post illis in mentem uenit quod multo ante fuerat gestum, atque
hinc subinde distinguit ordinem recordationis, ab ordine rerum gestarum: siue dum alijs
uerbis eandem efferunt sententiam, ueluti quum unus ait, non sum dignus portare calciamenta illius, alius, nō sum dignus soluere corrigiam calciamenti illius: quū uterque declaret
summam excellentiam Christi. Item in quæstionibus cap. xv. sic loquitur de Euangelista.
Non enim omnino secundum rerum gestarum ordinem, sed secundum suę quisque recorda
tionis facultatem, narrationem quam orsus est ordinauit. Hæc Augustini uerba nec tueri
nec refellere propositū est: mihi illud aduersus quosdam omnia calumniātes satis est, quod
uir pius huiusmodi multa commemorat, nō ad infirmandam Euangeliorum autoritatem,
sed ad retundendam illorum impudentiam, qui uanitatem impingebant Euangelistis.] Addam de meo quintam extricandæ quæstionis rationem. Si dixerimus Zachariam fuisse binominem, sicuti paulo ante dictum est de Zacharia filio Barachiæ, qui idem sit dictus Ioia-
das.} Refert Hieronymus Hieremiam apocryphum sibi exhibitum a quodam Iudæo factio
19 nis Nazarenæ, in quo hæc ad uerbum, ut ab Euangelista citantur, haberentur. Verum {ut
dixi,} non probat ut Apostolus ex apocryphis adduxerit testimonium: præsertim cum hic
mos sit Euangelistis & apostolis, ut neglectis uerbis, sensum utcunque reddant in citandis te
19 stimonijs. {Porrò Syris חֲקַל est ager, דְּמָא sanguis. Hieronymus testatur & sua ætate locum extitisse Hierosolymis ad latus Australe montis Sion, ubi tum quoque pauperum ac te
nuium cadauera, partim terra obruebantur, partim sub dio putrescebant.}

Memoriæ lapsus an fuerit in euāgelistis

Aceldema qd Syriace

Quod appreciauerunt.) ὃν ἐτιμήσαντο, id est, Quem appreciauerunt, hoc est, quem precio æstimauerunt.

Tu es rex.) ὁ βασιλεύς, id est, Ille rex: ut de eo rege intelligas, qui tū à Iudæis expectabat̄.

Ad ullum uerbum.) πρὸς οὐδὲ ἓν ῥῆμα. Sermo Græcus anceps est. Siquidem hic potest
esse sensus, Et non respondit ei uerbum ad quicque, siue non respondit ei ad ullum uerbum.

19 Per diem autem solennem,) κατὰ δὲ ἑορτὴν, id est, in festo uero {Nec opus erat periphrasi.}

Populo dimittere.) τῷ ὄχλῳ, id est, Turbæ, siue multitudini.

Habebat autem tunc unum uinctum.) Vnum, non est in Gręcis, nec in antiquis Latino
rum codicibus. Nec uinctum apud Græcos participium est, sed nomen, δέσμιον.

Pro tribunali.) ἐπὶ βήματος, id est, In tribunali. Quanquam Latine uertit interpres, &
eleganter magis quàm suo more: ut hic quoque admonendus sit lector, ne fallatur.

Interpres a more latinitatis recedit à uerbis

19 Nihil tibi & iusto.) Latinius certe fuerat, Ne quid rei tibi sit cum iusto illo {Vt Christi in
35 nocentia undique meruit testimonium, Iudæ, Pilati, huius uxoris, Annæ, testium [latronis, sa
tellitum qui missi fuerant ad comprehendendum eum,] Magorum, Chananæorum, Sama
ritanorum, centurionum. Sed hoc uni illi contigit, quo certius foret, totum hoc quod ille
passus est, nobis impensum esse.}

Iesu innocētia oīm testimonio cōpbata

Per uisum.) κατ᾽ ὄναρ, id est, In somnis. Sic enim uertit in initio huius Euangelij: & recte. De quibus pluribus uerbis differit Valla, qui ὅραμα, id est, Visum, putat esse uigilan-
tium

κατ᾽ ὄναρ. uarie transfert

tium, cum ὄναρ somnium sit, & quod in somnis apparet, φάντασμα Graecis dicatur.

Persuaserant populis.) Et hic rursus est Turbis, non Populis, ὄχλοις.

Facere illum Graece Quid igitur faciam de Iesu.) De, praepositio non est in Graecis, τί οὖν ποιήσω ἰησοῦν τὸν λεγόμενον χριστόν: Caeterum Graeci abutuntur in his uerbis accusandi casu pro datiuo, ubi

16–27: nazareno significat bene aut male fieri cuipiã. Vnde uertẽdũ erat {Quid faciã} Iesu qui dicit Christus 27

Dicunt omnes.) λέγουσιν αὐτῷ, id est, Dicunt ei: Quanquam hic Graeca uariant exemplaria.

Ait illis.) Illis, non est in Graecis, ὁ δὲ ἡγεμὼν ἔφη, Praeses autem ait.

Lauit.) ἀπενίψατο, id est, Abluit. Et.

16–27: sumpta Accepta aqua.) λαβὼν {id est, Cum accepisset, siue sumpsisset.} 19

Innocens.) Idem est uerbum, quod paulo superius uerterat Iustum, ἀθῷος, id est, Insons & innoxius.

Vos uideritis Vos uideritis.) ὑμεῖς ὄψεσθε, id est, Vos uidebitis. Sicut & antea, Tu uideris, ut sit {medium actiuae significationis} uerbum futuri temporis. 27

19–22: actiuum

Latina uox usurpata graece scribenti Flagellatum.) φραγελλώσας. Et hic Romana uoce Graece scribens est usus cõmutata una litera: quod damnatos ante ultimum supplicium uirgis caedere ex more esset Romano.

Tradidit eis Tradidit eis.) Eis, non est in Graecis emendatioribus, & officit nonnihil sensui. Neque enim Iudaeis tradidit Iesum, sed suis militibus, supplicij ministris. Etiamsi haud scio quo casu in nostra prima aeditione fuit additum. Atque ita legisse Hieronymum, ut nos indicauimus, testatur illius in hunc locum interpretatio.

Suscipientes.) παραλαβόντες id est, Accipientes, uel potius Acceptum: ut saepe aliàs mutat genus uerbi, quo respondeat tempus.

Cohors & σπεῖρα qua digni tales Cohortem.) τὴν σπεῖραν, quod & funem significat Graecis {Nam cohors rusticana militum manus est.} 19

[κόκκος Coccineam.) κοκκίνην, Coccinam magis. Nam coccus, siue coccum granum. Et grana uulgo uocantur, quibus tinguntur rubra quaedam, quod lucem addãt colori: {uide Plinium lib. nono cap. quadragesimoprimo.} Porrò chlamys palliũ est militare: ut & color & forma uestis militaris sit: eoque magis ad ludibrium faciens {cum pius impiorum uestem gestaret.} 27 19

Plectentes coronam.) πλέξαντες, id est, Plexam siue Concinnatã, ut conueniat tempus.

Deposuerũt super caput.) ἐπέθηκαν, id est, Imposuerũt {In nõnullis habebat posuerunt.} 19

* Expuentes in eum.) καὶ ἐμπτύσαντες εἰς αὐτὸν, id est, Cum inspuissent in eum.

Et postquam illuserunt.) καὶ ὅτε ἐνέπαιξαν, id est, Cum illusissent.

Vt crucifigerent.) εἰς τὸ σταυρῶσαι, id est, Ad crucifigendum. Et paulo ante,

Vestimentis eius.) Magis quadrasset, Vestimentis suis.

Angariare, Persicũ uerbum uidetur Hunc angariauerunt.) Mirum cur hic delectarit peregrina uox, cum dicere potuerit, Adegerunt, siue Compulerũt. Siquidem Suidas indicat uocem esse Persicam, quod apud illos regij nuncij ἄγγαροι dicerentur. Vnde & qui literas inuicem tradunt perferendas, angari dicuntur, quos eosdem ἀστάνδας appellabant, Denique translata uox est ad quosuis, qui seruorum aut iumentorum ritu baiularent onera. Fortassis ea uox iam militibus erat usurpata, quemadmodum habebant sua castrensia.

Golgotha, & Golgoltha Qui dicitur Golgotha.) Hieronymus {in libro quo explicat uoces Hebraicas apud Mathaeum} admonet Golgotha Syrum esse uerbum, non Hebraeum, sonareque locum calui siue caluariae {Sunt qui malint Chaldaicum esse, & Golgoltha pronunciandum, addito altero Lambda} Equidem non arbitror operaepretium de barbarica uocula, uehementius contendere, & magis libet Latinorum & Graecorum in hoc consensum sequi. Cuiuscunque linguae est} ita dictus est locus in Aelia ad Septentrionalem partem montis Sion, quod in eo iacerent capita hominum damnatorum. Nam quod nonnulli dicunt illic sepultum Adam, unde loco inditum sit uocabulum, eam fabulam reijcit Hieronymus, cum Adam sepultus legatur in Arba iuxta Hebron. 19 19.22

Vinum myrrhatum Acetum Dederunt ei uinum.) Quidam Graeci codices non habebant uinum, sed Acetum cum felle mixtum. [Quemadmodum legit & interpretatur Hieronymus.] Quanquam Hilarius uinum legit, Chrysostomus acetum. Tametsi nõ multum interest inter acetum, & acidum uinum. Certe paulo post mentio fit aceti non uini [neque fellis.] 35 35

Impleuit spongiam aceto.) Origenes illud annotauit, quod Matthaeus dixerat acetum felle

* 16: precedes 'Plectentes coronam)' above.

19 felle mixtum, Marcus uinum myrrhatum{Ioannes acetum cum felle}ex quo palàm est O/
rigenem quoq; acetum legisse non uinum. Et magis congruit cum propheta qui dicit, De/
22 derunt in escam meam fel, & in siti mea potauerūt me aceto⟨Illud admonendus lector, non
27 uideri eundem potum hic datum Christo, qui datur in cruce pendēti,⟩Apparet enim bis da
tum, semel antequam tolleretur in crucem ex more ni fallor, quod & hodie seruatur. Rur/
sus in cruce poscenti, Sic enim narrat Matthæus, Et uenerunt in locum qui dicitur Golgo/
tha, quod est caluariæ locus, & dederunt ei uinum bibere cum felle mixtum. Marcus hunc
in modum, Et perducunt illum in golgatha locum, quod est interpretatum caluariæ locus,
& dabant illi bibere myrrhatum uinum, & non accepit: & crucifigentes eum &c. Quod
autem nonnulli putant in narratione temporis ordinē inuersum esse durius est, quum mox
sequatur apud eundem Euangelistam, Et continuo currens unus ex eis acceptā spongiam
impleuit aceto & imposuit harundini & dabat illi bibere, præsertim quum in priore loco
nominetur uinum felle mixtum, in altero acetum similiter narrante Marco, Et ad pietatem
conducibilius est, si hanc quoq; dominicæ crucis partem non ignoremus. Meminit & Au
35 gustinus lib. de consen. Euang. tertio separatim potus ante crucifixionem exhibiti[Theo/
phylactus putat hic porrectum acetum, ut citius moreretur, priusquā ueniret Helias. Nam
suspicabantur eū implorasse Heliam, quum diceret Heli Heli. Ad id facit, quod alij dicunt,
sine uideamus an ueniat Helias.]

Vt impleretur quod) Hoc prophetæ testimonium non citatur in plerisq; Græcorum co
dicibus. Et Hieronymus enarrans hunc locum nullam omnino de eo facit mentionem. Ly/
35 ranus addit, [iuxta] Hieronymum hoc testimonium à Matthæo non fuisse positum, sed dun
22 taxat ab Ioanne, nec inueniri in uetustis exemplaribus.⟨Certe non addebatur in uno uetu/
27 stissimo codice diui Donatiani⟩⟨Ne in Constantiensi quidem, nec in alio quodam uetustæ
22 æditionis typographicæ qui est apud me,⟩Cæterū locus est in psalmo uigesimoprimo⟨Le/
uiculum est, quod interpres de suo addidit Sibi, cum pronomen nec sit apud Græcos, nec
in aureo codice, Diuiserunt sibi uestimenta mea.⟩

Super uestem meam.) καὶ ἐπὶ τὸν ἱματισμόν μου. Quod magis sonat uestitum quam uestem.
19 {Vt non multum agant qui hinc ratiocinātur Christo fuisse quinq; uestes. Duas fuisse con/
22 stat ex Euangelio⟩Magis autem uidetur eiusdem uerbi aut similis repetitio, ex proprieta/
35 te sermonis prophetici[Satis enim constat unam uestem consutilem fuisse diuisam in qua/
tuor partes.] Et sedentes seruabant eum.) Græci addunt ἐκεῖ, id est, Illic.

19 Super caput.) ἐπάνω τῆς κεφαλῆς, id est, Supra caput.{Non enim erat titulus in capite.}

Causam.) αἰτίαν, Quæ uox apud Græcos, & causam significat, & accusationem, siue
crimen. Tunc crucifixi sunt.) τότε σταυροῦνται, id est, Tunc crucifiguntur, præsentis tem/
poris: ut historico more res iam geri putetur.

Vah qui destruis.) Interiectio, uah, non additur in Matthæo, sed in Marco. Vnde huc
27 addita uidetur⟨In Cōstantiensi codice rasura testabatur deprauationem⟩Et articulus ὁ non
nullam habet ἔμφασιν, quasi dicas, Tu ille destructor templi.

19 Reædificas.) οἰκοδομῶν, id est, Aedificas, ut superius admonui{Origenis interpres uertit,
22 Qui destruebas, & Qui ædificabas}⟨In aliquot uetustis exemplaribus scriptū erat, Destruit
27 & reædificat, tertia persona⟩⟨Consentiebat Constantiensis.⟩

Et credimus ei.) καὶ πιστεύσομεν ἐπ' αὐτῷ, id est, Credemus in eo. Quanquam paulo infe/
rius est, Ei, ut nihil intersit utrum legas.

Confidit.) πέποιθεν, id est, Confisus est, siue, fiduciam habet in deo: quandoquidem in
his, ut dictum est, abutuntur tempore.

Liberet eum nunc si uult.) Græci addunt alterum pronomen εἰ θέλει αὐτόν, id est, Si uult
19 eum.{Videntur enim alludere ad illud psalmi: Sperauit in domino, eripiet eum, saluum fa/
ciet eum, quoniam uult eum. Alioqui conuicium uidebatur non in Christum modo, ue/
rumetiam in deum recidere.}

Improperabant ei.) ὠνείδιζον αὐτόν, id est, Opprobrabant, siue eadem probra dicebant in
19 illum.{Augustinus explicans tropos Exodi, libro annotationum suarum tertio, putat hic
ἐναλλαγὴν esse, ac numerum multitudinis positum pro numero singulari, propterea quod
apud alios Euangelistas alter duntaxat conuicia dicit in Christum. Vnde mirum est, cur

k Hieronymus

Additum aliquid in Euangelio [16-27: admonere]

22-27: sua

Causa 19-22: margin: αἰτία

19-27: margin: 'Verba affectus'

Omissum aliquid

Tropus in Euangelio 19: Tropum

[16-27: addit, haud scio ubinam lectum, Hieronymum

19-22: margin: Carrensis
19-22: Carrensis

Hieronymus in commentarijs syllepsin appellet, tropum quidem agnoscens, sed aliam sub
nectens rationem, qua tropo non sit opus: ut primum uterq; conuiciatus sit Christo, mox
mota terra alter resipuerit. Hugo Card. quasi neutrum legerit, ut arbitror, Hoc, inquit,
uidetur falsum. Tam ciuiliter mouet de fide Euangelistarum quæstionem. Ac mox, ad hoc
inquit, dicitur, ut putes dictum inter pocula. O theologum sobrie ac reuerenter tractantem
sacras literas ⟨Et me sacrilegij reum agunt (quidam,) quod hunc non habeam pro deo, cum 22·27
fuerit ordinis Iacobitici.⟩

Et tenebræ factæ sunt ab hora sexta.) Iam igitur tribus horis pependerat in cruce: siquidem Marcus testatur eum hora tertia fuisse crucifixum. Quanquam & de illius loci lectio
ne uariatum est olim, ut suo demonstrabimus loco.

Tota terra quomodo accipiendum

Tenebræ factæ sunt super uniuersam terram.) ἐπὶ πᾶσαν τὴν γῆν, id est, In totam terram,
siue super totam terram. Neq; enim illæ tenebræ occupabant uniuersum terrarum orbem,
ut meo iudicio recte sentit Origenes, sed Iudæam duntaxat, aut terram Hierosolymitanam
(dissentiente Theophylacto.) Alioqui uel casu meminissent huius prodigij rerum gestarum 27
scriptores. Quemadmodū & uniuersus orbis apud Lucam describi dicitur, cū intelligatur
orbis duntaxat Romanus descriptus. Indicat Origenes in nōnullis codicibus adiectū fuisse, Tenebræ factæ sunt super totam terrā deficiente sole, quasi solis deliquium eas induxerit
tenebras. Atq; ita certe tradit epistola quæ nomine Dionysij circūfertur, mihi ψευδεπίγρα-
φος uidetur. Verum hanc opinionē longe reijcit Origenes, & scripturā mutatā improbat.}

Eclipsin solis in passione negat Origenes

16-27: Hebraice

Hebraica Græci scribunt ad hunc modum, ἠλὶ ἠλὶ λαμὰ σαβαχθανί, id est, Heli, heli lama
sabachthani. Ac mirum non est si peregrinæ linguæ uerba deprauatim scribunt, & pronun
ciant Græci, Latiniq;. Cæterum in sua lingua scribuntur ad hunc modum אֵלִי אֵלִי לָמָּה
עֲזַבְתָּנִי, id est, Deus meus, deus meus, cur me deseruisti? Est enim primus uersiculus psalmi uigesimiprimi, in quo uertendo Septuaginta, cur tria uerba de suo admiscuerint {amota 19
una dictione} mirum est. Sic enim illi reddiderūt: Deus deus meus, respice in me, quare me
deseruisti. At Matthæus ita retulit, ut habetur apud Hebræos. Porrò Hebræa distinguen-
da sunt ad hunc modū אֵלִי, id est, deus meus. אֵלִי, id est, deus meus. לָמָּה, ut quid. עֲזַבְתָּנִי,
dereliquisti me. {Siquidē probabile est Christū uerba psalmi pronunciasse, ut ab ipso psal- 19
mographo descripta sunt. Alioqui uideri poterat usus Chaldæorum lingua, qui sabactani
pronunciant, quod Hebræi, Azabthani.} Hoc uisum est ascribere, quo, quandoquidem hæc
uerba publice recitantur in tēplis, minus deprauate post hac pronuncientur. Nec est simpli
citer apud Græcos κατέλιπες, id est, Reliquisti, sed ἐγκατέλιπες, quod proprie significat in di
scrimine deserere: ueluti siquis deserat hominē immersum luto, {ut ita loquar docēdi gratia.} 19

Qua lingua pronunciauerit Christus Deus meus deus meus

16: Haec

Heliam uocat iste.) φωνεῖ, Quod expressius reddidisset, Inclamat, (siue inuocat.) 27
Et impleuit aceto.) Hic palàm aceti fit mentio. Porrò legimus apud Plutarchum in uita M. Antonij, uinū Antonio datum, quo celerius ex uulnere moreretur, quod ea res mortem acceleret ⟨Siquidem similis est penetrandi uis uino & aceto:⟩ idq; indicat obiter & Hie 22
ronymus, cum ait hunc edisserens locum, ut eum consopiant: [quemadmodum paulo an- 35
te notauimus ex Theophylacto.]

Acetum maturat mortem uulneratis

Liberans eum.) σῶσαι αὐτόν, id est, Ad liberandum eum. Nonnulli codices habebant,
σώσων αὐτόν, liberaturus eum. Interpres legisse uidetur, σώζων.
Clamans uoce magna.) κράξας, id est, Cum clamasset: ne quis putet simul & clamasse,
& expirasse. Quanquam hoc ipsum mirum {parumq; ex communi hominum more} statim 19
à magno clamore emori.
Et multa corpora quæ dormi.) Græci sic distinguunt, ut appareat eos statim mortuo
Christo, resurrexisse: uerum non egressos è monumentis, nec apparuisse, priusquam resurrexisset Christus. Unde resurrexerunt positum est pro reuixerūt. Atq; id satis indicat Hieronymus, scribens in hūc locum: Quomodo Lazarus mortuus resurrexit, sic & multa corpora sanctorum resurrexerunt, ut dominum ostenderent resurgentem. Et tamen cum monumenta aperta sint, non ante resurrexerunt quàm dominus resurgeret, ut esset primogenitus ex mortuis. Idem indicat Chrysostomus, cum ait ad Christi morientis uocem excita
tos mortuos, qui postea, resurgente Christo, pariter exirent: idq; declarat apertius Origenes hunc enarrans locum [Sed hanc sententiam uix recipit Theophylactus, existimans eos 35
qui

Resurrexerūt pro reuixerūt

qui tum reuixerunt,post denuo fuisse mortuos:quemadmodū Lazarus & cæteri quos uel
19 à domino uel ab apostolis resuscitatos legimus, bis mortui sunt.}{Augustinus epistola 99.
putat per anticipationem dictum,quod resurrexerint, quæ paulo post resurrexerunt.}
19 Erant autem hic mulieres.) Quidam Græci codices habebant, καὶ γυναῖκες,id est{Et mu
lieres.Et in Græcis non solū habetur A longe, sed Eminus spectantes ἀπὸ μακρόθεν θεωροῦσαι.
19{Ita sanè legit & interpretatur Origenes,adducens illud ex Esaia uaticinium, Mulieres ue-
nite ad spectaculum.Non enim est populus habens sapientiam.}
19 Et Ioseph.) Græce est Iose diuersus ab Ioseph,De quo antea admonui {Licet Origenes — *Ioseph Iose an idem*
non uideatur distinguere hūc Ioseph siue Iose,ab eo Ioseph filio Iacob patriarchę.Sic enim
ait,Et Ioseph mater,secundum nomē patriarchæ Iacob supplantatoris fratris sui,& Ioseph
super quem natum genitrix dicit, Adijciat mihi dominus filium alterum.}
Cum autem sero esset factum.) ὀψίας. Cur non potius uespera,quàm sero?
Quidam homo.) Quidam non est apud Græcos,sed tantum homo.
Ioseph.) Hic Græcus habet ἰωσήφ, id est,Ioseph.
27 Discipulus fuerat Iesu.) ἐμαθήτευσεν τῷ ἰησοῦ,(id est,discipulum præbuerat ipsi Iesu)Quo — *μαθητεύω doceor,sum discipulus*
uerbo aliâs usus est transitiue μαθητευθεὶς εἰς τὴν βασιλείαν. Et rursum in proximo capite,μα-
θητεύσατε πάντα τὰ ἔθνη, id est, Docete omnes gentes.
27 Maria Magdalene.) Mariam iam bis posuit Magdalenam (Hebraica pronunciatione,)
35 cum cæteras Marias dixerit non Mariam[licet hic uarient Græci codices.]
Altera autem die.) τῇ δ' ἐπαύριον, id est, Postero autem die,siue postridie.
19 {Quia seductor ille.) ὁ πλάνος εἶπεν, Planus, id est, impostor. Sic enim uertit Augusti- — *Impostor πλάνος*
nus homilia ex quinquaginta,trigesimasexta: Domine audiuimus,quia planus ille, id est,
impostor.Porrò rectè interpres addidit ille, uim exprimens articuli. Cæterum quod aiunt — *19-22: Porro*
post tres dies,etiamsi non negem sic posse reijci,quod hoc non ab Euangelista, sed à pharisæis dicitur, tamen licebit & ad hunc intelligi modum,mea quidem sententia, ut post tres
dies dictum factumue dicatur,quod à tertio die cœpto factum est,per tropum qui synecdo — *Tres dies per tropum dicti.*
che dicitur.Cur enim uereamur in tertio die recipere tropum,cum in primo necessario re-
cipiamus? Sed hac de re in Marco plusculum dicemus.}
Post tres dies resurgam.) ἐγείρομαι, id est,Resurgo,præsentis. — *16-27: temporis*
Ne forte.) μήποτε. Quod ita gaudet uertere.Et quidā codices addūt hic νυκτὸς.i.Noctu.
Habetis custodiam.) ἔχετε κουστωδίαν.Incertum est an sit habete modo imperandi, an habetis indicandi.Et custodiā, uocē Latinā Græci iā usurpabāt. Cuius meminit etiā Suidas.
Ite custodite.) ὑπάγετε, ἀσφαλίσασθε, id est, Abite, munite. Nam ἀσφαλίζεσθαι, est rem — *16-27: &*
tutam reddere.Quemadmodum mox uertit, ἠσφαλήσαντο, id est, Munierunt. Cum & superius uerterit,custodiret.
Cum custodibus.) μετὰ τῆς κουστωδίας, Cum custodia. Quanquam hoc loco custodiam — *Custodia manus custodum*
pro grege ac turba custodum posuit. Apparet autē eiusmodi fermè genus hominum fuis-
se,cuiusmodi sunt Parisijs quadringenti,ad publicam ciuitatis custodiam designati.

EX CAPITE VIGESIMOOCTAVO

VEspere autem sabbati.) ὀψὲ δὲ σαββάτων, id est, Vespere sabbatorū. Et quod
aut Qui lucescit dicendum erat, non Quæ, ut referatur,ad uesperum, aut ue
19 sper{nisi legas Vespera sabbatorum.}
In prima sabbati.) εἰς μίαν σαββάτων, id est, In unam sabbatorum,ut intel- — *Prima pro certa*
ligas unum diem è septem.Sentit enim ni fallor crepusculū extremi diei præcedentis hebdomadis, lucescens in sequentem diem, qui primus erat succedentis sabbati.
22 ⟨Nisi forte iuxta sermonis Hebræi proprietatem unum dicitur,quod primum est, sicut nos — *Vnum pro primo*
alterum dicimus quod secundum est.⟩
Reuoluit lapidem.) Græci addunt ἀπὸ τῆς θύρας, id est, Ab ostio.
Super eum.) ἐπάνω αὐτοῦ, id est,Supra eum.
Aspectus eius.) ἰδέα αὐτοῦ, id est, Species eius, siue forma.
Et uestimenta.) Et Græci, & uetusti codices Latini habent Vestimentum, Græci ad-
dunt,album, ut nix.
Custodes.) οἱ τηροῦντες, id est, Qui seruabant.

Reſpondens autem angelus.) ἀποκριθείς. Abuſus eſt enim eo uerbo, cum illæ nihil in-
terrogaſſent(niſi quod ad cogitationes reſpondet.) 27
* Venite & uidete.) Et, non eſt in Græcis, ſed δεῦτε ἴδετε, id eſt, Venite uidete.
Et præcedet.) Et Græci & antiqui Latini habent Præcedit præſentis temporis προάγει.
Ecce prædixi.) ἰδοὺ εἶπον, id eſt, Ecce dixi, non prædixi.
Et ecce Ieſus.) Ab hoc loco⟨in noſtris codicibus⟩deſunt aliquot uerba quę uidẽtur incu- 22
ria ſcribarũ omiſſa, qui ferè labi ſolẽt, quoties eadẽ dictio diuerſas claudit oratiões, ὡς δὲ ἐπο-
[16: ecce Jesus &c.] ρεύοντο ἀπαγγεῖλαι τοῖς μαθηταῖς αὐτοῦ, id eſt, Cum aũt iſſent ad renunciandum diſcipulis illius.]
↓* * Ibi me uidebunt.) Omiſſa eſt coniunctio κἀκεῖ, id eſt, Et illic.
↓** ** Dicite quia diſcipuli eius.) Hic certe omittenda fuerat Græca coniunctio, propter pronomen ſequens, Nobis dormientibus.
Auditum fuerit à præſide.) ἐπὶ τοῦ ἡγεμόνος, id eſt, Sub præſide, hoc eſt, ſi res apud illum iudicem agatur.
[πείθω ſuadeo perſuadeo, & obedio] Nos ſuadebimus ei.) πείθω Græcis tria ſignificat, pareo, ſiue morem gero, ſuadeo &
perſuadeo. Senſus igitur poſtulabat, ut hic diceret Perſuadebimus potius quàm ſuadebi-
mus ſiue Nos placabimus eum.
[Non extat qđ Origenes & chryſoſtomus ſcripſerunt in ultimum Matthæi caput] ** Et ſecuros uos.) ἀμερίμνους, id eſt, Securos uos reddemus, aut Liberabimus uos omni ſolli-
citudine: id eñ ſonat ἀμερίμνους, quod plus eſt ꝙ reddere ἀκινδύνους, id eſt, Expertes periculi.
Euntes ergo.) Ergo, non inuenio in Græcis codicibus. In nonnullis codicibus pro ergo
reperio autem⟨Neſcio quo caſu acciderit, ut nec Origenes, nec Chryſoſtomus, quum in cę- 19
tera ſcribant commentarios, in hoc unum caput quicꝙ ædiderint, niſi forte deſierunt apud
populum loqui, quod hęc ad reſurrectionem pertineant⟩[Theophylactus tamen enarrat, & 35
[19-22: scriptis commentariis] Catena aurea crebro citat Chryſoſtomum in hoc capite quemadmodũ in cęteris. Anianus
uero præfans in uerſionem ſuam teſtatur Chryſoſtomũ in Matthæum ſcripſiſſe λόγους no-
naginta unum quum in æditione uulgata non habeamus niſi 89. unde probabile eſt duas
homilias intercidiſſe.]

DES. ERASMI ROTERODAMI ANNOTA
tionum in Euangelium Matthæi finis.

IN EVANGELIVM MARCI ANNOTATIONES DES. ERASMI ROTERODAMI

QVONIAM comperiebamus opus in modum longe maiorẽ opinione ſuccreſcere, Nam hæc ſimul & ſcribebantur à nobis, & typis excudebantur, uiſum eſt idem compendiȷ̃, quod Marcus in
contrahendo Matthæi euãgelio pręſtitit, in noſtris præſtare annotamentis: quo ſimul & lectoris, & noſtro tędio alioqui intolerabili medeamur, & intra ſui temporis ſtadiũ, operis curſus ex-
pleatur. Pauculos enim menſes ad hũc laborem ab illuſtriſsimi
Burgundionũ principis Caroli obſequiȷ̃s, in cuius famulitium
[Carolus rex catholicus] nuper aſciti fuimus, uſurpauimus uerius ꝙ impetrauimus, idꝗ
teſtor Ieſum, non ſine graui rei familiaris iactura. Quanꝗ ea ſa-
ne me leuiter commouet. Res pecuniaria uel ſarciri poteſt, uel negligi. Cæterum ut eſt boni uiri nõ deeſſe ſuo officio, ita probi ac uerecundi eſt hominis, non cõmittere, ut cuiquam
[Philippus Maximiliani filius] uideatur oblitus officiȷ̃. Memini quãtum debeam maximo illi Philippo Maximiliani filio,
non ſolum ut principi, addam, non ſolum ut optimo principi, uerumetiam ut de me magni-
ficentiſsime merito. Quicquid autẽ debebam patriæ, quicquid principi, quicquid optimo
principi, quicquid benemerito, id totum eſt mihi refundendũ in Carolum, quandoquidem
illum, ſic fatis uiſum eſt, cernere licuit uerius ꝙ frui. Iam nominis propriȷ̃ citius queam obliuiſci, ꝙ benigniſsimi illius Mœcenatis mei, Gulielmi⟨Vuarami⟩Archiepiſcopi Cãtuarien- 22
ſis, qui ſic meritus eſt de probis ac literatis⟨uiris⟩ut ab omnibus probitatis, ac literarum cul- 19
toribus certatim debeat celebrari. Porrò me tantis proſecutus eſt officiȷ̃s, tanta obruit benignitate, ut omnia poſthabenda ſint, quoties officiȷ̃ ratio iubet huius obſequi uoluntati. Pro
inde

* 16: precedes 'Venite & videte)' above.
** 16: follows 'Et securos vos)' below.

inde cum utriq; debeamus patriæ, nam in altera geniti, in alterā cooptati sumus: cū u.. q; debeamus principi, quorum alteri iam plurimis ac maximis beneficijs sumus astricti, ab altero humanissime inuitamur, ad ea quæ nec promeremur, nec postulamus, atque hoc ipso nomine plus debemus: nō fuit mihi integrum opus hoc longius producere, maturū utrisq; reditum pollicito. Rem tamen ita moderati sumus, ut nonnihil adiecerimus moræ, nonnihil item contraxerimus operis modum. Quanq; id quoq; hactenus ut uerborum magis q; rerum esset parsimonia, quo simul & operi & officio qua licuit, satisfaceremus. Porro mihi sanè spes est fore pariter, ut & breuitas, quæ nobis fuit necessaria, lectori quoq; commoda sit, & grata. Quis enim tam patientis est stomachi, ut in his rerū minutijs citra fastidium diu uersari possit? Quanq; quantula quæso huius molestiæ portio redit ad lectorem? At nos dum inter tot Græcos, Latinos, Hebræos codices sursum ac deorsum discurrimus, uelut aciculam, quod aiunt, in aceruo quærentes: dum excutimus, quid ille uerterit, quid alius legerit, quid ibi sit deprauatū, quid hic interpretetur, quid ille correxerit, quid ipsi signauerimus, ubi Latini codices cum Græcis, Hebræi cum utrisq; dissentiant, aut etiam consentiant: deniq; quæ sit eiusdē linguæ codicum inter se uel pugna uel cōcordia: dum, inquam, inter has spinas distringimur ac torquemur, non unam aut alteram horam, sed menses fermè sex, cogita, quæso, lector optime, quantum tædij utilitatis publicæ gratia deuoremus. Neq; uero pigebit, si posthac per ocium continget alia conquirere, quæ possint opus hoc uel locupletius reddere, uel emendatius, illa quoq; in cōmunem usum adijcere. Plusculum autem præsidij nobis suppetebat in Matthæo ex ueterum commentarijs, ut in quem complures scripserunt, Origenes, Chrysostomus, Hieronymus. In hunc nihil habemus, quod equidem sciam uetustum. Nam Theophylactus neotericus est: & ij commentarij, qui Hieronymi titulo circunferuntur, ut non sint usquequaq; reijciendi, tamen non magis sapiunt Hieronymū, quàm sorba ficum. Cæterum quo pauciores in hunc scripserint, illud opinor in causa fuisse, quod explicato Matthæo, & hunc explicatum esse putarent. Nam illud te nolim lateat lector, quod hactenus præfati sumus in Marcum, ad primam huius operis æditionem pertinere, cum hæc sit æditio quinta, qua decreuimus esse contenti: non quod ullum sit opus, cui non possit adijci, quòd ue non possit reddi melius: sed quod uideam Sycophantis nunc ubiq; regnantibus dandum esse locum, & existimem in tam humili, tamq; inamœno argumento diligentiam immodicam merito reprehendendam esse.

Molestia ac tædium huius operis

Cōmentarij in Marc. falsò inscripti Hieronymo

Initium euangelij.) Et hic Hebræorum more exorsus est ab ipso operis titulo, quemadmodum Matthæus, cuius epitomen scripsit Marcus autore Augustino.

In Esaia propheta.) In Græcorum exemplaribus, quæ quidem ego uiderim, Esaiæ nomen non exprimitur, sed tantum, ἐν προφήταις, id est, In prophetis. Verum id apparet mutatum data opera à doctis, qui deprehenderāt hoc testimonium è duobus prophetis esse conflatum, Quemadmodum indicat Hieronymus in libro de optimo genere interpretandi. Siquidem prior pars, nempe illa, Ego mitto angelum meum ante faciem tuam, qui præparabit uiam tuam ante te, est apud Malachiam cap. tertio. Quo sanè loco illud obiter annotandum, Hieronymum in eo, quod modo citauimus opere, memoria lapsum uideri posse, cum ait, hoc testimoniū haberi in fine Malachiæ. Nam cum totum huius prophetæ uaticinium quatuor capitibus absoluatur, & hic locus in ipsa statim fronte tertij capitis, in medio uerius est, q; in fine. Verum suspicor quæ res imposuerit Hieronymianæ memorię, nimirum quod in extremo calce habeatur non dissimile uaticinium, quod & ipsum de Ioanne interpretantur: Ecce ego mittam uobis Heliam prophetam antequam ueniet dies domini. Neq; enim mihi satis facit excusatio cuiusdā, qui putat in fine dictum esse, quod sit paulo infra medium. Sunt qui indicent in bibliotheca uaticana haberi codicem Græcū maiusculis descriptum, qui consentiat cum latina æditione. Quid mirum si cōsentiat ad latinorrum exemplaria castigatus? Quanq; arbitror hanc germanam esse lectionem. Duriusculum est quod adfert Beda Augustinum, ni fallor sequutus, fieri potuisse ut Marco scribēti aliud nomen pro alio occurrerit, quod tamen admonitus nō putarit corrigendum, eo quod arbitraretur non temere permisisse spiritum sanctū, ut nomen pro nomine tum occurrerit scribentis animo. Frigidior est & illa solutio, quoniam prophetæ licet diuersis modis eadem prædixerunt eodem spiritu, omnium omnia esse communia. Quod si recipimus, non refert quo

Hieronymus memoria lapsus

titulo citetur aliquid è sacris uoluminibus. Certū est hic alteram uaticinij partem esse apud Esaiam. Sed hoc quæri poterat, quur geminum adducens uaticinium, unum tantum prophetam nominet. Quod ad sensum attinet, unum reuera uaticinium est. Sed apud Mathæum 4. quem sequitur Marcus, solus Esaias nominatur, & huius tantū uerba citantur: Marcus Esaiæ uaticinio prætexuit uaticinium Malachiæ, cōtentus nominare prophetam celeberrimi nominis.] Cæterum quanquam sententiæ summa consentit, uerba tamen Euangelistæ nōnihil dissident, tū à Septuaginta, tum ab Hebraica ueritate. Siquidē Hebræa sic [reddidit Hieronymus: Ecce ego mitto angelū meū, & præparabit uiam ante faciē meā, consentientibus per omnia Septuaginta, nisi quod Mitto, uerterunt in futurū, mittā, in quo Marcus cōcordat cū Hebræis. Cęterū addidit, Tuam, cū tantū sit uiam. Et rursum quod illic est,

Varietas interpretum

Ante faciē meam, hic refert ante faciem tuā, mutata persona loquentis. Nam apud prophetam hæc uerba uidentur esse Christi de se loquentis, etiāsi mox mutata persona, de se tanquam de alio loquatur: Et statim ueniet ad templū dominator. Contra apud Euangelistā hæc uerba patris sunt loquentis ad filium, Qui præparabit uiā tuā ante te. Iam posterior pars, Vox clamantis in deserto, parate uiā domini &c. est apud Esa. cap. quadragesimo. Hebraica [sic uertit Hieronymus, Vox clamantis in deserto, parate uiam domini, Rectas facite semitas dei nostri, In nullo dissentientibus Septuaginta [ab Hebræis.] Dissentiunt & hic nonnihil E- 19

Dissonantia Euāgelistarū in uerbis

uangelistæ, sed in uerbis duntaxat. Nam quod cæteri dixerunt, Rectas facite semitas eius, Ioannes dixit: Dirigite uiam domini. Deinde quod habet Hebraica ueritas, & Septuaginta transtulerunt: Rectas facite semitas dei nostri, Matthæus, Marcus, & Lucas posuerunt semitas eius: [opinor] quod Euangelistæ, cum Hebraice scirent, non indigerent translatione 35

Septuaginta: deinde cum ab Hebræis non anxie decerperent, quod scriptū esset, sed quod memoria suggerebat, describerent, uerbis nōnunquam dissident, in sententia concordant, id quod pluribus in locis admonuit diuus Hieronymus. Iam illud, quādo notū est ijs quoque qui Græce nesciunt, angelum significare nuncium, non arbitror admonendum. Fortassis

Angelus nuncius

hic melius uertisset, Nuncium. Deinde non dixit simpliciter, Angelum, sed addito articulo, τὸν ἄγγελον, ut certum aliquem angelum, siue nuncium intelligas designari: cum omnes alioqui prophetæ nuncij fuerint uenturi Christi. At hic unicus ille, & eximius fuit nuncius qui non solum prænunciarit aduentū domini, procul aduentantis, sed qui præcurrens ipse præpararit uiam iam aduenientis. Præterea quod ait,

Ante faciem

Ante faciē tuam.) Nō est Græcis ἔμπροσθεν, aut, ἐνώπιον, Quod aliquoties ita uertit, hoc est corā te & in cōspectu tuo, sed πρὸ προσώπου, ut intelligas hunc nunciū præcedere, & hoc discutiente obstacula uiæ, iam uideri, & apparere faciem aduenientis domini. Mox autē,

Qui præparabit uiam tuam ante te.) Græce est, ἔμπροσθέν σου, Quasi dicas à fronte tua: (ut intelligas Christum qui nunciabatur iam adesse. Aliter enim dicitur, Ante Ciceronem 27
dixit hoc Cato, id est, priusquam Cicero diceret.)

Distinctio

Fuit in deserto) Quidā offensi hyperbato, sic legunt, Ioannes baptizans in deserto, fuit initium euangelij. Non absurde tamen, ut mihi quidem uidetur, hæc uerba, Initium euangelij Iesu Christi, &c. tituli loco erunt, qui mos est prophetis, & Herodoto quoque atque in totum illi genti. Porrò quod Valla mauult extitit, pro fuit, & argutatur nescio quid, de,

Fuit Ioannes baptizans.) Haud multum ad rem theologicam pertinet. Erat enim idioma sermonis Hebræi, quod tamen reperies & apud Atticos. Erat baptizans, id est, baptizabat. ἐτύγχανε βαπτίζων.

Baptizans.) Articulum non addidit Græcus, unde perinde ualere potest, ac si dicas, Cœpit baptizare, ἐγένετο βαπτίζων, factus est baptizans: siue cœpit baptizare.

Ordo

Fuit in deserto.) Apud Græcos alius est uerborum ordo. Fuit Ioannes baptizans in deserto. Ac rectius, Erat, quàm fuit.

(In remissionem pec.) In, hic præparationem significat non effectū, Nam Ioannis bapti- 27
smus, præparabat ad Christi baptismum, quo remittebantur peccata. Fortassis & illud annotandum, quod apostoli iubentur prius docere, postea baptizare. Ioannes prius baptizare dicitur, deinde prædicare baptismum. Iudæus per ceremonias ducitur ad cognitionem, Christianus prius discit: nisi mauis intelligere de baptismo Christi, quem post suum baptismum prædicabat Ioannes. Sequitur enim: Ego quidem baptizaui uos in aqua. Ille uero baptizabit

19-27: margin: Christus raro dictus deus

16: Sic habet Hinneni sholeah mal'akhi u-phinnah derekh le-phanay. Ea sic reddidit

16: Hebraica ad hunc habent modum. Qol qore' ba-midbar pinnu derekh 'adhonai yasheru ba-'aravah mesiylah le'eloheynu quae sic vertit

(22-27: rarius) 16-27: eius, sive quod evangelistae vix unquam dei vocabulum tribuant Christo, ob prophanas & impias illorum temporum aures {ut plenius docebimus in Paulum} sive quod evangelistae 19

baptizabit uos &c. Hinc apparet quod baptizatis ab ipso prædicarit Christi baptismum
mox sequuturum, ne ipsius baptismo confiderent.)
Iudææ regio.) ἡ ἰουδαία χώρα, id est, Iudæa regio, ut cohæreant duo nomina substantiua.
Et Hierosolymitæ uniuersi.) Græci secus distinguunt. καὶ οἱ ἱεροσολυμῖται καὶ ἐβαπτίζοντο *Distinctio*
27 πάντες, id est, Et Hierosolymitæ & baptizabantur omnes. ⟨Nec enim ueniebant omnes Hie
rosolymitę, sed ex omni Iudæa & Hierosolyma qui uenerant baptizabãtur. Nam omnẽ Iu
dæam, dixit pro eo quod erat, ex omnibus Iudææ partibus.⟩ Nec est, In Iordanis flumine, sed
in Iordane fluuio, siue fluuio Iordane. Addidit aũt flumine, qđ uox Iordanis esset plerisq;
ignota. Et erat.) ἦν δὲ, id est, Erat autem.
22 Vestitus.) ἐνδεδυμένος, id est, Indutus. ⟨Et pilis camelorum.) Cameli est Græcis, & itẽ
27 in aureo codice. {Item in Cõstantiensi.} Quanquam hoc nihil ad sensum. Camelus enim hic speciem notat animantis, non unum aliquod eius generis. Suffragabantur aureo codici uolu-
35 mina diui Donatiani.⟩ {Speciem animãtis expressit, ut ostenderet uestis asperitatẽ, iuxta do
mini testimoniũ, qui mollibus uestiuntur in domibus regũ sunt. Pictores onerant Ioãnem
exuuio Cameli quemadmodum Græci uestiunt Herculem exuuio leonis. Imò uestis erat
contexta non è lana britannica, aut serũ uelleribus, aut lino Hollandico, sed è pilis camelo
rum. Asperitatem augebat zona pellicea premens ilia.]
Et zona pellicea.) καὶ ζώνην δερματίνην. Ablatiuus est nobis, non nominatiuus, & refertur ad participiũ, uestitus, sicut & ablatiuus, pilis. Et Lumbos suos dicendum erat, non eius
Mel syluestre edebat.) ἐσθίων, id est, Edens, ut pertineat ad uerbum quod præcessit, erat.
Quanquam hoc recte uariauit, nisi quod aptius erat, Vescebatur, quam edebat, aut certe uicti-
tabat, siue esitabat, cum de genere cibi loqueretur.
22 Venit.) ἔρχεται Venit. Græce uel præsentis est tẽporis, uel futuri. ⟨In Donatiani lib. habe
batur ueniet.⟩ Et notãdus est articulus ὁ ἰσχυρότερος, id est, Ille qui me fortior, & potentior est.
Nõ sum dignus.) οὐκ εἰμὶ ἱκανὸς, id est, Nõ sum idoneus, aut sufficiens, ut uulgo loquũtur.
Et calciamentorum eius.) Eius, addidit Hebræorũ more, Latinis non est phas ita loqui. *Eius Hebræo*
Ego baptizaui.) ἐγὼ μὲν. Non in tempore omisit, Quidem coniunctionem, quæ hanc *rum more*
19 partẽ opponit spiritui. Spiritu sancto.) In spiritu sancto est Græcis, {tametsi præ *additur*
positionem recte omisit interpres.} Quidã codex Græcus hoc quoq; loco addebat, Et igni, *Additum*
19 καὶ πυρὶ, {ex Matthæo sicuti coniicio,} quanquam Theophylactus non addit. *aliquid*
Ascendens uidit.) Sermo Græcus anceps est, utrum Ioannes uiderit an Christus.
Vidit cœlos apertos.) εἶδε σχιζομένους τοὺς οὐρανοὺς, id est, Vidit scindi, siue diffindi cœlos.
Nam participiũ est passiuum præsentis temporis, quod nõ per scissos, ut Laurentio uisum
19 est, sed per uerbum, erat transferendum. Elegantius aũt uertisset, Diduci cœlos, {siue findi.}
Et spiritum sanctum.) Sanctum non additur, nec in Græcis, nec in antiquissimis Lati-
22.27 nis codicibus, {nec in aureo codice, (ne in Constantiensi quidem,)} Porrò articulus additus in-
27 dicat intelligendum de spiritu sancto, de quo paulo ante meminit.⟩ Similiter paulo post, Et
statim spiritus expulit eum, ut de eodem accipias spiritu.)
27 Descendentem & manentem.) Et manentem non additur in Grecis. {uidetur asscriptum *Et manentem*
19 ex euangelio Ioannis.} Ex sermone Græco non potest aliud intelligi, quam spiritus descendens, *aliũde additũ*
à Christo uisus fuisse, cum res magis postulet, ut intelligatur à Ioanne, cæterisq; uisus de- *Anceps sermo*
scendere. Deinde si Christum accipimus uidisse, dicendum erat ἐφ' αὑτὸν, id est, super se,
non ἐπ' αὐτὸν, id est, Super eum. Neq; uideo tamen quo pacto queat res explicari, nisi di-
27 xerimus ἀναβαίνων rectum casum positum loco paterni ἀναβαίνοντος. {id est, quum ascende
22 ret ex aqua Iesus, uidit &c.} ⟨Nisi accipiamus Ioannem unà cum Iesu descendisse in flumen ⟨22: aut
ad tingendum eum,⟩ atq; ita legamus, Ioannes ascendens ab aqua, uidit &c.)
19 Dilectus.) ὁ ἀγαπητός. Articulus non caret emphasi, quasi dicas ille dilectus. {Idem additur filio ὁ υἱός. multi filij, multi dilecti, at hic ille eximius & unice dilectus.} Deinde nomen hic
est, non participium Dilectus, quod uertere solet charissimus. 19-27: Complacuit
Complacui.) εὐδόκησα, quasi dicas, bonã habeo opinionẽ, siue bene complacitũ est mihi *Complacui*
Expulit.) ἐκβάλλει, id est, Emittit præsentis temporis Quanquam ἐκβάλλειν aliquando est eijce *εὐδόκησα*
re, siue extrudere. Significat autem impetum spiritus rapientis hominem quocunq; uelit.
27 (Theophylactus & Chrysost. in Catena citatus admonent significari, nõ esse cõmittendum
k 4 ut homo

↑ 16-22: graecis, praeterquam apud unum Vulgarium, nec — 22: Theophylactum
⟨ 16-19: codicibus. Nam absolute spiritum opposuit aquae ceu rem efficaciorem. Neque dubium tamen, quin de spiritu sancto sit accipiendum, 16 only continues: quod tamen haud scio quo casu additum fuit in prima huius operis aeditione. Descendentem
⟨ 16: graecis, neque ἐπ' αὐτόν convertendum erat in ipso, sed in se, sive super se. Nam vidit verbum, ad Jesum pertinet ascendentem non ad Joannem, quantum sonant verba graeca, verum de hoc nonnihil attigimus in Mattheo. Dilectus)

ut homo semet cõijciat in periculũ tentationis, sed si deo uolente incidat, fortiter agendum)

[Periculum nõ accersendum, sed si uitari nõ potest, fortiter ferendum Id pulchre declarat Athanasius in apologeticis de fuga sua

Et erat in deserto.) Quidam codex Græcus tantum habebat, Et erat ibi. Alter præterea addit, In deserto. Quorsum {autem} attinebat repetere desertum, cum mox præcesisset? 19

Quadraginta diebus.) In Græcis non additur, & quadraginta noctibus.

Quoniam impletum.) ὅτι, Hoc loco fuerat omittendum interpreti.

Appropinquabit.) ἤγγικεν. Et appropinquauit, siue appropinquat, ut in huiusmodi uerbis Græci nonnunquam utuntur præteritis loco præsentiũ, ut non semel iam admonuimus.

Pœnitemini barbara uox

Pœnitemini.) μετανοεῖτε, id est, Pœniteat uos, quod consueuit uertere, Pœnitentiam agite, aut quod ego malim, resipiscite.

Lex quando abrogata

Et credite euangelio.) ἐν εὐαγγελίῳ, id est, In euangelio, {tametsi id ex proprietate est ser- 19
monis Hebræi} (Theophylactus putat hic abrogatam legis obseruationem, quum ait, cre- 27
dite Euangelio, quasi dicat. cessent umbræ, lux adest. Ad id facit quod præcessit, tempus impletum est, Proinde non omnino idem docuit Christus initio quod Ioannes.)

Varia lectio

Et præteriens.) περιπατῶν δὲ παρὰ τὴν θάλασσαν, id est, Ambulans autem ad mare, siue iuxta mare. Quanquam alius codex habebat καὶ παράγων παρὰ τὴν θάλασσαν, id est, Præteriens iuxta mare. Porrò lacum mare uocat.

Fratrem eius.) Pro eius Græce est, Simonis. Quidam utrunque repetunt αὐτοῦ τοῦ σίμωνος, id est, Ipsius Simonis, siue eius nempe Simonis, quod opinor additum à quopiam qui uoluerit effugere ἀμφιβολογίαν, ne intelligeremus fratrem ipsius Christi. Nec est hoc loco Retia, ut paulo post δίκτυα, sed ἀμφίβληστρα, id est genus retis, cuius meminit Iulius Pollux.

↓† Componentes retia.) καταρτίζοντας, id est, Sarcientes, siue reconcinnantes. †

Secuti sunt eum.) ἀπῆλθον ὀπίσω αὐτοῦ, id est, Abierunt post eum, ut uerbum uerbo reddatur {Quod & aliâs uerti poterat, ὕπαγε ὀπίσω μου, sequere me} [Theophylactus putat hic 19:35
narrari secundam uocationem, eò quod narratio Lucæ 5. dissonet à narratione Matthæi & Marci. Cæterum quod addit Petrum & Andream fuisse discipulos Ioannis baptistæ, qui permoti illius de Christo testimonio Christum sequi cœperint, sed Ioanne coniecto in carcerem redierint ad pristinum questum, unde denuo uocati protinus sequuti sint, quoniam nulla scripturæ autoritate nititur, pro coniectura humana habendum censeo.]

[Quasi pro tanquam ineleganter

Quasi potestatem habens.) ὡς, id est, Tanquam. Quanquam hoc Quasi, & quod mox sequitur, sic, eidem Græcæ uoci respondent ὡς, unde uertere poterat utrobique, ut. Porrò de potestate ἐξουσία diximus in Matthæo.

ἔα sine, aut eia

Quid nobis & tibi.) ἔα τί ἡμῖν καί σοι, id est. Sine quid nobis & tibi? Quanquam ἔα rectius accipitur, ut sit aduerbium Græcis, nobis interiectio exclamantis: & Latine uertisset, Quid rei nobis tecum est? Aut, quod pollet idem, Quid tibi nobiscum est rei?

[Sermo durus

In spiritu immundo.) Quid hac forma loquendi durius Latinis simul & Græcis auribus? Dici poterat, Obnoxius immundo spiritui.

[Redundat, ante tempus

⟨Venisti ante tempus perdere nos.) Ante tempus, nec additur apud Græcos, nec in codi 22
ce aureo (ne in Constantiensi quidem.) Videtur huc adiectum è Matthæi capite octauo.⟩ 27

Scio quod sis.) οἶδά σε τίς εἶ, id est, Scio te qui sis, & sic habent antiqui nostri codices, (qui 27
sis non quod sis) siue Noui te quis es, ut magis ad uerbum exprimam.

[Articuli uis Sanctus dei

Sanctus dei.) ὁ ἅγιος τοῦ θεοῦ. Nec hic articulus ociose additur, ut aliâs sæpius indicatum
est. Nec enim est simpliciter sanctus, sed ὁ ἅγιος, ut certum & insignem intelligamus {Vide 19
licet illum unum uere sanctũ, & omnis humanæ sanctimoniæ fontem} Proinde dilucidius erat Noui te qui sis, nempe sanctus ille dei.

Et comminatus est.) καὶ ἐπετίμησεν, id est, Et increpauit.

De homine.) Græcis est ἐξ αὐτοῦ, id est, Ex eo.

Tempus pro tempore

Et discerpens eum & exclamans.) Vtrunque participium Græcis præteriti temporis est, σπαράξαν κράξαν, quasi dicas Discerpto illo, & clamore emisso.

Quid nam est hoc.) τί ἐστι τοῦτο, Particulam nam, addidit interpres de suo, cum aliâs negligat exprimere, nimirum ad hunc modum paria faciens. Et rursum.

Sẽsus anceps

Quæ nam doctrina.) τίς ἡ διδαχὴ, Quæ doctrina, de suo addidit, nam. Quia in potestate spiritibus imperat.) Quia in potestate & spiritibus, habetur, tum in Græcis, tum in antiquis Latinis, ut coniunctio addat epitasin. Cæterum Græci codices locum bifariam

distinguunt

† 16: reconcinnantes. Et relicto patre) καὶ εὐθὺς ἀφέντες id est statim relicto, etc. Et consentiunt antiquissimi codices. Secuti)

distinguunt. Nonnulli sic legunt, Quæ est hæc doctrina, quoniam secundum potestatem, ut subaudias, est. Alij coniungunt hæc cum his quæ mox sequuntur, quæ est doctrina hæc, quoniam cum autoritate spiritibus quoque inmundis imperat.

19 Et processit.) καὶ ἐξῆλθεν, id est, Et exiuit{siue emanauit.}

Rumor eius.) ἡ ἀκοὴ αὐτοῦ, id est, Fama eius, quod alicubi uertit opinio. Cæterum ut famam hominis dicimus, ita non dicimus rumorem hominis in eodem sensu. Rumor enim magis ad rem refertur, ut rumor belli. Fama generale nomen est. Rumor pro fama non recte

Regionem.) περίχωρον, id est, Totam undique regionem Galilææ finitimam, ut intelligamus & ultra Galilææ fines famam Iesu progressam.

22 Recumbebat.) κατέκειτο, id est, Decumbebat, ut & antiqui codices habent{cumque his aureus ille,}{atque etiã Constantiensis} Recumbit enim quiescens & supinus. Accũbitur in conuiuio. Decumbit ægrotus lecto affixus. Recumbo accumbo decumbo

27

Apprehensa manu eius.) κρατήσας, quod toties uertit, tenuit, ueluti de Iesu capto, Tenuerunt eum, ubi tempestiuius erat comprehenderunt. Et cur non potius reliquit quàm dimisit, ἀφῆκεν; nisi forte febris dicto uale discessit. κρατεῖν uarie transfert

Omnis ciuitas.) ἡ πόλις ὅλη, id est, Ciuitas tota, ne plures ciuitates intelligas.

Qui uexabantur.) κακῶς ἔχοντας, id est, Male habentes, siue male affectos.

27 Varijs languoribus.) ποικίλαις νόσοις, id est, Varijs morbis {quod tamen ita perpetuo ferè uertit.} Languor morbus

Quoniam sciebant eum.) Græce sic est, ὅτι ᾔδεισαν αὐτὸν χριστὸν εἶναι, id est, Quod nouerant ipsum Christum esse. Nam hæc duo uerba adduntur in nonnullis Græcis exemplaribus{uelut in Theophylacto}{In nostris tantum est, Quoniam sciebant eum}{Græcus tamen sermo ambiguus est, non passus est eos hoc proloqui quod agnosceret Iesum: siue, nõ passus est eos omnino loqui, propterea quod agnoscerent Christum esse Messiam, ne id ante tempus effutirent. In priore sensu magis conueniebat, ipsum, quàm eum.} 16: se

7.19.35

Et diluculo ualde.) καὶ πρωῒ ἔννυχον λίαν, id est, Et mane, multa adhuc nocte. Nam id sonat ἔννυχον, cum adhuc aliquantum est noctis. 16-19: crepusculo admodum

Dixerunt.) λέγουσι, id est, Dicunt. Et mox, Quia omnis. ὅτι cõiunctio fuerat omittenda.

In proximos.) εἰς τὰς ἐχομένας, id est, Adhærentes, siue contiguos.

Vicos & ciuitates.) Græcis est dictio composita κωμοπόλεις, quod quidam interpretantur municipia. Oppidula rusticana significat, quæ uel uici, uel oppida uideri possint, Siquidem ex uico & oppido Græca uox composita est. † κωμόπολις Rusticanum oppidulum †↓

Vt ibi prædicem.) Græce est ἵνα καὶ ἐκεῖ, Vt & ibi. Cõsentientibus & antiquis exemplaribus{nostris}Et in hoc, apertius erat, Ad hoc, siue hac gratia, εἰς τοῦτο.

19

Et in omni Galilæa.) Et non est Græcis, sed In Synagogis illorum per totam Galilæam.

Si uis.) Hoc loco interpres recte omisit ὅτι. quod cum alicubi faciat, mirandum, cur non idem perpetuo faciat, quoties sermonis exigit ratio.

Volo mundare.) Mundare hic passiuum est, imperandi modo θέλω, καθαρίσθητι, quemadmodum est in Matthæo.

Et comminatus est.) καὶ ἐμβριμησάμενος αὐτῷ, εὐθέως ἐξέβαλεν, id est, Cõminatus ei statim eiecit, hoc est acriter interminatus, necubi proferret. Et eiecit dixit pro ablegauit, siue quod celeriter, siue quod inuitum.

Vide nemini.) ὅρα μηδενί, id est, Vide ne cui.

Ostende te.) ἑαυτὸν δεῖξον, id est, Teipsum ostende. Quanquam interpres huiusmodi composita pronomina plerunque uertit per simplicia {Et quod in nostris codicibus legitur Principi sacerdotum, apud Græcos est τῷ ἱερεῖ, nisi{forte}id efficit articulus, ut de summo sacerdote dictum accipiatur.} Summo sacerdoti, pro sacerdoti

19

27

Cœpit prædicare.) Græci addunt πολλά, id est, Multum siue multa.

Diffamare.) διαφημίζειν Græce non sonat in malam partem. Verti poterat Spargere seu diuulgare. Diffamare pro diuulgare

19 {Ita ut non posset iam.) Ex Græcis uerbis apparet de mundato dictum. Proinde ne quid hic hæreret lector, pro αὐτὸν subiecimus Iesus, hoc est nomen pro pronomine. Ne quis hoc ut temere factum statim corrigat.}

† 16: In proximos.) εἰς τὰς ἐχομένας, id est adhaerentes.

In desertis locis esse.) Erat, Græce est, non esse, ἦν.
Et conueniebant.) καὶ ἤρχοντο, id est, Et ueniebant.

EX CAPITE SECVNDO

Post dies nec addendũ octo

↓{ POst dies.) δι᾽ ἡμερῶν, id est, Per dies. Nec addendum est octo, quod in quibusdam habetur codicibus Latinis.{Certe in Paulino habebat, Post dies, in Corsendoncensi recenti manu additũ erat octo. Sed lucidius erat Diebus aliquot, siue Post dies aliquot. Nam post dies Latine nihil significat. 19

Et conuenerunt.) καὶ εὐθέως συνήχθησαν, id est, Confestim conuenerunt, siue collecti sunt.

Nec ad ianuam.) Græca sic habent, ὥστε μηκέτι χωρεῖν μηδὲ τὰ πρὸς τὴν θύραν, id est, Ita ut iam non caperent, ne ea quidem quæ erant iuxta ianuam, ut intelligas domum adeo fuisse refertam, ut ne uestibulum quidem & partes ostio uicinæ caperent turbam.⟨Aureus codex habebat non caperet,⟩itidem Constantiensis, denique meus uetustæ typographiæ: ut caperet uerbum, pertineat ad domum, sitque gemina negatio, nec domus capiebat, nec loca uicina ianuæ, hoc est uestibulum.) 22 27 ↓>

Et uenerunt.) καὶ ἔρχονται, id est, Veniunt.

[ἀποστεγάζειν Detegulare

Nudauerunt tectum.) ἀπεστέγασαν τὴν στέγην, id est, Detexerunt tectum. Est enim προσονομασία, quasi dicas, detegulauerunt tegulas.

Et patefacientes.) καὶ ἐξορύξαντες, id est, Cum effodissent, ut intelligamus etiam superne perfodi tecta.

[χαλάω

Submiserunt.) χαλῶσι, id est, Demittunt, proprie funibus, quemadmodum demittitur ancora, aut saxum è sublimi.

16-22: vertit

In quo paralyticus iacebat.) κατέκειτο, id est, Decumbebat, quod paulo ante deprauatum erat recumbebat.

Quid hic sic loquitur, blasphemat.) Græce est blasphemias, βλασφημίας, loquitur blasphemias

Nisi solus deus.) εἰ μὴ εἷς ὁ θεός, id est, Nisi unus, qui est deus.

↓[Dimittuntur.) ἀφέωνται, id est,[Remittuntur, siue remissa sunt. Nam uidetur esse præteritum Atticum pro ἀφεῖνται. Thema actiuum est ἀφέωκα, passiuum ἀφέωνται. Ita tradit Herodianus. Fortassis interpres legit ἀφέονται per o micron ut deducatur à uerbo ἕω unde ἵημι. ut nos superiore editione poneremus remittantur, in causa fuit quidam insigniter Græce doctus ad hæc non mediocri uir autoritate, qui consultus super hoc loco, iussit ut suo periculo uerterem remittantur. Obsequutus sum, & falsus. Id quum mihi non semel acciderit, tamen audio pertinax, & nulli cedens.] 35

Vt mirarentur.) Plus dixit Græcus sermo ὥστε ἐξίστασθαι, id est, Vt essent attoniti, & uelut extra se. Nam ab hoc uerbo dicta ecstasis, quæ est raptus mentis.

Honorificarent.) δοξάζειν, id est, Glorificarent.

16-27: margin: Telonium

Leui Alphæi.) τὸν τοῦ ἀλφαίου, id est, Alphæi filium.

Ad Teloneum.) Græcam uocem reliquit, τελώνιον, quæ mensa est aut locus publicanorum, ubi colligunt uectigal, quod Græce τέλος dicitur.

Videntes quia manducaret.) ἰδόντες αὐτὸν ἐσθίοντα, id est, Cum uidissent eum edentem.

[Solœcismus (Mirum quur hic placuerit solœcismus, quum Græcus sermo non præbuerit occasionem.) 27

Quare.) τί ὅτι, id est, Quid quod, id est, Quid est quod.

Magister uester.) Laurentius negat hæc addita in exẽplaribus quibus est usus. In nõnullis tamẽ adddita comperi, Tametsi Theophylactus nõ addit.(In Constantiensi fuit erasum.) 27

Non necesse habent.) οὐ χρείαν ἔχουσι, id est, Non opus habent.

Sani.) ἰσχύοντες, id est, Valentes, siue qui ualent.

Vocare iustos.) Græci addunt εἰς μετάνοιαν, id est, Ad pœnitentiam. Quanquam id suspicor adiectum à quopiam. Nam nec in antiquissimis codicibus nostris reperitur,⟨nec in Constantiensi, nec in meo uetustæ typographiæ,⟩etiamsi apud Theophylactũ additum est. 27

Et Pharisæi.) Quidam Græcus codex habebat καὶ οἱ τῶν φαρισαίων, id est, Et Pharisæorum, ut subaudias discipuli, quemadmodum est item paulo post: nisi mauis, Ii qui sunt ex Pharisæis, hoc est è factione Pharisaica.

Nunquid possunt.) μὴ δύνανται, id est, Num possunt.

Filij

{ 16: latinis. Neque refert an legamus post dies, cum idem sit sensus lucidius
> 22: caperet quod Graece sit χωρεῖ singularis numeri. Et venerunt)
[16-27: dimittuntur, si modo recta est scriptura   27: remittuntur
Ut mirarentur)

Filij nuptiarum.) Græca nonnihil dissonant οἱ υἱοὶ τοῦ νυμφῶνος, ἐν ᾧ ὁ νυμφίος μετ' αὐτῶν Filij nuptia
27 ἐστὶν νηστεύειν, id est, Filij thalami(nuptialis)in quo sponsus cum eis est ieiunare. νυμφὼν enim rum
nuptiale cubiculum significat, interprete Suida. Deinde continenter ipse sibi respondet, ὅσον χρόνον μετ' αὐτῶν ἔχουσι τὸν νυμφίον, οὐ δύνανται νηστεύειν, id est, Quanto tempore secum habent sponsum, non possunt ieiunare. | 16-22: ni fallor

27 Assumentum.) ἐπίβλημα, quod ante uerterat commissuram(ut Matthæi nono, & Lucæ
27 quinto)ad uerbum sonat immissuram(Dilucide tamen uertit interpres.) C ↓

Panni rudis.) ῥάκους ἀγνάφου, id est, Panni nondum à fullone curati. Nam hunc rudem ἀγνάφος]
uocat interpres. Siquidem γναφεὺς, fullonem significat.

Aufert supplementum nouum.) Græcus addit, eius, ut subaudias uestis. Quod hic uer
27 tit supplementum, alias uerterat plenitudinem, πλήρωμα.(ut Matthæi nono.)Sic autem uo- 16: in Mattheo
cat eam panni particulam, qua uestis lacera sarcitur & expletur. Multa prudens prætereo, quod de his iam dictum sit in Matthæo.

19 {Vinum nouum in utres nouos.) Græcis non est eadem προσονομασία, cum illis habea- Nouum νέον 19-27:
tur νέον & καινούς. Quorum prius illud aptius dicitur de ijs quæ sentiunt ætatem.} nouū καινόν ingredi

Cœperunt progredi.) ἤρξαντο οἱ μαθηταὶ αὐτοῦ ὁδὸν ποιεῖν, id est, Cœperūt discipuli eius iter Cœperūt pro
facere. Nā quod Græcus habet sermo, ἤρξαντο, id est, cœperunt, hoc interpres retulit ad per- gredi nō apte
sonā: ueluti cum dicitur, ἄρχεσθαι λέγειν, non qui initiū dicendi facit, cū ante tacuisset, sed qui uersum]
primus & ante alios incipit uerba facere, & ob id uertit progredi. Nimirū offensus absurdi tate sermonis, quod cū paulo ante dictum esset, Iesum iter fecisse per segetes, nunc idē sub-
19 ijciat de discipulis, quod cœpissent iter ingredi.{Verum hic nec initiū itineris significatur, nec ordo ingredientiū, sed uellendi initium. Iam enim inter eundū cœperūt uellere spicas.}

Et uellere spicas.) τίλλοντες, id est, Vellentes, siue uellendo.

* Ecce quid faciunt discipuli tui sabbatis.) Vt paulo superius non addebatur magister ue- *16-22:
ster, ita hic non additur apud Græcos, Discipuli tui. Quorsum enim attinebat eos nomina- entries
re, cum digito illos ostenderent, ecce? reversed

Sub Abiathar principe sacerdotum.) Diuus Hieronymus in libello de optimo genere Abiathar pro *
interpretandi, indicat nomen Abiathar pro Achimelech esse positum, propterea quod li- Achimelech
bro Regum primo capite xxij. ubi refertur huiusce rei historia, nulla mētio fiat Abiathar, sed duntaxat Achimelech, Siue id acciderit uitio scriptorum, siue quod eiusdem hominis | 16: lapsu
uocabulum sit Abiathar & Abimelech. Nam Lyranus putat hunc Abiathar fuisse filium memoriae, siue
Achimelech, qui sub patre functus sit officio paterno, & eo cæso iussu Saulis, comes fuerit
19 27 fugæ Dauidicæ{Hieronymus ut nectit nodum, ita non explicat}(Theophylactus aperit a- liam rimam, ut accipiamus alium fuisse Achimelech, qui in libro regum tantum sacerdos sit dictus ἱερεὺς, quum hic Abiathar, dicatur ἀρχιερεὺς. Mirum quum Latini codices con- Redundat in]
35 stanter habeant Achimelech, quur in Græcis Euangelijs semper habeatur Abimelech[ni- nostris]
si quod Suidas in dictione εὐαγγέλιον, admonet eundem utroque nomine signari.]

27 Nisi solis.) Solis non additur apud Græcos(nec erat in codice Constantiensi.)

Et dedit eis.) Græci addūt καὶ, τοῖς σὺν αὐτῷ οὖσι. Pro eis melius uertisset, Qui secum erant, Et dederit his quoque qui secum erant.

EX CAPITE TERTIO

Benefacere.) ἀγαθοποιῆσαι, an male, κακοποιῆσαι, quod non sonat simpliciter fa- Benefacere
cere rem malam aut bonam, sed mala re aut bona afficere quempiam, quasi pro benefi-
dicas, Vtrum prodesse fas est sabbatis an lædere? cio afficere

**Aut perdere. ἢ ἀποκτεῖναι, id est, An occidere. 16: An ** 16-27:
** Et circunspiciens.) περιβλεψάμενος, id est, Cum circunspexisset. Nec est, entries reversed
Contristatus, sed συλλυπούμενος, id est, Condolens seu uerius condolescens.

Et restituta est manus illius.) Græce est, καὶ ἀποκατεστάθη ἡ χεὶρ αὐτοῦ ὑγιὴς ὡς ἡ ἄλλη, id est, 16: illi
19 Et restituta est manus illius sana ut altera.{Verum haud scio an uerbis aliquot ex Matthæo huc asscriptis.} 19-22: margin:

Vt nauicula sibi deseruiret.) ἵνα πλοιάριον προσκαρτερῇ αὐτῷ, id est, Vt nauicula inserui- Deservire
ret sibi, hoc est, ut nauicula esset sibi usui, siue adhiberetur sibi. Nam προσκαρτερεῖν sæpe a- προσκαρτε
lias uertit assistere, siue insistere. ρεῖν

Non

C 16: alias vertit assumentum

Non comprimerent eum.) μὴ θλίβωσιν αὐτὸν, id eſt, Ne ſe premerent. Primum Latinius,
↓† deinde accommodatius ad Græcum ſermonem.
Plagas.) μάστιγας, id eſt, Flagella. Sic enim uocat afflictionē, qua deus corripit homines.
Clamabant dicentes.) λέγοντα. Dicentes ad ipſos ſpiritus refertur, quod ea uox Græ-
cis eſt neutri generis.
× Comminabatur.) ἐπετίμα, id eſt, Increpabat. Quanquam hoc loco tolerabilius erat, in-
× 16-22: entries reversed terminabatur.
× Et aſcendens in montem aduocauit.) Græce eſt, ἀνέβη καὶ προσκαλεῖται, id eſt, Aſcendit
& aduocat, ut poſterius ſit præſentis temporis.
Et fecit duodecim.) Græca nonnihil diſſident. καὶ ἐποίησε δώδεκα, οὓς καὶ ἀποστόλους ὠνόμασεν,
ἵνα ὦσιν μετ᾽ αὐτοῦ, id eſt, Et fecit duodecim, quos & apoſtolos nominauit, ut eſſent ſecum.
Quanquam id in emendatioribus Græcorum exemplaribus non eſt aſſcriptum: & magis
conuenit breuiloquentiæ Marci, ut omittatur. Atque hic quoq; multa prudens diſſimulo,
uel quod minutula ſint, uel quod in Matthęo iam annotata.
Et dedit.) καὶ ἔχειν, id eſt, Et habere, ſiue ut haberent{Pendet enim à ſuperioribus, Vt eſ- 19
ſent ſecum, & haberent poteſtatem: aut certe cum proximo uerbo cōnectendum, κηρύσσειν
καὶ ἔχειν mitteret eos ad prædicandum utq; haberent.}
Et impoſuit Simoni.) Ante hæc uerba habent nonnulli Græci codices πρῶτον σίμωνα,
id eſt, Primum Simonem. Verum id in emendatioribus non reperitur, & uidetur ex Mat-
19: Vulgarium thæo deſumptum{Certe apud Theophylactum non reperi, nec in æditione Aldina. 19-22
Et impoſuit Simoni nomen Petrus.) Græce quidem eſt πέτρον. Sed Petrus, aut Petro,
aut Petri, Latinius eſt, ni fallor, niſi magis placet periphraſis.〉
✳ 16: Boanerges entries reversed ✳ Boanerges.) Nam Hebræis בני filios ſonat, רגש tonitrui uel fremitus〈Ita nos docet li- 22
bellus de nominum Hebraicorum interpretatione, incerto titulo. Tametſi Hieronymus pu
tat uocem eſſe deprauatam, ac legendum eſſe Banerrem. reges enim Hebræis ſonare fremi
tum(niſi malis רעש tumultus uel commotio, non raro enim ע per g enunciarunt Septua 27
ginta, ut eſt uidere in Gomorrha.) Quanquam fremitus minimum abeſt à tonitruo. Cum
Homerus Iouem ὑψιβρεμέτην, & ἐριγδούπον appellet, non ob aliud quàm ob tonitrua. Por
rò quid eſt quod Hieronymus appellat corruptum? An quod Syro ſermone, aut Chaldaico deflexum eſt? Huiuſmodi uerbis ſubinde utuntur Euāgeliſtæ. Imò hac lingua Chriſtus
22-27: tamen uidetur fuiſſe loquutus, quæ tum cōmuni populo fuit q; maxime familiaris. Quod ſi Euan
geliſta corrupit, non temere corrupit, neq; nobis pro corrupto debet haberi, quod ſcripſit
Calumnia repulſa euangeliſta à Chriſto prolatū, quodq; Græce nobis dignatus eſt interpretari. Quare nihil
erat cur in me debaccharetur quidam, quod hic Euangeliſtæ autoritatem ſequi maluerim
quàm Hieronymi: præſertim cum hic in huiuſmodi rebus nonnunquam uel conniueat, uel
parum ſibi conſtet, neq; dubitandum quin alicubi fallatur.〉
✳ Et Matthæum.) Quidam Græcus codex addit τὸν τελώνην, id eſt, Publicanum. Quanquam nec id reperio in emendatioribus, ac uetuſtis exemplaribus.
✳✳ Et conuenit iterum turba.) καὶ συνέρχεται πάλιν. Conuenit præſentis temporis eſt, ut prima ſyllaba pronuncietur acuta. id tametſi minutulum eſt, tamen haud indignum iudicaui,
quod indicaretur: propterea quod in re tam ſacra nefas ſit, uel minima negligere.
✳✳ Sic ut nō poſſent.) Græcis quidem duæ ſunt negationes, ὥς μὴ δύνασθαι αὐτοὺς μήτε ἄρτους
φαγεῖν. Quod duobus modis Latine reddi poterat, Conuenit iterū turba tanta, ut non poſſent ne panibus quidem ueſci. Aut ſic, Vt nō poſſent uel panes edere. Sentit enim tantam
fuiſſe multitudinem, ut non ſolum non ſuppeterent obſonia, ſed ne panum quidem ſatis
eſſet in cibum. Aut certe tantum fuiſſe confluxum, ut diſcipulis non eſſet ocium ſumendi
16: uerus cibi{tantum aberat, ut ad alia foret ocium.}qui poſterior ſenſus〈meo iudicio〉uerior eſt. 19-22
οἱ παρ᾽ αὐτοῦ Et cū audiſſent ſui.) οἱ παρ᾽ αὐτοῦ, id eſt, Quid ad illū pertinebāt, & ex illius erāt familia ſeu
cognati cognatione. itidem paulo inferius τὰ παρ᾽ αὐτοῦ, uertit ſua. Sentit eū cognatos & affines eius
↓✳✳✳ ✳✳✳ Exierunt tenere eum.) κρατῆσαι αὐτὸν, id eſt, Vt comprehenderent eum, ſiue ut manus
inijcerent. Nam id eſt agnatorum, ſi quis commotæ mentis eſſe cœperit.
In furorē uerſus eſt.) ἐξέστη, id eſt, Mente captus eſt〈ſiue ut in quibuſdā legitur ἐξίστατο.〉 22
Beelzebub Beelzebub.) Βεελζεβούλ, id eſt, Beelzebul, de quo diximus in Matthæo.

Quia

† 16: uerecundius, postremo
✳✳✳ 16: Et conuenit iterum turba) and Sic ut non possent) follow 'Exierunt tenere eum)'

27 Quia in principe.) Hic omittendum erat ὅτι, (aut uertendum erat, quod eijceret, quem admodum illud quod proxime præcessit, quoniam Beelzebub habet.)

In se.) ἐφ᾽ ἑαυτὴν, id est, In seipsam, siue Aduersus seipsam.

Dispertiatur.) Idem uerbum quod modo uertit diuidatur, μερισθῇ.

Dispertitus est.) Græca sic habent, καὶ εἰ ὁ σατανᾶς ἀνέστη ἐφ᾽ ἑαυτὸν καὶ μεμέρισται, οὐ δύναται σταθῆναι, id est, Et si satanas insurrexit in seipsum, ac diuisus est, non potest stare.

Quibus blasphemauerunt.) ὅσας ἂν βλασφημήσωσι, id est. Quascunque blasphemauerint. Sic enim loquuntur Attici, Conuicia conuiciantur, & fugam fugiunt.

27 (Non habebit remissionem.) οὐκ ἔχει, id est non habet. Ita legit codex aureus, atque etiam Constantiensis.)

27 Aeterni delicti.) αἰωνίου κρίσεως, id est, Aeterni iudicij, siue æternæ damnationis. (Quanquam hoc nihil refert ad sensum. Per synecdochen enim aliud ex alio intelligitur.) *Delicti pro iudicij*

Et circũspiciens.) καὶ περιβλεψάμενος τοὺς κύκλῳ περὶ αὐτὸν μαθητὰς καθημένους, id est, Et ⌈ 16: circumspiciens

22 cum circunspexisset in circumitu circum se discipulos sedẽtes. (Quanquam in quibusdam *Varia lectio*

exemplaribus μαθητὰς non additur, & est alius ordo περιβλεψάμενος κύκλῳ περὶ αὐτὸν καθη-

35 μένους) [In priore lectione sensus est, discipulos undique dominũ circũsedisse: in posteriore intelligimus dominum circuntulisse oculos per auditores, ut nulli sederint à tergo Iesu.]

* EX CAPITE QVARTO

22 Secus uiam.) Hic reliquimus præpositionem secus, quod in progressu iacientis semen motus quidam sit. Nam uocem esse Latinam aliàs docuimus.) *Secus præpositio*

* Exæstuauit.) ἐκαυματίσθη, id est, Exustum est, siue æstu perijt. * 22-27: entries reversed

⌈ Ascendentem.) ἀναβαίνοντα καὶ αὐξάνοντα. Vt prius uerbum pertineat ad herbã emergentẽ è terra, posterius ad herbã grandescentẽ & adolescentem. ⌈ ↓

Vnum centesimum.) καὶ ἔφερεν ἓν τριάκοντα, καὶ ἓν ἑξήκοντα, καὶ ἓν ἑκατόν, id est, Attulit unum triginta, & unum sexaginta, & unum centum. Laurentius Valla declarat se legisse ἐν præpositionem, non ἓν nomen numerandi. Et ipse sic scriptum comperi in libris emen- *Centesimum pro centuplo* *ἓν & ἐν pro ἀνά*

27 dationibus (Nominatim in uetustissimo codice, qui habebat commentarios Theophylacti, quanquam dissentiebat æditio Aldina.) Quo modo si legamus, ad uerbum ita reddi potest. Et adferebat in triginta & in sexaginta & in centum: ut præpositio ἐν posita sit pro ἀνά, quasi dicas per triginta, per sexaginta, per centum, quod tamen commode uerti poterat. Et adferebat, tricena, sexagena, & centena, ut ex singulis granis tantum granorum intelligatur enatum. Quanquã paulo inferius idem occurrit locus, itidem per præpositionem scriptus. Cæterum quoniam in hoc facile labi potuit librarius, rem lectoris arbitrio committo,

19.35 præsertim cum & altera lectio probe defendi possit. {Nisi quod in posteriore loco, [quũ dominus discipulis explicat parabolam] duriuscule dicitur unum & unum, cum de hominibus loquatur, non de seminibus. Proinde nos periphrasi sumus usi.}

22 Cum esset singularis.) ὅτε δὲ ἐγένετο καταμόνας, id est, Cum (autem) cœpisset esse solus, siue solitarius. Nam solus uertit in Luca, Cum autem esset solus orans. *Singularis pro solitarius*

Qui cum eo erant duodecim.) Hic uariãt Græci codices: Nam Laurentij codex habe

27 bat, οἱ περὶ αὐτὸν σὺν τοῖς δώδεκα, id est. qui circa illum erant cum duodecim. (Atque ita sanè scriptum erat in libro qui habebat commentarios Theophylacti, cõsentiente æditione Hispanica, & Aldina.) Mei habebant, ἠρώτησαν αὐτὸν οἱ μαθηταὶ αὐτοῦ, id est, Interrogauerunt eum discipuli eius.

Mysterium regni.) μυστήριον, id est, Arcanum, siue secretum, non cõmunicandum prophanis, quod aliquoties uertit sacramentum.

Illis autem qui foris sunt.) τοῖς ἔξω. Rectius uertisset per adiectiuum, id est, Exteris extraneis, siue externis, aut exoticis. *Articulus cum aduerbio*

Videant & non uideant.) Græcus mutauit uerbũ, ἵνα βλέποντες βλέπωσι, καὶ μὴ ἴδωσι, id est, Vt cernentes cernant, & non uideant. Quasi plus sit uidere quàm cernere. Nam in-

35 tuemur quædam, quæ tamen non uidemus, animo aliud agente. [Quanquam refragantur magno consensu Latini codices, nec apud Theophylactum licet ex ipsius enarratione lectionem hanc deprehendere.]

Et ęrumnæ.) καὶ αἱ μέριμναι, id est, Sollicitudines. *Erũnas uertit μερίμνας*

19** {Hi autẽ sunt qui &c.) Abusus uidetur semel atque iterum ὧδε pro οἱ: uelut demonstret

hos

⌈ 16: Ascendente crescente) 19-27: Ascendente)

** 19-35: follows next entry (p. 122).

hos & illos,quod solemus docendi causa & gestu repræsentare.(Et seminari dicitur semen 27
quod iacitur,item ager in quem iacitur,quemadmodum aspergitur aqua & aspergitur ho
[Sementis & semen] mo.Notat Laurentius,quod interpres sementem dixerit pro semine,quũ sementis sit ipsa
satio,semen quod iacitur.Sementem facere Latine dicitur,semen facere non item.)
Vnum tricesimum.) Triginta,sexaginta,centum,ut paulo superius admonui, con
sentientibus & peruetustis Latinis codicibus, de quo copiosius diximus in Matthæum.
Nunquid uenit.) Græce est, ἴστι, μήτι λύχνος καίεται, ἵνα ὑπὸ τὸν μόδιον τεθῇ, id est, Vide
te,num lucerna incenditur,ut sub modium ponatur? Quanquam illud ἴστι in multis Græ
[↓C 22: tamen] corum codicibus non reperio asscriptum(uelut in Theophylacto)(In editione Aldina scri 27.22
ptum est ἔρχεται pro καίεται)(quemadmodum & in Theophylacto.) 27
Non est enim.) οὐ γάρ ἐστί τι κρυπτὸν, ἐὰν μὴ ἵνα φανερωθῇ, id est,Non est enim quicquam abscon
ditum,nisi ut manifestetur.Tametsi dissentiũt hic exemplaria.(Theophylactus legit, οὐ γάρ 27
ἐστι κρυπτὸν, ὃ ἐὰν μὴ φανερωθῇ, id est,non est occultum quicquam,quod non patefiat.)
[Inabsolutum apud nos] Neque factum est.) οὐδ᾽ ἐγένετο ἀπόκρυφον, ἀλλ᾽ ἵνα εἰς φανερὸν ἔλθῃ, id est,Neque factum est
occultum, sed ut in apertum ueniat.(Etiamsi legi potest, Neque fuit occultum.)(Videtur au 19.22
tem in nostro sermone oratio parum absoluta,(supplebitur hunc in modum.)Neque factum 27
[> 22: etc.] est occultum,ut maneat occultum,sed ut(ueniat in apertum . Hæc sententia pulchre qua 27
drat in doctrinam Euangelicam.Occultata sunt quędam,non ut semper laterẽt, sed ut suo
tempore proferrentur in lucem.)
[Varia lectio apud Græcos] Videte quid audiatis.) Hic quoque Græca dissident, tametsi Latina exemplaria magis
consentiunt quam Græca, βλέπετε τί ἀκούετε, καὶ προστεθήσεται ὑμῖν τοῖς ἀκούουσιν. ὃς γὰρ ἔχει δοθήσεται
αὐτῷ καὶ ὃς οὐκ ἔχει, καὶ ὃ ἔχει ἀρθήσεται ἀπ᾽ αὐτοῦ, id est, Videte quid audiatis,& apponetur uobis
audientibus.Qui enim habet,dabitur ei,& qui nõ habet, etiam quod habet tolletur ab eo.
<Græcæ lectioni suffragabatur codex Donatiani.> 22
Deinde sequit. ἐν ᾧ μέτρῳ μετρεῖτε, μετρηθήσεται ὑμῖν, καὶ προστεθήσεται ὑμῖν .i. In qua men
[19: Vulgarius] sura metimini,metietur uobis,& adijciet uobis. Theophylactus ita legit, βλέπετε τί ἀκούε
τε, ἐν ᾧ μέτρῳ μετρεῖτε,μετρηθήσεται ὑμῖν τοῖς ἀκούουσιν,ὃς γὰρ ἐὰν ἔχῃ, δοθήσεται αὐτῷ, καὶ ὃς οὐκ ἔχει
[16: alibi] καὶ ὃ ἔχει ἀρθήσεται ἀπ᾽ αὐτοῦ, id est, Videte quid audiatis.In qua mensura metimini,in ea alij
metientur uobis,qui auditis . Quisquis enim habuerit,ei dabitur , & qui non habet,etiam
quod habet tolletur ab eo(Huic lectioni cõsentiebat codex aureus,& item Constantiensis.) 27
[Nocte & die secus quàm solet expositũ] (Nocte & die.) Quidam utrunque uerbum,dormiat & exurgat putãt referendũ ad eum 27
qui iecit semen:ita ut intelligamus illum dormire nocte & exurgere die: & in hũc quidem
sensum interpretatur Theophylactus . Ego magis arbitror posterius uerbum referendum
ad semen, quod nullo colẽte tacitis auctibus & nocte & die proficit usque ad maturitatem.
Nam dormire dicitur:qui securus est nec iam laborat . Hũc sensum sequutus est, quisquis
scripsit in Marcum scholia, quæ Hieronymo tribuuntur. Sic enim loquitur,Homo iactans
semen,filius hominis est,semen uerbũ uitę,terra corda humana:dormitatio hominis,mors
est saluatoris:exurgit semen nocte & die &c.)
<Et increscat dum nescit ille.) Sermo Græcus ambiguus est, καὶ ὁ σπόρος βλαστάνῃ, καὶ μη 22
κύνηται ὡς οὐκ οἶδεν αὐτός. Potest enim accipi ut semen exoriatur & exurgat ui naturę , cum
ipsum hoc nesciat(eo quod σπόρος semen sit masculini generis.) 27
[Parabola collatio] Cui parabolę comparabimus.) ἢ ἐν τίνι παραβολῇ αὐτὴν θῶμεν, id est , Aut in qua para
bola illud ponemus siue ponamus.Etiamsi nonnulli codices pro θῶμεν habeant παραβάλω
μεν, id est,Per quam collationem conferemus . Quandoquidem παραβολὴν, Cicero uertit
collationem.Et(præpositione in,Hebræi abutuntur pro per.(In alijs pro τίνι scriptum est, ἐν 19.22
ποίᾳ. Verum hęc minutiora duxi quàm quæ annotentur.>
[Natum pro seminatum] <Et cum natum fuerit,ascendit in arborem.) Græcis hic repetitur καὶ ὅταν σπαρῇ, id est, 22
Cum seminatum fuerit,suffragante & codice aureo(Constantiensi,alijsque multis. Offen 27
dit lectorem,quod absurde uideatur idem repeti,& quum seminatum fuerit.)
Ascendit in arborem.) ἀναβαίνει, id est,Surgit.(Porro)illud in arborẽ, nec additur apud 19
Græcos,nec in antiquis codicibus nostris,(nec in aureo)(Asscriptum apparet ex Lucæ & 22.27
Matthæi decimotertio.)
Habitare.) κατασκηνοῦν, Quod alibi uertit nidificare,(uerbum à scena dictum.) 19

Differe

[C 19: Vulgarius nobiscum facit 22: Theophylactus]

Differebat.) ἐπέλυσεν, id est, Dissoluebat, siue exponebat: aut quo alias est usus, Edisserebat. Soluuntur enim ænigmata, & obscura ueluti nodosa.

Transeamus contra.) διέλθωμεν εἰς τὸ πέραν, id est, Transeamus in ulteriorem partem: siue ut sæpe iam uertit, Trans fretum.

27 Et facta est.) καὶ γίνεται, id est, & fit (siue oritur) quasi res iam geratur. 22 only: aut

19 Mittebat in nauim.) ἐπέβαλλεν εἰς τὸ πλοῖον, id est, Irruebat in nauim, {ut sit uerbū neu/ ἐπιβάλλω irruo
trum quod ad significatum attinet.}

Super ceruical dormiens.) ἐπὶ τὸ προσκεφάλαιον, quod inde Græcis nomen habet, quod
19 capiti admoueatur. {Ezechiel execratur eos, qui consuunt puluillos sub omni cubito, & ceruicalia sub omni capite. Quod tum exhibuit Iesus, id hodie in nobis agitur. Quàm periculose indormiunt hodie puluillis ac ceruicalibus huiusmodi, præsules ac pontifices quidam horum temporum? Periclitatur uniuersus populus, nec est qui Christum excitet in illis profundissime dormientem. Imò nolunt excitari, & habent qui somnum hunc pestilentissimum foueant, occinentes ad aurem blando susurro, euge euge. Expergiscere tandem optime Iesu, ne pereamus.} Somnus episcoporum

Non ad te pertinet.) οὐ μέλει σοι, id est, Non est tibi curæ. Nam aliud est Pertinere ad nos; aliud Esse curæ. Siquidem multa ad nos maxime pertinent, quæ minime sunt curæ.

* Quia perimus.) ὅτι, id est, Quod, hoc sanè loco.

Exurgens, comminatus est.) καὶ ἐγερθεὶς ἐπετίμησεν, id est, Et excitatus increpauit. *↓

* Obmutesce.) πεφίμωσο. Augmentum additum, etiam celeritatem indicat: ueluti dicas, Mox obmutesce. πεφίμωσο mox obmutesce

Quid timidi estis?) τί οὕτως δειλοί ἐστε; id est, Quid adeo timidi estis? Alij habebant τί δειλοί ἐστε οὕτως; id est, Quid timidi estis adeo?

Necdum habetis.) οὔπω, id est, Nondum. Alij habebant, πῶς οὐκ ἔχετε πίστιν, id est, Qui
fit ut non habeatis fidem? Et οὕτως, referunt ad præcedentem orationis partem. Laurenti/
27 us ad sequentem adiunxit (Siccine nondum habetis fidem). Porro Quomodo, parum La/
tine reddidit πῶς, quod ita uertendum erat, Qui fit ut non habeatis fidem? Est enim non interrogantis, sed obiurgantis. πῶς apud Græcos interdū obiurgantis aut asseuerantis est

Ad alterutrum.) πρὸς ἀλλήλους, id est, Inter sese. Quod crebrius iam admonui. Verum interpres perpetuo peccat in hoc uerbo, tanquam prudens.

Quis putas.) τίς ἄρα. Melius Quisnam, aut certe quis. Nam hoc loco uix habet Latinus sermo, quod respondeat ἄρα.

EX CAPITE QVINTO

Trans fretum.) εἰς τὸ πέραν, quod superius uertit Cōtra, id est, In ulteriorem partem. Quanquam in Matthæo sæpenumero uertit Trans fretum. Lacum
ut dixi, appellant mare: tamen ijsdem uerbis uti licuisset, etiam amne trans/
19 misso, aut aggere, aut monte. Fretum uero non idem est quod mare, {etiamsi fretum omne dicitur mare.} Fretum Mare Lacus

Gerasenorum.) γαδαρηνῶν, id est, Gadarenorum. Ad eundem modum legimus & apud Lucam, cum Matthæus uocet Gergesenorum, de quo nonnihil attigimus in Mat/
27 thæo (capite octauo.) Geraseni Gadareni

Legio mihi nomē.) λεγεὼν. Græce scribēs usus est uoce Latina, tametsi mutato genere. Legio uox Romana usurpata Euangelistæ
22 ⟨Pascēs in agris.) In agris, hic nec apud Græcos additur, nec in codice aureo, nec in Do/
27 natianicis (nec in Constantiensi.)
22 Et magno impetu.) καὶ ὥρμησεν ἡ ἀγέλη κατὰ τοῦ κρημνοῦ, id est, Et ⟨impetu⟩ ferebatur grex per præceps in mare. Magno, addidit interpres de suo.

Ad duo millia.) ἦσαν δὲ ὡς δισχίλιοι, id est, Erant autem fermè duo millia, siue Bis mille: & subaudiendum est Porci, non Spiritus: quod Spiritus Græce est neutri generis, & δισχίλιοι masculini, ut ad Spiritus referri non possit.

Quid esset facti.) τί ἐστι τὸ γεγονός, id est, Quid esset quod factum erat, siue Quod acciderat. Quanquam haud male uertit interpres.

Et uenerunt.) καὶ ἔρχονται, id est, Et ueniunt, præsentis temporis. Et ita habent codices emendatiores Latini.

* 16-22: Obmutesce) etc. precedes 'Quia perimus)' etc.

Et ſanæ mentis.) Poſt hæc uerba Græci codices addunt, quod in Latinis non habetur,
τὸν ἐσχηκότα τὸν λεγεῶνα, id eſt, Eum qui habuerat legionē: quod quoniam uiſum eſt ſuper
eſſe, cū modo facta eſſet mentio dęmoniaci, eraſerūt. At repetitur ad emphaſim miraculi,
eſſe iam ſanæ mentis, qui nō ſolū fuerit obnoxius dæmonio, uerumetiā legioni dæmonū.
16-27: Et cum Cumq; aſcenderet.) καὶ ἐμβάντος αὐτοῦ, id eſt, Ingreſſo eo{nauim}ſiue Cōſcenſa naui. 19
Non admiſit.) οὐκ ἀφῆκεν, id eſt, Non permiſit, ſiue Non paſſus eſt.
Quanta.) ὅσα, quod ſæpenumero ſignificat quæcunque. Hic interpres legiſſe uidetur
πόσα, non ὅσα.
Et miſertus ſit tui.) Hoc non parum dure cohæret cum eo quod præcedit: Quanta tibi
fecerit deus, uertendum erat, Quæ tibi fecerit deus, & in quibus miſertus tui fuerit{ſiue, 19
↓ Quantopere miſertus ſit tui.}
Vnus, pro quidam Et uenit quidam.) καὶ ἔρχεται εἷς, id eſt, Et uenit unus. Sed utinam interpres Hebraicam
figuram, ut hic mutauit, itidem mutaſſet ubiq;, tantum abeſt ut reprehendam. Et Iairus pe
nultima acuta pronunciandum eſt Latinis, ob diphthongum ἰάειρος.
Quoniam filia.) Nec in Græcis eſt ὅτι, quod tamen erat omittendum, ſi fuiſſet. Hic
adddit de ſuo Quoniam.
Filia mea.) θυγάτριον, id eſt, Filiola. Eſt enim Græcis diminutiuum.
In extremis eſt.) ἐσχάτως ἔχει, ad uerbum ſonat, Extreme habet, perinde ualet ac ſi dicas,
Peſſime affecta eſt, ſiue In ſummo uitæ diſcrimine eſt.
16-27: fiat Vt ſalua ſit & uiuat.) ὅπως σωθῇ, καὶ ζήσεται, id eſt, Vt ſalua fiat, & uiuet. Vt{uerbum po- 19
ſterius}ſit futuri temporis. Alioqui quid aliud eſt ægrotam ſeruari, quàm uiuere? Nam ſen
ſus eſt, Impone illi manus, ut ſeruetur. Quod ſi non grauaberis facere, futurum eſt ut uiuat. Nam fieri poteſt, ut imponat aliquis manus ægroto, ad hoc ut ſanetur, & tamen moriatur ægrotus. Quanquam hoc uitio interpretis non accidit, ſed librariorum. [Vt opinor, 35
tribuunt huic archiſynagogo fidem imperfectam. non credebat excitari poſſe mortuam:
ægrotā ſanari poſſe credebat, ſi modo dignaretur illi dominus imponere manus. Ad hunc
intellectum facit annotatio mea.]
Et ſenſit corpore.) καὶ ἔγνω τῷ σώματι, id eſt, Cognouit corpore, quod interpres non inepte uertit, Senſit. Nam ſenſus eſt. Illam hoc cognouiſſe ex ipſo ſenſu corporis, quod iam
carebat cruciatu & fluxu.
Quia ſanata eſſet à plaga.) μάστιγος, id eſt, Flagello, quemadmodum ſuperius indicatum eſt. Et quia ὅτι uertendum erat in Quod.
Virtutē quæ exierat Cognoſcens uirtutem quæ exierat.) ἐπιγνοὺς ἐν ἑαυτῷ τὴν ἐξ αὐτοῦ δύναμιν ἐξελθοῦσαν.
Quæſo, quod hoc ſermonis dedecus? Num qua uirtus erat illi incognita? Proinde participium uertendum erat in uerbum infinitum: Ieſus autem ut agnouit, ſiue ſenſit in ſeipſo,
uirtutem prodiſſe ex ſeſe. Nec enim hoc loco ferendum erat De illo,{pro Ex ſe,}quod no- 19
ſtra habet æditio.
Omnem ueritatem.) ἔμπροσθεν πάντων πᾶσαν τὴν αἰτίαν αὐτῆς, id eſt, Coram omnibus
omnē cauſam ſuam, etiā ſi illud coram omnibus nō reperi ſcriptū in omnibus Græcorum
exemplaribus{Et in nonnullis pro αἰτίαν, ſcriptum erat ἀλήθειαν.}⟨Quod nos ſequi malui- 19.22
mus, uel ob hoc, quod cum Latinis exemplaribus concordaret. Porro Lucas αἰτίαν, habet.⟩
19-27: margin: Lapsus interpretis Veniunt nuncij.) Nuncij, addiderunt neſcio qui, quanquam non male.⟨Certe non erat 22
in codicibus Donatiani⟩ne in Conſtantienſi quidem.)Nec eſt, 27
Ad archiſynagogum deprauate Ad archiſynagogum) ſed Ab archiſynagogo(magno conſenſu Græcorum codicum,) 27
ut intelligas ab illius ueniſſe domo, qui nunciarent mortem filiæ. Cæterum non animaduertens, ſiue lector, ſiue interpres hanc loquendi figuram, Eamus ad me, pro eo quod eſt,
ad domum meam, &, à uobis exit, id eſt, è domo ueſtra, exiſtimauit non poſſe uitari, quin
illi ad archiſynagogum uenerint: quādoquidem is iam erat apud Ieſum. Verum & ab illo
uenerunt & ad illum{hoc eſt, ab illius ædibus, ad ipſum}[Germanam ſcripturam cum Græ 19.35
cis conſentientem repperi in codice Conſtantienſi. Tametſi ſermo Græcus poteſt uideri
dictus κατ᾽ ἔλλειψιν, quemadmodum dicunt ἐν ᾅδου, & uenimus ad Veſtæ. Ita ueniunt ab
archiſynagogi, ſubaudi, domo.]
Ieſus autem.) Græci addunt, εὐθέως, id eſt, Statim.

Admiſit

16-27: Transcendisset) διαπεράσαντος Quis unquam dictus est transcendere mare, quod magis convenit monti. Dicendum erat, cum transmisisset, sive trajecisset.

Admisit.) ἀφῆκεν, id est, Permisit, siue Passus est. Nam quis dicat, admisit sequi. Mire lasciuit sua copia, cum hoc uerbum solitus sit uertere, Dimisit. 16: non

19 Et uidit.) καὶ θεωρεῖ, id est, Videt præsentis temporis.}

Et eiulantes.) ἀλαλάζοντας, quod in psalmis uertit, Iubilare. Nam ὀλολύζειν est eiulare, uoxab illa non multum dissimilis. Quanquam Valla ex autoritate Varronis ostendit iu- ἀλαλάζειν ὀλολύζειν
27 bilatum esse clamorem rusticorum, ut quiritatum urbanorum. Certe Chrysostomus homilia prima aduersus Iudęos ὀλολύζειν dicit Pastores clamore deterrentes lupum ab ouili.)

Quid turbamini.) τί θορυβεῖτε, id est, Quid tumultuamini, ab eadem uoce, quam modo uerterat tumultum, θόρυβος.

19 Et deridebāt eum.) Græci nōnulli addunt, εἰδότες ὅτι ἀπέθανεν, id est, Sciētes quod esset
19 mortua, siue Cum scirent esse mortuā. Verum id suspicor huc asscriptum ex Matthæo.}

Qui secum erant.) Legendū est, Et qui secum erant, καὶ τοὺς μετ' αὐτοῦ, ut intelligas paucos illos, quos passus fuerat sequi, nempe discipulos quos nominatim recensuit. 16: se

22 Tabita cumi.) Talitha per λάμβδα scribunt Græci, non Thabita per βῆτα, suffraganti- 19: haud scio
27 bus Græcę lectioni uetustissimis codicib. Donatianici atque item Constantiensi.) Deinde, casu ne an
27 Puella tibi dico.) (Tibi dico) de suo adiecit, siue is fuit Euangelista, siue alius quispiam, consilio
quo significantius redderet, & sensum uocantis, & autoritatem imperantis: ut testatur &
27 Hieronymus ad Pammachium, in libello, cui titulus, de optimo genere interpretandi. He-
19 bræas uoces Marcus ipse, qui sine controuersia Græce scripsit Euangelium, nobis inter- 19-22: fuisset
pretatur, Puella surge. Diuus Hieronymus in libello quo colligit uoces Hebraicas Euan- interpretatus
27 geliorum, admonet hunc sermonem Thabita Cumi (sic enim illic scribitur, corrupte ut ar-
27 bitror) Syrum esse, non Hebraicum. (טליתא Syriace puella significat.) At idem in libro de Talitha Syris
optimo genere interpretandi, fatetur Hebræum esse: Arguatur, inquit, Euangelista men- puella
dacij, quare addiderit, Tibi dico, cum in Hebræo tantum sit, Puella surge, nisi forte quod Chaldaicū aut Syriacum sit, id Hebræū dici possit, non contra, quod Chaldæorū aut Syrorum sermo nihil aliud sit quam Hebræus, non eodem modo deprauatus, exceptis paucis uocibus, quas, ut fit, aliunde sibi asciuerunt. Nisi probabilius uidetur Hebræos, posteaquam in Syriam demigrarant, illius gentis linguā didicisse, atque ea lingua libros sacros, qui interciderant, per Esdram fuisse restitutos. Porrò sermonem uulgarem nunquam diutius eundem esse, uel in quauis huius ætatis lingua perspicuum esse potest. Tanta est rerum humanarum uolubilitas. Neque uero mihi dissimile ueri est, Christum populari sermone usum, qui tum promiscuæ multitudini erat in usu: pręsertim cum apud populum uerba faceret. Qui profitentur hoc literarū genus, aiunt Talitha, quemadmodū magno consensu legimus in Græcis codicibus, Chaldęis sonare puellam. Et fieri potest ut uox sit utrisque communis.} Christus non pure Hebraice, sed Syriace loquutus

EX CAPITE SEXTO

19 FAber filius Marię.) Antiqui codices aliquot habent, Fabri filius & Mariæ, Christus suffragantibus & Græcis, ὁ τοῦ τέκτονος υἱὸς καὶ μαρίας. Verum in alijs erat scri- faber
ptum, οὐχ οὗτός ἐστιν ὁ τέκτων ὁ υἱὸς μαρίας, id est, Nonne hic est faber ille filius Mariæ? Atque hanc quoque scripturam reperimus in uetustis Latinorum ex-
19 emplaribus nominatim in Corsendoncensi.} Deinde annotandum est Græcum articulum utrobique esse appositum, ὁ τέκτων ὁ υἱὸς, id est, Ille faber ille filius Mariæ. Præterea uel ex hoc loco licet colligere, nihil referre Mariam dicas more Hebræorum, an Maria more Græcorum: qua de re multis uerbis disceptat Valla. Postremo notandum & hoc apud Matthæum, non fabrū uocari Christum, sed Fabri filium. Hinc accipimus illum 16-22: Marcum
35 & patris sui legalis exercuisse artem. Cur enim hoc recusasset nostra causa dei filius, qui 16-27: vitrici
ne crucem quidem recusauit, neque Paulum tantum uidelicet Apostolū puduit opera ma- Paulus opifex
nuaria parare, quo uictitaret. Quanquam non inficior in Græcis uerbis facillimū esse lap-
35 sum in τέκτονος υἱὸς, & τέκτων ὁ υἱὸς, nisi quod parū apte adhæret Mariæ. Proinde curatū est à spiritu sancto ne multa proderentur literis de rebus externis domini Iesu, ueluti de forma habituque corporis, de cibis ac uestibus, ne mentibus hominū ad superstitionē pronis daretur occasio: quandoquidem ex hoc quod Euangelistæ tradunt Iesum fuisse fabri filium ac fabrum ipsum, exortum est genus hominum, qui Iesuitæ uocari uolunt, quod in monasterijs fabrilem artem exerceant, malleumque gerunt pro insigni, quum incertum sit quod ge-
19 I 3 nus

16-22: interpretandi. Incertum autem {videri poterat} an hoc loco Thabita nomen propium sit puellae, quemadmodum in actis puella Joppensis. Thabita dicta est quam Petrus ad vitam revocavit, ut legis illic capi. 9. cuius vocabulum Lucas graece interpretatus est Dorcas, quod nobis sonat capram sive hinnulum, a graeco verbo δέρχομαι video, quod acribus oculis sit hoc animal. Quin hebraeis sonat tabbila respice sive attolle oculos, ut possint esse duae voces hebraeicae tabbila attolle oculos
19 qumi surge {nisi Marcus} – 16 only continues: verum hoc lectori relinquo discutiendum. Nam Joannes Capnion amicus noster, & nunquam intermoriturum suae Germaniae decus, in opere de verbo mirifico putat, aliam esse vocem in actis apostolicis, nempe Thabia, non Thabita, quae vox Syriaca lingua capram significet: Faber filius

nus fabricæ exercuerit Ioseph ac dominus. Sunt enim fabri aurarij, argentarij ærarij, ferrarij, lig arij & lapidarij. Miror non extitisse, qui gerant intonsum capill tium, aut qui summam tun cam gestent .nconsu:ilem. Ad harum rerum imitationem non inuitauit nos dominus, in quibus ipse se gessit ut unum quemlibet è numero multitudinis, nec hinc Iesuitæ dici meremur: sed si auscultemus illi diceti: Discite à me quod mitis sum & humilis corde, & inuenietis requiem animabus uestris. Qui gratis docet Euangelium, qui pro conuicijs & calumnijs reponũt salutiferam doctrinam, pro malefactis beneficentiam, qui nusquam spectant ad emolumentum aut gloriam suam, sed proximorum commodum ac dei gloriam in omnibus habent pro scopo, in hos magis competit Iesuitarum cognomen.]

16: mei Iose Et Ioseph.) ἰωσῆ, id est, Iose, legit Laurentius. Nonnulli codices habebant ἰώσητος, id est Iosetis, iuxta Græcam inflexionem: ut Crates Cratetis, Chremes Chremetis.

Quia non est.) Quia, de suo addidit, cum nihil sit opus.

Sine honore.) ἄτιμος, id est, Inhonoratus, siue contemptus. Cui contrarium est ἔντιμος siue τίμιος, id est, In pretio habitus.

16-27: sive familia

↓ * Patria, cognati, domus * Et in domo, & in cognatione sua.) Communissimũ enim est patria, deinde cognatio, proximum domus ac familia. Deinde additur,

Et in cognatione sua.) καὶ ἐν τοῖς συγγενέσιν, id est, Inter cognatos.

Nisi paucos infirmos.) Latinitatis ratio postulabat, ut adderet Quod, Nisi quod. Deinde Infirmos, Græcis est ἀρρώστους id est, Aduersa ualetudine laborantes,

Et conuocauit.) προσκαλεῖται, id est, Aduocat, siue accersit, præsentis temporis. Reclamabit aliquis forte morosulus, dum huiusmodi sectamur minutias, cur potius Aduocat, quàm Conuocat: & cur aduocat potius ꝙ Aduocauit? Cui totidem respondebo uerbis,
Cur Conuocauit potius ꝙ Aduocauit? & cur Aduocauit magis ꝙ Aduocat? quod{posterius} ut elegantius est, ita scriptum ab Euangelista. 19

Binos, δύο δύο Binos.) δύο δύο. Eleganter expressit interpres Latinus, cum Græce sit, Duos, duos, hoc est, per paria, siue p iuga, ut intelligas omnes duodecim fuisse missos, sed sena iuga. Quan-
↑16: fuisse doquidem & Matthæus recensens duodecim Apostolorum nomina, binos copulauit.
{Potestatem spirituum immundorum.) Quo uitaremus amphibologiam, uertimus, Po- 19
testatem in spiritus immundos. Nam potestas dicitur tum eius qui habet, tum eius rei cuius potentes sumus.}
↓** [Calceatos sandalijs.) σανδάλιον Græcis est calciamenti genus, conueniens mulieribus 35**
quod plantas pedum modo tuebatur ab iniuria, superne ansulis quibusdam aut funiculis alligatũ. ὑποδήματα uero quæ frequenter hic uertit calciamenta, inde nomen habẽt, quod pedibus subligẽtur. Vnde probabile est Euangelistas inter ὑποδήματα & sandalia nullum posuisse discrimen, præsertim quum hic utrunqꝫ coniungat ὑποδεδεμένους σανδάλια. Cæterum quæ hic Græca uoce sandalia dicũtur, in Actis Cap. 12. Interpres uertit caligas, ὑπόδησαι τὰ σανδάλιά σου. Veteres autem non nouerunt hoc caligarum genus quod nunc tegit etiam ilia, sed erat & hoc calciamenti genus. Vnde Caio imperatori Caligulæ cognomen militari ioco fuit additũ, & caliga Maximini castrensi ioco abijt in prouerbiũ, quod calceus illius argueret illi fuisse pedes supra iustam longitudinẽ. Autores Suetonius, Ausonius & Iulius Capitolinus. Postremo Plinius meminit de calceatu equorum, quibus tamen adduntur soleæ tantũ. Itaqꝫ meo iudicio frustra quidam hic disputãt an sandalia calceorum nomine contineantur, & an Christus usus sit calceis, deqꝫ duplici calceamẽtorum genere, altero quod gestatur in pedibus, altero quod gestatur in tergo, ex hoc colligentes Christũ fuisse nudipedem, quod in cõuiuio peccatrix unxerit Iesu pedes, & lachrymis humectatos capillis suis extersérit. Probabile est Christum aliquãdo fuisse usum calciamentis, aliquando non fuisse usum, uidelicet prout res pręsens exigebat. Alioqui Baptista non pronuntiasset se indignum qui solueret corrigiam calceamentorum Iesu. Nec magnum erat olim in calidis regionibus incalceatum ingredi. Apud Horatium libri secundi Satyra ultima, Nasidienus qui iam accubuerat, dum parat redire ad culinam curaturus reliquum apparatum, poscit soleas. Et ut narrat Plinius iunior in Epistola ad Tacitum, Auunculus quum absqꝫ soleis studeret, cõscensurus locum unde prospici poterat Vesuuij montis incendium, poscit soleas. Apud Platonem autem in conuiuio Aristodemus, ni fallor, admiratur

* 16-27: 'Et in domo .... familia' follows the next entry, and is introduced by 'Deinde additur'.

** 35: long addition, continues onto p. 128.

ratur Socratem ſoleatum ad Agathonis conuiuium accedere,poſiturum utiq; in accubitu calceamenta.Et apud priſcos aliter diſcumbebant in conuiuijs quàm hodie diſcumbimus. Ad hæc uidetur id olim hoſpitalitatis fuiſſe,conuiuæ aut hoſpiti ante diſcubitū lauare pedes.Supereſt ſcrupulus de diſſonantia Matthęi 10. apud quem dominus uetat ne ituri ad prædicandum Euangelium geſtent calciamenta,quum diuerſum ſcribat Marcus.Ad hoc non abſurde reſpondent quidam Apoſtolos non fuiſſe prohibitos in pedibus geſtare calceamenta,ſed in ſarcinis. Videmus & hodie morem eſſe,præſertim apud Hiſpanos,ut famulus hero geſtet togam humero pulchre complicatam, ſi forte oboriatur pluuia. Eoq; non abſurde Baptiſta pronunciat ſe indignum qui baiularet calceamēta Ieſu. Verū ſimplicius eſt dicere Chriſtum diſcipulis adhuc rudibus, craſſo more loquendi uoluiſſe perſuadere, ut abſq; ſarcinulis & impedimentis aggrederentur prædicandi negociū, nec ulla de re ſollicití,niſi ut annunciarēt regnum cœlorum.Nec puto Chriſto fuiſſe diſplicitúrum, ſi quis Apoſtolorum, uel ob itineris aſperitatem,uel ob pedem offenſum uſus fuiſſet calceis.Eodem ſenſu uetuit ne quem ſalutarēt in uia,per hyperbolen ſummum ſtudium accelerandi negocij ſignificans.Sic 4. Reg.4. Helizeus mittēs famulū cū baculo ſuo, uetat ne quem obuium ſalutet,non hoc ſentiens ne cui dicat ſalue,ſed ut ꝙ maxime properaret.Itaq; hæc ad literam urgere tendit ad ſuperſtitionem.Paulus ille inſignis Euangelij pręco 2 Tim.4. iubet ſibi remitti penulam Troade relictam, præterea libros præſertim in membranis deſcriptos.Hoc plus eſt ꝙ habere calceamenta mutatoria. Non eſt igitur Euangelicæ perfectionis Chriſtum in externis anxie exprimere.Non uenit in mundum,ut doceret nos quomodo oporteat calceari aut ueſtiri. Simili ſtudio quo Chriſtū faciunt nudipedem, faciunt & mendicum.Paupertas conuenit Chriſto,mendicitas derogat illius dignitati.Mendicitatem enim nulla res excuſat, niſi ineuitabilis neceſſitas. Eoq; pontificum conſtitutionibus cautum eſt,ne quis ad presbyteri gradum recipiatur,niſi paratū ſit unde uiuat. Quam ob rem: Ne per inopiam adigantur ad mendicitatem,quæ derogat ſacerdotis dignitati. Stulta uero conſtitutio,ſi mendicitas eſt pars Euangelicæ perfectionis.Paulus apud Corinthios ne mendicaret,nō dico oſtiatim,in diuerſorijs & in nauibus, ſed ne quid peteret à quoquam, noctu conſuit pelles in uſum tabernaculorum. Chriſtus in egenos erat benignus, tantum abeſt ut ipſe mendicaret,ac interdum mittit Apoſtolos ut emant cibum.Nec diſſimile ueri eſt dominum ex bonis paternis ac maternis, aut etiam ex opificio nonnihil habuiſſe ſuum.Alioqui quomodo legitur à Nazareth commigraſſe Capharnaum, ibiq; habuiſſe domiciliū: ſi nec domū habuit,nec ſupellectilem: Quin & illud probabile eſt, Chriſtum fuiſſe mundo honeſtoq; amictu. Alioqui milites non fuiſſent inter ſe partiti laceros pannos.Porrò quod ſponte dabatur ab amicis opulētis,aut pijs mulieribus,multum abeſt à mendicitate.Nec urget quod ipſe dicit filium hominis non habere ubi caput ſuum reclinet.Siquidem hic ſermo non proprie pertinet ad inopiam, ſed ad omnia in quibus hominum mundo deditorum animus conquieſcit.Hoc autem in affectibus ſitum eſt, non in rebus externis. Affectus autem gloriæ perículoſior eſt,ꝙ affectus diuitiarum. Quid ſequantur,qui hoc ipſo uideri uolunt homines Apoſtolici & Euangelicæ perfectionis, quod priuatim ac publice mendicent,ipſi uiderint. Certe nuſquam legimus dominum mendicaſſe: quod enim adferunt de Samaritana friuolum eſt. Sic potuiſſet quiuis rex mendicare. Nec tamen conſtat dominum bibiſſe, ſed quęſiuit occaſionem inſinuandi mulierculæ quis eſſet.Nec uſquam legimus Apoſtolos mendicaſſe, nec ut id facerēt unquam à domino iuſſos.Ne paupertas quidem per ſe uirtus eſt,quemadmodum nec opulentia uitium.Eſt autem duplex paupertas,altera quæ ſuppeditat frugalem uictū,nihil habens ſuperflui. Huic pulchre conuenit cum Euangelica philoſophia.Eſt altera quæ urget ac premit, ac frequenter ad grauiora ſcelera ſolicitat,ꝙ diuitiæ. Proinde Solomon utrunq; pariter deprecatur, *Prouerb.30* diuitias quia nonnunquam gignunt obliuionem dei,paupertatem quia ſolicitat ad furandum & ad peierandum nomen dei,quod utiq; blaſphemiæ genus eſt. Verū ad multa alia pertrahit inopia quæ non commemorat Salomon,ad ſacrilegia,ad ueneficia,ad lenocinia, ad latrocinia,ad parricidia.Laudandi igitur qui diuitijs ſine fraude quęſitis recte utuntur: & laudandi ſunt,qui paupertatem adactam patienter alacriterq; ferūt. Nec uituperandos arbitror,qui ſpontaneam paupertatem amplectuntur,modo ea conducat ad parandum ac

propagandum regnum dei, reijcienda si officiat. Sunt item qui nolunt Christũ exercuisse
paternum opificium, quod tales operæ retrahant intentionem mentis ab ijs quæ propius
faciunt ad regnum dei, uelut à studio theologiæ, à contemplatione rerum cœlestium, à pu
re orando. Verum ab hoc impedimento nihil erat periculi Christo, nec Paulum auocauit
ab Euangelij negocio, quod consuit coria. Fateor tamen illis recte concedi ocium qui sese
toto pectore parant ad prædicandum uerbum dei. Verum an hoc otium mereatur qui nihil aliud q̃ canunt, aliorum esto iudicium. Apud ueteres laicorum erat cantus, quæ nunc
summa sacerdotum est religio. Postremo sunt qui cõtendunt Apostolos emisisse uota, uidelicet illa tria substantialia. In cuius manus? Haud dubium est, quin in manus Christi Ab
batis omnium supremi. Vtinam ea potius studeamus æmulari in Christo, quorum imitatio reddit beatos, & quibus Apostoli dominum imitantes, uere magni fuerũt, & in quibus
beatus Paulus profitetur se imitatorem Iesu Christi. Quid prodest non gestare æs in zo- 35 additio
na, si gestes in linteolo, aut si habeas penes receptores depositum. Quid autem magni est,
si pro sandalijs habeas calceos superne fenestratos? Quantus porrò numerus est eorũ, qui
ideo profitentur paupertatem, ut effugiant paupertatem. Aut etiam ut accepta Abbatia
possideant opimas diuitias? Professio trium uotorum non adfert perfectionem Euangelicam, sed imitatio Christi. Sic enim audit adolescẽs qui iubetur uendere omnia & dare pau
peribus, & ueni sequere me. Paulus autem Corinthios hortatur, ut ipsum imitetur, quemadmodum ipse imitabatur Christũ. Sed in quibus? Hoc paulo ante expressit. Vsq; in hanc
horam, inquit, & esurimus & sitimus, & nudi sumus, & colaphis cędimur, & instabiles sumus, & laboramus operantes manibus nostris. Maledicimur & benedicimus, persequutio
dem patimur & sustinemus, blasphemamur & obsecramus, tanquam purgamenta huius
mundi facti sumus omniũ, propter ipsum usq; adhuc. Similiter Petrus Apostolus adhor-
tans ad imitationẽ Christi, non cõmemorat cibos, uestes aut pedes incalceatos. Sed quid?
Qui peccatum non fecit, nec inuẽtus est dolus in ore eius. Qui quum malediceretur, non
remaledicebat, quum pateretur non comminabatur &c. Sed hisce de rebus iam plus satis
opinor. Est alter scrupulus de uirga quam dominus apud Matthæum 10 & Lucam 9. uetat tolli, hic concedit. Augustinus ut elabatur è quęstionis angustia, confugit ad allegoriam: ut accipiamus uirgam prohibitã, quæ ad defensionem corporis gestatur à uiatoribus,
sed uirgam potestatis uiuendi ex Euangelio concessam. Hoc commentũ eò ualet, ne nihil
responsum esse uideatur. Atqui durum est, quum cętera simpliciter ac citra allegoriã accipiantur, subito uirgam accipere pro potestate Euangelica. Deinde quid opus erat hoc sub
ænigmate uirgæ concedere, quod apertis uerbis concessit, uidelicet ut ederent ac biberent
quæ apud illos essent, quibus annunciabãt Euangelium. Pręstat igitur mea sententia tropum in omnibus accipere, ut intelligamus ista non simpliciter prohibita, alioqui nec hodie phas esset Ecclesiasticis aliquid horum in uia tollere. sed dominum uoluisse suos Apostolos in legatione Euangelica liberos & expeditos esse ab omni solicitudine, quæ torquet
alios peregrinationem inituros. Prouident sibi de commeatu, armãt se calceis ac uestibus
aduersus iniuriã cœli, baculo aduersus uim hominũ, instruunt se uiatico ne quid desit. nimirum hoc est æs in zonis, commeatus in pera, calciamenta & altera tunica in sarcinis, &
baculus ad pugnã apparatus. Sed concedũtur sandalia in pedibus, quia nec impediũt iter,
nec aliquid addunt sarcinæ: conceditur & uirga, nõ illa grauis quæ gestatur ad pugnã, sed
quæ subleuat euntem, & lassum recreat. Fortasse nec illud fuisset piaculum, si quis Apostolorum forte habuisset aliquid nummulorum in crumenula, sed ista dominus apud Mat
thæum prohibet possideri, hoc est sollicita prouidentia parari tanq; ad Euãgelij pręedicati-
onem necessaria. Quemadmodum non uiolassent præceptum domini, si cui forte obuio
dixissent aue, nullo susceptæ legationis dispendio. His igitur tropis animorum solicitudo
adimitur Apostolis potius q̃ res ipsæ interdicuntur.]

Additum aliquid apud Græcos

In testimonium illis.) Addunt hoc loco Græci codices, an recte nescio, ἀμὴν λέγω ὑμῖν
ἀνεκτότερον ἔσαι σοδόμοις ἢ γομόῤῥοις ἐν ἡμέρᾳ κρίσεως, ἢ τῇ πόλει ἐκείνῃ, id est, Amen dico uobis,
tolerabilius erit Sodomis aut Gomorris in die iudicij, q̃ ciuitati illi. Verũ haud scio an id
sit ex Matt. huc transscriptũ. (Quod in Marco qui ferè cõsentit cũ Matthęo, nisi ꝙ breui- 27
us narrat, frequentius accidit) Quanq; cõsentiũt Græcorũ exemplaria {quę quidẽ mihi ui- 19
dere contigit.}

Et ungebant

Et ungebant oleo.) Hinc natum apparet, quod hodie sacro oleo ungunt periculose laborantes, nō perinde ut reualescāt, atque ut tutius emigrent: cuius rei meminit & Iacobus. *Vnctionis extremæ origo*

Et audiuit rex Herodes.) Quidam Græci codices addunt, τὴν ἀκοὴν ἰησοῦ, id est, Famam Iesu: aliunde, ni fallor asscriptum.

Herodes autem metuebat.) Enim legunt Græci, non Autem, consentientibus & antiquis exemplaribus. Addidit autē paulo superius αὐτός, id est, Ipse, ut intelligeremus hūc *27: margin note omitted* *Herodes qui 19-22: tres*
27 eundem esse (qui Ioannem occidit et qui Christo male uolebat) diuersum (ab eo, sub quo fu
35 git dominus. Siquidē illi misere extincto successit Archelaus filius, [cui post decem annos *27: huic*
35 regno depulso,] successit frater Herodes iunior, cuius hic mentio, [regno iam in tetrarchias
35 diuiso, inter hunc Philippum & Lysaniam]. Sic refert Eusebius in Ecclesiastica historia [libro primo, capite octauo nono & decimo.] *27: cap. 9, 10 & 11*

Et custodiebat.) καὶ συνετήρει, id est, Conseruabat, uel magis Obseruabat. Id quod indicant ea quæ mox subsequuntur.

Herodes natalis sui.) ὅτε ἡρώδης τοῖς γενεσίοις αὐτοῦ δεῖπνον ἐποίησεν, id est, Cū Herodes natalicijs suis cœnā faceret, siue In natalicijs suis conuiuiū exhiberet. Et principibus est μεγιστᾶσι, id est, primatibus siue primoribus. {Quo uerbo usus est & Suetonius in Caligula
19 Cæsare, Regem etiam regū & exercitatione uenandi, & conuictu megistanū abstinuisse.} *Megistanes*
19 Et tribunis.) καὶ χιλιάρχοις, quod Græce sonat eos, qui mille {nis} Præfecti sint, ut militum tribunos intelligas. *Tribuni, χιλίαρχοι*
19 {Filia ipsius Herodiadis.) Sermo Græcus habet Amphibologiā. Potest enim & hic accipi sensus: Cū esset ingressa filia ipsa Herodiadis: id quod per se liquebit Græca relegēti.}

Licet dimidium.) ἕως ἡμίσους, Vsque ad dimidium.

Et contristatus est rex.) Græca sic habent, καὶ περίλυπος γενόμενος ὁ βασιλεὺς, διὰ τοὺς ὅρκους, καὶ τοὺς συνανακειμένους, οὐκ ἠθέλησεν αὐτὴν ἀθετῆσαι, id est, Et dolore affectus rex, propter iusiurandū, & eos qui simul accumbebant, noluit eam reijcere siue spernere. Quanquam *16: frustrari*
27 ex Matthæo liquet, post rex, hypostigmen apponendam esse (ut intelligas eum nō contristatum propter iusiurandum, sed propter iusiurandum ac propter simul accumbentes noluisse frustrari puellam, quum Ioannem uellet incolumem.) Nec est hoc loco,

Noluit eam cōtristare.) Quemadmodū in Matthæo λυπεῖσθαι, sed ἀθετῆσαι, id est, Reijcere siue repellere, quod miror cur Laurētius uertendū putarit, Fraudare aut frustrari.

Misso spiculatore.) καὶ εὐθέως ἀποστείλας ὁ βασιλεὺς σπεκουλάτωρα. Euangelista Latinam *Latinā uocem usurpat Euangelista*
27 usurpauit uocem, mutata uocali, (quum prima spiculatoris sit longa.) Ac mox,
19 Et tulerunt corpus eius.) πτῶμα est, hoc est, Cadauer {Interpres legisse uidetur σῶμα.}

Quæ egerant & docuerant.) Græcus sermo geminat coniunctionem, καὶ ὅσα ἐποίησαν καὶ ὅσα ἐδίδαξαν, id est, Et quæ egissent, & quæ docuissent. *Spiculator*

Venite seorsum.) δεῦτε ὑμεῖς αὐτοὶ κατ' ἰδίαν, id est, Venite uosipsi seorsum. Porrò αὐτοὶ positum est pro Soli, hoc est, dimissis cęteris: quemadmodum καθ' ἑαυτὸν esse dicitur, qui solus est, & absque arbitris.

Et uiderunt eos abeuntes.) Græce est, καὶ εἶδον αὐτοὺς ὑπάγοντας οἱ ὄχλοι, καὶ ἐπέγνωσαν αὐτόν, id est, Et uiderunt eos abeuntes turbæ, & agnouerunt eum: ut prius pronomen ad omnes communiter pertineat, posterius ad Christum solum. *16: eam*
22 ⟨Et cum iam hora multa fieret.) Gręci sermonis sensus est, Cum iam admodū tempestiuum esset sumere cibum. Nam ex alijs Euangelistis apparet iam diei uesperum appetisse.⟩

In proximas uillas.) εἰς τοὺς κύκλῳ ἀγρούς, id est, In circumiacentes agros. Et quoniā ex agris nihil emitur, nisi uillæ sint, uertit Villas. Nam uillæ domus sunt in agro. *In proximas, pro, in circumiacentes*
19 Emant sibi cibos.) ἀγοράσωσιν ἑαυτοῖς ἄρτους, id est, Emant sibiipsis panes {Nam Hebræi omne edulium panis nomine complectuntur.}

Quos manducent.) Pro hoc Græce est, τί γὰρ φάγωσιν οὐκ ἔχουσιν, id est, Nam quid e
19 dant, non habent {Etiamsi τί noue positum est.}

Date illis manducare.) Græci addunt Vos, δότε αὐτοῖς ὑμεῖς φαγεῖν. Atque ita habent
19 antiqui {codices Latini} Date illis manducare uos.

Et dabimus.) καὶ δῶμεν, id est, Demus.

Secundum contubernia.) συμπόσια, συμπόσια, id est, Conuiuia, cōuiuia, hoc est, distributis

22: diversum a patre, & ab eo sub quo crucifixus fuit Christus. Et custodiebat) vehementer tristis factus

Conuiuia con butis conuiuijs, ut ante dixit, δύο, δύο. Laurentius mallet, Manipulatim.
uiuia, iuxta Super uiride fœnum.) ἐπὶ τῷ χλωρῷ χόρτῳ, id est. In uiridi herba.
tropum He/ Et discubuerunt in partes.) καὶ ἀνέπεσαν πρασιαὶ, πρασιαὶ, id est, Et discubuerũt prasiæ,
braicum prasiæ. Dicuntur autem prasiæ herbaria, cuiusmodi sunt areolæ hortorum: πράσιον enim
16: conciderunt uiride.{Cæterum & hoc prasiæ, prasiæ, & illud συμπόσια, συμπόσια, dictum est iuxta pro/ 19
prietatem sermonis Hebraici. Ad quam formam multa annotauit diuus Augustinus, in li
bris quos scripsit de tropis ueteris instrumenti, uelut illud: Decima, decima agno uni se/
ptem agnis. Et mille ex tribu, & mille ex tribu, pro eo q̃d est, ex singulis tribub. millenos.}
Per centenos & quinquagenos.) ἀνὰ ἑκατὸν καὶ ἀνὰ πεντήκοντα, ut ad uerbum reddam,
id est, Per cẽtum & quinquaginta. Vt intelligas loca fuisse distincta sulco, aut simili inter/
16: centum ... uallo: & pro magnitudine in alijs accubuisse centenos, in alijs quinquagenos.
qquaginta Intuens in cœlum.) ἀναβλέψας, id est, Suspiciens, siue Sublatis oculis.
Et sustulerunt.) καὶ ἦραν κλασμάτων δώδεκα κοφίνους πλήρεις, id est, & sustulerũt fragmen
torum duodecim cophinos plenos (genitiuus referri potest uel ad plenos uel ad cophinos.) 27
Et statim coegit.) ἠνάγκασεν, idem uerbũ quod in Matthæo uerterat iussit, sed perpe/
ram, ut illic indicauimus.
Dimittere Et cum dimisisset eos.) καὶ ἀποταξάμενος αὐτοῖς. Non est idem uerbum, quod paulo su/
ἀποτάσσεσθαι perius ἕως ἀπολύσῃ, uerum aliud, quod non significat simpliciter dimittere, sed dimittere
dicto uale ac mandatis quæ uolueris mandare: quemadmodũ solemus dimittere notos
& amicos (Eandem uocem in actis capite decimooctauo uertit ualefaciẽs, Similiter 2. Co 27
27: remandare rinthiorum 2. Græca uox sonat, quasi dicas amandare.)
Et uidit eos laborãtes.) βασανιζομένους, in Matthæo uertit Vexatos, aliâs iactatos.
In remigãdo.) ἐν τῷ ἐλαύνειν, quod significat agere ac regere uel nauẽ, uel equũ, uel cur
rum (uel simile quippiã) [Nam remigare Græcis ἐρέσσειν dicit. ἐλαύνειν generale uerbũ est.] 27.35
Cõduplicatio Et plus magis.) καὶ λίαν ἐκ περισσοῦ, id est, Valde ex abundanti, siue ualde supra modum.
Rursus hic est ἐξίσαντο, quod uehementẽ significat admirationẽ, ut homo præ admiratio/
16: ut ne nõ sit apud se. Et tamẽ in Grecis codicibus addit καὶ ἐθαύμαζον, Et admirabant: uelut in
ἐξισᾶναι terpretet{Euangelista}quid dixisset ἐξισᾶναι, quod tamen haud scio an casu sit adiectum. 19
16: interpretans Et cognouerunt eum.) Addunt Græci, οἱ ἄνδρες τοῦ τόπου, id est, Viri loci. Quanquã id
in plerisq; codicibus non inuenitur.
Vbi audiebant eum esse.) ὅπου ἤκουον ὅτι ἐκεῖ ἐστι, id est, Simulatq; audissent, quod illic
esset, ut intelligas eos qui agnouerant Iesum renunciare cæteris, illum adesse.
In plateis.) ἐν ταῖς ἀγοραῖς, id est, In foris. Quanquam & platea{uia fusior ac laxior}fo/ 19
rum esse potest.

EX CAPITE SEPTIMO

16-27: Et Ituperauerũt.) ἐμέμψαντο, id est, Accusarũt, siue incusabãt, siue{Questi sunt.} 19
(Nisi crebro lauerint manus.) ἐὰν μὴ πυγμῇ νίψωνται τὰς χεῖρας Theophy 27
lactus interpretatur πυγμῇ ut sit aduerbium, pro eo quod est usque ad cubi
πυγμῇ uer/ tum, siue ut quidã interpretatus est cubitaliter, quod ex instituto Pharisæo/
sum crebro rum soliti sint ante cibum lauare manus usque ad cubitum, id quod lex non
pro ad cu/ præcipit. Equidem reperio apud Græcos etymologistas πυγμὴν significare duo, pugnum
bitum hoc est manũ complicatã, à uerbo πτύσσω, quod est plico, unde πυγμὴ quasi dicas πτυγμὴ,
Et cubitum, quem Græci πῆχυν uocant, Nam hac parte brachium est complicatile. Hinc
& Pygmeos populos appellari putant, quorum meminit Homerus, quod cubitali sint pro
ceritate. Verum non reperio πυκμῇ apud Græcos usurpatum aduerbij loco, & haud scio
an à substãtiæ uocibus similia ueniãt, quemadmodũ à πᾶς πάντῃ, ἔρημος ab ἐρήμη. Quod
si maxime fieret, tamen magis quadrabat πυχμῆθεν, id est, à cubito siue cubito tenus, q̃
πυγμῇ. Ad hæc nihil uideo causæ, quur hæc fabula de lotione cubitali huc accersat. Nam
si constaret hoc à lege præscriptum, ne quis caperet cibũ nisi lotis manibus, probabiliter
uideri poterat inducta cubitalis lotio. Tum enim adderetur aliquid legis præscripto. Nũc
tale nihil à lege præcipi testatur dominus dicens, Non lotis manibus manducare nõ coin/
quinat hominem. Vnde probabile est, in uetustioribus codicibus scriptũ fuisse, nõ πυγμῇ
sed πυκνῶς aut πυκνὰ aut πυκνῇ, quod sonat freqũeter aut crebro, siue subinde. Verum
hoc eruditis expendendum relinquo.)

Et

Et à foro uenientes.) Venientes, tametsi non male addidit, tamen non est in Gręcis codicibus. Et à foro, idem nomen est quod modo uertit Plateam, ἀγορᾶς.

Quæ tradita sunt illis.) Sensus omnino conuenit, tamen Gręce est. ἃ παρέλαβον κρατεῖν. Siue, ut nõnulli codices habent, κρατεῖν, Quæ acceperũt seruanda siue tenenda. Verum quoniam παραλαμβάνειν uidetur esse, ab alio traditum accipere, idcirco interpres conatus est explanatius efferre sententiam.

19 Baptismata.) Miror cur {interpres} maluerit dicere Graece quàm Latine, Lotiones, siue Ablutiones, cum hic de uulgari lotione sit mentio. Baptismata lotiones.

Et urceorum.) ξεστῶν, apparet intelligenda esse lignea, quod subiecit Aeramentorum,
35 [ξεστὰ autem dixit, quod torno poliantur, aut quod sculpturis ornata sint, quod poculorum genus & hodie reperitur apud Heluetios.] Cæterum lectos appellat spondas, in quibus accumbebant sumentes cibum, non solum in quibus dormitur.

19 Et interrogabant.) ἔπειτα ἐπερωτῶσιν, Deinde {interrogant.} ↑ 16: i. deinde (&)

22 ⟨Bene prophetauit Esaias de uobis hypocritis sicut scriptũ est.) Cum Græca congruat, tamen haud scio quo casu ita scriptum comperi in aureo codice, Bene prophetauit de uobis Esaias dicens.⟩

22 Doctrinas & præcepta.) Et ⟨coniunctio⟩ tollenda, διδασκαλίας ἐντάλματα, id est, Doctri 16-19: tollendum
27 nas, mãdata per appositionem: sicut admonitum est in Matthæo. ⟨Vera lectio superest adhuc in codice Constantiensi.⟩ Doctrinas præcepta sine cõiunctione.

27 * Mandata dei.) ἐντολὴν, id est, Mandatum ⟨quemadmodum & παράδοσιν, id est, traditionem. Proponit enim dominus exemplum in uno præcepto & una traditione.⟩ *↓

Irritum fecistis.) ἀθετεῖτε, id est, irritum facitis. Consentientibus & antiquis codicibus
19.22 {nostris} ⟨atque in his aureo⟩. Quanquam potius erat Reijcitis, quemadmodum & Cyprianus legit. ἀθετεῖν

* Si dixerit homo.) Hic explicat quod obscurius erat in Matthæo, his uerbis à pharisęis instrui quosdam, ut parentibus desertis, pecuniam conferant in donaria templi. Quanquam sermo uidetur parum absolutus, sed subaudiendum, Satis est, aut simile quippiam. Si dixerit homo. *↓

Rescindentes uerbum dei.) ἀκυροῦντες τὸν λόγον τοῦ θεοῦ, id est, Irritũ facientes, siue Abrogantes, aut antiquantes. Nam ἀκυροῦν est proprie detrahere autoritatem, & irritum facere, quod aliquando fuerit comprobatum. ἀκυροῦν

** Iterum turbas,) πάντα τὸν ὄχλον, id est, Totam turbam. 16: omnem

** Nihil est extra hominem.) οὐδέν ἐστιν ἔξωθεν τοῦ ἀνθρώπου, εἰσπορευόμενον εἰς αὐτὸν, id est, Nihil est quod aliunde quàm ab homine ingrediẽ in eum: quasi dicas, Deforis, ut paulo post uertit, omne extrinsecus introiens, τὸ ἔξωθεν εἰσπορευόμενον. ** 16-27: entries reversed

Parabolam.) περὶ παραβολῆς, id est, De parabola, siue de similitudine.

Imprudentes.) ἀσύνετοι, id est, Absque intellectu, ut ante uerterat: aut expertes intelligentiæ, Et melius erat, Siccine uos quoque, quàm sic & uos: aut Itáne uos quoq;.

Purgans.) καθαρίζων id est, Expurgans, ad uerbum.

Oculus malus.) ὀφθαλμὸς πονηρός. Cur non & hic dixit, Oculus nequam, sicut in Matthæo, Si oculus tuus nequã est, quia ego bonus. Nam eadem uerba Græca sunt utrobiq;. Sentit autem oculũ non simplicem & purum, sed fascinatorem & inuidũ atq; iniquum. Oculus malus

In fines Tyri.) μεθόρια, id est, Confinia, hoc est, Tyro finitimas regiones, siue Quæ interiacent inter Tyrum & Sydonem. Quanquam paulo post utitur simplici uoce ὁρίων in eundem sensum.

Ad pedes eius.) Hoc loco sequitur, ἦν δὲ ἡ γυνὴ ἑλληνὶς συροφοίνισσα τῷ γένει, id est, Erat autem mulier Græca, Syrophœnissa genere. Alij codices habebant, σύρα φοινίκισσα, sed mendose: nam si Syra erat, & regionis Phœnices, quæ sine dubio Iudæorũ est, qui potuit Syrophœnissa
27 esse Græca ⟨natione.⟩ Cæterum quod Gentilem dixit, non est Græce ἐθνική, sed ἑλληνὶς, ut 16: ἐθνικός
35.27 [non] patriam intelligas designatam, sed quo declaret nõ esse Iudæam ⟨religione. Siquidem 16-27: quae gente Chananea erat non Græca, sed Græca dicitur ex Hebræorum consuetudine, quod esset aliena à religione legis Mosaicæ.⟩ Frequẽter enim ἕλληνα Gentilem uertit interpres.

27 ⟨Est autem una Syriæ pars quæ dicitur Synophœnice in qua est Damascus, ut indicat Tertullianus libro aduersus Marcionem tertio.⟩

Vtique

* 16-27: 'Si dixerit homo)' precedes 'Mandata dei)'

[margin: * 16-27: entries reversed]

* Vtique domine.) In codicibus quos hactenus uiderim, nihil erat loco Vtiq;, sed tantum, ναὶ κύριε, καὶ τὰ κυνάρια, id est, Domine, & catelli. Quanquam postea in nonnullis reperi.
{Inuenit puellam iacentem supra lectum, & dæmoniū exisse.) In uulgatis Græcorū co 19
dicibus ordo sermonis inuersus est. Nam illic reperit exisse dæmonium, & puellam lecto
decumbentem}[& super lectum, latinius erat, ἐπὶ κλίνης.) 27
* Nam & catelli.) Eadem uox est Grecis, canibus & catellis: quanquam utrobiq; diminutiuum est apud illos, κυνάριον, ut admonuimus. Ad hoc, παιδίων, rectius uertisset Filiorum quàm puerorum, cum præcesserit τέκνων.

[margin: Δεκάπολις]

Fines decapoleos.) δεκαπόλεως. Regio est trans Iordanem decem ciuitatum: unde &
nomen habet Græcis {circa Hippum, Pellen, & Gadaram, ut testis est Hieronymus in 19
locis Hebraicis.}

Surdum & mutum.) κωφὸν μογιλάλον, id est, Surdum impeditæ linguæ, siue balbum, dictione composita à μόγις uix, & λαλεῖν loqui. Est autem id uitiū penè perpetuum insanis aut melancholicis, aut fatuis natura, ut testis est Aristoteles. †

[margin: ↓ †]

[margin: Adaperire. Aperire.]

Adaperire.) Aperire ἐφφαθά, uocem Hebraicam & hic adijcit, quemadmodum & superius, In cumi. Est autem חפתח unum ex eo uerborum genere, quæ Hebræi grauia uocant, & quæ uim habeāt transitiuam, quasi dicas, Præsta te apertum, siue fias apertus. Neque uero libet hic commemorare ridiculam differentiam inter aperire & adaperire, quam Laurētius argutius irridet quàm grauem deceat uirum, etiā si merito id facit. Certe apud Euangelistam nulla differentia est, cum idem utrobiq; sit uerbum διανοίχθητι & διηνοίχθησαν, quorum alterū uertit, Adaperire, alterum, Apertæ sunt, perinde quasi nefas esset Latinis eandem uocem repetere.

[margin: Magis, pro potius.]

Tanto magis plus.) Græci quidem codices ita distinguunt, ut Magis nō referatur ad
Præcipiebat, quod præcesserit ὅσον non ὅσῳ, uel ὅσου, sed ad idem uerbum ad quod refertur, nempe ad prædicabant plus: [licet Græci uideantur ὅσον usurpare nōnunquam ad- 35
uerbialiter] sed περισσότερον uerti poterat Vehementer, aut magnopere, ut comparatiuum
positum sit loco positiui: aut μᾶλλον uertendum erat potius, ut nō habeat uim comparandi, sed corrigendi: perinde quasi dicas, Tantū aberat ut facerent id quod erant iussi, ut hoc amplius etiam prædicarent quod essent uetiti.

[margin: 16-19: caviller]

Et surdos fecit audire.) Vt ne quid causer de integritate Latini sermonis, quod Romanis auribus aliud quiddam sonat, facit loqui, & facit currere, rectius fuisse futurum, efficit ut surdi audiāt, muti loquant, Tempus quoq; uerbi mutauit interpres, aut certe librarius. Est enim ποιεῖ, id est, Facit: idq; absolutius est. Laurentius testatur in nōnullis exemplaribus Latinis conduplicari coniunctionem, Et surdos fecit audire, & mutos loqui.

[margin: ἄλαλος κωφός]

Et mutos loqui.) ἀλάλους λαλεῖν Gratiam annominationis non potuit interpres reddere, quasi dicas, elingues, linguaces, aut infantes fari.

EX CAPITE OCTAVO

[margin: ** 19-22: entries reversed]

** {CVm turba multa esset.) Græce est παμπόλλου, id est, Admodum multa, si- 19
ue plurima. Nec additur Cum Iesu, nec apud Græcos, nec in uetustis exem
plaribus}{nec in aureo}{nec in Constantiensi} deniq;.) 22.27
** Sustinent me.) προσμένουσί μοι, id est, Manent apud me.
Vnde istos.) πόθεν, quo Greci utunt̃ in negatiōe, p Qui aut Quomodo.

Et ipsos benedixit.) καὶ αὐτὰ εὐλογήσας, id est, Cum & his benedixisset. Quanquam in nonnullis exemplaribus sic habebatur, καὶ εὐλογήσας, εἶπε παραθεῖναι καὶ αὐτά, id est, Et cum benedixisset, iussit apponi & hos.

[margin: 16: habet]

Quasi quatuor millia.) ὡς, id est, Fermè, aut circiter quatuor millia.

[margin: Dalmanutha]

In partes Dalmanutha.) Quidam Græcus codex habebat μαγδαλά, cuius meminit
Matthæus, siue ut quidam legunt, Magedam.{Nec apud quenquam adhuc reperi huius 19
loci descriptionem, nisi quod in collectaneis Hebraicarum uocum, hanc quoq; reperio ex
positam, sed ita, ut ad hunc locum nihil attineat}{Augustinus de consensu Euangelistarum 27
putat eiusdem regionis plura esse uocabula, addens, quod hoc quoque loco quidam codi
ces habebant Mageda.}

Conquirere cum eo.) Laurentianū exemplar, ut uidetur, secus habuit. Meum ad hunc modum

† 16-22: In auriculas eius) ἐπέβαλε τοὺς δακτύλους αὐτοῦ, πτύσας εἰς τὰ ὦτα αὐτοῦ id est immisit digitos suos expuens in aures eius

modum, ἤρξαντο συζητοῦντες παρ᾽ αὐτοῦ σημεῖον, id est, Cœperunt simul quærere ab eo signum.
Quanquam postea nactus sum, in quibus ita scriptum reperi, καὶ ἤρξαντο συζητεῖν αὐτῷ, καὶ
19 ζητεῖν παρ᾽ αὐτοῦ σημεῖον. id est, Et cœperunt disputare cum eo, & requirere ab eo signum{In
quibusdam pro καὶ ζητεῖν, erat ζητοῦντες.}
Ingemiscens spiritu.) Græci addunt Suo. καὶ ἀναστενάξας τῷ πνεύματι αὐτοῦ.
Si dabitur generationi isti signum.) Si, hoc loco est abiurantis, quemadmodum & illic; *Si, abiurantis*
Si introibunt in requiem meam. Latini addunt, emoriar, dispeream, aut simile quippiam.
19 {Mire retudit arrogantiam pharisæorum, qui uideri uolebant cum cœlo habere commercium cum essent sceleratissimi. At Christus illis ex imo corde terræ signum promittit diuer
sissimum ab eo quod postulabant.}
Et obliti sunt sumere panes.) Quidam Græcus codex addit, discipuli eius: mihi magis
placet non addi.
Videte & cauete.) ὁρᾶτε, βλέπετε. Duo uerba sunt Græcis idem significantia, citra in-
teruentum coniunctionis, quasi dicas. Videte, cernite: siue Cauete, fugite, quo diligentio
rem cautionem exprimeret.
19 A fermento Herodis.) ἡρωδιανῶν, id est, Herodianorum {pro Herodis}habebant non- *Herodiani*
nulli. Et in Matthæo mentio fit Herodianorum, ueluti factionis cuiusdam, quæ simul cum
pharisæis aggressa sit Christum.
Et aspiciens.) ἀναβλέψας, id est, Recepto uisu. 16: uiso
Video homines.) βλέπω τοὺς ἀνθρώπους, ὅτι ὡς δένδρα ὁρῶ περιπατοῦντας, id est, Video ho *Nostra dissi-*
mines, quoniam uelut arbores uideo ambulantes. Et ambulantes apud Græcos ad homi- *dent à Græcis*
nes duntaxat referri potest, quod illis arbores sint neutri generis.
Et cœpit uidere.) καὶ ἐποίησεν αὐτὸν ἀναβλέψαι, id est, Fecit eum denuo uidere. Bis enim
recepit uisum, primum utcunque, deinde perspicue.
Et restitutus est.) Ante hoc addit Græcus codex, καὶ διέβλεψεν, id est, Et peruidit. Nec
19 est Omnia, sed ἅπαντας, id est, Omnes{etiamsi hic facillimus in scriptura lapsus.}
Etsi in uicum introieris.) palàm est Græca exemplaria passim discrepare. Nam Lauren *Varia lectio*
tianus codex habebat, Et neque in uicum introieris, neque cuipiam dixeris in uico. Meus autem habebat, καὶ ἐὰν εἰς τὴν κώμην εἰσέλθῃς, μηδενὶ εἴπῃς, μηδ᾽ ἐν τῇ κώμῃ, id est, Et si oppidum
19 ingressus fueris, ne cui dixeris, ne in oppido quidē. {Tamen postea nactus sum exēplar, con
sentiens cū codice Laurentiano: atque id sequi malui, præsertim cū ita legat Theophylactus.} 19: Vulgarius
In castella.) εἰς κώμας, eadem uox, quam toties uertit Vicum.
Alij uero quasi.) Quasi non additur apud Græcos.
Tu es Christus.) Additum arbitror ex alio loco, Filium dei uiui, quod tamen in emenda *Additum*
tioribus exemplaribus Latinis non additur apud Marcum, sed apud Matthæum. *aliquid*
Et comminatus est.) ἐπετίμησεν, id est, Increpauit. Quanquam hic tolerari poterat, Inter
minatus est: cum additis minis, aliquid interdicimus.
De illo. περὶ αὐτοῦ, id est, De se.
19 Et cœpit.) καὶ ἀπὸ τότε ἤρξατο, id est, Extunc, siue ex eo tempore cœpit{ut habebatur in
quibusdam exemplaribus.}
Quoniam.) ὅτι, id est, Quod.
19 Post tres dies.){In paucis scriptum reperi, τῇ τρίτῃ ἡμέρᾳ}id est, Tertio die:{sed apparet *Triduū post*
data opera mutatam scripturam, quod prima fronte falsum esse uideatur, Christum resur- *quod resurrē*
rexisse post tres dies, qui tertio die surrexerit: præsertim cum emendatissima Græcorum *xit Christus*
exemplaria, cum nostra cōsentiant æditione. Atque hac quidem de re diligenter disseruit Ia- *quomodo ac-*
cobus Faber Stapulensis, in libello cui titulum fecit, de Magdalenis, ac triduo Christi, nul- *cipiendum*
lum non mouens lapidem ut hanc explicet difficultatem, nunc addens horas aliquot ei diei 19-21: margin:
quo reuixit Christus, proximæ nocti detractas, nunc eundem ante diem præmittens ad in- Quomodo Christus
feros, cum in horto tæderet ac mœreret, nunc uni diei geminas addens noctes, uidelicet pa post tres dies
rasceuę. Mihi uero non est necesse de singulis illius disputationis partibus quid sentiam a- dicatur
perire. Certe non uideo cur Bedam notandum existimarit, qui tridui mysterium conatus resurrexisse
sit per synecdochen explicare, nimirum figuram grammaticam. Quasi uero non totam historiam Euangelicā grāmaticis figuris debeamus, aut quasi non ueteres ad unum omnes

m tum

19 addition
to p. 134

tum Greci tum Latini quæstionem hanc per synecdochen explicent: Inter quos est & Tho
mas, enarrãs prioris ad Corinthios epistolæ caput decimumquintum. Quoties per Hyper
bolen, Enallagen, similesq; tropos sensum diuinorum uoluminum explicãt sacri doctores?
Iam allegoria, parabola, uocabula passim in arcanis literis obuia, nõne grãmaticorum sunt
schemata? Quid est quod tam procul à sacris ablegamus grammaticos de diuinis literis ali
quanto melius meritos, q̃ sint frigidi quidam ac ieiuni dialectici, ne dicam sophistæ. Imò
ipse Faber, qua tandem bipenni, Gordianũ hunc nodum dissecuit: nõne ab Apollonio por
recta, primũ ethnico, deinde qui nihil aliud ⟨sit⟩ q̃ grãmaticus? Qui nisi succurrisset, totus ad 22
huc erraret mundus, & in Marco legeret Christum resurrecturum post tres dies. Sic enim
argumentatur: Non surgit post tres dies, qui surgit tertio die, sed constat Christum tertio
die surrexisse, Aduersatur igitur Euangelijs, aduersatur articulis fidei, aduersatur omni ue
ritati, quisquis ait Christum post triduum surrexisse. Atqui ita sanè tot iam seculis, magno
consensu Græca pariter ac Latina legit, canit & scribit ecclesia. Neq; quisquã adhuc mor
talium tam impium errorem animaduertit, nec erat elabẽdi spes, nisi Apollonius rei litera
riæ peritissimus commonstrasset, μετὰ Græcis nonnunquam usurpari uice ἐν uel διά. Tan
tum habet pondus unicum unius grãmatici testimoniũ, quoties nobis ita collubuit. Quan
quam nec hoc exemplum quod ex Apollonio produxit Faber, uidetur ad sermonem Euan
gelicum respondere. Neq; enim simile est, μετὰ χεῖρας ἔχων, & μεθ' ἡμέραν, ei quod ait Mar
cus, μετὰ τρεῖς ἡμέρας. Siquidem apud Apolloniũ μετὰ positum uidetur pro μεταξύ, aut cer
te pro κατά. Quo tamen modo non liceat abuti, si certum addas numerum. Iam constat
μετὰ frequenter ab Euãgelistis usurpari ad hunc modum, nec aliud significare q̃ post. Ve
lut apud Matthæũ capite uigesimo sexto, Post biduum pascha fiet, μετὰ δύο ἡμέρας. Item
apud Lucam, Post dies octo. Apud Marcum, Post dies sex. In Actibus, Non post multos
hos dies, Alijsq; locis compluribus. Sed ut his omissis, quod sentio, paucis expediam, mihi
nihil causæ uidetur, cur hic excitemus huiusmodi tragœdiam, aut cur ad tam coactam ac
uiolentam interpretationem cõfugiamus, quum nodus bifariam explicari possit, haud ma
gno negocio. Primum, si tertium diem numeremus non à morte seruatoris, sed à tota pas
sione, quæ cœpit pridie parasceues, cum iam iniretur consilium de comprehendendo Iesu,
cum uenderetur, cum tæderet, ac mœreret. Siquidem passionis summam uidetur & ipse
Marcus suis uerbis complecti: & cœpit, inquit, docere eos, quod oporteret filium hominis
multa pati, & reprobari à seniorib. summisq; sacerdotibus, ac scribis, & occidi, & post tres
dies resurgere. Sic enim recensuit, ut post tres dies, ad totum sermonem qui præcessit refer
ri possit, non tantum ad id quod erat postremum, occidi. Quemadmodum proximo capite
recensuit, Filius hominis traditur in manus hominum, & occident eum, & occisus tertio
die resurget. Hic quoniam triduum numerat ab occisione, tertio die dixit nõ post triduum.
Alter modus est, si per synecdochen accipiamus, factum post tres dies, quod factũ sit post
tertium diem exortum. Quemadmodum & uulgo loquimur, Ab eo die cœpit odisse me,
cum eodem die cœperit odisse. Et post eum diem desijt amare, cum eodẽ die desierit. Hæc,
ni fallor, minus certe coacta sunt, q̃ quæ Stapulẽsis tanto molimine prodidit. Quod si quis
adduxerit his etiam meliora, non grauabimur sequi.}

Figuræ grammaticæ in diuinis literis

19: grammatico

μετὰ uarie usurpatur

Ratio bifariã explicandi quæstionem

Post triduum id est, post tertium diem exortum

Et palam.) καὶ παῤῥησίᾳ. id est, Libere & audacter. Neq; enim hoc dicebat, nisi suis, sed
aperte, & sine inuolucro, quemadmodum solet: tametsi sermo hic esset durissimus.

Comminatus est Petro.) Miræ deliciæ huius interpretis, qui quod alias uertit incre
pare, idem nunc uertit Comminari, cum nec ad sententiam quadret Comminari. Nam
quod sequitur,

Vade retro me satana.) Nimirum increpantis est, non comminantis ⟨Postremo ut legi 22
mus interminari, pro interdicere, ita comminari in eundem sensum non memini legere ⟨Est 27
autem ὀπίσω μου, quod in Matthæo notauimus.)

16-27: post

Aut quid dabit homo commutationis.) τί ἀντάλλαγμα, id est, Quam commutationem:
de quo quid nobis uideretur, indicauimus in Matthæo.

Qui enim me confessus.) Antiqui codices {magno consensu} pro Confessus, & Confi 19
tebitur, habebant, Confusus fuerit, & confundetur ⟨suffragante his & aureo codice ⟨& 22.27
meo uetustæ typographiæ, In Constantiensi rasura prodebat operam deprauatoris) Atque
ita habent

Error manifestus in nostris codicibus

19-27: margin: Confessus pro confusus

ita habent Græca, ὃς γὰρ ἂν ἐπαισχυνθῇ με καὶ τοὺς ἐμοὺς λόγους, id est, Quicunque enim eru/
buerit me,& meos sermones. Ac paulo post, καὶ ὁ υἱὸς τοῦ ἀνθρώπου ἐπαισχυνθήσεται αὐτὸν,id est,
22.35 Et filius hominis erubescet de eo⟨aut, Filium hominis pudebit illius⟩.[Pro nobis facit inter/ 16-19: eum
pretatio Theophylacti. Apud Bedam in contextu quidem legitur confessus & confitebi/
tur,sed ipsa enarratio quæ uerecundiæ meminit,declarat illum legisse confusus & confun/
19 detur. Idem liquet ex uerbis Gregorij quæ referuntur in Cathena.]{In eundem sensum legit
diuus Augustinus,refellens Adimantum Manichæū: Omnis qui cōfusus fuerit me in gen
te ista adultera,& peccatrice, & filius hominis cōfundetur illū cum uenerit in gloria patris
27 sui.(Quin & Irenæus lib. tertio cap. uigesimo ad eundē modum abutitur cōfusus & cōfun Confundi pro
di)Satis hic apparet, confessus & cōfitebitur uerba esse supposita ab audaculo quopiā. Cæ erubescere
terū an satis Latine dicamus, Confundor te, pro eo quod Pudet me tui, uiderint literatores.}

EX CAPITE NONO

REGNVM dei ueniens. ἐληλυθυῖαν id est, Venisse. Est enim participium
præteriti temporis, quod uertendum erat per infinitum, ob inopiam Lati/
ni sermonis.
Et post dies sex.) Lucas facit, Dies ferme octo. Marcus consentit cum Dissonant E/
27 Matthæo in numero.(Hoc admonui ne quis temere scripturam mutet: diffi/ uangelistarū
cultatem quæstionum explicant doctores.) uerba
Et duxit.) καὶ ἀναφέρει, id est, Subducit, præsentis temporis, ut, Et assumit παραλαμβάνει.
Seorsum solos.) Sic habebat antiquissimus codex, κατ' ἰδίαν μόνους, id est, Seorsum so/
19 los{Latina uetera consentiebāt in, Seorsum, sed Paulinū habebat Solus, Corsendoncense,
27 Solos(Itidē & Constantiense.)Aliquis offensus perissologia, uocē alterā ut superuacaneam
reliquit. Verum hoc modo uoluit Euangelista significare secessum uehemēter secretum.}
Et transfiguratus est.) Græce est, καὶ ἐν τῷ προσεύχεσθαι αὐτοὺς, μετεμορφώθη, id est, Et dum
orant illi, transfiguratus est: Quanquam illud Dum orant, in plerisque Græcorum codicibus
19.27.35 non additur,{nec à nobis est additum}(Apparet huc transscriptum ex Lucæ nono):[quando
Theophylactus nec legit nec attingit hanc particulam.]
27 (Splendentia & candida.) Abest in Græcis coniunctio, στίλβοντα, λευκὰ λίαν, ut intelli/ Splendentia
gas ex insigni candore fuisse relucentia. Hoc & ideo uisum est admonere, quo minus ab/ candida sine
surdum uideatur quod in Matthæo Græci legunt, ut lux, non ut nix.) coniunctione
Qualia fullo.) Poterat uitare absurditatē sermonis, si οἷα uertisset in aduerbium, Quàm
candida reddere non potest fullo.
Et faciamus.) θέλεις ποιήσωμεν, id est, Vis faciamus. Quanquam pleraque Græcorum ex/
emplaria consentiunt cum nostra æditione uulgata.
19 27 {Charissimus.) est ἀγαπητός, id est, Dilectus(siue charus, nisi quod articulus additus in/ {19-22: filius meus
dicat unice dilectum, ὁ ἀγαπητός.) (19-22: ut hactenus vertit
Quid ergo dicunt.) πῶς οὖν λέγουσι, id est, Quomodo ergo dicunt. Quanquam emenda
ti codices habebant, ὅτι λέγουσιν id est, Quod dicunt. Et mox,
Primo restituet omnia.) ἀποκαθιστᾷ, id est, Restituit præsentis temporis, ut referatur ad Restituet, pro
27 prophetiam Malachiæ, quæ prædixit id futurum, non ad tempus aliquod definitum,(& pri restituit
mum Græcis dictum pro prius.)
Quid inter uos conquiritis.) καὶ ἐπηρώτησεν τοὺς γραμματεῖς, τί συζητεῖτε πρὸς αὐ/ Cōquirere, p
22 τούς.⟨Potest & hic sensus accipi⟩& interrogauit scribas, Quid conquiritis, siue dispu/ disceptare
22 tatis aduersus illos, siue cum illis. Apparet interpretem legisse, πρὸς ἑαυτοὺς,⟨siue πρὸς αὐ/
22 τοὺς⟩id est, Inter uos.⟨Sed aliâs admonuimus hanc orthographiæ rationem passim negli/ ⟨↓
gi in Græcis codicibus.⟩
Spiritus conturbauit.) Græce est, εὐθέως τὸ πνεῦμα ἐσπάραξε τὸ παιδίον, id est, Sta/
tim spiritus discerpsit puerum. Opinor interpretem legisse, ἐτάραξεν, ac fortasse rectius.
Quanquam in plerisque exemplaribus non erat παιδίον, sed αὐτὸν, Apparet enim iam non
fuisse puerum, cum pater respondeat hoc illi à puero accidisse; etiamsi paulo post uocat 16-27: Quamque
eum puerum, pater pueri.
27 Elisus in terram.) καὶ πεσὼν ἐπὶ τῆς γῆς, id est, Lapsus in terra(uoluebatur.) 16-27: terram
Ab infantia.) παιδιόθεν, id est, A puero. Sed recte mutauit interpres, nisi dicere maluisset A puero παιδιόθεν]

⟨ 16-19: inter vos. Obiurgat autem pharisaeos quod disceptarent cum turba de resurrectione.
19 {etiamsi mihi magis probatur quod secutus est interpres.} Spiritus

↑ 16-22: nihil niſi A prima pueritia: iam enim↑ puer erat, cum ſanaretur (Et in aquam Græcis eſt in aquas εἰς 27
ὕδατα, conſentientibus & uetuſtis exemplaribus, nominatim Conſtantienſi.)
[Articulus Si potes credere.) τὸ, εἰ δύνασαι πιστεῦσαι. Addidit articulum, qui tamen ad ſuperiora re/
additus] ferri poteſt, ut reſpõdeat (Dixit) ei, (uidelicet) illud (quod audies), ſiue ad ſequẽtia: Hoc ſi potes, 27
nempe credere. ⟨Quemadmodum dicitur Græcis, τὸ μηδὲν ἄγαν, ἄγαν μὲ τέρπει. Nec enim 22
eſt hic ocioſus articulus qui magno conſenſu habetur in Græcorum exemplaribus.⟩
[παρὰ in com/ Prætergrediebantur Galilæam.) παρεπορεύοντο διὰ τῆς γαλιλαίας. Præpoſitio παρὰ, facit ut
poſitione quã intelligas illos clàm, aut celeriter & in tranſcurſu, ueluti obiter feciſſe iter per Galilæam,
uim habeat] ita ut nec aperirent ſe uſquam, nec commorarentur (& uideri poterãt declinaſſe Galilæam 27
in diſceſſu, niſi obſtaret præpoſitio διὰ, quæ facit, ut non poſsit aliud accipi, quàm illis iter
eſſe factum per Galilæam.)
Filius hominis tradetur.) παραδίδοται, id eſt, Traditur, ut intelligas mox futurum.
⟨Et illi ignorabant uerbum, & timebant interrogare.) Hæc nõ habentur in æditione Al/ 22
dina.⟩ (Quod an caſu factum ſit neſcio. Poterat uideri factum ab eo quiſquis fuit, qui ſibi ui/ 27
detur habuiſſe ſtudio, ut aſſutis aliunde fragmentis, redderet Marci Euangelium aliquan/
to copioſius, Nam hæc habentur in Luca, niſi conſentirent Latini codices cum Græcis.)
Qui cum domi eſſet.) καὶ ἐν τῇ οἰκίᾳ γενόμενος, id eſt, Et cum eſſet in domo, ſiue in ædi/
bus, non utique ſuis.
Quis eorum maior eſſet.) Græce tantum eſt, τίς μείζων, id eſt, Quis maior. Reliqua ad
dita ſunt explicandæ rei gratia.
Complecti Quem cum complexus eſſet.) καὶ ἐναγκαλισάμενος, id eſt, Cum poſuiſſet in ulnis, ut ſo/
ἐναγκαλίζειν lemus infantulos. Complectimur enim & eos, quos in ulnas non ſumimus.
Non me ſuſcipit.) οὐκ ἐμὲ δέχεται μόνον, ἀλλὰ καὶ τὸν ἀποστείλαντά με, id eſt, Non me recipit
ſolum, ſed eum qui me miſit. Sic habebant nonnulli Græcorum codices, uerum altera le
[Negatio cor/ ctio mihi magis probatur. Nec enim hic negatio remouet, ſed corrigit magis, quaſi dicas,
rigens non re Non tam me recipit, quam eum qui miſit me.
mouens] ⟨Et prohibuimus eum.) Poſt hæc, in Græcis exemplaribus repetitur ὅτι οὐκ ἀκολουθεῖ ἡμῖν, 22
id eſt, Quod non ſequeretur nos.⟩ (Probabile eſt aliquem offenſum iteratione, ſuſtuliſſe po/ 27
ſteriorem particulam.)
[Calida, frigi/ {Calicem aquæ frigidæ.) Frigidæ, nec in Græcis additur exemplaribus, nec apud Hiero 19
da ſine aqua] nymum in æditione baſilienſi, nec in uetuſtiſsimis exemplaribus, nominatim in Paulino,
nec in Corſendoncenſi} (nec in Conſtantienſi), ⟨nec in aureo deniq;⟩ 27.22
Non perdet menſuram ſuam.) Mercedem legendum pro menſura. Atque ita ſcriptum
eſt in emendatioribus Latinorum exemplaribus.
↓* * Mola aſinaria.) Græci legunt, λίθος μυλικὸς id eſt, Saxum molare. Apud Matthæum
Cyllus manu at Mola aſinaria.
manca Debilem.) κυλλόν. Cyllus proprie Græcis dicitur, cui altera manus trunca ſit, aut
manca. Nam debilitas ad omnia membra pertinet, quemadmodum χωλὸς ad pedes pro/
prie pertinet.
↓* * Vbi uermis.) ὅπου ὁ σκώληξ. Alibi uertit Eruginem, quod hic Vermem. {Cæterum mori/ 19
tur & extinguitur, utrunque præſentis temporis eſt Græcis. Licet in Latinis codicibus ali/
quot deprauare cœperint, Morietur, & extinguetur}. [Qui ex hoc loco contendunt ignem 35
apud inferos eſſe materialem, neceſſe eſt ut fateãtur illic & uermem eſſe materialem. quod
ſi hic tropum admittunt uermem interpretantes remorſum conſcientiæ, poterant & per
ignem accipere perpetuum cruciatum animæ, In quem ſenſum hunc locum interpreta/
Luſcus quid tur Theophylactus.]
proprie * Luſcum. μονόφθαλμον, id eſt, Vnoculum. Quod tamen eleganter uertit hoc ſanè
loco. Luſcus enim Latinis dicitur, non qui ſtrabis ac diſtortis ſit oculis, ſed qui altero ca/
reat oculorum.
↓** ** In quo illud condietur.) Condietis lego in uetuſtis codicibus, ἀρτύσετε. Sic enim legiſ/
ſe uidetur qui ſic uertit. At aptius erat Ipſum, quàm Illud.
Inſulſum, pro ⟨Oĩs enim igne ſalietur.) Quo ſermo foret mollior, nos de noſtro addidimus, Oĩs homo.⟩ 22
↓** fatuum ** Si ſal inſulſum fuerit.) Reddidit περιφρασίαν ἅλς ἄναλον, id eſt, Si ſal ſale caruerit.
Habete

* 19-21: 'Mola asinaria)' and 'Vbi uermis)' follow 'Luscum)'.
** 19-21: 'In quo illud condietur)' follows 'Si sal insulsum fuerit)'.

27 (Habete in uobis.) Salem hic usurpauit masculino genere, nihil aliud opinor sequutus, Salem genere
quàm dictionis euphoniam.) masculino

EX CAPITE DECIMO

VLTRA Iordanem.) διὰ τοῦ πέραν τοῦ ἰορδάνου, quod magis sonat, Per regio/ Articulus ad/
nem, siue ripam quæ est ultra Iordanem. Etiamsi sensum expressit interpres. ditus aduerb.
Et erunt duo.) οἱ δύο, Qui duo fuerant, ut intelligamus è duobus homini 16-22: litus
bus uelut unum fieri. Nec est,
In carne una.) Quod sordide quidam interpretantur de coitu, sed unam. Caro pro
ut & aliàs indicauimus. homine
Quod deus coniunxit.) συνέζευξεν, id est, Coniugauit, si quis ad uerbum malit reddere.
Mœchatur.) Græce est idem uerbum quod modo uertit, Adulterium committit μοι/
χᾶται. Quid autem est,
Super eam.) ἐπ' αὐτὴν, Cur nõ potius Aduersus illã, siue In illã, hoc est, in iniuriã illius?
Offerebant illi paruulos.) παιδία, id est, pueros, siue puellos.
Comminabantur.) ἐπετίμων, id est, Increpabant. Mirum cur hanc uocem plerunque in/
terpres gaudeat uertere, Comminabantur, etiam refragante sententia.
Sinite paruulos.) τὰ παιδία, id est, Puellos, ut modo dictum est. Nec additur apud Græ/ Asyndeton
27 cos coniunctio, Nec prohibueritis. (Viuidius enim est, Sinite, ne prohibueritis. Anadiplo/ uehementius
sis sententiæ facit ad epitasin.) { 16: id est non
19 Non intrabit.) οὐ μὴ εἰσέλθῃ. {Conduplicata negatio uim addit futuri, aut certe mo/ Conduplicata intret
di potentialis.} negatio
Et complexans.) καὶ ἐναγκαλισάμενος, id est. Suscipiens eos in ulnas: sicut paulo an/
te dictum est.
Procurrens.) προσδραμὼν, id est, Accurrens. Interpres nisi dormitauit, legisse uidetur
προδραμὼν id est, Præcurrens.
19 Vitam æternam percipiam.) κληρονομήσω, {quod aliàs uertit, Hereditabunt.}
Nisi unus deus.) εἰ μὴ εἷς ὁ θεός, id est, Nisi unus, qui est deus, siue Nempe deus, ut arti/
culus uim habeat uelut interpretantis, quis sit ille unus.
27 Nec fraudem feceris.) μὴ ἀποστερήσῃς, id est, Ne fraudaueris (Fraudamus enim illũ, quem 16-27: Ne
priuamus re debita. Quanquam & qui spoliat, Græcis ἀποστερεῖ.)
19 * {Et intuitus eum Iesus, dilexit eum.) ἠγάπησεν αὐτόν. Origenes uidetur legisse ἐφίλησεν, ἀγαπᾶν tria *↓
non ἠγάπησεν. Argumento est quod homilia in Matthæum adducens hunc locum, ita le/ significat, a/
git: Dilexit eum, siue osculatus est eum. Neque enim ἠγάπησεν, opinor, ad osculi significatio mare, ample/
nem potest pertinere. Cæterum de dilectione, nec apud Matthæum, nec apud Lucam ulla cti, & boni
27 fit mentio} Et fieri potest ut aliquis offensus uel ambiguitate uocis, uel osculo adolescentis consulere
ex ἐφίλησεν, fecerit ἠγάπησεν, quanquam & in Græcis Lexicis inuenio ἀγαπάζομαι pro am
plector, sed ut amplectimur quod probamus, uelut amplectimur bonas literas.)
* Et ueni sequere me.) Addunt hic Græci codices, ἄρας τὸν σταυρόν, id est, Sublata cruce, Additum in *↓
27 (quum tamen hoc non habeatur in ueteribus codicibus, nec reperiatur apud alios euange/ nostris
listas, ut illinc huc asscriptum uideri possit.)
** Filioli.) τέκνα, id est, Filij, siue nati. Neque enim hic est diminutiuum, quemadmodum **↓ 19-27: margin: Qui
illud apud Paulum ad Galatas, τεκνία μου, Filioli mei. diuites Christo
19.27 ** {Confidentes in pecunijs.) πεποιθότας, Fretos, siue fisos. (Etenim quũ confidere sit idem Confidens in dicti
quod fidere, tamen confidens non idem ualet ut indicauit M. Tullius. Nec uidetur partici/ malã partem **↓
pium, sed nomen, eoque ponitur absolute, homo confidens non confidens mihi.) Hic satis sonat
aperit, quos dixerit diuites, non quibus diuitiæ obuenerunt, sed qui iuxta diuitum uul/
gus multum tribuunt diuitijs.}
27 Qui magis admirabantur.) ἐξεπλήσσοντο, id est, Obstupescebant, (uerbum Græcum est
22 uehementius.) Aut filios.) τέκνα, id est, Liberos (ut utrunque sexum complectaris.)
Aut patrem, aut matrẽ.) Hoc loco Græci codices addunt, ἢ γυναῖκα, id est, Aut uxorem. Additum
Quod tamen perperã à quopiam additum, uel hinc licet cõijcere, quod mox cũ repetit res aliquid
27 relictas, non addit uxores. (Verisimile est uxoris nomen hic adiectum ex Matthæo & Lu/
ca. Verum Marcus breuitatis studiosus, sub nomine domus iudicauit contineri uxorem.)

* 19-27: entries reversed ** 19-27: entries reversed

19-27: A dextris meis et sinistris meis {Ad dextram meam uel ad sinistram.) Vt sensus sit idem, Latinius est, Sedere mihi à de- 19
xtris, & sedere mihi à sinistris.(Nec est in Græcis meũ dare uobis, sed solum. Non est meum 27
Dare uobis, uobis redũdat dare. Consentiebat cum Græcis codex constantiensis.)
{Sed quibus paratum est.) Sermoni parum absoluto adiecimus duo uerba. Subauditur 19
Sermo in absolutus enim, Sed ij sedebunt à dextris ac sinistris mihi, quibus &c.}
Et audientes decem indignati sunt.) ἤρξαντο ἀγανακτεῖν, id est, Cœperunt indignari. Et
sic habent uetusti codices nostri.
Et principes.) καὶ οἱ μεγάλοι αὐτῶν. id est, Magni illorum. Quod tamen haud male uer-
19-22: sunt tit, nisi malis dici, Et qui magni sint inter eos, aut Magnates illorum.
Fieri maior.) μέγας, id est, Magnus & in hunc modum subinde citat Hieronymus.{Al- 19
lusit Christus ad uitam communem hominum, inter quos magnates & optimates è sublimi despiciunt infimates, nec præ se ducunt pro hominibus, cum ipsis nihil sit abiectius, si
uelimus hominem suis æstimare uirtutibus.}
Et proficiscente eo.) καὶ ἐκπορευομένου, Egrediente eo.
16-19: est *Bartimæus* Bartimæus.) Filius Timæi, additum uideri potest interpretãdi causa. Nam id sonat Bar
quid timæus. Hebræis enim בַּר filius, & Timæus: quemadmodũ & Bartholomæus, filius Pto-
lemæi, conflatis diuersarum linguarum uocibus.<& deprauata, ni fallor, una aut altera lite- 22
Calumniator rula. Cæterum quod diximus de Bartimæo, quidam miro cachinno prosequitur in suis an
notatus notationibus, cum id hauserim ex Hieronymi commentario in epistolæ ad Galatas cap. 4.> 27
(In illum igitur suos cachinnos torqueat non in me.)
16-27: rursum Et comminabantur.) καὶ ἐπετίμων, id est, Et increpabant.
Animæquior esto.) θάρσει, id est, Bono animo est, siue Confide. Nec enim est compara
tiuum, sed positiuum: & aliud est Fidere, hoc est, θαῤῥεῖν. quàm æquo animo esse. Aequo animo est, qui boni consulit{ac tolerat} Fidit cui certa spes est. 19
(Exiliens uenit.) Græce non est ἐξαλλόμενος sed ἀναστὰς, id est, surgens. Nam paulo ante 27
dictus est sedere iuxta uiam. In Actis capite tertio de claudo legitur ἐξαλλόμενος, id est, exi
liens, Nam ea uox ad miraculi magnitudinem declarandam facit, quia qui sanabatur, adeo
claudus erat, ut à baiulis gestaretur. Hic in oculis non in pedibus miraculum est.)
Rabboni Rabboni ut uideam.) Rursus Hebræam uocem posuit, pronunciatione nonnihil mutata, cum alibi Rabbi sit, quod Hebræorum lingua, Chaldæorum, ac Syriacæ cõmercio uitia
retur: quemadmodũ & hodie Iudæi Rabeni magistrum uocant, sed insignẽ & eminentem.
Vt uideam.) ἵνα ἀναβλέψω, id est, Vt uisum recipiam.
Et confestim uidit.) ἀνέβλεψε, id est, Visum recepit.

EX CAPITE VNDECIMO

Betphage Bethania ET cum appropinquarent Hierosolymæ.) Hic Græcus codex addit Betphage,
ut sint tria loca, Hierosolyma, Betphage, Bethania. Siquidem mons Oliueti
duobus passuum milibus abest ab Hierosolymis, in cuius latere est Bethania,
Betphage in ipso monte{sita est.} 19
Quid facitis?) τί ποιεῖτε τοῦτο. id est. Cur facitis hoc?
Et sedit super eum.) Nonnulli Græci codices habent, ἐπ' αὐτῷ, ut sit asinus, aut certe
Pullus asinæ. Nonnulli ἐπ' αὐτὴν, id est, Super illam, ut sit asina fœmina.{Quod posterius 19
consentit cum Matthæo.}
Cum uespera esset hora.) ὀψίας ἤδη οὔσης τῆς ὥρας, id est, Cum uespertinum iam esset tem
pus.<Siquidem horam, Græce loquens, pro tempore posuit.> 22
Et alia die.) καὶ ἐπαύριον, id est, Postridie, siue postero die.
ἄρα uertit forte, sed perperam Siquid forte.) εἰ ἄρα εὑρήσει τι, id est, Siquid inuenturus esset. Coniunctionem expleti-
uam uertit in Forte, id quod suo more, sed nullius eruditi hominis exẽplo. Quorsum enim atti
nebat addere Forte, cum dominus planè speraret cibum, aut certe uolebat uideri sperare.
Cui male dixisti.) ἣν κατηράσω. id est, Quam deuouisti, siue Quam execratus es, siue
Cui male precatus es.
{Habete fidem dei.) Bona fide Græca reddidit interpres πίστιν θεοῦ. Cæterum sentit fidu- 19
ciam erga deum.}
Tollere & mittere.) ἄρθητι καὶ βλήθητι, Passiua sunt imperatiui modi.

Cum

Cum ſtabitis ad orandum.) καὶ ὅταν στήκητε προσευχόμενοι, id eſt, Cum ſteteritis depre/
cantes. Ex quo apparet olim ſtantes precari ſolitos.

Stabant olim precantes

16: orantes 16: orare

19 {Peccata ueſtra.) Auguſtinus libro de ciuitate dei, uigeſimoprimo, capite uigeſimoſe/
ptimo annotauit uim & emphaſim huius pronominis ueſtra. Nam intelligi peccata non
quælibet, aut quamlibet grauia, ſed eiuſmodi, ſine quibus non uiuunt etiam probi, quales
tum erant apoſtoli quibus hæc dicuntur.}

Peccata ueſtra, id eſt, Leuia

19 Quod ſi uos non dimiſeritis.) Hæc in Græcis {pleriſque} codicibus nõ addũtur. [Nec Theo
phylactus legit aut interpretatur. Videri poteſt huc aſſcriptum ex Matthæi ſexto.

16-27: Quia [↓

Vnum uerbum.) ἕνα λόγον, id eſt, Vnum ſermonem, potius hoc certe loco.

Baptiſmum Ioannis.) βάπτισμα, id eſt, Baptiſma, ſiue Baptiſmus. Cum enim habeamus
hoc baptiſma & hunc baptiſmum à Græcis, quorſum opus erat confingere barbaram uo/
cem, tertiam, hoc baptiſmum? Adeo nihil intereſſe putant quidam, quomodo loquantur.
19 {Huiuſmodi fermè deſtomachatur hoc loco Laurentius Valla non abſque cauſa, licet igna/
rus, ut apparet, Auguſtinum ita frequenter loqui, & adeo frequenter, ut non queat prætexi
ſcriptoris error. Sic enim loquitur tractatu in Ioannem quarto, in caput primum: itaque non
durauit diu baptiſmum Ioannis. Rurſus tractatu proximo, Illi enim nullum baptiſmum e/
rat neceſſarium. Ac mox: quoniam ergo Ioannes acceperat baptiſmum, quod proprie Io/
22 annis diceretur. Iterum paulo inferius, Tale erat baptiſmum Ioannis. (Nec alibi tamen raro
27 idem facit.) Etiamſi & in homilijs Origenis ſemel atque iterum ſic poſitum offendimus. (Et a/
pud Irenæum, ut appareat eruditos in hoc populi imperitiæ geſſiſſe morem.)

Baptiſmũ hoc à Valla taxatum

Timemus populum.) ἐφοβοῦντο τὸν λαόν, id eſt, Timebant populum. Atque ita habent ue
19.27 tuſtiſſimi codices Latini {nominatim exemplar Paulinum (& Conſtantienſe)} In Corſendon
cenſi uidere erat etiamnum raſuræ ueſtigium. Offendit autem caſtigatorem perſona dure
22 ſubitoque mutata, quaſi uero hoc eſſet nouum in Euangeliſtis. (Id incommodi uitari poterat,
mutata ſermonis figura, Metuendus eſt nobis populus, aut mutata alterius uerbi perſona,
27 quemadmodum nos fecimus.) (At ſi dixiſſent ex hominibus.)

Timemus pro timebant

Quia uere propheta.) ὅτι, id eſt, Quod, potius, quam Quia, & fuiſſet potius, quam Eſſet. Opinor
enim Ioannem iam fuiſſe mortuum, ex ipſius Marci narratione.

EX CAPITE DVODECIMO

27 PASTINAVIT.) ἐφύτευσεν, id eſt, Plantauit. (Vox à paſtino dicta, quæ de/
clarat inſtrumentum bifurcum quo ſemina panguntur, unde uites ſterileſcen
tes quum refodiuntur dicuntur repaſtinari.)

Paſtinare pro plantare

Et fodit lacum.) ὑπολήνιον, In quod excipitur liquor uuarum.

In capite uulnerauerunt.) λιθοβολήσαντες ἐκεφαλαίωσαν, id eſt, Iactis lapidi
bus capitauerunt, ut ad uerbum reddam, hoc eſt, Comminuerunt caput. Verum quoniam
interpres uidit illum rediſſe uiuum, uertit, Vulnerauerunt, ne putaretur extinctus.

λιθοβολεῖν κεφαλαιῶσαι

Et contumelijs affecerunt.) καὶ ἀπέστειλαν ἠτιμωμένον, id eſt, Remiſerunt affectum contu
27 melia (ſeu potius ignominia. Nam contumelia magis in uerbis eſt.)

Chariſſimum.) ἀγαπητόν, id eſt, Dilectum.

Quia reuerebuntur.) ἴσως ἐντραπήσονται, Forſitan reuerebuntur. Quanquam nonnulli
27 Græcorum codices habebant ὅτι, pro ἴσως. (Sic enim legit Theophylactus & æditio Hiſpa
nienſis, Certe Latini codices uetuſti, habent quia pro forte.) Quæ lectio magis mihi proba/
tur. Nec enim eſt conſentaneum diffidere eum, qui mittit filium unicum. Et ὅτι quanquam
Latine reddi non poteſt hoc loco, tamen apud Græcos uim habet confirmandi.

Forte pro ὅτι

A domino factum eſt iſtud.) Iſtud referendum eſt ad caput, aut certe ad angulum, id
quod ſermo Græcus indicat, εἰς κεφαλὴν γωνίας. παρὰ κυρίου ἐγένετο αὕτη, id eſt, in caput an/
guli. A domino factum eſt hoc, ſubaudi Caput, niſi malis angulum, de quo dictum eſt in
35 Matthæo [Illud extra controuerſiam eſt, αὕτη Theophylacto referri ad angulum, quam in/
terpretatur eccleſiam, quod utrunque populum connectat in fide Chriſti. Hieronymus enar/
rans Pſalmum 118. unde hoc deſumptum eſt teſtimonium, legit: factus eſt iſte. ut ad lapi/
dem & Chriſtum referatur.]

A domino factum eſt iſtud caput

21 Mirabile.) θαυμαστή Et hoc ad caput (ſiue ad angulũ) refertur, quemadmodũ, Factum eſt.
Vt eum caperent.) ἀγρεύσωσι, id eſt, Captarent, ſiue uenarentur. Et cur non potius in ſer

 mone

[19-27: addunt<u>ur</u>, tamen adiecimus, quod in vetustis adderentur & in Graecis nonnullis. Unum verbum

mone, quàm in uerbo, cum Græca uox sermonem significet magis, quàm uerbum.
Non curas quenquam.) οὐ μέλει σοι περὶ οὐδενός, id est, Non est tibi curæ de quoquam: tametsi Græcis οὐδενός, uel ad hominem referri potest, uel ad rem. Hoc est, Non curas ullum hominem, aut nō curas rem ullam: quanquam quod sequitur indicat ad hominē magis esse referendum, quod alij uerum reticerent, ne quosdam offenderent.
Facies pro persona In faciem hominum.) εἰς πρόσωπον τῶν ἀνθρώπων, id est, Ad personam hominū. Quanquam Græce πρόσωπον, utrunque significat, faciem & personam, hoc tamen loco mollius erat Per
16-22: ni fallor sona, quàm facies: Atque ita uerterat eandem dictionem, in Matthæo (cap. 22.) 27
[κῆνσον Licet dare tributum.) κῆνσον, id est, Censum, quæ uox latina est, ut iam indicauimus.
An non dabimus.) Græce est, ἔξεστι κῆνσον καίσαρι δοῦναι ἢ οὔ; δῶμεν ἢ μὴ δῶμεν; id est, Li
16-19: tr. cét ne censum dare Cæsari, an non? Demus, an non demus? Vrgent enim hac iteratione responsum, quasi futurum sit, ut si responderit non dandum, daturi non sint, sin dandum, daturi (Hic consentiebat codex Hispaniensis cum Theophylacto.) [Licet Theophylactus non 27.35
attingat hanc lectionem in commentario. Opinor hic latinam esse ueriorem. Alioqui bis idē quæritur in priore parte, licet dare, & dabimus. Qui deprauauit locū non animaduertit ἢ μὴ δῶμεν habere uim potentialem, quasi dicas an nō debemus dare, ut respondeat illi, licet ne dare. Græci nimium sibi permiserunt in sacris libris præsertim in Marco & Actis Apostolorum: tametsi scribis hoc potissimum imputandum, qui quod studiosus aliquis sibi notarat in suo codice, retulerunt in contextum.]
Versutia pro hypocrisi Qui sciens uersutiam.) ὑπόκρισιν, id est, Simulationem, quod miror quare libuerit interpreti mutare, nisi forte legit, πονηρίαν.
Cæsar Christo uelut ignotus Quæ sunt dei deo.) Haud scio casu ne factum sit, an data opera, quod deo bis addidit articulum, Cæsari nequaquam, τὰ καίσαρος καίσαρι, τὰ τοῦ θεοῦ τῷ θεῷ: tanquam Cæsarem, uelut incertum & ignotum nominet, quod multi sint eius nominis, deum ueluti certum designet
Et uenerunt super eum.) καὶ ἔρχονται πρὸς αὐτόν, id est, Et ueniunt ad eum.
Et filios non reliquerit.) τέκνα, Liberos, nam Græca uox etiam filias complectitur. [Mat 35
thæi cap. 22. quū Græci magno consensu legant τέκνα, tamen latini codices habent filium non filios, quanquam ad sensum nihil refert, utrum legas.] Nec est,
[*Semen pro posteritate* Suscitet semen fratris sui.) Sed fratri suo dandi casu, ἀδελφῷ αὐτοῦ. Semen enim appellat posteritatem, siue prolem, (quam frater fratri suscitat non sibi, eo quod in mortui nomen 27
transit quod nascitur. Hac enim ratione mortuis quodam modo adoptabantur filij.)
Nonne ideo erratis?) οὐ διὰ τοῦτο πλανᾶσθε; An non igitur erratis? ut referatur ad id, quod sequitur, & sit sensus, eos ob id errare, quod nō intelligerent scripturas. Siquidem pharisæi errabant, non quod ignorarent scripturas, sed, quod auaritia & ambitione forent excæcati. Sadducæi labebantur ob imperitiam scripturarum.
Neque nubentur.) Græce γαμεῖν, uerbum est commune, & uiro, & mulieri. Verum de hoc dictum est in Matthæo.
Conquirentes.) συζητοῦντας, id est, Simul disputantes.
Virtus pro robore Ex tota uirtute.) ἐξ ὅλης τῆς ἰσχύος σου, id est, Ex toto robore tuo. Nam ipse mox uertit, For
(27: Nam titudine (uirtus enim apud Latinos ambigua uox est.) 27
{Simile est illi.) Græce est, Simile est illud. καὶ δευτέρα ὁμοία αὕτη. Primum præceptum 19
est, Diliges dominum deum tuum. Et alterum simile, uidelicet hoc, Diliges proximū &c.}
(Interpres legisse uidetur ταύτῃ pro αὕτη.) 27
νουνεχῶς Quod sapienter respondisset.) νουνεχῶς. Composita dictio est ab eo quod est, νοῦν ἔχειν,
16-27: prudenter id est, Mentem habere, qua periphrasi Græci significant sapere, siue cordatum esse, unde Cordate uertimus.
16-27: dicens
[*Respondendi uerbū ubi nullus interrogat* Et respondens Iesus dicebat docens.) καὶ ἀποκριθείς. Reperies aliquot locis hoc participium ita positum, ut sensus magis exigat, ἀνακρινόμενος, id est, interrogans. Nisi mauis ex hoc intelligi sermonem aliorum præcessisse, quem Euangelista non retulerit.
Et primos discubitus.) Debebat sibi constare interpres, postea quàm cœperat nomina uertere in uerba. Sic em̄ est Græce, τῶν θελόντων ἐν στολαῖς περιπατεῖν, καὶ ἀσπασμοὺς ἐν ἀγοραῖς, καὶ πρωτοκαθεδρίας ἐν συναγωγαῖς, καὶ πρωτοκλισίας ἐν τοῖς δείπνοις, id est, Volētibus in stolis obābulare, & salutatiōes in foris, & præsidētias in synagogis, & primos accubitus in cœnis [aut qui 35
cupiunt

cupiunt in stolis obambulare, ac salutari in foris, & primas tenere cathedras in synagogis, primoq; loco accumbere in cœnis.]

16: orationes ... Prolixæ preces hypocritarum

Qui deuorant domos &c. Græca sic habent, οἱ κατεσθίοντες τὰς οἰκίας τῶν χηρῶν, καὶ προφάσει μακρὰ προσευχόμενοι, id est, Deuorantes domos uiduarum, & prætextu longas facientes precationes, siue sub prætextu prolixe precantes.

19 Prolixius.) περισσότερον, id est, Abundantius, siue Plus iudicij {Porrò iudicium appellat condemnationem, quemadmodum frequenter accipitur in arcanis literis. Quam rem annotauit & diuus Augustinus libro de agone Christiano, capite uigesimoseptimo.}

Iudicium pro condēnatione

Iactaret.) βάλλει, id est, Mitteret, siue Iaceret. Nam iactu mittunt huiusmodi.

35 Quod est quadrãs.) Græce scribens abusus est uoce Latina, κοδράντης, [licet deprauata.]

19 Et conuocans. προσκαλεσάμενος, id est, Aduocans {Siue cum ad se uocasset.}

EX CAPITE DECIMOTERTIO

* QVALES lapides.) ποταποί. Miror cur Laurentius Quales mutandum putarit in Quantos. ποταπὸς enim sonat cuiusmodi, sed ita ut non simplicem ha-

Quales, ποταποὶ

27 beat interrogationẽ, ut ποῖος, sed admirationẽ potius (in bonã partem, uelut si de ignoto sciscitẽris, recte dixeris ποῖος οὗτος, sed ποταπὸς non recte dixeris.)

Vide has omnes.) βλέπεις. i. Vides. In nonnullis erat βλέπετε. i. Videtis.

19 {Dicentes quia ego sum.) ὅτι ἐγώ εἰμι. Quia hoc loco tantum affirmat, & ob id erat omittendum. Sermo neq; ad Græcam proprietatẽ respondet, neq; ad Romanam. Potest autem bifariam accipi: Dicentes, Ego sum, ut subaudias Christus. Aut dicentes, se esse eum qui ego sum Incommodum uitari poterat, si uertisset, Dicentes, Ego sum Christus.}

Solœcismus manifestus

Et opiniones.) ἀκοὰς, id est, Rumores. Nam ad uerbum sonat auditiones.

Et regnum super.) Cur non potius, Contra regnum? Sicut modo uerterat. Nam eadem est præpositio Græcis, ἐπί.

Videte uosmetipsos.) Consentiunt quidem Græci codices, uerum mutanda erat hoc lo

19 co greci sermonis figura: Cauete uos uobisipsis {Neq; uero est ociosa pronominis additio, quo discernuntur discipuli à Cæteris} Et haud scio, an scriptum fuerit à Marco, ἑαυτοῖς.

Videte pro cauete

In concilijs.) Rectius erat, In concilia, εἰς συνέδρια.

Et ante præsides.) καὶ ἐπὶ ἡγεμόνων καὶ βασιλέων ἀχθήσεσθε, id est, Et sub præsidibus & regibus ducemini, ut intelligas eos ad iudices duci.

27 Nolite præcogitare.) μὴ προμεριμνᾶτε, id est, Ne ante sitis solliciti, siue anxij, siue, Ne (cũ sollicitudine) præcogitetis, id quod solent acturi causam apud principes.

Quod datum uobis.) ὃ ἐὰν δοθῇ, id est, Quodcunq; datum fuerit.

Non enim uos estis loquentes.) οὐ γάρ ἐστε ὑμεῖς οἱ λαλοῦντες, id est, non enim uos estis qui

19 loquimini {ut uertit in Matthæo.}

Et consurgent.) ἐπαναστήσονται, id est, Insurgent.

Abominationem desolationis.) τὸ βδέλυγμα τῆς ἐρημώσεως. Sed hoc loco addunt Græci codices, an recte, uiderint alij, τὸ ῥηθὲν ὑπὸ Δανιὴλ τοῦ προφήτου, id est, Dictum à Daniele propheta. Apparet enim ex Matthæo huc adiectum. Quanquam & illic ab alio quopiam ad-

Additum quiddam

19 ditum uideri poterat {nisi sic ab Origene citaretur.}

16: apparet

Vbi non debet.) ὅπου οὐ δεῖ, Vbi non oportet.

Et nutrientibus.) καὶ θηλαζούσαις, id est, Lactantibus.

Nutriẽtes pro θηλάζουσαι

Tribulationes.) θλῖψις, id est, Tribulatio, qualis non fuit: ut sit appositio ad epitasin faciens, cum dies calamitosos calamitatem uocet.

Creaturæ.) κτίσεως. Vt sit uerbale: Quanquam reperimus hanc dictionem ancipitem in literis sacris. Aliquoties usurpatur pro ipsa conditione seu creatione, nonnunquam pro rebus conditis.

κτίσις

Neq; fient.) οὐδὲ οὐ μὴ γένηται, id est, Neq; fiat Quanquam uidetur abusus tempore, ut sæ

27 penumero occurrunt huiusmodi, (præsertim addita gemina negatione, οὐ μή.)

16. 27: fiet

οὐ μὴ

Abbreuiasset dies.) ἐκολόβωσεν, id est, Decurtasset, amputata parte aliqua prioris mensuræ. Nam hoc est κολοβοῦν, ut admonuimus in Matthæo.

κολοβοῦν

Ecce hic est.) ἰδοὺ ὧδε ὁ χριστός, id est, Ecce hic Christus. Et hic aduerbium est non nomen.

Neq;

* 16: forms last entry of cap. 12.

Neque angeli in cœlo.) οἱ ἐν τῷ οὐρανῷ, id est, Qui sunt in cœlo. (Apud Matthæum non 27
est mentio filij.)

Potestatem cuiusque operis.) Græce est, ἑκάστῳ τὸ ἔργον αὐτοῦ, id est, Vnicuique opus suum.
(Cæterum in nonnullis codicibus Græcis habebatur τὴν οὐσίαν, id est, substantiam, in alijs 27
τὴν ἐξουσίαν, id est, Potestatem. Prior lectio magis congruit cum parabola quæ est apud Matthæum de bonis in famulos distributis.)

An galli cantu.) ἀλεκτοροφωνίας, id est, Gallicinio. Est enim Græcis dictio composita, sicut & illa, μεσονυκτίου, quasi dicas medinoctio.

EX CAPITE DECIMOQVARTO

[ἄζυμα sicut ἐπιφάνια]

PASCHA & azyma.) Azyma pluralis est numeri, quemadmodum dicimus Lupercalia, Saturnalia, unde uertere poterat, Tempus azymorum, (quo ab- 27
stinebant à fermentatis.)

Dolo tenerent.) ἐν δόλῳ κρατήσαντες ἀποκτείνωσιν, id est, Per dolū captū, siue comprehensum occiderent. In enim præpositio, pro per usurpatur Hebræis.

(Dicebant enim.) ἔλεγον δέ. Dicebant autem, Quanquam id minimum refert.) 27

Ne forte tumultus.) μήποτε, id est, Ne, aut Nequādo, de quo nō semel iā admonuimus.

Nardus pistica

Nardi spicati.) Pisticæ legendum, quod nardus sit fœminini generis. Laurentius existimat pisticam uocari, probatam & spectatam, arguens diuum Augustinum, qui putet à loco dictum. Allusum autem ad fidem Christianam, (quod Græce pistis dicatur fides) In- 22
terpres uertit Spicatam, eo quod nardi genus quoddam uocetur spica, siue spicum nardi. 22
16-19: Vulgarius Theophylactus Græcus interpres, licet recentior, ambigit utrum pistica dicatur, species
16-27: genus nardi eius cognominis, an probata, uelut ἄδολος, hoc est, germana, nulla arte uitiata. At Dioscorides complura nardorum genera commemorans, quibus cognomina sint à locis addita, pisticæ nullam mentionem fecit, neque Plinius. Is, cuius extant in Marcum commentaria Hieronymi nomine, sed falso, belle & expedite scilicet interpretatur pisticam, hoc est,
[Nardi folium in unguentis] mysticam. Hugo Carrensis interpretatur unguentum mixtum, quod non solum è folijs, ac radice, uerumetiam è spicis nardi conflatum sit, quasi uero non longe optimum sit quod è
16-27: spicis folijs conficiatur. (Plinius enim libro duodecimo cap. duodecimo tradit folium nardi in un- 27
guentis [tenere principatum] Quo loco licebit plura de generibus nardi discere, si cui uacat. 35
[ψευδόναρδον] Inibi sit mentio pseudonardi passim nascentis: hāc herbam esse puto quam uulgo dicimus lauendulam, crassiore, ut inquit, atque latiore folio, & colore languido in candidum uergente. Veram autem nardum depingit his uerbis. Frutex est graui & crassa radice, sed breui ac nigra fragilique quamuis pingui, situm redolēte ut cyperi, aspero sapore, folio paruo densoque. Cacumina in aristas se spargunt, ideo gemina dote nardi spicas ac folia celebrant. [Fie- 35
ri tamen potuit, ut Marcus uulgari more loquens latinam uocem corrupte posuerit, pisticam appellās pro spicatam, Mirum enim quàm deprauate Græci latinorum nomina usur-
[Alabastrus] pent.] De alabastrite lapide meminit idem lib. 36. cap. septimo. Quum enim proximo capite meminisset Onychis, ita prosequitur, Hunc alioqui lapidem alabastritē uocant, quem cauant ad uasa unguentaria, quoniam optime ea incorrupta seruare dicitur. Hæc consen-
[Beda dissimulans autorem] tiunt cum eo quod scribit Horatius in odis. Nardi paruus onyx eliciet cadum. Beda refert de nardo, & alabastro ex his duobus Plinij locis, quos indicaui, mutatis aliquot uerbis, mire dissimulans autorem, quasi Plinius sit autor pudendus, [præsertim quum de rebus 35
naturalibus agitur. Quanquam fieri potest, ut Beda Plinium in spacio marginis annotarit, quemadmodum in præfatione testatur se annotasse titulos eorum è quibus hauserat quæ refert. Verum hos omisit scribarum inertia. Quod idem factum est in commentarijs quos ædidit in Euangelium Lucæ, quum ipse lectorem aut scribam obsecret, ne has nomenclaturas omitteret. Cautius fecit Thomas Aquinas, qui in Cathena sua titulos autorum ipsi
[Autores data opa suppressi] cōtextui admiscuit]. Ex Catena uidetur & Theophylactus id temporis fuisse uersus, adeo conueniūt quæ illic referuntur nomini Theophylacti. Quin & illud mirandum, quum pleraque Græcorum monumenta tum in sacris literis tum in philosophicis appareat tum fuisse
16: Lyra uersa, sic interisse, ut nusquam extent. Id casu factum uideri uix potest). Lyranus macerat
16-19: parua sese, num herba sit nardus, an frutex, an paruula arbuscula.

Vt quid.) εἰς τί, id est, Ad quid.

Præuenit

27: pudendus. Videri poterat religionis causa siluisse nomen scriptoris ethnici nisi idem fuisset Hieronymo. Quum enim quae narrat Marcus consentiant cum Mattheo, verba Hieronymi ex commentariis in Matthaeum, transscribit in Marcum. Et hoc appellant scribere commentarios. Candidus Aquinas qui ea quoque verba quae Beda sublegerat ex Hieronymianis commentariis, nomine Bedae citat. Ex Catena

16-19: arbuscula de quo si dubitavit, quin potius consuluit Plinium, Dioscoridem, Theophrastum, aut si nihil aliud, certe Isidorum suum. Ut quid

19 {Præuenit ungere corpus meum.) Non est χρίσαι, quod est quocunque illitu ungere, sed μυρίσαι, quod proprie est unguentis, & odoramentis unguere.}

In memoriam eius.) εἰς μνημόσυνον αὐτῆς, id est, In monumentum eius, subaudi mulieris, μνημόσυνον
de quo in Matthæo admonuimus. Memoria pro

27 Lagenam.) κεράμιον. id est, Vas fictile, siue aqualem fictilem,(nisi quod dure hydriæ si- memoriali
ue aquali additur aquæ, Mollius erit si dicas aquæ plenam, Nam aqualis est etiam uacua.)

Vbi est refectio.) κατάλυμα. Laurentius mauult diuersorium, ut uertit apud Lucam, quanquam utrunque uox Græca significat.

Cœnaculum.) ἀνώγεων. triclinium intelligit, sed lectis stratis, in quibus olim discumbe- Cœnaculum
batur. Dictum est autem Græcis, ἀνώγεων, quod subductius sit à solo, quod ueteres in su- in ædito
periore ædium parte cœnitarent.

27 (Stratum.) Post hoc in Græcis codicibus additur ἕτοιμον, id est, paratum, sed aliunde ni fallor huc transscriptum.)

Nunquid ego.) Græci sic habent, μήτι ἐγώ; καὶ ἄλλος, μήτι ἐγώ; id est, Nunquid ego? & alius, nunquid ego? At mihi sanè uidetur hoc ex interpretamento quopiam adiectum. Nam cum semel dixisset, εἷς καθ' εἷς, quid erat necesse adddere, & alius, & deinde alius? Præser- fere 1519
tim quuum Marcus nihil aliud ferè scripserit, quam Matthæi compendium?

19 Qui intingit manum.) ὁ ἐμβαπτόμενος. id est, Qui intingit.{Manum interpres addidit Qui intingit,
de suo} Atque sic habent antiquissimi codices: quanquam in Matthæo erat ἐμβαψάμενος, in Matthæo,
19 id est, Qui intinxit{Nec hic necesse est accipi exacte temporis rationem. Non enim hoc ex intinxit
pressit quid tum ageret Iudas, sed his uerbis indicauit ad quantam familiaritatem admissus esset, qui ex eadem patella cum Christo peteret intinctum.}

22 Filius hominis tradetur.) παραδίδοται, id est, Traditur, præsentis temporis {sed usurpa- Tempus pro
tum uice futuri. Sunt qui moueant scrupulum de uerbo trado, cui non putant esse locum, tempore
nisi cum res in manum datur, aut posteris traditur: cum prodere sit nonnunquam indicare, nonnunquam deferere, aliquoties in manum dare, sed in malam partem.}

Et benedicens fregit.) καὶ εὐλογήσας ἔκλασεν, id est, Cum benedixisset fregit, non enim simul benedixit ac fregit. Et benedicere nõ est pingere gestu manus, signum crucis, sed lau
des deo canere, & uerba boni ominis dicere. 16-19: bene ominata

Sumite hoc est.) Græci addunt λάβετε, φάγετε, id est, Sumite, edite, quemadmodum erat in Matthæo.

Qui pro multis effundetur.) τὸ περὶ πολλῶν ἐκχυνόμενον, id est, Qui pro multis effun- Effunditur
19 ditur. Iam enim hoc repræsentabat, quod paulo post esset futurum.{Qui tantopere asse-
uerant, quibus uerbis Christus consecrauerit, cum id nusquam expresse legatur, hunc
annotent locum, quo res ita narratur, quasi Christus prius poculum porrexerit, deinde ubi
22 bibissent, tum demum dixerit, Hic est calix, &c.}{Sic enim habent uerba Euangelistæ, Consecratio-
Et accepto calice gratias agens, dedit eis, & biberunt ex illo omnes, & ait illis: Hic est nis uerba
sanguis meus. &c. Quanquam hac in re nolim esse peruerse contentiosus, cum locus ex- 19-27: margin: Quibus verbis consecravit Christus
cusari possit per figuram πρωθύστερον.}

Quod iam.) ὅτι οὐκέτι. Iam posuit pro post hac, nec male, quanquam obscurius.

Ex hoc genimine.) ἐκ τοῦ γεννήματος. γέννημα Græca uox est, quæ uerti poterat, Fructu, siue fœtu. Et, hoc, pronomen, nec additur in Græcis exemplaribus, nec in antiquis Latinis. ut sit sensus, illum nullum uinum postea gustaturũ. Vnde & in cruce, uinum myrrhatum
19 admotum ori reiecit{nisi quod articulus τοῦ, nonnullam habet emphasin.}

Et hymno dicto.) καὶ ὑμνήσαντες, id est, Postquam dixissent laudes, ut intelligas ab omnibus decantatas laudes.

27 (Bis uocem dederit.) Quod erat anceps in Matthæo, Marcus expedite dixit ut bis refe- Noctis diuisio
ratur ad cantum Galli. Noctem enim ueteres sic diuidebant, Occidente sole dicebatur uespera, ab hoc tempore prima fax, deinde concubia, & intempesta, quod noctis est medium, Mox inclinatio noctis, deinde gallicinium, inde conticinium, quum & galli conticescunt, & homines etiamnum quiescunt. Post hæc diluculum, quo rarescunt tenebræ. Deinde mane clarum, Ita Iuuenalis, Quod tamen ad galli cantum facit ille secundum,

Proximus ante diem caupo sciet.)

At ille

16-27: magis dicebat

Distinctio naria

At ille amplius loquebatur.) ὁ δὲ ἐκ περισσοῦ ἔλεγε μᾶλλον. Rursum conduplicauit compara
tiuum, exprimere uolens uehementem asseuerationem Petri. Nisi mauis μᾶλλον, distinctio
ne semouere à superioribus, & annectere his quæ consequuntur, μᾶλλον ἐάν με δέῃ, id est,
Quin si me oporteat &c. Ac mox conduplicata negatio, οὐ μὴ, non caret emphasi constan
tis asseuerationis (quasi dicas haud unquam.) 27

Gethsemani

In prædium.) εἰς χωρίον, quod aliâs uertit Agrum, {aliâs uillam} significat aũt locum. Cæ 19
terum Gethsemani locus est, ad radices montis Olıueti {De quo admonuimus in Matthæo} 19

↓* ἀδημονεῖν

* Pauere & tædere.) ἐκθαμβεῖσθαι καὶ ἀδημονεῖν, id est, Expauescere, & anxius esse. Est enim
posterius hoc impotenter angi animo, & supra modum ægrescere: cuiusmodi affectio cor
ripit hominem primo obiectu magni discriminis, ut aliquandiu non sit apud se.

Abba pater Error in Augustini libris

{Abba pater.) Euangelista uocem Syriacam posuit, eamque uelut interpretatur, subijciens 19
ὁ πατήρ. Augustinus epistola centesima septuagesimaoctaua, putat abba uocem esse Græ
cam, nisi forte uitiata est scriptura. [Nam de consensu Euang. lib. 3. cap. 4. dicit Abba uo- 35
cem Hebraicam esse] Sed hac de re nonnihil attingemus in epistola Pauli ad Romanos ca. 8.}

16-27: quid

Non quod ego.) Græce est, ἀλλ᾽ οὐ τί ἐγώ, ἀλλὰ τί σύ, id est, At non quid ego, sed quid
tu. Quanquam hic Græca uariant exemplaria, nonnulla habebant, ἀλλ᾽ οὐχ ὡς ἐγὼ θέλω
ἀλλ᾽ ὡς σύ, id est, Non ut ego uolo, sed ut tu. In alijs sic erat, ἀλλ᾽ οὐ τί ἐγὼ θέλω, ἀλλὰ τί σύ, id
est, Non quid ego uelim, sed quid tu. Nam omnino sermo est inabsolutus.

↓*

* Et uenit & inuenit.) Vtrunque præsentis temporis, ἔρχεται καὶ εὑρίσκει, {Venit priore [cir- 19.35
cunflexa,] & inuenit prima acuta, ne quis hic indecore uel hæsitet, uel erret.}

Et reuersus denuo.) Denuo apud Græcos refertur ad Dormientes, non ad Reuersus
εὗρεν αὐτοὺς πάλιν καθεύδοντας. [Certe sermo Græcis est anceps.] 35

ἀπέχει pro sufficit

Sufficit.) ἀπέχει τὸ τέλος. Etiamsi τὸ τέλος in quibusdam codicibus non reperitur {neque 19
nobis uisum est addere. Porrò quod hic Christi sermo magis sit exprobrantis, quàm iuben
tis, admonuimus in Matthæo.}

Et filius hominis tradetur.) Traditur & in Græcis & in antiquis Latinis exemplaribus
παραδίδοται.

Qui me tradet.) ὁ παραδιδούς με, id est, Qui me tradit.

Prope est.) ἤγγικε, i. Apppinquauit, siue Adest. [Hic interpres recte mutauit uerbi tẽpus.] 35

Signum σύσσημον

Signum.) σύσσημον, quod sonat cõmune signum de composito datum, cuiusmodi sunt
quæ milites uocant symbola, quorum alia sunt uocalia, alia muta.

Et ducite caute.) ἀπαγάγετε ἀσφαλῶς, id est, Abducite tuto, siue certo, hoc est, exacta
custodia, ne quâ posset elabi.

Rabbi.) Græci congeminant, ῥαββί ῥαββί, Rhabbi rhabbi, <an recte nescio.> 22

↓ ** Additum in Græcis magno consensu

** Et tenuerunt eum.) Nonnulli Græci codices sic habebant, {quod & nos sequuti sumus,} 19
haud scio an perperam, καὶ κρατοῦσιν αὐτὸν οἱ νεανίσκοι, id est, Tenent eum adolescentes, siue
comprehendunt eum, aut inijciunt illi manus, ut iuuenes iuueni manum iniecerint. (Qui- 27
dam diuinant hunc adolescentulum fuisse è familia ubi dominus comederat pascha, Alij
putant fuisse Iacobum fratrem domini, cui cognomentum est additum Iusti. Gregorius su
spicatur de Ioanne Euangelista. Cæterum illam uocem νεανίσκοι Theophylactus legit qui
dem, uerum in enarrando non attingit. Additur & in æditione Hispaniensi.)

{Sed ut impleantur scripturæ.) Abruptus est sermo, subaudiendum enim, Hæc fiunt, ut 19
impleantur, &c.}

↓ **

** Et calefaciebat se ad.) καὶ θερμαινόμενος πρὸς τὸ φῶς. Illud, Ad lumen, referendum ad Sedens, non ad calefaciebat {Siquidem lumen illum prodidit.} 19

Aequalia, pro idonea

Non erant conuenientia.) καὶ ἴσαι αἱ μαρτυρίαι οὐκ ἦσαν, id est, Aequalia testimonia {non} 19
erant. Paria uocauit, opinor, satis idonea, siue, ἴσα, quod inter se non consentirent. Nam
hoc indicio primum coarguuntur falsa testimonia.

Post triduum.) διὰ τριῶν ἡμερῶν, id est, Per tres dies {siue triduo, non μετὰ τρεῖς ἡμέρας.} 19
<Suffragatur Græcæ lectioni codex aureus & exemplaria S. Donatiani (denique & Constan 22.27
tiense) in quibus habetur Per triduum.>

{Templum hoc manufactum.) Græcæ compositæ dictiones, manufactum χειροποίητον. 19
& non manufactum, ἀχειροποίητον. Alioqui quis dicitur ædificaturus, quod manufactum

sit? Græ

* 16-27: 'Et venit & invenit)' follows 'Pavere & taedere)'
** 16-22: both entries follow 'Et non erat conveniens)' (p. 145).

27 sit.{Græcæ uoces perinde sonāt:quasi dicas tēplū operis manuarij & opificij nō manuarij.)
Et non erat conueniens.) καὶ οὐδὲ οὕτως, id est, Ne sic quidem. Iam enim semel reiecta fu
erant illorum testimonia.
Quæ tibi obijciuntur.) Græce est, τί οὗτοί σου καταμαρτυροῦσι, idest, Quid, siue Cur isti
aduersus te testificantur? 16-19: testantur
Quid adhuc desideramus testes?) τί ἔτι χρείαν ἔχομεν μαρτύρων; id est, Quid adhuc opus
habemus testibus? Ac proprie quidem & eleganter uertit interpres, Desideramus, pro Re
quirimus. Verum haud scio, an lector tantum expectet.
Ante atrium.) εἰς τὸ προαύλιον, id est, In uestibulum atrij, siue locū, qui erat ante atrium.
Nam Galilæus es.) Addunt hic Græci codices, καὶ ἡ λαλιά σου ὁμοιάζει, id est, Loquela Additum
19 tua similis{siue conuenit{ex Matthæo, ni fallor, asscriptum in hunc locum.} aliquid
Anathematizare.) Quod in Actis Apostolorum uertit, Deuouere, in Matthæo de- 16-19: est
19 testari{hic reliquit.}
27 (Et iterum gallus cantauit.) ἐφώνησε, idem uerbū quod ante tametsi uerbis non ijsdem
uerterat uocē dederit φωνῆσαι. Quum autem res eadem narratione iteretur, conuenienti-
us erat uocem eandem repetere. Proinde non in tempore hic affectata est uarietas.)
19 Et cœpit flere.) καὶ ἐπιβαλὼν, ἔκλαιε, Erumpens, siue subito fleuit{aut prorupit in fle-
35 tum}[Siquidem ἐπιβάλλειν inter uarias significationes interdum declarat aggredi, siue impetum sumere ad aliquid agendum, hinc ἐπιβολὴ pro impetu. Hoc igitur uerbo Marcus
exprimere studuit uehementem ac subitam Petri mutationem.]

EX CAPITE DECIMOQVINTO

19{ET uniuerso concilio.) Cum hic bis dicatur concilium, Græce diuersæ sunt
dictiones. Prior est συμβούλιον conciliabulum, posterior συνέδριον, id est,
Consessus, siue conuentus.}
* Et cum ascendit turba.) καὶ ἀναβοήσας ὁ ὄχλος, id est, Et cum acclamasset * ↓
19 turba{Quoniam uero constanter dissonant à Latinis exemplaria Græca, in Duplex lectio
coniecturam uenio, interpretem aliud atque nos legimus, legisse, nisi fallor, ἀναβήσας, pro
27 ἀναβοήσας. Etiamsi ἀναβοήσας legit Theophylactus}(consentiente Hispana editione, quan- 19: Vulgarius
quam ex interpretatione Theophylacti non liquet quid legerit.)
Cœpit rogare.) ἤρξατο αἰτεῖσθαι, id est, Cœpit petere siue postulare. Nam ita modo uer
terat, ὅν περ ᾐτοῦντο. id est, Quemcunque petissent.
19 {Sicut semper faciebat illis.) Vt sermo sit absolutus supplendū est, Vt faceret sicut sem
per fecerat ipsis.} ** **↓
*Pontifices autem.) Quod modo dixit summos sacerdotes, nūc uertit pontifices. Nam *↓
Græcis eadem est uox, ἀρχιερεῖς.
19 {Concitauerunt turbam.) ἀνέσεισαν. Nonnulli Græcorum codices habebant ἀνέπεισαν,
id est, Persuaserunt, siue retraxerunt in hanc sententiam.}
27 (Pilatus uero dicebat illis. Quid enim mali fecit.) Diuus Augustinus libro de Consen- Augustinus
su Euang. 3. cap. 13. ut rem seriam annotauit, quod hic Euangelista dixerit, Pilatus dicebat ex re minutis-
non Pilatus dixit, nimirum subindicans non semel hoc à præside dictum, sed multum tem- sima colligit
poris in hoc sermone consumptum. Et Græcis quidem est ἔλεγεν. Atqui in Matthæo est argumentum
εἶπεν uerbum eiusdem temporis, ubi interpres uertit dixit, non dicebat. Idem fecit in Luca. Hoc ideo tantum annotaui, ut ostenderem, quod omnia quamuis minuta rapiamus ad cau
sæ præsidium, quoties constringimur angustijs.)
** In atrium prætorij.) ἔσω τῆς αὐλῆς ὅ ἐστι πραιτώριον, id est, In atrium quod est prętorium. **↓
22<Et hic Gręce scribens, Romana uoce abusus est.>
Patrem Alexandri & Rufi.) πατέρα ἀλεξάνδρου τοῦ ῥούφου, id est, Patrem Alexandri Rufi, Alexādri &
19.22 siue Rufi filium{Nonnulli Gręcorum codices cum nostra ędítione consentiebant}<ut acci- Ruffi amphi-
27 piamus Simoni fuisse duos filios>(Sic enim interpretatur Theophylactus, addita filiorum bologia
nomina, quo certior esset narrationis fides. Eandem lectionē sequitur is qui scholia scripsit 22-27: Alexandro
in Marcū, quæ Hieronymo asscribuntur, qui putat Alexandrū & Ruffum fuisse discipu- 27: Matthaeum
35 los domini, quū pater esset Cyrenensis, & Cyrenæ sit Lybiæ ciuitas.[Adeo late se iam tum
n propaga-

*19-27: 'Et cum ascendit turba)' follows 'Pontifes autem)'.
**19-27: 'Sicut semper faciebat illis)' precedes 'In atrium praetorii)'.

propagauerat Iudaica religio. Siquidẽ in Actis inter uarias nationes, quę stupebãt, ob linguarum miraculũ cõmemorantur & qui habitabant partes Libyæ circa Cyrenen. Rursus
eiusdem operis cap. 6. inter eos qui disputabant cum Stephano, commemoratur synagoga Libertinorum Cyrenensium & Alexandrinorum. Item cap. 11. fit mentio quorundam
Cypriorum ac Cyreneorum utiq; Iudæorum] Nec est angariauerunt, sed angariant, ἀγγα-
ρεύουσι, de qua uoce dictum est nobis alibi.)

19-27: entries reversed

* Et crucifigentes eum.) καὶ σταυρώσαντες αὐτὸν, id est, Cum crucifixissent eum.

19-27 margin: Petrus Comestor [Hora crucifi-xiõis diuersa]

*{Erat autem hora tertia.) Admonet hoc loco Petrus Comestor ex autoritate diui Hie- 19
ronymi, in Marco scriptum fuisse, quod dominus crucifixus fuerit hora sexta, uerũ id Grę
ci scriptoris accidisse uitio, qui pro ς, quæ Græcis litera non est, sed literis mixta est nota
numeri, nec alium habens usum, Sequitur enim literam ε, quæ Græcis significat quinq;,
& præcedit ζ, quæ notat septem, pinxerit, γ, quæ signat tria [Locus est apud Hieronymum 35
in expositione Psalmi 77] Idem paulo ante citat eum ex breuiario maiore, quod opus non
agnoscimus, nisi forte }designat opinor commentarios in Psalmos, ut in Matthęum sit bre- 35
uiarium minus, quod hic sit contractior. Quod si Hieronymi sententiam recipimus > facilis 27
exitus est huius quæstionis, in qua mire se torquet Augustinus libro de Consensu Euangelistarum 3. cap. 13. [Et ad eundem modum explicatur nodus lib. quæstion. ueter. & noui 35
testam. quęst. 65] Inde petat qui uolet. Nos adiecimus quod nacti sumus.)

16-27: aedificas

Qui reędificas.) Græcus sermo ambiguus est propter participia. At Hieronymus in
Esaiam citat persona tertia: Vah qui destruit templũ, & in triduo instaurat illud <Atq; ita 22
scriptum comperi in codice S. Donatiani (item in Constantiensi) Illud annotandum, quod 27
in Grecis codicibus non additur dei, sed templũ tantũ est <suffragantibus libris diui Dona- 22
tiani (& Constantiensi) Et in nostris aliquot pro Aedificas, perperã mutatũ est, Reędificas.> 27
{Eloi, eloi, lamazabatani.) Non est dubitandum, quin Euangelista uoces Hebręas, siue 19
Syras recte reddiderit, utcunq; à nobis sonantur, de quo dictum est à nobis in Mattheo.}

Deus deus meus.) In Grecis exemplaribus, librariorum, opinor, incuria, nõ repetitur
Deus meus — pronomen meus, cum apud Hebræos repetatur, Deus meus, deus meus {Proinde non du- 19
bitauimus apponere: pręsertim hoc freti, quod uideamus apponi apud Matthęum} (Post 27
comperimus additum & in Græcis uelut in Hispaniensi, & in Theophylacti uetustissimo
codice non addebatur, quemadmodum nec in editione Aldina, quod incuria librarij factum arbitror. quum enim in Hebręo sit eloi eloi, id est, deus meus, deus meus, qui conuenit ab hoc discrepare interpretationem Euangelistæ.)

Vt quid.) εἰς τί, id est, ad quid.

Calamus Arundo — Circũponensq; calamo.) Paulo superius calamũ uertit Arundinem. Nunc oblitus, opinor, Grecam uocem reliquit: quod idem fecit in Psalmo. Emittens Crystallum sicut buccellam, cum pro Crystallo uertere debuerit glaciem: fit enim mentio de niue, deq; frigore.

Centurio ἑκατόνταρχος — Videns autẽ centurio.) Et hic usus est Romana uoce Euangelista, ἰδὼν δὲ ὁ κεντυρίων
quem alias uocat ἑκατόνταρχον, Greca uoce. Nec est,
Clamans expirasset.) sed κράξας, hoc est, Clamore emisso, siue cũ clamasset, mox enim
à clamore expirauit.

16-27: parui

Iacobi minoris.) τοῦ μικροῦ. Grecis positiuum est, parui, non comparatiuum minoris. Et
apparet fuisse cognomen.

Quod est ante sabbatum.) Grecis una dictio est, προσάββατον, quasi dicas pręsabba
tum, hoc est, Initium sabbati.

Et Ioseph.) ἰωσῆ, id est, Iose.

{Venit Ioseph ab Arimathia.) Non potest accipi, quod ab eo loco uenerit, cum interce- 19
Ioseph Arimathæus — dat articulus ὁ ἀπὸ ἀριμαθαίας, id est, Arimathęus, ut patriam additam intelligas. Hieronymus in catalogo locorum indicat dictam Arimatha sophim, ciuitatem Elchanę, & Samue
lis in regione Tamnitica, iuxta Diospolim, patriam Ioseph, cuius hic fit mentio.}

Audacter introiuit.) τολμήσας, id est, Sumpta audacia, quanq; probe uertit interpres.
<Ne quis hunc arbitretur à me suggillatum, quod aliter uerterimus. Porrò audacia nõ sem- 22
per opponitur consilio, sed sępe refertur ad periculum. Sentit enim hoc Euangelista, Decu
rionem hoc non sine periculo fuisse ausum amore Iesu.>

Nobilis

[19-27: tria, Non mihi succurrit, quo loco dixerit hoc Hieronymus. Idem

} 19-27: forte commentarii in Matthaeum bis abbreviati sunt, & epitome altera fuit altera contractior 19-22: Et crucifigentes 27 continues: (Quod si vera sunt quae nescio unde hausta tradit Petrus Comestor,) facilis 27

Nobilis decurio.) εὐσχήμων βουλευτὴς, id est, Honestus senator. Laurentius admonet hic
Decurionem accipiendum pro Senatore municipali. Decurio
19 Si iam mortuus.) εἰ πάλαι ἀπέθανε, id est. Si dudum, {aut iamdudum} mortuus esset.
22 Etiamsi nonnulli codices, pro πάλαι habent ἤδη. ⟨Atque ita post repperi in editione Aldina 16-27: habebant
27 (consentiente Hispaniensi, atque item Theophylacto). Proinde nō assentior eruditis quibus/
dam, qui putant hic εἰ ualere idem quod cōiunctio quod. Siquidem adhuc dubitasse Pilatum Si, dubitantis]
indicant ea quæ mox sequuntur: Et re cognita ex Centurione. Porrò forma sermonis ne/
19 minem debet offendere, cum ita loquatur Terētius: Mirabar si sic abiret.⟩ {Ex hoc loco Ori/
genes colligit animam Christi non reliquisse corpus suum more uulgari hominum mori/
entium, sed ultro excessisse è corpore, cum uisum esset. Neque enim iuxta naturam tam mà
ture reliquisset corpus iuuenile, præsertim cum illi crura non essent fracta; quod alijs fieri
solet ad maturandam mortem.}
Maria Ioseph.) Rursum est, Iose, non Ioseph.

EX CAPITE VLTIMO

27 Coopertum stola.) περιβεβλημένον, id est, Amictum. (Nam coopertus esse pò
test, qui non sit amictus.)
Nolite expauescere.) μὴ ἐκθαμβεῖσθε. Idem est uerbum Græcis, quod uer/
tit modo Obstupuerunt.
Inuaserat enim eas timor.) εἶχε δὲ αὐτὰς τρόμος καὶ ἔκστασις, Habebat autem
eas tremor ac stupor, siue ecstasis.
Prima sabbati.) σαββάτων, habent plerique Græci codices.
27 (Nouissime recumbentibus illis.) Augustinus de concordia Euangelistarum lib. 3. tor/ Augustinus
quet seipsum quæstione, qui consistat quod Marcus dicit hic Iesum nouissime apparuisse, aliquoties nō
quum Ioannes referat illum post apparuisse suis ad mare Tiberiadis. Hunc nodum sic ex/ consulit Græ/
plicat, ut nouissime referatur, non ad numerum apparitionum simpliciter, sed ad apparitio cos codices]
nes eo die factas. Atqui quum Græce sit ὕστερον, quod sonat deinde siue postea, non erat
quur moueret quæstionem si Græcos consuluisset codices: quanquam nolim dissimulare
comparatiua nōnunquam usurpari uice superlatiuorum. quoniam itaque dixerat primum,
interpres hic maluit dicere postremum.)
Illis undecim.) αὐτοῖς τοῖς ἕνδεκα. Diuus Augustinus ex addito pronomine illis, & ex Articuli uis]
articulo Græco colligit hunc locum non posse accipi nisi de Apostolis. Atqui Græce non
est ἐκείνοις αὐτοῖς, quod si relatiue sumatur, sonat Iesum ijsdem duodecim Apostolis appa/ 27: undecim
ruisse quibus prius apparuerat. Sin discretiue, sensus erit Iesum apparuisse, nō mulieribus
aut quibuslibet discipulis, de quibus ante dictum erat, sed ipsis undecim nimirum Aposto
lis, qui narrantibus non crediderant. Etiā si Marcus ita cōtexit quasi hoc senserit. Primum
apparuit Mariæ Magdalenæ. Post hæc duobus ambulantibus in uillā. Postremo recum/
bentibus undecim. Nec obstat huic sensui si iam uni aut alteri ex Apostolis apparuerat.
Certe undecim simul discumbentibus nondum apparuerat.
Qui uiderant eum resurrexisse.) Græce est ἐγηγερμένον, suscitatū siue excitatum. Nec
uideo causam quur hic Gregorius aut Bernardus inducant angelos, qui soli uiderint do/
35 minum resurgentem. [Qui prius mortuum uiderant, ac mox uiuū, utique uiderunt eum re/
surrexisse. Illi fortassis legebant, qui uiderant eum resurgentem, ut hic interpres frequēter
participia præteriti temporis uertit in participia præsentis temporis]. Diuus Hieronymus 16-27: epistolis
35 in epistola [ad Hedibiam quæstione tertia] indicat hoc extremū Marci caput à plerisque non 16-27: caput, quod
35 [fuisse receptum, quod in raris Latinorum codicibus, Græcorum penè nullis habebatur, ⌈° in Marco legimus
præsertim quum uideatur narrare quædā manifeste pugnantia cum alijs Euangelistis. Ve/
lut illud quod refert dominum resurrexisse mane prima Sabbati, quum Mattheus tradat
eum resurrexisse uespera Sabbati, quæ lucescit in prima Sabbati. Pugnant autē inter sese,
uespere & mane. Huius difficultatis ostendit Hieronymus geminā solutionem, quarum
prior hæc est. Aut enim, inquit, nō recipimus Marci testimoniū, quod in raris fertur Euan/
gelijs, omnibus Græciæ libris penè hoc capitulum in fine non habentibus. Hæc solutio im/
pia erat, si tum temporis hoc Capitulum idem habebat autoritatis, quod reliquum Marci
35 Euangelium]. Admonet autem & illud [Hieronymus] subdistinctionem esse faciendā ante

n 2 mane

⌈° 16-27: plerisque non recipi & in omnibus pene Graecorum libris in fine poni, velut adiectitium. Propterea quod hic diversa narret a reliquis Evangelistis. Admonet

mane:ut intelligamus Christum uespere surrexisse,deinde prima Sabbati uisum esse Ma/
riæ, hoc modo legentes: quum surrexisset Iesus, & hic interposita hypostigme sequatur,
[16-27: etc. [mane prima Sabbati]apparuit[primo]Mariæ. [Hanc distinctionem indicat & Theophyla/ 35
ctus. Nos quo dilucidior esset sermo, pro ἀνασὰς, quod interpres uertit surgens, uertimus
quum surrexisset. Est enim participium præteriti temporis, quod circuitione reddendum
] 16-27: At erat]. Idem[Hieronymus]in secundo dialogo aduersus Pelagium disputans, narrat in fine 35
ǀ 16-27: hanc Euangelij iuxta Marcum, in nonnullis exemplaribus maxime Græcorū[Coronidem fuisse
19-27: margin: adiectam[hisce Marci uerbis]. Postea quum accubuissent undecim, apparuit illis Iesus, & 35
Coronis Marci and exprobrauit incredulitatem & duriciem cordis eorum, quod multis qui uiderant eum re/
Apocrypha coronis surgentem, non crediderunt.[Hic additum erat] Et illi satisfaciebant dicentes, Seculū istud 35
iniquitatis & incredulitatis substantia est, quę non sinit per immundos spiritus ueram dei
apprehendi uirtutem. Idcirco iam nunc reuela iustitiam tuam. Cęterum ut hoc extremum
16-27: illud ... Graecis Marci Caput hodie habetur in omnibus, quæ sane uiderim Græcorū exemplaribus,[quod 35
enarrat etiā Theophylactus]ita Coronidem hanc ex apocrypho quopiā Euangelio asscri/
16-27: studioso ptam apparet à lectore nimium audaci. Nam Euangelium Hebræorum quod tum à Na/
16-27: Ebionitis zareis & Essenis legebatur, Hebraicis scriptū literis, sed sermone Chaldaico, Hieronymus
testatur à se uersum in linguam Grecam, & ex eo nonnulla profert testimonia,[in quo le/ 35
guntur quædam his non dissimilia. Hoc autem assumentum, quoniam nihil habet Euan/
gelisticæ grauitatis, sed olet potius dogma Manicheorum, merito resectū ac reiectum est
tam à Græcis, q̄ à Latinis. Beda testatur diuum Ambrosium accurate scripsisse in hunc
Euangelistam, è cuius commentarijs fatetur se multa decerpsisse. Hoc opus nobis interci/
dit, nisi forte Beda sensit commentarios in Marcū, qui feruntur Hieronymi titulo, esse Am
brosij. Quod ego nec refello nec asseuero. Videntur enim hominis nec infantis, nec ineru/
diti, cui illud certe cum Ambrosio commune, quod multus est in allegorijs & affectibus.
Prefationem autem ineptam & indoctam addidisse uidentur Librarij, quo gratiosi nomi/
nis lenocinio allicerent emptorem. Illud addam, quod Hieronymus alijs uerbis refert hunc
locum quàm habetur in Marco Latinę editionis, quum tamen aduersus Pelagianos scrip/
serit admodum senex: unde coniectare licet, aut hanc editionem non esse Hieronymi, aut
ipsum neglexisse quod tradiderat. Nam quod hic indico, perq̄ frequēs est illi in eo opere.]

IN EVANGELIVM LVCAE ANNOTATIONES D. ERASMI ROTERODAMI.

Voniamquidem.) Solus Lucas & præfatur operi suo, & no/
minatim dicat libros suos. Is tametsi cęteris purior est, ac dilu/
Lucas cæteris Græce peritior cidior in eloquēdo, ob Grecarū peritiam literarū[quā in Cata/ 19
logo scriptorū tribuit illi Hieronymus] tamen multum & ipse
admiscet ex idiomate sermonis Hebręi. Cęterū quod hic uer/
tit ἐπειδήπερ, Quoniamquidē: haud scio, num apud emendate
loquentes reperiatur Quoniamquidē,[in priore sermonis par/ 22
te]Ego maluissem, Quoniam, aut Postq̄, aut Quādoquidem.
Quanq̄ haud omnino male uertit. ἐπεχείρησαν conati sunt: ut
intelligamus illos uoluisse magis q̄ prestitisse, & tentasse rem
uerius q̄ effecisse. Neq; enim Matthæi tantum id temporis extabat Euangeliū aut Mar/
Euangelia ci, sed multa ferebantur Euangelia, Nazareorum, Thomę, Matthię,[secundū Aegyptios, 27
apocrypha secundum duodecim], Nicodemi, atq; item aliorū, quę deinde uelut apocrypha reiecit ec/
clesia. Porrò ἐπιχειρεῖν, proprie est aliquid in manus sumere & aggredi.
Ordinare narrationem.) ἀνατάξασθαι. Quod ego uertissem, Digerere,[siue Contexe/ 19
16: nullo ordine re:]siquidem id est, in ordinem disponere, quod cæteri carptim, aut non iuxta perpetuam
rerum gestarum seriem prodidissent quædam. Quin & Matthæus ipse, quanquam cæte/
ris est plenior, & ab ipsa Christi natiuitate exorditur historico more, tamen totam ferè pu/
eritiam, & adolescentiam Christi prætermisit.[Porrò Marci Euangelium, eius quod à Mat 19
thæo proditum est, uideri possit epitome,[multa prætermittens, & historiam Euangelicam 27
auspicans

auspicans à prædicatione Ioannis)Ioannes quędam attingit carptim, uelut ab alijs omissa.
Proinde Ambrosius tribuit Lucæ stilum historicum ceu peculiarem. Cum enim sua sin/
gulis attribuisset, inquit: At uero sanctus Lucas uelut quendam historicum ordinem te/
nuit, & plura nobis gestorum domini miracula reuelauit: Ita tamen ut omnes sapientiæ
uirtutes Euangelij istius complecteretur historia. Idem aliquanto post: Historico enim sti/
lo diximus hunc Euangelij librum esse digestum. Denique describendis rebus, quàm expri/
mendis præceptis, studiũ uberius, cõparatione aliorũ, uidemus impensum. Et ipse Euan/
gelista historico more de narratione sumpsit exordiũ. Fuit, inquit, in diebus Herodis regis
Iudææ, sacerdos quidam nomine Zacharias, eamque historiã plena digestione prosequitur.}

Lucas unus totã uitæ se/riem prose/quitur

Quæ in nobis completæ sunt rerum.) Quæso quis ex hac interpretatione percipere
queat, quid senserit Euangelista? Nec enim simpliciter accipiendum est accidisse, quæ nar/
raturus est, sed certissima fide comperta esse, & argumentis indubitatis persuasa. Id enim
22 sonat Græcis πεπληροφορημένων,⟨à uerbo πληροφορέω, quod est, plenam facio fidem. Vn/
de πληροφορία, certa fides quæ fit argumentis aut re exhibita: &⟩ πληροφόρημα uocant,
quod nos uulgo dicimus certificationem. Et πληροφορεῖσθαι dicitur, cui certa fit rei fides,
19 ut iam nihil addubitet:{Hinc uoce composita, quod adducantur, quæ ad plenam rei com/
probationem requiri solent}. Proinde in epistola Pauli ad Romanos, capite quarto, πλη/
ροφορηθεὶς, interpres uertit, Plenissime sciens. Et rursum in eadem, capite decimoquarto:
Vnusquisque in suo sensu abundet, Græce est, πληροφορείσθω, hoc est, Vnicuique sua mens
satisfaciat, & in eo conquiescat. Vtitur eodem uerbo Paulus in alijs complusculis locis:
atque adeo Lucas ipse in Actis Apostolorum, id quod indicabimus suo loco. Quin & Ori/
35 genis[interpres]uertit ad hunc modum: Quæ in nobis manifestissime sint ostensæ. & subij/
cit idem, πεπληροφορημένων, quod uno uerbo Latinus sermo non explicat: certa enim fi/
de & ratione cognouerat. Quanquam ex his uerbis colligere licet, scriptorem hunc, aut
Paraphrasten Origenis fuisse, nõ interpretem, aut nonnihil addidisse de suo; quo res esset
19 explanatior. In eandẽ sententiã interpretatur Theophylactus Græcus interpres{recentior,
27 sed haud quaquam malus mea sententia}.(Ait enim πεπληροφορημένων δὲ εἶπε πραγμάτων,
οὐ γὰρ κατὰ ψιλὴν παράδοσιν εἰσὶ τὰ τοῦ Χριστοῦ, ἀλλ' ἐν ἀληθείᾳ καὶ βεβαίᾳ πίστει, καὶ μετὰ πάσης πλ ρο-
φορείας. πῶς δὲ εἰσὶ πεπληροφορημένα ταῦτα εἰπὲ ὦ Λουκᾶ. καθὼς παρέδοσαν ἡμῖν οἱ ἀπ' ἀρχῆς αὐτό/
πται καὶ ὑπηρέται τοῦ λόγου, id est, Res autem gestas dixit πεπληροφορημένας. Non enim ge/
sta Christi simpliciter uulgarique more tradita sunt, sed uera firmaque fide, cum omni certitu/
dine cõstant. Sed age dic Luca, unde ista rerũ certitudo? Sicut tradiderunt nobis ab initio
qui ipsi ab initio spectatores ac ministri fuerunt eorũ quæ narrant) Indicat huiusmodi non/
22 nihil & Ambrosius, licet obscurius⟨scribens hunc in modũ: quæ in nobis cõpletæ sunt, uel
quæ in nobis redundant. Quod enim redundat nulli deficit: de cõpleto nemo dubitat, cum
fidem effectus astruat, exitus prodat. Ac mox: Ergo fundatus in petra, & qui omnem fidei
sumpserit plenitudinẽ, firmamentumque constantię, recte dicit, Quæ in nobis cõpletę sunt.
Argute quidem lusit in uerbis Ambrosius, sed interim gnarus Gręcæ lingue satis indicat
uim Gręcæ uocis πεπληροφορημένων. Nescio, an illud sit operæprecium adijcere, uocem
hanc & ad rem accõmodari, & ad personam. Nam & cui persuasum est πληροφορηθεὶς di/
27 citur, & quorum est facta fides πεπληροφορημένα dicuntur⟩quemadmodũ & homini fit fi/
des & rei fidem facimus. Suetonius suo more Græcã loquutionẽ referens scripsit in Tibe/
rio, Persuasionisque plenus cuncta fato agi, uelut exprimens Gręcam uocem πληροφορηθείς.)

Interpres ob/scure uertit πεπληροφο/ρημένων
16: certissime
19-27: margin: An homiliae Lucam sint Origenis incertum est
16-27: sunt
16: Paraphrastem
16-19: Vulgarius
16: Qualiscunque, sed non omnino pessimus

22 Sicut tradiderunt.) Vel hinc liquet, Lucam⟨Euangelistam ab alijs⟩audita scribere. Tra
ditur enim id quod narratione transfunditur ab alijs in alios. Nisi sic malumus accipere,
22 Sicut nobis tradiderunt absolute dici: ut ipse Lucas sit è numero eorum qui tradiderunt⟨&
Nobis ad omnes referatur, qui ex prædicatione Apostolorum Christum didicerunt. Ve/
19 rum id ut est à nemine dictum⟩, ita coactius est, mea quidem sententia.{Quorsum autem
opus est hic laborare in probationibus, cum diuus Hieronymus in Catalogo scriptorum
ecclesiasticorum, ingenue fateatur Lucam ea stilo fuisse prosequutum, quæ ab alijs acce/
22 perat, sed fidei certissimæ uiris⟨hoc est, non à quibuslibet, sed ab ijs qui omnibus quæ nar/
22 rabant interfuissent⟩Hieronymi⟨uerba⟩super hac re subscribã, si quis forte requiret: Et Lu/
cam, inquit, nõ solum ab Apostolo Paulo didicisse Euangelium, qui cum domino in carne

Lucas auditã scripsit in Euangelio
16-19: Quanquam id mea sententia coactius est
19: Quid
19: viris cert. fidei. Sed

 non

< 16-19: πεπληροφορημένων. Nam opinor Lucam ea scribere quorum plerisque non ipse quidem interfuerit, sed quae certissima fide didicerit ab his, qui non solum testes ac spectatores fuerant earum quae commemorabant. verumetiam pars aliqua rerum gestarum. Ad eundem modum, & Vergilianus Aeneas historiam excidii Troiani narratus sibi fidem conciliat. Quaeque ipsa miserrima vidi, et quorum pars magna fui. {16 only: Testes rei vocat αὐτόπτας, dictione composita ex αὐτός ipse. & ὄπτω video. Caeterum eos qui pars aliqua fuerunt rerum gestarum vocat ὑπηρέτας hoc est, ministros. Subservit enim qui adiuvat in re peragenda} Porro Graeci πληροφόρημα vocant, quod nos l.14 (– for αὐτός ... peragenda: 19: cf p. 150 footnote }, 22-35: cf p. 150 ll. 15-19)

[16-27: Quin et Origines, sive quis alius is fuit. Nihil enim moror, cum constet ab homine erudito sumptum, vertit

? ὑπηρέτας see next page

non fuerat,sed & à cæteris Apostolis. Quod ipse quoq; in principio sui uoluminis declarat,Sicut tradiderunt nobis qui à principio ipsi uiderunt,& ministri fuerunt sermonis.Igi-
tur Euangelium sicut audierat scripsit. Acta uero Apostolorum, sicut uiderat composuit.
Et apertius etiam in præfatione,quam præfixit commentarijs in Matthæum: Tertius, inquit Lucas medicus,natione Syrus,Antiochensis,cuius laus in Euangelio,qui & ipse discipulus Apostoli Pauli,in Achaiæ,Bœotiæq; partibus uolumen condidit, quædam altius
repetens,& ut ipse in prooemio confitetur: audita magis,quàm uisa describens. Hactenus
Hieronymus.⟨Verum de hoc paulo post, per occasionem aliarum uocum,aliquanto plura 22
19: referendum — dicemus⟩. Dubitari poterat utrò referenda esset⟨hæc particula,⟩ Sicut tradiderant nobis,ad 22
19: interfuissent[1] — superiora,ut sit sensus: Certitudinem persuasionis hinc esse, quod qui ea rettulerant, non
22: testatores[2] — solum ipsi interfuerant,ceu testes⟨ac spectatores rerum gestarum⟩uerum ipsi quoq; rerum 22
19: aliquam rerum[3] — aliquarum partem gessissent. An ad sequentia: ut sit sensus,se quoq; uelle contexere Christi uitam,bona fide,quam totam,pleneq; à grauissimis autoribus didicisset.}
⟨Qui ab initio ipsi uiderunt.) Quod interpres circunloquutus est, Qui ipsi uiderant, 22
16: αὐτὸς-⟨αὐτόπται peragenda inserted in 'Quae in nobis... rerum)' p.149 variant + at } in 19. — Græcis est unica dictio αὐτόπται, à pronomine⟩αὐτὸς ipse,& ὄπτω uideo.{Certissimus enim 19
habetur testis oculatus, ut aiunt.⟩Hoc quoq; indicio colligere licet,Lucam non uidisse quæ 22
scribit in hoc libro: cum ipse se scriptorem fateatur,illos αὐτόπτας, non à sese, sed ab illis au
toritatem fidemq; mutuans⟩. Cæterum eos qui pars aliqua fuerunt rerum gestarum uocat ὑπηρέτας, hoc est, ministros. Subseruit enim qui adiuuat in re peragenda.⟨αὐτόπται 22
⟨ὑπηρέται — erant cum cernerent eijcientem dæmonium, ὑπηρέται cum soluerent Lazarū, cum & ipsi
iussu domini ederent miracula,cum illius causa periclitarentur. Græci literatores uocem
existimant ductā ab ὑπὸ & ἐρέσσειν, hoc est,ab subremigando,quod nauclero remiges sub-
⟨Minister — seruiant. Cæterum quoniam dure uidebatur Latinis dici minister negocij, non qui fuerit
exequutor,sed qui partem ipse gesserit ac passus sit,maluimus ita reddere. Ac pars aliqua
fuerunt eorum quæ narrabant. Sic & Vergilianus Aeneas sibi fidem conciliat:

Quæq; ipse miserrima uidi,
Et quorum pars magna fui.

16-19: Quotation inserted in 'Quae in nobis ··· rerum) p.149, variant

16-19: Valla cavillatur — ⟨Hieronymus in præfatione quam ædidit in omnia Euangelia paulo aliter legit. Sicut tradi 27
16: proprie — derunt nobis,qui ab initio ipsi uiderunt sermonem,& ministrauerūt ei⟩. Neq; uero quicq;
16-19: si Valla reiecta — ad rem facit quod argutatur Valla,hic λόγου potius uertendum fuisse, Verbi, quàm Sermo
quidem annotatio — nis,quo commodius possit ad Christum referri. Quandoquidē hoc loco λόγον uocat ipsas
⟨ Verbum pro — res gestas quæ narrantur.⟨Qui sermonis typus in libris sacris, haud quaquam est nouus.⟩ 22
re gesta — {Quod genus est libri Reg.3.cap.15. Non declinasset ab omnibus quæ præceperat ei, cun- 19
ctis diebus uitæ suæ,excepto sermone Vriæ Ethæi. Nihil enim hic dixisse fertur Vrias, sed
} — intelligi uoluit,facinus nepharium,quod Dauid in illū perpetrarat}⟨cuius rumor iam per- 22
uenerat ad multos. Nec huic arbitror dissimile,quod legimus apud hunc ipsum Euangeli-
Anagoge — stam: Videamus hoc uerbum quod factum est nobis. Sentiūt enim se uelle experiri, quod
durior — audierant nunciantibus angelis. Nec illepidum est quod hic philosophantur Origenes,
& Ambrosius,quomodo uerbum,quod magis auditu percipitur,q̄ oculis,hic dicatur cerni,propterea quod ait Videamus,& hic habetur αὐτόπται τοῦ λόγου. Neq; falsa est distinctio
uerbi substantialis,ut appellant,quod caro factum est,& uerbi quod aëris ictu pertingit ad
aures. Neq; non uerum est,factis esse præstandum, quod intellectu cognoris, quodq; animo destinaris. Nam huc detorquent illud ministri uerbi. Sed tamen hoc in loco non uiden
tur admodum tempestiua. Vbi allegoriæ nubilum admittit huiusmodi coniecturas, non
improbarim lectoris animum auocari similibus commentatiunculis, ne uel desperans de-
19: margin only: — sinat legere, uel offensus absurditate sensus historici resiliat. In cæteris probarim sensum
note placed by next — simplicissimum,minimeq; detortum in sacris literis. Iam quod negat Valla Christum in
entry Christus & — mysticis literis usquam sermonem dici,sed dūtaxat uerbum,in promptu est refellere, cum
sermo dictus — passim reperiatur,non apud Lactantium modo,quem is unum excipit,uerum etiam apud
Cyprianum,Hilarium,Hieronymum,Augustinum,Ambrosium,Prudentium, & his recentiores Bedam,Anselmū,ac Remigium: quemadmodū satis declarauimus in apologia,
παρακολου- — quam hac de re conscripsimus,& in Euangelio secundum Ioannem carptim attingemus.⟩
θεῖν — Assequuto omnia.) παρηκολουθηκότι. Assequuto non est hic accipiendum,quemadmo
dum

⟨ 16: narrantur. Etiamsi alio detorquet Ambrosius. Assequuto omnia)
} 19: perpetrarat. Etiamsi alio detorquet Ambrosius. Testes rei vocat αὐτόπται dictione composita ex αὐτός ipse (l.15) ··· peragenda. Camensis interpretatur ministros verbi, qui non intelligunt solum, verum etiam praestant quod praeceptum est. Assequuto omnia) – cf. p.149, variant ⟨

dum utuntur Latini, quibus assecutus omnia dicitur is, qui nulla in re frustratus sit, quod Assequuto ga
22 Græci uocāt τυχεῖν, ⟨cui diuersum est ἀτυχεῖν⟩ Sed παρακολουθεῖν est assectari, & adesse, & Græcis
subsequi potius quàm assequi. Vt enim assidere dicitur literæ, qui nusquam discedit à litera,
Ita παρακολουθεῖν dicitur, qui quoquò uersum te conferas, adest, & assectatur indiuiduus co
22 mes. Neque uero desunt qui ⟨ex occasione huius uerbi⟩ sic interpretentur, Lucam ab initio
22.19 interfuisse omnibus ⟨quæ scribit⟩ Sic enim ⟨istis, opinor⟩ uisus est sentire, quisquis fuit, cuius 16-19: is
extant in Lucam commentarij, Adamantij titulo. Verum huic interpretationi palàm re-
22 clamant ea, quæ præcedunt ⟨in hoc ipso sermone Lucæ⟩ quæ quantumuis torqueas, obsecro num omnibus interfuit Lucas quæ narrat? Num etiam colloquio Mariæ cum Ange-
22 19 lo? num spectaculo Iesu transfigurati? ⟨Quanquam si quis⟩ Origenis sermonem diligentius ⟨↓]↓
expendat, sentiet illum nō hoc affirmare, quod Lucas interfuerit omnibus, quæ texit in hi
19.22 storia ⟨uerū negat⟩ se carptim & ex rumore cognouisse, hoc est, dubio atque incerto autore, 19-22: sed
27.22 sed ⟨rem omnē ordine ex⟩ grauissimis ac certissimis testibus ⟨Verba ipsius subscribam: Vi-]↓
sum & mihi assequuto ab initio. Inculcat ac replicat, quoniam ea quæ scripturus est, nō ru
more cognouerit, sed ab initio ipse fuerit consequutus. Vnde & ab apostolo merito col-
laudat̄ dicente: Cuius laus est in Euangelio per omnes ecclesias. Hactenus ille. Certe Lucas obambulans per omnes ecclesias, non uidit ea quæ gessit Christus, sed ab ipsis discipu
lis, & Apostolis cognouit ac didicit, quæ gesserat ac docuerat. Atque illos non esse uanos
27 autores, & uita ⟨ipsorum⟩ ac miracula declarabant. Neque tamen hoc sentio, πᾶσιν referendum ad personam, ut intelligamus Lucam omnibus Apostolis adfuisse, sed ad rem: ut sen
sus sit. Illum omnia ordine persequutū, & sic omnia cognouisse ex his, qui quæ uiderant
35 memorabāt, ut nihil prætermiserit, quod ad historiæ seriem pertineret. [Augustinus libro
de consensu Euang. 4. cap. 8. legit assequuto à principio omnibus, seruata cōstructione
græca] Scripsit aūt nō omnia, sed ex omnibus, ut annotauit Ambrosius. Porro ne quis no
bis diffidat, usus est hoc uerbo Demosthenes, ἐν τῷ περὶ παραπρεσβείας. ἵνα ὡς μετὰ πλείστης
συγγνώμης παρ᾽ ὑμῶν, ὁ τὰ τούτου πονηρεύματα εἰδὼς ἐγὼ, καὶ παρηκολουθηκὼς ἅπασι, κατηγορῶ. Sentit aūt nō se fuisse spectatorem ac testem, quæ gesserat Aeschines, sed omnia peruestigas-
se. Idem alibi, ὑμεῖς γὰρ δικασταὶ ῥᾷον παρακολουθήσετε πᾶσι τοῖς λεγομένοις. Sequit̄ enim cogita
tio iudicis, ordinem referentis. Et apud Galenū legimus παρακολουθῆσαί τινι θεωρίᾳ, quod ani
mi cōtemplatio sequat̄ orationem: quod nō faciunt ij, qui parū attenti sunt ijs quæ dicun
22.19 tur. Vsus est aliquoties ⟨hoc uerbo⟩ ⟨& Paulus⟩ in suis epistolis in eundem fermè sensum ue- | 16-19: quoque
lut ad Timotheū capite quarto, ταῦτα ὑποτιθέμενος τοῖς ἀδελφοῖς, καλὸς ἔσῃ διάκονος ἰησοῦ χριστοῦ, ἐντρεφόμενος τοῖς λόγοις τῆς πίστεως, καὶ τῆς καλῆς διδασκαλίας, ᾗ παρηκολούθηκας, id est, De his si
cōmonefeceris fratres, bonus eris minister Iesu Christi, enutritus in sermonibus fidei, &
bonæ doctrinæ, quam usque sequutus es. Neque enim assentior ijs, qui idem putāt esse Græcis παρακολουθεῖν, & ἐπιτυχεῖν, siue ἐφικνεῖσθαι. Siquidē assequimur expetita ac difficilia.
Assectamur & παρακολουθοῦμεν, à quibus nō recedimus. Qua de re plura dicemus in locum Assequi et
Pauli, quem modo adduximus ⟨Iam quod dixit ἄνωθεν, aut intelligendū est ab initio, & or assectari
dine, ut intelligamus nihil prætermissum, aut denuo ac deintegro: ut quod alij uel carptim
uel parū certa fide narrarunt, ipse denuo plena certissimaque fide ijsdem de rebus texat hi-
19 storiam ⟨Siquidē hæc uox ἄνωθεν, Græcis tria declarat, desuper, hoc est, e supernis, ab inte
gro, siue denuo, & ab initio usque ad finem, siue à summo usque ad imum.⟩

Optime Theophile.) Miror unde Lyranus suspicatus sit Theophilū magnatē quem 16: Lyra
piam, aut principem fuisse, quod Lucas optimi cognomen addiderit. Itá ne primates opti
mos uocare solemus, aut num illis peculiare est optimos esse? Verū id Lyranus in aliquo
legerat glossemate, quod ut legere potuit, ita ob inscitiam Græcæ linguæ intelligere non
potuit. Nam apud Græcos κράτος robur sonat, siue imperiū. Et κρατεῖν est uincere, siue
cōpotem esse, unde Paulus in actis Apostolorū Festū κράτιστον uocat, quasi dicas plurimū Optimus
pollentē. Id quod attestant̄ & interpretes, Origenes, Theophylactus, Ambrosius. Quan- κράτιστος
quā κρείττων non solū potentiorē significat, ac superiorē, cui respondet ἥττων, uerū etiam 16-19: Vulgarius
19 potiorem, ac pluris faciendū, cui superlatiui uice est κράτιστος. ⟨Qui uertit homilias Origenis in Lucā annotauit κράτιστον significare optimū, siue potentissimū⟩ Cæterum Theo-
philus sonat amans dei, siue gratus deo, quod utrum proprium sit nomen, an epitheton

⟨16: angelo? Proinde res ipsa nos cogit, ut intelligamus
Lucam non interfuisse omnibus quae memorat, sed ordine omnia prosecutum, et rerum | 19: persecutum
seriem ut gestae sunt, ita narrandi ordine secutum esse, aut certe sic omnia cognovisse, ex his qui
quae viderant narrabant, ut nihil praetermiseret, quod ad historiae seriem pertineret. Utitur enim
hoc verbo Paulus (1.31)

] 19: Origenem attentius expendat, non affirmat Lucam interfuisse iis quae narrat Origenis
] 19: as ⟨16 above after following interpolation: testibus. Verum is sibi solet nonunquam 19: margin:
permittere, ad eum modum ludere in literis arcanis, et haud scio an hoc sit quod Christus a somno
subindicat Hieronymus in praefatione, quam praefixit homiliis in Lucam → appendix A. dictus

pij lectoris, alij disputent. Ego proprium hominis uocabulum esse puto.
Cognosco Vt cognoscas.) ἵνα ἐπιγνῷς. Annotat hoc & Theophylactus, nō dictum esse ἵνα γνῷς,
Agnosco id est, Cognoscas, sed ἐπιγνῷς, Agnoscas. Cognoscimus enim quæ discimus antea nobis
incognita. Agnoscimus quæ prius utcunq; nouimus, uelut faciem ante annos aliquot ui-
sam agnoscimus. Indicat hanc elegātiam duorum uerborum & diuus Hieronymus, cum
aliâs, tum in apologijs aduersus Rufinum.
De quibus eruditus es.) περὶ ὧν κατηχήθης. Olim qui baptismatis essent candidati{ijs} 19
16-19: Dryadibus tradebantur fidei Christianę mysteria, sed uiua uoce, sine scripto, quemadmodum priscis
22: Dryuadibus illis theologis mos erat apud Aegyptios, & apud Gallos Druidibus. Id erat initiari myste
27: Dryadibus ↓I rijs, quod Paulus & Lucas uocant κατηχεῖν. ἠχεῖν enim est uoce sonare. Inde κατηχεῖν uo-
Catechumeni ce erudire, quæ scripto nolis cōmittere. Vnde qui docebant ad eum modum, catechume
16: Dionysius ni{siue κατηχοῦντες}uocabant, qui docebāt catechistæ, quos Dionysiacus{interpres}suscepto 19
res, ut arbitror, nominat, uulgo cōpatres dicūt.{Vsurpauit hoc uerbi Lucianus in Asino, 19
ἐμὲ δὲ ἀπέδωκεν ἀπελευθέρῳ τινὶ τῶν ἑαυτοῦ νεανίσκων, καὶ εἶπε κατηχεῖν, ὅσα ποιῶν, μάλιστα ψυχα
γωγεῖν αὐτὸν δυναίμην, id est Me uero tradidit libertino cuipiam ex suis adolescētulis, ius-
sitq; ut doceret quæ facienda essent, quibus maxime sibi uoluptati esse possem. Ridicule
Lucianus facit puerū asini catechistam. Etiamsi in Actis apostolicis Lucas κατηχήθη usurpauit pro Resciuit, siue edoctus est, non de fidei mysterijs agens, sed de præfecto prēmoni
to. Verum ecclesia sic uerbū hoc suum fecit, ut non aliter q̄ catechumenos uocent, etiam
ij quid sit Catechumenus non intelligunt}Sensus igitur hic est{meo quidem iudicio}ut ea 22
quæ olim catechumenus uiua uoce didicisti, nunc plenius, ac certius scripto cognoscas.
Opponit enim hæc inter se ceu pugnantia γράψαι, & κατηχήθης. Quanquam{ut dixi}in 19
Actis semel{atq; iterum}usus est hoc uerbo, κατηχήθη, pro Auditum est, simpliciter. 19
Eruditus es ueritatē.) Græcis est nō ἀλήθειαν, sed ἀσφάλειαν, id est, Certitudinē. Nam
ueritas & fides cōstabat etiā ijs quæ in catechismo didicerat. Cæterū ἀσφαλὲς dicit, quod
certū est ac tutū, & in quo nullum sit lapsus aut erroris periculū. Hinc enim Græca uox di
cta est à σφάλλομαι, labor, & α particula priuatiua. Certius enim scimus, quæ scripto &
ordine cognoscimus, maxime si prius eadem ab alijs audierimus, aut etiam ab ijsdem eadem. Quandoquidē ipsa narrationis constantia, cum primis fidem arrogat rebus.

16-27: Major note on Budé; See Appendix B.

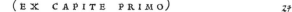

(EX CAPITE PRIMO) 27

(FVit in diebus.) ἐγένετο, erat potius.) 27
De uice Abia.) ἐξ ἐφημερίας. Græca uox euidentior est, indicans certos
dies esse præscriptos, in quibus certi sacerdotū ordines administrarent. Nec
est, Vxor ei, dandi casu, sed αὐτοῦ, id est, illius, atq; ita legitur & in Latinis
codicibus emendatis{Licet ad sensum nihil referat.} 19
[ἄμεμπτοι Sine querela.) Græcis unica dictio est, ἄμεμπτοι, quod sonat, quasi dicas eiusmodi, ut
de his nemo queri possit: dicere poterat Inculpati siue irreprehēsibiles. Nam quod mutat
Valla innoxij siue insontes, mihi non perinde probat. Maior enim quædam laus{uidetur} 19
esse, ἄμεμπτον esse q̄ innoxiū{Maximum enim est sic temperare mores ac uitā omnem, 19
ut hominū etiā iudicio satisfacias, ut improbis quoq; quod in te est placeas}. Porrò quod
uertit Processissent &c. προβεβηκότας, usitatius prouectæ ætatis dicimus.
(Factum est autē.) Hæc orationis forma frequens est apud Lucam, quasi dicas factum 27
est, ut Petrus me inuiseret, pro eo quod erat, accidit ut me inuiseret.)
Cum sacerdotio fungeret Zacharias.) Græcis pro Zacharias est αὐτὸν, quod tamen
nihil refert ad sensum{Nec addit in aureo codice, nec in Donatianicis}nec in Cōstantien- 22, 27
si. Pronomen αὐτὸς ita reddi poterat, cū is sacerdotio fungeret}Et, In ordine uicis, rursum
est ἐφημερίας. Cæterū quod sequit Secundum cōsuetudinem sacerdotij, non est Græcis
ἱερωσύνης, sed ἱερατείας nomen ab eo uerbo, quod modo melius uerterat, Sacerdotio fun-
geretur. Potuit igitur & hic transferre iuxta consuetudinē functionis sacerdotalis.
Sorte exijt pro sortitus est Sorte exijt.) Græcis est ἔλαχε, id est, Sortitus est, quod interpres, ni fallor, uolens dilu
cidius reddere periphrasi uerterat, Sors exijt, quod sortibus missis in urnam, sors illius, aut
↓I illius exisse diceretur]. Id aliquis deprauauit, in Sorte exijt, proinde nos uertimus, sorte
illi

I 16: κατηχεῖν Neque enim memini me hanc vocem apud ullum alium scriptorem legere praeterquam apud Lucam hoc loco, & apud eundem semel, atque iterum in actis apostolorum atque item apud Paulum apostolum complusculis. ἠχεῖν

I 16: Next sentence, 'Aliquo ... exiit', placed here from p. 153.

22 illi obuenit. Alioqui Zacharias ingressus est, non exijt. <Quod subindicat Ambrosius: Sor
27 te ergo eligebatur, inquit, ut introiret templum sacerdos> Sermo perinde sonat, quasi inter
sacerdotes sortitio facta sit, quis ingrederetur, immolaturus incensum: & tamen quidam
quorum est Beda, putant illi suum sacerdotiũ prius obtigisse sorte: quod an uerum sit alijs
iudicãdum relinquo. Nam fieri potest, ut inter plures sacerdotes primarios in ipsa functio
ne sors deligeret ingressurum.)

Vt incensum poneret.) τοῦ θυμιάσαι, id est, Vt adoleret thymiamata, siue odores in-
cenderet. Nam incensum non probatur Laurentio, quod ea uox non per omnia respondeat huic rei, Latini suffitum uocant. Quanquam mox quoque Hora incensi, uertit, θυμιάμα-
τος, & paulo post denuo, A dextris altaris incensi.

35 Apparuit autem.) [Non est ἐφάνη sed] ὤφθη, id est, Visus est siue conspectus est. Nam
35 apparent & quæ non sunt: quanquam non reprehendo quod transtulit interpres. [Hoc indicare uisum, quod Augustinus epistola centesimaduodecima sequutus Ambrosium phi
losophatur, de uerbo apparuit, quæ non admodum ad rem pertinent.]

19 {Multi in natiuitate eius gaudebunt.) ἐπὶ τῇ γεννήσει αὐτοῦ, id est, De natiuitate eius, siue
super natiuitate eius.}

Vinum & ciceram.) Sicera scribendum est per s, non per c. Nec enim à cicere dicitur *Sicera quid*
leguminis genere, uerũ uox est Hebraica, quæ per Syn apud illos scribitur, à uerbo שכר *Hebræis*
quod sonat inebriari. Vnde apud illos omnis potus factitius, qui possit inebriare, sicera di
22 citur. Porrò uini factitij usum fuisse apud Aegyptios, testis est Diodorus Siculus <historiæ
22 suæ libro primo> quod sua lingua uocarent Zuthum <siue ut in quibusdam habetur, corru *Zuthum*
pte opinor Citon> id quod olim Galli ceruisiam uocabant, Hispani cœliam, teste Plinio. *Ceruisia*
22 <Cuius meminit & Dioscorides libro secundo docens ex hordeo potissimum fieri, confici *Cœlia*
tamen & ex triticea fruge, qua soleant uti gentes occidentales, Hiberiæ ac Britanniæ. Cæ
terum potionis genus uehementer improbat, ut multis modis noxium.>

Adhuc ex utero.) ἐπὶ ἐκ κοιλίας. Verba quidem annumerauit bona fide. Cæterum
purius ac Latinius extulisset, iam inde ab utero matris: sic enim significamus longe repetitum initium.

Et uirtute Heliæ.) δυνάμει. Vt intelligas uim miraculorũ, non solum probitatem, ut cre
35 bro iam admonuimus, [licet non extet in literis Ioannẽ edidisse miracula, aderat tamen fidei robur usque ad uitæ contemptũ.] Hoc aũt conuenit cum uaticinio Malachiæ, qui prædi *Euãgelista nõ*
xit Heliam uenturũ, priusquam ueniret dies domini magnus, ut indicauimus in Mattheo. At *citat ad uerbũ*
ne Lucas quidẽ, aut angelus, cuius uerba refert, citat ad uerbum Malachiæ testimonium, *prophetiam*
19 sic enim legimus iuxta ueritatem Hebraicã {interprete Hieronymo}: Et conuertet cor pa- {↓
22 trum ad filios, & cor filiorum ad patres eorum. Pro quo legunt Septuaginta <ὃς ἀποκαταστήσει
τὴν καρδίαν πατρὸς πρὸς υἱόν, καὶ καρδίαν ἀνθρώπου πρὸς τὸν πλησίον αὐτοῦ, id est,> Qui conuertet cor 16: Et
patris ad filium, & cor hominis ad proximum suum.

Et incredulos.) Incredulos Græce est ἀπειθεῖς, Quod aliquoties uertit inobedientes, & ⌈16-27: ad
hic fortasse magis quadrabat, cum mẽtio facta sit patrũ & filiorum. Nam incredibiles pro prudentiam
incredulos, quod legisse uidetur Valla, quãdoquidem notat, ego nusquã adhuc scriptum iustorum
19.27 offendi ⌈præterquam in duobus uetustis exemplaribus: <denique & in Constantiensi.)

27 Ad prudẽtiam iustorum.) Nescio an Lucas abusus sit præpositione ἐν pro εἰς, <quem
admodum fecit cap. xxiij. ὅταν ἔλθῃς ἐν τῇ βασιλείᾳ σου.) Certe ⌈est, In prudentia iustorum. Et ⌈19-22: Graece
27 tamen altera lectio mollior est.> <Alioqui sensus esse poterat, adducet eos, nõ ui, sed prudentia iustorum, Iusti enim non ulciscuntur, sed sobrietate persuadent.)

Parare domino.) Recte taxat interpretem Laurentius, quod siue oscitans, siue uarieta *Interpres*
tem affectans, alterum infinitum uerterit, in modum finitum: alterũ ut erat reliquerit, Vt *oscitans* 16: est
conuertat corda patrum & parare domino: cum eadem opera dicere potuerit, Vt conuer
tat & paret. Quod tamen ita crebro facit, ut studio fecisse uideatur. Quod si uerũ est, miror cur affectarit, quod erat fugiendum. Itidem in psalmis: Insidiatur ut rapiat pauperem,
rapere pauperem dum attrahit eum. Cum utrobique sit ἁρπάσαι. Et aliquanto post, Ad faciendam misericordiam cum patribus nostris, & memorari testamenti sui, ⌈cum Græce ⌈16-27: Sancti
sit ποιῆσαι & μνησθῆναι. Ac rursum, Illuminari his, qui in tenebris & umbra mortis sedẽt,
ad di-

{16: Hebraicam We-heshiv lev-'avoth 'al banim we-lev-banim 'al 'avotham. Et conuertet

ad dirigendos pedes,cum sit ἐπιφᾶναι & κατευθῦναι, utrunque uerbum infinitiuum.
Plebem perfectam.) κατεσκευασμένον. Quod magis sonat instructam & adornatam
siue apparatam.[In hoc enim praecursor erat Ioannes,ut suo baptismo,praedicatione,ac te- 35
stimonio de Christo, Iudaeorum animos dociles redderet euangelicae philosophiae, quod
diligenter explicat Theophylactus.Interpres noster legisse uidetur, κατηρτισμένον.]

Quod tardaret ipse in templo.) ἐν τῷ χρονίζειν αὐτόν. Ipse nō erat hoc loco reddendum,
si uoluisset Latine loqui, quod tamen alias in consimili sermonis genere non semel ausus
est omittere.

κωφὸς Graecis & surdus & mutus

Et permansit mutus.) Mirum cur Laurentium offendat mutus, quasi κωφὸς tantum
significet surdum. unde igitur prouerbium illud κωφὸν πρόσωπον, id est, Muta persona?
Is qui collegit Graecarum uocum etymologias,citatis autoribus docet κωφὸν dici Graecis,
non solum qui surdus sit,uerumetiam qui mutus,quem ἄλαλον uocant, neque quicquam
interesse,nisi quod ἄλαλος dicatur,qui fari <per aetatem> non possit, uelut infantes, κωφὸς, 22
cui nulla sit omnino uox.

Dies officij.) λειτουργίας, id est,Ministerij,qđ tamē plerunque de sacris ministerijs accipit.

(handwritten: * 27: Desponsatam viro) praecedes Quia sic fecit))

*(Quia sic fecit.) ὅτι coniunctio erat omittēda Latine uertēti,quod alicubi tamē ausus est. 27
Et respexit auferre.) ἐπεῖδεν ἀφελεῖν, id est,respexit,subaudi me,ut auferret &c.id est,
misertus mei abstulit opprobrium.)

*{Desponsatam uiro.) Desponsam & desponsatam utrunque reperio apud probos auto- 19
res, Graece est μεμνηστευμένην, Quod est proprie proco tradere sponsam. Iam enim ut apparet,puella cum sponso habitabat,etiam si coitus non intercesserat.

Domus & familia quid differant

[πατριᾶ

Viro cui nomen erat Ioseph, de domo Dauid.) Chrysostomus homilia in Matthaeum
secunda,indicat hoc loco legi,De domo ac familia, ἐξ οἴκου καὶ πατριᾶς, Sic accipiens qua
si domus appellatio latius pateat, familia pertineat ad pauciores. Quanquam nec apud
Ambrosium ita legimus,nec in antiquissimis exemplaribus. Verum familiae nomen addi
tur proximo capite: Ascendit autem & Ioseph à Galilaea de ciuitate Nazareth in Iudaeam ciuitatem Dauid, quae uocatur Bethlehem, eo quod esset de domo & familia Dauid, Consentientibus nostris exemplaribus cum Graecis. Proinde fieri potest,ut Chrysostomus memoria lapsus sit,praesertim cum locum hunc secus adducat,quàm habeat apud
Lucam: Adducit enim hunc in modum, Audi ad Gabriel loquentem dominum: Vade
ad uirginem desponsatam uiro,cui nomen Ioseph,ex familia & domo Dauid. Licet Chry
sostomus ex altero loco idem poterat conficere, quod conficere uolebat ex hoc. Neque
enim hic contendit ad uirginem esse referendum quod dicitur, de domo & familia Dauid,sed ad Ioseph, Verumtamen hinc colligi Mariam eiusdem fuisse tribus. Quod si utro
que loco agebatur: De domo & familia,mirum cur Chrysostomus non utrunque adduxerit.[Certe Theophylactus hoc loco familiae non meminit.] 35

(handwritten: 19-22: sed; 19-27: legebatur)

Maria & mariam

(handwritten: 16: id)

Et nomen uirginis Maria.) μαριάμ uoce & accentu Hebraeo. Quanquam ostendimus
hoc non obseruari perpetuo:siue id accidit incuria librariorū,siue quod nihil intersit.

Aue gratia plena.) χαῖρε κεχαριτωμένη. Idem uerbum χαίρειν apud Graecos tria significat, gaudere,saluere,& ualere. Vnde nihil referebat,salue uertisset an aue.Nec est,

Gratia plena

(handwritten: 16: quo tamen)

<Gratiosi

(handwritten: 16-22: sonet amatorium)

Noua salutatio

Gratia plena.) sed ut ad uerbū reddam Gratificata.{Verbo,unde hoc participiū dedu- 19
ctum est, utit Paulus in epistola ad Ephesios cap.primo: Gratificauit nos in dilecto filio
suo, ἐχαρίτωσεν, hoc est,gratos & charos reddidit.} Quanquam participio <quod idem pollet> 22
Homerus usus est,p unice dilecto, ἐμῷ κεχαρισμένε θυμῷ, id est,Meo dilecte animo.<Nam 22
charus esse potest, qui se nobis suis officijs cōmendauit. At κεχαριτωμένος, nō dicetur,ni
si quem gratuito quodā animi fauore cōplectimur. Porrò gratiosi Latinis dicunt,quibus
fauetur,propenso quodam animi studio>Est autem uox uelut amorem alicuius erga uirgi
nem nunciantis,eo quod sonat blandum quiddam. Vnde & turbata uirgo cogitabat,qua-
lis esset ea salutatio.{Annotauit & Origenes hanc salutandi formam nusquam extare in libris 19
sacris,nec ad uirum ullum,nec ad mulierem.Itaque nouitas quoque ipsa stuporem auxit uir-
ginis.Ad id facit,quod Graece non est ποῖος, sed ποταπός, ut insignem ac miram accipias
salutationem. Nam solennis Iudaeorū salutatio pacem optabat. Caeterū aptissimum erat,
ut gaudij uocabulo salutaretur quae uerae uoluptatis autorem erat conceptura: & gratiae
uocabulo

uocabulo compellaretur, quæ Iesum erat paritura, finem ceremoniarum frigidarum, & sa-
lutaris gratiæ principem autoremque. Video theologos quosdam uiros alioqui doctos ac
pios, quorum est Bernardus, mire philosophatos in his uerbis, Gratia plena, uelut hoc pe- *Bernardus*
culiariter competat in Mariam, gratia plenam appellari, Cum nec hoc loco dixerit Lucas *Gratia plena*
gratia plenã, & is sermo multis promiscue tributus in arcanis literis reperiatur. Siquidem
de Ioanne Baptista legimus: Et spiritu sancto replebitur adhuc ex utero matris suæ. Rur- *Pleni spiritu*
sum de Elisabet: Repleta est spiritu sancto. Ac mox Zacharias spiritu sancto repletus legi- *dicuntur &*
tur. Et in actibus apostolicis, spiritu sancto repleti leguntur qui cõuenerant. Et Stephanus *alij sancti*
plenus spiritu sancto dicitur, ac plenus gratia & uirtute. Nec ista cuiquam uideri oportet
negligenda. Siquidem, ut est elegans in huiusmodi minutijs apte philosophari in arcanis
22 literis, ita fœdũ extra rem nugari. ⟨Proinde ne quis ad eundem impingat lapidem nos uertimus Gratiosa.⟩

Benedicta tu.) εὐλογημένη, Quod sonat laudatam siue præclara fama, de qua omnes *Benedicta*
19 bene loquantur. {Licet autem benedictus ac maledictus pro laudato & illaudato non repe- *laudata* {↓
riatur apud Latinos autores, tamen uelimus nolimus ad quædam eiusmodi cõniuendum
est, receptiora quàm ut citra tumultum mutari possint} Et,

In mulieribus.) ἐν γυναιξίν, id est, Inter mulieres: quod ipse paulo post ad eum transtulit modum, & ita legit diuus Ambrosius. Quanquam haud sum nescius In pro inter usurpari, nonnunquam apud Latinos quoque.

Quæ cum audisset.) Græci secus habent, ἡ δὲ ἰδοῦσα, id est, At illa cum uidisset. Ita scri- *Varia lectio* 16: Quod
27 ptum fuisse in nõnullis uetustis codicibus attestatur Valla. ⟨In codice Constantiensi rasor
nescio quis, ex uidisset fecerat audisset⟩. Et ne quis pergat causari, sic legit diuus Ambro- 16-19: cauillari
sius. Quanque apud hunc non est Turbata in sermone, sed in introitu. Legit enim ad hunc *Quæ cum ui-*
modum: Ipsa autem ut uidit eum, mota est in introitu eius. Et ne quis causetur casu muta- *disset Maria*
tam scripturam subijcit, interpretans quid legerit: Trepidare uirginum est, & ad omnes uiri ingressus pauere, omnes uiri affatus uereri. Nisi forte hic Ambrosius, nonnihil immu-
27 tauit de suo. ⟨Quanquam his consentanea dicit libro off. 1. cap. decimooctauo. Quod salu-
tata ab angelo tacet et mota est in introitu eius, quod ad uirilis sexus speciem peregrinam
turbatur aspectus uirginis. Iam & in catena aurea referuntur uerba Græci nescio cuius, ex
quibus satis liquet & ipsum legisse cum uidisset, non quum audisset. Sic habent. Quum
assueta foret his uisionibus, Euangelista non uisioni, sed relationibus turbationẽ attribuit
dicens, Turbata est in sermone eius &c. Et paulo post, & cogitabat qualis esset ista salutatio, non conceptio, nam adhuc ignorabat immensitatem mysterij, sed salutatio, nunquid libidinosa, ut à uiro ad uirginem, an diuina, dum dei faceret mẽtionem dicens, dominus te- *Calumnia de-*
cum. Hæc Græcus ille. Quum ego tribus uerbis annotassem, angeli salutationem amato- *pulsa*
rium quiddam, ac procorum præ se tulisse, & ob id Mariam principio fuisse turbatã, deum
immortalem, quas hic tragœdias excitauit quidam, & alius ab integro renouauit, quum
hæc retulerit diuus Thomas in catena sua, nequaquã relaturus si blasphema essent & impia. Ego dixeram amatorium quiddam, ac nescio quid procorum, extenuans utrunque, hic
plus ausus meminit libidinis. Cum his uero sic concordat Theophylactus, ut ipsius uerba
relata uideri queant in catena, cuius uerba subscribam, διελογίζετο δὲ περὶ τοῦ ἀσπασμοῦ ποταπὸς εἴη οὗτος, μὴ ἄρα ἄτοπός τις καὶ πορνικὸς, ὡς ἂν ἀνδρὸς πρὸς κόρην, ἢ θεῖος, ἐπειδὴ καὶ θεοῦ μνήμη
συνῆπτο τῷ ἀσπασμῷ, τὸ ὁ κύριος μετὰ σοῦ, id est, Cogitabat autem de salutatione qualis esset
ista, utrum absurda quæpiam ac scortatoria, ueluti à uiro proficiscens ad puellam, an diuina, quandoquidem dei mentio salutationi miscetur, in hoc quod ait, dominus tecum. Hæc
Theophylactus. Ego procorum memineram tantum, & proci uocabulum non minus honestum est, quàm sponsi, & amatoriũ dixi, quæ uox non est obscœna, sponsus enim sponsæ scribit amatorias literas, & uociferantur rem esse plenam blasphemiæ: hic meminit libidinis & scortationis. Quid cæcius istorum iudicio? Iam non expendo quale sit hoc quod
prior ille Græcus ait, Virginem non turbatam aspectu, sed oratione, eo quod assueuisset
angelorum uisioni. primum enim nõ constat an uirgo sic assueuerit, ut nõ turbaretur primo aspectu: & si agnouit angelũ, quid est quod metuit à sermone, aut cur dubitat utrum
salutatio libidinosa sit an ex deo: illud mihi satis est quod legerit, quum uidisset. Alioqui
friuolum

{ 16-22: loquantur, quod & ipsum amatorium quiddam prima fronte sonat, ac nuptiale, quo
magis turbata est virgo, nondum edocta de coelesti mysterio. Et

Maria turbata aspectu & uerbis angeli

friuolum erat annotare uirginem sermone fuisse turbatam,nō aspectu,nisi aspectus simul
& uisionis facta fuisset mentio. Proinde pium arbitror credere uirginem pudicam initio
tum aspectu iuuenis,tum blanda nouaq; salutandi forma fuisse turbatam) Ceterum quod
Laurentius subindicat hoc loco nescio quid argutulū:Nolo,inquiens,disputare nunc qua
re sit melius,Quæ cum uidisset,quàm quæ cum audisset,ne de fide scripturæ dubitare ui/
dear,quid sibi uelit,ut ingenue dicam,non satis intelligo.Nam ipse puto Euangelistam sic
esse locutum, ut ostenderet uirginem duplici nomine turbatam fuisse:primum,quod uide
ret iuuenem ad se ingredientem,deinde quod audiret salutationem(nouam ac præter soli/ 27
tum blandam)(Et quo castior erat uirgo,hoc magis suæ pudicitiæ metuebat,ne quis clami 22
tet indignum hunc metum tribuere me uirgini,quem in illa laudauit Ambrosius.)

16: et — Inuenisti gratiam

Qualis esset.) Rursus hic est, ut dixi,}ποταπὸς, quod in Marco Laurentius transferre 19
uolebat per quātus.Et aptius erat Reperisti,siue nacta es gratiam q̄ Inuenisti{hoc est,ob/ 19
tigit tibi esse gratiosam apud deum.}Nam apud Græcos εὑρεῖν polysemon est. Vnde qui
hic philosophantur,non inueniri,nisi quod perijt,argute magis q̄ apposite differunt.

Et filius altissimi.) ὑψίστου.(Quod quidam legit summi.)Idem uerbum, quod aliâs uer/ 27
tit In excelsis, ἐν ὑψίστοις.

Dauid patris eius.) Latinius erat patris sui,atq; ita legitur in nonnullis exemplaribus.
Et pro,In æternum,est εἰς τοὺς αἰῶνας, id est,In secula.Nam quod πῶς ἔσται,id est, Quomo/
do erit,uertit,Quomodo fiet,nihil peccauit interpres.

Nō cognosco

19-27: fuit inductum

{Virum non cognosco.) Cum hic consentiant Latina cum Græcis exemplaribus, mi/ 19
rum est,unde Ambrosius unus legat cognoui nō cognosco, nisi forte hoc librariorū erro/
re inductum est,[qui noui, uerterint in cognoui.]Siquidem præsens uerbi tempus melius 35
explicat uirginis propositum.}

16-19: nascitur
16-19: Vulgarium
16: hanc primam

Quod nascetur ex te.) τὸ γεννώμενον,id est, Quod natum fuerit. Cæterum illa duo uer
ba,ex te,nec in ullis Græcorum exemplaribus addita reperi, ne apud Theophylactū qui/
dem,nec in antiquis codicibus Latinis{præterquam in uno,in quo,nescio quis,in margine 19
adiecerat.}Proinde miror,unde in primam huius operis æditionem inuaserint. Est autem
absolutior sermo,si non addantur.[Non enim hic agitur de persona concipientis,sed de no 35
uo modo concipiendi, deq; fœtus excellentia.]{Apparet adiecta ab explanatore quopiam: 19
tametsi in Aldina æditione comperi addita.

ἀδυνατοῦν Verbum ῥῆμα non λόγον

Quoniam non erit impossibile.) ἀδυνατήσει, uerbo composito. Sensus est,nihil à deo
promitti tam nouum aut magnū,quod ipse non queat præstare. Atq; hic planè Verbum
posuit pro oratione ῥῆμα. Ac paulo post,Fiat mihi secundum uerbum tuum, ῥῆμά σου. Ni
si forte licet ῥῆμα natiuo significatu usurpare,quo ῥῆσιν uocamus orationem.}

In montana.) εἰς ὀρεινὴν, id est,In montanam,ut subaudias regionē.Eadem uox est ali/
quanto inferius, Et factus est timor super omnia montana Iudeæ, ἐν ὅλῃ τῇ ὀρεινῇ. {Quan/ 19
quam interpres probe reddidit sententiam,ne quis putet illum à me reprehendi.}

Salutationem Mariæ.) Hic certe Mariam pronunciauit inflexione Greca, non He/
braico more.

16-27: et mox

Exultauit.) ἐσκίρτησεν, id est,Salijt, siue subsultauit, idem est paulo post, exultauit in
gaudio, Nec est, ἐν χαρᾷ, sed ἀγαλλιάσει, quod gesticulationem magis sonat lætantis q̄
ipsum gaudium. Vnde in psalmis ἀγαλλιασώμεθα uertit exultemus.

Exultauit spiritus meus.) ἠγαλλίασεν.{Quoniam in positum erat pro per, uertimus 19
præ gaudio.}

αὐτῇ αὐτῆ

(Et beata quæ credidisti.) Quoniam Græce participium est ἡ πιστεύσασα, poterat & ad 22
secundam personam sermo referri, quemadmodū fecit interpres. Id erit cōmodius etiam,
si αὐτῇ, quod sequitur habeat aspirationem αὑτῇ, ut sit pro ἑαυτῇ. Neq; uero nescio,ne/
que non testor alicubi,hanc differentiam nō obseruari in sacris libris,incertum qua de cau
sa. Nos itaq; uertimus per tertiam personam, non quod damnemus, id quod uertit inter/
pres,sed quod hic sermo uideatur habere quiddam propheticū.Certe utraq; persona eun/
dem reddit sensum.Et in uetustis aliquot exemplaribus ita scriptū uisitur, Beata quæ cre/
didit(uelut in meo ueteris typographiæ,similiter in Constantiensi.) 27

Quæ dicta sunt tibi à domino.) παρὰ κυρίου. Quod ita sonat,nō quasi dominus dixerit,
sed

16-22: salutationem amatoriam, & nescio quid procorum quae se ferentem. Qualis (16-19)
Et quo (22)

sed quod nomine domini, & illius, ut nos loquimur, uerbis, hæc illi dicta fuerint, quemad *A domino, id est nomine domini*
22 modum dicimus, Dic illi ex me salutem. Potest & sic ordinari, Perficient à domino.)
19 {Et ait Maria.) In homilijs scriptis in Lucam, quas Origenis titulo legimus, indicatum
est in nonnullis codicibus fuisse scriptum prophetauit, pro, ait. Et stilus cantici propheti/
35 cum quiddam sapit. Nam Origenes uaticinium appellat.}
Magnificat anima mea.) μεγαλύνει. Aptius erat magnifacit quàm magnificat. Quan
27 quam magnificat positum est pro extollit & effert laudibus, (quemadmodum & beatifica
re dicimus pro beatum prædicare.)
Salutari meo.) pro σωτῆρί μου, id est, Saluatore meo, siue ut Latini loqui malunt, Ser/ 16: Salvatori ... Servatori
22 uatore meo. Interpres legisse uidetur σωτηρίῳ.)

Humilitatẽ ancillæ.) ταπείνωσιν. Vt intelligas paruitatẽ, non animi uirtutem, quã suo uocabulo Græci uocant ταπεινοφροσύνην. Nec est, Respexit humilitatẽ, sed Aspexit ad humilitatẽ, ἐπέβλεψεν ἐπὶ τὴν ταπείνωσιν, ut sit contrariũ ei, quod est auersari. Sitꝙ sensus, & *Humilitas ταπείνωσις non ταπεινοφροσύνη*
27 si sim infima ancilla, tamen nõ est auersatus me. Rideat qui uolet has grãmatistarũ annotationes, modo fateaẽ terꝙ quaterꝙ theologos in his labi. Tolerabile si tãtum laberentur, nisi lapsui iungerent impudentiã calumniandi. Etenim quum hæc ęditio quam quartã damus adornaret, Theologus quidam Parisiensis qui sibi uideẽ præcipuus Atlas nutãtis ecclesiæ, ex hoc loco probat Mariã uirtute humilitatis promeruisse, ut fieret dei mater, Luteranismũ impingens, quod exponens angeli sermonẽ, inuenisti gratiam, & κεχαριτωμένη, scripserim, nõ est meriti tui, sed fauoris diuini. Certe quatenus erat gratiæ, nõ erat meriti. Aliquousꝙ fuisse meriti nõ sum inficiatus. Verũ quod in Euãgelio scriptũ repperi, ut paraphrastes sum interpretatus, quod nõ repperi nõ habebã necesse attingere: Verũ ut demus ταπείνωσιν accipi pro uirtute, quæ Græcis ταπεινοφροσύνη, Latinis modestia dicitur, ut demus esse uerum, Mariã animi modestia promeruisse tantam felicitatẽ, qui conuenit ut Maria, quæ se ancillam professa, cœperit magnificare dominũ, mox extollat seipsam, dicens quod uirtute sua promeruerit tantam dignitatem, ut deum uirgo pareret. Igitur ex hoc loco probari nõ poterat uirginem modestia uirtute promeruisse quod accepit. Si promeruit, ubi est gratia quam prædicat angelus? Si uirtute sua promeruit, quomodo cohæret, Ecce enim ex hoc beatam me dicent omnes generationes. Nullus enim felix dicitẽ, ob hæc quæ sua uirtute sibi parauit. Deinde qui cõgruit, Quia fecit mihi magna, Non dixit, remunerauit me magnifice, Nec addit, quia iustus est, sed quia potẽs est & misericors. Sequitur enim & misericordia eius à progenie in progeniem. Non hæc eò spectant ut uirgini sanctissimæ detrahamus meritũ, sed ut arguamus hæc quæ Theologus Atlanticus adduxit aduersus meam interpretationẽ, magis aduersari sententiæ quam conatur defendere. Iam uero non me fallit esse qui occasione huius uocis, humilitatẽ, multa prædicent de modestia, præsertim is qui mihi suspecto Origenis titulo scripsit homilias in Lucam. Verum huius autoritate quem nemo nouit, non patiar me premi, nisi si quis omnia probarit quæ in illis habentur. Habentur autem permulta, quæ damnantur à Theologis. Quod si permittunt sibi, ut ab hoc opere in multis dissentiant, æquum est ut mihi dent ueniam si uno in loco sequi malo sententiam aliorum, quæ mihi uidetur probabilior. Ne persequar autem omnes omnium opiniones, unum duntaxat adducam Theophylactum, cuius uerba referuntur in catena Thomæ, sed truncatim. Sic autem ille scripsit Græce; παρθένος τὸ τελειότερον πληροφορηθεῖσα, δοξολογεῖ τὸν θεόν, ἐκείνῳ ἐπιγράφουσα τὸ θαῦμα, οὐχ ἑαυτῇ. ἐκεῖνος γάρ φησιν, ἐπέβλεψεν ἐπ' ἐμὲ τὴν ταπεινήν, οὐκ ἐγὼ πρὸς ἐκεῖνον ἀνέβλεψα, ἐκεῖνός με ἠλέησεν, οὐκ ἐγὼ αὐτὸν ἐζήτησα. καὶ ἀπὸ τοῦ νῦν μακαριοῦσί με πᾶσαι αἱ γενεαί, οὐ μόνη δὲ ἐλισάβετ, ἀλλὰ καὶ τῶν πιστευσάντων γυναῖκες. διὰ τί δὲ μακαριοῦσιν; ἆρα διὰ τὴν ἐμὴν ἀρετήν; οὐχί. ἀλλ' ὅτι ἐποίησε μετ' ἐμοῦ μεγαλεῖα ὁ δυνατός. δυνατὸν δὲ ὠνόμασεν αὐτόν, ἵνα μηδεὶς ἀπιστήσῃ τοῖς λεγομένοις, λογισάμενος, ὅτι δυνατός ἐστι ταῦτα ποιεῖν ὁ κύριος. ἅγιον δὲ εἶπε τὸ ὄνομα αὐτοῦ, δηλοῦσα ὅτι οὐδὲ μολύνεται γυναικὸς μήτρα συλλαμβανόμενος ὁ καθαρώτατος, ἀλλ' ἅγιος μένει. οὐκ εἰς ἐμὲ δὲ μόνην τὸ ἔλεος αὐτοῦ, ἀλλ' εἰς πάντας τοὺς φοβουμένους αὐτόν. Quæ nec interpretari grauabimur ob Græci sermonis ignaros. Virgo, inquit, plenius edocta glorificat deum, illi miraculum asscribens, non sibi ipsi. Ille enim, inquit, respexit ad me humilem, non ego ad illum suspexi. Ille mei misertus est, nõ ego illum quæsiui. Et ex hoc tempore beatã me dicent omnes generationes

Calumnia depulsa

Meritum & gratia pugnant inter se

27 addition to p. 158

tiones,non sola uero Elisabet, sed & omnes credentium generationes. Sed quam ob cau/
sam beatam me dicent? Num propter meam uirtutem? Nequaquam, sed quia fecit me/
cum magnifica is qui potens est.Nam potentē eum appellauit,ne quis non habeat fidem
ijs quæ narrantur,nimirum reputans quod dominus potest hæc facere. Porrò sanctum di
xit nomen eius, declarans quod nec utero muliebri cōceptus polluitur ille purissimus, sed
sanctus manet.Cæterū non in me solā illius misericordia,sed in omnes qui timent ipsum.
Hæc tam multa inter se congruentia satis declarant Mariam non prædicare suam mode/
stiam,qua promeruerit fieri mater dei,sed dei gratiam ac misericordiam erga ipsam, & er
ga omnes extollere.Quanto melius ageretur cum re Theologica,si qui Theologiam ab/
solutam profitenē à linguacibus & grāmatistis comiter acciperent,quod illi pro sua qua/
licunque portione conferunt in medium:& illis uicissim,illa sublimiora mysteria fraterne
communicarent, hoc maiore modestia, quo penitius ingressi sunt in eius philosophiæ pe
netralia, quæ dedocet fastum omnem ac supercilium, docetq; summam tolerantiam erga
imbecilles.)

[Ex hoc pro post hac]
Ex hoc.) ἀπὸ τοῦ νῦν, id est,Post hac,siue ad uerbum,Ex hoc nunc.quod tamen aliquo/
ties non dubitat ita uertere{Neq; tamen parum Latine uertit interpres,si modo latine scri 27
psit Suetonius in Claudio Cæsare.Atq; ex eo nunquam non in senatu nouissimus consu
larium sententiam dixit.)

Beatam me dicent.) μακαριοῦσι, id est,Beatificabunt,quod tamen apud Græcos signifi
cat felicem iudicare,sicut & magnificare laudibus tollere.Quemadmodum & εὐδαιμονί/
ζειν, pro fortunatum dicere,siue felicem iudicare.

Magna qui potens est.) μεγαλεῖα, quod aliâs uertit magnalia.Et,

Qui potens est.) ὁ δυνατὸς, id est,Ille potens,siue qui potest.

[Bedæ distinctio]
(Et sanctum nomen eius.) Beda hanc particulam refert ad proxima,qui potens est,ex/ 27
ponens quid Græce sonet ἅγιος, quasi ἄγειος, id est,procul à terra,ut intelligas diuinam
uirtutē,quum Græci putent ἅγιον dici,ab ἅζομαι τὸ σέβομαι, id est,ueneror religiose,qua/
si dicas ἄζιος. Mihi magis referendū uidetur ad superiora.Et misericordia eius.Sanctum
enim dixit gloriosum. Tum enim glorificatur nomen dei, quum nihil nostris meritis,sed
totum tribuitur illius misericordiæ.)

A progenie in progeniem.) εἰς γενεὰν καὶ γενεὰν, id est,In generationem & generatio/
nem.Laurentius legit in suis exemplaribus, εἰς γενεὰς γενεῶν, id est,In generationes gene
rationum.{Vt intelligas ætates innumerabiles. Atq; ita sanè legit quisquis fuit autor ho/ 19
miliarum in Lucam, quas Origenis titulo legimus,homilia octaua.}Et ipse in uno dunta/
xat ita scriptum reperi. Ostendit idem in nostris quoq; exemplaribus, uariam fuisse scri/
pturam{In duobus omnium uetustissimis scriptum erat,In progenies & progenies,quod 19
perinde ualet ac si dicas,in progenies innumeras,Hebræorum more.}

Fecit potentiam.) κράτος, robur siue imperiū. Nam utrūq; significat κράτος. Et in bra
chio,pro eo,quod est per brachium Hebræorū more dixit.

[Cordis sui]
Cordis sui.) καρδίας αὐτῶν. Græca uox indicat sui non esse referendum ad deum, sed
ad superbos. Nec est Mente proprie, sed διανοίᾳ cogitatione, ut intelligas superbos suis
ipsorum consilijs dispergi.

Deposuit potentes.) καθεῖλε δυνάστας, id est, Detraxit primores, siue magistratus.
Nam δυνάστης proprie, qui potestate fungitur publica in ciuitate,uelut hi, qui sunt in im/
perio. Neq; est De sede,sed ἀπὸ θρόνων, id est,A sedibus.

Dimisit.) Non est hic,permisit,sed emisit à se ἐξαπέστειλε, ueluti frustratos.Cæterū par
ticipia Greca cōmodius uertisset per uerba,Eos qui esuriebant impleuit bonis,& eos qui
[16-22: omisit] diuites erant dimisit inanes siue uacuos.

[16-27: Memorare)] Suscepit Israel.) ἀντελάβετο, Quod proprie est succurrentis, ac manum porrigentis.

[Memorari p meminisse]
Memorari.) μνησθῆναι,id est, Vt memor esset.Primū abusus est modo uerbi interpres.
Deinde haud scio an usquā legatur memorari pro recordari. At chorus Ecclesiasticus ho/
die canit:Recordatus misericordiæ suæ{Nec Suæ addit apud Græcos, sed tantum est mi 19
sericordię,licet reclamātibus cunctis Latinis,quæ sanè uiderim,exemplaribus.}

Sicut loquutus est.) ἐλάλησεν. Quoniam uerbum est præteriti temporis,sed indefini/
ti,re/

ti,rectius hic uertisset,Sicut locutus fuerat.Est enim gemini preteriti tēporis significatio.
Abraham & semini.) Abraham tametsi est indeclinabile, tamen articulus appositus
27 indicat esse datiui casus, τῷ ἀβραάμ, hoc est, Ipsi Abraham, (ut dilucide loquar potius quam
Latine. Nimirum Abrahamo & latinum erat & ambiguo uacat.) Cæterū quod Lauren-
19 tius disputat, dicendū potius, Apud patres nostros, quam ad patres nostros, somniū est. {An sic Valla taxatus {↓
deus locutus est apud patres Iudæorū, ut nos loquimur apud iudicē aut principē? Quod
si alicubi πρὸς sonat apud, ut illic, Verbum erat apud deum, nō statim oportet ubique idem
exigere. Imò quemadmodū Latine dicimus: Scribo tibi & scribo ad te: Mitto tibi, & mit-
19 to ad te }Loquor tibi, & loquor ad te, itidem & Græci. Proinde quoniam utroque modo li-
19 cuit dicere, Lucas} uariauit sermonis figuram. {Sentit autem Maria hoc deum præstitisse
iam humano generi quod olim maioribus fuerat pollicitus. Quibus autem maioribus?
Nempe Abraham ad quem loquitur deus, Et in semine tuo benedicentur omnes gentes. Deinde semini, id est, posteris huius, nempe Dauid, cui promissum est, De fructu tuo ponam
22 super sedem tuam}. {Et hunc locum monachi quidam impudentissime calumniati fuerant
apud Cardinalem Sedunensem, cui persuaserant, me pro semini, mutasse seminibus, idque Calumnia depulsa
uolebāt hæresim sapere, quod pugnaret cum uerbis Pauli, qui scripsit, Non in seminibus,
quasi multis, sed in uno semine, quod est Iesus Christus. Ac super hac re me serio uir ille
admonuit, cum à prādio literatis fabulis tēpus falleremus, sollicitus de meo periculo, pro
suo erga me studio. Qua calumnia nihil unquā audiui impudentius. Nec eram cuiquam
crediturus, nisi post, sexcentas comperissem his non dissimiles. Quibus rebus adeo profi-
ciunt, ut non pro theologis, sed pro scurris habeantur apud cordatos, ac ne tum quidem illis habeatur fides cum uera prædicant. Primum impudens mendacium erat me mutasse,
quod non mutaram. Deinde si Græci legerent seminibus, nihil facerent aduersus modo
citata uerba Pauli. Cum Paulus illic agat de Christo, per quem unum nobis erat promis-
sa salus Euangelica, hic Maria non loquatur de Christo, sed de Abrahā, & posteris Abra
hæ, quibus promissus erat seruator Iesus. Hoc tametsi non erat huius instituti, tamen obiter indicare uolui, ut posteritas norit, quas beluas habuerit hoc seculū: qui cum uentri suo
seruiāt, tam stolidis sycophantijs obstrepunt alienæ industriæ. Et hi falsa opinione doctrinæ falsaque specie sanctimoniæ, quas res titulis tragicoque cultu sibi comparant apud simplices & imperitos, habentur bases & columnæ ecclesiæ Catholicæ, cum illius uomicæ
sint uerius quàm membra.}
19 In secula.) εἰς τὸν αἰῶνα, id est, In æuum. {Quanquam apud quosdam lego ἕως αἰῶνος, 19: Licet
id est, Vsque in æuum.}
27 * Quasi mensibus.) ὡσεὶ, id est, Ferè, siue circiter, {aut plus minus.} *↓
Et congratulabantur.) συνέχαιρον, id est, ut ad uerbum reddam, Congaudebant quod
Latini fere dicunt gratulari. Quanquam congaudere potest qui non gratuletur, cum illud sit animi, hoc uoce testantis gaudium.
27 (Venerunt circumcidere.) Sunt qui hoc putent & ad Mariam pertinere, quæ interfuerit circumcisioni Ioannis, & per tropum excusant quod ante dicta sit reuersa in domum suam. Verum hæc quid ad rem pertineat non uideo, non hercle magis quàm quod
Ioannes Gerson torquet sese quot annos natus Ioseph duxerit Mariam, & quo tempore Gerson alicu-
facta sit celebritas nuptiarum, quam Gerson factam existimat posteaquam deprehende- bi minutula
rat uxorem grauidam: huc enim torquet illud, priusquam conuenirent, quasi conuenirent prosequens
hic aliud sonet quàm coirent: item illud, noli timere accipere Mariam coniugem tuam,
præter omnium ueterum interpretationem, & an idem fuerit angelus qui apparuit Mariæ, & qui Ioseph.)
Quia nemo est.) ὅτι prorsus hic erat omittendum, cum sermo Latinus huiusmodi ge
nus orationis respuat.
* Quē uellet uocari.) τί ἂν θέλοι καλεῖσθαι, id est, Quid uellet uocari, hoc est, quo nomine. *↓
Et postulans pugillarem.) Quomodo scripsit in pugillaribus, postulans ut adferrent? 19-22: margin: Pugillares
Proinde Græcum participiū præteriti temporis, ita uertendum erat, Et postulata tabella.
Sentit enim tabellam ceratam, quam πινακίδιον uocat, in his enim olim scribebatur.
Scripsit dicens.) Si dixit quid opus erat scribere? Vnde dicens, hoc loco referendum

{ 16: est, imo quoniam utroque modo loquuntur Graeci, Loquor
* 16: 'Quem vellet vocari)' follows 'Quasi mensibus)'

est, non ad Zachariam loquentem, sed scripturam loquentem.⟨Aut, ut dicam apertius, ad 22
Zachariam non lingua, sed scripto loquente.⟩Nam mox subditur apertam fuisse linguam
illius & cœpisse loqui.

ἄρα putas

Quis putas.) τίς ἄρα, id est, Quis nam. Nam ἄρα coniunctio est expletiua. Pleriqʒ co
dices habebāt, τί ἄρα, id est, quid nam. Nam puer Græcis neutri generis est παιδίον.(Cer 27
te quid, legit Augustinus lib. de consen. Euang. secundo.)

plebs populus

Plebis suæ.) τῷ λαῷ αὐτοῦ, id est, Populo suo, cōsentiētibus & uetustis Latinorū exemplaribus, in quibus est plebi suæ. Laurentius Latinitatis obseruantissimus mauult Populo quàm plebi, quod populus uniuersos ciuitatis ordines cōplectat, plebs infima pars sit.

Prophetarū eius.) Suorū erat dicendū Latine, & qui à seculo fuerunt potius quàm sunt.

16: salvationem
16: salvator
16: nobis
Σωτήρ σωτηρία

Salutem ex inimicis.) σωτηρίαν. Quod magis sonat seruationem{siue incolumitatem.}19
Σωτήρ enim seruator{siue sospitator,}inde σωτηρία. Quanquam superius idem uerbum fuit: 19
Erexit cornu salutis. & paulo post, Ad dandam scientiam salutis plebi eius.⟨Porro uersus 22
aliquot sequentes pendent ab eo, quod præcessit, Sicut locutus est. Quid locutus est: Salutem ab inimicis locutus est, quod faceret misericordiam, ac memor esset testamenti: loquutus est, quod præstaret iusiurandum: & loquutus est, fore ut daret nobis ut sine timo-
re &c. Proinde nos hæc liberius explanauimus interpretatione, ne quis calumnietur, si
quid prima fronte dissonat.⟩

Ad faciendam &c. memorari.) Vtrunque Græcis est uerbum infinitum, ποιῆσαι μνησθῆναι, id est, Vt faceret & memor esset.

Daturum se.) δοῦναι ἡμῖν, id est, Dare nobis. Quanquam Græca uerba nonnihil aliud significant, quàm nos accipimus, τοῦ δοῦναι ἡμῖν ἀφόβως ἐκ χειρῶν τῶν ἐχθρῶν ἡμῶν ῥυσθέντας λατρεύειν αὐτῷ, id est, Vt daret nobis absqʒ metu de manibus inimicorum nostrorum liberatos seruire sibi.

Parare uias eius.) ἑτοιμάσαι, id est, Ad parandum.

16-19: idque
In remissione pro per remissionem

Ad dandam scientiam salutis.) Cum mox reliquerit infinitum ἑτοιμάσαι, nunc uertit in gerundium τοῦ δοῦναι, ad dandum. Atqʒ hæc ad puerum quoqʒ, quem alloquitur, probe referri possunt: Præibis enim ante faciem domini, ut pares uias illius, & des cognitionem salutis populo illius, in remissionem peccatorum. Ioannis enim prædicatio fecit, ut intelligerent instare salutem, quæ contingeret in remissione, hoc est, per remissionem peccatorum. Neqʒ enim est in remissionem Græcis, sed ἐν ἀφέσει. Non quod ipse Ioannes remiserit peccata, sed quod suo baptismo præparauerit illos ad pœnitentiam. Alioqui remissionem peccatorū non fuisse ex Ioanne, palàm arguit quod mox sequitur, Per uiscera mi-
sericordiæ.(Certe de Ioanne interpretatur Theophylactus & Ambrosius cæteriqʒ, quod 27
ad priorem partem attinet.)

{In remissionem peccatorum.) Ita & Græce legitur, & in uetustis Latinorū exempla- 19
ribus. Cæterū quando ad sensum nihil interest, ad effugiendum τὸ δύσφθογγον maluimus Eius aut ipsius.}(In quibus dictum est, pro per quæ uiscera misericordiæ.) 27

Oriens ἀνατολή

Oriens.) Non est hic participium, sed nomen substantiuum ἀνατολή. Quæ uox signi
ficat exortum solis aut regionem, unde oritur. Christum igitur ipsum, solem uocat orientem.(Quod diligenter annotauit Theophylactus. Addit ἐξ ὕψους, id est, ex altitudine siue 27
sublimitate, ad differentiam corporei solis qui nobis oritur ab inferis surgens in altum, hic
sol contra è sublimi exortus descendit ad nos, ut nobis illucesceret.)

Illuminare.) ἐπιφᾶναι, id est, Illuce, siue illucesce, siue exorere. Quanquam magis placet, ut
sit infinitū uerbum, quod tamen in alium modum erat uertendū: Visitauit nos oriens ex
alto, ut illucesceret his qui in tenebris et umbra mortis sedebāt, siue⟨nobis qui⟩sedebamus, 22
& dirigeret pedes nostros.(Alioqui mutanda erat persona, quum hactenus sermo ad Ioan 27
nem habitus sit. Theophylactus nobiscū facit, & coniunctim legit.)

Et confortabat.) ἐκραταιοῦτο, hoc est, Fiebat robustus ac ualidus, non corpore tātum, sicut uulgus, sed spiritu. Nam ætas corpori robur ac uires paulatim addit, quod hic transtulit ad animum Nec est simpliciter Crescebat, sed ηὔξανεν, id quod peculiare est plantis & animantibus. Cæterū hic accommodatius dixisset, adolescebat.

Ostensionis suæ ad Israel.) ἕως ἡμέρας ἀναδείξεως αὐτοῦ πρὸς τὸν ἰσραήλ. Quorū uerborum hic

rum hic sensus est, Donec denuo proferretur & ostenderetur apud populum Israel, qualis esset. Nam interea ueluti latebat, suo tempore proditurus.

EX CAPITE SECVNDO

27 EDictum.) δόγμα, id est, Decretũ, quod tamen recte mutauit interpres (Nos δόγμα, pro edicto
decretum uertimus, non corrigentes quod ille uertit sed explanantes.)
22 Cyrino.) κυρηνίου, id est, Cyrenio. <Tametsi sunt qui putent hanc uocem Cyrenius
corrupte prolatam ab Euangelista, quomodo saepe Graeci pronunciant La-
tinas, & pro Quirino dictum κυρήνιου: praesertim cum Iosephus antiquitatum Iudaicarum lib. xvij. Cyrinum appellet hunc censui faciendo praefectum, non Cyrenium. Cui sententiae ut non est consilium admodum repugnare, ita libentius accederem,
nisi Euangelista pro ῑ posuisset η, & rursum ος uertisset in ιος. Praeterea si Ruffinus uer- 22: Tum
tisset Quirinus non Cyrinus.> Nec est A praeside, sed ἡγεμονεύοντος, id est, Praesidem agen- Prima
22·19 te {siue praeside} Porrò prima referri potest ad praesidem Cyrenium, ut non accipias simpli- sub hoc
citer primam, sed primam sub illo indictam.}
Vt profiterent.) ἀπογράφεσθαι. Idem uerbum quod hactenus uertit describeret. Caeterum eadem res, cum agitur in re militari, uocatur dare nomẽ, cum in aestimandis facultatibus & expendendo numero capitum, appellat census. Sic enim Vlpianus, uitia priorum 16: exponendo
censuum, aeditis nouis professionibus euanescunt. Proinde magistratus censet, populus
profitetur. Et superius Latinius uertisset censeretur quam describeretur. Et professio rectius
quàm descriptio. Declarat et Ambrosius hoc loco nihil aliud esse professionem quàm censum. Professio, inquiens, ista fidei, census animorum est. Porrò quod dixit, Vniuersus or- Nullus impe-
bis, Ambrosius ad allegoriam trahere mauult, cum Augustus id temporis, nec Armenijs rator tenuit
nec Gottis imperarit. Verum ut historiae quoque sua cõstet fides, totus orbis aut accipien- totũ orbem
19 dus est per synecdochen, ut intelligas maximam orbis partem, aut {ut intelligas} totum orbem Rhomanum. Ex hoc enim loco colligunt nonnulli ad imperatorem totius orbis imperium pertinere, cum nec hoc agat Lucas, nec Augustus ipse totius orbis imperium te-
nuerit. Quanquam ut non improbarim, si quis unus totius orbis imperio potiatur, modo
is quantum praemineret autoritate, tantum & praestaret prudentia simul & integritate:
Ita stultissimum arbitror id somniare, quod nec fuerit unquam, & hoc ipsum quod fuit, An expediat
iam olim è uita hominũ sublatum sit: crudelissimum autem huiusmodi factitios titulos, uni committi
19 tanto rerum omnium tumultu, tantaque sanguinis iactura persequi {Postremo neutiquam omnia quae pos-
tutum rebus humanis, tantam potestatem unius hominis libidini cõmittere, qui uir pessi- sit esse malus
22 mus {atque etiam stultissimus} possit obtingere} <Neque uideo quorsum hoc sit euasurum, nisi
ut crescat tyrannis miserae plebi.>

In suam ciuitatem.) Hic licebat uertere, In sua ciuitate, hoc est in sua quisque ciuitate, nisi referas ad ibant.

In Iudaeam ciuitatem.) εἰς τὴν ἰουδαίαν, εἰς πόλιν δαβίδ, In Iudaeam in ciuitatem Dauid.
Deest in praepositio in ciuitatem. Prius enim posuit nomen regionis, deinde ciuitatis.

Et familia.) καὶ πατριᾶς. Idem uerbum, quod in Paulinis epistolis uertit paternitas, Ex
19 quo omnis paternitas in coelo & in terra nominatur, {sed hac de re proximo capite nonnihil annotabimus.}

19 Vxore praegnante.) Ita uertit interpres, ut Ioseph uideatur duxisse Mariam {uxorem}
19 iam tunc praegnantem {ante coniugium initum} cum Graece sit ὄσῃ ἐγκύῳ, id est, Quae erat
19 grauida, siue quae ferebat uterum {Ordo sermonis nonnihil habet amphibologiae, quod or-
27 dinari possit (hunc in modũ.) Ascendit Ioseph, cum uxore praegnante, Aut ascendit ut pro-
fiteretur cum uxore praegnante. Id tamen ante nos annotauit Petrus Comestor, ne quem Petrus Co-
omnino sua laude fraudemus.} mestor

27 (Primogenitum.) πρωτότοκον, etiam ethnicis primogenitus dicitur, ante quem nemo
natus est, etiam si nemo sequatur: addidit autem primogeniti nomen quod is partus sacer esset iuxta legem, & primi partus in alijs sunt difficiliores.)

Et pannis.) ἐσπαργάνωσεν. Ad uerbum sonat infasciauit, id est, fascijs inuoluit, ne quis Mariae pau-
22 imaginet laceros pannos. <Opinor enim Mariae paupertatem fuisse mũdam. Porrò quod ptas munda
Suidas ait, σπάργανα proprie dici τὰ ῥάκη, non est necesse, ut de uetustate laceris pannis

intelligamus, cum apud Matthæum ῥάκος ἄγναφον dicatur rudis ac recens pannus.⟩
Non erat ei locus.) Eis est Græce αὐτοῖς. Vt accipias de ambobus. Cæterum qui con
uenit non fuisse locum in diuersorio, cum præsepe pars, opinor, fuerit diuersorij: nisi quod
alibi κατάλυμα uertit refectionem, & cœnaculum. Non erat locus aptus parturienti, quæ
solitudinem requirit.

Vigilantes ἀγραυλοῦντες

Vigilantes.) ἀγραυλοῦντες, id est, In agris agentes{siue stabulantes.}Nam hinc Græcis 19
est composita dictio, ἀγρὸς ager, αὐλὴ stabulum. In septis enim noctu seruantur greges,
ob incursum luporum, uerum ea septa in agris sunt.
Et custodientes uigilias.) φυλάσσοντες φυλακὰς, id est, Custodientes custodias, siue ex
cubantes excubias.
Et claritas.) καὶ δόξα, id est, Gloria, quod aliquoties uertit maiestatem.
Stetit iuxta illos.) ἐπέστη αὐτοῖς. Magis significat angelum imminuisse ex alto supra il
los, quam astitisse⟨Hoc admonuisse cōtenti reliquimus quod uertit interpres, propterea quod 27
Græca præpositio sit anceps. Et fieri potuit, ut astiterit qui nunciauit primus.⟩
Inuolutum pannis.) ἐσπαργανωμένον. Participium est eius uerbi, de quo paulo ante di
ximus, id est, fascijs puerilibus inuolutum, ne rursum mendicorum pannos imaginemur.

Christus pauper, at nō mēdicus, ut uulgo sunt

Nam ut parentibus Iesu tenuitatem ac paupertatem libenter tribuimus, ita sordes ac men
dicitatem procul amouemus. Habet & paupertas suam mundiciem. Nam quo minus in
conclaui pepererit Maria, non paupertas obstitit, sed diuersantium turba. Alioqui si Chri
sto tantopere placuisset mendicitas, ut quidam putant, in ptochodochio nasci poterat.

Ociosa mendicitas improbanda

{Nunc mendicātium uocabulo sese uenditant, & ij qui Satraparum opes domi possident. 19
Nec insector quorundam institutum, qui uere mendicato uiuunt, sed rectius opinor fa
cturos, si qui ualent, ut ualent permulti, manibus pararent, unde tum sibi, tum alijs egenis
possent suppeditare.}

In hominibus bonæ uoluntatis, exactius declaratum quam hactenus

Hominibus bonæ uoluntatis.) καὶ ἐπὶ γῆς εἰρήνη, ἐν ἀνθρώποις εὐδοκία, id est, Et in terra
pax, in hominibus bona uoluntas. Vt intelligas tria distributa, ac singula singulis reddi
ta, gloriam uni deo tribuit, idque in altissimis: terræ pacem: hominibus bonam uolunta
tem εὐδοκίαν, quod alias uertit beneplacitum. Siquidem homines ueluti tertios ac me
dios inter cœlum & terram ponit. Neque uero sic accipiendum, opinor, ut ipsis homi
nibus sit bona uoluntas, sed ut intelligant hanc gloriam, hanc pacem, non ex hominum
meritis exhibitam mundo, sed duntaxat ex beneplacito dei, cui sic uisum fuit homini

16-19: Vulgarius
Diuersa à ueteribus recentium Græcorum lectio

bus gratificari.⟨Atque ita sanè interpretatur Chrysostomus in commentarijs, quos scri 22
psit in epistolam ad Colossenses⟩Porrò cum ita constanter habeatur in omnibus Græcis
exemplaribus, & ad eum modum⟨Chrysostomus⟩exponat & Theophylactus, mirum est 22
nusquam hanc lectionem, nec apud Hieronymum deprehendi, nec apud Ambrosium,
↓⟨ ↓⟩ ⟨nec apud Augustinum. Theophylactum inspicere cuius promptum est⟩(qui planè legit 22.27
ἐν ἀνθρώποις, distinguens hanc particulam à superiore, εὐδοκίαν in hominibus interpre
tans, requiem ac refocillationem dei in hominibus, quam in illis prius non inuenerat: ut
ex eo palàm sit bonam uoluntatem non pertinere ad homines, [quasi qui bonam habeant 35 27: long add. to p.
uoluntatem,] sed ad deum, qui propicius factus sit hominibus per filium suum. Cuius
uerba subscribam, eo quod is qui nuper uertit subobscure uidetur reddidisse sententiam.
δόξα γὰρ τῷ θεῷ φασίν. ἐπὶ γῆς γὰρ εἰρήνη νῦν γέγονε. πρῴην μὲν γὰρ ἡ ἀνθρωπίνη φύσις ἔχθραν εἶχε
πρὸς θεόν, νυνὶ δὲ τοσοῦτον κατηλλάγη, ὥς τε καὶ προσεπλάκη τῷ θεῷ καὶ ἡνώθη αὐτῷ σαρκωθέντι.
ὁρᾷς οὖν εἰρήνην τοῦ θεοῦ πρὸς τὸν ἄνθρωπον. καὶ ἄλλως δὲ νοηθήσεται. εἰρήνη ἐστὶν αὐτὸς ὁ υἱὸς τοῦ θεοῦ.
ἐγὼ γάρ φησιν ἡ εἰρήνη. αὕτη οὖν ἡ εἰρήνη ὁ υἱὸς τοῦ θεοῦ ἐπὶ γῆς γέγονε. καὶ ἐν τοῖς ἀνθρώποις εὐδοκία,
τουτέστιν ἐπανάπαυσις τοῦ θεοῦ. ἐπανεπαύθη γὰρ ὁ θεὸς νῦν, καὶ εὐηργετήθη ἐν τοῖς ἀνθρώποις, ὡς
πρῴην γε οὐκ ηὐδόκει, οὐδὲ ἠρέσκετο ἐν τοῖς ἀνθρώποις. id est, Gloria enim deo, inquiunt, Nam in
terra pax nūc facta est. Prius siquidē humana natura inimicitiā habebat aduersus deum,
nūc uero adeo recōciliata est, ut & cōglutinata sit deo, et unita illi incarnato. Vides igitur
pacē dei cū hoīe. Potest & aliter intelligi. Pax est ipse filius dei. Ego em̄, inquit, sum pax.
Hæc igit̄ pax, nempe filius dei, in terra facta est. Et in hoībus bona uolūtas, seu beneplaci
tum, hoc est, refocillatio dei. Refocillatus est em̄ deus nunc & bene habitus est in hoībus,
quemadmodū prius quidem non sibi cōplacuit, nec bonum affectū habuit in hominibus.
Hic certe

⟨ 19: Ambrosium ne apud Origenem quidem, aut Chrysostomum, qui omnes non solum adducunt hunc locum iuxta nostram lectionem, verumetiam interpretantur. Nonnulli graeci codices habebant, in hominibus bona voluntas, ἐν ἀνθρώποις, alii hominibus voluntas absque praepositione Pastores (p. 164)

⟩ 22: est. Nam hunc enarrans locum, adduxit quod diximus. Caeterum (p. 163)

Hic certe pro nobis in hoc facit, quod bonam uoluntatem refert non ad homines, sed ad deum, quodque pacem refert ad dei erga nos bonam uoluntatem, hoc est, animum tranquil-
lum, ut ita loquar, ac posita ira, amanter affectum erga nos, undecunque irrepsit huc coniun-
22 ctio, quæ sensui obstat, nec est in Latinis codicibus, nec in Græcis emendatioribus. ⟨Cæte-
rum Chrysostomus in epistolam ad Colossenses, his uerbis utitur: διὰ τοῦτο εὐχαριστοῦντες
λέγομεν, δόξα ἐν ὑψίστοις θεῷ, καὶ ἐπὶ γῆς εἰρήνη, ἐν ἀνθρώποις εὐδοκία. ἰδοὺ φησι καὶ ἄνθρωποι ἐφά-
νησαν εὐαρεστοῦντες. λοιπὸν, τί ἐστιν εὐδοκία; καταλλαγή. οὐκ ἔτι μέτοιχόν ἐστιν, ὁ οὐρανός, id est, Propterea gratias agentes dicimus: Gloria in altissimis deo, & in terra pax, in hominibus bona uoluntas. Ecce, inquit, & homines declarati sunt gratiosi. Superest quid sit bona uoluntas, reconciliatio. Iam non amplius interstitium est cœlum. Ex his palàm est illum & distinguere, quemadmodum distinguunt Græci codices, & interpretari quemadmodum
nos admonuimus. Quod enim deo reconciliati sumus, id non contigit ex nostris meritis, sed illius gratuita in nos beneuolentia. Quin & in his libris quos habemus ex Chrysostomo uersos, reperitur hæc lectio, nominatim in homilijs De uita monachorum⟩ In non
nullis Græcorum codicibus reperio præpositionem ἐν non addi, Hominibus bona uoluntas, manente tamen recto casu. Iam ex Origenis uerbis quæ referuntur in catena aurea
colligi potest illum sentire nobiscum, sunt autem hæc. Sed diligens lector inquirat quomodo saluator dicat, Non ueni pacem mittere super terram, & nunc Angeli de eius natiuitate cantant: In terra pax hominibus, sed hoc quod pax esse dicitur in hominibus bonæ uoluntatis soluit quæstionem. Pax enim quam non dat dominus super terram, non est
pax bonæ uoluntatis. Hic perspicuum est bonam uoluntatem non referri ad homines, sed
ad pacem: præterea non additur coniunctio, &, & additur præpositio in, quæ in uulgatis Latinorum codicibus non additur. Nam codex quem nobis postremum exhibuit collegium Constantiense, habebat præpositionem uetusta manu asscriptam. Ad hanc sententiam penè compellit nos ipsa dictio Græca εὐδοκία. Nam si dixisset ἀγαθὸν θέλημα,
quadrare poterat in hominem, nunc non item, neque enim apte dixeris εὐδοκίαν hominis
erga deum. Quare puto ueteres qui Græce sciebant idem sensisse quod interpretati sunt.
Alios minus attentos quid fefellerit uideor mihi deprehendisse. Pacem hic uocat reconciliationem. Ita Christus apud Paulum dicitur pax nostra, hoc est reconciliatio, & idem
suis precatur pacem, hoc est peccatorum remissionem. Cæterum nominatiuus hic εὐδοκία
per appositionem refertur ad pax, perinde quasi percontanti, unde ista pax quam nuncia-
tis, respondeant angeli, non est ex meritis uestris, sed hæc pax est pius affectus dei erga homines. Sic enim ordinandus est sermo: in terris pax, quæ est bona uoluntas dei in hominibus, id est, erga homines. Nam hæc sermonis forma congruit cum illa, in quo mihi
complacuit, ἐν ᾧ εὐδόκησα. Quemadmodum enim illic dictum est, in quo mihi complacui, pro eo quod erat, erga quem habeo bonum affectum, ita hic dicitur beneplacitum
35 in hominibus, pro bono affectu erga homines. [Similiter loquutus est Paulus 1. Corinth. 10.
ἀλλ' οὐκ ἐν τοῖς πλείοσιν αὐτῶν εὐδόκησεν ὁ θεός, id est, Sed nō in pluribus eorum beneplacitum
est deo. Multisque alijs scripturæ locis ponitur εὐδοκία, ad exprimendum liberam & gra-
tuitam dei beneuolentiam, uelut huius Euangelistæ Cap. 10. ναὶ ὁ πατήρ, ὅτι οὕτως ἐγένετο
εὐδοκία ἔμπροσθέν σου.] Porrò Latinus interpres nominatiuum appositiuum uertit in genitiuum, quemadmodum dicimus urbem Romæ pro urbe Roma. Quoniam autem genitiuus referri uidetur ad id, quod est proximum, uidelicet hominibus, data est Latinis lapsus
35 occasio, quum referatur ad pacem. Itaque tres particulæ [seu duæ potius] ad idem pertinent.
Angeli nunciant adesse tempus, quo deus constituerat ex sua misericordia gratuita seruare genus hominum, pro qua bonitate admirabili stupescunt angeli, & canunt gloriam deo
in altissimis, ubi nullum erat peccatum, & ob id nulla reconciliatio: sed pacem annunciant
terris, hoc est abolitionem peccatorum, quæ gratis datur per fidem: & ob id hāc pacem uocat εὐδοκίαν, hoc est, amicum ac beneuolum affectum dei erga homines. Itaque nullus erit
scrupulus si legamus ac distinguamus hunc in modum. Gloria in excelsis deo, & hic interposito puncto, sequatur, & in terra pax. Rursus interiecta hypostigme, addatur, in homi-
35 nibus bona uoluntas. [Ad sensum tamen haud ita magni refert, si genitiuus bonæ uoluntatis referatur ad homines, modo intelligamus homines sic dici bonę uolūtatis, quemadmo-

Pax, est bona uoluntas dei erga homines

εὐδοκία quid

dum dicūtur filij gratiæ, filij charitatis, filij electionis, & filij iræ, quos deus sua gratia, suaq́ue
charitate dignatur, aut quos elegit, aut in quos exercet iram suam. Ita dicantur homines
bonæ uoluntatis, erga quos deus gerit bonam uoluntatem, qui non secundum iusticias no
stras, sed secundū suam misericordiam saluos nos fecit. Quæ sententia congruit cum uer- 35
bis beati Pauli compluribus locis, nominatim 2. Tim. 1. Non secundum opera nostra, sed
secundum propositum suum & gratiam. Quod hic uocat εὐδοκίαν, illic appellat πρόθεσιν
καὶ χάριν. Ad hanc rationem hæc particula in hominibus bonæ uoluntatis astringit eam
quæ proxime præcessit, Super terrā pax. Ne quis eam pacem putaret ad omne genus animantium in terra degentium pertinere, adiecit in hominibus. Rursus ne putaremus eam
pacem cunctis hominibus promiscue dandam, addidit bonæ uoluntatis, ut intelligamus
electos tantum designari, quos deus libera uoluntate sua dignatus est Euangelica gratia.
Alioqui hominis bona uoluntas gratiæ donum est.] Hæc opinor candido lectori fore satis.
Missa quomodo creuerit — Nam arbitror me quod uerum est deprehendisse. Canticum angelorum quod hodie cani-
¶ 27: tur in templis, auctum est per Telesphorum: hoc eò partim admonui, quod Petrus Come-
eius nominis primum — stor indicarit esse in uitis pontificum: partim ut intelligeres quibus modis creuerit missa,
abbreuiatis ijs quæ erant pręcipua, & adiectis quæ minus ad rem pertinebant. Nam quæ
adiecit Telesphorus, si tamen hoc uerum est, plus habent uerborū quàm sententiæ, & utinam uel illa magis quadrarent ad argumentum cantici.] quę diuinis attexuit humana. Hoc 35
exemplum latius serpsit. In multis ecclesijs publice consecratur aqua, & canitur responso-
rium, pro missę introitu. psalmus qui totus cani solet abbreuiatus est. Ante Euangelium
canuntur prosę, nonnunquam indoctæ, & prętermittitur symbolum fidei. Ante canonem
missę, canitur pręfatio aucta, sub consecrationem canitur Sanctus: quum ostenduntur my
steria, canitur cantio implorans opem beatę uirginis, aut S. Rochi, & supprimitur precatio dominica. Hęc impia non sunt, sed recedunt à grauitate pristini cultus, & si nullus ob-
sistat, tendunt ad superstitionem.]

Pastores loquebantur.) In plerisque Gręcis codicibus sic erat scriptum, καὶ ἄνθρωποι οἱ
ποιμένες εἶπον, id est, Et homines illi pastores dicebāt, ut homines opponātur angelis. (Con 27
sentiebat hic ęditio Hispaniensis) Iam uero illud, Ad inuicem, pro inter sese, crebrius occur
rit quàm ut libeat admonere.

27: margin note omitted — Transeamus usq́ue.) Græci addunt coniunctionem expletiuam διέλθωμεν δὴ, quę non
nunq́uam urgens quiddā habet, ut hic emphasim habeat accelerantium ac gestientium abire.

Verbum pro re gesta; 19-22: acta — Verbum hoc quod factum est.) Nihil obsto quo minus hic philosophetur, qui uolet,
de uerbo facto, modo sciat iuxta proprietatem Hebræi sermonis uerbum dici rem nouam
quæ rumore diuulgetur: & ita esse deprehendet, quisquis obseruare uoluerit. {Annotauit 19
hoc & ante nos Augustinus libro de idiomate ueteris instrumenti, locum adducens ex Iosue cap. 8. Quid uerbū hoc fecisti nobis, ut non uocares nos?} (Non est autem hic λόγον, qua 27
uoce designatur aliquoties filius dei, sed ῥῆμα.) Nec est,

Ostendit nobis.) sed ἐγνώρισεν, id est, Notificauit, siue mauis notū fecit, aut indicauit
& aperuit. Quis enim alioqui dicitur ostendisse uerbum?

Et inuenerūt Mariam.) Deest una cōiunctio, καὶ εὗρον τήν τε μαριὰμ, id est, Mariamq́ue
& Ioseph. Quanquam hoc loco penè fuit ociosa prima coniunctio Latinis: & Græcis aliquoties sic apponitur, ut uideatur magis ad uenustatē facere sermonis, q̃ emphasim, quo
sermonis genere uidemus delectatum Ennium.

Et cognouerunt de uerbo.) ἰδόντες δὲ διεγνώρισαν, id est, Vbi uidissent notum fecerunt,
siue diuulgarunt: ut intelligas illos quod uiderant, alijs, qui non uiderant prædicasse. Est
enim uerbum cōpositum à γνωρίζειν, quod modo uertit ostendit nobis. Astipulatur huic
16-19: Vulgarius — interpretationi Theophylactus (in hanc enarrans sententiam. Officium itaq́ue spiritualium 27
pastorum fuerit quærere panem cœlestem, quem quū uiderint, debent illum & alijs prædicare, sicut & pastores qui uiderunt infantem loquuti sunt de eo & alijs. Ne quid tamen
διαγνωρίζειν nosse & notū facere — dissimulem, Græca uox διαγνωρίζειν anceps est, ad cognoscere, seu potius pernosse, & in
aliorū noticiam adducere. Itaq́ue magis quadrabat pernouerunt, quod perfecta cognitio sit
ab oculis magis quàm ab auribus. Pastores autem uulgasse quod uiderāt, colligi potest ex
eo quod sequitur Et omnes qui audierunt, mirati sunt.)

Maria

Maria uero.) ἡ δὲ μαριὰμ. Expressius erat, si uertisset, Ipsa uero Maria, propter additum articulũ,quo magis distinguatur ab alijs,qui hisce de rebus loquebantur ipsa tacente.

In omnibus.) ἐπὶ πᾶσι, id est,Super omnibus,siue de omnibus.

19 {Sicut dictum est ad illos.) Hęc clausula referenda est duntaxat ad proximum uerbum,
& uiderant. Audierant enim,& audita uiderant.}

Dies purificationis eius.) Vnus codex habebat αὐτοῦ, ut purificationẽ referas ad Chri- 16-19: Alter
27.19 stum(Hispaniensis editio, αὐτῆς ut referatur ad Mariã,Tertius) αὐτῶν, ut ad utrũq; {Atq; Purificatus dicitur & Christus 16-22: Alter
ita sanè legit & enarrat Origenes, aut quisquis fuit homilia decimaquarta scribẽs hunc in modum:Si scriptum esset propter purgationẽ eius,id est,Marię quæ pepererat,nihil quęstionis oriretur,& audacter diceremus,Mariã,quæ homo erat,purgatione indiguisse post partum.Nunc uero in eo,quod ait,Dies purgationis eorum , non uidetur unum significare,sed alterum,siue plures . Rursum homilia decimaoctaua, refert oblationẽ oblatam pro mundatione Christi,non id sentiens,quod Christus esset immundus, sed quod eodem ritu purgatus sit,quo cæteri solent sordibus obnoxij}Ne quid hic frustra philosophetur aliquis 16-19: cavilletur
de purificatione Mariæ.nam purificationẽ uocat eas ceremonias,quibus olim & puerpe-
27 ra,& fœtus lustrabatur.(Vox autem purificationis in eodem sensu usurpatur à Suetonio in Octauio Augusto,Quasi à cõcubitu mariti purificasse se.Id admonere uisum,ob quosdam plus satis morosos,in excutiendis uocabulis.)

Vt sisterent.) παραστῆσαι τῷ κυρίῳ, id est, Vt exhiberẽt siue cõmendarent. Nam utrunq; significat Græca uox.

Adaperiens uuluam.) διανοῖγον μήτραν, Aperiens uterũ, sic enim mauult Laurentius, Vulua non est obscœnũ uocabulum nõ magis q̃ matrix
homo superstitiose uerecũdus,quasi uero uulua sit obscœnũ uocabulũ,aut quasi legis hu-
19 ius uerba de Maria proprie dicta sint{ac non potius de omnibus fœminis quæcunq; pariunt. Siquidẽ,adaperiens uuluã iuxta sermonis Hebraici proprietatẽ dictũ est,pro nascens. Atq; idem quisquis fuit,in homilia 14.cuius modo testimoniũ adduximus,putat & Christum matris adaperuisse uuluã,sed nequaq; more cæterorum.Cæterorum enim cõceptus quoq; mulieris uterũ aperit,cum Christus clauso uirginis utero sit cõceptus , citra uirilem operã,ubi uirtus altissimi obumbrans cœlitus,uice cõplexus fuit, spiritus sanctus illabens uice seminis masculini.Porrò nascens aperuit uterũ,sed ita ut nõ cõuelleret claustra pudicitiæ uirginalis.Atq; hæc quidẽ est illius sententia,pro qua nõ est animus in præsentia digladiari,etiamsi pugnat cum eo quod iam olim pia credulitas omniũ animis infixit , Christum sine sordibus,sine nixu ac labore parturientis,clauso uirginis utero prodisse. Quæ sanè ut sunt dictu plausibilia,nec irreligiosa , ita certis scripturarũ sacrarũ testimonijs doceri non possunt. Certe diuus Ambrosius nõ abhorret ab illius sentẽtia, hunc enarrans locum, nam cõmentarium his clausit uerbis,Qui enim uuluã sanctificauit alienam, ut nasceretur Adaperiens uuluã & ad Mariã pertinere Quõ Christus matris aperuerit uterum
22 propheta,hic est qui aperuit matris suæ uuluã,ut immaculatus exiret}(Potest enim sic religiose intelligi prodisse clauso uirginis utero,ut uirginei pudoris claustra non uiolarit.)

27 (Et ecce homo erat.) Ex his uerbis colligit Theophylactus Simeonem non fuisse sacerdotem,sed tantum uirum iustum,ut ex omni hominum genere Christus haberet testimonium . Lyranus affirmat fuisse sacerdotem, sed argumento planè friuolo.Iusticiæ nomine pietatisq; commendatur non sacerdotij.) 27: Hic

19 Et timoratus.) εὐλαβὴς, id est , Pius siue religiosus{Inde dicta uox quod reuerenter ac circunspecte tractetur aliquid.} Simeon non fuit sacerdos

Et responsum acceperat.) Hic respõsum accipe oraculum, καὶ ἦν αὐτῷ κεχρηματισμένον, id est,Erat illi promissum oraculo.

* Parentes eius.) Eius non additur apud Græcos, ἐν τῷ εἰσαγαγεῖν τοὺς γονεῖς τὸ παιδίον, id est,Cum inducerent parentes puerum Iesum. *

19 {Nunc dimittis.) ἀπολύεις. Annotauit hunc locũ Augustinus libro de ueteris instrumenti tropis quarto,quod raro reperiatur de morte dictum,Nam ἀπολύεται uxor,quæ repudiatur.Adducit locum qui est in numeris,Et uidit omnis synagoga,quia dimissus est Aaron, pro quo nostra habet editio , Omnis autem multitudo uidẽs occubuisse Aaron fleuit &c.} Dimitti dicitur,qui moritur

Ante faciem omnium.) κατὰ πρόσωπον. Quod magis sonat in conspectu.

19 * Et erat pater(& mater}) In Græcis(aliquot)codicibus lego pro pater,Ioseph: quod arbi- *
tror

* 16-27: 'Parentes eius)' follows 'Et erat pater & mater)'.

Ioseph dictus pater Iesu

tror immutatũ à quopiã,qui uereret Ioseph uocare patrẽ Iesu,cũ postea ipsa Maria uocet
illũ patrẽ Iesu.[Certe Augusti.lib.de cõsensu Euã.2.c.1.citat hũc locũ iuxta nostrã lectionẽ.] 35
(Et benedixit illis.) Quoniam proxime præcessit mentio patris,matris & filij, potest il- 27
lis ad omnes referri. Nec est absurdum, si quis dicatur benedicere Christo,siue optemus illi gloriam,siue prædicemus illius laudes. Optando dicimus patri, Sanctificetur nomen tuum. Et in Psalmis, Omnia opera domini benedicant domino. Qui offenduntur benedicen
di uerbo, imaginantur talem fuisse Simeonis benedictionem, qualis est hodie episcoporum. Maior enim benedicit minori. Olim parentes benedicebant filijs. Quid absurdi, si Simeon senex ut pater benedicit puero, optans illi successum negocij ad quod erat missus.

Benedicere, hoc est, bene precari Christo nõ absurde dicimus

Votum est hæc benedictio. Cæterum differentia quam quidam adferunt inter, benedico
te, & benedico tibi, planè ridicula est, quum hoc ipso loco sit idem uerbum Grecum εὐλό-
γησεν, & utrobiq; sit additus accusandi casus τὸν θεὸν, ac mox αὐτοὺς, deinde quum ecclesia cantet, benedicite cœli domino. Et tamen hanc retrusam distinctionem multis conuicijs
docuit quidam τρὶς μέγιστος Rabbinus parisiensis, quod tamen citra ordinis contumeliam
dictum uideri uelim, nequaq; dicturus nisi ipse libro prodito gloriaretur hoc se docuisse.)

Benedico te & benedico tibi differentia ridicula

Cui cõtradicetur.) ἀντιλεγόμενον, id est, Cui cõtradicitur, ut absolute accipiamus.{Atq; 19
ita citat Augustinus cum alias, tum uero psalmum enarrans 88. Atq; ita subinde adducit
Origenes in homilijs, quibus hunc explicat Euangelistam, si uerax est titulus operis.}{Item 27
Tertullianus libro de carne Christi, Et in signũ, inquit, quod cõtradicitur. Ac mox, Agnoscimus, inquit, ergo signum contradicibile, conceptum & partum uirginis.)

Et tuam ipsius animam.) καὶ σοῦ δὲ αὐτῆς τὴν ψυχὴν, id est, Et tuam autẽ ipsius animam
pertransibit. Nec est ociosa coniunctio δὲ, significans mutari personam, & ueluti noui do
loris initium. Neq; uero lubet hic referre uarias interpretationes, quas Lyranus & Carren
sis in hunc congerunt locum, quorum posterior etiam citat autorem Chrysostomum{hu- 27
ius sententiæ, quod Simeon dixerit tuam ipsius animam, id est, animam filij tui, quam ut
tuam ipsius animam diligis. Quanquam hoc ipsum commentum hausit ex Petro Come-
store} Illud constat ipsius non posse referri, nisi ad Mariam, cum sit αὐτῆς. Nec est quod hic
prodigiosas interpretationes cõminiscamur, cũ sensus sit expeditus, fore ut Christo recla-
metur, & hinc nonnullã doloris portionem ad matrem redituram. Cæterum istos{illoto ser 19
moni magis assuetos}offendit, tuam ipsius, elegantius dictum, quàm pro illorum auribus.
Quanquam uenustius erat, penetrabit quàm pertransibit{uel ob id quod pertransit etiam 19
quod præterit. Atq; hinc hausisse uidetur Augustinus lib. quæstionum ueteris & noui testamenti, quæstione septuagesima tertia, cum scribit, Mariam quoq; Iesu matrem nonnihil in fide uacillasse, cum uideret extinctum filium, sed tantisper donec à mortuis resurgeret, & ob eam causam pertransijt gladius, quod hæc dubitatio non insederit illius animo,
sed pertransierit duntaxat. Hæc quoniam prçter publicam theologorum opinionem dicta
sunt, ne quis me uocet in ius, ipsius uerba subscribam: Quod autẽ adiecit dicens, & tuam
ipsius animam pertransibit gladius, ut reuelẽtur multorũ cordium cogitationes, hoc utiq;
significauit, quia etiam Maria, per quam gestum mysterium incarnationis saluatoris, in
morte domini dubitaret: ita tamen ut in resurrectione firmaretur, omnes stupore quodam
in morte domini dubitarent. Quis enim non ambigeret, uidens eum, qui se filium dei dice
bat, humiliatum, ut usq; ad mortem descenderet? Et quia, ut dixi, omnis ambiguitas in resurrectione domini recessura erat, pertransire dixit gladium, nõ supercadere aut continge
re transeuntem membrum aliquod. Vt sicut gladius missus, pertransiens iuxta hominem,
timorem facit, & tamen non percutit, ita & dubitatio mœstitiam faceret, non tamen occideret, quia non sedit in anima, sed pertransijt quasi per umbram, contingens corda discipu
lorum. Hactenus Augustinus.[Theophylactus indicat intelligi posse, uel de dolore passio- 35
nis, uel de subdubia cogitatione, quũ uideret filium sic natum, tot miraculis clarum in cruce mori. Nec arbitror ab hac sententia abhorruisse Chrysostomum,] qui Mariæ tribuit non
nihil affectus, qualem habet matrum uulgus erga filios, de quorum factis sibi gloriæ nonnihil uindicant: Considera, inquit, tam matris quàm fratrum importunitatẽ: nam cum debuissent intrare, atq; cum turbis simul audire, aut saltem expectare foris sermonis finem,
ac demum accedere, ambitione quadam ac ostentatione commoti, foris eum in præsentia
omnium

Tuam ipsius animã ridicule expositum à quibusdam

16: theologos

Augustini lapsus notatus

Augustinus uidetur tribuere Mariæ leuem de Christo dubitationem

Chrysostomus quoq; tribuit Mariæ aliquid humanum

19-27: Cum Augustino sentit Chrysostomus qui

19 addition to p 167

omnium euocauerunt &c. Idem enarrans Ioannis Euangelistæ capitulum secundum, homilia uicesima, consimilem affectũ tribuit Mariæ: Optabat enim, inquit, ut iam hominum
gratiam cõciliaret, & fortassis aliquo humano afficiebatur affectu, quemadmodum & fratres eius, cum dixerunt, Ostende teipsum mundo. Et aliquanto post: Siquidem non adhuc
debitam de ipso opinionem habebant, sed more matrum Maria, iure omnia filio se præcepturam censebat, cum tanquam dominũ colere & reuereri liceret. Ad hæc is quisquis fuit,
27 qui scripsit homilias in Lucam, quas habemus ex Merlini (cuiusdam) ęditione, Origeni in- Origenes
scriptas, apertius etiam docet, scandali gladium attigisse Marię pectus: Quid putamus, inquit, quod scandalizatis apostolis, mater domini à scandalis fuerit immunis? si scandalum
in domini passione passa non est, non est mortuus Iesus, pro peccatis eius. Si autem omnes
peccauerunt, & egent gloria dei iustificati gratia eius & redempti, utiq; & Maria illo tem
pore scandalizata est. Ac mox ibidem: Pertransibit infidelitatis gladius, & ambiguitatis
mucrone ferieris, & cogitationes tuæ te in diuersa lacerabunt &c. Idem homilia uigesima,
Ioseph & Mariæ tribuit fidem nondum perfectam, cum puerum reprehensum è templo
abducerent. De quorum opinione aliorum facio iudicium. Ego ut pro hac sententia nolim
digladiari, ita non probo quorundam uel audaciam, uel pertinaciam, qui quantum animo
possunt imaginari tribuunt Mariæ, atq; id ita tuentur, quasi sit oraculum Euangelicum,
hæreticum clamitantes, si quis addubitarit Cæterum cum Christus ineffabili, nouoq; con- Non temere
silio redimere uoluerit genus humanum, impiæ cuiusdam audaciæ uidetur, si quis ei præ- definienda
scribere contendat, quibus rationibus id egerit, præsertim in huiusmodi rebus, quæ nobis quæ probari
certo sciri non queunt. Certe quod ad præsens munus attinet, multo aliud est Gręcis διελ- non possunt
θεῖν & παρελθεῖν, hoc est, Pertransire & præterire. Atqui Lucas ait, διελεύσεται, hoc est, per
medium ibit, & medium cor scindet. Eamus nunc & ceu rem superuacaneam irrideamus
Græcæ linguæ cognitionem, cum hoc uideamus accidisse tam insigni ecclesiæ doctori,
quod Græca uel parum calluerit, uel non consuluerit. Quod tamen nemo sic interpreta- 19: nescierit
bitur, quasi dictum sit in tam sacri doctoris contumeliam, sed potius ad excitanda bonorum iuuenum studia. Sunt enim quidam sic addicti certis autoribus, ut protinus non feren
dam contumeliam clament, si quis uel unguem latum ab hoc aut illo discrepet. Francisca-
nus non fert usquam discedi a suffragio Lyrani: Prædicator non tolerat quicquã conuelli Addicti autoribus
ex Thomę aut Carrensis placitis: Augustinensis non patitur ab Augustino dissentiri. Atqui si hoc recipimus, ut suum quisq; autorem mordicus teneat, fiet tandem ut prorsus à ne
mine liceat dissentire, cum ipsi autores inter sese non cõsentiant, imò cum singuli à se ipsis
aliquoties dissentiant. Nullius autoritati debet addictus esse, qui ueritatis agit negocium,
neq; par est hoc cuiquam hominum tribuere quod nec ipsi sibi postulant, & si postularent
tanto minus erat tribuendum.}

Et hæc uidua usq;.) καὶ αὕτη χήρα ὡς ἐτῶν ὀγδοήκοντα τεσσάρων, Et hęc uidua circiter an Vidua octo-
19 norum octoginta quatuor. Interpres legisse uidetur ἕως pro ὡς. {Quod tamen ita est acci- ginta anno-
piendum, ut annorum numerus non ad ætatem mulieris pertineat, sed ad spacium uiduita rum 19-22: uiduae
tis, in qua tot annos perseuerarat. Id palàm ostendit Ambrosius: Non ociose tamen, inquiens, annos octoginta quatuor uiduitatis expressit. Ita quidem Ambrosius, etiamsi subdu-
rum est creditu, tantum annorum exactum fuisse à coniugio, nisi uehementer anus fuit,}
27 (aut admodum mature nupsit.)

Obsecrationibus.) δεήσεσι. Miror quare displicuerit interpreti precibus aut depreca- 16: orationibus
tionibus, cum obsecratio aliud quiddam significet, nempe quoties per rem sacram obte-
stamur, quod Græci uocant ποτνιᾶν.

19 {Ieiunijs & obsecrationibus seruiens.) Incertum an hi datiui Græcis sint ad aliquid, an
instrumentales, ueluti dicas, Seruio lucro, & seruio corpore, hoc est, an intelligendũ, illam
seruisse deo, an eam illum coluisse talibus uictimis ieiuniorum & deprecationum.}

Hæc ipsa hora.) αὐτῇ ὥρᾳ. Clarius erat eadem hora.

Superueniens.) ἐπιστᾶσα. id est, Assistens. Quod autem Valla monet, friuolum est, po Taxatus
test enim superuenire, dum hæc fiunt, quæ tamen in aliqua templi parte sit. Valla

Confitebatur domino.) ἀνθωμολογεῖτο. Nõ est simpliciter cõfitebatur, sed cõfessione re ἀνθωμολο-
spondebat, ut referat ad cõfessionẽ Simeonis & aliorũ, quorũ hęc cõfessioni respondebat. γεῖσθαι

Redem-

Redemptionem Israel.) Non est Israel in Græcis, sed in Hierusalem, ἐν ἱερουσαλήμ. Vetustissimi codices habent Hierusalem absque præpositione (Et ita legit diuus Irenæus [Item 27.35
Augustinus de consensu Euang. lib. 2. cap. 5] nec aliter legit Beda.)
Et confortabatur.) Græci codices addūt spiritu, τῷ πνεύματι. (Porrò quod sequitur Ple- 22
nus, non est nomen πλήρης, sed πληρούμενον, quod indicat illum iam impleri accessu ætatis.)
An in Christo (non quod proficeret hominū uulgariū more cum ætate, sed quod paulatim emicaret in illo 27
uere creuerit diuina gratia, ne res ante tempus prodigiosa uideretur. Ita quidē Theophylactus, mecum
gratia faciens, quod quidē attinet ad emphasim participij. Cæterū uix hominū est definire, quomodo & quatenus diuina natura sese communicauerit humanæ naturæ in Christo.)
Per omnes annos,) κατ᾽ ἔτος, id est, Annue, siue in singulos annos, siue quotannis.
Periphrasis In die solenni paschæ.) τῇ ἑορτῇ τοῦ πάσχα, id est, In festo paschæ. Quorsum enim perti-
affectata nebat periphrasis? Ac paulo post,
Cum redirent.) Dilucidius erat, si addidisset illi. Eo quod mox consequitur, Remansit
puer Iesus. Et Græce est, ἐν τῷ ὑποστρέφειν αὐτούς. Hoc pronomen ut aliàs citra incommodum nonnunquam omittitur, ita hoc loco commodum erat addere.
Et non cognouerūt parentes eius.) Græci codices habēt, καὶ οὐκ ἔγνω ἰωσὴφ καὶ μήτηρ αὐτοῦ,
id est, Et non cognouit Ioseph & mater eius, quod & ipsum mutatum arbitror, præsertim
cum in nonnullis exemplaribus secus habeatur, nempe οἱ γονεῖς αὐτοῦ, id est, Parentes eius,
{quemadmodum paulo superius.} 19
In comitatu.) ἐν συνοδίᾳ. Quod proprie sonat comites & socios eiusdem itineris.
Stupebant autem.) ἐξίσταντο, quod significat uehementem admirationem aut metum,
ita ut quis non sit apud se: cui finitimum est illud quo mox utitur ἐξεπλάγησαν, quasi dicas, attoniti facti sunt.
{Et ipsi non intellexerunt uerbum.) Hoc sanè loco ῥῆμα positum est pro sermone, siue 19
dicto. Quid autem facient huic loco quidam qui sedulo magis quàm circumspecte bea-
Maria quædā tæ uirgini ferè tantum tribuunt felicitatis, iam inde ab initio, quantum nunc possidet? Cer-
nesciuit te non obscure locutus est Christus, & tamen subijcit Euangelista, ab illis non fuisse in-
Christus nusquā tellectum, quod dixerat Iesus. Quin & illud annotandum, quàm non blande respondet
legitur blan- parentibus puer obiurgatus, imò penè obiurgat obiurgantes. Neque enim hoc ueritus est
dus fuisse ma- dicere Ambrosius, (sic enim ille scribit hunc in locum: Duæ sunt in Christo generationes, 27
[27: Seu, ut tri una est paterna, materna altera. Paterna diuinior, materna quæ in nostrum laborem u-
legendum arbitror, sumque descendit. Et ideo quæ supra naturam, supra ætatem, supra consuetudinem fiunt,
ministerium non humanis assignanda uirtutibus, sed diuinis referenda sunt potestatibus. Alibi cum
Ambrosij lo- ad mysterium] mater impellit, hic mater arguitur, quia adhuc quæ humana sunt exigat.
cus emēdatus Cæterum in his quæ sequuntur suspicor subesse mendum. Sed quum, inquit, hic duodecim describatur annorum, illic discipulos habere dicatur, uides matrem didicisse à filio,
ut exigeret à ualidiore mysterium, quæ stupebat in iuniore miraculum.) [In libris enim e- 35
mendatioribus ita legitur. Vides matrem didicisse à filio, ut exigeret à ualidiore miraculum, quæ stupebat in iuniore mysterium. Prius enim obstupuerat, quum reperisset in
medio doctorum. Ita Lucas ἰδόντες αὐτὸν ἐξεπλάγησαν. Hinc fiduciam concepit, ut in nuptijs flagitaret miraculum. Sed in priore loco, ad mysterium mater impellit, haud dubium est, quin legendum sit, ad ministerium, hoc est ad obsequium, legitur enim, Et subdi-
tus fuit illis. in iuniore stupebant mysterium, quia legitur, Et ipsi non intellexerūt uerbum:
Mysterium occultū est. Obsequium igitur filij pueri docuit matrem, ut in nuptijs à grandi
ore exigeret ministeriū.] Adeo Christus suum negociū, quod totū è cœlo pēdebat, purum
Euāgelico ne- esse uoluit ab humanis affectibus, nec hic ullam hominis autoritatem passus est admisceri:
gocio non ad- sic & Petrum admonentem ne iret Hierosolymā statim reiecit, Abi retro satana. Nunc hu-
miscendos af- manis cupiditatibus geruntur omnia, quæ tamen cum primis cœlestia uideri uolumus.}
fectus hūanos (Tum inter docendum à matre & fratribus interpellatus parum blande respōdet, Quæ est 27
mater mea. Similiter & in nuptijs compellatus de uino deficiente. Hoc quod arguit inter-
pellantis est, quod non intellectus obtemperat, obsequij est, quæ res & illi cōueniebat ætati, & parentum infirmitati obsecundabat. Quidam metum parentum ad unū Ioseph referunt, similiter & obiurgationē filij, Quid est &c. Postremo & illud, Et ipsi nō intellexerunt
uerbum

27: miraculum. Arbitror autem ita scriptum ab Ambrosio, vides matrem didicisse a filio, ne exigeret a validiore ministerium, quae stupebat in iuniore, miraculum. Adeo

Ad radicem arboris.) Arborum est & apud Græcos, & in uetustissimis nostris codicibus, τῶν δένδρων. Sentit enim de cunctis hominibus, atque ita legit Ambrosius.

Excidetur.) Exciditur & mittitur est Græcis, ἐκκόπτεται καὶ βάλλεται, quemadmodum & in Mattheo. 19-27: margin:

Det non habenti.) μεταδότω, id est, Communicet, siue impartiat. Neque enim iubet dari duas tunicas, sed è duabus unam. Nam id est, μεταδοῦναι. Faciatis pro exigatis

Quàm quod constitutum est uobis faciatis.) Miror non esse animaduersum, nec à Laurentio, nec à quopiam alio, ne à Beda quidem, πράσσετε, hic uertendum fuisse non Faciatis, sed Exigatis, cum loquatur de publicanis, hoc est, publicorum uectigalium redemptoribus: quibus hic & hodie mos, extorquere à plebecula, non quantum princeps iusserit,
19 {quod ipsum per se iniquum est} sed quantum omnino possint. utrunque enim significat
19 πράττω. {Vnde πράκτορες, exactores. Et aliquanto post semel atque iterum πράκτορας, uertit, Exactores, & capite decimonono, ἔπραξα, uertit Exegissem. Atque ita sanè legisse uidetur Ambrosius, huius loci sententiam reddens his uerbis: Singulis quoque generibus hominum, conueniens tribuit sanctus Ioannes Baptista responsum, unum omnibus, ita publicanis, ne ultra præscriptum exigant, militibus ne calumniam faciant, ne prædam requirant. Consimiliter Augustinus sermone de uerbis domini ex Matthæo decimonono, legit & in
27 terpretatur: Nihil amplius exigatis, quàm quod constitutum est uobis.} [Theophylactus etiam exponit Græcam uocem alia Græca εἰσπράσσειν τοῦτ' ἐστιν ἀπαιτεῖν, id est, exigere, hoc
35 est poscere.] [nam utroque modo dicitur, πράττειν & εἰσπράττειν.]

Vnde πράττειν exigere — 19: Vulgario 22: Theophylacto

Calumniam faciatis.) συκοφαντήσετε. συκοφαντεῖν, apud Græcos non uno sumitur modo, uerum plerunque συκοφαντεῖν est falso deferre, & crimen data opera impingere, quo non nihil emolumenti extorqueatur à reo. Duo igitur uult abesse à militibus, uim qua prouinciales opprimebant, & calumniam, qua deferebant illos apud suos præsides, quo sine ui,
35 sed non minus perniciose spoliarent. [Interdum spoliant homines, naues aut uicos, ac post confingunt illos fauisse hosti, aliud ue quippiam peccasse. Audiui ducem quendam ita suos admonentem, prædarentur quicquid possent, siue essent inimicorum bona siue amicorum: ut enim res pessime caderet, cogerentur ad restituendum, sed interim aliquam prædæ portionem residere penes raptorem.] Mihi uero non admodum probatur, quod quidam ex hoc loco probare nituntur bellum: quasi uero Ioannes hæc dixerit Christianis, ac non potius ethnicis aut certe prophanissimis Iudæis, si qui tamen Iudæi meruerunt unquam sub ethnicis: aut hoc egerit, ut præscriberet cuiusmodi deberent esse milites, & non illud potius, ut qui
27 pessimi erant, inciperent esse minus mali. (Notat id eleganter Theophylactus, Turbas, inquit, hortatur ut aliquid boni faciant, hoc est, sua impartiant, Publicanos autem ac milites ut desistant à malis, Neque enim capaces illi erant, neque bonum quippiam facere poterant,
35 sed sufficiebat eis non facere malum. [Ita Theophylactus.] Miles enim qui spoliat iniuste, ne miles quidem bonus est, tantum abest ut sit uir bonus). Sic enim undique præparabat uiam domini. Alioqui qui potuisset Ioannes ab illis extorquere militiam, cum Christus à Iudæis
19 non extorserit ceremonias & superstitionem Mosaicæ legis, {& hominum constitutiunculas? Quis negat Iudæis permissum fuisse bellum? sed ijsdem, quibus permissum fuit odium inimici. Bellasse Iudæos legimus, stipendijs meruisse sub alienis ducibus non legimus. Bellabant Iudæi, sed iussu numinis. An ob id uolumus Christianos contra Christi iussum belligerari? Imò ferrum & lanienam habere uenalem? Gregorius negotiationem inter eas artes ponit, ad quas à baptismo non sit fas redire, & nos homines facinorosos, qui quauis mercede pellecti, aduolant ad bellum & cædem Christianorum, imò si desit conductor, ultro erumpunt, inter Christianos habemus, & hos euangelico patrocinio tuemur? Neque uero me fugit, quid hic disputet Augustinus, cum aliàs, tum aduersus Faustum: Sed fas esse puto, Christi & apostolorum doctrinam anteponere Augustini sententiæ. Nec tamen ille probat hoc bellorum genus, quibus nos sine fine collidimur. Pro publica Christianorum pace tuenda, Cæsari, Cæsarisque præfectis concedit arma. Verum hæc non est purissima pars corporis Christi. Religiosus erat id temporis imperator, quisquis non opprimeret ecclesiam, & alicubi faueret. Nunc belligerantur episcopi, nec aliud fere quam belligerantur. Ambrosius libro de uiduis, palàm declarat, quibus armis uelit esse instructos sacerdotes & pu

Marginalia: 19-27: margin: Adversus bellum — Bellum quidam approbant ex euangelio, an rectè — 16-19: ridiculum vero — 16: gentilibus — 16-22: potuerit extorquere — {16: ac traditionem — Bellum Iudæorum — 19-27: Judaeorum Bellum — Nec Augustinus probaret hoc bellandi genus — Arma sacerdotum

re Christianos. Arma, inquit, ecclesiæ fides est: arma ecclesiæ oratio est, quæ aduersarium
uincit. Atq; inibi: Ecclesia autem non armis secularibus uincit aduersarias potestates, sed
armis spiritualibus, quæ sunt fortia deo. (Sit igitur bellum si uidetur inter necessaria mala si 27
modo legitimũ sit, nec est necesse, ut hoc ius ex euangelij præscriptis repetamus) Sed hisce
de rebus alius dabitur dicendi locus.}

[ὀψώνιον pro stipendio]
Stipendijs uestris.) ὀψωνίοις ὑμῶν, quo uerbo Terentius usus est pro cibis lautioribus.
Quanquam Paulus quoq; semel atq; iterum usus est hoc uerbo pro stipendio, siue autora
mento militari. {Apte uero præmium sordidorum hominum, sordido uocabulo expresit. 19
Siquidem opsonium, uentris præmium est, dignum ijs, qui uentri militant.}

Estimãte, pro expectante
Existimante.) προσδοκῶντος δὲ, id est, Expectante, siue sperante, uelut ex euentu iudi-
caturus esset. {Ambrosius legit Aestimante, nec addit, Cogitantibus omnibus, sed tantum, 19
Aestimante populo & cogitante. Nisi quod ex interpretatione propemodum licet subodo
rari, Ambrosium legisse Expectante. Sic enim ait inter cætera: Erat enim qui expectabatur, & ipse utiq; qui expectabatur, non is qui non expectabatur aduenit. Cum autem uetu
stissimi codices consentiant cum æditione uulgata, non satis queo coniectare quid legerit
interpres, nisi forte pro προσδοκῶντος legit δοκοῦντος.}

Ne forte.) μή ποτε. Num, ipse mallẽ, q̃ Ne. Nam ποτε hic plane coniunctio est expletiua
{Cuius non sum dignus.) Ambrosius uidetur hoc loco legere, Cuius nõ sum dignus cal- 19
ciamenta portare, quemadmodum legimus in Matthæo.}

Cuius uentilabrum. τὸ πτύον: quod inde dictum, quod paleas secernat à granis. Nam
πτύω est, expuo (uelut abijcio ac repurgo.) 27

{In horreum suum.) εἰς τὴν ἀποθήκην αὐτοῦ. Incertum, an pronomen suum referatur ad tri- 19
ticum, an ad Christum, sed magis opinor ad triticum, ut indicatum est in superioribus.}

[Deprauatio ordinis]
Adiecit & super hoc omnia.) Librarij uitio deprauatus ordo, legendum aũt, Adiecit &
hoc super omnia, quemadmodũ reperio scriptũ & in emendatioribus Latinorũ codicibus.
{Factum est aũt.) Poterant cõmodius reddi Græca, Accidit aũt cum baptizaretur totus 19
populus, ut Iesu quoq; baptizato & orante aperiretur cœlum, & descenderet spiritus sanctus corporali specie ueluti columba super illũ, & uox è cœlo proficisceretur quæ diceret.

Sicut columba.) ὡσεὶ περιστεράν. Laurentius mauult, Velut columba, quod alioqui uideatur sensus, & columbam descendisse in Iesum. Nunc uero sentit spiritum sanctum descendisse, sed specie columbæ.}

Tu es filius meus.) σὺ εἶ ὁ υἱός μου, id est, Tu es ille filius meus, propter Græcum articulum, cuius uis non est hoc loco ociosa.

Quasi annorum.) ὡσεὶ ἐτῶν τριάκοντα, id est, Annorum circiter triginta. Quanquã non
nulli codices sic habebant, καὶ αὐτὸς ἦν ὁ ἰησοῦς ἐτῶν τριάκοντα ἀρχόμενος ὤν, ὡς ἐνομίζετο υἱὸς
ἰωσήφ. Quorum uerborum hic est sensus: Et ipse Iesus ingressus erat annum trigesimum,

Incipiens esse annorum triginta
ut putabatur filius Ioseph. aut certe ad hunc modum, Et ipse Iesus accedebat ad annum tri
gesimum: ut intelligamus illum, aut agere cœpisse trigesimum annum, aut accessisse iam
ad illud ætatis. Cæterum participium uerbi substantiui ὤν, ita positum est, ut possit uel ad
superiora, uel ad inferiora referri. {Origenes, si modo non fallit inscriptio, homilia in Lucam 19

19-27: non
xxviij. palàm admonet, in Luca tantum esse uerbum incipiendi, trahens ad allegoriam,
quod à baptismo, ceu renati esse incipimus.} Verum qui potuit esse filius Ioseph, si putaba
tur tantum & non erat? Vnde res ipsa cogit, ut ad superiora referatur, & accipiamus
participium usurpatum uice uerbi infiniti, nempe ὤν pro εἶναι, Qui incipiebat esse, quod sa
nè non infrequens est apud Græcos.

[Articulus additus in indeclinabilibus nominibus]
Qui fuit Heli.) τοῦ ἡλί, id est, Qui fuit filius Heli. Græce hæc nomina connectuntur
per articulos. Proinde nostrum qui, non est referendum ad Ioseph, nec ad Christum, sed ad
proximum nomen {excepto primo, quod ad proximum Ioseph pertinet} <Vt intelligamus 19.22
Ioseph fuisse filium Heli, Heli rursum fuisse filium Mathat, atq; item de cæteris>. [Quanq; 35
Augustinus quæst. ueter. & noui testamenti quæstion. 56. negat Heli fuisse patrem Ioseph.
Vult enim sic Christum dici filium Heli, quemadmodum dicitur filius Dauid. Ioseph enim
& Heli erant fratrum filij.] In recensendis nominibus mira in Græcorũ codicibus confusio,
ne Latinis quidẽ inter se cõsentiẽtibus, alibi deerat alibi supererat, inuersa ac deprauata ple
raq;

raque, quæ nos diligentissima collatione, quâ licuit, restituimus. Cæterum quod Matthæus
discrepat à Luca in recensenda genealogia Christi, quod hic per Nathan stirpis seriem de-
ducat ad Dauid, ille per Solomonem, longum sit altius repetere theologorum quorundam
super hac re digladiationem, quorum nonnulli uolunt hunc Nathan non fuisse filium Dauid, sed prophetam, quem Dauid adoptarit in filij uicem, suum uidelicet obiurgatorem: &
ne ipsa temporis ratione refellantur, uolunt Nathan μακροβιώτατον fuisse, cæteros qui ante
hunc regnauerunt à Solomone μινυνθαδίους ut Homerico utar uerbo. Et in hac quidem sen
19 tentia uideo propemodum fuisse diuum Hieronymum {Ambrosium}, & ante hos Orige-
27 nem. (Nam Augustinus opinionis suæ canit palinodiam, quum aliâs tum lib. retractatio-
num. ij. cap. xvi. his quidem uerbis, Item ubi dixi, Lucas uero per ipsum Dauid, ad Nathan
ascendit, per quem prophetam deus peccatum ipsius expiauit: Per cuius nominis prophetam dicere debui, ne putaretur idem fuisse homo, quum alter fuerit, quãuis & ipse hoc uo-
caretur.) Quanquam nihil erat opus ad hæc suffugia diuertere, si perpendissent apud Hebræos duplici ratione dici filios, iuxta legem, & iuxta naturam. Lex erat, Siquis sine liberis
decessisset, ut huius frater instauraret posteritatem defuncti. Itaque qui sic natus erat, duos
habebat patres, alterum naturalem, ex quo natus erat, alterum legalem, in cuius nomen &
progeniem succedebat, nempe defuncti. Ad hunc modum cum posteritas Solomonis defe
cisset in Ochozia, ex Simeon cognominato Ioas, qui prognatus erat è stirpe Nathan filij
19 Dauid, instaurata est posteritas Solomonica {ut mox latius docebimus} Quod quidem palàm arguit illa præfatio, haud scio cuius, quæ Lucæ euangelio præfertur. Nam ab Hiero-
nymiano stilo tantum abest, ut nullius omnino Latini uideri possit, sed Græci cuiuspiam,
35 eruditi tamen, & eloquentis. [Quidam Isidoro tribuunt, sed nihil minus cōgruit.] In ea sic legimus. Cui ideo post baptismum filij dei, à perfectione generationis in Christo completæ,
repetendæ à principio natiuitatis humanæ potestas permissa est, ut requirentibus demon-
straret, in quo apprehendens erat per Nathan filium Dauid, introitu generationis recurren
tis in deum admisso, indisseparabilis dei, ut prædicans hominibus Christum suum, perfecti
opus hominis redire in se per filium faceret, qui per Dauid patrem uenientibus iter præbe
19 bat in Christo. Obsecro quis hunc sermonē asscribat Hieronymo? Sed ut ad rem {hic quisquis est, palā asseuerat stirpem Dauidicam intercidisse, & per Nathan filium Dauid restitu
tam seriem generis. Suffragatur huic sententię & Gregorius Nazianzenus in carmine ge
27 nealogico, duos recensens δαυίδας, (id est filios Dauid), Solomonem & Nathan, nec ullam
35 adoptionis faciēs mentionē. [In opere quod fertur Augustini titulo de quæstionibus ueter.
& noui testamēti quæst. 56. habentur hæc. Heli autem filius Mathat, à Dauid per Nathan
filiū eiusdem Dauid ordinē tenet. Idem repetit & inculcat toto capite. Nec refert hoc opus
non esse Augustini, quū res indicet esse alicuius in sacris litteris exercitatioris quàm fuit Augustinus.] Quin libro Paralipomenon primo cap. tertio, palā inter filios, quos Dauid suscepit ex Bethsabeæ Hierosolymis, nominatim recensetur Nathan, ordine prior Solomone.
Porrò omnem adoptionis causationem palā excludit, quod additur, Filijs Dauid ex Bethsa
beæ.} Disseruit accuratius hac de re, magnus ille bonarum literarum antistes Iacobus Faber
Stapulensis in commentarijs quos ædidit in epistolam ad Hebreos. Neque pauca refert Ioan
nes Annius ex Philone. Ea quanquam admodum probabilia sunt, tamen quoniam is non
tam certo citat quàm uellem, præsertim in re controuersa, neque nobis erat Græci Philonis
copia, paucis attingenda iudicauimus, & in hoc duntaxat, quo lectori diligenti cætera per-
uestigandi præberemus ansam, præsertim cum hæc penè πάρεργα sint huic instituto. Iam
quoniam hinc plerique falluntur, quod nonnulli sint ὁμώνυμοι, nonnulli binomines, aut etiam
trinomines, interdū cognomina addita, ipsis misceantur nominibus, pauca recensebimus,
quibus cognitis, minor sit errandi occasio.

Primum Elih Idem est cum Iehoiackim, quem corrupte uocant Ioachim, pater naturalis
Marię uirginis, & auus Iesu Christi secundū carnem. Quod testatur & Hieronymus. Atque
hinc colligere licet, Lucam naturalem Christianæ genealogiæ seriem secutum esse, non legalem, siquidem ad Christum respicias, sin ad Ioseph referas, contra erit. Nam Matthæus
per naturæ lineam deuenit ad Ioseph, quæ ad Christum tendenti legalis est.

Deinde Iane Et hunc & Ianum, qui præcessit, unà cum his qui inter hos duos interce-

Nathan non esse prophetā

Præfatio in Lucam falsò inscripta Hieronymo

Nazianzenus

Iacobus Faber

Binomines

dunt, Philo testatur Israhelitico functos imperio. Recensentur autem his insigniti cogno-
mentis, Ianeus secundus, Hircanus, Ioseph iunior, Arses, Matthatia, Siloa, Amos, Shyrach
Nahum, Maslot, Hesli, Aglai, Nagid, Artaxat, Maath, Aser, Elih, Matthathias, Semei,
Abner, Ioseph primus, Iudas primus, Hircanus, Iana, Ianeus primus.

Præterea Zorobabel Idem dictus Barrachias, duos habuit filios, unum Resa nomine,
cognomine Misciollam, quemadmodũ legis in Neemia. Huius propaginem Lucas narrat,
alterum Abiud, cognomento Anania. Cuius stirpem Matthæus prosequitur. Ex horum
stirpe descendunt, & qui apud Lucam, & qui apud Matthæũ deinceps referuntur. Ad hæc
Salathiel, rectius, ni fallor, dicendus שְׁאַלְתִּאֵל Shealthiel {si modo uocem Hebraicam red- 22
Multorum nominum reges
dere uolumus} idem alio nomine dictus Mezebeel, & Zorobabel, tam apud Lucam, quàm
apud Matthæum recensentur: ut coniectare liceat hos ex Nathan ortos. Iam & Neri idem
est, qui apud Matthæum dicitur Iechonias. Id cognominis illi tributũ est à populo, posteaquam ereptus è carcere, in precio habitus est apud Euilmerodach, quod lucerna Dauidici
generis, quæ uidebatur extinguenda, redaccensa sit in hoc. Is igitur tum genuit Salathiel.
Proinde frustra Iulianus calumniam struit Euangelistis, quasi duos patres uni tribuant filio, cum idem sit Neri & Iechonias, quemadmodum cæteri quoq; reges, qui hunc præces-
[πολυώνυμοι
serunt πολυώνυμοι fuerunt, usque ad Ioas, qui est Simeon apud Lucam, haud ille quidem è
stirpe Solomonis, quæ iam interciderat in Ochozia, sed ex Nathan, cuius posteritas ius habebat hactenus in regnum succedendi. Cæterũ quod parum respondeat numerus eorum,
qui apud Lucam referũtur, & qui apud Matthæum, haud ita mirum uidebitur, si quis per-
penderit, primum quod & Hieronymus indicauit, & ante hunc Origenes, nõnullos in genealogiæ serie fuisse prętermissos, idq; data opera, quemadmodum annotauimus in Matthæum. Quandoquidẽ nec Ioas usquam recensetur. Quos si cæteris adieceris, comperies
& numerum consentire. Præterea Iechonias idem est cum eo, qui dictus est Neri. Huius
pater Ioachim prætermissus apud Matthæum, idem est cum Melchi, ante quem regnauit
mensibus tribus Ioachaz, quem ne ipsum quidem cõmemorauit Matthæus. Et haud scio
an huic respondeat Addi. Rursus Iosias, Amon, Manasses, Ezechias, & Achas, cogno-
mentis designantur hisce, Cosam, Elmodam, Er, Ieso, Eliezer, quorum sanè cognominum
& Philo meminit. Deinde Ioathan, Asarias, Amasias, Ioas adnominati sunt his nominibus
quæ sunt apud Lucam, Ioram, Matha, Leui, Simeon, quorum Matthæus omnino non meminit. Quin & Simeon, qui est apud Lucam, trinominis fuit, idem dictus Simeon, Heli, &
Ioas. Hic primus ortus est ex posteritatis Dauidicę instauratoribus, quos Hebręi אֲחִישָׁרִים
Achesarim uocant, ceu regni adiutores, cum iam in Ochozia posteritas Solomonis defe-
cisset: nec hæc modo, uerumetiam ipsa familia Achesarim, nimirum omnibus ab Athalia
interemptis, hoc solo superstite, quod hunc Iosaba Ochoziæ soror seruasset, etiamnum in
Ioas non erat filius Ochoziæ natura iuxta Philonem
cunis agentem. Neque enim erat is Ioas filius Ochoziæ natura, sed successione duntaxat,
iuxta ius Achesarim. {Licet libro Regũ quarto, capite undecimo, uocetur Ochoziæ filius. 19
Philo tamen aperte pronunciat, hunc natura filium non fuisse, sed ut modo dictum est, iure
successionis.} Proinde ab hoc reliqua posteritas omnis ad Nathan pertinet, ut unde duxerit
genus, licet in sorte collocetur Solomonis. {Quod si stirps regia defecit in Sedechia, sicut 19
apparet ex quarto Regum, capite ultimo, & Hieremiæ cap. xxij. non protinus consequitur antea non defecisse.} Porrò Nathan hic de quo cœperamus in initio dicere, filius fuit
Dauid, frater Solomonis ex Bethsabeæ, quemadmodũ legis Paralipomenon libro primo,
capite tertio. Is ut dixi, nec erat propheta, nec adoptatus à Dauid in ius filiorum, uerum
huius posteritatem ius regni manebat, idq; ex edicto Dauid, si quando Solomonis stirps
intercidisset. id quod Annio citante docet Philo. Idem propemodum colligere licet ex libro
Regum tertio, capite quarto: Nempe quod Nathan Achisar institutus fuerit, hoc est, re-
giæ stirpis instaurator. Sic enim & illic appellatur filius Nathan, quem אֲחִשָׁר Lucas uo-
16: Mattan
cat Nathan. Huius partes erant, uniuersam familiam regiam moderari: & ob id ius dicebantur Hebræis מְתָתִים id est, Donati ad succedendũ, & אֲחִישָׁרִים hoc est, fratres princi
pum quia in pari honore cum regum filijs habebãtur. Ad hos pertinebat tribus Beniamin,
cum ad posteritatem Solomonis, sola domus Iuda pertineret. Hæc pauca è multis carptim
delibauimus, ne nihil lucis præberemus auidis eadem exactius inquirendi, præsertim cum
ad histo

ad historiæ fidem faciant. Neque rursum probarim in huiusmodi quæstionibus uel anxie *In genealo/*
discruciari,uel contentiose digladiari: in quibus haud multo plus fructus esse uideo,quàm *gijs nõ anxie* 16-19: in
illa nobili pugna Theologorum de conceptione deiparæ uirginis. Et Paulus non uno in lo *digladiandũ*
co monet,pijs hominibus huiusmodi Genealogias, & nunquam finiendas quęstiones esse
uitandas, quod non solum nihil conducant ad pietatem , uerumetiam pariant lites & con/
tentiones, pestem Christianæ concordiæ.

EX CAPITE QVARTO

19 Egressus est à Iordane.) Regressus legendum est{ὑπέστρεψεν, reuertit,siue re/ *Egressus pro*
uersus est. Certe regressus constanter habent uetusti codices.} *regressus*
Et agebatur.) καὶ ἤγετο, id est, Ductus est,siue actus, cum alibi dicatur ex/
pulsus à spiritu.
In deserto.) εἰς τὴν ἔρημον, id est,In desertum accusandi casu.
Diebus quadraginta.) ἡμέρας τεσσαράκοντα πειραζόμενος, id est, Et quadraginta dies ten/ *Tentatus qua*
tatus est. Nam quadraginta dies ita positum est, ut possit uel ad superiora,uel ad sequentia *draginta dies*
accõmodari,uerum mollius est, ut ad inferiora pertineat : non quod toto hoc tempore ten/
19 tatus sit à diabolo, sed quod aliqua parte huius temporis{Certe Origenes,aut quisquis fuit
27 alius, homilia uigesimanona, ita legit ut sentiat eum quadraginta diebus tentatũ}(Nec ab/
horret ab hac sententia quod scribit Marcus capite primo. Et statim spiritus expulit eum in
desertum, & erat in deserto quadraginta diebus, & quadraginta noctibus, & tentabatur à
satana. Sed magis etiam facit ad hunc sensum sermo græcus,qui habet πειραζόμενος. Mat/
thæus capite quarto sic narrat, quasi post quadragesimum, aut quadragesimo demum die
tentatus sit,quanquam fieri potest,ut & alijs diebus fuerit tentatus,alijs rationibus.)
Viuit homo.) Græcis est ζήσεται, id est, Victurus est,siue uiuet,uerbum futuri tempo/
19 ris{Consentientibus uetustis Latinorũ exemplaribus,nominatim codice Corsendoncensi.}
27 (In Constantiensi rasor mutarat e in i.)
In momento temporis.) ἐν στιγμῇ χρόνου, id est,In puncto temporis, qua Græci prouerbiali
figura breuissimum tempus indicant. Sumptum est à puncto mathematico.
Et cui uolo.) καὶ ᾧ ἐὰν θέλω, id est, Cuicunque uolo,siue uelim.
Si procidens adoraueris.) σὺ οὖν ἐὰν προσκυνήσῃς ἐνώπιόν μου,id est, Tu igitur si adoraueris
19 coram me.{Atque ita sanè legitur in uetustis Latinæ linguæ codicibus,nominatim in Corsen
22·27 doncẽsi{& item aureo, Constantiẽsi}ac meo uetustæ typographiæ}sed refragante Paulino.
Proinde quisquis addidit Procidens, rem fecit explanatoriẽ. Est enim προσκυνεῖν adorare,
sed gestu corporis,uerbum uel à moto galero dictum Græcis,uel ab osculando.} *προσκυνεῖν*
Scriptum est.) Hic Græci codices addunt, ὕπαγε ὀπίσω μου σατανᾶ, id est, Vade post me *unde dictum*
27 Satana. Sic enim erat in Matthæo,{sed in Petrum dictum,diabolus tantum audiuit ὕπαγε.) *Post me addi/*
19 {Verum apparet huc asscriptum ex eo loco : quo studio mira deprauatio irrepsit in sacros *tur apud Lu/*
libros. quando nec apud Ambrosium quicquam huiusmodi legitur, nec apud Origenem, *cam*
cuius titulo habemus homilias in hunc euangelistam. Imò cum is annotarit ὀπίσω μου non
addi, quum iubetur abire diabolus. Apud Theophylactum tamen additur ὕπαγε ὀπίσω μου
27 σατανᾶ, contra Origenis annotationem}(& Theophylacto consentiebat æditio Hispanica. 19: Vulgarium
In Latinis codicibus nihil horum uerborum est.)
Serujes.) λατρεύσεις, Quod plerunque ad diuinũ cultum pertinet,unde & latria dicta est.
19 Mandauit de te.) ἐντελεῖ, id est, Mandabit{futuri tẽporis}ut indicatũ est à nobis & alibi.
19 Ne forte.) μήποτε, id est, Nequando,siue ne{Quorsum autem erat opus forte?}
Per uniuersam regionem.) καθ' ὅλης τῆς περιχώρου, id est,Per totam finitimam regionem,
siue, Per omnem undique regionem.
Et magnificabatur.) δοξαζόμενος, id est, Glorificabatur. Non satis uideo, cur hic Lau/
rentium offendere debuerit coniunctio. Mauult enim ille, Docebat in synagogis eorum
omnibus eum glorificantibus.
In die sabbati.) σαββάτων, id est Sabbatorum.
Et reuoluit librum.) καὶ ἀναπτύξας τὸ βιβλίον. Quod ego maluissem uertere,Et explicito
libro,nam ipse mox uertit, Et cum plicuisset librum, καὶ πτύξας τὸ βιβλίον.
Spiritus domini super me.) Locus est apud Esaiam capite sexagesimoprimo. Quan/

quam hoc ſanè loco citatio Lucæ magis conſentit cum æditione Septuaginta, quàm cum
Lucas ſequitur Septuaginta Hebraicis uoluminibus,⟨etiamſi diſſonat ab utriſq;⟩Siquidem Hebræa ſuertit ad hunc mo- 22
dum Hieronymus, Spiritus domini dei ſuper me, eo quod unxit me dominus. Ad annun-
ciandum manſuetis miſit me, ut mederer contritis corde, & prædicarem captiuis indulgen
tiam, & clauſis apertionem, & annunciarem annum placabilem domino. Porrò iuxta Septuaginta legimus ad hunc modum,⟨πνεῦμα κυρίου ἐπ᾽ ἐμέ. οὗ ἕνεκεν ἔχρισέ με, εὐαγγελίσασθαι 22
πτωχοῖς ἀπέσταλκέ με, ἰάσασθαι τοὺς συντετριμμένους τὴν καρδίαν, κηρύξαι αἰχμαλώτοις ἄφεσιν, καὶ τυφλοῖς ἀνάβλεψιν, καλέσαι ἐνιαυτὸν κυρίου δεκτὸν, id eſt⟩Spiritus domini ſuper me, propter quod
unxit me. Euangelizare pauperibus miſit me, ſanare contritos corde, prædicare captiuis
remiſsionem, & cæcis ut uideant, uocare annum acceptabilem domino.

Eo quod unxit me.) οὗ ἕνεκεν ἔχρισέ με, id eſt, Propter quod unxit me. Atq; ita legitur in an
tiquiſsimis Latinis exemplaribus, ſed Græcis ad uerbum redditis, magis q̃ eleganter.

Et cæcis uiſum.) καὶ τυφλοῖς ἀνάβλεψιν. Quod magis ſonat redditum uiſum, q̃ uiſum
quaſi dicas, reuidentiam.

Additum aliquid apud nos Et diem retributionis.) Hæc uerba nō adduntur in Græcis uoluminibus, nec adduntur
ab Hieronymo, qui citat hunc locum è Luca, ediſſerens Eſaiam prophetam.⟨Quemadmo- 22
dum nec illud congruit, Dimittere confractos in remiſsionem.⟩

Deeſt in noſtris Impleta eſt ſcriptura.) Hæc, addendum eſt, & ita legitur in emendatioribus libris;{Im- 19
pleta eſt hæc ſcriptura.}

Vtiq; dicetis.) πάντως ἐρεῖτε, id eſt, Omnino dicetis, Eſt enim aduerbium confirmandi.

Quanta pro quæcunq; Quanta audiuimus.) ὅσα, id eſt, Quæ, ſiue quæcunq;.{Atq; ita legit autor homiliarum 19
in Lucam, quas Origenis titulo legit uulgus.}

In ueritate dico uobis.) Græci addunt coniunctionem non ocioſam, ἐπ᾽ ἀληθείας δὲ λέγω ὑμῖν, Sed in ueritate dico uobis. Aduerſatur enim hæc pars ſuperiori quæ de cōtemptu
meminit. Atq; ita concinnandus ordo, Contemnitis me, quod præſto ſim, uerum non omnibus datum eſt habere talem, qualis ego ſum.

Poteſtas pro autoritate {Quia in poteſtate erat ſermo ipſius.) Nemo neſcit quid ſit eſſe in poteſtate. Atqui hic 19
iuxta proprietatem Hebræi ſermonis, ſentit ſermonem Ieſu cum autoritate & poteſtate fu
iſſe coniunctum. Ita aliâs, In uirtute ueniet, dictum eſt, pro, cum uirtute ueniet.}

Sine.) ἔα. Quod tamen aliquoties eſt aduerbiū exclamātis: De figura ſermonis, Quid
tibi & mihi, iam dictum eſt, non ſemel.

Scio te quis ſis.) οἶδά σε τίς εἶ, ὁ ἅγιος τοῦ θεοῦ, id eſt, Noui te quis es, nempe ſanctus ille dei.

Et factus eſt pauor.) θάμβος, Quod ſæpe uertit ſtupor. Eſt autem plus quiddam q̃ timor aut admiratio. Nam hoc loco magis uidetur admirantium eſſe, quàm timentium.

ἦχος pro rumore Diuulgabatur fama.) ἐξεπορεύετο ἦχος αὐτοῦ. Nomen eſt à uerbo ἠχεῖν, quod eſt, reſona-
re, unde & echo dicta eſt, quæ uocem acceptam reddit, quod fama tinniat, & pro una uoce
plurimas reddat. Ab eodem compoſita eſt uox catechumenus.

Febris pro febri Magnis febribus.) πυρετῷ μεγάλῳ, id eſt, Febre magna.(Dices lector quid refert, magnis 27
febribus legas, an magna febri. Ne quis hic ſine cauſa philoſophetur tractans ſenſum alle-
16: timebatur goricum, quomodo multæ febres teneant eandem mulierem)Nec eſt, Tenebatur, ſed συνε-
χομένη, quod aliâs uertit coartari.⟨Attamen interpres Latine reddidit ſenſum.⟩ 22
(Et ſtans ſuper illam.) καὶ ἐπιστὰς ἐπάνω αὐτῆς, Interpretis ſermo perinde ſonat quaſi Ieſus 27
pede calcauerit mulierem. hoc an uerum ſit neſcio: probabilius uidetur aſtitiſſe & inflexo
corpore incubuiſſe in illam, uelut appellantem dormientem.)

Imperauit de prauattū pro increpauit Imperauit febri.) ἐπετίμησε, id eſt, Increpauit. forte ſcriptum erat Increpauit febri, more Græcorum. Et offenſus quiſpiam nouitate conſtructionis, mutauit Increpauit in Impe-
rauit: id quod & aliâs factum deprehendimus, & ſuo commonſtrabimus loco. Porrò quod
16: illum ſequitur, Et dimiſit illā, maluiſſem raddi, Eaq; reliquit illam, ne Chriſtus uideatur reliquiſſe
16-22: puellam mulierem. Vt ne addam,

Et ſurgens miniſtrabat illis.) Parum commode redditum, cum dicendum fuerit, Erecta
miniſtrauit illis, ſiue ſurrexit ac miniſtrauit illis.

Cum autem ſol occidiſſet.) δύνοντος δὲ, id eſt, cum occideret, ſiue, occidente uero ſole.
Conſentaneum eſt autem eos magis acceleraſſe quod nox immineret.

Quia

16: hebraea sic habent Ruah 'adhonai 'elohim 'alay ya'an mashah 'adhonai 'othi le-basser 'anawim shelahani la-havosh le-nishberey lev liqro' li-shevuyim deror we-la-'asurim peqah-qoah liqro' shenath-raṣon l'adhonai Quae vertit

Quia ſciebant.) ὅτι ᾔδεισαν τὸν χριστὸν αὐτὸν εἶναι. Et hic ſenſus eſſe poteſt, quod ſcirent ſe,
19.22 {ſiue ipſum} Chriſtum eſſe. ⟨Vt intelligamus eos uetitos dicere, quod noſſent eũ. Sunt enim
qui putent hoc myſterium non liquido fuiſſe cognitum dæmonibus ante mortem Chriſti.⟩
27 (Quia & alijs ciuitatibus.) Hic coniunctionem redundare notauit & Hugo Cardinalis
ſcribens eſſe pleonaſmum ex idiomate ſermonis Hebraici.)

EX CAPITE QVINTO

IRRVERENT in eum.) ἐν τῷ τὸν ὄχλον ἐπικεῖσθαι αὐτῷ, id eſt, Cum turba irrue
ret illi, ſiue Vrgeret eum.

Præceptor.) ἐπιστάτα. Non eſt, διδάσκαλε, neq; καθηγητά, ſed tertium quod
dam, quod ſonat, quaſi præfectum.

Venirent & adiuuarent eos.) Se, dicendum erat, nõ eos, & in altera naui potius quàm alia.

Ita ut penè mergerentur.) Penè non additur, nec in Græcis, nec in uetuſtis exemplari-
22 bus, ⟨nominatim in aureo⟩ Verum lector aliquis, nolens illic perire apoſtolos, addidit penè. *Diſtinctio*
19 {In captura piſcium.) Hæc pars non eſt referenda ad uerbum, erant, ſed ad uerbum, Pauor habebat, ut intelligas eos ſtupefactos ob tantum piſcium captum.}

Ex hoc iam.) ἀπὸ τοῦ νῦν, id eſt, Poſthac.

Eris capiens.) ζωγρῶν. Eſt autem ζωγρεῖν, proprie capere uiuum, quemadmodum fit in *Capere*
19 bello, dictione compoſita ex ζῶ, uiuo, & ἀγρεύω, uenor, ſiue uenatu capio {Nunc qui Tur- *ζωγρεῖν*
22 cas inuadunt, ut illos iugulent, ac ſpolient, mortuos capere malunt, quàm uiuos} ⟨Imò pecunias
Turcarum uenamur potius quàm Turcas ipſos.⟩

Volo mundare.) Mundare paſsiuum eſt, & imperatiui modi, καθαρίσθητι.

Sed uade, oſtende.) Hic nonnihil addendum erat, nempe, inquit, Sed uade, inquit, oſten *Addit aliquid*
de te ſacerdoti. Quod ne quis putet illum religione non feciſſe, fecit idem in Actis apoſtoli *de ſuo inter-*
cis, Quam audiſtis, inquit, per os meum. *pres*
19 {Et ipſe ſedebat docens.) Ad eum quidem modum habent Græca. Verum Lucas aliquo *19-27: erat*
ties adhibet eam coniunctionem καί, ut planè uideatur ſupereſſe.} *καὶ apud Lucã*
27 (Quid cogitatis mala.) Mala ſupereſt, nec additur apud Græcos, nec in emendatioribus *ſic aliquoties*
Latinis. Ieſus enim ciuiliter ſic taxat illorũ impias cogitationes, ut non prodat tamen apud *additur, ut ui-*
populum, quod eſſent impiæ.) *deatur ſuper-*
eſſe

Magnificans deum.) δοξάζων τὸν θεόν, id eſt, Glorificans. Ac mox,

Et magnificabant deum.) καὶ ἐδόξαζον.

Quia uidimus mirabilia.) παράδοξα. Quod aliquando uertunt, noua, aut incredibilia.

Nomine Leui.) Lucas inflexit λευίν uelut à nominatiuo Leuis.

Conuiuium magnum.) δοχὴν μεγάλην, id eſt, ut ad uerbum reddam, Acceptionem ma *Conuiuium*
19 gnam, inde dictum, quod accipiantur inuitati. {Vnde & ſplendide acceptos dicimus, qui *δοχή*
lauto conuiuio paſti ſint. Athenæus libro Dipnoſophiſtarum quinto, ſplendida conuiuia
ὑποδοχὰς uocat. Ac rurſum libro octauo ſplendidum epulum δοχὴν appellat. Hoc admo
nendum duximus, ne quis de nomine cauilletur, ut ſunt nonnulli in his anxij.}

Non poteſtis filios ſponſi.) νυμφῶνος, id eſt, Filios thalami, ſed proprie in quo ſpõſus &
ſponſa uerſantur, ut & ante commonſtrauimus.

Commiſſurã à ueſtimento.) Rurſus eſt ἐπίβλημα ἐπιβάλλει, id eſt, Immiſſuram immittit.
19 {Vetus melius eſt.) Græce eſt χρηστότερον, Quod magis ſonat ſuauius, aut blandius. Sic *Melius pro*
enim uertit Iugum meum ſuaue eſt, χρηστόν. Siquidem ut poma ita & uina per ſe auſtera mi *ſuauius*
teſcunt uetuſtate, ita leuiora nobis uidentur, quibus aſſueuimus.}

EX CAPITE SEXTO

IN ſabbato ſecundoprimo.) δευτεροπρώτῳ. Annotauit Ambroſius noue poſi- *δευτερό-*
19 tum à Luca, ſecundoprimum ſabbatum {potius quàm primoſecundum, cum ma- *πρωτον*
gis debuerit præferri quod natura prius eſt.} Verum nihil explicat præter alle-
27 goriam (dicens hac dictione ſignificari ſabbatum Euangelicum quod eſt ſpiri-
tuale. Id & ſecundum dicitur & primum, ſecundum quia ſucceſsit legis carna
li ſabbato, primum quia prælatum ei ſabbato cui ſucceſsit, quemadmodũ ſecundus Adam
prælatus eſt priori Adam. Hunc ſequutus Beda ſimilia fermè congerit.) Diuus Hieronymus in epiſtola ad Ruſticum monachum, narrat ſe, cum uerſaretur apud Nazianzenum,

hanc

16: incredibilia. Facies eius erat euntis) ὅτι τὸ πρόσωπον αὐτοῦ ἦν πορευόμενον id est quod facies eius erat vadens. Atque ita legit Hieronymus in questione ad Agalsiam quinta. Sic enim facies dicta est ire, ut oculi dicuntur loqui. Quanquam haud male mutavit interpres. Haec annotatiuncula operarum incuria huc erat translata, cum pertineat ad caput nonum. Nomine Levi
(c.f. p. 186, 4th entry: 'Facies eius erat euntis)')

hanc illi proposuisse quæstionem, quid sibi uellet apud Lucam sabbatum δευτερόπρωτον. At illum, cum, opinor, non haberet in promptu quod responderet, elusisse ioco, Docebo te, inquit, apud populum, ubi acclamantibus, & applaudentibus cunctis uelis nolis cogeris nobis assentiri. Lyranus salebram hanc fortiter transilit. Hugo Carrensis addit secundo primum sabbatum dici, quod à præcedenti proximum sit. Atqui iuxta hanc rationem omnia sabbata δευτερόπρωτα erunt, excepto eo quod fuit omnium primum. Admonet idem nimirum homo diligens, secundo primo duas esse dictiones, ne quis uel imprudens bene posset errare: ut quemadmodum apud Græcos è duabus unica composita est dictio, itidem apud Latinos unam faceret, & ita diceret secundoprimo, quemadmodum Plautus dixit Tragicocomœdiam, & nos dicimus Gallogræciam. Equidem super hac re nihil adhuc apud autores comperi, quod satis faciat. Cæterum quod Theophylactus Græcus interpres, etiamsi recentior, in hunc prodidit locum hic asscribam, & quidem ipsius uerbis, οἱ ἰουδαῖοι πᾶσαν ἑορτὴν σάββατον ὠνόμαζον, ἀνάπαυσις γὰρ τὸ σάββατον. πολλάκις οὖν ἀπήντα ἡ ἑορτὴ ἐν τῇ παρασκευῇ. καὶ ἐκάλουν τὴν παρασκευὴν σάββατον, διὰ τὴν ἑορτήν. εἶτα τὸ κυρίως σάββατον ὠνόμαζον δευτερόπρωτον, ὡς δεύτερον ὂν προηγησαμένης ἄλλης ἑορτῆς, καὶ σαββάτου. Quæ quidem ut non grauatus sum asscribere in eorum gratiam qui diffidunt, ita non pigebit interpretari Latine, propter eos, qui Græce nesciunt: Iudæi, inquit, omne festum sabbatum uocabant. Nam sabbatum requiem sonat. Sæpenumero igitur incidebat festum in parasceuen, & uocabant parasceuen sabbatum propter festum. Itaque quod proprie sabbatum erat, nominabāt secundoprimū, quod secundum esset ab altero festo & sabbato quod
præcesserat. Hactenus Theophylactus. {Chrysostomus homilia in Matthæum quadrage- 19
sima, indicat hoc esse sabbatum, cuius meminit ille capite duodecimo: addens secundoprimum uocari, quando quies atque ocium duplex erat, tam sabbati domini, quam solennitatis alterius succedentis. Miserabile uero dictu, quam hoc loco sese torqueat Petrus Comestor, explicare conans quid sit primosecundum, uertens sese in omnia, ac ne sic quidem elabens.
Nec multo minus Carrensis. (Simplicius erat dicere nescio. Nec libet excutere quid hic di- 27
uinet Isidorus aut alius huic similis. Hęc rectius explicaret Iudęus, si quid tamē illi possunt adferre quod ad rem pertineat). Nuper quidā monachus & idem Theologiæ professor, in conuiuio rogatus ab erudito quopiam, sed tamen aliud studiorum genus professo, quid sibi uellet apud Lucam sabbatum secundoprimum, negauit quicquam tale reperiri usquam in euangelijs, quæ alioqui probe teneret. Cumque alter asseueraret apud Lucam esse, ibi pro
uocat (uir) fortissimus ad certaminis periculum: Hanc, inquit, cappam meam depono, si 27
quid tale scripsit usquam Lucas.}

Secundoprimū sabbatum — Petrus Comestor

16: quod uis — 19-27: totum — 16-19: Vulgarius — 19-22: theologus

Interrogo uos.) ἐπερωτήσω, id est, Interrogabo.

Si licet sabbatis.) τί ἔξεστι, id est, Quid liceat, siue utrum liceat, quandoquidem de duobus interrogat. {Interpres pro τί legisse uidetur εἰ.} 19

Restituta est manus eius.) Exemplar Græcum addit ὑγιὴς ὡς ἡ ἄλλη, id est, Sana quemadmodum altera. {Verum haud scio an aliunde huc asscriptum.} 19

(Repleti) (sunt) insipientia.) ἀνοίας, id est, Dementia. 27.35

Simonem quem cognominauit. ὃν καὶ ὠνόμασε πέτρον, id est, Quem & nominauit Petrum, {siue Quem eundem} ut binominem intelligas, quanquam alias cognomen appellat. 19

Iacobum Alphæi.) Subaudi filium, quanquam interpres addere debuit, quod in articulo Græco subauditur.

Et maritima & Tyro.) καὶ τῆς παραλίου τύρου, id est, Et maritima Tyro, citra coniunctionem. {Siquidem olim Tyrus insula fuit, post facta peninsula, per Alexandrū magnum 19
regaliter insanientem} (Potest tamen accipi maritima substantiue, ut subaudias regione, 27
quemadmodum ante dixit montanam Iudææ. In Constantiensi codice, rasura mutarat locum, uidebatur fuisse scriptum maritimis & Tyri & Sidonis, Nam utraque ciuitas emporium est ad littus maris.)

Regaliter insanire

Et Sidonis.) Mirum cur hic reliquerit Græcum genitiuum, nisi, (ut dixi) putauit utrunque 27
relinquendum fuisse, ut subaudias regione, ad hunc modum, A maritima parte Tyri &
Sidonis, hoc est, ab extrema parte, qua spectat ad mare. {Aut à maritima parte Iudææ, nem 19
pe Tyro & Sidone.}

Beati

{ 16: mare. Quanquam haud scio quo casu factum sit, ut in hac aeditione prima secus sit expressum formulis. Beati

} 19-22: siquidem utraque ciuitas litteralis est.

Beati pauperes.) Hic aperit cœlestis ille doctor arcanã illam suam philosophiam, quam ut traderet suis, è cœlo descenderat in terras: & hanc Christianorum uulgus libenter antiquari sinimus, ac uelut obsolescere, & alias nugas agimus, cum hæc in primis sint inculcanda animis omnium. Quod si fieret, non ita passim omnes pro rebus friuolis, pro pecuniola, pro uanissimis imperij titulis, pro quauis iniuriola digladiaremur. Hæc demum sunt, *Philosophia Christi*

19 quæ uere reddunt Christianos, non argutiæ Scotistarum, aut Occanistarum, {frigidæ ue hominum constitutiunculæ.}

Exprobrauerint.) ὀνειδίσωσι, id est, Probris affecerint.

27 Væ [cum benedixerint uobis omnes homines, (aut ut in uetustis legitur, quum bene uobis dixerint). Secundum hæc enim faciebant prophetis patres eorum.) Græci legunt non prophetis, sed ψευδοπροφήταις, id est, Falso prophetis, consentientibus & Latinorum co- *| 16-27: vobis*

19 dicibus emendatioribus {nonnullis, sed reclamante Paulino. In Corsendoncensi, pseudo as-

27 scriptum erat, manu recentiore, (quemadmodum & in Constantiensi.) Vnde mihi suboritur suspicio utriusque linguæ exemplaria uariasse. Et haud scio an germana lectio sit prophetis. Cæterum quoniam sententia prima specie uidetur durior, opinor offensum eruditulum quempiam, mutasse scripturã. Meo iudicio probe quadrat, ut hic quoque legamus prophetis, illic eijciebant prophetas, quod uera loquerentur, hic ita faciebant prophetis, quod ab eis assentationem exigebant potius quam ueritatem. Quod si cui magis placet diuersa lectio nõ admodum repugnarim} Superius enim totidem uerbis de prophetis locutus est. At hic de adulatoribus prophetis. Illic faciebant, significabat affligebant: hic faciebant, signifi- *Varia lectio*

19 cat præbebant sese, & demulcebantur illorum assentatione. {Ex Ambrosio colligi non po-

27.35 test quid legerit} (Certe Beda legit & interpretatur prophetis, Irenæus pseudoprophetis.) [Theophylactus prophetis legit, sed in enarrando non attingit hanc dictionem.]

27 *(Et qui te percusserit.) Subito mutatus numerus, facit ad inculcãdum præceptum, quod unusquisque sic audire debeat, quasi sibi uni dicatur, Ac paulo post redit ad numerum multitudinis, & pro ut uultis ut faciant.) ** 27: entries reversed*

* Aufert tibi uestimentum.) ἱμάτιον, id est, Pallium, hoc est, summam uestem. Nam tunica infra pallium est. Vnde Plautinum illud, Tunica pallio propior est.

Et si benefeceritis ijs, qui uos diligunt.) καὶ ἐὰν ἀγαθοποιῆτε τοὺς ἀγαθοποιοῦντας, id est, Et

22 si benefeceritis benefacientibus, consentiunt & Latinorum uetusti codices. (Interpres legisse uidetur τοὺς ἀγαπῶντας.)

Siquidem & peccatores hoc faciunt.) τὸ αὐτὸ ποιοῦσι, id est, Idem faciunt.

Peccatores peccatoribus fœnerantur.) δανείζουσι, id est, Mutuum dant. Nam est idem uerbum quod superius ita transtulit. Cæterum interpres intelligens fœnerari uitio datum, non ausus est uti eo uerbo, de probis uerba faciens. illic igitur dixit mutuum dare, hic fœnerare, cum Græcis utrobique idem sit uerbum, quod tamen illis anceps est. Nam & qui citra usuram dat mutuum δανείζει, & qui ad usuram dat δανείζει. Verum hic perpetuo uertendum erat, Dare mutuum. Agit enim non de quæstu fœneratorum, sed de mutuis officijs amicorum inter ipsos. At inter impios quoque reperias, qui amico credat pecuniam mutuam. Idem si faciunt discipuli Christi, nihil magni faciunt. Extenuat enim Christus uulgaria officia, utpote cõmunia cum Ethnicis ac malis, ut ad illa prouocet quæ peculiaria sunt Christianorum, ut sit in quo cæteros antecellant. Verum eò redierunt mores, ut si titulum, si ceremonias subduxeris, hac nota uix possis Christianum ab Ethnico dignoscere. De uulgo Christianorum loquor, non de omnibus. *Fœnerare δανείζειν*

*** ↓*

** Verum tamen.) πλὴν, id est, Imò.

19 {Nihil inde sperantes.) μηδὲν ἀπελπίζοντες. Græcis composita dictio est, ἀπελπίζειν, ex *Inde sperãtes ἀπελπίζοντες*

27 re quapiam sperare. Sentit enim opinor de fœnore, quod ex mutuo redit} (Nam in hunc sensum interpretantur ueteres.)

Quia ipse benignus est.) χρηστός, quod sæpenumero uertit bonus. Sonat autem commodum & humanum, ac facilem ad gratificandum, id quod propemodum declarat & benignus, quia de re compluscculis locis, & dictum est, & dicetur.

19 {Dimittite & dimittetur uobis.) Latinius erat, remittite & remittetur. Credi uix possit, quantas tragœdias excitarint apud indoctam plebeculam, sycophantæ quidam, cuculla personati *Dimittite pro remittite*

** 16: follows 'Si sit sicut magister eius)' (p. 180)

personati, quod in oratione dominica, maluerim, Remitte nobis debita nostra, sicut & nos
remittimus, quasi sit atrox contumelia facta Christo, si quis malit dicere remitte quam dimitte.
19-22: margin: Atqui diuus Augustinus libro quinquaginta homiliarum, homilia uigesimanona, addu-
Confertam coagitatem quid cens hunc locum, legit, Remittite, & remittetur. (quur non æque clamant in illum?) 27
Confertam & coagitatam.) πεπιεσμένον. Quod sonat pressam. Id enim fit in aridis, quo
[πεπιεσμένον de mensura] plus capiat mensura. Et coagitatam, est σεσαλευμένον, id est, Concussam. Nam & hoc pacto fit, ut plus capiat uas quo metimur. Gaudet enim Christus harum rerum collationibus
[σεσαλευμένον] uti, quæ sensibus omnium notissimæ sunt.
<Et supereffluentem.) ὑπερεκχυνόμενον. Satis expressit interpres Græcam uocem inde di- 22
ctam, quod superne effundatur, id quod mensura non capit.>
** [Sicut magister eius quomodo accipiendum] ** Si sit sicut magister eius.) Greca secus habent, nempe ad hunc modum κατηρτισμένος δὲ
πᾶς ἔσται ὡς ὁ διδάσκαλος αὐτοῦ, id est, perfectus autem omnis erit sicut magister ipsius. non
enim uetat Christus ne sit perfectus discipulus, at non uult, ut discipulus usurpet sibi, quæ
præceptor non usurpauerit, ac præire conetur: sed ita perfectus erit, si per omnia imitetur
16-19: Vulgarius suum præceptorem. Et in hanc sententiam legit, & interpretatur Theophylactus. (Itaque ci- 27
tat Irenæus circa finem operis sui.) {Christus non usurpauit opes & honores huius mundi, 19
hæc si affectet Christi uicarius, uidetur plus quiddam usurpare sibi, quam usurparit Christus.}
Trabem [autem quæ] in oculo tuo.) ἐν τῷ ἰδίῳ ὀφθαλμῷ, id est, In tuo ipsius oculo, siue in 35
proprio oculo. Qui fodit in altum.) Sensum recte uertit, cæterum Græce est ὃς ἔσκα-
ψε καὶ ἐβάθυνε, hoc est, ut ad uerbum reddam, Fodit & profundauit.
Aedificanti domum suam.) οἰκοδομήσαντι, id est, Qui ædificauit domum suam (præte- 27
riti temporis). Nec est supra petram, quod Græci dicunt ἄνω πέτρας, sed ἐπὶ πέτραν. id est,
1522: soper petram Supra petram, (siue in petra.) 27

EX CAPITE SEPTIMO

16: Centuriones CENTVRIONIS autem.) Ex hoc loco constat, quem Matthæus παῖδα uo-
[παῖς pro famulo] cat non filium fuisse, sed famulum. δοῦλος enim nihil aliud quam seruum, aut famulum significat. Et quod hic uertit,
Erat moriturus. (ἤμελλε τελευτᾶν) uertere poterat, Agebat animam, aut erat in 27
periculo mortis, aut certe Incipiebat mori. Sic enim uertit aliquoties. Deinde,
Preciosus noue pro charus Qui erat illi preciosus.) Noue dixit. Charus enim tum ad rem, tum ad hominem pertinet. Preciosus non nisi ad rem, nisi per metaphoram. Proinde ἔντιμος uertendum erat Charus, aut in precio habitus.
Solicite.) σπουδαίως, Diligenter, siue ut magis ad uerbum, studiose, ac sedulo. Et quia
coniunctio erat omittenda. Annotandum autem quod Iudaica commendatio, quam non sine
causa recensuit Lucas: Amat, inquiunt, gentem nostram, & synagogam nostram ipse ædificauit nobis. {Ad eundem modum & hodie quidam, quæstui prætexentes pietatem, adu- 19
lantur diuitibus. Benigne largitur fratribus, extruxit nobis monasterij partem, fauet ordini
[Pharisæi captatores] nostro, tantum legauit, fraudatis etiam liberis.} (Quasi quod illis datur, fortassis ad luxum, 22
deo detur, quod liberis aut cognatis egentibus relinquitur deo non detur.) (Hæc non eo spe- 27
ctant, ut damnem benignitatem in monachos præsertim pios, sed ut admoneam quosdam
nihil aliud agentes, quam ut captent diuites.)
(Nec in Israel tantam fidem inueni.) Ambrosius ostendit olim in Latinis codicibus hanc 27
fuisse lectionem, In nullo tantam fidem inueni in Israel, quum iuxta Græcos legendum sit,
Nec in Israel tantam fidem inueni.)
Discipuli eius.) Græci addunt, ἱκανοί, id est, Multi.
16-27: significet In ipsa autem hora.) ἐν αὐτῇ. In eadem autem hora: quanquam hoc loco tempus significat potius quàm horam.
Laurentij uana sententia pensitata Pauperes euangelizantur.) Demiror quid Laurentio acciderit, cum hoc loco mauult e-
uangelizant, quàm euangelizantur. Quasi uero sensus sit, pauperes prædicasse Euange-
lium, ac non potius accepisse euangelium. Etenim ut Græci dicunt, euangelizo te, pro eo
quod est, adfero tibi bonum nuncium, ita dicunt, ille euangelizatur, pro eo quod est, accipit
lætum nuncium, ut & alias indicauimus. (Id quanquam ad apostolos pertinere potest, tamen 27
hoc non erat argumentum uenisse Messiam, quod apostoli prædicarent Euangelium, sed
quod

** see p. 179, variant **

quod humiles & idiotæ reciperentur ad Euangelij gratiam, Dominus autem alludit ad
Prophetiam, Euangelizare pauperibus misit me. Hoc indicio significat se esse Christum.)
Porrò pauperes uocat mites, siue mansuetos Hebræorum more, quibus עֲנָוִים ab Hiero- Pauperes Hebræis dicũtur mansueti
nymo uertitur, pauper, à Septuaginta mansuetus, quod ferè diuitias comitetur ferocia, &
ferocia indocilis sit.
35 [Quid existis.) In nõnullis uetustis codicibus hic locus alio pacto distinguit. Quid exi
stis in desertũ? Videre arundinem uento moueri? Sed quid existis? uidere prophetam? Ea
dem distinctio posset esse in Græcis, etiam si id nihil refert ad sententiam.]
19 Vento agitatam.) σαλευόμενον, id est, Quæ agitatur {siue uacillantem} Est enim passiuum præsentis temporis. Proinde Ambrosius legit Arundinem uen o moueri, participio
22.27 uerso in uerbum, ut temporis ratio conueniret. {Atq; ita sanè legit in codice aureo} (in Con
stantiensi, alijsq; multis.)
In ueste preciosa.) ἐν δόξῳ, id est, Gloriosa, siue splendida. Nec enim est ἐντίμῳ, siue
πολυτελεῖ. Quod si Latin loqui uoluisset, mutãda erat forma Grecanici sermonis. Nam
illi τὸν ἐν πορφύρᾳ dicunt, hoc est, Illũ qui est in purpura, pro purpurato, siue purpurã indu
to. Vertendum igitur erat ad hunc modum: Qui splendido uestitu utuntur, & in delicijs
uersantur, in regijs sunt, siue in regum palatijs sunt. Est enim Græcis ἐν τοῖς βασιλείοις.
Vtiq; dico.) ναί, quod est affirmantis.
Spreuerunt in semetipsos.) ἠθέτησαν εἰς ἑαυτούς, id est, Aspernati sunt aduersus seipsos.
19 Sentit enim illos recepisse in suum bonum, hos in suum malum reiecisse {Ambrosius legit Sensus uarius
in se. Potest & εἰς accipi positũ uice ἐν, atq; ita fuerit sensus: Intra sese, hoc est, in animo
suo, cum non auderent palàm damnare, quod impensè placeret populo.}
** Et loquentibus ad inuicem.) καὶ προσφωνοῦσιν ἀλλήλοις, id est, Acclamantibus inter sese. προσφωνεῖν **↓
De cæteris item quæ sequuntur, diximus in Matthæo.
Venit autem) ἐλήλυθεν γάρ, id est, Venit enim, suffragantibus & antiquis exemplari *↓
bus. Nec est, Deuorator, sed edax φάγος. *
19.27 Et bibens uinum.) οἰνοπότης, id est, Vinipotor {seu uinibibus} (cõtumeliæ uox.)
35 ** Sapientia ab [omnibus] filijs suis.) Apud Lucam additur omnibus, πάντων, ut intelli- Omissa uox **↓
gamus Christi doctrinam placuisse omnibus, qui essent filij sapientiæ. Atq; ita legit Ambrosius, nec legit modo, uerumetiam interpretatur: atq; itidem scriptum est in libris emen
datioribus tum Græcis, tum etiam Latinis.
35 Ecce mulier [quæ erat] in ciuitate peccatrix.) καὶ ἰδοὺ γυνὴ ἐν τῇ πόλει, ἥτις ἦν ἁμαρτωλός, {16: duas dictiones graecas
id est, Et ecce mulier in ciuitate, quæ erat peccatrix, siue quæ fuerat peccatrix.
19 Lachrymis cœpit rigare.) Interpres omisit {duas dictiones graecas} dictionem, κλαίουσα, quæ tamen haud scio Variat lectio Græcorum
an addita sit à studioso quopiam. Siquidem per se flere intelligitur & affatim flere, quæ la
chrymis rigarit pedes.} καὶ στᾶσα παρὰ τοὺς πόδας αὐτοῦ ὀπίσω κλαίουσα, ἤρξατο βρέχειν, id est, Et
stans iuxta pedes illius à tergo flens, cœpit rigare lachrymis &c. Cæterum conijcere licet
triclinium more ueterum in ædito fuisse, ut stans attigerit pedes, à tergo lectis patẽtibus,
in quibus discumbebatur.
Quæ & qualis.) Rursum est ποταπή, quod alibi Laurentius uerti uoluit in Quãta, qđ
27 hic certe nõ poterat (nisi dixisset, quanta peccatrix, Certe uox admirationem habet.)
Cuidam fœneratori.) δανειστῇ, Quod nõ solum fœneratorem sonat, uerumetiam cre- Fœnerator creditor
ditorem, nomen uerbale, à uerbo δανείζω, de quo supra diximus. Hoc sanè loco, magis
quadrabat, creditori, quãdoquidem de officio loquitur. Alioqui quis unquam audiuit fœ
neratorem condonasse cuiquam æs alienum?
Vnus debebat denarios.) Vnus & alter dicendum erat, non Alius, aut alter & alter, si
Latine loqui studuisset.
Donauit utrisq;.) ἐχαρίσατο, melius hic erat, Condonauit.
Quis ergo plus diligit.) Græci habẽt τίς οὖν αὐτῶν εἰπέ, πλεῖον αὐτὸν ἀγαπήσει; Horum
igitur, dic, uter eum plus diliget.
Aestimo.) ὑπολαμβάνω, id est, Opinor, siue existimo.
Pedes meos.) ἐπὶ τοὺς πόδας μου, id est, In pedes meos.
Non cessauit osculari [eum]) οὐ διέλειπε καταφιλοῦσα. Belle participium mutauit in uer- [16-27: eum
bum

q

* 16: 'Nec ... φάγος' forms last sentence of next entry.
** 16: 'Sapientia ab filii suis)' precedes 'Et loquentibus ad invicem)'

bum infinitum. Eſt enim Græce, non defecit deoſculans.
Cui autem minus dimittitur.) ὀλίγον eſt Græce,id eſt, Parum,ſiue paulũ,non minus.
Intra ſe.) Græcus ſermo anceps eſt. Accipi poteſt, Intra ſeſe, ut cogitarint duntaxat, aut Inter ſeſe,ut collocuti ſint.

EX CAPITE OCTAVO

Interpres auſus mutare Græca
Per ciuitates

Per ciuitates & caſtella.) Vetuſti codices habent, Per ciuitatem & caſtellum, numero ſingulari, nimirum Græcis ad uerbum redditis, κατὰ πόλιν καὶ κώμην. Verum id perinde ualet Græce, ac ſi dicas oppidatim & caſtellatim, id eſt, Per ſingulas ciuitates & caſtella. Vnde interpres non omnino perperam mutauit numerum.
De ciuitatibus.) καὶ τῶν κατὰ πόλιν ἐπιπορευομένων, id eſt, Eorum qui oppidatim accedebant,hoc eſt,è ſingulis ciuitatibus.
Inter ſpinas.) ἐν μέσῳ ἀκανθῶν, id eſt:In medio ſpinarum{Quanquam & hoc recte mu 19
tauit interpres.}
Et exortæ ſpinæ.) καὶ συμφυεῖσαι αἱ ἄκανθαι, id eſt,Simul enatæ ſpinæ,hoc eſt,una cum herba ſegetis.
Nam qui ſupra petram.) οἱ δὲ ἐπὶ τῆς πέτρας, οἳ ὅταν ἀκούσωσι, id eſt, Qui uero in petra,qui cum audierint,ut ſubaudias,ſeminati ſunt,aut ſemen acceperunt.
Quia ad tempus credunt.) οἵ, Qui, eſt, non quia,ὅτι: ſuffragantibus etiam uetuſtis exemplaribus.

Suffocātur πορευόμενοι

{Euntes ſuffocantur.) Pro Euntes Græce eſt πορευόμενοι. Apparet hoc participiũ non 19
uſurpatum,ut ſit deponens,ſed ut ſit paſſiuum à πορεύω: quod,ut cōſtat,ſignificare ago,
ſiue duco, ita haud ſcio an idem ſignificet copiam adfero. Id enim eſt πορεῖν, & πορίζειν,
ut ordinemus ad hunc modum, συμπνίγονται πορευόμενοι,ὑπὸ μεριμνῶν,καὶ πλούτου,καὶ ἡδο-
νῶν, id eſt, Suffocantur dum obruuntur à curis,ac diuitijs & uoluptatibus. Verum hoc le
ctoris eruditi iudicio relinquo}(Nam intelligi poteſt,progreſſu temporis accreſcente diui- 27
tiarum copia. Quid ſi πορευόμενοι dictũ eſt pro ἐμπορευόμενοι, ut ad negociatores ptineat.)
Non referunt fructum.) τελεσφοροῦσιν. Vnicam dictionem Græcam duabus reddidit.
Sonat autem Græca uox non ſolum fructum, ſed fructum perfectum & abſolutum[ſuo 35
tempore].Herbeſcunt enim & illa ſemina, cæterũ non edunt fructum quem expectat agri
cola.[Telos Græcis ut ſignificat finem, ita etiã ſignificat uectigal,ſiue emolumentũ quod 35
ex re quacunq; capitur. Hoc ſenſit Euripides quum dixit τῶν ἀχαλίνων στομάτων τὸ τέλος
ἐστὶν δυστυχία. Ex arbore mala, malus fructus prouenit. Idem Græcis ſonat φόρος, ab adfe-
rendo, ſicut τέλος à fine, quod fructus ſuo tandem tempore proueniunt. Hinc compoſita uox τελεσφορέω.]

Bono & optimo
Hebraica conduplicatio

Bono & optimo.) ἐν καρδίᾳ καλῇ καὶ ἀγαθῇ, id eſt,In corde honeſto & bono,utrunque
poſitiuum eſt {Sed conduplicatio facit ad epitaſin, quaſi dicas, egregie bono}(Hoc loco in 19.22
quibuſdam libris comperi aſſcriptum, ὁ ἔχων ὦτα ἀκούειν ἀκουέτω.)
Et ſubtus lectum.) Valla recte mutat Subtus aduerbiũ in Subter præpoſitionem.

* 16: entries reversed

* Quod non manifeſtetur.) Græcis utrunq; uerbum futuri temporis eſt, φανερὸν γενήσεται,καὶ γνωσθήσεται. Proinde mutato duntaxat uerbi modo,ſic commode reddidiſſet,Nihil occultum,quod non futurum ſit manifeſtum,& nihil abſcōditum,quod non ſit cognoſcendum,& in propatulum uenturum.
* In palàm.) εἰς φανερόν, id eſt,In apertum,aut in propátulum. Nec Latine locutus eſt interpres,nec Græca reddidit uerba.
Videte igitur quid audiatis.) πῶς ἀκούετε, id eſt,Quomodo audiatis.
Qui enim habet.) ὃς γὰρ ἐὰν ἔχῃ, id eſt,Quicunq; enim habet,ſiue habuerit.
Quod putat ſe habere.) ὃ δοκεῖ ἔχειν, id eſt, Quod uidetur habere {Licet Græcus ſer- 19
mo ancipitem habeat ſenſum,uidet habere ſibi,& uidetur alijs.}

Audire p adire mendoſe

Et non poterant audire.) Adire legendum eſt, ſuffragãtibus uetuſtis codicibus. Nam Græce eſt, οὐκ ἠδύναντο συντυχεῖν αὐτῷ, id eſt,Et non poterant conuenire eum. Verum id non accidit interpretis culpa,ſed librariorum.
↓ ** In nauiculam.) εἰς πλοῖον, id eſt,In nauim, ut hunc præter dĩminuta nihil delectat.

Transfre-

** 16: entry reversed with first entry on p. 183.

**Transfretemus trans ſtagnum.) διέλθωμεν εἰς τὸ πέραν τῆς λίμνης, id eſt, Tranſeamus in Stagnũ à fre/ to diuerſum *↓
ulteriora ſtagni. Deinde, Et aſcenderunt, ἀνήχθησαν, potius eſt ſoluerunt, hoc eſt, diſceſſe/
22 runt à litore ſubducti ⟨Non iam excutio, an apte dicatur trãsfretari ſtagnum, cum fretum
ſit rapidum, ſtagnum à ſtando nomen habeat, quemadmodũ & λίμνην Græci dictam pu
tant ἀπὸ τοῦ λίαν μένειν: Quanquam Homero & Oceanus dicitur λίμνη, ut in Iliade, ἠέλιος
δ' ἀνόρουσε λιπὼν περικαλλέα λίμνην. Et hic lacus Tyberiadis, alicubi mare dicitur Euangeli
ſtis. Siquidem hunc eſſe lacum, indicat Hieronymus in locis Hebraicis: Gergeſſa, inquit,
ubi qui à dæmonibus uexabantur ſaluator reſtituit ſanitati: & hodieq́ ſuper montem ui/
culus demonſtratur iuxta ſtagnum Tyberiadis, in quod porci pręcipitati ſunt.⟩

Compellebantur.) Hoc ſcio deprauatum à librarijs, tamen quia tam propè accedit ad Cõpellebãtur pro comple/ bantur
ueram lectionem, ne inualeſcat error, admonendum duxi, Complebantur, eſſe legendum,
22 concordantibus & uetuſtiſſimis exemplaribus Latinis ⟨nominatim aureo,⟩ συνεπληροῦντο.
Latinus quidam codex addit fluctibus.

19 Præceptor.) {Græce eſt,} ἐπιστάτα ἐπιστάτα, id eſt, præceptor præceptor, ut intelligas &
Ieſum altum dormiſſe ſomnum, & diſcipulos inſtanter inclamaſſe.

At ille ſurgens.) ὁ δὲ ἐγερθεὶς, id eſt, At ille experrectus.

Geraſenorũ.) τῶν γαδαρηνῶν, id eſt, Gadarenorũ, de quo iam ante nõ ſemel diſſeruimus. Gadareni

Vir quidam.) Græci addunt, ἐκ τῆς πόλεως, id eſt, E ciuitate, quod tamen nuſquam ad/ 16: quidem
ditum reperio apud Latinos: nec ex Ambroſianis cõmentarijs conijcere licuit illum ita le
giſſe. Apud Theophylactum Græcum reperio. Quanquã magis uertendum erat, Ex ea
ciuitate, ut accipias dæmoniacũ prodiſſe è ciuitate Gadara.

Arripiebat illum.) συνηρπάκει αὐτὸν, id eſt, Corripuerat illum. Nec eſt,

Et compedibus cuſtoditus.) ? καὶ πέδαις φυλασσόμενος, καὶ διαρρήσσων τὰ δεσμὰ ἠλαύνετο, ? 16-27: sed
id eſt, Et compedibus ſeruabatur, ac diſrumpens uincula, agebatur &c. Quod tamen mol/
lius uerti potuit ad hunc modum: Cumq́ compedibus ſeruaretur, tamen diſrumpens uin
cula ferebatur à ſpiritu in loca deſerta.

In deſerto.) εἰς τὰς ἐρήμους, id eſt, In deſerta, ut ſubaudiamus, loca. Atq́ ita legitur in co
dicibus Latinorum emendatioribus.

In abyſſum.) Græca uox eſt, Latine uorago dicitur.

Præceps.) κατὰ τοῦ κρημνοῦ, id eſt, Per præceps, ſiue per præcipitium. Et ſic habent uetu/
ſtiſſimi Latini codices.

19 A legione.) ὁ δαιμονισθεὶς, id eſt, A dæmonio uexatus {ſiue A dæmonibus agitatus.}

Multitudo regionis Geraſenorum.) ἅπαν τὸ πλῆθος τῆς περιχώρου τῶν γαδαρηνῶν, id eſt,
19 Vniuerſa multitudo regionis undiq́ finitimæ Gadarenis {Ambroſius aut legit Geraſe/ Geraſeni {↓
nos, aut eoſdem putauit Geraſenos & Gadarenos, cum paulo poſt ait, Reliquerat in Ge/
raſenis ſynagogam Chriſtus &c.

Dimiſit autem eum Ieſus dicens.) Quoniam interpres alicubi uſurpat Dimiſit, pro
Siuit, ſiue Permiſit, ſciat lector hic eſſe ἀπέλυσε, hoc eſt, Non paſſus eſt eſſe ſecum, ſed
ablegauit à ſe.

Et hæc moriebatur.) ἀπέθνησκεν. Poterat eſſe, Et mortua erat, ut intelligamus iam tum
puellam expiraſſe, licet id nondum ſciret pater, qui reliquerat agẽtem animam. Imò haud
ſci o an hoc uerbo ſecus liceat uti.

Et cõtigit dum iret.) Etiamſi ad ſenſum nihil omnino habet momenti, tamen in Græ/
cis quos ego uiderim, non additur καὶ ἐγένετο.}

A turbis comprimebatur.) οἱ ὄχλοι συνέπνιγον αὐτὸν, id eſt, Turbæ ſuffocabant eum, hoc συμπνίγω undiq́ premo
19 eſt, cõſtringebant {& arctabant, diuerſum uerbum ab eo quod mox uertit, Comprimunt.}

Quæ in medicos erogauerat.) ἥτις εἰς ἰατροὺς προσαναλώσασα ὅλον τὸν βίον, οὐκ ἴσχυσεν ὑπ'
οὐδενὸς θεραπευθῆναι, id eſt, Quæ cum inſumpſiſſet in medicos totam ſubſtantiam, nõ po
tuit à quoquam ſanari. Et aliquanto poſt,

Turbæ te comprimunt & affligunt.) συνέχουσί σε καὶ ἀποθλίβουσι. Malim, Coarctant te,
ſiue diſtringunt te atque affligant.

19 {Nam & ego noui.) In Græcis tantũ eſt, Nam ego noui, cõſentiente exemplari Pau
lino, ſed diſſentiente Corſendoncenſi. Ambroſius conſentit cum Paulino.}

q 2 Virtutem

** see p. 182, variant **

{ 16: Ad principem synagogae) (p. 184) placed here.

Virtutem exisse

Virtutem de me exisse.) ἐξελθοῦσαν ἀπ' ἐμοῦ. Recte sanè hoc loco interpres mutauit participium in uerbum infinitum, quod tamen in Matthæo & Marco non fecit.
Vade in pace.) εἰς εἰρήνην, id est, In pacem: quæ Græca præpositio anceps est.
✱{Venit[quidam]ad principem synagogæ.) {Ita quidem constanter habebant Latini co- 19.35
dices, etiam uetusti. Ex Ambrosio non liquet quid legerit. Cæterum Græce est,} παρὰ τοῦ ἀρ-
χισυναγώγου λέγων αὐτῷ, id est, A principe synagogæ dicens ei. Verũ offensus aliquis absurditate, quam prima fronte præ se fert sermo, mutauit A principe, in Ad principem. Atqui erat subaudiendũ Domo, ut fieri solet in huiusmodi orationibus. Verum de hoc quoque superius dictum est copiosius{in Marci caput quintum.} 19

Ab Archisynagogo
Ad principẽ, pro à principe

Ipse autem.) Hic addunt Græci, ἐκβαλὼν ἔξω πάντας, id est, Foras eiectis omnibus:
id quod additur in cæteris Euangelistis. Quanquam apud Ambrosium non reperio additum, & haud scio an aliunde huc transcriptum sit. Argutatur Valla non cõuenire parentes solos obstupuisse, si turba aderat illa tota, cuius ante facta est mentio. Præterea quorsum attinebat{inquit}interdicere, ne cui dicerent, si res tot testibus acta est? Ob hæc neces- 19
se putat adijci hæc uerba, quæ sanè in Græcis codicibus constanter adscripta uisuntur, eiectis omnibus:{Mihi, ut dixi, uidentur ex Marco ac Matthæo addita, quorum uterq; testa- 19
tur turbam fuisse eiectam. Matthæus capite nono narrat, turbam eiectam, idem dicens
quod Marcus capite quinto, qui prodidit omnes fuisse eiectos, præter parentem utrunq;
puellæ, ac discipulos quos secum habebat, nimirum tres, Iacobum, Petrum, & Ioannem,
quos paulo ante solos iusserat sequi. Neque erat causa, cur hic adderetur, Eiectis foras o-
mnibus, cum Lucas paulo ante testatus sit, Iesum non passum esse quenquam ingredi eò,
ubi funus erat puellæ, præter patrem & matrem, ac treis modo dictos discipulos. Quos si
eiectos intelligamus, quomodo dicuntur obstupuisse? Neque periculum erat, ne res cela-
ri non posset, tam paucis testibus gesta. Nihil est igitur quod hoc loco cauillatur Laurentius. Vnus modo scrupulus restat. Si iuxta Lucam Iesus non est passus turbam ingredi,
quomodo dicitur eiecta? sed fieri potuit, ut in uestibulo, aut in atrio constiterit turba, funus autem in interioribus ædibus positum fuerit.

Vallæ sententia expensa

Et reuersus est spiritus eius.) ἐπέστρεψε. Conuersus potius quàm reuersus: nisi forte interpres legit ἀνέστρεψε.}

EX CAPITE NONO

Duas pro binas

IN uia.) εἰς τὴν ὁδόν, id est, In uiam. Et Tuleritis, non est à uerbo fero, sed à
tollo. Ne quid tollatis in uiam, siue ad iter, hoc est, Ne quid deportetis.
Neq; duas tunicas.) μήτε ἀνὰ δύο χιτῶνας, id est, Neq; binas tunicas, id
est, singuli duas. Cæterũ ἔχειν, infinitum uerbum positum est uice imperatiui, more Græcanico. (Tunicam aũt dixit non pro quauis ueste, sed pro spe- 27
cie uestis, ut intelligas, alteram indui, alteram deportari in sarcina pro mutatoria.)

Deprauatio In nostris manifesta
19: Vulgarius
16: id quod

Et inde ne exeatis.) Græce secus est, καὶ ἐκεῖθεν ἐξέρχεσθε, id est, Et inde exite. Sentit e-
nim ut unis duntaxat ædibus uterentur: ne aliunde exirent relicturi ciuitatem, q̃ quò ingressi fuissent aduenientes{ne cui parum stabiles uiderentur. Ad eum modum non legit 19
modo Theophylactus, uerum etiam interpretatur.} Verum hoc non interpretis culpa, sed
librariorum uitio mutatum esse constat.
In testimonium supra illos.) ἐπ' αὐτούς. Quæso cur non potius Aduersus illos q̃ Supra illos? adeóne studio fuit corrupte dicere?
Et hæsitabat.) διηπόρει. Quod ut significat hæsitare, ita significat, & perplexũ esse, atque ancipitis consilij, & animi dubiũ. Metuebat enim, si is resurrexisset quem occiderat.
Qui est Bethsaidæ.) εἰς τόπον ἔρημον, πόλεως καλουμένης Βηθσαϊδά, id est, In locum solita-
rium ciuitatis, quæ dicitur Bethsaida. (In uetustis lego, qui est Bethsaidæ, ut intelligas de- 27
sertum Bethsaidæ uicinum.)
Qui cura indigebant.) θεραπείας. Cur non potius curatione, cum de morbis loquatur, cum & Latinius sit, & ad Græcam uocem exprimendam accõmodatius?

Quæ circa sunt

Villasq; quæ circa sunt.) εἰς τὰς κύκλῳ κώμας, id est, In circumiacentes uicos, siue op-
pidula. Et rursus Agros, uertit in uillas, nec id sanè male{modo bene intelligat.} 19
Inueniant escas.) ἐπισιτισμόν, id est, Commeatũ. ἐπισιτίζειν enim est cibarijs instruere.
Per

✱ 16: This follows the entry 'Multitudo regionis Gerasenorum)', p. 183.

Per conuiuia.) κλισίας ἀνὰ πεντήκοντα, id est, In singulo quoque accubitu quinquaginta. Nam id intelligit interpres per conuiuia. Neque enim est hic συμπόσια, ut in Matthaeo, sed κλισίαι, quod sonat accubitus, siue discubitus. ἀνὰ distributiue positum]

22 ⟨Et discubuerunt omnes.) καὶ κατέκλιναν ἅπαντας, id est, Discumbere fecerunt omnes, quomodo legitur & in aureo codice. Interpres legisse uidet ἅπαντες ut subaudias ἑαυτούς, aut uerbum trāsitiuum usurpes pro neutro. Alioqui uidetur bis idem dixisse: Et fecerunt sic, & discumbere fecerunt omnes.⟩

At ille increpans illos.) Antehac interpres penè perpetuo transtulit ἐπιτιμᾶν, comminari: quod si usquam aliâs, hic certe faciendū erat. Cum enim increparet Christus discipulos ob hoc responsum, ob quod tantopere collaudatus est Petrus iuxta alios euāgelistas: Proinde uertendū erat, Interdixit eis, siue interminatus eis, praecepit ne cui dicerent. ἐπιτιμᾶν pro interdicere]

22 ⟨Dicens, quia oportet filium hominis.) Aut omittenda erat interpreti cōiunctio ὅτι, aut uertendum erat, Quod oporteret &c.⟩

19 * {Tollat crucem suam cotidie.) Cotidie nonnullis Graecis codicibus non addebatur, sed refragantibus uetustissimis Latinis.} *↓

Nam qui perdiderit.) ὃς δ' ἂν ἀπολέσῃ. Quicunque uero perdiderit, nisi nam, positum est loco, autem.

22 ⟨* Namqui me erubuerit.) An hic sermo sit Latinus nescio, certe apud Q. Curtium legimus, Erubuit fateri, & Erubescunt fortunę. Nam apud exactius loquentes, erubescere ferme uerbum est absolutum. Certe optarim esse Latinum quod posuit interpres, nec ipse ta Erubescere] *↓

27 libus offenderer, nisi essent aures meis delicatiores.⟩ ⟨Tolerabilius tamen hoc illo quod alibi notauimus, qui me confusus fuerit.) **↓ ⌈16-27: Et facta est

** ⌈ Species uultus eius altera.) τὸ εἶδος τοῦ προσώπου αὐτοῦ ἕτερον. Maluissem ita reddere, Altera pro

19 Species aspectus eius alia, siue diuersa. {Aut si licet à uerbis discedere, Mutata est species uultus eius.} ** Et uestitus eius albus & refulgēs.) ἐξαστράπτων. Quasi dicas, ex se mit diuersa **↓

27 tens fulgur, & effulgurans. ⟨Conuenit cum eo quod annotauimus in Matthaeo, sicut lux

19 pro sicut nix.⟩ Deinde illud {quod} mox praecessit,

In maiestate.) ἐν δόξῃ, id est, In gloria, quemadmodum uertit & paulo superius.

Excessum eius.) Excessum, mortem intelligit. Nam Graece est ἔξοδον, id est, Exitum, Excessus pro

19 {non ἔκστασιν.} Quandoquidem & excessum & exitum usurpari pro morte, compluribus obitu exemplis docet Laurentius, à quo petat, si quis forte diffidet. Nos compendio studemus.

*** Elisit eum daemoniū, & dissipauit.) ἔρρηξεν αὐτὸν τὸ δαιμόνιον καὶ συνετάραξεν, id est, Laniauit illum daemoniū, & concerpsit. Interpres pro ἔρρηξεν, legisse uidetur ἔρριψεν, pro quo reddidit, Elisit. Nec mihi displicet haec lectio ***↓

*** Dilanians eum.) καὶ μόγις ἀποχωρεῖ ἀπ' αὐτοῦ συντρῖβον αὐτόν, id est, Et uix discedit ab illo lacerante se, ut intelligas puerum uix effugere à spiritu. Quanquam hoc loco uariant ***↓

19 exemplaria Graecorum. {Quaedam habebant συντρῖβον, id est, Cōminuens aut discerpens

27 quae lectio mihi magis probatur} ⟨ut accipiamus spiritum dilaniare puerum.⟩

In magnitudine dei.) ἐν μεγαλειότητι, id est, In magnificentia, siue maiestate. Dictū est enim ab eo nomine quod solet uertere magnalia, μεγαλεῖα.

Ponite uos in cordibus uestris.) Graece est, εἰς τὰ ὦτα ὑμῶν, id est, In aures uestras, hoc est, diligenter auscultate quę dicturus sum. Refert enim ad sequentia. Porrò, In auribus dixit potius quam in cordibus, propterea quod non essent intellecturi. Sequitur enim mox, At illi ignorabant uerbum istud. 19 only: margin: In auribus pro in cordibus

Velatum ante eos.) παρακεκαλυμμένον ἀπ' αὐτῶν, id est, Absconditum ab illis.

Intrauit autem.) εἰσῆλθε, id est, Subijt.

Cogitatio.) διαλογισμός, id est, Disputatio. Quanquam Graeca uox anceps est. Caeterum ex alijs euangelistis liquet inter illos hac de re disceptatum fuisse, neque rem intra tacitam animi cogitationem constitisse. Atqui in eo quod mox sequitur,

At Iesus uidens cogitationes cordis.) significat se de cogitatione loqui. Est enim & hic eadem uox, διαλογισμόν. Est aūt in hoc loco magna inter euangelistas diuersitas, quę tamen haud magno negocio redigi potest in concordiā. Iam articulus Graecus, quē addit Lucas,

19 τὸ, τίς ἂν εἴη μείζων, ita reddi potuit, De hoc quis nam esset futurus maior {siue maximus.} τὸ articulus]

* 22-27: Nam ... erubuerit) precedes Tollat ... cotidie)
** 16-27: entries reversed.
*** 16-27: entries reversed.

16-27: eis — In eos.) ἐν αὐτοῖς, id est, Inter eos.

19 only: margin: Contra tyrannidem sacerdotum

Hic maior est.) Græce sic habet, ὁ γὰρ μικρότερος ἐν πᾶσιν ὑμῖν ὑπάρχων, οὗτος ἔσται μέγας, id est, Qui enim minor fuerit inter uos omnes, hic magnus erit.{Iam an e demonstratum 19
est, magnum dici magnatem, & minorem infimatem.}

In ciuitatem.) εἰς κώμην, id est, In castellum. Nam ita plerunque uertit: tametsi quidam codices habent πόλιν, id est, Ciuitatem. Atque ita legisse uidetur interpres. Nam aliquanto post, εἰς ἑτέραν κώμην, uertit In aliud castellum.

↓* [Facies dicitur ire]

* Facies eius erat euntis.) τὸ πρόσωπον αὐτοῦ ἦν πορευόμενον, id est, Facies eius erat uadens.
Quanquam nihil refert ad sententiam.{Et utinam frequentius id ausus esset, Euangelistæ 19
sensum magis quam uerba reddere. Sicut enim oculi loqui dicunt, qui innuunt quod dictum uelis, ita facies ire dicitur, quæ præ se ferat iter aliquò destinatum esse.}

Vis dicimus.) θέλεις εἴπωμεν, id est, Vis dicamus.

[Additum aliquid apud Græcos]

Et consumat illos.) ὡς καὶ Ἠλίας ἐποίησε, id est, Quemadmodum & Helias fecit. Hoc additum reperio in Græcorum codicibus, quos quidem uiderim omnibus. Verum haud scio,
19-22: hoc — an uelut ab explicante locum aliquo sit huc asscriptum.{Neque enim in ullo ueterum exem- 19
19: Vulgarius — plariorum nostrorum comperi, etiamsi sic legit & Theophylactus.

Non uenit animas perdere, sed seruare.) In Græcis, quos uidere memini, codicibus additur hominum, sed reclamantibus uetustis exemplaribus pluribus, atque etiam uulgatis, nec refert ad sensum. Quin totum hoc: Filius hominis non uenit animas perdere, sed saluare,
19: Vulgarius — non attigit Theophylactus, nec legens, nec interpretans, quod an casu acciderit incertum,}
(uidetur incuria prætermissum, Alioqui uideri poterat huc adiectum ex Matthæi cap. 18.) 27

** 22 only: entries reversed

** Quocunque ieris.) ἀπέρχῃ, id est, Abieris.

** ⟨Vbi caput suum reclinet.) Suum apud Latinos additum admonuimus alias.⟩ 22

↓ {

Renunciare ijs quæ domi sunt.) {Ex Græcis non liquet an legendum sit, Iis quæ domi 19
sunt, an ijs qui domi sunt. Nisi quod uetustissimus codex habebat Iis qui domi sunt, genere masculino, consentiente & Corsendoncensi exemplari, nimirum ut ad personam referatur. Quanquam idem Lucas eodem uerbo sic usus est huius euangelij capite decimo

[ἀποτάξασθαι]

quarto ut ad rem pertineat, Nisi quis renunciauerit, & cætera. Quemadmodum & hominem iubemus ualere, & uoluptates ualere iubemus. Poterat igitur & hic accipi, renunciare negocijs domesticis. Quod interpres hic uertit Renunciare, alibi uertit ualefacere: ue-

[Renunciare quid sit]

lut in epistola ad Corinthios posteriore, capite secundo, ἀλλ' ἀποταξάμενος αὐτοῖς, Sed uale faciens eis. Rursus in actis apostolorum capite uicesimo: Et exhortatus eum, ualedixit. Nam illic interpres legisse uidetur ἀποταξάμενος, licet nostri codices habent ἀσπασάμενος. Rursum eiusdem operis capite decimooctauo, Fratribus ualefaciens nauigauit in Syriam, τοῖς ἀδελφοῖς ἀποταξάμενος. Est autem proprie ἀποτάσσεσθαι, mandatis ijs, quæ uelis, aliquem dimittere. An idem polleat renunciandi uerbum, mihi non admodum liquet. Aliquoties renunciare, comperio positum pro nunciare quod gestum est, aliquoties pro nun-
↓ C — cio misso interdicere, ut Renunciauit illi hospitium, apud Ciceronem, & apud Suetonium 27
in Caligula, renunciauit amicitiam qui denunciat inimicitiam, & apud eundem in Galba, renunciat uitæ, qui decreuerat mori.) Nos quo dilucidior esset sermo, uertimus ualedicere, pro renunciare.}

Nemo mittens manum.) ἐπιβαλὼν, καὶ βλέπων. Alterum participium est præteriti temporis, alterum præsentis. Ea sic commode reddi poterant, Nemo si postquam admouit manum aratro, in tergum respexerit, accommodus est regno dei.

16: si retrorsum aspexerit

EX CAPITE DECIMO

[Discipuli septuaginta pro septuagintaduo]

16: erant, quinque delecti

ET alios septuaginta duos.) Quod Laurentius arguit interpretes ueteris testamenti, cum numero fuerint septuaginta duo, quippe è singulis tribubus delecti sex, tamen incertum errore, an studio septuaginta uocari, non aliter quàm apud Romanos Centumuiri dicti sunt iudices è singulis tribubus, quæ triginta quinque erant, delecti terni, utique numero centum & quinque, uerum sit nec ne, non admodum arbitror ad hunc locum pertinere, Certe probabile est. Illud mirum quod è septuaginta discipulis fecerint septuaginta duos: uelut idem oportuerit factum in discipulis, quod factum est in{Septuaginta}interpretibus, cum apostolos duode- 19
cim

* cf. p. 177, footnote !: 'Facies eius erat euntis)'

{ 16: sunt) ἀποτάξασθαι τοῖς εἰς τὸν οἶκόν μου. id est. Ut dicam vale his qui sunt domi meae. Est enim hoc verbum quod aliquoties vertit dimittere, aliquoties valefacere, sed datis mandatis. Nemo

C 19-22: apud Terentium, alteri illi renunciavi, cuius nuptias recusarat. Nos quo

cim elegerit, uerum non hos quidem è singulis tribubus singulos. Cęterum Græci codices
consentiunt in Septuaginta. Atque ita legisse uidetur & diuus Ambrosius, cum exponens
hunc locum: Ecce ego mitto uos, sicut oues inter lupos, Ad Septuaginta, inquit, discipulos
dicit hoc. Pro nobis facit & typus ueteris testamenti, ubi duodecim fontes, & septuaginta
palmæ in deserto repertæ, præfigurant duodecim Apostolos & septuaginta discipulos.
27 (Quod diligenter annotauit Theophylactus, & Cyrillus, qui citatur in Catena consentit,
præter duodecim fontes & septuaginta palmas, commemorat etiam illos septuaginta iudices, quos Moses delegit iussu domini, & impleti sunt spiritu sancto. Ac ne quis causetur
solos Græcos ita legisse, diuus Hieronymus ad Fabiolam Mansione sexta scribit hunc in
modum, Nunquam prius occurrerunt fontes purissimi, nisi ubi magistrorũ doctrina prorupit,
nec dubium quin de duodecim Apostolis sermo sit, de quorum fontibus deriuatę aquæ to
tius mundi siccitatem rigant. Iuxta has aquas Septuaginta creuerũt palmæ, quos & ipsos
secundi ordinis intelligimus præceptores, Luca Euangelista testante duodecim fuisse A-
postolos & Septuaginta discipulos minoris gradus, quos & binos dominus ante se præ-
mittebat. Ex his perspicuum est Augustino fuisse mendosum codicem, quemadmodum
35 & alijs locis fuisse demonstrabimus.[Obijcitur nobis unus codex è bibliotheca pontificia,
quasi nesciamus, post Græcos in concordiam Romanæ sedis receptos, & codices illorum
ad Latinorum exemplaria fuisse emendatos. Quorum de numero multis argumentis colligo fuisse codicem illum maiusculis descriptum. Nam si nos mouet pontificiæ bibliothecæ autoritas, etiam is codex, quẽ Romanus pontifex misit Francisco Card. Toletano, erat
eiusdem bibliothecę.] Ratio quã adducit Beda de duodecim tribubus Israel, & septuaginta
duabus orbis reliqui gẽtibus frigida est. Nec multo solidior quam adducit Augustinus de
ter uiginti quatuor horis, qui numerus cõficit septuaginta duos.) Quin & Dorotheus mar Dorotheus martyr
tyr in compendio rerum Apostolicarum & propheticarum nominatim recensens discipu-
27 los, septuaginta duntaxat facit, non septuaginta duos. (Et his antiquior Irenæus quũ alias,
tum lib. 3. cap. 13. LXX legit non LXXII. Postremo Eusebius Ecclesiasticæ historiæ libro primo capite duodecimo, Septuaginta tantum refert fuisse delectos.) Et tamen paulo
27 inferius (in uulgatis codicibus) repetuntur septuaginta duo. Reuersi sunt autem septuagin
19 ta duo cum gaudio, ut appareat non casu, sed studio factum. {Atque in hoc mire consentiunt
exemplaria Latinorum.}

Rogate autem.) Rogate igitur legendum est, δεήθητε οὖν.

Vt mittat operarios.) ὅπως ἐκβάλλῃ, id est, Vt extrudat, siue eijciat: ut intelligamus, aut
(inuitos emittendos aut celeriter extrudendos, ut annotatum est in superioribus.

* Inter lupos.) ἐν μέσῳ λύκων, id est, In medio luporum. Et Valla mauult, Velut oues,
quàm sicut oues.

Sin autem.) εἰ δὲ μήγε, id est, Sin minus, hoc est, Si non fuerit illic filius pacis. Nec est,

* Quæ apud illos sunt.) Sed τὰ παρ᾽ αὐτῶν, hoc est, Quæ ab illis offeruntur, aliqui dixisset, τὰ παρ᾽ αὐτοῖς.

Pœniterent.) μετενόησαν. Cur non potius pœnituissent, cum sit præteriti temporis? Pœnitẽtia nec Græcis, nec Latinis dicta à pœna
22 ⟨quandoquidem hoc uerbum personaliter usurpatum ex Pacuuio, citat Nonius Marcel-
lus. Alijs magis arridet periphrasis Scelerum pœnitentiam egissent: quæ hoc sanè loco,
non pessime quadrat, quod mentio fiat de sacco & cinere. Et quanquam resipiscentem sequitur dolor, de ijs quę pręcesserunt, non tamen Græcis μετάνοια dicitur à pœna, nec Latinis, ut opinor, pœnitere, sed potius à ponè tenendo, quod post factũ teneamus & intelligamus errorem. Postremo qui resipiscit, non statim à sceleribus resipiscit, sed interdum ab
ignorantia aut errore simplici.⟩

Qui uos spernit, me spernit.) Hieronymus alicubi uertit, Qui uos reprobat, me reprobat. Est enim Græcum uerbum ἀθετεῖ, quod est reijcit & auersatur, & ita legit Cyprianus
19 {in epistola ad Cornelium fratrem. Et hunc locum detorquemus ad nostram tyrannidem.
Christum spernit, qui spernit episcopum, qui spernit pontificem: uerum est, sed Apostolo- Qui uos spernit, meũ agentes negocium
rum similes, & Christi negocium agentes, qui uos tales spernit, me spernit. Quin utrique
demus operam, ut meminerimus officij: sacerdotes tales esse studeant, quales erant Apostoli, nos ut Christum ipsos recipiemus & obtemperabimus. Cæterũ ubi sacerdos tyran-

num agit, uentris negociũ persequitur, non Christi, nescio an in tempore citetur, Qui uos
spernit, me spernit.}(Scio tamen etiam malis obtemperandum interdum ne dissidium exci- 27
tetur, modo ne cogant ad impietatem.)
Reuersi sunt aũt septuaginta duo.) Rursum addidit duo cũ Græcis nõ sint nisi septua-
Septuaginta duo Ecce dedi.) ἰδοὺ δίδωμι, id est, Ecce do. (ginta.
(Videbam satanam.) ἐθεώρουν in quodam Latino codice repperi uidebant, nam Græca 27
uox ambiguitatẽ habet. Quanquam de prima persona interpretãtur omnes. Theophylactus
hic inducit nouum sensum, uidelicet hunc, Non mirum est dæmones uobis subijci, quum
ipsorum princeps iam deciderit ac deiectus sit.)
Exultauit in spiritu sancto.) ἐν αὐτῇ ὥρᾳ ἠγαλλιάσατο τῷ πνεύματι ὁ ἰησοῦς, id est, In ea-
Varia lectio dem hora exultauit spiritu Iesus.{Nec additur sancto, nec præpositio in, sed refragantibus 19
uetustis Latinorũ exemplaribus. In quibus ut apponitur epitheton sancto, ita Iesu nomen
[Articuli uis non apponitur. Certe articulus facit, ut de spiritu sancto intelligamus.}
Paruulis.) νηπίοις. Quod hoc sanè loco magis uertendum erat, Stultis, aut insipienti-
bus, ut opponatur ei, quod præcessit Sapientibus{nisi sermo duriusculus uideretur}Quan- 19
quam & de hoc dictum est alias.
{Etiam pater.) ναί. Quod superius uertit, utique. Est autem aduerbium confirmantis.} 19
[εὐδοκία Quõ sic placuit ante te.) ὅτι οὕτως ἐγένετο εὐδοκία ἔμπροσθέν σου. i. Quia sic fuit bona uolũtas
corã te. Sic eñ uertit Hieronymus.(Eadẽ uox q̃ usi sunt angeli nunciantes pacẽ in terris in 27
hoĩbus bonę uolũtatis, qua significat̃ gratuita bñuolentia fauorq; numinis erga mortales.)
Omnia mihi tradita.) Ante hæc uerba Græci codices aliquot addunt, καὶ στραφεὶς πρὸς
μαθητὰς εἶπε, id est, Et conuersus ad discipulos dixit. Deinde sequitur, Omnia mihi tradita
sunt. Et error hinc ortus, quod mox sequitur eadem oratio,
Et conuersus ad discipulos suos.) Verum hic addit Græcus codex, κατιδίαν, id est,
Seorsim: atque ita separatur à superiore{licet reclament Latinorum exemplaria.} 19
Pro suscipiẽs suspiciens de- ✱ Suspiciens autem Iesus.) ὑπολαβὼν δὲ ὁ ἰησοῦς, id est, Suscipiens autem Iesus. Atque ita le
prauate gitur in antiquissimis Latinorum exemplaribus. Positum est autem suscipiens, pro excipi
ens & succedens in uicem respondendi. Ad eundem modum Vergilius:
Excipit Ascanius. Et Xenophon, καὶ ὁ κῦρος ὑπολαβὼν εἶπε, id est, Et Cyrus suscipiens
dixit. Ne id quidem cõmissum est interpretis uitio, sed scioli cuiuspiam, cui uisum est susci
piens hoc loco nihil significare, & uertit in suspiciens: quasi Iesus responsurus homini su-
spexerit in cœlũ.[Nos uertimus respondens, ne rursus ad eundẽ lapidẽ lector impingeret.] 35
✱ Semiuiuo.) ἀφέντες ἡμιθανῆ, id est, Relicto semimortuo.(Hieronymus in epitaphio 27
Paulæ uertit seminecem.){Quanquam id quidem ad sententiam nihil habet momenti.} 19
Stabulum pro diuersorio In stabulum.) εἰς πανδοχεῖον, id est, In diuersoriũ. Nam Gręca uox hinc dicta est, quod
accipiat quoslibet, quod Latini uocant diuersoriũ meritoriũ. Nec interpres sensit de stabu
lo iumentorũ, sed de loco in quo statur. Vnde & stabulari dicunt̃, qui locum habẽt alicubi
Et altera die.) καὶ ἐπὶ τὴν αὔριον, id est, Postero die.
Stabulario.) πανδοχεῖ, id est, Hospiti, sed meritorio.
{ In quoddam castellum.) εἰς κώμην τινά, id est, Oppidulum, siue uicum quendã, ne quis
imaginetur arcem potentem{similem ijs}quæ nunc castella uulgo uocantur. 19
Satagebat Satagebat.) περιεσπᾶτο, id est, Distrahebatur, siue distendebatur. quanquam interpres elegantius uertit, quàm ut rudis lector animaduertat. Siquidẽ satagere proprie est, anxie torqueri difficultate rei cõficiendę. At Græca uox aptius quadrat cum eo quod sequitur: Por
rò unum est necessarium. Pugnant enim distrahi & intentum esse in uno.
Circa frequens ministeriũ.) περὶ πολλὴν διακονίαν, id est, Circa multã ministrationem.
[Erga plurima pro erga plura Erga plurima.) περὶ πολλά, id est, Circa multa, siue plura: suffragãtibus & antiquissimis
libris{nonnullis. Et haud scio an interpres scripserit plura, pro multa. Quod ita quispiã uer- 19
tit in plurima, ut in preculis solennibus, legimus plurimorũ martyrum, pro plurium.}
(Porrò unum est necessarium.) ἑνὸς δέ ἐστι χρεία, id est, uno opus est, ut opponatur, multa 27
quæ uox præcessit. Quod ad historicum sensum attinet, dominus uidetur in Martha re-
[Conuiuium simplex prehendere, non quod appararet conuiuium, sed quod nimis uarium & accuratũ. Id enim
ante dixit Lucas πολλὴν διακονίαν, quasi dicas uariam administrationem, quum simplex
apparatus

*16: prauate 'Semivivio)' precedes 'Suspiciens autem Jesus)' apparatus sufficiat naturæ. Hoc est quod Iesus negans opus esse multis, dicit unum esse necessarium. Attingit hunc sensum & Theophylactus.)

Optimam partem.) τὴν ἀγαθὴν μερίδα, id est, Bonam partem: nisi quod articulus ad- Optimam pro
19 ditus declarat plusculum, nempe partem illam certam, quæ uere bona sit. {Augustinus ser- bonam
mone in Lucam 26. non optimam legit, sed meliorem: Meliorem inquiens, partem elegit, non tu malam, sed illa meliorem. Nec secus legisse uidetur Ambrosius, in commentariolis hæc subijciens, Nec Martha tamen in bono ministerio reprehenditur, sed Maria quod
22 meliorem partem sibi elegerit, antefertur} {Sunt quibus placeat iuxta proprietatem Hebræi sermonis positiuum positum uice comparatiui aut superlatiui, quod ea lingua careat huiusmodi uocibus. Quod quidem commentum ut mihi non usquequaque displicet, ita non uideo cur hic magis ualere debeat, quàm alijs locis ter centum.}

EX CAPITE VNDECIMO

DA nobis hodie.) Hic uariant Græci codices. In nõnullis scriptũ erat δὸς ἡμῖν
22 τὸ καθ᾽ ἡμέραν, id est, Da nobis cotidie. {Atque ita scriptum erat in codice au-
27 reo}, {atque item Constantiensi. Offendit lectorem uox eadem repetita, quotidianum quotidie. Atqui non est Græce quotidianũ, sed ἐπιούσιον, quod magis sonat crastinum. Non enim petunt commeatum in multos annos, sed tantum in proximum diem. Et qui uesperi orat pro uictu postridiano, quid aliud petit quàm uictum quotidianum? Hoc admoneo ne quis arbitretur multum esse discriminis in sensu.) Quanquam de hoc aliâs dictum aliquanto copiosius.

27 (Dimitte nobis peccata.) τὰς ἁμαρτίας ἡμῶν. Sunt qui putent esse discrimen inter debita, id est ὀφειλήματα & peccata, quod debiti nomen complectatur non modo culpam, uerum etiam obligationem ad satisfactionem. At Lucas non existimauit quicquã interesse. Nec Augustinus de uerbis domini. Debitum autem, inquit, quid est nisi peccatum?) PL 38(1841)390

Sed libera nos à malo.) Hoc in quibusdã Latinis exemplaribus apud Lucam non additur, sicut & alia nonnulla, quæ uidentur ex alijs Euangelistis adiecta, ne uiderentur dissentire. Id quod conijcio factum & alijs item compluribus locis. Siquidẽ apud Lucam hæc oratio multo pauciora complectitur quàm apud cæteros, ad hunc modum, Pater, sanctifi- Precatio do-
cetur nomen tuum, adueniat regnum tuum. Panem nostrum cotidianum da nobis hodie. minica iuxta
Et dimitte nobis peccata nostra, siquidem & ipsi dimittimus omni debenti nobis. Et ne nos Lucam
19 inducas in tentationem. {Sic enim habebatur scriptum in uetustissimis codicibus, quos id
27 temporis nobis exhibebant Amorbachij, Paulino, & Corsendoncensi, {denique & Constan- 19-22: Corsendoncense
tiensi. Cæteri} nec admodum hinc discrepant, nec omnino consentiunt, ne inter se quidem. In Græcis codicibus precatio dominica ferebatur absoluta, excepta coronide, quam additam aliâs indicauimus. Vel hinc palàm est, quàm Euangelistæ non fuerint superstitiosi de Contra super
uerbis. Præscripserat hanc precandi formã, non episcopus quispiam, non pontifex Roma- stitiosos in di-
nus, sed ipse Christus, & tamen in tantula precatiuncula, quantã partem omisit Lucas. Et cendis pre-
certe consentaneũ uero est, eum sic orasse, ut nobis orandi formã tradit autore Christo. Et culis
ubi sunt interim qui misere trepidant, quoties ex humanis preculis uocula fuerit omissa? ✱16: Chap. numbered XII begins before Commoda
At ijdem fortes sunt & intrepidi, quoties uirulenta lingua fratris lacerant famam. Nec hoc dixerim, quo minus attenti simus in precibus, sed ne præpostere simus superstitiosi.}

27 ✱ Commoda.) χρῆσον, id est, Mutua, siue mutuum da. Quanquam Græca uox anceps est {ad Commodare
rem quæ usu absumitur, & ad eam quæ non absumitur. Etenim qui petit panem dicit χρῆ- mutuũ dare
σον μοι ἄρτον, & qui petit canistrum, dicit χρῆσον μοι κάνεον. Latinis uero diuersa sunt uer-
19 ba, sed apud eosdem pecunia peculiare uerbum habet δανείζειν. Apud Latinos} {commodatur, cuius usus modo præstatur, ut equus, uestis, patella. Mutuũ datur, quod usu absumi- † 19-22: etim enim
tur, quem iurisconsulti uocant abusum, ut oleum, triticum, aut quod non idem redditur.}

19 Si perseuerauerit pulsans.) Hæc in plerisque Græcorum codicibus non repperi {consen- Additum
tiente uetustissimo codice Latino, quem exhibuit bibliotheca ecclesiæ Paulinæ apud Lon- aliunde
dinum, sed dissentiente Corsendoncensi.}

Propter improbitatem.) διά γε τὴν ἀναίδειαν, id est, Propter impudentiam. Eleganter
27 quidem uertit interpres, si modo recte intelligatur. {Nam ut probus dicitur bonus, ita improbus

probus malus,ſed tamen qui urget nec ceſſat interdum improbus uocatur, nonnunquam
& in bonam partem,ut Virgilius, Labor omnia uincit Improbus.)
Quis ex uobis patrem.) Gręca nonnihil diſcrepant, τίνα δὲ ὑμῶν τὸν πατέρα αἰτήσει ὁ υἱὸς
ἄρτον, id eſt,Quem autem ex uobis patrē,poſcet filius panem.Ea nos reddidimus in hunc
Sermo perturbatior — modum,Quis autem ex uobis pater à quo ſi filius petierit panem,num lapidem dabit illi?
{Quanquam & hic ſermo duriuſculus eſt,opinor ex idiomate linguæ Hebręæ. Videtur au 19
tem alluſum ad iocum uulgarem,quo panem expectanti lapidem porrigunt,iuxta Plautinum illud,Altera manu fert lapidem,panem oſtentat altera. Item ſcorpium porrigunt uacuo oui putamini incluſum.Sic & ipſæ dipſades fallunt,ſtruthiocamelorum inanibus pu-
taminibus occultantes ſeſe.}
Bona data.) ἀγαθὰ δόματα, id eſt,Bonas dationes,ſi ſic liceat loqui.
Diuerſa lectio — {Dabit ſpiritū bonū.) Gręci codices qui tum aderāt,habebāt πνεῦμα ἅγιον, id eſt, Spiri 19
tum ſanctū, ſed magno conſenſu reclamantibus exemplaribus Latinis, etiā uetuſtis,qui-
bus ego ſanè magis aſſentior.Ex Ambroſio, quoniā carptim iſta tractat,nihil poteſt elici.}
Valla taxatus — Et illud erat mutum.) Hallucinatur & hoc loco Valla, in mutum & mutus, κωφὸν, &
κωφός, putans utrobiq; ſurdum uertendum fuiſſe non mutum,aut non intelligens,aut cer
te non animaduertens utrunq; Gręcis ſonare κωφὸν, quemadmodum & mox. Omne regnum in ſeipſum diuiſum,mauult In ſeipſo, ſiue ſuper ſeipſum, cū ſit Aduerſus ſeipſum,
quod Græcis hæc propoſitio ſit anceps,ut ferè ſunt omnes.
Deſolabitur.) ἐρημοῦται, id eſt,Deſolatur.Et paulo poſt, πίπτει, id eſt,Cadit,non cadet,
ſuffragantibus & antiquiſſimis exemplaribus⟨Latinis.⟩ 22
[handwritten: * 22-27: follows 'Scopis mundatam' below] * ⟨In pace ſunt omnia quæ poſſidet.) τὰ ὑπάρχοντα, id eſt, Ea quę poſſidet, conſentiente 22
codice aureo.⟩
Vniuerſa arma.) τὴν πανοπλίαν. Qua uoce Græci declarant, quicquid ad iuſtum apparatum armati uiri pertinet.
Auferet.) αἴρει, id eſt, Tollit. & Diſtribuit, non diſtribuet διαδίδωσιν, ut pręſentis ſint
temporis,non futuri Nec enim uaticinatur,quid futurum ſit,ſed quod fieri ſolet proponit,
ſimilitudinem conferens.
Inuenit eā ſcopis mundatā.) εὑρίσκει, id eſt, Inuenit pręſentis tēporis{prima ſyll. acuta.} 19
[handwritten: ↑*] * Scopis mundatam.) Græci codices addunt, καὶ κεκοσμημένον, id eſt,Et ornatam, quod
haud ſcio an ex alijs Euangeliſtis ſit huc aſſcriptum.Cæterū illud ſcopis mundatam,Græ-
cis unica dictio eſt σεσαρωμένον, id eſt, Verſam à uerbo uerro, non uerto.
Quinimo.) μενοῦνγε. Ea coniunctio neq; negat quod dictū,neq; reijcit, ſed infert quod
eſt certius.[Auguſt.lib.de ſancta uirginitate cap.3.pro quinimo,legit imò, ut ſit corrigētis.] 35
Chriſtus parū tribuit affectui cognationis — {Vides autem ut hic quoq; Chriſtus ſui ſimilis,haud multum tribuit cognationis affectui.} 19
Turbis autem concurrentibus.) ἐπαθροιζομένων, id eſt,Coaceruantibus, conglobanti-
bus,ſiue condenſantibus ſe,aut Cum turbæ denſius affluerent.Græcis enim συναθροισμὸς
dicitur cum omnia confertim in unum conferuntur locum.
Pluſq; Solomon hic.) ὧδε, Hic,aduerbium eſt, hoc loco, non pronomen. Similiter &
paulo inferius, Pluſq; Iona hic,⟨ut Chriſtus intelligatur maior templo,Solomone,& Iona.⟩ 27
Tui additum — Lucerna corporis tui.) Tui non additur à Græcis, & ſenſus magis quadrat eo amoto.
fit enim catholica ſententia,ut & ſuperius indicauimus.
Ne lumē quod in te eſt.) μὴ τὸ φῶς, Poteſt accipi,& Num lumē quod in te eſt? &c.quod
aduerbium μὴ ad utrunq; ſenſum ſit accommodum,interrogantis & prohibentis.
[handwritten: 16-27: quemadmodum] Et ſicut lucerna.) ὡς ὅταν ὁ λύχνος τῇ ἀστραπῇ φωτίζῃ σε, Vt cū lucerna fulgore illuminat te. Vt ſit ſenſus,non aliter tuum corpus erit lucidum oculo puro, quàm domus tua lu-
cida eſt tibi,accēſa lucerna.Nec eſt illuminabit,ſed illuminat.{Alioqui ſermo uideri poſſit 19
ſubabſurdus,ſi totum lucidum fuerit,totum lucidū erit.Proinde nos de noſtro adiecimus,
Sic,quo magis ſentiretur collatio.}
Baptizatus pro lotus — Baptizatus eſſet.) ἐβαπτίσθη. Cur non potius lotus eſſet,cum de ſimplici manuum lo-
tione loquatur?
Catini.) τοῦ πίνακος. Quod non ſolum catinū,ſed etiā quadram{aut tabellam}ſignificat. 19
Intus eſt ueſtrum.) Veſtri mauult Laurentius, ut ſit genitiuus pronominis primitiui.
Vt non

35 [Vt non ad ſupellectilē, ſed ad ipſos phariſæos referat. Quod apud Matthæū 23. ambigue
dictum fuit, Lucas explanat addito pronomine ὑμῶν. Quidam enim illic interpretantur
immūdum eſſe quod in catinis & poculis cōtinebatur, eo quod fraude ac ui partum eſſet.
Lucas autem uidetur totum hominem ligneis ac fictilibus uaſculis cōparare, quæ quum
ſint extra hominem, tamen in his mundandis nonnullā religionem ſitam arbitrabantur.
Similiter in lotionibus corporum, quæ pars hominis eſt externa, uidelicet animi domicili-
um, quum ipſam mentem ſinerent uitiorum ſordibus inquinatiſſimam eſſe. Commemorat autem duo uicia, quæ penitius latent in animo, auariciā ac maliciam, quam Theophylactus interpretatur inuidiā. neqꝫ enim Græcis eſt κακία, aut ἀνομία quam ferè uertit iniquitatem, ſed πονηρία, quæ peruerſam mentem ſignificat: eoqꝫ dominus oſtendit remedi-
um maxime aduerſans auarciæ & inuidiæ, eleemoſynam. Qui largitur ſua multum abeſt
ab alienorum rapina; & qui miſeretur indoleſcens malis alienis, multum abeſt ab inuidia,
quæ gaudet aliorum incommodis, ac maceratur commodis. Et tamen ſenſus ille quem pri
mo recenſui loco, non repugnat huic cōparationi. poteſt enim ſic accipi. Vos phariſæi præ
poſtero iudicio pluris facitis externa quàm interna, in diſcis & poculis quod externum eſt
mundatis, nec datis operam ut cibus potuſqꝫ ueſter ſit mundus. Apud deum enim immun
dum eſt quicquid fraude partum eſt. Itidem crebris lotionibus curatis corporum mundiciem, quum mentem habeatis illotam. Huic interpretationi conſentanea ſcribunt Ambroſius ac Theophylactus.]
* Quod ſupereſt.) τὰ ἐνόντα. Diuerſa uox eſt ab ea quæ frequentior eſt ac tritior, τὸ λοι- Quod ſupeſt τὰ ἐνόντα
19 πὸν. {Ceterum quod noſter interpres uertit, Quod ſupereſt, longe ſecus interpretatur The- * 16: entries reversed
ophylactus. Eius uerba ſubſcribam, τὰ ἐνόντα οὖν, τοῦτ᾽ ἔστι, τὰ ὑπάρχοντα ὑμῖν. καλῶς δὲ εἶπεν
ἐνόντα καὶ οὐκ εἶπεν ὄντα, διότι τὰ χρήματα ἔνεισι τῇ καρδίᾳ τοῦ φιλοχρημάτου, καὶ ἐγκάθηνται αὐτῇ.
διὸ καὶ ὁ Δαβὶδ φησι. μὴ προστίθεσθαι τὴν καρδίαν τῷ πλούτῳ, id eſt, Quæ inſunt igitur, hoc eſt,
quæ ſuppetunt uobis. Recte autē dixit quæ inſunt, & non dixit quæ ſunt, propterea quod
pecuniæ inſint cordi auari, atqꝫ inſideant ei. Quapropter & Dauid monet non apponen-
dum eſſe cor diuitijs. Theophylactus accipere uidetur, ut τὰ ἐνόντα, & ἐλεημοσύνην appo-
ſitiue iungantur, Date res ueſtras eleemoſynam. Poteſt autem & ſic accipi ut ſubaudiatur
κατὰ, Iuxta ea quæ ſuppetunt uobi , date eleemoſynam. Interpres intellexiſſe uidetur, iuxta ea quæ ſunt in uobis. At quod præterijt non eſt in nobis; atqꝫ ob id uertit, Quod ſuper-
27 eſt. (quanquam ἔνεστι ſonat licet, unde & ἐνόντα dici poſſunt, quæ ſunt in noſtra poteſtate.
35 quidam interpretantur quod ſupereſt, id eſt quod redundat, ſed male) [Expendat lector eru
ditus, num τὰ ἐνόντα poſitum ſit abſolute, pro τὸ ἐνὸν, ut intelligas quæ facta ſunt nō poſſe fieri infecta, illud reſtare quod eſt in poteſtate noſtra, ut rapinas penſemus eleemoſynis.
Et hunc ſenſum attingit Beda]. Illud adnotandum, cum modo fecerit mentionem rapinæ,
in remedio non fieri mentionem reſtitutionis, tantum pollicetur eleemoſyna data, omnia
35 fore munda.] [Sed qui iubetur dare ijs quibus nihil debet, multo magis iubetur reddere, ſi
quid cui debet. Præterea rapinam dominus appellat auariciam: ut quod phariſæi colligebant ex decimationibus licet iure, tamen quoniam cupiditati ſuæ ſeruiebant ſub obtentu
legis obſeruandę, rapina fuerit. Poſtremo rapina eſt, quod diues licet recte partum poſſidet, ſi non impartiat egenti proximo. In his non exigitur reſtitutio, ſed ſufficit animi ui
cium eleemoſyna redimere.] † 16-27: Verumtamen
* † Date eleemoſynam.) δότε ἐλεημοσύνην. Anceps eſt, utrum ſit date an datis, indicandi Date eleemo- *↑
modo an imperādi. Iuxta poſteriorem lectionem ſenſus erit. Exiſtimatis uos data eleemo ſynā, quomo-
19 ſyna liberari ab omni rapina {ſi paululum ex ea contuleritis in pauperes?} Siquidem obijcit do accipiēdū
alibi phariſæis, quod eleemoſynam ſuam facerent coram hominibus. Iuxta priorem lectio 16: immundicia
19 nem ſenſus manifeſtus eſt. {Sed tamen hæc adhortatio duriuſcule cohæret cum ijs quæ prę 19-22: margin:
cedunt ac ſequuntur, quæ magis exprobrationem habent quàm admonitionem. Alioqui Duplex ſenſus
qui cōuenit, ut quos modo fecerit tam ſceleroſos, ſubito data eleemoſyna uelit undiquaqꝫ
mundos uideri?}
22 ⟨Qui decimatis.) Græcis eſt ὅτι quia, quēadmodū & in cęteris cōſentit exēplar aureū.⟩
19 Mentam.) ἡδύοσμον. {Vox dicta ab odoris gratia. Nominat autem duas herbas uiles
nec admodū neceſſarias ad uſum humanæ uitæ. Et omne holus, dixit pro quoduis holus:
hoc eſt

hoc est quantumlibet contemptum, insignem illorum notans auaricia͂. Etiamsi diuus Am-
Decimare pro decimas dare brosius decimatis accipere uidetur, pro decimas datis. Sic enim scribit, Breuiter autem uicia eorum multa perstringit, qui uiliorum fructuum decimis conferendis omne studium
intendunt suum [Neq; secus interpretantur Theophylactus & Cyrillus]. Cumq; hac sen- 35
tentia magis congruit quod sequitur: Et præteritis iudiciu͂ & charitatem dei. Iudicium hominum est, cum quis ex huiusmodi obseruatiunculis iudicatur pius, si quis crebro ieiunet,
si quis multum precularum dicat, si quis sordide uestiatur. Iudicium dei est, cum ex animi
affectu pietas hominis æstimatur. Charitas hominum est, cum leuiculo beneficio iuuatur
[Egenorum in primis habenda cura] quispiam, quod aliquoties præstabat, collatum non esse. Charitas dei est, cum in his succur-
ritur homini, quæ ad illius æternam salutem pertine͂t, cum hic affectus præstatur & inimi-
cis. Et haud scio, an hic Christi sermo ad istos pertineat, qui benignitate sua rem auge͂t mo-
nasteriorum, aut collegiorum, fortassis etiam pontificum opibus ⟨plus satis⟩ affluentiu͂, præ- 22
teritis egenis, nonnunquam cognatis, aut etiam liberis.}

Quæ portare non possunt.) δυσβάστακτα, id est, Difficilia portatu.

Non tangitis sarcinas.) τοῖς φορτίοις. Idem uerbum quod modo uertit onera. Et signifi-
[Constitutio͂es ad quæstum repertæ] cantius erat Attingitis, quàm tangitis, & appositius ad Græcam uocem. {Hic locus ad eos 19
pertinet, qui constitutionibus humanis illaqueant populum, non aliò spectantibus quàm
ad commodum eorum qui instituunt.}

Quod consentitis.) συνευδοκεῖτε, id est, Comprobatis.

19-27: Super * {A generatione.) γενεά, quo sæpe utuntur sacræ literæ, Græcis sonat ætate͂. Neq; enim 19
* 19-27: entries reversed est hic eadem uox, qua Matthæus utitur in generatione Christi.}

* Inter altare & ædem.) καὶ τοῦ οἴκου, id est, Domum {sed partem templi intelligit.} 19

Ita pro etiam Ita dico uobis.) Ita non est hic οὕτως, sed ναί, quod aliquoties transfert Etiam, aliquoties utiq;, aduerbium uehementer affirmantis. Verti poterat profecto siue certe.

{Tulistis clauem.) ἤρατε. A tollo, hoc est, Recepistis in uos ⟨Tollimus enim gladium ad 19.22
iter, & tollimus, quod ab alijs auferimus.⟩

Insistere.) συνέχειν, id est, Cohibere. Verum emendatiores codices habebant ἐνέχειν, id
est, Imminere, siue urgere, atq; ita consentaneum est interpretem legisse.

[ἀποσομίζειν] Et os eius opprimere.) ἀποσομίζειν. Interpres legisse uidetur ἐπιστομίζειν, quod significat
obturare os, nec sinere loqui. At Græci codices habent, ἀποσομίζειν, quod magis significat
pendere ab ore, & obseruare quid dicatur. Atq; id longe rectius quadrat cum his quæ pre-
cesserunt & sequuntur: Insistebant ei, & insidiabantur, & quærentes capere aliquid ex ore
eius. Neque enim hæc competunt in eum qui occludat os loquentis. Deniq; ad hunc mo-
16-19: Vulgarii dum interpretantur Greci interpretes. Quod si quis mihi parum habet fidei, ipsius Theo-
19 only: margin: Vulgarius phylacti uerba subscribam, quod ad hunc attinet locum, καὶ δὲ ἀποσομίζειν αὐτὸν ἤρξαντο, τοῦτ'
ἔστι πυκνῶς ἐρωτᾶν αὐτὸν καὶ ἀγρεύειν. γίνεται γὰρ τὸ ἀποσομίζειν, ὅταν πλείονες ἐρωτῶσιν ἕνα, περὶ ἄλλων καὶ ἄλλων ὑποθέσεων. τότε γὰρ μὴ δυνάμενος ἀποκρίνεσθαι, ἔμφασιν δίδωσι τοῦ ἀνοήτου διαπορη-
θῆναι. τοῦτο τοίνυν ἐσοφίζοντο καὶ οἱ κατάρατοι ἐκεῖνοι κατὰ χριστοῦ. πολλοὶ γὰρ ἐρωτῶντες τὸν ἕνα, ἐδόκουν
ἀποσοματίζειν αὐτὸν, καὶ εἰς ἀπορίαν ἄγειν, ὡς μὴ δυνάμενον ἀποκρίνεσθαι. ὅπερ εἰκότως ἐγίνετο. πῶς γὰρ
ὁ εἷς δύναιτο πολλοῖς ἀποκρίνεσθαι, ἄλλα καὶ ἄλλα ἐρωτῶσιν; Δύναται δὲ τὸ ἀποσομίζειν καὶ οὕτως νοηθῆναι,
ἀντὶ τοῦ παγιδεύειν αὐτὸν, καὶ ἀπὸ τοῦ σόματος κρατεῖν. ὅταν γάρ τις κρατηθῇ ἀφ' ὧν λέγει, ἀποσομίζεσθαι δοκεῖ. τοῦτ' ἔστιν ἀπὸ τοῦ σόματος ἕλκεσθαι καὶ κατακρίνεσθαι. δηλοῖ δὲ τοῦτο καὶ τὰ ἐφεξῆς. ζητοῦντες
γάρ, φησι, θηρεῦσαί τι ἐκ τοῦ σόματος αὐτοῦ. ὅπερ γὰρ πρὸ ὀλίγου εἶπεν ἀποσοματίζειν. τοῦτο νῦν λέγει
θηρεῦσαί τι ἐκ τοῦ σόματος αὐτοῦ. Quæ nec transferre grauabor in gratiam eorum, qui Græce nesciunt. Verum ἀποσομίζειν etiam illum cœperu͂t, hoc est, frequenter interrogare eum,
& perplexum reddere. Fit enim τὸ ἀποσομίζειν, cum plures interrogant unum de alijs atq;
alijs argumentis. tum enim qui non potest respondere, speciem prębet stulti, quod hęreat.
16: nunc Hoc sanè tunc moliebantur etiam scelesti illi aduersus Christum. Nam cum multi interro-
garent unum, uidebantur ἀποσομίζειν illum, & ad hęsitantiam deducere, ut qui non posset
respondere, id quod probabiliter accidisset. Quo pacto enim unus posset multis respondere, alia atq; alia interrogantibus. Quanquam potest ἀποσομίζειν & sic accipi, pro eo, quod
est illaqueare eum, & ab ore capere. Cum enim quis capitur ex his, quæ dicit, ἀποσομίζεσθαι
uidetur, hoc est, ab ore trahi ac condemnari. Declarant autem hoc & ea quæ sequuntur:
Quærentes

Quærentes enim, inquit, uenari quippiam ex ore illius. Quod enim paulo ante dixerat Laurētius nō
ἀποσομίζειν, hoc nunc dicit uenari quippiam ex ore eius. Hactenus Theophylactus. Cæte/ satis facit
rum ne Laurentius quidem satis attentus fuit hoc loco, qui ἀποσομίζειν, siue ἀποσοματίζειν, ἀποσοματί/
nam utrūq; reperio, putat unico uerbo reddi potuisse, interpellare, siue obstrepere, siue ob/ ζειν, ore red/
19 loqui. Et tamen is ἀποσοματίζειν, legit, non ἐπισομίζειν. {Equidem non memini legere uer/ dere
bum hoc apud alios autores preter quàm apud paucos, nempe Athenæum lib. dipnoso/ 16-19: Vulgarius
phistarum octauo, pro eo quod est memoriter recitare, nullo codicis auxilio, quod uul/
go dicunt oretenus dicere. Eius uerba subscribam, καὶ ὁ πλούταρχος ἔφη ῥοδιακὴν εἶναι λεγο/
μένην ἱστορίαν, ἣν ἐπὶ τοῦ παρόντος ἀποσοματίζειν οὐ δυνάσθαι, διὰ πάνυ πρὸ πολλοῦ ἐντετυχηκέναι τῷ
ταῦτα περιέχοντι βιβλίῳ, id est. Et Plutarchus aiebat esse fabulam, quę Rhodiaca diceretur,
sed quam in præsentia non posset memoriter referre: quod ante plurimum temporis inci/
disset in eum librū, in quo illa cōtinerentur. Astipulatur & Hesychius, ἀποσομίζειν, inqui/
ens, ἀπὸ μνήμης ἀξιοῦν λέγειν, id est, Memoriter uelle dicere. Quanq; idem mox interpreta/
tur ἀποσομίζων φιμοιῶν, id est, Obturans siue occludens os. Quod quidē posterius, propi/
us accedit ad sensum Euangelistæ. Verū haud scio an ἐπισομίζειν legendū sit pro ἀποσομί/
ζειν. Quo uerbo usus est Athenæus eodē in libro paulo inferius, πάντας γὰρ ἐπισομίζειν πει/ ἐπισομίζειν
ρώμενος, οὐδενὸς μὲν ἀμαθίαν κατέγνως, σαυτὸν δὲ ἀποφαίνεις κενώτερον λεβηρίδος, id est, Etenim Occludere os
dum omnibus studes occludere os, non alios inscitiæ cōdemnas, sed teipsum ostendis ina/
niorem leberide. Consimilem in modū usus est Paulus in epistola ad Titum cap. I. οὓς δεῖ
ἐπισομίζειν, ubi Hieronymus uertit silentiū indici, Theophylacti interpres, redargui. Cuius 19: Vulgarii
uerbi meminit Iulius Pollux lib. 2. exponens ἐπισομίσαι, τὸ ἐπισχεῖν τὸν λέγοντα, id est, Co/
hibere loquentem. Idem indicat ἀποσοματίζεσθαι, & apud Platonem inueniri, qui scripserit
alicubi, τοὺς παῖδας ἀποσοματίζεσθαι, quoties exigentibus præceptoribus pueri reddunt me/
moriter quæ præcepta sunt. Quin & ipsum quod redditur, ἀποσοματίζεσθαι dici, ut uel ad
27 rem, uel ad personam referatur. (Nos certe comperimus apud Aristotelem in Elenchis con
simili sensu. Quod ipsum non male congruit huic loco. Etenim præceptores solent quum
examinant discipulos, frequenter interpellare rogatiunculis, tentantes an intelligant quæ
pronunciant, ut si quid errarint, corrigant. Sic isti quemadmodum interpretatur Cyrillus,
multis quæstiunculis interpellabant dominum, ut si non responderet, uideretur indoctus,
Sin male responderet, coargueretur: aut si bene quoq; responderet, tamen ex multis præ/
beretur ansa reprehendendi.) Quæ nobis apud idoneos autores super hoc uerbo comperta
sunt, in medium attuli, prudenti lectori iudicium relinquens ac delectum. } 16: Cap. XII (bis) see p. 189, margin

EX CAPITE DVODECIMO

MVltis turbis.) τῶν μυριάδων τοῦ ὄχλου, id est, Myriadibus turbę. Myrias autem 16: autem
Gręce significat decem milia. Quanq; ea uoce abutuntur pro innumerabili 16: utuntur
multitudine. Vnde uerti poterat, Innumera turbę multitudo. Nec est,
27 Concurrentibus.) ἐπισυναχθεισῶν, id est, Simul aggregatis. (Vetusti codi
ces habebant, circunstantibus.)
Ad discipulos.) Hic Græci addunt πρῶτον, id est, Prius, siue Primum. Quanquam ad
19 uerbium ita positum est, ut possit utrouis referri {primum dixit ad discipulos, siue primum 16: posset
attendite} Deinde est,
Attendite.) προσέχετε ἑαυτοῖς. 16-27: vobis ipsis
Reueletur.) Reuelabitur est Græce, & Scietur, non sciatur, ἀποκαλυφθήσεται, γνωσθήσεται.
In cubiculis.) ἐν τοῖς ταμείοις, id est, In penetralibus, siue intimis ædium. 19-27: cubiculo
19 * Ita dico uobis.) Rursum est ναί, de quo modo admonui. {Affirmantis aduerbium.} Cubicula ταμεῖα *↓
Dipondio.) Exposuit interpres quod uertit. Nam Græce est, ἀσσαρίων δύο, id est, Assi/ 19-27: Dupondio
bus duobus. Quanquam Græca uox diminutiua est, sicut & passerculi.
** In obliuione.) ἐπιλελησμένον. Quasi passiue dicas oblitum. **↓
Confessus fuerit me.) Græce est ἐν ἐμοί, id est, In me. Sic nō est, Confitebitur eum, sed
19 in eo; id tamen ad sensum nihil refert, tantum est idiomatis Hebraici.
*** Qualiter aut quid respondeatis.) τί ἀπολογήσησθε, id est, Quid responsuri sitis, sed pro/ Respondere ***↓
prie accusanti. Hoc est, quibus modis uerba facturi sitis, & qua ratione instituturi defensi/ ἀπολογεῖσθαι
onem, quidue adducturi pro defensione causæ, quemadmodum uulgus reorum facit, qui
r solent

*-**-*** 16-27: 'Ita dico vobis)' follows 'In oblivione' and, 19-27, is followed by 'Qualiter ... respondeatis)'

solent utroque modo periclitari, si uel formam agendi nesciant, uel parũ instructi sint, ad re-
fellendum quod obijcitur.}

[πλεονεκτεῖν] Ab omni auaricia.) Omni non additur in Græcis codicibus. Nec est simpliciter Auaricia, quæ magis dicitur φιλαργυρία, sed est, πλεονεξία, nomen à plus habendo dictũ, quo
sæpenumero usus est diuus Paulus. Vbi quis fraudatis alijs plus usurpat sibi quam par est.

Epulari 16: bono — Epulare.) εὐφραίνου, id est, Lætare. Neque enim opus erat repetere epulare, cum ante dictum sit, comede, bibe. Cæterum uerbum εὐφραίνομαι inde dictum, quod animo bene sit,
omnes uitæ uoluptates complectitur, quibus animus oblectat se. Proinde in psalmis: Et uinum lætificat cor hominis, Græcis est, εὐφραίνει. At hic perpetuo uertit epulari. Nam &
aliquanto post [uidelicet cap. 15.] Adducite uitulum saginatũ & occidite & manducemus, 35
16-27: omnes — & epulemur, εὐφρανθῶμεν. Ac rursum,
[εὐφραίνεσθαι] Et cœperunt epulari.) εὐφραίνεσθαι. Id secutus opinor, quod epulari non sit simpliciter
agere conuiuium, sed genialiter & opipare comessari.
[Repetent pro repetunt] Repetent.) ἀπαιτοῦσι, id est, Repetunt, siue reposcunt. Sic & Hieronymus subinde ci- 22
tat, ut sit præsentis temporis: & aptior est hypallage ad mox imminens periculum signifi-
candum. {Cyprianus in precationem dominicam adducit his uerbis. Stulte hac nocte expo 19
stulatur anima tua. (Et repetunt habebat exemplar Constantiense.) 27
Cuius erunt?) τίνι ἔσαι; id est, Cui erunt? hoc est, cui cedent, & quem dominum sortien
tur (Et apud Paulum hic color, Si fuerit alteri uiro, id est, cum altero uiro.) 27
Sic est qui sibi.) Est non additur in Græcis exemplaribus, ut liberũ sit subaudire, quod
19-27: Laurentius — commodissimum sit.
Valla taxatus — * Quibus non est cellarium.) Pro cellario Græcis idem uerbum est, quod iam aliquoties
uertit, cubiculum, ταμεῖον Qui proprie locus est in ædibus, in quo esculenta poculentaque
reponuntur, à ταμιεύειν, quod est dispensare uictum, & ταμίας promus condus. Porro
quod Laurentius cauillatur, cellam accipi pro uinaria duntaxat, & coruos esse hydropo-
tas, bis errauit. Nam primum, cella à celando dicta, nõ uini tantum reconditorium est. Deinde, si corui non bibunt uinum, hoc magis facit ad sensum Euangelicũ, ut qui quouis po-
tu contenti, quem passim obuium præbet omnibus natura, non egeant cellis uinarijs.
[διαφέρειν antecellere] Pluris estis illis.) διαφέρετε τῶν πετεινῶν, id est, Præcellitis uolucribus. Nã διαφέρειν tam
& si significat differre, usurpatur tamen sæpenumero pro præstare & antecellere. {In quem 19
sensum usus est & Paulus ad Philippen. cap. primo. Item ad Romanos cap. secundo.}
* Cogitando.) μεριμνῶν, id est, Sollicitudine. Quanquam Græce participium est, quasi
dicas curans (siue sollicite cogitans.) 27
Fœnum — Si autem fœnum.) τὸν χόρτον. Cur non potius gramen aut herba, quemadmodum &
alias transtulit? {Nisi forte nihil interest inter fœnum & gramen. Ad hoc enim adhibetur si- 19
militudo, ut intelligamus deum non neglecturum nos, cum curet & gramen, quod eodem
die uiret, & defectum eodem die exarescit, maxime in æstuosis regionibus.}
16-27: modicae — Quanto magis uos pusillæ fidei?) Vos, accusandi casu profertur, ὑμᾶς, ut subaudias
[ὀλιγόπιστοι] uestiet. Et modicæ fidei, Græcis composita dictio est, ὀλιγόπιστοι, quod sonat parum fiden
tes. Nam fides est præstantis, & fides est fidentis. {Sic enim nos abutimur Christiani.} 19
[μετεωρίζεσθε ad Astrologos pertinere] In sublime tolli.) μὴ μετεωρίζεσθε. Quod non proprie pertinet ad tumorem, quod Græci uocant μεγάλα φρονεῖν, sed magis ne curemus ea quæ supra nos sunt. μετέωρα enim uo
cantur, quæ sunt in nubibus, & in sublimi aëris regione. de quibus Meteorologica scripsit
19-27: margin: In sublime tolli — Aristoteles. Consentit cum doctrina Christi dictum illud Socraticum, Quæ supra nos, nihil ad nos. {Nec uideo quomodo hæc particula quadret cum precedentibus ac sequẽtibus, 19
nisi sentiatur de his, qui ex astrorum cursu procul in futurum consulunt, qui ferè mos est
diuitum ac principum} [Theophylactus alijque Græci, interpretantur μετεωρίζεσθαι, qui præ- 35
sentibus non est contentus, sed semper inhiat maioribus, quæ profecto cupiditatum huma
narum est natura. Et quodammodo supra conditionem hominis attollit sese, qui congerit
opes in longinquum, ignarus an postridie sit uicturus.]
[Additum aliunde] Et iustitiam eius. Hæc uerba non adduntur apud hunc Euangelistam, nec in Græcis
nec in uetustis Latinorum exemplaribus, uerum ex alio loco huc translata sunt. (Atque adeo 22
nec primum, aduerbium additur. Cõsentit cum Græca lectione codex aureus atque etiam
Donatianici

16: pro < 16-19: Repetunt, auferent, sive rapiant ? repetunt. {Porro} Hieronymus 19
* 16: 'Cogitando)' precedes 'Quibus non est cellarium)'

27 Donatianici(postremo & Constantiensis)In quibus scriptũ repperi, Quærite regnum dei,
& hęc omnia adijcientur &c. Verum quod deesse uidebatur in Luca, studiosus aliquis ad/
iecit ex sexto capite Matthæi.)

Si sciret paterfamiliâs.) Lucas usus est uerbis præteriti temporis, Si scisset, uigilasset, & non siuisset. ᾔδει, ἐγρηγόρησεν, ἀφῆκε. Ponit enim ueluti parabolam alicuius, cuius do/mus perfossa sit. — 19-27: margin: Familia pro famulicio

Super familiam.) ἐπὶ τῆς θεραπείας, id est, Super famulicium, ut intelligas tantum præ/ — θεραπεία
19 fectum famulis(non etiam liberis). Quod genus seruorũ columen familiæ uocant.*Iam il/ — *↓
lud, τίς ἄρα, Quisputas uertit suo more pro quis, siue quisnam. Nec est, Constituit, præ/
19 sentis temporis, sed καταστήσει constituet, futuri temporis.{suffragante exemplari Paulino,
licet in Matthæo habeatur Cõstituit.}

Triticimensuram.) σιτομέτριον. Referri potest ad omnem cibũ. Id quod Latine uocant demensum, siue quod ad certum modum tribuatur, siue quod in singulos menses reddere/tur, ut Donato placet. Ita Terent. in Phormione: Quod ille unciatim uix de demenso suo, suum defraudans genium comparsit miser. Et Plautus in Sticho: Vos meministis quot ca/lendis petere demensum cibum. Cæterum Græcis dictio composita est σιτομέτριον, ex fru/mento & mensura, non ex tritico. Quanquam σῖτος Græcis aliquando frumentũ, aliquan/ — σιτομέτριον — ‹↓
22 do(mutato genere)quemlibet cibum significat.(Neq; enim serui solo tritico alebatur.)Atq; — 16: 'Atque ... partes'
19 illud Diuidet, est διχοτομήσει, id est, In duas diuidet partes.{siue dissecabit.} — forms last sentence of 'Cum in fidelibus)'

Cum infidelibus.) μετὰ τῶν ἀπίστων, id est, Cum infidis, pro quo Matthæus dixit; Cum hypocritis. Nam qui fidus est, non simulat, neq; dissimulat.

* Vapulabit multis.) Ac paulo post, plagis uapulabit. Cur non utrobiq; addidit plagis, aut utrobiq; omisit? Quandoquidem apud Græcos utrobiq; subauditur plagis. Verum hoc nos distinctione corrupimus: etenim ablatiuus plagis, quẽ nos referimus ad paucis, ad digna fuerat referendum, ἄξια πληγῶν, atq; ita utroq; loco in πολλὰς & ὀλίγας subaudien/ — * 16: entries reversed
27 dum πληγάς. (Sic enim distinguũt Græci, ὁ δὲ μὴ γνοὺς, ποιήσας δὲ ἄξια πληγῶν δαρήσεται ὀλί/
γας. Ea uero forma dixit uapulare multas plagas, qua dicimus Attico more gaudere gau/dium, & dolere dolorem. Augustinus ad Valentinum de gratia & libero arbitrio capite 3 nescio quid sequutus legit, Vapulabit pauca, & uapulabit multa.)

* Et quid uolo nisi ut ardeat?) καὶ τί θέλω, εἰ ἤδη ἀνήφθη, id est, Et quid uolo, si iam accen/
27 sus est?(Sic adducit Hilarius commentario in canticum graduum.)Etiamsi secus legit Am/ — Varia lectio
brosius ac Hieronymus, quorũ hic in Ionam ita citat, Ignem ueni mittere in terrã, & quem uolo ut ardeat. Verum opinor pro quam, deprauatũ fuisse quem. Nam alijs in locis quam inuenio. Apparet interpretem legisse, καὶ τί θέλω εἰ μὴ ἀνήφθαι, id est, Et quid uolo nisi ac/cendi. Aut certe, quod uero propius est, τί θέλω, ἢ ἤδη ἀνήφθαι, id est, Quid uelim, nisi mox
35 accensum esse. Quandoquidẽ Græcis ἢ adiungitur etiam positiuis,[subaudito ἄλλο, quem — ἢ pro nisi
admodum Latini q; addunt positiuis, subaudito post aut simili uoce. Vt tertio die q; à me
19 discessisti.]{Theophylactus non legit tantum, uerũ etiam interpretatur iuxta nostram ædi/ — 19: Vulgarius
tionem. Nam Quid uolo positũ est, pro eo, quod erat, nihil aliud uolo. & Si iam accensus est, celeritatis habet emphasim: & in Si, subest tacita significatio uoti.}

Erunt enim ex hoc.) ἀπὸ τοῦ νῦν, id est, Post hac, siue amodo, ut loquũtur nõnulli Græ/cam formam reddentes. — 16-27: + haec

Et duo in tres diuidentur.) Et hunc locum corrupta distinctione deprauarunt librarij, uerbum diuidentur referentes ad superiora, cum quibus ut cohæreret mutato numero ex diuidetur, διαμερισθήσεται, fecerunt diuidentur. At quid opus erat repetere in hac parte di/uidentur, cum iam dictum sit, Erunt quinq; in domo una diuisi. Sic itaq; distinguendum erat: Diuidetur pater aduersus filium &c. Siquidem diuidi uocat, habere dissidium. Proin/de melius uertisset: Aduersus filium, quàm in filium, cum anceps sit Græca præpositio. Hu/ius casum, si quem id forte moueat, mutauit eodẽ in loco Lucas: qui cum ante cœperit ad/iungere datiuum, ἐπὶ υἱῷ, mox addit accusatiuum, ἐπὶ τὴν νύμφην. — Distinctio a/pud nos cor/rupta

Et ita fiet.) Fit legendum est. Et Laurentius mauult imbrem quàm nimbum, cum Græ/ce sit ὄμβρος. — mber, 19: Hymber nimbus

Quid autẽ & à uobis ipsis.) τί δὲ καὶ ἀφ' ἑαυτῶν. Dilucidius erat, Cæterũ cur non etiam

t 2 ex uobis

* 16: 'Iam illud ... quisnam' + 'Nec est ... temporis' forms last sentence of 'Tritici mensuram)' in reverse order.

‹ 16-19: significat. Et servi farre ac leguminibus alebantur, magisquam tritico, id quod licet intelligere ex Catonis libris, de re rustica, qui diligenter hisce de rebus praecipit, qui cibi modus sit dandus servis. 16 only continues: Nec est ... temporis. Iam illud ... quisnam.
16: Cum infidelibus
19: Atque illud

ex uobis ipsis iudicatis quid sit iustum: ut sit sensus, Aliunde captatis argumenta, ex quibus coniectetis ea quæ sunt extra uos: & earum rerum, quæ intra uos sunt, & quarum ex
uobis ipsis colligi possunt argumenta, nullam facitis coniecturam.
Cum autem uadis.) Græcis enim, est pro autem. {Cohæret enim cum iis, quæ præce- 19
dunt, ut intelligant adesse tempus resipiscendi, quod ni fecerint fore, ut durius cum illis in
posterum agatur, si tam obuiam clementiam dei neglexerint.
Ad principem in uia.) ἐπ' ἄρχοντα. Quod Ambrosius haud male uertit, Ad magistra-
tum, & In uia rectius refertur ad sequentia, In uia da operam.
Trahat Trahat te ad iudicẽ.) Demiror qd legerit Ambrosius, qui pro trahat, habet cõdemnet:
Condemnet nisi forte pro κατασύρῃ legit κατακρίνῃ. Ac sensus sanè magis quadrat. Nec enim uidetur
alius esse iudex, quam is, quem paulo ante dixit principẽ. Nam id uult agi cũ aduersario inter
eundum, ne sit opus ad iudicẽ peruenire. Origenes seu quisquis fuit, homilia in Lucã 25
PG 13.1889B Hom 35 annotat amphibologiã esse in trahat, quod subaudiri possit uel princeps uel aduersarius.
Tradat te exactori.) πράκτορι à uerbo πράττω exigo, quod ante uertit facio, non recte,
sicut admonuimus in Matthæo.}

EX CAPITE DECIMOTERTIO

Siloe IN Siloë, ἐν τῷ σιλωάμ, Hebræi sonant Siloah. Arbitror hanc esse ciuitatem 27
in qua primum fuit tabernaculum, cuius meminit Psalmus 77. Et repulit ta
bernaculum Silo, ubi Græcus σιλὼμ legit. Item Hieremias cap. 7. Quoniam
hic additur articulus τῷ uidetur significare fluuium Siloë, qui ciuitati suppe
ditat aquam, quum nec perpetuus sit nec copiosus. In uetustissimis Latinis
alibi scriptum erat Siloa, alibi Siloam.)
16: ficulneam In ficulnea.) ἐν τῇ συκῇ, id est, In ficu. Eadem uox est quam modo uertit, Arborem fici,
immodicus copiæ affectator, ne dicam intempestiuus.
Occupat Terram occupat.) καταργεῖ, id est, Onerat, sed inutili onere, hoc est enim proprie καταρ
καταργεῖ γεῖν. Et illud, Etiã terrã, ego sanè maluissem uertere, Cur uel terrã occupat, ut intelligamus
infrugiferam, non solũ indignã stercoratione & cultu, uerũ etiam loco, quem occupabat.
κοπρία Et mittam stercora.) κοπρίαν, id est, Stercus, aut potius fimum :{mox uertit sterquilini- 19
Letamen um} Nam Græca uox stercorationem sonat magis quam stercus. Et stercoratio non solum fit
ex animantium excrementis, uerumetiam è stipulis, culmis, aut terræ medulla, quam mer-
gam uocant Britanni, teste Plinio. {Ambrosius legit cophinum stercoris.} 19
Sin autem.) εἰ δὲ μήγε, id est, Sin uero minus, aut Sin secus, [siquidem fructum fecerit, 35
sermo imperfectus est], ut subaudias, sinemus illam, aut aliud commodius. Est enim eclip-
Gulielmus sis aut aposiopesis, siue ut Budæo nostro placet ἀναπόδοτον, qui huius formæ exemplum
Budæus unum & alterum ex Aristophane Ciceroneque adducit in annotationibus, quas scripsit in
Pandectas Iuris. Nec enim est quisquam sua fraudandus laude. Porrò quod hic interpres
16-19: male uertit, Sin autem parum Latine, tolerabilius aliquando uertit, alioqui.
Nec omnino.) εἰς τὸ παντελές, Quod aliàs uertit in æternum.
Nec est, inclinata.) sed συγκύπτουσα, id est, Toto corpore deflexa in terram, & contra-
cta, cui contrarium est, quod sequitur, ἀνακύψαι quod uertit, sursum aspicere, hoc est, Eri-
gere caput. Nec enim est mentio de aspiciẽdo, sed de gestu corporis, quo utũtur qui cupiunt sursum aspicere. Proinde & παράκυψις prospectus dicitur, ubi quis obliquato capite
è fenestra prospicit.
Vocauit ad se.) προσεφώνησεν. Potest accipi quod appellauerit eam, hoc est, allocutus
sit. Nam Ad se, non additur apud Græcos.
Requieuerunt.) κατεσκήνωσεν. Quod aliquoties uertit, nidificare, <aliàs habitare.> 22
Sata tria Sata tria.) σάτα τρία. Superius admonuimus, satum non esse uocem Latinam, sed Syram, quæ apud illos mensuræ genus declaret capiẽtis sesquimodiũ. {Apud Ambrosiũ non 19
additur sata tria. Tantũ est, Abscondit in farina, donec fermẽtatũ est totũ. Atque adeo interpretans indicat hoc ex Matth. huc transscriptũ, cum ait ad hũc modũ. Et quia in Matt. tribus mensuris absconditũ esse fermentũ &c. Quorsum enim attinebat ex Matth. citare, si
Additum idem legisset in Luca? Sed hoc iam in Euãgelicis uoluminibus nouũ uideri nõ debet, neque
aliquid quenquam magnopere cõmouere, cum nec moribus piis, nec fidei synceritati quicquam officiat. }

Si pauci

Si pauci sunt qui saluantur.) Si non est anceps apud Latinos, ut εἰ apud Græcos, unde uertendum erat in an, quandoquidem interrogant.

Contendite intrare.) ἀγωνίζεσθε, id est, Certate, siue laborate. Quanquam apte uertit interpres, si modo intelligamus. Nam contendit & qui acriter adnititur. Si pro an]

Qui erant nouissimi.) Erunt utrobiq; legendũ, ἔσονται. Sunt postremi, qui futuri sunt primi, & sunt primi, qui futuri sunt postremi. Agit enim de inuertendo ordine inter eos, qui tum erant, & qui successuri essent in Euangelio.

27 (Ite & dicite.) Ite dicite, legitur in antiquis, πορευθέντες εἴπατε.)

Tertio die consumor.) Consummor legendum est, duplicato m. Est enim τελειοῦμαι. Quod quoniam medium est uerbum, satius erat uertere actiue, ut intelligamus illum tertio die absoluturum opus suum. Quanquam ea consummatio mors erat & resurrectio.

Quia non capit.) οὐκ ἐνδέχεται. Quod Matthæus dixit χωρεῖ. Est autem uelut impersonale, quasi dicas, ipsa natura rerum non fert. Idem autem aliquanto post dixit ἀνένδεκτόν ἐστι Capit, pro possibile est

27 pro eo, quod est ἀδύνατόν ἐστι. (Loquitur ad hunc modum subinde Tertullianus, capit pro conuenit, aut decet, & non capit, pro non conuenit.)

Qui mittuntur ad te.) πρὸς αὐτήν, id est, Ad se, tertiæ personæ, nisi cõponatur cum alio pronomine. Ad hunc fermè modum sonat Græcis. Hierusalem Hierusalem, illa quæ occidit prophetas, & lapidat missos ad se. Deinde subito mutat personam. Sic & nos miscemus 16-27: missi sunt

22 tertiam personam primæ, Tu illa lapidatrix prophetarum. ⟨Et tamen si cui magis placet secunda persona, cum hoc non est animus digladiari, propter pronomen anceps αὐτήν, siue αὑτήν, quod quidam arbitrantur omni personæ cõgruere, certe de sensu nulla est ambiguitas. Ne illud quidem ad sensum refert, quod cum in plerisq; libris haberetur ἀπεσταλμένους, in uno quopiam habebatur ἀποσταλμένους.⟩

Quemadmodum auis.) ὄρνις, quod est anceps ad auem & gallinam. Est enim mirus a- ὄρνις auis & gallina

35 mor auibus ad confouendos pullos, sed præcipue gallinis. [Augustinus de consensu Euangelistarum lib. 2. cap. 75. legit auis.]

Ecce relinquetur.) ἀφίεται, id est, Relinquitur, ut admonuimus & antea.

EX CAPITE DECIMOQVARTO

27 (ET factum est. De hac loquutionis forma peculiari Lucæ iam admonuimus. (1527: on 1:8)

Dicebat autem & ad inuitatos.) Et coniunctio non additur apud Græcos, nec in uetustis exemplaribus.)

Neq; uicinos, neq; diuites.) μηδὲ γείτονας πλουσίους, id est, Neq; uicinos diuites. Attestãtibus & uetustissimis exemplaribus nostris, ⟨& in his aureo co-

22

27.19 dice, {similiter & Constantiensi.} Siquidem huc pertinet parabola Christi, ut beneficiũ conferatur gratuito, citra spem redituri fœnoris. Id fiet, si præstetur egenis, quibus non est facultas referendæ gratiæ.⟩

Ne forte.) μήποτε, id est, Ne, siue ne quando. Et quod sequitur, 16-27: paulo post

35 Et ipsi te reinuitent.) [Cõmodius uerti poterat, uicissim te inuitent. Nam ut reinuitent 16-27: ne forte

35 sit Latinũ, reinuitat q semel uocatũ iterũ uocat. Græce est ἀντικαλέσωσι.] Et quod hic uertit, 16-27: Gr.

Honoratior.) est ἐντιμότερος. Quod & chariorẽ significat, & magis in precio habitum.

Non habent retribuere.) οὐκ ἔχουσιν ἀνταποδοῦναι, id est, Non possunt retribuere. Nam Non habent, pro non possunt

22 ita frequenter accipitur ἔχω, cum adhæret uerbis infinitis. ⟨In aureo codice scriptum erat. Non habent, unde retribuant. Ac mox pro In resurrectione scriptũ erat In retributione. Iti-

27 dem comperi in duobus uetustis exemplaribus S. Donatiani. (Sed reclamantibus Græcis.)

19 {Qui manducabit panem.) Nonnulli codices pro ἄρτον habebant ἄριστον, id est, Prandium, sed reclamantibus uetustis exemplaribus Latinis.}

35.19 Qui manducabit.) ὃς φάγεται, [Potest accipi] Qui manducat {seu potius edit}, præsentis

35 temporis. [Nam in his tribus uerbis φάγω, ἔδω, πίω, futurum medium nihil differt à præsenti, ut φάγομαι, φάγῃ, siue φάγεσαι, φάγεται non φαγοῦμαι, φαγῇ, φαγεῖται. Verum hoc ad sensum perpusillum refert.] 19-27: nisi forte interpres legit φάγηται

22 Vt uenirent.) ἔρχεσθε, id est, Venite. ⟨Interpres forte legit ἔρχεσθαι.⟩

Simul oẽs excusare.) παραιτεῖσθαι, id est, Recusare. Quanq; interpres eleganter usus est excusandi uerbo. Si modo lector animaduertat eũ excusare, qui adducta causa recusat q̃d rogatur.

16-27: habitum. Et aliquanto ἀντικαλέσωσι reinuitent. Cur non potius uicissim uocent siue inuitent. Non habent – cf. previous entry.

honoratior: from us 8 lemma should be honoratior est) [so 1522]

Additum aliquid

Gustabit cœnam meam.) Hoc loco addunt libri Græci, πολλοὶ γάρ εἰσι κλητοὶ, ὀλίγοι δὲ
ἐκλεκτοὶ, id est, Multi enim uocati, pauci uero electi. Quanquam id non reperiatur in om
nibus exemplaribus.{Suspicor aliunde huc asscriptum.} 19
Nonne prius.) οὐχὶ, id est, Non. Quanquam & hoc aliquando pro nonne ponitur.
Sedens cõputat.) καθίσας ψηφίζει, id est, Calculis subducit ratione, ut intelligas diligen
tem atque exactam supputatione. Ac paulo post, μήποτε. Tandem desijt uertere.[ne forte 35
pro nequando.]
Iturus committere bellum.) ἀπέρχεται συμβαλεῖν εἰς πόλεμον, id est, Abit ut confligat,
siue congrediatur bello.⟨Etiamsi Latinius erat prælio.⟩ 22
Non sedens.) Hic est eadem uox, quam modo uerterat nonne οὐχὶ.
Ad se.) ἐπ' αὐτόν. Cur non potius contra se, siue aduersus se?
{Cum decem milibus.) ἐν δέκα χιλιάσι. Interpres haud male mutauit in, Græcã præpo 19
sitionem ex idiomate sermonis Hebraici positã, in decẽ milibus. Quanquam castius erat pror
sus omittere, quod apud nos nec ullũ habeat usum, & orationẽ reddat inelegantẽ. Quod
genus sunt illa in Deuteronomio: Et incendens ciuitatẽ in igni. Item, Et lapidabis eos in la
pidibus. Cuiusmodi cõplura recensuit Augustinus in annot. Hebræi sermonis.}

In decẽ milib. iuxta Hebræam dialecton.

Alioqui illo adhuc longe agente.) εἰ δὲ μήγε. Quod ante uerterat, Sin autem, nõ recte,
hic recte uertit alioqui,

[Lõge agente

Longe agente.) πόῤῥω αὐτοῦ ὄντος, id est, Cum procul est, siue procul abest.
Qui non renunciat.) οὐκ ἀποτάσσεται. Quod alias est dicto uale, dimittere.
Euanuerit.) μωρανθῇ, id est, Fatuum redditum fuerit. Siquidẽ non homines solum, sed
& alia fatua dicuntur, quæ nihil sapiant. Quemadmodũ Martialis betas fatuas appellat.
Vtile est.) εὔθετον, id est, Accommodum.{ante uertit aptum}⟨Neque de genere uocis hu 19.22
ius, sal, ero anxius, cum sat sciam & in neutro reperiri, licet & frequentius, & apud proba
tiores autores in masculino.⟩

EX CAPITE XV

Congratulamini.) συγχάρητε, id est, Congaudete.⟨Aut si cui id parum Lati 22
num uidetur, Gaudete mecum.⟩
Nonne accendit.) οὐχὶ; At non, magis hic quadrabat.{siue, An non: etiam 19
si hic sermo eodem laborat incommodo, quo is quẽ ante notauimus: Quis
ex uobis pater si filius petat panem &c.}

19-27: margin: verrere

[Euertit pro euerrit depravatum

Euertit.) σαροῖ, id est, Verrit. hoc est, scopis purgat. Fortassis interpres scripserat, euer
rit, id imperitus aliquis ac sciolus non intelligens, inuersa scriptura fecit, euertit. Quod sa
ne minus mirum est fuisse deprauatum, quàm non fuisse animaduersum. Adeo mendum
hoc, in omnibus exemplaribus Latinis inoleuit.{etiã uetustissimis. Sensit hic nonnihil in 19
commodi & Carrensis, interpretans, Euertit totam domum, id est, Ea quæ in domo sunt.
Et moraliter euertere domum, est perturbare conscientias peccatorũ.}[Theophylactus uer 35
rit, uertit repurgauit, & in eundem sensum Gregorius Nisenus, qui citatur in Cathena: li
cet Gregorius pontifex Ro. deceptus uitio codicis, euertit interpretatũ cõcussit cõscientiã.]

Carrensis ridicula interpretatio

* 19-27: entries reversed

* Quæ me contingit.) τὸ ἐπιβάλλον, id est, Quæ redit ad me.
* Substantiam.) Duæ sunt uoces apud Græcos, substantiæ & substantiã. οὐσίας καὶ βίον, id
est, Substantiæ & uictum. Quanquam βίος & uitam ipsam significat apud Græcos & fa
cultates quibus uiuitur.
Viuendo luxuriose.) ζῶν ἀσώτως, id est, Viuens luxuriose. Hinc & Paulus luxũ uocat
ἀσωτίαν: Vinum in quo est luxuria. Id autem non ad libidinem tantum pertinet.

Consummare pro cõsumere

Et postquam omnia consummasset.) δαπανήσαντος δὲ αὐτοῦ πάντα, id est, Cum is con
sumpsisset, siue absumpsisset omnia. Quod quidem arbitror librariorũ uitio fuisse depra
uatum.{licet mirus sit nostratium exemplarium consensus. Ambrosius indicat sese legisse 19
more Græcorum, cum ita scribit in commentarijs: Ille igitur uiuendo luxuriose consump
sit omnia ornamenta naturæ. Vnde tu qui accepisti imaginẽ dei, qui habes similitudinem
eius, noli eam irrationabili fœditate consumere.}

[Quãti pro quàm multi

Quanti mercennarij.) Cur non potius, quot, πόσοι, siue quàm multi.⟨Nec additur, In 22
domo, nec apud Græcos, nec in uetustis exemplaribus Donatiani, tantũ est, Quanti mer
cenarij

27 cenarij patris mei abundant,&c(Consentiebat Constantiense)Nam mercenarium oppo-
suit filio.Et studiosus aliquis adiecit In domo,ut esset quod responderet aduerbio,hic. >
Cum adhuc longe esset.) μακρὰν ἀπέχοντος, id est,Cum procul abesset.
Cito proferte.) Cito non additur in Græcis exemplaribus.Budæus existimat hic quoque exprimendam fuisse uim articuli, τὴν στολὴν τὴν πρώτην, id est,Stolam illam primam.
Est autem uestis genus in talos demissæ, ut intelligamus nõ de qualibet ueste dictum; sed
de certa quapiam & eximia.Nam anulo & calciamentis non præponitur Græcus articu- Articulus | 19-22: vis
lus . At rursum uitulo geminum addidit articulum ut stolæ, τὸν μόσχον τὸν σιτευτὸν, id est,
Vitulum illum saginatũ,ut certum & insignem uitulum accipiamus designari. Iam & in 16: +
27 sequentibus,cum sæpe repetatur hic uitulus, semper adduntur articuli,(quum hœdo non
addatur ullus articulus,quod non unusquispiam insignis designetur,sed quilibet e grege.
Vitulum autem interpretantur ipsum Christi corpus pro nobis immolatum.)
Et epulemur.) εὐφρανθῶμεν, id est,Lætemur,ut placet Vallæ.
Et cœperũt epulari.) Rursum est εὐφραίνεσθαι, de quibus supe ius iam admonuimus.
Symphoniã & chorum.) συμφωνίας καὶ χορῶν, id est, Concentũ & choros, hoc est,sal-
tationes.Id enim hoc loco significat choros.
Cœpit rogare illum.) Græcis est παρεκάλει αὐτόν, Quod non solum significat rogare. 16-27: eum
s.d & inuitare & adhortari.
Cum amicis meis epularer.) Rursus est εὐφρανθῶ. Item paulo post,
Epulari autem.) εὐφρανθῆναι.
19-27 {Deuorauit substantiam suam.) Græci(magno consensu)legunt tuam, ut sit odiosius, Substantiam
ὁ καταφαγών σου τὸν βίον. Atque ita egisse Ambrosium , ex his illius uerbis licet colligere: tuã non suam
27 Impius(inquit)qui accusabat fratrem, quod cum meretricibus paternam substantiam pro
d gisset.Non eni dixit suam substantiam,sed paternam.}

EX CAPITE DECIMOSEXTO

Vi habebat uillicum.) οἰκονόμον, id est,Dispensatorem,hoc est,œconomũ:
ab οἶκος domus,& νέμειν distribuere,quod ea dispenset,quæ ad rem dome-
sticã pertinent. Villicus,ut inquit Varro,in libris de re rust.agri colendi cau
sa constituitur, appellatus à uilla, quod ab eo in eam conueh untur fructus,
et euehunt cum uenerint.Atq; ipse diuus Hieronymus distin guit uillicum
ab œconom . Villicus,inquit,proprie uillæ gubernator,à uilla nomẽ uillici accepit : œco Villicus
r omus nõ tantũ frugum,sed & omniũ quæ dominus possidet,gubernator est. Vnde Oe- οἰκονόμος
conomicus Xenophontis pulcherrimus liber, qui non uillæ gubernationem, sed uniuer-
sæ domus dispensationem, Tullio interpretante significat. Proinde magis quadrabat hoc
loco œconomus siue dispensator q̃ uillicus.Quin & in his quæ mox sequuntur.
Redde rationem uillicationis tuæ &,Non poteris amplius uillicare.) Græce est, οἰκο-
νομίας, & οἰκονομεῖν, id est, Disp nsationis & dispensare . Atque ita citat diuus Hieronymus,explicans hunc locum in ep stola ad Algasiam:Redde rationem dispensationis tuę,
non enim poteris ultra dispensare. Cæterum quod hic uertit,
Diffamatus est.) Græcis est, διεβλήθη, quod magis sonat, Delatus est, à διαβάλλομαι, Diffamatus est
unde diabolus calumniator, διαβολὴ calumnia.Quanquam hoc interest,calumniator falso defert.At defertur etiam qui merito accusat.Nec est,Quasi,sed ὡς διασκορπίζων, uelu
ti dissipãs,siue Velut qui dissiparet , nimirũ delatus est hoc noĩe q̃d dissiparet bona illius.
* Mendicare erubesco.) ἐπαιτεῖν, pro quo aliâs usus est προσαιτεῖν. * ↓
Conuocatis itaq; singulis.) προσκαλεσάμενος, id est,Ad se uocatis,siue accersitis.
Centum cados.) ἑκατὸν βάτους, id est,Centum batos,non cados. Nam Batus Hebrai- Cadus, Batus
ca uox est,illis mensuram significans liquidorũ, ut docet Iosephus libro antiquitatum Iu- mensura
daicæ gentis octauo.ea capiebat sextarios septuaginta duos:quemadmodũ & illud quod
mox sequitur , Coros . Ea mensura aridorum capiebat medimnos Atticos quadraginta
unum,ut idem testatur libro tertio.
* Accipe cautionem.) τὸ γράμμα. Idem uerbum quod mox uertit Literas,idq; non Lati * ↓
ne.Nam literæ numero multitudinis significãt epistolam. Aut igitur utrobiq; uertere de-

 buerat

* 16: 'Accipe cautionem)' precedes 'Mendicare erubesco)'.

buerat cautionem,cum utrobiq; sit γράμμα, quod literam sonat,aut scriptum,aut syngra
pham,aut codicillos,aut libellos,aut huiusmodi quippiam.

Villicus iniquitatis,pro iniquo

{Villicum iniquitatis.) Ex idiomate sermonis Hebræi dixit Villicum iniquitatis,pro 19
dispensatore iniquo siue iniusto,cui non dissimile est quod mox sequitur.
De mammona iniquitatis.}
Et in maiori.) ἐν πολλῷ, id est,In multo.
In minori.) ἐλαχίστῳ, id est,In minimo.Sed amat uariare interpres.Nec hic est,
In maiori,sed in multo,ut superius.

Vestrum,pro uerum

Quod uestrum est quis credet uobis.) τὸ ἀληθινόν, id est, Quod uerum est. Id quod{in 19
nonnullis codicibus}haud dubie librariorum uitio,fuerat deprauatum. Quandoquidem
& in emendatioribus Latinorum exemplaribus uerum legimus, non uestrum. Opponit
autem uerum iniquo.Nam ueræ diuitiæ sunt,quæ sine fraude parantur.Et hoc loco Credet,positum est pro committet.Porrò qui committit tibi,nimirum alienum committit,nō
16:27: odium habebit
tuum. At in proxima clausula uestrum opponit alieno {Et quod uerum est non creditur, 19
quod nostrum non datur.}

Aut unū odio habebit,excussum

Aut enim unum odiet.) Id quoniam totidem uerbis dicitur apud Matthæum inde pe
tat qui uolet,quod in hunc annotauimus locum.
Audiebāt autem hæc omnia Pharisæi,qui erant auari, & deridebant illum.) Græci se
cus distinguunt, ἤκουον δὲ ταῦτα πάντα, καὶ οἱ φαρισαῖοι φιλάργυροι ὑπάρχοντες ἐξεμυκτήριζον
αὐτόν, id est,Audiebant autem hæc omnia,& Pharisæi qui erant auari deridebāt eum. Vt
intelligas hæc omnia cæteris quoq; fuisse audita, uerum solos pharisæos offensos fuisse,
quorum hulcus tetigerat.{etiamsi nonnulla exemplaria, rursus addita coniunctione ha- 19
bebant,Et deridebant eum.}

Subsannare μυκτηρίζειν

Deridebant.) ἐξεμυκτήριζον. Est autem μυκτηρίζειν, quod Latini uocant naso suspen
dere.Erat enim olim nasus irrisioni dicatus. μυκτὴρ Græce nasus,inde μυκτηρίζειν subsan
nare.Et quo usus est Cicero, ἀντιμυκτηρίζειν, uicissim irridere.
Ex eo.) ἀπὸ τότε. id est, Ex tunc,ut aliâs uertit,ut in Psalmo: Parata sedes tua ex tunc,
ἀπὸ τότε. Latinius erat ex eo tempore,siue ab eo tempore.
{Et omnis in illud uim facit.) Græca quidem reddidit:uerum Latinius erat,incolumi ta 19
men sensu, Et omnes in illud, quemadmodum legit Ambrosius, siue Quiuis in illud.Iam
enim promiscue conabantur irrumpere,etiam ethnici.
Purpura & bysso.) Mirum unde Augustinus in Psalmum quadragesimumoctauum
pro purpura legat holosericis.}
(Epulabat.) εὐφραινόμενος, quod Irenæus alicubi uertit Iocundabat. Vox enim Græca 27
utrunq; significat,lætitiam mentis,& hilare conuiuium.)

Lazarus

Nomine Lazarus.) Hebræis sonat, adiutus à domino,ut ipsum etiam uocabulum faciat ad parabolam: Destitutus erat ab hominibus, sed adiutorē habebat deum.Siquidem
עֵזֶר auxilium sonat, יָה deus.(Hoc sensisse uidetur,qui collegit syluam nominum Hebræ 22
corum ex omnibus libris sacris.Cæterum is cuius extat in singulos euangelistas collectio
nominum,Lazarum interpretatur adiutum.)
Qui iacebat.) ἐβέβλητο,id est,Porrectus erat.Quo uerbo solet uti de uehementer ægro
tante & affixo lecto,Nec est simpliciter Ianua,sed πυλῶνος, quod uestibulum sonat,siue
ostium diuitum.Nomen deductum à porta.Nec est,
Hulceribus plenus.) sed ἡλκωμένος, id est,Hulceratus,siue hulcerosus(simile illi κεχαρι 27
τωμένη, id est,gratiosa,siue gratia plena.)
(Et nemo illi dabat.) Hanc particulam non reperio additam in Græcis codicibus, ne in 22
his quidem quos nobis præbuit bibliotheca diui Donatiani)(& Constantiensis). [Quin 27.35
ipse Beda nec legit nec interpretatur.Ex Ambrosianis commentarijs citius colligas micas
fuisse datas quàm non datas. Neque enim hoc nomine reprehenditur diues, quod nihil
impertierit pauperibus: sed quod in delicijs sustineret uiuere, quum uideret fratrem suum tot malis discruciari, nec collegerit iacentem, nec sua mensa dignatus sit, nec curarit
hulcera illius, quum canes essent ipso humaniores: nec quicquam impertierit præter ea
quæ decidebant de sumptuosa mensa,à canibus sublegenda.]

Et sepultus

16: Lazarus) La-azurjahu Hebraeis

Et sepultus est in inferno.) Græce secus est, ἐτάφη, καὶ ἐν τῷ ᾅδῃ ἐπάρας τοὺς ὀφθαλμοὺς, id est, Et sepultus est, & in inferno sublatis oculis. Vt sit sensus, diuitem quoque qui felicitatem posuerat in opibus ac delitijs suis similiter mortuum fuisse ac sepultum, quemadmodum & pauperculū illum. Cæterum animam, quæ deuecta fuerat ad inferos, sublatis oculis uidisse Abraham. Alioqui qui poterat tollere oculos sepultus? Ad hunc sanè modū planè distinguit & Theophylactus, qui ab eo loco, Et in inferno eleuans oculos suos, noui ca
27 pitis facit initiū, cōmentario in medio interposito. (Similiter distinguit Augustinus in sermone quo enarrat hunc uersiculum, Tibi derelictus est pauper: & uide, inquit, exitus amborum. Contigit enim mori inopem illum & auferri ab angelis in sinum Abrahæ. Mortuus est & diues, & sepultus est, nam pauper forte non sepultus est &c. Rursus homilia quę est ex quinquaginta septima, distinctionem Græcorum sequitur. unde mirum est Bedam Augustini cōpilatorem sequi diuersum. Quę referunt in Aurea catena ex Chrysost. duobus uerbis deprauata sunt, quæ si abessent, prorsus nobiscum faceret. Nam in hoc philosophatur, quod diues tantum sepultus legitur, nec ulla fit mentio famulorū aut amicorū qui morienti adfuerint, eo quod diuitem ubi uentū est ad uitæ finem omnes destituere solent. Tantum sepultus dicitur, iam bis sepultus, cuius anima prius erat sepulta in corpore. In hanc ferè sententiam Chrysostomus.)

Distinctio apud nos uiciata. [Id manifestum ex Chrysostomi homilijs quas scripsit de Lazaro]

Recepisti bona.) Gręci addūt tua, τὰ ἀγαθά σου, ut distingueret illius falsa bona ab huius ueris. Et mox, Similiter mala.) subaudias sua, nō quod simpliciter essent mala, sed illius mala. Nunc autem hic consolatur.) παρακαλεῖται, passiue, hoc est, Solatio fruitur, siue solatium habet, aut Solatio afficitur, atque ita uitasset amphibologiam.

Et in his omnibus.) καὶ ἐπὶ πᾶσι τούτοις. Potest accipi & hic sensus. Et super hæc omnia siue Præter hæc omnia: ut intelligamus hoc accedere ad infelicitatem diuitis, quod ob uoraginem interiacentem non possit illi succurri.

In his omnibus pro super hæc omnia

Chaos magnum firmatū est.) Mirum quid uenerit in mentem interpreti, ut Græcam uocem alia Græca redderet, nec ea sanè idem significante. Siquidem Græce χάσμα est, quod hiatum terræ significat, qui solet existere nōnunquam in terræmotu, quem Aristoteles in libro de mūdo chasmatian appellat, unde & chasmaticus terræmotus dictus. Nonnulli uoraginem uocant, quod fissura terrę in immensam deuergat profunditatem. Chaos autem confusionē significat, hoc dictum à χέω, fundo, illud à χαίνω hio. Annotauit hunc locum Gulielmus Budæus noster, nonnihil adijciens annotationi Laurentianæ. Hoc admonendum duxi, partim, ne quem suo fraudarem honore, partim, ut qui diligentius hæc & exactius uelit cognoscere, ex illius petat annotamentis, quæ scripsit in Pandectas iuris. Nam nos ubique seruimus compendio, ne lectori fastidio simus.

Budæus

16: dixi

Neque inde.) μηδὲ οἱ ἐκεῖθεν, id est, Neque qui istinc. Nā Gręci carent hac proprietate aduerbiorum, cum apud Latinos hinc referatur ad primam personam, hoc est, loquētis, istinc ad secundam, illinc & inde ad tertiam. Nec est,

Transmeare.) sed διαπερῶσιν, hoc est, Ne transcendant, subiunctiui modi. Nec est,

Tormentorum.) sed τοῦ βασάνου, tormenti, siue cruciatus.

EX CAPITE DECIMOSEPTIMO

LApis molaris.) μύλος ὀνικὸς, id est, Mola asinaria. Nam Græci ὄνον, id est, asinum uocant, & saxum substratum in mola, quod accipit frumentum, de quo dictum est in Matthæo.

Lapis molaris

Si pœnitentiam egerit.) εἰ μετανοήσῃ, id est, Si pœnituerit, siue si resipue
22 rit. Ne accipiamus de satisfactiōe & pœna ⟨ceu proprie dictum.⟩ Vt dissimulem, quod Dimittes toties, dixit pro remittes.
19 {Et conuersus fuerit.) In nonnullis Græcorum codicibus additum erat Ad te, ἐπὶ σέ, in alijs non erat. Apud Ambrosium additur.}

Si habueritis.) εἰ ἔχετε, id est, Si habetis, quod recte uertisset, Si haberetis.
27 (Sicut granū sinapis.) Nescio an interpres usurpauit κόκκον neutro genere, Nec enim esset sensus, mea sententia, absurdus, coccum uelut habere fidem, quod in speciem humile & abiectum, non ante prodit uigorem suum, quam attritu prouocatum. Sic alibi uocat nos ad exemplum passerculorum & liliorum. Quod si magis placet κόκκον hic positū masculino

Amphibologia

lino genere, ὡς κόκκον, perinde ualebit ac dicas, fidem similem cocco.)

Dicetis huic.) ἐλέγετε ἄν, id est, Dixissetis. Antiqui codices habent Diceretis, non dicetis, quod propius accedit ad Græcam ueritatem.

Morus arbor Arbori moro.) συκαμίνῳ. Est arbor sui generis, peculiaris Syriæ, quemadmodum indicat Hieronymus. {Hesychius addit à nonnullis dici μορέαν, uulgato, ut conijcio, uocabulo.} 19
(De hoc xix. capite plura dicentur.) Deinde quod addit Transplantare, sensum magis ex- 27
pressit quam uerbum. Nec enim est μεταφυτεύθητι, sed φυτεύθητι, hoc est, plantare.

Et obediet.) καὶ ὑπήκουσεν ἄν, id est, Obedisset. Antiquus codex habebat, obediret, ut
respondeat diceretis. {Quanquam ἄν modum reddit potentialem, & ob id fortassis tolerabilius 19
erat futurum tempus.}

Pascentem boues superest Aut pascentem boues.) Græce non est boues, sed tantum pascentem. Consentiunt & antiquissima exemplaria (Latinorum), ποιμαίνοντα. Magis autem accipiendum de pastore ouium, 27
[Addidit interpres quam boum. {Proinde in Corsendoncensi codice asscriptum erat in interstitio uersuum, oues: atque 19
ita suspicor legisse Ambrosium, quanquam & illic uerterunt oues in boues.}

Magnificans deum.) δοξάζων, id est, Glorificans: quod tamen subinde ita transfert, quo magis sit uarius.

Articuli uis Nouem ubi sunt?) Venustius est apud Græcos omisso uerbo, οἱ δὲ ἐννέα ποῦ, id est, Nouem autem illi ubi. Nam illi addo, loco articuli Græci.

Inuetus pro compertus Non est inuentus.) οὐχ εὑρέθησαν ὑποστρέψαντες δοῦναι δόξαν τῷ θεῷ, id est, Non sunt re-
perti, reuersi dare gloriam deo (ut ad uerbum reddam). Porrò reperiri Græci dicunt, quod 22
accidit, quodque compertum sit.

Quando desideretis.) ὅτε ἐπιθυμήσετε, id est, Cum desiderabitis. Quanquam legi potest &
ἐπιθυμήσητε (ita reor legisse interpretem.) 27

De sub cœlo, in ea quæ sub cœlo sunt.) ἐκ τῆς ὑπ' οὐρανὸν εἰς τὴν ὑπ' οὐρανὸν λάμπει, id est, E regione quæ sub cœlo est, in eam quæ sub cœlo est, hoc est ex una cœli plaga in alteram.
Ita enim uidetur oculis hominum. [Similis loquutio est Deuter. cap. 4. A summo cœli, usque ad 35
summum eius] Cæterum collatio hæc significat subitum & inexpectatum esse aduentum regni dei, non solum quantum ad tempus attinet, uerumetiam quatum ad locum, non aliter quam fulgur subito erumpit, nunc hinc, nunc illinc, quod prius uideas, quam expectes uenturum.

{Primum autem oportet.) πρῶτον, pro prius positum est. Veniet quidem ut fulgur, sed 19
nondum ueniet, imò prius oportet illum multa pati &c.}

16: Quomodo Nubunt, nubuntur Vxores ducebant.) ἐγάμουν, ἐγαμίζοντο. Quod ante in Matthæo uertit nubunt, hic uertit, Ducunt uxores, quod illic nubuntur, hic Dabantur ad nuptias.

Duo in agro.) Hæc pars apud Græcos non additur in Luca, {etiamsi meminit agri di- 19
uus Ambrosius. Imò in exemplari Paulino non erat mentio nisi de lecto. [Theophylactus 35
duo tantum legit, de lecto & mola: tertium de agro, uidetur huc adiectum ex Matthæi cap. 24.] Cæterum Ambrosius pro eo quod est in Græcis ἐπὶ τὸ αὐτό, legit in pistrino, fortassis alterius Euangelistæ sententiam referens.}

Corpus cadauer Vbicunque fuerit corpus.) Græce est ὅπου τὸ σῶμα, ἐκεῖ συναχθήσονται καὶ οἱ ἀετοί, id est, Vbi corpus, illic congregabuntur & aquilæ. Quanquam nonnulli codices habent πτῶμα, id est, Cadauer, à cadendo dictum Græcis. Atque hanc lectionem uidetur magis approbare Hieronymus.

EX CAPITE DECIMOOCTAVO

Quomodo oportet.) πρὸς τὸ δεῖν, id est, In hoc quod semper oportet orare. Porrò ἐκκακεῖν sonat segnescere, hoc est defatigari, quod hic uocat deficere. κακοὺς enim Græce nonnunquam uocant inertes & ignauos.

Per multum tempus.) ἐπὶ χρόνον, id est, Ad tempus, siue aliquandiu. Deinde εἰς τέλος, quod uertit, In nouissimo, rectius uertisset, denique.

Sugillare Sugillet me.) ὑπωπιάζῃ, id est, Vituperet, ac deroget. Nam id significat sugillare {uer- 19
bum à pugilibus ductum, qui superne sugillant, genis liuore notatis, inferne supplantant, impulso ad ruinam antagonista.}

Et patientiam habebit in illis.) Græca nonnihil discrepant, βοώντων πρὸς αὐτὸν ἡμέρας καὶ
νυκτός, καὶ μακροθυμῶν ἐπ' αὐτοῖς, id est, Clamantium ad se nocte & die, & {leni animo ferens 19
illos

{16: longanimis super illis

illos}Sed alius codex habebat, ναὶ λέγω μακροθυμῶν ἐπ' αὐτοῖς ποιήσει τὴν ἐκδίκησιν, id est, Varia lectio
Etiam dico, longanimis super illis faciet uindictam : ut intelligamus omnino ulturum, li/
cet serius, Quanquam secus legit Theophylactus, & rectius, ni fallor, propterea quod se/ 16-19: Vulgarius
35 quitur ἐν τάχει, id est, Celeriter, id quod pugnat cum illo μακροθυμῶν. [Chrysostomus item
in oratione de orando deum, legit, μακροθυμεῖ, quod legisse uidetur interpres.
Putas inueniet.) Non est Græcis οὐ, sed ἆρα, an, siue, num.]
Tanquam iusti.) ὅτι εἰσὶ δίκαιοι, id est, Quod essent iusti: tametsi uerti poterat ad sen/
tentiam, tanquam essent iusti. Sentit enim illos sibi tribuisse iustitiam, & hac opinione fre
tos cæteros despexisse.
Cæteri hominum.) Græce dixit, nam homines dicendum erat Latine : cum Græci in
his abutantur genitiuo pro quouis alio ca u. Cæteri ho/minum
Velut etiam.) ἢ καὶ ὡς οὗτος, id est, Aut etiam ut hic. Laurentius uidetur suspicari scri
ptum fuisse, Vel & ut. Cæterũ quod de mutata coniunctione cauillat, leuiculum est, & ad
elegantiam sermonis attinens magis, quam ad rem theologicam.
Nolebat nec oculos.) Fortasse torquebunt dialecticos hæ duæ negationes, uni additæ
uerbo. Proinde uertere poterat, Nec oculos uolebat sustollere ad cœlum. Atque ita citat
Cyprianus in expositione precationis dominicæ
35 Iustificatus [in domum suam] ab illo.) Nonnulli Græci codices habebant κατέβη οὗτος δε
δικαιωμένος εἰς τὸν οἶκον αὐτοῦ, ἢ γὰρ ἐκεῖνος, id est, Descendit hic iustificatus in domum suam, Ab illo, pro præ illo
quam enim siue certe ille, hoc est magis certe quam ille. Sed in plerisque non inuenio γάρ. Proinde
19 uertendum erat, Potius quam ille, siue præ illo. {Non quod nesciam sic alicubi loqui Gellium,
22 friget ab illo, pro eo quod est, friget comparatus ad illum} {sed quod præferam id quod est
27 usitatius apud probos autores} (Et ne quis existimet interpretationẽ nostram rejciendam,
35 diuus Hieronymus aduersus Pelagianos citat, iustificatus plus quam ille) [Et Augustinus epi/
stola 86. ab Cassulanum, ita scribit, Non dixit damnatum Pharisæum, sed magis iustifica
tum dixit publicanum.]
19 Cõuocans illos.) προσκαλεσάμενος, id est, Aduocãs {seu potius, Ad se uocatis illis} Et ad ⸢ 16-27: illos
pueros referendũ est αὐτά, quod est neutri generis, quemadmodũ pueri παιδία, Acc tis
puellis, dixit, haud dubium quin prohibentibus. 16-22: dubie
⸢ Sicut puer) Offendit Vallam, qui mauult, Velut puer, uel tanquam puer, ut intelliga ⸢ 16-27: Et
27 mus imitationem personæ, non acceptionis. (Qui non acceperit regnum dei, factus pue/
ro similis, non intrabit. Hic est personæ imitatio. Qui non acceperit ut puer accipit, hic est
actus imitatio.)
Quid me dicis bonum?) Hoc nonnihil discrepat à Matthæo. Nam illic offensus est
27 quod interrogasset de bono quod esset facturus. (Audit enim iuuenis, Quid me interro/
22 gas de bono. Marcus consentit cum Luca) (Quanquam utraque lectio tendit eodem, ui/
delicet non conuenire, ut homo sibi quicquam arroget boni. Christo quidem loquitur, sed
27 ut homini tantum. Atque ut homo nihil habuit boni, quod sibi posset arrogare) (uelut ex
ipso profectum.)
22 ⟨Per foramen acus transire.) Vtrobique Græcis est εἰσελθεῖν intrare per foramen acus, &
ingredi in regnum. Et tamen interpres bene reddidit sententiam.⟩
De filio hominis.) Græcis nõ additur de, τῷ υἱῷ τοῦ ἀνθρώπου, hoc est, Filio hominis.
Vt uideam, & respice.) Idem uerbum est Græcis, ἵνα ἀναβλέψω, ἀνάβλεψον, quod si/
gnificat recipere uisum. Id mirum cur mox mutarit interpres.

EX CAPITE DECIMONONO

19 {Statura pusillus erat.) Quod hic staturam uertit, alibi uertit ætatem. Græ/ * ↓
ce est ἡλικία.}
22 In arborem sycomorũ.) ⟨Lucas sycomoream posuit, quam eandem esse sycomoru ⟨↓
uolunt, cum ea quam sycomorum appellant, quamque decimoseptimo capi/ 22: superiore
35 te uocauit sycaminum. Celsus Morosycon appellat [id est, fatuam ficum, &
in 5. indicat Sycomorum & Sycaminum eandem esse arborẽ] Hæc Plinio ac Theophra/
sto ficus Aegyptia dicitur, quod existiment ibi tantum prouenire: cum Hieronymus enar
rans Amos prophetæ caput septimum, testetur fuisse qui putarint hoc esse genus arboris,
Palestinæ

* 19-27: follows 'Quia inde)' p. 204.
⟨ 16-19: sycomorum συκομορέαν id est in caprificium, hoc est fatuam ficum. Illud mirum apud Graecos hanc dictionem scribi per o micron, cum μωρός habeat ω mega. Ad hominem (p. 204)

Palestinæ peculiare, gaudens locis campestribus, ac ficus afferens agrestes, quod nisi uel
licetur, amarissimas cariculas facit, &(fructus) à culicibus corrumpitur. Quanquã Hiero 27
nymus horum sententię non accedit, negans in ea solitudine in qua morabatur Amos ul
lam huius generis arborem gigni, ac mauult prophetæ sermonem accipi de moris agresti
bus, quæ rubi porrigunt, ut his pastores famem ac penuriam suam consolentur. Dioscori
des libro περὶ τῆς ὕλης ἰατρικῆς, primo cap. clxiij. docet hanc arborem ut dictum est, tribus
appellari nominibus, Sycomorum, Sycaminũ, & ficum Aegyptiã, addẽs hinc cognomen
22: indicans additum fœtui, quod ignaui sit saporis. Quod idem scriptum est à Theophrasto, qui indi
cat & in Cypro nasci Sycomorum, sed ab Aegyptia, specie diuersam. Siquidẽ Aegyptia
folijs nostram morum refert, fœtu ficum nostratem, nisi quod eum non profert ramis, sed
ex ipso caudice, non maturescẽtem, nisi ferreis unguibus scalpatur. Cypria uero folijs nõ
absimilis est ulmo, fructum ædit pruno magnitudine æqualem, sed suauiorẽ. Porrò quod
Lucas pro sycomoro sycomoream nominat, neminem oportet moueri, cum Gręci μορέαν
appellent, quam Romani morũ, si Dioscoridi credimus. Multis argumẽtis uideri poterat
caprifici genus, uel quod succo ac sapore caprifici fœtus referat, ut docet Theophrastus,
interprete Gaza: adeo, ut quemadmodũ refert Plutarchus,[Atheniensis quidã dicaculus 35
[συκαμίνου per cõtumeliam Syllam uocarit] συκάμινον ἀλφίτῳ πεπασμένον, id est, Sycomorũ polenta
maceratũ[quod in facie rubor candori inspersus uiseretur. Alioqui uideri poterat expro 35
brata stultitia, si συκόμωρος scribatur per ω mega. Ita fermè Plutarchus in huius uita, quod
ad conuicij rationem attinet] Nec inficior constanter apud autores per ο μικρὸν scribi, atque
haud scio an deprauate: prę sertim cum morus arbor cui cognata est sycomorus, ob folio
rum similitudinem, apud Nasonem ac Palladium mediam habeat productam.[Athenæus 35
libro 2. prodit συκάμινον nomen esse commune, solos Alexandrinos appellare μόρον siue
μορέαν.] Sed de sycomoro iam satis arbitror dictum, quod ad hoc institutũ pertinet. Quod
si quis existimabit ad mysterij rationem pertinere exactius nosse huius arboris uim ac for
mam, autores indicauimus, unde possit petere.⟩

* Quia inde.) ἐκείνης, id est, Illac, nec ẽm est ἐκεῖθεν.(Ambrosius legit illa parte pro illac.) 27

Ad hominem peccatorem diuertisset.) εἰσῆλθεν καταλῦσαι, id est, Ingressus esset ad di
uersandum apud illum.

Et si quid aliquem defraudaui.) ἐσυκοφάντησα, quod est proprie delationibus extor
quere aliquid, hic pro quacunque fraude posuit.

{Eo quod & ipse filius sit Abrahæ.) Paulo durius est, quod hæc sub tertia persona pro 19
nunciantur à Christo, præsertim cum nõ scribatur ad alios uersus. Proinde suspicor, quod
Græce dicitur filius Abrahæ, non pertinere ad Zachæum, sed ad domum, quæ Græcis
est masculini generis. Nam quemadmodum nos domum Christianam diceremus, ita, ille
domum dixit filiam Abrahæ, quod Abraham patrem fide imitaret.(Sub hac lectione ma 27
net tamen idem sensus, quem adferunt uetusti interpretes: per domum enim intelligit pa
Domus filia Abrahæ terfamilias, Plenius tamen est domum appelari filiam Abrahæ, quod talis esse solet fami
lia, qualis est paterfamilias.)[Theophylactus legit et interpretatur, ipsam domum dictam fi 35
lium, sed per domum intelligi Zachęum inhabitatorem. Porrò generis incongruentia lo
cum fecit errori, quæ apud Latinos est, apud Græcos non est. Si per domum designatur
Zachęus, dure domus dicitur filius, durius filia Zachęus.]

Homo quidam nobilis.) εὐγενής, id est, Clarus, & claro genere prognatus.⟨Nam nobi 22
lis est qui quocunque modo notus est uulgo.⟩

Decem mnas.) Latini interponunt, i, dicentes minas. In plerisque Græcis codicibus re
perio μνᾶς, nominandi casu,[ἡ μνᾶς σου,] quod errore ne an studio factum sit, incertus sum. 35

** Quantum quisque.) τίς, τί, id est, Quis quid, Ad eam formam: Quem cui commendes
etiam atque etiam aspice: Et quid cui des, Quid cui credas. Et,

*** Euge serue bone.) Id est recte bone serue. Collaudat enim seruũ, functũ officio suo.

Interpres dormitans Exegissem illud.) Illam erat dicendũ,⟨quemadmodũ scriptũ comperi in duobus codici 22
bus diui Donatiani.⟩ Sed ἀργύριον apud Græcos est neutri generis. Et interpres oblitus se
uertisse pecuniam, nõ argentum, reliquit illud. Ad hæc quod hic uertit Exegissem Græcis
est ἔπραξα, idem uerbum quod ad eundem modum uerti oportuit superius, cum de publi
canis

22-27: Athenienses obsessi a Sylla per contumeliam vocarint (eum) 27
22-27: maceratum, ignavium ac socordiam exprobantes homini vel quod ipsa vox συχόμωρος sonare videatur fatuam ficum, si per ω scribatur. Nec inficior
*-**-***- 16: Quia inde) follows 'Euge serve bone)' and is followed by 'Quantum quisque)' - cf p. 203, variant *.

canis loqueretur, Nihil amplius quod uobis constitutum est faciatis.
22 *〈Omni habenti dabit & abundabit.) Et abundabit nec est in Græcis codicibus, nec in *
aureo, nec in Constantiensi. Suspicor ex alio Euangelista huc asscriptum.〉 22-27: entries
19 *{Et quod habet auferetur ab eo.) Ab eo additum est ex idiomate sermonis Hebræi, ne reversed
quis uelut à nobis obliuione prætermissum reponat.}
** Præcedebat ascendens.) ἐπορεύετο ἔμπροσθεν ἀναβαίνων, id est, Procedebat, hoc est, per- ** 22-27: entries
35 gebat ire[siue ascendere.] reversed
22 **〈In castellum quod contra uos est.) εἰς τὴν κατέναντι κώμην, id est, In castellū quod ex ad Cōtra uos est.
uerso est. Tam enim erat contra Christū, quàm contra apostolos. In aureo codice tantum ha- Vos additum
27 bebatur, Quod contra est[itidem Constantiensi, & in meo ueteris typographiæ.) est.
Pullum asinæ.) In Græcis codicibus non additur asinæ, tantum est πῶλον, & tamē ne Pullum asinæ
scio quorum errore repperi id additum in æditione secunda. Ex Ambrosij commētarijs sa Asinæ additū
tis colligi potest, illum legisse, quemadmodum legunt Græci. Ait enim: Et ideo secundum
Matthæum, & asinam & pullum legimus &c.〉
Cui nemo unquam.) In quo nunquam legendum est, ἐφ' ὃν. Suffragantibus & antiquis-
19 simis exemplaribus{& Origene, licet interpres recte uerterit.} 22: domino
22 〈Quia dominus.) ὅτι anceps est. & hoc loco, aut erat interpreti omittenda coniunctio, 22-27: operam
aut uertenda Quod. Itidem in proximo loco.〉 22: quia
Operam eius desiderat.) αὐτοῦ χρείαν ἔχει, id est, Eo opus habet. *** 22-27: entries
22 ***Sicut dixerat eis stantem pullum.) Stantem pullum non addunt Græci codices. Ap- Additum a- reversed
27.35 paret additum(a latino quopiam), quo sermo foret dilucidior.[Sed absolutior est sermo si pud nos
non addatur, stantem pullum: ut intelligas illos cōperisse, quicquid prædixerat dominus.] 19-27: margin:
*** Quia dominus eum necessariū habet.) Hæc Græca nihil dissident à proximis, ubi uer Copia interpretis
tit dominus eius operā desiderat, cum utrobique sit αὐτοῦ χρείαν ἔχει, id est, Illo opus habet. 16-27: habet
Et iactantes.) καὶ ἐπιρρίψαντες, id est, Et iniectis uestibus, siue pallijs suis. Deprauatio
Omnes turbæ descendentium.) ἅπαν τὸ πλῆθος τῶν μαθητῶν, id est, Vniuersa turba disci Descendentiū
19.27 pulorum{Nam mox iubetur increpare discipulos}(Probabile est interpretē uertisse discen pro discentiū
tium, atque ita scriptum adhuc uisitur in nonnullis peruetustis codicibus, In Constantiensi
apparebat rasuræ uestigium.)
Gloria in excelsis.) ἐν ὑψίστοις, id est, In altissimis.
Lapides clamabunt.) κεκράξονται, quod Græci uocant μετ' ὀλίγον μέλλον, hoc est, pau κεκράξονται
27 lo post futurum, & habet urgens quiddam ac uehemens.(Itaque nos uertimus, mox lapides clamabunt.)
Quia si cognouisses & tu.) Omittenda erat coniunctio quia, ὅτι, quæ ex idiomate 16-27: Nunc autem
Græcanici sermonis apponitur aliquoties affirmandi gratia. Diuus Hieronymus in com- quae ad pacem
mentarijs Esaiæ, non semel hunc citat locum, sed sensu nonnihil immutato, uidelicet ijs
uerbis, Si scires etiam tu quæ ad pacem sunt tibi. Deinde subijcit de suo: Quam quia non Si cognouis-
19 suscepit, intulit, Nunc autem uenient dies super te &c {Consimiliter adducit & enarrat ses et tu, locus
hunc locum, exponens Micheæ caput secundū}Quæ quidem interpretatio, ut longe la- hactenus pau
teque dissonat à recentium Theologorum interpretatione, ita uehementer consentit cum cis intellectus
Græca ueritate & interpretamento Theophylacti. Nam Græci sic habent, ὅτι εἰ ἔγνως καὶ 16-19: Vulgarii
σύ γε, ἐν τῇ ἡμέρᾳ σου, ταύτῃ, τὰ πρὸς εἰρήνην σου, id est, Si nosses & tu sanè in die tuo hoc, quæ
ad pacem tuam: ut subaudias quæreres, sitque sensus, Hic dies est tuus, quo te inuisit re-
demptor: quod si intelligeres quantum boni tibi offeratur, saltem tu curares quæ ad pacem tuam pertinent, hoc est, crederes & obtemperares mihi. Ad hunc modum legisse uidetur diuus Hieronymus. Cæterum in plerisque codicibus ita scriptum est, εἰ ἔγνως καὶ
σύ, καί γε ἐν τῇ ἡμέρᾳ σου ταύτῃ τὰ πρὸς εἰρήνην σου, id est, Si nouisses & tu, saltem in die tuo
hoc, quæ ad pacem tuam pertinent, curares. Nec est ociosa coniunctionis iteratio καὶ &
καί γε, quod prior ad personam urbis pertinet, altera ad diem. Vt intelligamus aduentum
peculiariter pertinere ad ciuitatem Hierusalem, præsertim eo die, quo adueniebat iam mo
19 riturus{licet altera coniunctio non addatur apud Origenem, aut quisquis est autor, homi
lia xxxviij.}Porrò quod recentiores interpretantur, Si nouisses imminentia tibi mala, fle-
res & tu &c. non cohæret cum eo quod sequitur, Nunc autem abscondita sunt ab oculis

tuis. Repetit enim Chriſtus quod dixerat, Si cognouiſſes, nimirum indicans eos nō agno
ſcere diem ſalutis ſuæ. (Et hæc dixerim nullius ſententiæ præiudicans, Certe Cyrillus qui 27
citatur in catena, ſi cognouiſſes refert, nō ad mala imminentia, ſed ad intelligentiam pro-
phetiarum de Chriſti aduentu. Et Euſebius ibidem citatus, pacem nō refert ad delicias hu
ius mundi, quemadmodum Gregorius, ſed ad reconciliationem humani generis, ne quis
credat omnino ſomnium eſſe quod adduximus.)

Ad terram proſternent.) καὶ ἐδαφιοῦσιν. ἔδαφος ſolum ſiue pauimentū, Inde ἐδαφίζειν
Solo æquare ſolo æquare. Plus enim dixit Lucas, quàm uerterit interpres.

Tēpus uiſitationis.) ἐπισκοπῆς, id eſt, inſpectiōis. Interpres legiſſe uidet ἐπισκέψεώς σου.

Suſpenſus erat audiens illum.) ἐξεκρέματο, id eſt, Pendebat, hoc eſt, inhiabat. Ita Vergilius: Pendetq́ iterum narrantis ab ore.

EX CAPITE VIGESIMO

Vnus pro quidam IN uno dierum.) Græci addunt ἐκείνων, id eſt, Illorum. Illud ſemel admo-
nuiſſe ſat eſt, Hebræos unum dicere, quod Latini quidam, ut, Vno die, pro
quodam die, & unus ſcriba, pro quidam.

Conuenerunt.) ἐπέστησαν, id eſt, Ingruerunt, ſiue aderant, ſiue quod malim Adorti ſunt. Sic enim utitur in Actis apoſtolorum.

Vnum uerbum.) ἕνα λόγον. id eſt, Vnum ſermonem (In aureo codice non addebatur 22
unum, (nec in Donatianicis.) Nos ſenſum reddidimus non uerba. Interrogabo uos, & ego 27
unum quiddam.)

Certus ſum Certi ſunt enim.) πεπεισμένος γάρ ἐστιν, id eſt, Perſuaſa eſt enim, ſiue perſuaſum habet,
Perſuaſus ut ſubaudias plebs, quæ modo præceſſit. Certus eſt enim aliquis de re uera. At perſuaſus
ſum eſſe poteſt, qui falſum credat.

Multis temporibus.) χρόνους ἱκανούς, id eſt, Multum tempus, ſiue temporis, ſi ſenſum ma
luiſſet reddere quàm uerba.

Conquaſſabitur.) συνθλασθήσεται, id eſt, Confringetur.

Abſurdum ad Qui negant eſſe reſurrectionem.) Qui putant nihil immutandum in (ſacris) literis, uer 19
uerbum red- tant hæc Lucæ ad uerbum ſi lubet, οἱ ἀντιλέγοντες ἀνάστασιν μὴ εἶναι, id eſt, Qui contradicūt
dere græca non eſſe reſurrectionem. Sed quorſum attinet ex innumeris unum aut alterum proferre?
Illud annotandū, quoniam ἀνάστασιν dixit abſq́ articulo, uertendum potius fuiſſe. Qui ne
Reſurrectio gant ullam eſſe reſurrectionem (Eſt reſurrectio corporum, & eſt animarū. Tum ſunt qui 27
duplex fatent dominum reſurrexiſſe cum paucis, negantes uniuerſalem reſurrectionem.)

Filij liberi Et mortuus eſt ſine filijs.) ἄτεκνος, id eſt, Orbus, ſiue abſq́ liberis. Nam liberorum no
mine & filiæ continentur.

Neque nubunt, neque ducūt uxores.) οὔτε γαμοῦσιν οὔτε ἐκγαμίζονται, id eſt, Neque ducunt uxores, neq; nuptum dantur (Quod Cyprianus libro ad Quirinum tertio, uertit nu- 22
buntur) quanquam γαμοῦσιν ambiguum eſt. Aliâs certe uertit, Ducunt uxores, atque adeo
paulo ſuperius in hoc ipſo Luca (Prius uerbū γαμοῦσιν pertinere poteſt & ad uiros ducen- 27
tes & ad fœminas nubentes, ἐκγαμίζονται ad parentes elocantes.)

Aequales enim angelis.) ἰσάγγελοι, dictione compoſita, hoc eſt, ſimiles ſiue pares angelis. Quemadmodum Homerus ἰσοθέους & θεῷ ἰκέλους, (appellat) eximios uiros, & dijs 27
æquiparandos.

Quia uero reſurgent mortui.) ὅτι δὲ ἐγείρονται. Tametſi anceps eſt Græca coniunctio, tamen hoc loco dicendum erat, Quod autem reſurgant mortui, ſiue Reſurgere autem mortuos.

Prolixæ Simulantes longam orationem.) καὶ προφάσει μακρᾷ προσεύχονται, id eſt, Et prætextu lon
preces go precātur. (In nonnullis codicibus habebatur, προφάσει μακρὰ ultima acuta, non circun- 19
flexa, Sub prætextu multa precantes. Nam quid ſibi uult longus prætextus?) (Nos magis 22
ſenſum, quàm uerba reddidimus Simulantes longas preces. Neq́ enim precatur, qui ad laudem humanam, aut quæſtum precatur.)

κρίσιν uarie Damnationem maiorem.) περισσότερον κρίμα, id eſt, Maius iudiciū. Interpres ſenten-
uertit tiam explicat, non uerbum. Nam hic aliquoties κρίμα uſurpatur pro condemnatione.

Ex capite

EX CAPITE VIGESIMOPRIMO

RESpiciens autem.) Respicere est flexis in tergum oculis aspicere. At hic est
ἀναβλέψας, quod aliquoties est recipere uisum, aliquoties attollere oculos
27 uidendi gratia{siue quod gazophylaciũ in ædito loco esset, siue quod antea
suos intuitus, post tollit oculos, in eos qui longius aberant.)
Ex abũdanti sibi.) ἐκ τοῦ περισσεύοντος αὐτοῖς, id est, Ex eo quod sibi supest.
Ex eo quod deest.) ἐκ τοῦ ὑστερήματος, id est, Ex defectu, hoc est, Ex penuria.
Omnem uictum.) βίον, quod alibi substantiam uertit.
Et donis.) ἀναθήμασι. Ea dicuntur dona, quæ dicata dijs suspenduntur in parietibus & Anathemata, dona consecrata
columnis templi: cuiusmodi nunc uisuntur potissimum iuxta monumenta diuorum sta/
tuæ argenteæ, equi aurei, pocula gemmata, dicta ab ἀναθεῖναι, hoc est, à seponendo, siue
suspendendo. Vnde & ἀνάθεμα dicitur. 19-27: haec incipiant fieri
19 {Cum fieri incipient.) μέλλῃ ταῦτα γίνεσθαι, futura sunt hæc. Verum μέλλω sic & aliâs
expressit per incipiendi uerbum.}
Dicentes quia ego sum.) ὅτι ἐγώ εἰμι. id est, Quod ego sim, hoc est, dicent se esse Chri
22 stum qui sum ipse{Atq; ita nos uertimus aperte magis, quàm ad uerbum. Ne quis id exi/
stimet errore factum.}
* Nondum statim.) οὐκ εὐθέως, id est, Non statim. 19-27: tr. *↓
19{Pestilentiæ & fames.) Adnominationẽ in λιμοὶ & λοιμοὶ iam aliâs annotauimus}Et mox: προσονομασία
* Terroresq; de cœlo.) φόβητρά τε, id est, Terriculamentaq;. Aliud enim terror, aliud, 16-27: + signa
monstrum, quod terrorem incutit.
22 **{Et eritis odio omnibus hominibus.) Nec in Græcis nec in aureo codice additur homi **↓
27 nibus{nec in Constantiensi, nec in meo excuso.}
19 {Non præmeditari quemadmodũ respondeatis.) μὴ προμελετᾶν ἀπολογηθῆναι, id est, nõ
ante meditandam esse defensionem. Id quod cæteri rei faciunt, qui ad lucernam elaborant
arte orationem, qua flectant iudicẽ. Cyprianus ultima tertij libri epistola, sic adducit hunc 19: secundi
22 locum: Ponite in cordibus uestris, non præmeditari excusare{Porrò meditari dicimur ad
quod nos cura præparamus.}
Omnes aduersarij uestri.) ἀντικείμενοι ὑμῖν, id est, Aduersantes uobis. Et aliquanto post,
Capillus de capite uestro non peribit.) ἀπόληται, id est, Perit. Habet nescio quid cer/
tius & asseuerantius temporis ἑτέρωσις.
19 Possidebitis.) κτήσασθε, id est, Possidete, siue obtinete{Apparet interpretem legisse κτή
σεσθε, etiam si Græci codices quos ego uiderim, constanter habent κτήσασθε.}
*** Et nutrientibus.) θηλαζούσαις, id est, lactantibus & mamma nutrientibus, ut superius Mamma nutrire *** 16: entries reversed
22 indicatum est. Et Ambrosius pro nutrientibus legit, Quæ ubera dant{Augustinus alicubi
mammantibus legit.}
***Pressura.) στενοχή, id est, Coartatio, siue anxietas. Nonnulli codices habebant ἀνάγκη,
quod necessitatem sonat & uim illatam. Nec est,
In ore gladij.) Sed ore gladij, στόματι μαχαίρας, quod tamen rectius uertisset, Acie gla/
19 dij. Quandoquidem aciem gladij Græci στόμα uocant, quod ea parte mordeat,{& δίστομον
27 utrinq; incidens{dicitur.}
19 {Tempora nationũ.) ἐθνῶν, gentium. Idem nomen quod proxime præcessit. Interpres +16: follows 'Arescentibus (hominibus)'
27 mire fugit eiusdem uocis iterationem{quum Euangelista non fugiat.}
+ Præ confusione.) ἐν ἀπορίᾳ, id est, In perplexitate siue desperatione. Quanquam uter/ Confusione, id est desperatione
que genitiuus absolute potest legi, ut sit sensus, præ desperatione resonãte mari & fluctu,
& arescentibus hominibus.
Sonitus maris.) ἠχούσης θαλάσσης, id est, resonantis maris.
+ Arescẽtibus hominibus.) ἀποψυχόντων, quod sonat exanimari dolore, siue extabescere. X 16: entries reversed
X Videte.) ἴδετε. Græcum uerbum anceps est, an sit uidetis an uidete. 16-27: produxerint
35 X Cum producunt{iam}ex se fructũ.) Græce tantũ est προβάλωσιν ἤδη, quod ego uertis/ Produxerint, proruperint
sem proruperint. Neq; enim de fructu sentit, sed de gemmis ac frondibus erumpentibus,
22 id quod ex alijs Euangelistis liquet{Certe ex Marci cap. 13. qui de ramo tenero & frondi/
bus erumpentibus meminit. Primum enim tenerescit ramus, ut gemmæ protrudi queant.}

* 16-27: entries reversed and, ** 22-27: 'Et eritis odio .... hominibus)' placed between them.

(Est autem hoc peculiare ficui, ut statim nullis floribus præcedentibus, protrudat grossos. 27
Etiamsi gemmas protrudunt & aliæ arbores. Nam Lucas præter ficum & alias arbores
addit.) {Quanquam & aliàs dissident Græca à nostris, βλέποντες ἀφ᾽ ἑαυτῶν γινώσκετε, id 19
est, Cernentes ex uobisipsis cognoscitis, hoc est, Cum uidetis protrudi gemmas & frondes in arboribus, etiamsi nemo admoneat, tamen ex ipsa re intelligitis adesse æstatem.}
Et paulo post, rursum μήποτε uertit Ne forte, quasi sit hoc in illorum fortuna situm, ac
non potius in illorum cura.

Curis huius uitæ.) μερίμναις βιωτικαῖς, quod in Paulo uertit secularia βιωτικά. Signifi
cat autem eas curas quæ ad uictum parandum {uitæque usum} faciunt. 19

Vt digni habeamini.) καταξιωθῆτε, id est, Digni reddamini, qui possitis effugere hæc
omnia. Sensus autem est, ut semper hoc ipsum orent quo possint effugere.

Morabatur in monte.) ηὐλίζετο, quod ante uerterat stabulare.

Manicare, pro mane uenire

Et omnis populus manicabat.) Græcam uocem imitatus est interpres ὤρθριζε. Idem
uerbum quod in Psalmis uertit De luce uigilo, ὀρθρίζω. Vetustissimus codex Latinus ha
bebat diluculo ueniebat. Vnde mirum est unde hæc uox omnino Latinis inaudita, irrepserit {quam nec Augustini aures ferre queant. Notat enim hanc in librum Iudicum, quæ- 19
stione quadragesimasexta, indicans quosdam interpretatos maturabis, ceu uox ea dicta
sit à matutino} (Sunt qui diuinent pro mane ibat corruptum fuisse manicabat. Verum ni- 27
hil aliud quàm diuinant. Augustinus indicauit uariam scripturam sui temporis in libro Iu
dicum, & est idem uerbum illic ex interpretatione septuaginta quod est hic, ὀρθριεῖς καὶ ἐκ
τενεῖς, quod Hieronymus reddidit: Et primo mane oriente sole irrues super ciuitatem,
ἅμα τῷ ἀνατεῖλαι τὸν ἥλιον, ὀρθριεῖς καὶ ἐκτενεῖς ἐπὶ τὴν πόλιν. Cæterum nec manicandi uerbum, nec maturãdi placet Augustino, quod alterũ neget inueniri apud probatos autores,
alterius etymologiam non satis probat, & aliud est maturare, aliud mane uenire: frequenter enim sero uenit, qui mane uenit. Ad hæc commentarij Bedæ in contextu habent mendose nimirum, manebat ad eum, in expositione legit manicamus.)

EX CAPITE VIGESIMOSECVNDO

Præfecti templo tuendo

De duodecim.) ὄντα ἐκ τοῦ ἀριθμοῦ τῶν δώδεκα, id est, Qui erat de numero
duodecim.

Et magistratibus.) Et ductoribus, siue ducibus exercitus {Est enim στρα- 19
τηγοῖς, quos aliàs ni fallor, sentit præfectos tuẽdo templo, nec alios hic arbitror intelligẽdos} (Theophylactus præter hãc opinionẽ & alias cõmemorat.) 27
Sine turbis.) ἄτερ ὄχλου, id est, Sine turba, hoc est, sine tumultu. Nam utrunque significat ὄχλος, ut Latinis turba, & multitudinem, & tumultum.

Occidi pascha.) θύεσθαι, id est, Immolari.

⟨Homo quidam.) Quidam non additur apud Græcos, sed Latinus interpres de suo 22
addidit, quo sermo esset mollior.⟩

Aenigma apud Ecclesiasten

Amphoram.) κεράμιον, quod significat uas fictile. Hoc idcirco admonui, quod mihi ui
deatur ad mysteriũ facere, si quis excutiat, quid sibi uelit hydria fictilis, quæ rumpitur apud
Ecclesiasten, recurrente uitta aurea. Eadem uox est, quam alibi uertit lagenam.

Ex hoc.) ἐξ αὐτοῦ, id est, Ex eo, nempe pascha, ne quis ad tempus referat.

Calicis mẽtio bis fit apud Lucam

*Accipite & diuidite.) λάβετε τοῦτο, id est, Accipite hunc. (Annotatum est hoc à ueteri- 27
bus, apud Lucam bis fieri calicis mentionẽ. Prius enim accepit calicem, & gratijs actis ac
benedictione facta dixit, Accipite & diuidite inter uos. Mox consecrato pane sequitur, Si
militer & calicem postquam cœnauit dicens.)

** {In meam commemorationem.) εἰς τὴν ἐμὴν ἀνάμνησιν, quod expressius extulisset, Ad 19
renouandam mei memoriam.}

22-27: tr * ⟨In sanguine meo.) In positum apparet pro per. Vt uetus testamentum confirmatũ ac 22
dedicatum est, populo asperso sanguine pecudis, ita Christus per suum sanguinem dica-
uit nouum testamentum, quod eleganter explicat is, qui scripsit epistolam ad Hebræos.
Nec uideo cur hic obstet religio, quo minus sensum reddamus magis perspicuum, quum
his uerbis non consecrent hodie sacerdotes.⟩

** Qui pro uobis fundetur.) τὸ ὑπὲρ ὑμῶν ἐκχυνόμενον, id est, Qui pro uobis effunditur.

Cum

† 16: ὤρθριζε quanquam latini quoque dilucari dicunt idem
* 22-27: 'In meo sanguine)' precedes 'Accipite + dividite)'
** 19-27: 'In meam commemorationem)' follows 'Qui pro vobis fundetur)'

Cum paulo superius dixerit Datur, tempore præsenti, cur hic uereamur dicere effundit?
Et certe datur reperitur in exemplaribus nostris.
Per quem tradetur.) παραδίδοται, id est, Traditur, ut sit præsentis temporis. *Dormitatio interpretis*
Dominantur eorum.) Earum uertendum erat, siue eis. Gens enim Græcis neutri ge-
19 neris est. Proinde in αὐτῶν, oblitus sui {interpres} Græco usus est genere.
Sicut minor.) ὡς ὁ νεώτερος, id est, Sicut iunior, siue minor natu. Antiquissimi codices *Iunior pro*
habent iunior, nõ minor. Quanquam hoc loco magis contemptum significat, quàm ætatem. *contempto*
Vt enim honoris causa presbyteros uocabant, hoc est seniores, ita contemptos iuniores:
quod genus est illud in Psalmis: Adolescentulus sum ego & contemptus. Nam Hebræis
צעיר sonat iuuenem & nullius autoritatis.
Et qui præcessor est.) ὁ ἡγούμενος, id est, Dux siue rector. Nam hoc quoque significat
Græca uox, ac magis conuenit cum eo quod sequitur. Pugnant enim præsidem esse, &
ministrum esse.
Ait autẽ dominus Simoni.) Exemplaria Græcanica sic habent, εἶπε δὲ ὁ κύριος, σίμων,
σίμων ἰδοὺ, id est, Dixit autem dominus, Simon Simon, ecce &c. Porrò conduplicatio ser-
27 uit affectui. Atque ita citat diuus Hieronymus in dialogis aduersus Pelagium. {Nec aliter re
fert Beda in cõmentarijs suis, ne quis casu factum esse putet.}
Expetiuit uos.) ἐξῃτήσατο, quod magis sonat depoposcit. Deposcuntur enim, qui ad
pœnam petuntur: uelut hoc efflagitarit Satanas ut illos comminueret, quemadmodum
22 Iob poposcit Satan, & impetrauit, uerum præscriptis legibus. {Ambrosius libro de uoca-
tione omnium gentium primo capite ulti. sic adducit hunc locum: Simon Simon ecce Sa
tanas postulauit, ut uos cerneret sicut triticum. Siquidem à cernendo cribrum uidetur es-
27 se dictum} Græce est σινιάσαι.)
Non cantabit.) οὐ φωνήσει, id est, Non sonabit, siue non ædet uocem. *16-27: margin: Recentium interpretatio explosa* ↑↓
19 Sed nunc qui habet sacculum.) Quæso {te lector Christiane} quis tam est ἀγέλαστος qui
possit à risu temperare, perpendens quàm ridicula recentiores quidam in hunc scripsere locum.
Rursum quis est tam φιλόγελως qui non indignetur cœlestem illam doctrinam huiusmodi
19 uitiari interpretamentis. Lyranus enim ille {ut multis uidetur} probatus doctor, huc detorquet uerba Christi, quasi moneat apostolos, ut ingruente procella persecutionũ muniant
se duabus rebus, nempe cõmeatu, & armorum præsidio, ne uel desit quod edant, uel à per
27 secutoribus opprimantur. Atque eadem multo impudentius inculcat {Hugo} Carrensis, {siue
quis alius fuit, autorem citans Chrysostomũ. sed huius uerba truncatim ac deprauate refe
runt recẽtiores quidam. Nam Chrysostomus de gladio cõmentũ planè reijcit, utcunque de
sacculo moderatur interpretationẽ. Huius uerba sunt in caput Matth. 26. ut facilius crederent, quia traderetur, propterea dixit eis, emite gladios. Non ut percutiant animas, sed ut
prædictionẽ hac re ante oculos poneret. Hæc ille. Quid autẽ sibi uelit, quod ait prædictio
nem, explicant illius uerba quæ referuntur in cathena aurea diui Thomę. Quid est hoc, qui
dixerat, si quis percusserit te in dextra gena, uertas ei & aliã: nũc armat discipulos, sed solo gladio. Nam si penitus armare decebat, non solũ oportebat gladiũ possidere, sed & scu-
ta & galeas. Sed etsi mille huiusmodi possiderent arma pro tot insultibus & insidijs popu
lorum, tyrannorũ, urbium, nationum, qualiter undecim comparerẽt, & ex solo agminum
aspectu non cõtremiscerent, nutriti in stagnis & fluuijs? Non ergo putemus eum iussisse
ut gladios possiderent, sed per gladios innuit imminentes insidias Iudæorũ. Vnde sequitur, Dico enim uobis, quoniam adhuc hoc quod scriptũ est oportet impleri in me, & cum
iniquis deputatus est. Rursus aliquanto inferius, Et quidem si humano eos uolebat uti au
xilio, nec cẽtum sufficerent gladij: quod si nolebat eos uti humano subsidio, etiam duo su-
35 peruacanei sunt. Referuntur illic uerba Basilij, ac Theophili {quẽ pro Theophylacto positum arbitror} in eandem sententiã, demum & Bedæ. Quod si cõstat, qui cõuenit ut simpli
cem sensum accipiamus in pera, in gladio quæramus figuratam interpretationẽ, quæ sensum aperiat cum uerbis pugnantẽ. Etenim si dominus iussit parari quæ pertinebant ad ui
ctum ac defensionẽ, an uestis nõ pertinet ad uitæ necessaria? Et hanc uendi iubet. Proinde
quemadmodũ his uerbis pręparauit animos Apostolorũ ad fortiter perpetiendã sęuitiam
persequutorũ: ita sacculi tollendi mentione præparauit illos ad tolerantiã famis & omniũ
incom-

Gladiũ emi iu bet Christus, quomodo in-telligendum uaria senten-tia, & irrisá cuiusdam im-pudens calu-mnia C↓

16-27: margin: Hugo Carrensis

↑ 16: theologi; 19: non theologi sed theologistae

C 16-22: Carrensis, dignior profecto qui carrucas agat, quam qui sacras tractet litteras, si caetera ad eundem interpretetur modum. Is etiam Chrysostomum suae sententiae citat autorem, sed οὐδὲν πρὸς ἔπος, pullos inquit e nido (p. 210).

incommodorum quæ solent in bellis accidere. Malorum enim prædictio non hortatur ad prouisionem commeatus ac munimentorū, sed ad tolerantiam malorum, quæ citius prosternunt hominem si ueniunt improuisa. Quoniam autem dominus donec adesset mortalis, illis cura uacuis abunde suppeditarat, & ab incursione malorū tutos reddiderat: imbecilles erant, sub ipsum dominicæ mortis tempus etiamnum contendentes de primatu, nec satis instructi aduersus malorum procellas, quæ imminebant. Præmonet igitur malorum, nō ut suis fidant uiribus, sed ut uigilent aduersus ingruentem afflictionum tempestatem. Quomodo uigilēt? Nimirū quemadmodū ipse docuit exemplo pariter ac monitis, uigilate & orate ne intretis in tentationem. Nec aliud ꝗ̄ à domino didicerāt eos fecisse legimus post acceptum spiritum sanctum. Volebat illos ex ipso pendere, non ut infantes quemadmodum ante fecerāt, sed ut uiros qui suam industriam iungunt cum auxilio cœlesti. Hoc sensit Chrysostomus, hoc Theophylactus, hoc Basilius, qui hoc quoq; admonuit, in multis codicibus non haberi scriptum, accipiat, tollat, uel emat, sed tollet & emet, ut sermo sit prædicentis imminentem afflictionem, non exhortantis ad parandum commeatum aut armaturam. Quidam sic interpretantur, hunc sermonem non ad Apostolos tantum, sed ad omnes Iudæos pertinere, quibus immineret tanta procella belli, ut nec de cibo nec de uestitu sint futuri sollliciti, sed tantum de tuenda uita, id significari tropo quo iubet diuen-
↑ 16-22: inquit ↓ C dita tunica & pera emi gladium. Quorsum igitur pertinent uerba Chrysostomi) Pullos e nido educens, iubet proprijs uti pennis? (An ad parandas lanceas, galeas, clypeos, & bom- 27
bardas?) Quid igitur interest inter Carem militem conductitium, & uirum Apostolicum? At mutatis, inquiunt, temporibus licet mutare uitæ rationem. Tempore pacis hæc interdicuntur, tempore belli permittuntur. Quasi uero unquam bonis defuerit persecutio. Itane Christus omnium illorum dogmatum suorum, de nō resistendo malo, de diligendis ac iuuandis inimicis, de bene precando ijs qui male precantur nobis, de beatis mitibus & persecutionem perpetiētibus propter iustitiam, de præbenda maxilla altera, si quis alterā percussisset, atq; alijs id genus plurimis, iam moriturus palinodiam canit, & ad comparādum commeatum & πανοπλίαν adornandam excitat {suos?} Oblitus etiam eorum quæ paulo 19
ante dixerat: In patientia uestra possidebitis animas uestras? Aqui illic sanè de persecutione loquit̄, {nec meminit pręsidiorū. Imò cum apud Matthęum uniuersam persecutionum 19
tragœdiam ponit ob oculos, rogo num usquā ulla mentio defensionis? Vbi est illud quod unum Apostolos à se iubet discere, quod mitis esset et humilis corde? Vbi uox illa seuera, Nescitis cuius spiritus sitis, qua discipulos à uindictæ reuocat affectu? Vbi uox illa, qua negat se agnoscere discipulum, qui sublata cruce sua non sequat̄ se? Num hic crucem mutat in gladiū?} Deinde quid magni docet Christus suos, si hoc præcepit quod sua sponte faciunt & piratæ & latrones? Hęccine est illa doctrina cœlestis, quam ut nobis impartiret, relicto cœlo descendit in terras? Præterea autem, {si id docuit quod isti uolunt,} cur ipse nō 19
præstat quod docet? quando ipse parauit sibi commeatum? quando ensibus aut machinis sese aduersus persecutorum uim communiuit? Nec uident quàm ista pugnent cum uaticinio quod ędidit in illum Esaias: Velut ouis coram tondente obmutuit. Vt interim sileam,

Inconsistens

ne consistere quidem istorum commentum. Etenim fingamus hanc esse Christi mentem, ut uelit apostolos suos parare gladium ferreum, quo grassantur & latrones, & cōmeatum quem parant duces exercituum, qua ratione illud explicabunt, quod tunica diuendita iu-
19: literam bet emi gladium? {quandoquidem placet urgere literas <ac syllabas> sermonis} Num illos nu- 19.22
dos ensibus accinctos mittit in bellum? Nouum uero copiarum genus. Ad hæc cum dixerit, Sed nunc qui habet sacculum tollat, similiter & peram, qui cohæret quod mox sequi-

Gladius

tur, Et qui non habet, uendat tunicam suam, & emat gladium? {An non hinc satis euidens 19
est, non præcipi ut ferrent secū sacculū & peram, sed tollerent uendenda, precioq; redimerent gladium? Quod si nihil horū esset, tunicam uenundarent potius, ꝗ̄ gladius nō esset.} Vt maxime torqueant, non iubet parare sacculum aut peram, sed permittit ut tolerādum, si quis forte possideat. At ensem etiā uendita tunica iubet emi. Proinde prospicere de uictu permittitur duntaxat, at gladio nos defendere tantopere iubemur, ut nudis etiam sit

Humanius est curare uictū, ꝙ̄ uindictam

cum hoste confligendum {uelut in hoc summa pietatis sita sit.} At saltem nō resipiscunt ex 19
his quæ mox sequuntur apud alios Euangelistas. Obiurgat {minaciter ac seuere} Petrum 19
quod

C 16-22: pennis. Quid ais {vir praeclare}? ita ne propriae apostolorum pennae sunt commeatus + gladii? Quid igitur 19

quod utatur gladio, & iubet recondi, addens perire gladio, qui gladio pugnet, sibi non de-
futuras quælibet multas legiones, à patre suppetias, si se ui defendere uoluisset. Præterea 16: Denique
quando unquã legimus Apostolos fecisse quod hic tantopere iubet Christus faciendum?
Fugisse legimus, respondisse legimus, loricam aut gladium gestasse nusquam legimus, ac
19 ne unguibus quidem unquam repugnasse, ne dicam gladijs {Denique cur in omnibus suis {↓
epistolis audent à præceptoris sui doctrina dissonare? Tolerantiam uno ore docent omnes, iubent obrui beneficijs inimicum, & igneos carbones cõgeri in caput illorum. Paulus
iubet malum uinci bono, iactat toleratas calamitates suas, prostratos ac fusos hostes nõ iactat. Toties armat ille tironem Christianũ, Euangelica panoplia, galea salutis, scuto fidei,
gladio spiritus. Vbi inter hæc huius gladij mentio, quem nos comminiscimur? In nugis leuiculis, quæque citra dispendium Euangelicæ philosophiæ uel nesciri poterant, hæreses ac
blasphemias ἐκτραγῳδίζομεν. Mihi nulla hæresis uidetur perniciosior, nulla blasphemia Hæresis oc-
scelerat.or, quàm si quis Philistinorum exemplo Euangelici agri puteos, qui à Christo ue- culta
nam habent aquæ uiuæ scatentis in uitam æternam, terra oppleat, & sensum spiritualem
uertat in carnalem, doctrinam cœlestem deprauet in terrenam, ac sacrosancta Christi do-
19 gmata detorqueat, imò corrumpat, idque reclamãtibus omnibus eius præceptis, reclamante
19 tota ipsius uita, reclamante doctrina Apostolica, refragantibus tot martyrũ millibus, repu
gnantibus uetustis interpretibus. Nec animaduertunt quid hic interpretetur Ambrosius, Ambrosius ↑↓
etiamsi in re tam perspicua, quid opus interprete? Cur inquit emere iubes gladium, qui fe-
19 rire me prohibes? Cur habere me præcipis, quem uetas promi? Nisi forte ut sit parata defensio, non ultio necessaria, ut uidear potuisse uindicari, sed noluisse. Deinde dissoluens
quod poterat ex ueteris instrumenti literis obijci, permissum esse bellũ, Lex tamen, inquit,
referire me non uetat, & ideo fortasse Petro duos gladios offerenti, sat est dicit: quasi licuerit usque ad Euangelium: ut sit in lege æquitatis eruditio, in Euangelio bonitatis perfectio. 16: profectio
mox aduersus reclamaturos opponit hæc: Multis hoc iniquũ uidetur, sed non iniquus dõ-
minus, qui cum se posset ulcisci, maluit immolari. Denique in calce hoc adijcit, duos gladios
interpretatus ueteris ac noui testamenti scientiam, Quasi nihil inquiens desit ei, quẽ utri- 16: interpretatos
19 usque testamenti doctrina munierit {Origenes Theologorũ priscorum sine controuersia do Origenes
ctissimus, homilia in Matthæum 7. sermonem hunc Christi pestiferum esse pronunciat, si
ad literam accipiatur. Eum posteaque recitarat, subijcit hunc in modũ: Si quis ergo literam
uolens aspicere, & non intelligens uoluntatem uerborũ, uendiderit uestimentũ suum cor-
porale, & emerit gladiũ talem, contra uoluntatem Christi suscipiens uerbum eius, peribit,
forsitan & gladio peribit. De quo autem gladio dicat, non est loci huius exponere. Idem libro aduersus Celsum secundo, pronunciat bellũ ab uno Christo sublatum, quasi hoc illi fu
erit peculiare} Consentiunt in hanc sententiam, omnes omnium literæ, omnes sanctorum
libri, qui tolerantiam nobis commendant, non armaturam indicũt. Tolerandum utcunque,
si unum duntaxat locum philosophiæ cœlestis ad hunc corrupissemus modum. Nihil propemodum est dogmatis Christi, quod non huiusmodi cõmentis ac distinctiunculis subuer
19 tant quidã. Et hæc leguntur & approbantur à summis {ut uulgo uidentur} Theologis, hæc
19 uelut oraculo prodita citantur {hæc publice docentur, hæc audiunt principes, his animãtur
ad bellum, quasi uero non suapte sponte insaniant satis}. Quibus rebus illud factum est, ut
apud Christianos insanius propè tumultuetur, litigetur, pugnetur, pro re, pro ditione, pro Christianorũ
uindicta, quàm usquã apud Ethnicos. Verũ moderandus est animi dolor, tametsi iustissi- insana bella
*19 mus: præsertim cum indignitas rei uix ingẽti uolumine possit, ut par est, explicari. {Nec isti *↓
me uel tantulũ mouent, qui nolũt ius belli principibus adimi. Quomodo nunc bellent prin
cipes, nõ libet meminisse: neque necesse est hoc illos docere, quod ultro nimis acriter agunt:
si tamen hoc bellare est, ac nõ potius in populi perniciem inter se colludere, & bellorũ prę-
textu, suam constabilire tyrannidem. Illud non fero, nos huiusmodi dogmata in Christum Christus non
autorẽ referre. Si quid habet humanę uitę necessitas, ut habet multa necessaria mala, quem nisi summa
admodum ait ille, si quid condonatur crassæ multitudini, quid hoc ad cœlestẽ Christi phi- docuit
losophiam? Ille de cœlo uenit ut doceret cœlestia, crassa hęc aut uelut ignorauit, aut respuit, aut neglexit. Non agnoscebat Cæsaris imaginem. Reijcit eum à quo rogabatur ut arbi-
22 ter esset diuidundę hęreditatis. Adulteram mulierem, nec absoluit, nec damnat. Neque uero
s 4 me fugit

{ 16: gladijs. In nugacissimis magis haereses ac blasphemias reperimus. At haec sunt vere haeretica, hac vero blasphemiae in sacrosancta
↑ 16: alio detorquere, imo prorsus corrumpere.
* 19: long addition, continues to p. 213.

Augustinus bellū aliquod probans

19-27: venum tollenda

me fugit diuum Augustinum hūc locum adducere aduersus Manichæum Faustum libro
uigesimo secundo, qui bellum detestabatur & in Iudæis. Sed ita adducit, ut tamen Aposto
los nolit bellare, ne imperatores quidē, nisi plene fisos pietati, nisi iusta de causa, nisi contra
sacrilegos & dæmonū cultores, nisi pro publica tranquillitate. Neq; dissentit à nobis in pe
ra & baculo in uiam tollendo: in hoc tantum discrepat, quod ille Petrum uult obiurgatum
fuisse, quod iniussus pugnam aggressus sit, quod iussus quidem esset ferre gladium, at non
ferire gladio. Quod commentum quantum habeat ponderis, alijs excutiendum relinquo,
ne quid asperius dicere uidear in tantum ecclesiæ doctorem. Sunt enim qui protinus contumeliam interpretentur, si quis à receptis autoribus discrepat, cum hoc honoris, nec ipsi
postulent. Imò contumeliosum fuerit opinor, si quis illos hominum more lapsos alicubi co

Ridicule iubet portare gladium, qui nolit eo uti

netur aduersus ueritatem tueri. Nam cuiusmodi est obsecro tam serio pręcepto discipulos
onerare gladio inutili, quem ne tum quidem liceat eximere cum maxime est opus? perinde quasi iubeat aliquis, fac habeas paratum ligonem, at caue ne quando fodias. Circumfer
quidem soleas, semper tamen nudis incedas pedibus. Tolerabilior erat interpretatio, si ad
hunc modum intelligamus, etiam si quando adsit defendendi facultas, tamen abstinete à
defensione, solo uerbi diuini gladio uos defendite. (Hic frigidissimam distinctionem adfe- 27
runt quidam, iussit habere gladium ad defensionem, uetuit promi ad uindictam.) Iam illud

Augustinus alibi detestās bellum

uidendum, an de bello sibi satis constet Augustinus: qui cum tot locis Christiane bellum
detestetur, nunc aduersus Manichæos ac Donatistas belli patronus esse uideatur. Siquidem is enarrans Psalmum tricesimumseptimum, scribit, Orandum pro inimicis, nō ut occidantur, sed ut corrigantur. Si non licet orare deum, ut inimici iusto supplicio coërcean-
tur, multo minus nobis licet illos occidere. Idem epistola 158. scribit contaminari passiones

19-27: disserit

Donatistæ ui grassantes hæretici

sanctorum, si uicissim occidantur inimici. Rursus epistola quinta, quàm multa disseruit
aduersus bellum. Porrò quot locis agit cum Cæsarianis præfectis, ne Donatistæ nō solum
hæretici, uerum etiam horrendo latrocinij genere grassantes in Orthodoxos occiderentur,
ne non essent qui possent corrigi, sed hactenus coërcerentur, ut ecclesiæ bonis aliò translatis, sequi cogerentur. Postremo cum toties Augustini tenderent insidias Donatistæ, quando legitur ille manum armatam aduersus illorum uiolentiam collegisse? Sed qua fronte fa
ceret hoc ipse, qui tam obnixe intercedit & obtestatur ne fieret à Cæsarum præfectis? Ve
rum ita ferè fit, ut in conflictu cum aduersarijs, scripturam sacram ad suam quisq; causam

Torquet scripturam qui pugnat

detorqueat. Et uerum est quod aiunt, hæreticos nonnulla ex parte profuisse religioni Chri
stianæ, dum Orthodoxos ad diuinorum uoluminum peruestigationem extimulant. Atqui huic commodo illud adiunctum est incommodi, quod dum scripturarum testimonia
uictoriæ seruire cogimus, non raro deflectimur à germana uerâq; sententia. (Iam si uerum 27
est quod isti interpretātur, quid senserunt illi qui putant hoc esse dictum ironice, Sufficit,
uidelicet aduersus tantam multitudinem. Nec hanc opinionem reijcit Theophylactus,
sed addit alteram quæ pariter facit pro nobis, Quum inquit, illi non intelligerent quod dicebat, reliquit illos, ne molestus esset, Certe iuxta carnem intelligebant Apostoli, ergo non
iuxta carnem loquebatur dominus.) Proinde mihi simplicius uidetur, Christum paulatim
conantem suorum animis uulgares affectus eximere, cum prius eos liberasset cura commeatus, nunc & suppliciorum ac mortis metu liberare uoluisse, Sciebat quid illis adhuc ru
dibus in eo tumultu uenturum esset in mentem, & ideo de gladijs sinebat eos ad tempus
errare, quo efficacius eximeret ex illorum affectibus uindictæ cupiditatem. Si tacuisset de

Quo consilio Christus iusserit emi gladium

gladio, uideri poterat licita defensio, quoties urgeret uitę periculū, uiris Apostolicis. Nunc
ita rem ac sermonem temperauit, ut nulli dubium esse possit, quin usum ferri suis interdi-
xerit. Miserat eos paulo superius specimen (sui) daturos, & gustū quendā sumpturos Euan 22
gelici muneris, sed duntaxat intra Iudææ fines. Cumq; hic humana solicitudo cōmeatum,
ac nonnulla uiæ solatia requireret, iussit suos proficisci sine pera, sine baculo, & tamen nihil defuerat, ultro suppeditantibus (necessaria) bonis (hominibus). Atqui quoniam futurum 27
erat, ut Euangelicæ prædicationis fastigiū, summaq; manus esset martyrium, & nihil morte formidabilius: aduersus hoc quoq; certamen suos instructos esse uoluit, non solum exemplo suæ mortis, uerumetiam admonitu. Proinde ut ex ijs quæ iam erant experti, fidem
faceret eorum quæ postea essent consequutura, commonefacit eos pristinæ prędicationis.
Quando

Quando misi uos sine sacculo,& pera,& calciamentis,num aliquid defuit uobis? Cumq;
respōdissent nihil omnino defuisse,uocat ad perfectiora: Videtis hactenus nudis nihil defuisse,ne quid hæc sollicitudo uos grauet. Sed quemadmodū de cōmeatu uitæq; subsidijs Gladius
non est quod angat uos sollicitudo, ita nihil est quod de defensione sitis solliciti, si quan- Christi
do persecutor,cruciatus aut mortem intentabit,ijsdem præsidijs uincetis tyrannos quibus
22 ego uinco,imò quo magis eritis omnibus humanis præsidijs destituti, hoc magis ⟨eritis⟩ ad
hoc bellum instructi.Adeo,ut si cui forte sit tunica aut pera,quo sit expeditior, & hæc ab-
ijciat. Non est opus nisi gladio meo, qui sic amputat ac reuellit omneis affectus carnales,
ut accinctus eo,nec tormenta formidet,nec mortem,tantū abest,ut famem metuat aut nu-
ditatem. Neq; uero cum hæc dico,ius adimo principibus gerendi belli, modo Christiane
geratur.Laudantur & Ambrosio Cæsares,qui se pro tuenda Christiana tranquillitate aduersus Barbaros ceu murum opposuere, & tamen idem negat hoc esse puritatis Euange-
27 licæ,⟨quam hic suos docet Christus⟩Sed quid hæc ad nos,qui sacerdotes ipsi sine fine belli-
27 geramur,idq; pro imperio,pro præda,pro mundana gloria?⟨Quid hęc ad Christianos prin
cipes,qui per ambitionem,iram,auaritiam, aut alium priuatum affectum sine fine miscēt Bellare nō est
orbem bellorum tumultibus? Quid ad hæc bella, quæ tanta cum iniquitate,ne dicam im- Euāgelicæ pu
27 manitate geruntur, ut crebro minus malorum sit ab hoste, quàm à propugnatore?⟩Sed ⟨de⟩ ritatis
his aliâs fusius differendi dabitur locus. Theophylactus discrepat nonnihil ab hac interpre 19: Vulgarius
tatione,quippe qui tollendam peram ac sacculum interpretetur,quemadmodum & gladi-
um:non quod uelit eos de hisce rebus prospiciendis esse sollicitos hominum more, sed ne
posthac toti pendeant à præsidio Christi, qui hactenus eos non secus ac pueros curæ habuit,uerum ut ipsi quoq; in posterum præparēt animos suos,aduersus inopiam, aduersus
27 famem,aduersus mortem,idq; significatum esse pera, sacculo & gladio.⟩Quod si quis me
urgeat ut pronunciem, utrum in totum existimem bellum interdictū Christianis an non,
prius rogabo percontatorē ut mihi respondeat quid senserit S.Martinus quū diceret, Do-
natiuum tuum militaturus accipiat,ego Christianus sum,mihi pugnare non licet. Deinde
quid præter alios Orthodoxos ueteres diuus Hieronymus,qui toties damnat bellum inter
Christianos.Quod si non dignabuntur respondere,dicam uiris Apostolicis non cōuenire
bellum,nec religionem Christianam armis tantum esse propagandā, nec principi bellum
ullum suscipiendum quod aliquo pacto queat uitari,& susceptum quàm minima potuerit
sanguinis iactura gerendum,& q̄ potest ocyssime finiendum.Deniq; hanc ipsam functio
nem non esse puritatis Euangelicę,nec hoc ius ex Euāgelicis pręceptis esse petendū.Mul-
ta cōceduntur quæ non docet Euangeliū,ueluti iusiurandum,& lites forenses. In Ethnicis
non improbatur ius gladij si leges porrigāt, si legū arbitrio promatur, quanq; Euangelica
pietas mallet sanare q̄ occidere.Christus mulierem in adulterio deprehensam nec damna
uit,nec absoluit,simul & admonēs sacerdotes officij sui,quorū est mederi nō perdere, nec
adimens tamen magistratibus publicam potestatē,quæ seruit iusticiæ diuinæ,etiam si sint
idololatræ.Postremo sunt in rebus humanis multa necessaria mala,quæ tolerātur eo quod
excludant maiora mala,non probantur,ut Euangelicæ doctrinæ. Atq; hæc pro disputatis
haberi uolumus,non pro decretis.⟩Cæterum ut id solum agam,quod ago,sic est ordinanda
lectio.Sed nunc qui habet sacculum tollat,utiq; uendendum, consimiliter & peram tollat,
nimirum uendendam : quod si desint,uel tunica diuendita emat gladium, non istum quo
grassantur latrones:sed uerbi diuini,qui penetrātior est quouis gladio ancipiti, pertingens
usq; ad dissectionē animæ ac spiritus.Quod si quis omnino contendat,Tollat hic positum
pro Secum deportet,certe cum in gladio cogamur allegoriā adhibere, hic quoq; adhibea-
19 mus oportet.{Accipis gladium Euangelicū,accipe & peram & tunicam Euangelicam.} Pera & tuni-
Orate ne intretis.) Latinis anceps est sermo Nam potest & hic esse sensus,Orate, ne si ca Euāgelica
non oraueritis,fiat ut intretis in tentationem.At Græcis nō potest nisi unus accipi sensus,
nempe hic,Hoc rogate patrem,ne ueniatis in tentationem, προσεύχεσθε μὴ εἰσελθεῖν. Quanquam paulo post,commutatis nonnihil uerbis, eandem extulit sententiam, ἵνα μὴ εἰσέλθητε,id est, Ne intretis.

19 {Et factus in agonia.) Quis tantū Latine sciens cognoscet ex hisce uerbis quid senserit
interpres? Agon Græcis certamen,siue periculum,aut labor.Agoniam igitur appellat hor
rorem

rorem illum & affectionem qua corripi solent homines iam instante atque urgente graui di/
19: Labore scrimine. Nos ut potuimus uertimus, Et correptus angore.}
⟨Guttæ sanguinis decurrentis in terram.) Hic uariant Græci codices, sed sic, ut ad sen/ 22
sum nihil referat: & facilis est scribarum lapsus, in tam angusto confinio καταβαίνοντος,
& καταβαίνοντες.⟩ Hieronymus contra Pelagianos lib. 2. & ante hunc Hilarius libro de tri/ 35.27
nitate decimo, indicat in plerisque Græcorum ac Latinorũ codicibus non fieri mentionem,
neque de sudore sanguineo, neque de angelo confortante. Verũ id erasum uidetur ab his qui
uerebantur Christo tribuere tam insignia humanæ infirmitatis argumenta, quum Hilari/
us etiam doloris sensum illi conetur adimere.)

* 16: entries reversed *Si percutiamus.) εἰ πατάξομεν, id est, Num percutiemus? {Si, pro an dixit interpres.} 19

Sinite usque huc * Sinite usque huc.) ἐᾶτε ἕως τούτου, id est, Sinite hactenus, id quod perinde sonat Græcis quasi dicas, Hactenus ne resistite, cum alius sit sensus Euangelistæ.

19-27: Ac {Et magistratus templi.) στρατηγούς, duces. Erant enim & milites præfecti custodiendo 19
templo, quorum præfectos hic uocat στρατηγούς.}

19-27: dum Et eum fuisset intuita.) καὶ ἀτενίσασα, id est, Et fixis in eum oculis. Plus enim quiddã est
ἀτενίζειν, quàm intueri {nempe immotis oculis obtueri.} 19

Quasi horæ.) ὡσεί, id est, Ferè. Quanquã & Suetonius usus est, quasi in hunc modũ.

Sicut dixerat.) ὡς εἶπεν αὐτῷ, Quomodo, siue Vt dixisset sibi. Nam hoc ipsum illi ue/
niebat in mentem, Christum sibi dixisse futurum ut se negaret.

**16: ** Conuenerunt seniores.) συνήχθη τὸ πρεσβυτέριον, id est, {Coijt} ordo presbyterorum. 19

follows 'Quid adhuc {Neque dimittetis.) ἢ ἀπολύσετε, id est, Aut dimittetis. quanque recte mutauit interpres.} 19

desideramus') Vos dicitis, quia ego sum.) ὅτι ἐγώ εἰμι, id est, Vos dicitis me esse. Alioqui non ideo dice/
bant quod ille esset.

** ↑ ** Quid adhuc desideramus.) τί ἔτι χρείαν ἔχομεν μαρτυρίας, id est, Quid insuper opus ha
bemus testimonio? Interpres eleganter reddidit magis quàm ad uerbum, aut suo more.

EX CAPITE VIGESIMOTERTIO

Dvxerunt.) ἤγαγεν, id est, Duxit: tametsi hic uariãt exemplaria, {cum in non 19
nullis sit ἤγαγον. Et mox, Peruertentẽ potius quàm subuertentem διαστρέφοντα.}

Articuli uis Tu es rex Iudæorum.) σὺ εἶ ὁ βασιλεὺς τῶν ἰουδαίων, id est, Tu es ille rex
Iudæorum: ut unicũ illum, Iudæis promissum & expectatũ regem intelligas.

Causa, pro crimine {Nihil inuenio causæ.) οὐδὲν αἴτιον, id est, Nihil noxiæ, aut nihil criminis, 19
quod imputari debeat.} ⟨Siquidem noxia culpa dicitur, cum noxa sit pœna potius.⟩ 22

Commouit populum.) ἀνασείει, id est, Commouet, præsentis temporis, ut accipiamus
non de una seditione accusari Christum, sed totam illius ac perpetuam accusari uitam ⟨ac 27
doctrinam⟩ uelut seditiosam.

Et audiens Galilæam.) ἀκούσας γαλιλαίας, id est, Cum audisset de Galilæa, siue Audito
nomine Galilææ.

An homo Galilæus esset.) Galilæus non est coniungendum cum homine, sed separan
dum propter articulum Græcum, ὁ ἄνθρωπος. Nam cum Christum signet, tamen uelut
ignoto sibi nomine, hominem uocat, ut Petrus puellam, mulierem γύναι.

Constanter pro acriter Constanter accusantes.) εὐτόνως, id est, Acriter, & intento clamore.

Nullam causam.) αἰτίαν. Cur non potius crimen? quandoquidem & hoc significat
αἰτία. {Porrò quod addit post, Causam mortis, sic dixit causam mortis, ut si dixisset crimen 19
mortis, quod nos dicimus capitale.}

Emendatum ergo,) παιδεύσας, id est, Castigatum, siue correptum. Nam quod mox
uertit, Corripiam, eadem est uox Græca παιδεύσας. Cæterum corripimus uerbis magis,
quàm uerberibus, castigamus utroque modo.

Per festũ, pro diebus festis Per diem festum.) κατὰ ἑορτήν, id est, Singulis festis. Nam pascha recurrebat quotan/
nis. Et hac figura subinde utuntur {Apostoli & Euangelistæ} κατὰ τόπους, κατὰ πόλεις. 19

Simul uniuersa turba.) παμπληθεί. Græcis aduerbium est, quod additum uerbo signi/
ficat id agi per uniuersam multitudinem. Nam uerbum ipsum est numeri pluratiui ἀνέ/
κραξαν, id est, Exclamabant {seu potius succlamabant.} 19

Voces eorum.) Hic addunt Græci καὶ τῶν ἀρχιερέων, id est, Summorum sacerdotum,
siue

27 ſiue pontificum,(quanquam reclamantibus Latinis exemplaribus.)
Petitionem eorum.) αἴτημα, id eſt, Poſtulationem. Efflagitant enim ac poſtulant.
* Beatæ ſteriles, & uentres quæ.) Dicendum erat, Ventres qui non genuerunt. Apparet *Ventres qui*
hallucinatum interpretem, quod κοιλίαι, id eſt, Ventres, apud Græcos ſit fœminini gene/
ris. At mox certe Græcus ſermo refert ubera, quæ ſunt maſculina apud illos, καὶ μασοὶ οἳ οὐκ ** 16: entries reversed*
22 ἐθήλασαν. Nam Quæ non lactauerunt, ad ubera refertur, non ad mulieres. ⟨Alioqui fuerat
in quo poſſet aliquis utcunq; tergiuerſari.⟩
27 * In uiridi.) ἐν ὑγρῷ, id eſt, In humido, (quemadmodum iuxta Græcam lectionem citat ** ↑*
Hilarius, enarrans pſalmum primum) atq; ita magis reſpondet, quod ſequitur arido. Cohę
27 rent autem humere, & uirere (quanquam ſenſum expreſſit interpres.)
Duo nequam.) δύο κακοῦργοι, id eſt, Duo malefici, ſiue facinoroſi. *Nequam, pro*
Et latrones.) καὶ κακοῦργους. Latrones nunc uertit, quod modo uerterat Nequam, homo *facinoroſis*
nimirum copioſus.
22 ** ⟨Neſciunt quid faciunt.) An ſic Latini loquantur neſcio, fortaſſe rectius erat, Neſciunt *** 22-27: follows*
quod faciunt. Quod ſi dicas, Neſciunt quid faciant, incidis in aliud incommodum, uideli/ *'Si tu es rex)'*
cet amphibologiæ.⟩
Stabat populus expectans.) θεωρῶν, id eſt, Spectans: ſuffragantibus & antiquis exem/ *Expectãs, pro*
plaribus noſtris. Verum id haud dubium quin librariorum acciderit errore. *ſpectans*
Et deridebant eum.) ἐξεμυκτήριζον, id eſt, Subſannabãt. Idem uerbum cum eo quod, ut
ſuperius indicatum eſt, ſignificat naſo ſuſpendere, ſiue dicterijs inceſſere.
** Si tu es rex.) ὁ βασιλεύς, id eſt, Ille rex. Et paulo ante ὁ χριστός, id eſt, Ille Chriſtus. Ac rur *** ↑*
ſum ὁ τοῦ θεοῦ ἐκλεκτός, id eſt, Ille dei electus. Nec enim in his ocioſus eſt articulus Græcus. *Articuli uis*
Erat autem & ſuperſcriptio.) ἐπιγραφή, Cur non potius inſcriptio, q̃ ſuperſcriptio?
Græcis, & Hebraicis, & Latinis.) Alius eſt Gręcis ordo, ἑλληνικοῖς καὶ ῥωμαϊκοῖς καὶ ἑβραϊ
κοῖς, id eſt, Gręcanicis, Romanis, & Hebraicis. Quæ ſanè tres linguę, uel hoc nomine Chri
ſtianis omnibus deberent eſſe commendatæ, quod in cruce domini noſtri Ieſu Chriſti, ſint
ſolæ omnium dedicatæ. Saltem hunc titulum conueniebat paſſim ſuis depingi formulis,
quem Ioannes ad hanc formam ponit.

יהושע הנזרי מלך היהודים. *Tres linguæ præcipuæ*

ΙΗΣΟΥΣ Ο ΝΑΖΩΡΑΙΟΣ Ο ΒΑΣΙΛΕΥΣ ΤΩΝ ΙΟΥΔΑΙΩΝ.

IESVS NAZARENVS REX IVDAEORVM.

Qui pendebant latronibus.) κακούργων, quod modo uerterat Nequam.
19 {Neq; tu times deum.) Tacita uis coniunctionis neq;, poteſt ad tria referri, niſi obſtet
compoſitio, ad Times, ad tu, & ad deum. Si ad deum, hic erit ſenſus. Non ſolum nõ times *Trifariã acci*
homines, ſed ne deum quidem metuis. Si ad Tu, hic, Parum eſt, ſi iſti deum contemnant, *pitur eadem*
niſi tu quoq; contemnas. Si ad times, ſenſus hic erit, Non ſolum non amas deum, ſed ne ti/ *negatio*
mes quidem, cum ſis in ſupplicio cõſtitutus. At ea eſt apud Græcos ſermonis compoſitio,
ut non poſſit accipi niſi hic ſenſus, quẽ poſtremo loco recenſui, οὐδὲ φοβῇ σὺ τὸν θεόν, id eſt,
22 Ne times tu quidem deum} ⟨id eſt, Non ſaltem times deum.⟩
19 {Qui in eadem damnatione es.) Græcis non eſt ὅς, ſed ὅτι, conſentientibus & Latino
27 rum uetuſtis exemplaribus. Siquidẽ in Paulino erat, Quod, non qui, (cõcordans cum Con/ *Qui, pro*
ſtantienſi) In Corſendoncenſi Quia, niſi quod a, uidebatur eraſum, ſed euidẽti ueſtigio te/ *quod*
22 ſtante corruptelam} ⟨Et item in aureo codice ſcriptum erat quia. Porrò de ſenſus ambiguitã
te diximus aliâs.⟩
Nihil mali.) οὐδὲν ἄτοπον, id eſt, Nihil abſurdi.
35 [Amen dico tibi hodie mecum eris in paradiſo.) Theophylactus oſtendit hic quoſdam
aliter diſtinguere ſermonem. Volunt enim aduerbium hodie referri ad præcedẽtia. Amen
dico tibi hodie, deinde interpoſita hypoſtigme adijciunt, mecum eris in paradiſo. Hoc com
mentum eſſe frigidum res ipſa loquitur, ad quod confugerunt, ut elaberẽtur è quæſtione,
quomodo potuerit eſſe uerũ quod promiſit dominus, hodie mecũ eris in paradiſo, quum
eo die atq; etiam ſequente corpus ipſius fuerit in ſepulchro, anima deſcenderit ad inferos.
Sed

Sed dominus ut alibi gehennam appellat extremam infelicitatem, ita hic summã quietem
ac uoluptatem appellat paradisum Quanquam Theophylactus prolixius disputans in hunc
locum quædam admiscet, quæ non satis conueniunt cum decretis scholasticorum huius
temporis Theologorum.]

Cõmendabo In manus tuas commendo.) Græcis est παραθήσομαι, id est, Commendabo, siue Depo-
nam, futuri temporis. Idque iuxta ueritatem Hebraicam, quæ habet ad hunc modum:
בְּיָדְךָ אַפְקִיד רוּחִי. Siquidem א additum huic uerbo פקד, indicat futurum tempus. {Atque 19
ita sanè uertit diuus Hieronymus & Septuaginta. Etiamsi fieri potuit, ut Christus tempus
mutauerit} tametsi consentiunt Græcorum codices, [quos ego sanè uiderim]. Locus autem 27·35
sumptus est ex psalmo trigesimo, quem probabile est dominum recitasse in cruce, usque ad
eum locum, atque illic intendisse uocem. In psalterio gallico quod ædidit Iacobus Faber, habetur commendabo, quem ad modum transtulerunt Septuaginta. [Hic rursus obijcitur ille 35
beatus codex pontificiæ bibliothecæ.] Dominus de suo addidit pater, quum nec apud Hebræos nec apud Septuaginta sit patris aut domini nomen hoc loco. Nec male cõuenit uerbum futuri temporis, primum quia psalmum recitat, deinde quod prædicit se moriturum
Commendare ut depositum antequam moriatur). Cæterum παραθεῖναι est commendare, ueluti cõmendatur depositum
seruandum, ac suo reddendum tempore. Nam huc allusit Ambrosius cum ait, Bonũ ergo
pignus est spiritus, bonum depositum.

Qui erat decurio.) βουλευτής. Hic nomen est dignitatis, nõ officij militaris: ac sonat fermè senatorem siue consultorem, de quo nonnihil dictum est aliâs.

Consilio & actibus.) τῇ βουλῇ καὶ τῇ πράξει. id est, Consilio & facto. Interpres legisse
uidetur πράξεσι.

16: eum Et posuit eum in monumento.) Et posuit illud legendum est. Refertur enim ad corpus
αὐτό. Atque ideo in Latinis quoque codicibus emendatioribus scriptum est Illud, non illum,
ut palàm sit librariorum esse peccatum, non interpretis: quemadmodũ & participium depositum, καθελὼν αὐτό, quod quidem magis sonat detractum, quàm depositum. Quemadmodum & illud in Cantico Mariæ: Deposuit potentes, καθεῖλεν, detraxit. Nam καθε-
λεῖν dicitur quod in alto suspensum pendet, ueluti clypeus aut lagena.

In monumento exciso.) λαξευτῷ. Vt intelligamus solidum fuisse saxum, non compa-
ctile, aut structile, sed exculptum suo loco natiuo.

Siluerunt pro quieuerunt Sabbato quidẽ siluerũt.) ἡσύχασαν, id est, Quieuerunt, utrũque enim significat ἡσυχάζω.

EX CAPITE VIGESIMOQVARTO

VNa autem sabbati.) Vno sabbatorum est Græcis, ut subaudias die, τῇ δὲ μιᾷ
σαββάτων.

Valde diluculo.) ὄρθρου βαθέος, id est, Diluculo profundo, hoc est, quod
↓C multum adhuc haberet noctis (Nam ab inclinatione noctis, est gallicinium. 27
mox conticinium, deinde diluculum, quum incipit rarescere nox, postea mane, deinde dies exorto sole.)

Ad monumentum.) Hic Græci codices addunt, Et quædam cum illis, καί τινες σὺν αὐ-
ταῖς. quod tamen anceps est, de uiris dicat, an mulieribus, quod τινὲς cõmunis sit generis.

Mente consternatæ essent.) ἐν τῷ διαπορεῖσθαι, id est, Dum hererent, ac perplexæ essent
& animi incerti.

In uestibus fulgentibus.) ἀστραπτούσαις. Quod magis sonat Fulgurantibus, & fulguris
instar relucentibus.

[ἔκφοβος ἔμ-φοβος] Cum timerent autem.) Plus dixit Euangelista, quàm interpres, ἐκφόβων δὲ γενομένων,
id est, Expauefactis autem illis, ac uultum deflectentibus in terram. {Apparet interpretem 19
legisse ἐμφόβων, quod ipsum in nonnullis Grecorum codicibus inuenitur.}

Recordamini qualiter dixerit.) μνήσθητε Græcis anceps est, quẽadmodũ nobis recordamini, imperatiui ne sit modi, an indicatiui, nisi quod ea quæ sequunt arguũt imperatiuũ modũ.

Et recordati sunt uerborum &c.) Latinius erat, Vt dixerit, quàm, Qualiter locutus est.
Laurentius mauult, Quod dixerit.

Quia oportet.) Aut omittendum erat ὅτι, aut uertendum in quod, mutato uerbi modo, Quod oporteret &c.

Et procumbens

C 16-22: noctis. Unde rectius vertisset, crepusculo, mea quidem sententia. ⟨Si modo verum est, quod 22
quidam putant crepusculum ad utrumque diei tempus pertinere, cum accedente aut recedente sole,
lux est ambigua. Siquidem veteres creperum appellabant dubium⟩. Ad monumentum

22 Et procumbens (uidit.) παρακύψας, quod est, obliquato capite prospicere: ueluti si quis Procumbens
22 immisso per fenestram capite prospiciat. Vnde prouerbium τοῦ ὄνου παρακύψεως. (Nec est παρακύψας
Vidit, sed uidet, βλέπει.)
35 Et linteamina [sola] posita.) κείμενα. Maluissem Iacentia, quàm posita.
Et abijt, secum mirans.) Apud se, referendum ad participium admirans. Et abijt, admi- 16: apud se
27 rans apud sese, καὶ ἀπῆλθεν πρὸς ἑαυτὸν θαυμάζων, (nisi mauis hunc sensum, abijt in domum 16-27: admirans
suam admirans.)
27 (Nomine Emaus.) Græci scribunt ἐμμαοὺς per duplex m, ut sit dictio trisyllaba, & in-
flectitur Emmauntos, ti, tem, sicut Pythmus Pythmuntos. Emmaunti mutatum est postea
nomen, & Nicopolis dicta est.)
*4 Loquebantur ad inuicem.) ὡμίλουν πρὸς ἀλλήλους, id est, Colloquebantur, siue confabula- *4↓
bantur inter se. Nam idem uerbum mox uertit Fabulabantur.
19 {Et secum quærerent.) Quid interpres legerit, non satis conijcio. Nam Græce tantū est
συζητεῖν. hoc est, Simul quærerent, siue disputarent, siue cōmentarentur.}
*1 Et estis tristes.) σκυθρωποί, id est, Parum alacri uultu, ut ad habitum oris pertineat non *1↓
ad animum.
27 *5 Peregrinus es.) παροικεῖς, id est, Aduena es (Id habet duplicem sensum, Tu solus hospes *5↓
es Hierosolymitanus, ignorans ea quæ nemo nescit quantumuis aduena. Aut, tu adeo peregrinus es, ut hæc ignores.)
*3 In damnationem.) Aliàs admonui κρίσιν & κρίμα sæpe poni pro κατάκρισιν, simplex *3↓
pro composito.
*2 Quia ipse esset redempturus Israel.) ὅτι αὐτός ἐστιν ὁ μέλλων λυτροῦσθαι τὸν ἰσραήλ, id est, *2↓
Sperau eramus, quod is esset ille qui redempturus esset Israel.
*6 Et nunc super hæc omnia.) ἀλλά γε σὺν πᾶσι τούτοις τρίτην ταύτην ἡμέραν ἄγει σήμερον, id σὺν, pro ἐπὶ *6↓
27 est, Veruntamen cum omnibus his tertium hunc diem agit, (ut subaudias, ille, aut tempus.)
Noue dixit Lucas, nisi forte scripsit ille, ἐπὶ πᾶσι τούτοις. Nec est,
19 Et {nunc} super,) sed ἀλλά γε, id est, Atqui, siue Veruntamen. Nec est,
Mulieres quædam ex nostris,) sed ex nobis, ἐξ ἡμῶν, id est, Nostri gregis. Deinde plus
est quàm Terruerunt ἐξέστησαν, id est, Attonitos reddiderunt. Nam magis pertinet ad epitasin admirationis, quàm timoris. † †↓
Quidam ex nostris.) τινὲς τῶν σὺν ἡμῖν, id est, Quidam eorū qui erant nobiscū. Ac mox,
22 Et ita intrare.) Ita, redundat (sed additum est explanandi sermonis gratia.)
19 {Euanuit ex oculis eorum.) ἄφαντος ἐγένετο ἀπ' αὐτῶν, Euanuit ab illis. Nisi quod inter-
27 pres expressit uim nominis ἄφαντος.} (Cæterū magis hic congruebat dicere, desijt illis esse
conspicuus. De fumo & spectris apte utimur euanescendi uerbo, hic non de spectro sed de
uero corpore fit mentio. Nec defuerūt hæretici qui tribuerint Christo corpus phantasticū.
His non erat danda erroris ansa.)
Ego sum, nolite timere.) In Græcis exemplaribus tantum est, Pax uobis. cætera uidentur adiecta. Nec admodum cohærent cum sequentibus, in quibus eximit eis terrorem: li-
27 cet apud Ambrosium addantur, sed ex alio Euangelista, sicut opinor, admixta. (Ad salutan Addita ali-
tis uocem exterriti sunt. Eum terrorem dominus post eximit dicens, Quid turbati estis. unde
Apparet huc transscriptum ex Euangelio Ioannis.)
Aliquid quod manducetur.) βρώσιμον, id est, Esculentum, siue edulij. Ac mox,
Fauum mellis.) ἀπὸ μελισσίου κηρίου, id est, De apiario fauo. Nam & alia quædam insecta,
mel & fauum habent.
Et cum manducasset coram eis.) Græca dissident, καὶ λαβὼν, ἐνώπιον αὐτῶν ἔφαγεν, εἶπε
27 δὲ αὐτοῖς, id est, Accipiens coràm illis comedit. dixit autem illis. (Nam quod apud nos legitur, reliquias dedit illis, apud Græcos non reperitur.)
Incipientibus.) ἀρξάμενον. Apparet interpretem legisse ἀρξαμένων, ut referatur ad disci- Incipientibus
pulos. Atque hanc germanam esse lectionem arbitror, licet reclamantibus Græcorum exem uaria lectio
22 plaribus (atque insuper æditione, quæ nuper prodijt ex officina Asulani) Quod si legamus
ἀρξάμενον, ut pertineat ad Christum, non Eius erat dicendum sed suo, ad hunc modum. Sic
oportebat Christum pati & resurgere a mortuis tertio die, & prædicare in nomine suo pœnitentiam

* 1-6: 16: order of entries as numbered
† 16: Ego sum nolite timere) Haec verba in graecis exemplaribus non reperio. Quidam

nitentiam & remissionem peccatorum, exorsum, siue initio facto ab Hierusalem. At huic lectioni reclamat, quod Christus nō cœperit ab Hierusalem, sed Apostoli. Et rursum quod sequitur, magis cohęret cum hac lectione, Vos autem estis testes horum, licet ambiguū sit, utrum Estis legendum sit, an Sitis, ἐστὲ, an ἔστε, & utrunq; satis quadrat.

(Ab Hierosolyma.) Laurentius admonet Hierosolymā fœminino genere non inueniri, 27
sed fallitur quū Suetonius in Cæsare Augusto scribat. Et Caium nepotem quod Iudæam præteruehens apud Hierosolymam non supplicasset, collaudauit.)

{Promissum patris mei.) ἐπαγγελίαν. Ne nescias promissum esse nomen substantiuum, 19
non participium.}

16-27: Hierosolymas

Et ipsi adorantes.) προσκυνήσαντες, id est, Adorato eo reuersi sunt. Adorabāt enim abeuntem in cœlum, ac deinde recipiebant se Hierosolymam. Hoc loco subijcienda erant acta apostolorū. Nam Lucas historiam suam duobus libris complexus est, quos ambos ad eundem scripsit Theophilum. Atq; ipse secūdum exordiens connectit cum superiore. Deinde acta illa, planè pars est Euangelicæ historiæ. Verum ne uideremur Ioannem dirimere ab Euangelistis, distraximus duos Lucæ libros, & acta proximo subiecimus loco.

Duo libri Lucæ, unū opus est

DES. ERASMI ROTERODAMI ANNOTATIONUM IN EUANGELIUM LUCÆ FINIS.

IN EVANGELIVM IOANNIS ANNOTATIONES DES. ERASMI ROTERODAMI

Orbis conditi & redempti simile initium

I N PRINCIPIO erat uerbum.) Illud in primis annotandū, quod indicauit & Chrysostomus, Ioannem neq; Matthæi, aut Marci more sumere exordiū, neq; ad exemplū Lucę, sed ijsdem uerbis ingressus est historiā Euangelicā, quibus Moses ingressus Genesin mundi. {Cæterū quod illic quidam interpretantur, 19
In principio, id est, In filio, hic certe locum non habet.}

19-22: sed

λόγος multa declarat Græcis

Erat uerbum.) λόγος Græcis uaria significat, uerbum, orationem, sermonem, rationem, modum, supputationem, nōnunquam & pro libro usurpatur, à uerbo λέγω, quod est dico, siue colligo. Horum pleraq; diuus Hieronymus ⟨aliqua ratione⟩ putat competere in filium dei. {Miror autē cur uerbum Latinis placuerit magis quàm sermo.} 22 19

19: magis placuerit Latinis

⟨Nos tametsi uidebamus sermonis uocabulo rectius exprimi Græcam uocem, qua usus est 22 *
Euangelista, λόγον, tamen in æditione prima superstitioso quodam metu non mutaueramus uerbum, quod posuerat interpres: ne quam ansam daremus ijs, qui quiduis ad quamuis occasionem calumniantur. Tantum testati sumus alicubi sermonis nomine non infrequenter signari filium dei in sacris uoluminibus. Mox ubi cōperimus hoc tam passim fieri, & hoc ipso in loco quondam ecclesiam legisse, In principio erat sermo: Atq; ita citari in libris Cypriani & Augustini, non existimabā quenquam fore, qui offenderetur: præsertim cum hæc demus non in templis, sed in Museis legenda. Quid enim erat piaculi, si in libro qui priuatim legitur, pro uerbo dicam sermonem, aut eloquium, aut orationē, aut uocem, aut aliud quod idem polleat? Non magis opinor, quàm si patrem dicam genitorem, satorem, parentem, & si qua uox alia Latinis auribus repræsentat autorem generis. Cum igitur nihil futurum fuerit causæ, cur reprehenderer, etiamsi nusquam in sacris libris sermonis uocabulum tributum esset filio dei, nunc multo minus merebar reprehendi, quum sermo 35
multis nominibus rectius & aptius exprimat Græcam uocem quàm uerbum, quū ea uox toties reperiatur usurpata in recentioribus ac uetustis orthodoxis, quum eam & hodie publicitus usurpet usus ecclesiasticus, & olim publice sic legerit ecclesia, quemadmodum nos uertimus. Qua de re, si quis uolet exactius cognoscere, legat apologiam nostram, qua stolidissimos quorundam latratus retudimus. Ex hac in præsentia sat erit pauca quædam excerpere, quæ pro tempore lectoris animum placent, si quis forte commouebitur. Primum sermo commodius explicat quod Euangelista posuit λόγον, quod apud Latine loquentes, uerbum

⟨Sermo rectius quàm uerbū⟩

⟨Apologia de In principio erat sermo⟩

} 19: sermo in quo genus convenisset, + sermo magis exprimit graecam vocem quam verbum, quod graecis ῥῆμα seu λέξις potius diceretur. Certe Cyprianus + Hilarius non verentur dei filium sermonem patris vocare. Verum id quoniam usque adeo receptum erat, non sumus ausi mutare, protinus ne quem offenderemus infirmum. Verum illud (p. 220, l. 15).

* 22: long addition, continues to p. 220.

uerbum non sonet totam orationem, sed unam aliquam dictionem: raro tamen dictum aliquod breue, ueluti sententiam aut prouerbiū, uetus uerbum est. At Christus ideo dicitur
λόγος, quod quicquid loquitur pater, per filium loquatur. Deinde generis congruentia fa- 22: faciat
cit, ut mollior sit oratio, quoties dicimus, Sermo dei factus est caro, quàm uerbū dei factum
est caro. Alioqui nihil aptius reddebat emphasin Grecæ uocis λόγου, quàm oratio. Iam Cy- *Cyprianus*
prianus tot nominibus inclytus, primum eloquentia uere Theologica, deinde sanctimonia
quadam apostolica, postremo martyrio, in opere quod scripsit aduersus Iudæos libri secūdi
capite quinto, non aliter refert hunc Euangelistæ locum, quàm nos uertimus: In principio,
inquit, fuit sermo, & sermo erat apud deum, & deus erat sermo. Atque idem eiusdem libri
capite tertio, cuius titulus est, Quod Christus idem sit sermo dei, inter complures sacræ scri- *Huius loci*
pturæ locos, quibus docet filium dei dici sermonem, & hunc adducit, Quanq; in hoc scriba *exempla*
sciolus in plerisq; codicibus sermonem uerterat in uerbum: non animaduertens quid pro-
mittat titulus, qui haud dubie Cypriani est, non scribæ. Ad hæc Augustinus enarrans ex
Ioannis cap. xvij. locum hunc: Sermo tuus ueritas est, palàm docet nihil referre, utrum sermonem dicas, an uerbum. Docet & hoc loco plerosq; codices habere: In principio erat sermo, & sermo erat apud deum, & deus erat sermo. Quin idem compluribus locis sermonis
uocabulū in sacris libris interpretatur de filio dei, quæ necesse non est hic repetere. Quod
si ista non legunt, qui tamen uideri uolunt ecclesiæ doctores, certe non potuit illos fallere,
quod ex libro Sapientiæ quotannis canit ecclesia: Omnipotens sermo tuus domine exiliēs *Ex neotericis*
27 de cœlo(a regalibus sedibus.) Hæc atq; id genus alia loca, non ueteres tantum, sed & Tho- *theologis*
mas, Hugo Cardinalis, Glossa ordinaria, Beda, Remigius, Anselmus, interpretantur de filio dei, nihil desiderantes uerbi uocabulum, neq; quicq; offensi dictione sermonis. Sanctus
Hilarius libro de Trinitate secundo, dei filium nunc uerbum appellat, nūc sermonem. Ete- *Ex antiquis*
nim quum ait, Sermo cogitationis æternus est, cum qui cogitat est æternus, nonne palàm
uocat Christum sermonem æternū ex æterna mente patris, sine tempore proficiscentem?
Ac mox cum ait, Nunquid audieras in deo, ut sermonē reconditæ cogitationis acciperes,
an non tribuit Christo sermonis cognomen? Idem aliquanto post sic multis uerbis disputat de differentia sermonis humani ac diuini, ut nusquam horreat Christo tribuere sermonis uocabulum. Ad hæc Ambrosius libro de fide aduersus Arianos capite secundo, Christum nunc uerbum appellat, nunc sermonem. Quod tamen idem & aliis aliquot locis facit
Hieronymus: in epistolæ ad Ephesios caput primum: Non, inquit, quod alius assumptus
homo, & alius sit sermo qui assumpsit, &c. sermonem dixit, filium dei. Rursum eodem capite: Vt quomodo dominus noster Iesus Christus est sermo, sapientia, ueritas. Et Lactantius libro quarto capite octauo, dei filium sermonem appellat. Atque item capite proximo
non semel. Claudianus uocem ausus est dicere: Vox summi sensusq; dei: pro sermone uocem dixit, pro sapientia sensum. Prudentianis hymnis tantū tribuit ecclesia, ut eos in sacris *Prudentiani*
liturgiis solenniter decantet. Atq; in his audit citra offensam ecclesia: Ades pater supreme, *hymni*
Quem nemo uidit unquam, Patrisq; sermo Christe, Et spiritus benigne. Sed uideri poterat ineptum me hæc persequi, quæ si quis excutiat sacros scriptores finem non habent, nisi
quidam tam impudenter obstreperent. Sic olim legit ecclesia, sic hodie canit, sic non raro
loquuntur ueteres orthodoxi, sic recentiores: & tamen quidam sic offensi sunt sermonis uocabulo, quasi nusquam lectum aut auditū esset apud Christianos. Sed offendit, inquiunt,
nouitas. Quos tandem? Ipsos qui calumniātur? At istis qui rei Theologicæ uideri uolunt *Nouitatis ca-*
doctissimi, non oportebat esse nouum quod toties est obuium in sacris autoribus. Idiotas? *lumnia*
At istos res ignota nihil mouisset, nisi quidam seditiose clamassent apud populum, uanitatem addentes maledicentiæ. Actum, inquiunt, de re Christiana, posteaq; nouum habemus
Euangelium. Quid hac uoce stolidius? An ideo nouatum est Euangelium, si pro uerbo dicatur sermo? Nō hercle magis, quàm nouatus est Nicolaus, qui posita ueste candida, sumpsit fuscam. Scio plurimū esse tribuendum tam inueteratæ consuetudini. Sed quoties apud
populum agitur fabula. Receptum est, ut tingentes semigræce loquamur, baptizo te. Nolim apud idiotas dicere, tingo te, quum tamen apud deum nihil referat. Nolim, ut nunc res
habent, in templis recitare: In principio erat sermo, si probabiliter suspicarer fore, qui uehementer offendantur, præsertim quū hæc lectio sit proba, altera tolerabilis. Quod si lectio

recepta sit palam mendosa, & sunt inter auditores, qui ueterem saliuam malint absque iudicio, sunt contra, qui iudicio malint quod rectum est: neque uitari potest, quin altera pars
offendatur, utri iubebor obsequundare? Malim equidem omnibus ἀπρόσκοπος esse. Fortasse primum obsequar imperitis, quod hi magis soleant ferocire, ac mox placabo doctos.
Sed tamen interim admonendi sunt imperiti, ne per suam imperitiam moueant tumultum
in eos, quibus magis oportuit (ipsos) parere. Quemadmodum Paulus ex charitate uult ab- 27
stineri ab idolothytis, ne frater infirmus offendatur: sed interim admonet & obiurgat infirmos, qui sine causa iudicant fratrem gratias agentẽ. Fateor quæ publice recepta sunt perperam, paulatim sunt abroganda, quemadmodum Paulus aboleuit legem Mosaicam, sed
Africanorũ superstitio — tamen antiquanda sunt. Scio fabulam Augustini, quæ narrat in Africa nescio quem episco
pulum pene destitutũ à populo, propter unam uoculam, ex Hieronymi translatione secus
22-27: deos — apud populum recitatam, quàm solet. At Hieronymus uir sanctus ac doctus, cucurbitarios
illos Africanos fortiter irridet. Quod si placuisset omnibus omnia tribuere indoctis, iam nõ
haberemus tam multa per ueteres orthodoxos restituta. Nec enim quicquam adferunt, qui
censent parcius fuisse uariandum, quod erat receptum. Primum cum sint hominum uaria
iudicia, quis præbebit regulam ad quam moderer uarietatem, quum mihi sciam euenisse,
quod apud poëtas Ioui, qui neq; pluuius, neq; serenus potuerit omnibus placere? Deinde
quod dicunt isti, fortasse nõnihil habeat momenti, si mea translatio publice receptam pro-
truderet. At in hoc meo proposito, quo maior est uarietas, hoc plus est fructus. Siquidem
quum hæc adhibeatur noua, non ut uetus antiquetur, sed ut sit & dilucidior & castigatior,
expediebat singulas etiam uariari uoces, si cui libuisset. Quandoquidem Augustinus non
uno loco fatetur se ex uarietate codicum plurimum accepisse lucis in sacris uoluminibus.
Quis enim non probat operam literatorũ, qui in ludis (literarijs), Maronis aut Horatij uer- 27
16-19: ✱ — ba singula, singulis diuersis interpretantur, non hoc agentes, ut illi uideantur parum recte
Verum — Articulus — loquuti, sed ut intelligatur quod loquuti sunt. Cæterum illud propius ad hoc institutũ per- ✱
Græcus quan tam uim habeat — tinet, non simpliciter positum λόγος, sed additum articulũ, ὁ λόγος, ut non possit de quouis
accipi uerbo, sed de certo quopiam & insigni. Habet enim hanc uim articulus, quam La-
tine utcunq; reddimus adiecto pronomine ille. Veluti cum Aristoteles, in genere de quolibet agit bono, ἀγαθὸν uocat. Cæterum cum unicum illud ac summũ bonum intelligi uult,
addit articulum τ' ἀγαθόν. Item καλὸν appellant philosophi, quod quouis modo pulchrum
sit, τὸ καλὸν eximium illud ac uere pulchrum siue honestum, quod à uirtute proficiscitur.
Exẽpla è philosophis — Item πᾶν appellant, quod quocunq; modo totum est, Verum absolutum illud uniuersum,
quod uere complectitur omnia, non simpliciter πᾶν, sed τὸ πᾶν appellant. Itidem in diuinis
literis, cum deos uocant amicos dei, non apponitur articulus, sed tantum θεοί ἐστε, id est, Dij
E literis sacris — estis. Aut cum intelliguntur dij gentium, quale est apud Paulum in epistola ad Corinthios 19
prima, capite octauo: Etsi sunt qui dicuntur dij, siue in cœlo, siue in terra, quemadmodum
sunt dij multi, & domini multi. Nullus enim hic appositus est Græcus articulus: καὶ γὰρ εἴπερ 22
εἰσὶ λεγόμενοι θεοί, εἴτε ἐν οὐρανῷ, εἴτε ἐπὶ τῆς γῆς, ὥσπερ εἰσὶ θεοὶ πολλοί, καὶ κύριοι πολλοί. Augu-
Augustini exemplum — stinus in quæstionibus quas scripsit in Genesim libro primo, adducit & alterum exemplũ
ex Geneseos cap. xxxiij. in quo Iacob ait se uidisse faciem Esau ac si quis uideret faciem
dei, negans in Græcis exemplaribus esse scriptum, πρόσωπον τοῦ θεοῦ apposito articulo, sed
πρόσωπον θεοῦ, citra articulum. At quoties significatur uerus ille & solus deus, semper additur articulus, ὁ θεός. Nisi si qua ratio peculiaris obstet. Et quoties se uult intelligi Christus, 22
non quouis modo dei filium, sed natura ac uere filium, ὁ υἱὸς τοῦ θεοῦ dicitur. Rursus ubi di- 19
19: dissimulans — uinitatem dissimulat, se filium hominis appellat, sed utriq; nomini, suo præposito articulo,
Filius hominis, id est Adæ — ὁ υἱὸς τοῦ ἀνθρώπου, seu non quilibet Adæ filius, sed eximius ille filius hominis, humani ge- 19
neris restitutor. Rursum, ὁ ἀμνός, cum multi sint agni, unicus ille agnus intelligitur, cuius
Agnus dei — immolatione tolluntur peccata mundi. Et ὁ προφήτης, unicus ille propheta per Mosen pro-
Lux mundi — missus. Et cum lux illa designat̃ unde lux omnis nobis fluit, τὸ φῶς dicitur, addito articulo.
Bonus pastor — Et cum pastor bonus dicitur, unicus ille pastor Christus, ἐγώ εἰμι ὁ ποιμὴν ὁ καλός, congemi-
Ostium — nato articulo. Et, ἐγώ εἰμι ἡ θύρα, ego sum ostium, cum non quoduis ostium, sed unicum il-
Messias — lud denotatur. Et paulo inferius, Inuenimus Messiam, τὸν μεσσίαν, unicum illum Messiam.
Rex — Et tu es rex Israel, ὁ βασιλεύς. Didymus libro de spiritu, quem Latinum fecit Hieronymus,
diligenter

✱ end of 22 addition from p. 218.

diligenter & hoc adnotauit, quoties in diuinis literis mentio fit spiritus diuini, articulum apponi, τὸ πνεῦμα, idque confirmat compluribus arcanæ scripturæ locis in hoc adductis. Atque hoc potissimum argumento docet eundem fuisse spiritum, qui afflauit prophetas, & quem hauserunt apostoli. Annotauit idem Athanasius libro de spiritu sancto ad Serapionem, & hic suam sententiam compluribus scripturarū testimonijs comprobans.} Ac planè tantum habet momenti, hoc loco prætermissus aut additus articulus, ut Chrysostomus & Cyrillus hoc potissimū argumento rejiciant hæresim quorundam, qui negabant Christum illud esse uerbum, quod ab initio fuerat in patre, sed illud aliud quoddam fuisse uerbum interius patri, unde natum sit alterum uerbum quod esset Christus. *Spiritus* *Duo uerba faciūt hæretici*

Et uerbum erat apud deum.) Rursum addidit articulum, non solum uerbo, sed etiam deo. ut illud unicum ac uere uerbum intelligamus, de quo prius dixerat: Et patrem uere deum, non quemuis alium deum. † †↓

Et deus erat uerbum.) Hoc loco deo non additur articulus, cum tamen uere ac natura deum significet, uerum id facit coactus. Alioqui non poterat simul explicare diuinam essentiam, tribus communem personis. Nam si utrique addidisset articulum, καὶ ὁ θεὸς ἦν ὁ λόγος, iam confudisset personarum proprietates. Atque hic fuisset sensus, & ille deus, nempe pater, erat illud uerbum, nempe filius. Rursum si deo addidisset articulum non uerbo, καὶ ὁ θεὸς ἦν λόγος, iam duo significasset uerba, ac sensus fuisset, & ille deus, nempe pater, erat & ipse uerbum quoddam, & si non idem uerbum quod filius, tamen aliquod uerbum. *Cur uero deo non addatur articulus*

19 {In qua sententia fuere ueterum nonnulli, duo facientes uerba, gignens & genitum, ut dictum est paulo superius. Atque adeo Prudentius ipse uideri posset huiusmodi quippiam sensisse, cum in hymno Iambico de natali Christi scribit: Ex ore quamlibet patris, Sis ortus & uerbo æditus, nisi malumus uerbo interpretari, uerbi prolatione.} Nunc quoniam uerbo addidit articulum, & deo non addidit, θεὸς ἦν ὁ λόγος, Christianam expressit sententiam, sic ut alio detorqueri non possit, nimirum hanc, Et illud idem uerbum, quod modo dixi in *Prudentij dictū quomodo accipiendum*

19 principio fuisse apud deum, erat deus, hoc est, particeps essentiæ diuinæ, {siue ut melius dicam Græce, ὁμοούσιον τῷ πατρί. Neque enim sic liceret loqui Græcis, ἡ ἐλάτη τὸ δένδρον ἐστίν, id est, Palma arbor est, aut, ἡ κιθάρα τὸ ξύλον ἐστίν, id est, Cithara lignum est, apposito articulo.} Hæc ita esse ut diximus, facile comprobabit, qui uel mediocriter Græce nouerit. Nos quanquam in hoc exordio parcius immutauimus, reueriti sacramentum ineffabile, tamen admonendum putaui, quo magis intelligant nostri Theologi nōnihil interesse, è suis haurias fontibus mysticas literas, an è lacunis. *Homusion et iusdē essentiæ* 16: tamen ... nihil

Omnia per ipsum facta sunt.) Cum de uerbo fiat hic quoque mentio, de quo modo locutus est, rectius uertisset, Omnia per illud facta sunt, ut repetat uerbū, siue Omnia per idem facta sunt, sicut paulo superius, Hoc erat in principio. Nisi mauis pronomen ipsum referri ad deum patrem, qui proxime præcessit. Verum huic sensui nōnihil refragatur præpositio *Per ipsum, id est, uerbum*

19 διὰ per, quæ non perinde congruit cum ratione {paterni} principij {siue mauis Hilarij uerbo uti, autoritatis} & magis concinit cum Paulinis uerbis, qui ait, Per quem fecit & secula, ut per filium intelligamus omnia condita à patre. At nunc Latinus ancipitem reddidit senten 16-22: pugnat

19 tiam, quod Ipsum, pronomen utrolibet possit accōmodari {Quanquā & Græcis ambiguus est sermo, sed quem Græci omnes interpretentur, ut Per ipsum ad uerbum referatur, non

27 ad patrem. Siquidem hinc {Orthodoxi probant filium fuisse ab æterno. In principio creauit deus. Hæc creatio si per filium facta est, consequitur illum fuisse ante res conditas, nec inter res creatas numerari. Ex ijsdem uerbis} arripuerunt occasionem Ariani, somniantes patrem in condendis rebus, filio ceu instrumento usum, cum ita per filium condiderit omnia pater, *Arianorū error* 19: usurum

27 ut is nihilo secius cum patre condiderit omnia} {Ambrosius hæc uerba Fiat lux, uult esse patris ad filium, Et facta est lux, nimirū ex autoritate patris per filium. Cæterū eos qui ex argumento præpositionis ratiocinant filium esse patre minorē, refellit Chrysostomus, ostendens hanc præpositionē in sacris literis interdum & patri tribui. Igitur & orthodoxorū sententia & hæreticorū calumnia declarant per ipsum ad filium referri non ad patrem.)

19 Et sine ipso factum est nihil.) Hunc locum bifariam distinguūt. Chrysostomus {homilia

35 quarta, & hunc secutus Theophylactus} ita legunt coniunctim: Omnia per illud, {subaudi uerbum} facta sunt, & absque illo factum est nihil quod factum est. ut intelligas nihil omnino 19: Vulgarius 16: Legit

t 3 creatum

† 16-19: deum. Nos enim hic est divinae scripturae plaerumque dei vocabulum, licet omnibus personis ex aequo commune, patri tribuere, & haud scio an usquam legatur dei cognomen aperte tributum Christo,

19 in apostolorum aut evangelistarum literis, praeterquam in duobus aut tribus locis. {Etiamsi ex compluribus locis certo colligitur Christum fuisse deum, non hominem tantum} Et deus

creatum,quod non sit creatum à patre per filium. Scribit autem(Chrysostomus)hæreticos 27
quosdam distinguere ad hunc modum:Omnia per ipsum facta sunt,& sine ipso factum est
Distinctio quantū ualet
nihil. Atq; hic interposita diastole,subijciunt,Quod factū est in ipso,uita erat,interpretan/
tes spiritum sanctum,quem creaturā faciunt,intelligi in eo quod dicitur,Quod factum est.
Et tamen hunc in modū distinguunt Cyrillus Græcus,& Augustinus Latinus,quanquam
diuerso sensu. Nam Augustinus intelligit omnem creaturam in deo uitam esse,suo more
non illibenter πλατωνίζων. Cyrillus autem sic interpretatur,ut intelligamus omnia per filiū
fuisse condita,tam uisibilia q̄ inuisibilia, & quicquid conditum fuit,in eo uerbum illud est
uita:ut nō solum sit omnibus autor originis cum patre, uerumetiam idem admixtum om/
nibus,ueluti uita tueatur & conseruet uniuersa quæ cōdita sunt.{Atq; hanc distinctionem 19
sequitur Hilarius non admodum dissentiens & à Cyrilli sententia. Sequitur & Gregorius
Nazianzenus in opere de spiritu sancto,sic reijciens hæreticos,ut dicat hunc locum accipi
endum de ijs quæ facta sunt, ut ad filium aut spiritum sanctum accommodari non queat.}
16: sunt ↓C
Cæterum quod quidam interpretantur nihil,peccatum aut maliciā; quod ea sola sint,quæ
natura sunt,& ob id bona sunt,peccatum esse quiddam priuatiuū⟨Sophisticum est magis 27
q̄ theologicum. Diuus Hieronymus enarrans Micheæ cap. ij. refert quosdam hoc loco,ni
hil,interpretari maliciam,& ex consequenti diabolum,quam opinionem non probat. Bea/
tus Augustinus edisserens hunc locū,nihil,interpretari uidetur,quod nō est natura, sed ma
licia uiciatum. Ita peccatum nihil esse, & hominem peccatorem fieri nihil,& diabolum esse
nihil. Angelum condidit deus non diabolum,& hominem condidit,non peccatorem, & ar
19-22: peccatum esse nihil + qui peccant
borem condidit deus,non idolum. Sed hic rursus nascitur quæstio,utrum peccatū siue ma/
licia,sit priuatio tantum an aliquid positiuum ut ipsi uocant, & an uipera dici possit,natu/
Nihil,id est, peccatum
ra mala⟩Cæterum quod ait Augustinus peccatorē fieri nihil, & idolum iuxta Paulum esse 19
nihil, non simpliciter est accipiendum. Alioqui quid attinebat negare à deo factum esse,
↓C 19-22: margin: Disputatio curiosa de peccato, mera ne sit privatio, an macula
quod nihil sit,& ob id à nullo fieri possit⟨Verum nihil interdū sonat id quod omnino non 27
est in rerum natura,hoc est quod neq; substantia sit neq; accidens. Interdū quod pro nihilo
ducitur,nonnunquam quod ex comparatione nihil est, uelut homo comparatus ad deum,
nihil est,& hominis sapientia ad diuinam collata sapientiam,stultitia est. Hic igitur simpli/
citer negat. Nihil factū est sine illo,id est, Quicquid subsistit in rebus conditis à deo factum
† 19-22: serio interpretatur
est. Sic interpretatur), libro(de natura boni)aduersus Manichæos cap.xxv.†Sine eo factum 27
est nihil,nihil aliud ualere,q̄ si dicas,quicquid factum est, non absq; eo factum est,irridens
superstitiosam Manichæorum distinctionem, qui negabant hunc sensum reddi, nisi cum
hoc ordine pronūciaretur:nihil sine eo factum est. Cæterum si pronuncies, Sine eo factum
est nihil, Nihil iam accipi pro eo quod sit aliquid, & factum sit. Id cū multis uerbis derideat
Augustinus, tamen Sophistæ putant non minimum interesse, quoties uox quæpiam in a/
lium transfertur locum⟨Hoc ut aliâs uerum sit, hic certe non habebat locum. Nam & alibi 27
sic loquitur dominus,Palàm loquutus sum uobis, & in occulto loquutus sum nihil. Cæte/
rum quid interest,utrum dicas,Stultiorem hoc homine uidi neminem,an neminē uidi stul/
tiorem hoc homine⟩Cauillatur hoc loco nescio quid,is cuius nomine extant aliquot homi/
↓I
liæ in Ioannem Origenis titulo,sed falsissimo. Id quod uel me tacēte,res ipsa clamitat,Icum
nihil illic sit,quod ullam Origenis uenam,ulla ex parte sapiat. Atqui eò res redijt,ut huius/
Homiliæ in Ioannem fal/so Origeni inscriptæ,quamuis testetur Origenes se in Ioannem scripsisse
16: volent
modi nugas etiam prudentes{dataq; opera}adijciāt typographi, quo uolumine aucto quæ/ 19
stus fiat uberior. Quod si illis licet quicquid uolūt quocunq; prodere nomine, & nobis fas
non erit,titulo semel illito chartis refragari, bella nimirum erit studiosorum conditio,si ne/
16-19: Cavillatur
bulonis aut impostoris nugas pro oraculis cogentur amplecti. Verum hęc πάρεργα. Vt ad
rem redeam. Is quisquis est, aut quicūq; sunt,siue homines, siue dij,argutatur, nescio quid
Græce significātius dici,pro eo quod nos dicimus,Et sine ipso factum est nihil. Apud illos
enim esse extra non absq;. Quod sanè quid sibi uelit,non satis intelligo,nisi quod in omni/
16: sane
bus quæ quidē uiderim,Græcis exemplaribus scriptum comperio χωρὶς αὐτοῦ, id est,Absq;
illo. Atq; eadem est præpositio Græca Ioannis cap. xv. Sine me nihil potestis facere, χωρὶς
ἐμοῦ. At is utrobique uult legi Extra, non Sine:{Nisi forte ille quisquis fuit, pro χωρὶς, legit 19
ἐκτός}⟨Aut nisi χωρὶς, uertendum putat Extra, ἄνευ, sine.⟩Ad Cyrilli sententiam nonnihil 22
19-22: coactius
facit,quod cum bis dixerit Vitam,priori uitæ non addidit articulum, posteriori addidit. In
eo quod

↓C 16-22: privativum, etiamsi Hieronymus non reiiceret, tamen per se frivolum est + argutum magis quam theologicum⟨Recenset enim hanc interpretationem, sed tacito autoris nomine, enarrans Michae cap ii. 22
Sed ita, ut subindicet argutum esse magis quam verum.⟩Quanquam ad eum modum interpretatur {Divus} 19
Augustinus{edisserens hunc Evangelistae locum, subindicans quibusdam nihil, esse aliquid quod ad mali naturam 19
pertineat, juxta hos qui duo constituunt principia bonorum ac malorum} 16: Cavillatur 19-22: Caeterum

C 19-22: possit. Nam ego magis arbitror ad rem pertinere, dare operam ut a peccato puri simus, quam anxie digladiari num peccatum sonet aliquid positivum juxta Thomistas, an mera privatio sit, juxta Scotistas. Idem tamen Augustinus, libro adversus

I 16: clamitat, atque eiusdem farinae sunt, quae eiusdem titulo feruntur in Lucam, cum

eo quod conditum est, uerbum illud erat quædam uita, dum impertit incolumitatem natu- 16: impartit
ræ conditæ. Ac mox cum ipsum uerbum peculiari modo uitam appellat, Et uita erat lux ho *Quo uerbum*
minum, apposuit articulum, ueram illam ac ineffabilem uitam significans, ἐν αὐτῷ ζωὴ ἦν, *uita, in rebus*
19.22 καὶ ἡ ζωὴ ἦν τὸ φῶς. {Augustinus indicat & hic distinctionem, sic enim (docet) legendũ, Quod *creatis*
factum est, ut hic interposito silentio, subijciatur, In ipso uita erat, ut accipias non in quouis
creato esse uitam, iuxta Manichæos, cum lapides uita careant, sed creaturam fuisse in crea
27 tore qui uita est, uidelicet de ideis sentiens. (Nam Manichæi sic distinguunt, Sine ipso fa- *Manichæi et*
ctum est nihil, Quod factum est in ipso, uita erat, ad hunc modum ratiocinantes uel potius *saxis uitam*
irrationabiliter delirantes: Nihil nõ factum est in illo, hoc est per illum, igitur quicquid con *tribuunt*
ditum est, uita est, hoc est uiuit. Atqui Augustinus hanc particulã, in ipso, coniungens cum
his quæ sequuntur, uita erat, sentit quicquid conditum est uiuere, nõ in seipso, quum multa sint quæ suapte natura nec sentiãt, nec uiuant, sed in eo qui cõdidit, in cuius æterna men
te uiuunt omnia, etiam antequam condita fuerant. Mihi uidetur esse uera lectio quam hodie uulgo sequitur latinorũ usus, Quod factum est, in ipso uita erat. Congruit enim huius
Euangelistæ peculiari sermoni, ferè membrũ sequens ex præcedentis membri fine inchoa-
re. Factum est nihil, finis est superioris coli. Quod factum est, initiũ est alterius. Cuius for-
me sunt & illa. In principio erat uerbum, & uerbum erat apud deum, & deus erat uerbum.
Dictio finiens priorem particulam, inchoat sequentẽ. In quarta repetit initium primæ, Hoc
erat in principio, & ita absoluit periodum. Rursus in hoc quod sequitur, Quod factum est,
in ipso uita erat, & uita erat lux hominum, & lux in tenebris lucet, & tenebræ eam nõ com
prehenderunt. Semper ex proximo membro sumitur gradus sequentis}. Hilarius secus di- *Hilarij di-*
stinguit, Quod factum est in eo: ut hic distinguatur, deinde succedat, Vita erat. Quod ne *stinctio*
cui dubium esse possit, faciunt ea quæ sequuntur: Hoc igitur nõ sine eo, quod in eo factum
27 est. Nam quod in eo factum est, etiam per eum factum est. (Quanquam autem similiter distinguit cum Manichæis, non tamen idem sentit cum illis.)

Fuit homo missus.) ἐγένετο. Idem uerbum quod modo transtulit, Facta sunt. Proinde
19 Valla maluit hoc loco, Extitit, quàm fuit. At ego malim, Erat homo missus, {cum paulo inferius sequatur, Non erat ille lux.} Illud annotandum, hic homini non præponi suum articulum, quo tantum hominis indicet naturam, & Ioannem hac nota separet à Christo, qui si- *Articulus cur*
19 mul & deus erat, cui ut respondeat deus, & hoc citra articulum extulit παρὰ θεοῦ. {Homo *non additus*
erat qui mittebatur, ut hominibus annunciaret Christum. Sed ne cui leue sit huius testimo *deo*
nium hominis, à deo missus erat non ab homine. Et haud scio, an alioqui id perpetuum sit
in arcanis literis, cum deo apponitur articulus, aut certam personam denotari in diuinis hy
postasibus, aut uerum illum & unicum deum à reliquis gentium dijs distingui, licet non te
mere liceret addere aut demere articulum.}

Cui nomen erat Ioannes.) ὄνομα αὐτῷ ἰωάννης, id est, Nomen ei Ioãnes. Et mutauit non- 19-27: margin:
nihil Latinus interpres, & addidit de suo, idque nulla compulsus necessitate. Ne quis nobis *Missus*
succenseat, si quid forte mutamus alicubi, uel adacti necessitate, uel inuitati commoditate.
Nec est simpliciter missus, sed ἀπεσταλμένος, participium eius uerbi, unde dicti sunt aposto
19.22 li, emandatus. {Nam Græcis βάλλειν, qui mittit telum aut lapidem, πέμπειν, qui quocunque βάλλειν
modo mittit, munus, aut aliquid simile, ἐπιστέλλειν, qui mittit epistolam, ἀποστέλλειν, qui emit- πέμπειν
tit cum mandatis aliquem.} ἀποστέλλειν

Vt omnes crederent per illum.) Græcis incertum est, an Per illum, referatur ad Ioan- 22: hominem
nem: ut intelligamus illo testificante omnes debuisse credere in Christum, an omnes debuisse credere patri per illud lumen, cui testimonium perhibebat Ioannes: quod αὐτοῦ pos-
27 sit accipi masculino aut neutro genere. (Verum δι' αὐτοῦ doctores referunt ad Ioannem, un 16: fœminino
de magis quadrabat hic ipsum quàm illum.) 19-22: margin:

Non erat ille lux.) Primum illud admonendus est lector, quod Latinus hic interpres mo *Amphibologia*
19 do lumen uertit modo lucem, Græcis eandem esse dictionem φῶς. Ne quis {Græcanici ser
19 monis ignarus} in commutata uoce Latina somniet subesse mysterium} {In emendatioribus
Augustini exemplaribus legitur, Non erat ille lumen, sed ut testimonium perhiberet de lu *Apostoli lux*
19 mine} Cæterum illud non abs re quæritur à doctis, cum Christus {apud Matthæum cap. v.} 19 only: margin:
suos apostolos uocet lucem mundi, & cum Ioannes Baptista nominatim dictus sit lucerna *Christus lux*

ardens & lucens, cur hic eum lumen esse neget? Verum hunc tantum alioqui nodum additus aut omissus articulus dissecat: quandocunque ueram illam & suapte natura (lucidam) 27
lucem significat, articulum addit τὸ φῶς, & τοῦ φωτός. Hic item cum negat Ioannem esse lu-
ꝉ 16-22: de qua modo dixi. cem, non dixit οὐκ ἦν ἐκεῖνος φῶς, hoc est, Non erat ille lux, sed οὐκ ἦν ἐκεῖνος τὸ φῶς, id est,
Non erat ille lux illa. Non erat illa uera lux.ꝉ Annotauit hæc Cyrillus, si cui nostra leuis est
autoritas, (ac Theophylactus. Vt solus deus dicitur sapiens & immortalis, ita solus Chri- 27
stus dicitur lux. Ioannes φῶς erat, τὸ φῶς nō erat.) {Aut sic accipe. Non erat ille lumen de quo 19
modo locutus sum, cum dicerem, Vt testaretur de lumine. Habet enim & hoc articulus, ut
referat rem de qua prius fuerit sermo. Quod ideo adiecimus, quia apud Matthæū ubi Chri
ꝉ 16-19: sive testaretur stus uocat suos lucem mundi & sal, utrobique additur Græcus articulus} Ad hæc cur magis
placuit periphrasis, ut testimonium perhiberet de lumine quàm testificaretur, ꝉ cum Græce
sit μαρτυρήσῃ. {Quanquam hic sermo nonnullam ellipsim habere uidetur, quæ sic poterat sup- 19
pleri, Non erat ille lumen, sed missus erat, ut testaretur de lumine.}

Erat lux uera Erat lux uera.) Iam admonui lucem & lumen Græcis idem esse nomen: ne quis erret
in luce & in lumine, putans esse aliquid discriminis. Cæterum illud magis ad rem pertinet,
Erat, quò referre oporteat, num ad uerbum. Nam quo minus ad Ioannem referatur, obstat ipse sensus. Equidem arbitror, nec ad uerbum referendum, sed ad ipsum Lumen, quod
mox sequitur, propterea quod utrique nomini lux & uera suus præponitur articulus, ἦν τὸ
φῶς τὸ ἀληθινόν, ut ad hunc legamus modum: Non erat Ioannes lumen illud de quo loquor,
sed in hunc mundum duntaxat missus, ut testificaretur de lumine. Nam lumen hoc de quo
loquor, erat lumen uerum quod illuminat omnem hominē, hoc est, erat fons luminis, unde
ipsi quoque Ioanni suum fluxit lumen.

In hūc mundū Venientem in hunc mundum.) εἰς τὸν κόσμον, id est, In mundū. Nam hunc non addunt
Græci: nisi quod ita frequenter uertit interpres, exprimere cupiens, opinor, uim articuli.
Sed cur hic magis addidit Hunc, quàm in iis quæ sequūtur? In mundo erat, & mundus per
ipsum factus est, & mundus eum non cognouit, quæ singula cum suis articulis efferuntur.
[Et ἐρχόμενον sic positum est, ut possit & ad lumen in mundum ueniens pertinere, & hanc 35
lectionem quosdam sequutos indicat Augustinus libro de pecc. mor. & re. primo cap. 25.
Ambiguitatem sustulisset additus articulus, τὸν ἐρχόμενον.]

Interpres im-memor sui Et mundus eum non cognouit.) αὐτὸν uidetur ad uerbum referri, quod Græcis quidem
est masculini generis. Cæterum interpreti Latino uertendum erat in neutrum, Et mundus
illud non cognouit. Idem sentiendū de iis quæ mox sequuntur, Et sui eum non receperunt:
quotquot autem receperunt eum. {Hoc certe incōmodi uitari poterat, si pro Verbo, Sermo 19
placuisset interpretibus} Cæterum illud, In propria uenit, & sui eum non receperūt, Græcis
est eadem dictio ἴδια, & ἴδιοι, In sua uenit, & sui eum non receperūt. {Et apparet sic legisse 19
diuum Augustinum. Quandoquidem apud hunc scriptum uidemus, In sua propria uenit.}
(Quod si Græci codices pro αὐτὸν habuissent αὐτὸ, pulchre quadrasset sententia: lumen ue- 27
nit in mundum, non creatum ut sol & luna, sed à quo conditus est mundus, & tamen mundus excæcatus uitiis non agnouit illud lumen. Ita ferè Cyrillus.)

Ex sanguinibus, cur pluratiue dictum {Qui non ex sanguinibus.) Diuus Augustinus fatetur Sanguinibus non dici Latine nu 19
mero multitudinis, sed interpretem abusum numero, ut declararet ad cōmunem hominis
generationem non uiri solum, sed & mulieris semen concurrere. Idem admonet hoc loco
carnem appellari fœminam.}

Ex uoluntate carnis.) Annotandum neque carni, neque uiro, neque deo, suum apponi articulum, ut speciem carnis aut uiri designari intelligas, non hanc, aut illam carnem aut uirum. Atque his tribus, Sanguinibus, carni & uiro, opponitur deus, item absque articulo.
At Laurentius mauult hoc loco Geniti sunt, quàm nati, ἐγεννήθησαν. Præterea non est, In
nomine eius, sed in nomen, εἰς τὸ ὄνομα αὐτοῦ. Quanquam his promiscue utuntur Euangelistæ.
Credere illi, & credere in illum, & in illo, Confiteri illum, & confiteri in illo, Baptizari in
nomen Christi, & baptizari in nomine Christi. Qua de re cōpluribus uerbis disputat Valla, si quis forte requiret.

Articulus cur non additus Et uerbum caro factum est.) καὶ ὁ λόγος, id est, Et uerbum illud, nempe de quo tam sublimia diximus, {Ac recte sanè locis compluribus admonuit Augustinus, Caro hic positum 19
pro homine

pro homine:partim ut excluderetur error Apollinaristarũ, qui negabant Christo animam *Caro, pro toto homine*
fuisse humanam: partim ut euidentius esset miraculum, coniuncto uerbo cum carne, quæ
pars est hominis crassissima. Idcꝫ dictum est iuxta idioma sermonis Hebraici, qui totum ho
19 minem, nunc animæ, nunc carnis appellatione notat.} Cæterum{quando sermo Græcus an-
19 ceps est} Habitauit inter nos, aptius erat, quàm in nobis, ἐν ἡμῖν.{Etiam si Chrysostomus di
27 uersam sequitur interpretationē}(& huic accinens Theophylactus. Sentiunt enim diuinam
naturã in hypostasi Christi iunctam fuisse corpori humano, quod tabernaculũ est animæ.
Quancꝫ diuina natura in anima pariter & corpore Christi habitabat nõ inclusa, sed unita.
Verum altera lectio, prætercꝫ quod simplicior est, aptius congruit cum his quæ sequũtur,
Et uidimus gloriam eius. Quidam exponunt, uidimus in monte Thabor. At mea sententia simplicius est, uidimus ex dictis ac factis illius quum inter nos uersaretur.)

Et uerbũ habitauit.) ἐσκήνωσεν, à tabernaculis dictum est, quod aliâs uertit Nidificare: *Inter nos*
22 ut intelligas temporariam apud nos habitationē.‹Admonendum & illud Habitauit, Latinis *In nobis*
sonare quasi iam habitare desierit, cum Græcis ἐσκήνωσεν sonet, Habitaculum siue domici-
lium fecit in nobis: ut intelligamus eum cœpisse habitare in nobis nec desijsse.›

19 Et uidimus.) ἐθεασάμεθα, id est, Spectauimus{siue Conspeximus, ceu nouum & admirandum spectaculum.}

Gloriam quasi unigeniti.) Laurentius mauult, Tanquã unigeniti, quod uere esset uni- *Quasi, pro*
27 genitus. Et in hoc uerbo philosophatur nonnihil Chrysostomus(ac Theophylactus) inter- *tanquã, ὡς*
19 pretans ancipitem apud Græcos uocem ὡς{quæ tamen hic non sonet assimilationem, sed
speciem ueri exhibitam. Veluti si descripto regio apparatu subijcias, Incessit tanquam rex,
19 id est, apparatu regio} Et Vnigeniti non est hic participiũ, sed nomen, μονογενοῦς{unici.}Vn-
de quod sequitur, A patre, magis pertinet ad gloriam, quàm ad unigenitum. Spectauimus *A patre*
gloriam eius, gloriam, inquam, non quamlibet, sed gloriam à patre exhibitam, quæ declararet eum esse unicum filium. Sentit enim, opinor, de baptismo Iesu & transfiguratione,
cum audita est uox patris, Hic est filius meus dilectus, in quo mihi complacitum est, ipsum
27 audite.(Verum non ex his tantũ eluxit unigeniti gloria. Moses habebat gloriam, ut seruus
à domino, Christus ut filius unicus à patre deo.)

Plenum gratiæ & ueritatis.) Plenum hic nominandi casus est, non accusandi, πλήρης, *Plenũ gratiæ*
& refertur ad ὁ λόγος, quod & ipsum Græcis est generis masculini, ut sit sensus, Verbum *utrũ ad Christum, An ad*
illud caro factum est, plenum gratiæ & ueritatis. Alioqui uerba hæc magis uidebantur co- *Ioannem referendum*
hærere cum Ioanne qui sequitur: ut legamus, Plenus gratia & ueritate Ioannes testificatur de illo, ut accipiamus Ioannem hac præfatiuncula commendatum, quo plus ponderis
habeat illius testimoniũ. Etiamsi non sum nescius interpretes omnes hoc ad Christum referre, non ad Ioannem. Verum quoniam duriuscule cohæret cum superioribus, lectorem
admonendum putaui, quo rem expendat. Atque hæc quidem ita uelim accipiat lector, ue- *✱↓*
lut ab admonente dicta, non tanquam à dogmatis autore. Nam quod sequitur, De plenitu
dine eius accepimus omnes, magis pro hac facit sententia. Siquidem illic Plenus gratiæ &
ueritatis, de Baptista dicebat euãgelista, hic Ioãnes ipse fatetur suã quocꝫ gratiã qua plenus *16: plenitudinem*
dicitur, ab illo fonte fluxisse. Nec est nouũ in literis diuinis, & alios sanctos plenos gratiæ
19 ac perfectos dici, ne quis putet hoc uni Christo tributũ.{Quandoquidem Stephanum ple- *Pleni gratia*
num spiritu sancto legimus in Actis. & Zacharias legitur repletus spiritu sancto, & Bapti- *dicti sunt & alij* ¶ *19-22: sancti*
sta replendus spiritu dicitur ex utero matris suæ. Rursum in Actis apostolorum, Omnes
qui conuenerant, dicuntur repleti spiritu sancto. In eodem opere: Saulus plenus spiritu san
cto legitur, & ipse iubet, ut impleamur spiritu sancto} Verum, ut dixi, super hac re nihil de-
27 finio, sequatur quisque quod magis probarit.(Certe Theophylactus hæc uerba de plenitu
dine eius accepimus omnes, refert non ad Euangelistam, sed ad Ioannem, ita loquentem
de Christo.) Deinde noue mutauit subito tempus uerbi, μαρτυρεῖ, & κέκραγεν, id est, Testificatur & clamauit: nisi forte præteritum usurpatum est uice præsentis. Sic enim legit
interpres Cyrilli: Testificatur & clamat. At is qui Chrysostomum transtulit, legit Testimonium perhibet, & clamabat.

Qui post me uenturus est, ante me factus est.) ὁ ὀπίσω μου ἐρχόμενος, ἔμπροσθέν μου γέγονεν. Participium ἐρχόμενος, à uerbo ἔρχεται est, quod ad utruncꝫ tempus solet accõmodari,
præsens

16: 'Atque haec ···· quod magis probarit' forms second part of 'Et prior me erat)' (p. 226) at ¶, p. 227

præsens ac futurũ. Quanquam hoc loco{si cui placet tempus præsens}uertendum erat per 19
præteritum, propterea quod adhæret uerbo præteriti temporis, γέγονεν, ad hunc modum,
Ante me factus est, quõ accipiendũ Qui cum post me uenerit, ante me factus est: ut intelligamus Christũ & serius natum fuisse, & serius prædicare cœpisse, quàm Ioannem, sed tamen autoritate anteuertisse. Id quod solet accidere gnauis cursoribus, ut serius digressi à linea, assequantur ac præcurrant eum
↓(qui multo ante discesserat. Et in hanc fermè sententiã edisserit Cyrillus ac Theophylactus: 27
Christus enim sex mensibus natus est post Ioannem, & Ioannes summam apud Iudæos autoritatem obtinebat quum Iesus adhuc ignotus esset, hoc est, post me uenit. Quid est ante me factus est? Qui posterior est tempore, factus est prior gloria. Quamobrem? Quia maiora de illo miracula præcesserãt, in natiuitate canentibus angelis, deinde adorantibus magis, descendente in eum spiritu sancto, testificante è nubibus patre. Itaq; cœpit apud homines esse prior. Quare prior habitus? Quia re uera prior erat dignitate: æquum autem erat, ut maior haberetur apud omnes, qui modis omnibus maior erat. Chrysostomus hanc particulam, post me uenit, non uult referri ad natiuitatem Christi, sed ad initium prædicationis. Etenim si loquutus fuisset, inquit, de natiuitate, non dixisset ἐρχόμενος uoce futuri aut præsentis temporis, sed ἐλθὼν præteriti temporis. Verum hic nihil est scrupuli, si ἐρχόμενος referas ad totum Christi aduentum qui & natiuitatem, & circũcisionem, & adolescentiam, & omnes nostræ redemptionis gradus complectitur usq; ad crucem. Hic unus erat cursus, cui præcursor erat Ioannes, qui ut prior ingressus est stadium, ita prior cursum suũ absoluit. Cæterum ex eo quod sequitur, ante me factus est, Ariani colligebant dei uerbum esse creaturam, non animaduertentes quàm totus hic sensus sit absurdus: Christus ante me, hoc est, priusquã ego conditus est, eo quod prior me fuerit. Quid enim stultius quàm ita loqui, deus creauit illum priusquã me, eo quod prior me erat, quum quod creatur non sit antequã creetur. Sed magis erat inuertendus ordo, Quia hic prior me est, hoc est, prior me cõditus, ideo ante me fuit. Similia quædam disserit Chrysostomus, sed locus adeo est obscurus, siue id interpretis accidit uitio siue librariorum, ut nisi Theophylactus eadem dixisset crassius, uix fuerim intellecturus. Verum quod hic est, factus est, Græcis ἐγένετο, uox anceps ad fieri
[ἐγένετο fuit, uel factus est & esse, Nam quod antea legimus, fuit homo missus à deo, erat ἐγένετο. Proinde factus est, non idem ualet quod πεποίηται aut κέκτισαι, sed) factus est, positum est, pro eo quod est, Cœpit esse. Qui post me ueniebat, cœpit esse ante me, hoc est, Qui sequebatur, iam præcessit.{Neq; enim Christus usquam simpliciter dicitur factus in literis diuinis, licet dicatur 19
↓(factus homo, factus hominibus notior(Quemadmodum dicimus, indies fit stultior, quum 27
idem homo maneat, Ita Ioannes factus est posterior, qui fuerat prior, & contra Christus factus est prior qui fuerat posterior. Quod si alteram uocem, scilicet posterior, accipias de aduentu siue prædicatione, alteram nempe prior, de autoritate & gloria, nihil est scrupuli: siue mauis utranq; accipere de gloria & autoritate nihil fuerit absurdi, modo prius & posterius æstimes non ex natura, sed ex hominũ notitia. Iam tametsi non est absurdum quod adfert Chrysostomus, factus est, positum esse pro, futurus est, idq; more prophetarũ, tamen non est omnino necesse huc confugere, quum de Christo iam multa miracula testimoniaq; præcessissent, ut dixi, quæ superarẽt Ioannis uirtutem, etiamsi Christus nondum esset perinde notus multitudini.) Ad hæc, ante, Græcis est ἔμπροσθεν, non πρὸ, ut intelligas præcedentem. Id quod subnotauit & diuus Augustinus.}

16-27: ~~Et~~ **Prior Potior** Quia prior me erat.) Prior, positum est pro Potior ac potentior,{siue celebrior}: quan- 19
quam Græce est πρῶτος, primus, superlatiuũ uice positiui.{Verum si prior erat, quomo- 19
do factus est prior? Sed quod erat, cœpit & agnosci. Rursum cum id temporis notior Christo esset Ioannes, quomodo iam prior factus dicitur? Chrysostomus putat more prophetarum præteritũ uice futuri positum, hoc est, Factus est, pro futurus est. Iam illud Quia prior me erat, Diuus Augustinus uidetur ad tempus referre, cum ait, Prior me erat, quia in principio erat uerbum. Mihi uidetur ad dignitatẽ pertinere, qua Christus etiam ut homo,
19-22: margin: Quomodo Christus prior factus cum prior esset
maior erat Ioanne(Cuius autoritatem sua maiestate obscurauit) Rursum, Post me uenit, 22
ad natiuitatem refert, cum iuxta Chrysostomum magis ad prædicandi tempus attineat. Neque enim magnopere referebat ad autoritatem, si Ioannes tribus aut quatuor mensibus Christo grandior erat.}

De plenitu

(16-22: Cyrillus. Chrysostomus {ἐρχόμενος, exponens praedicaturus,} altiora quaedam mavult sectari, 19
{ob Arrianos qui hinc filium dei creaturam esse volebant} verum haud scio an ad huius loci sensum 19
accomodatoria, nam factus est

(19-22: notior atqui isto pacto non est factus ante Joannem, qui fuerit natu minor Joanne. Ad haec

19 {De plenitudine eius accepimus omnes & gratiam pro gratia.) Admonet Augustinus *Et gratiam*
ex Græcorū codicum autoritate coniunctionem hoc loco addendam. Accepimus omnes, *pro gratia*
& gratiam pro gratia. Atq; ita scriptum comperi in peruetustis exemplaribus, quorum al/
terum exhibuit bibliotheca diui Pauli apud Londinum, alterum collegij canonicorū Cor/
27 sendoncensiū, iuxta inclytam Brabantiæ Antuerpiam.(Consentiebat codex Constantien/
sis)Quanq; Chrysostomus sic interpretatur, quasi coniunctio, &, non copulet hoc loco, sed
interpretetur & explicet. Lex Mosaica nonnullam habebat gratiam, plenitudinem non ha
bebat. At ex Christi plenitudine accepimus, omnes, nimirum gratiam Euangelicam, pro
gratia naturæ & legis Mosaicæ. Nec illud opinor omittendū, quod Chrysostomus homi/ *Mutata per/*
lia xiij. admonet hæc uerba: De plenitudine eius accepimus omnes, & gratiam pro gratia, *sona*
non ad Baptistæ solum, sed Euangelistæ personam esse referenda. Sic enim scribit: Et testi/
moniū suum Baptistæ testimonio coniungit. Hæc enim particula, De plenitudine eius nos
omnes accepimus, nō præcursoris uerbum est, sed discipuli. Id clarius efficit & pronomen
nos, additum apud Græcos. Nam ij, quibus loquebatur Ioannes Baptista, nondum de ple/
27 nitudine illius acceperant(Consentit Cyrillus)Theophylactus tamen ad Baptistæ personā 19: Vulgarius
refert, ut sit sensus, Nos prophetæ quicquid habemus, ab hoc hausimus, ut nos non refera/
27 tur ad auditores, sed ad ordinem propheticum.)(Sed huic opinioni nonnihil reclamat quod ¶16:
sequitur, Deum nemo uidit unquam, quæ uerba planè uidentur Euangelistæ.)¶ passage inserted
* Per Iesum Christum facta est.) ne quis frustra hic somniet mysterium in Facta est, idem from p. 225 *↓
est uerbū quod primum uertit, facta sunt, & factum est, deinde, Fuit homo, Rursum, Ante 'Atque haec ... probarit'
me factus est. Ergo facta est hoc loco, magis est, Cœpit esse, siue, orta est, aut, quod uerbū
27 arridet Vallæ, extitit.(Recte tamen hoc annotatū à ueteribus, quod lex per Mosen dicitur
data, qui legis autor non fuit, sed gratia per Iesum facta est ueluti per autorē ac fontem gra
tiæ. Nam & sub lege Mosaica pijs hominibus gratia nō aliunde fluxit quàm ab hoc fonte.)
22 ⟨Augustinus cum alijs locis aliquot, tum libro aduersus Faustum xxij. cap. x. miror quid se/
quutus, legit hunc in modū: Lex per Mosen data, gratia autē & ueritas per Iesum Christū 19-22: margin:
facta est: quasi senserit Euangelista, legem quā tulit Moses, eandem factam esse gratiā per Facta est pro extitit
Christum. Argute quidem Augustinus, etiam si Græca non exprimunt hanc sententiā.⟩
19 { Deum nemo uidit unquam.) Fortasse mirabitur quispiam, hic non apponi Græcum ar/ *Articulus o/*
ticulum θεὸν οὐδεὶς ἑώρακε πώποτε. Verum opinor ob id omissum, quod hoc loco deus, ne/ *missus cū de*
que hac ponitur ratione ut distinguatur à cæteris dijs, neque pro certa persona, sed potius *patre loqui*
27 pro ipsa deitate, quando hoc uerbo usus est & diuus Augustinus.(siue pro natura diuina.) *uideatur*
Ad eundem modum paulo superius, Sed ex deo nati sunt, ἐκ θεοῦ ἐγεννήθησαν. Sentit enim
diuinam quandam generationem diuersam ab humana.
Ipse enarrauit.) Annotauit & hanc uocem Chrysostomus, qua uult expressiorē ac cer/
tiorem declarari doctrinam. Siquidem Græcis est ἐξηγήσατο. & ἐξηγήματα dicuntur com/
mentarij, quibus explicatius explanatiusq; edisserūtur obscurius dicta. Quod enim tectius *Enarrauit*
dixerat pater, prophetarū oraculis, id filius explicuit: atq; id quoq; ad plenitudinem, cuius *ἐξηγήσατο*
27 modo meminit, pertinet.)(Quod autem uertit ipse, non est Græcis αὐτὸς, sed ἐκεῖνος, ille,
ut appareat aliquid subaudiendum. Deum nemo uidit unquam, sed unigenitus qui est in
sinu patris uidit. Ille igitur qui uidit, enarrauit. Id propemodum indicat enarratio Theo/
phylacti. Cæterum ἐξηγήσατο, non solum hanc habet emphasim, quod Christus ea quæ ui/
dit clarius enarrauit quàm Moses aut prophetæ: dilucidius enim enarramus ea quæ uidi/
mus: uerumetiam, quod lex non loquebatur nisi Iudæis, Christus per Euangeliū omnibus
mundi nationibus exposuit dei gratiam.)
* Quia non sum ego Christus.) Aut uertendum erat omissa coniunctione, Non sum ego *↓
19 Christus, aut, Confessus est se non esse Christum, mutata persona pronominis.{Aut quem/
admodum nos uertimus, Confessus est, inquiens, non sum ego Christus. quod ipsa Bapti/
stæ uerba, sic uelut ab ipso loquente recitata, nōnihil ad emphasim fidei facere uiderentur. 19-22: margin:
27 Alioqui quid aliud exprimebatur hisce uerbis(& confessus est quia non sum ego Christus,) Sermonis absurditas
nisi Baptistam confessum esse, quod Ioannes Euāgelista non esset Christus. Et tamen illud
interim donamus, Quia coniunctionē accipi posse ἄλλως, sicuti quod. Quod si non done/
tur, sensus erat, ideo Baptistam fuisse confessum, quod Euangelista Christus non esset. Nec
est

* 16: 'Quia non sum ego Christus)' precedes 'Per Jesum Christum facta est)'

Facilius semel | est quod hic reclament patres. Intelligebamus sensum qualibuscunq; uerbis designatum,
discitur lati/ | quorsum opus id admonuisse? Intelligebamus, non quod Latine sciremus, sed quod hu/
na lingua, q̃ | iusmodi solœcismis essemus assueti. At quanto simplicius ita reddere sententiam Euange
multae balbu | listae, ut non sit opus hac gratia nouam discere balbutiem, sed quisquis Latine norit, proti/
tiendi species | nus intelligat.}Verum ad huiusmodi minutula saepenumero sciens ac prudens conniueo,
ne lectori moueam nauseam.
Dirigite uiam domini.) εὐθύνατε, id aliâs redditũ est, Rectas facite, quod alij {Euãgelistae} 19
16: est 19-22: eius | dixerunt ἑτοιμάσατε, id est, Parate. Flexus enim uiae facit, quo minus prospicias aduentan/
tem. & Hebraeis est פַּנּוּ, quod non abhorret à uerbo Ioannis {Iubet enim amoliri obstacula 19
malarum cupiditatum, quae faciunt ne Christum aduentantem possint cernere.}
{Si tu non es Christus, neq; Helias, neq; propheta.) Christo appositus est articulus ὁ χρι- 19
στός, quo unicum illum exprimeret. Heliae, nec hic, nec superius apponitur, quod unus tan/
tum esset Helias, quem quidam putabant reuicturũ, & Christi aduentum praenunciaturũ
esse: iuxta quod legitur apud Malachiam capite quarto: Ecce ego mittam uobis Heliam
prophetã anteq; ueniet dies domini. Proinde fuisset ociosus articulus, cum nihil esset quod
discerneret. Sed quaeri poterat, cur hic prophetae non praetulerit articulum οὔτε προφήτης,
ὁ προφήτης | cum paulo ante addiderit, Propheta es tu? ὁ προφήτης εἶ σύ: Verum solutio in promptu est.
propheta ille | Nam cum interrogant ὁ προφήτης εἶ σύ, non interrogãt illic simpliciter an propheta sit quis/
piam, sed an ille propheta, quẽ uelut eximium pollicitus est Moses Deuteronomij decimo
octauo, Prophetam de gente tua, & de fratribus tuis, sicut me, suscitabit tibi dominus deus
tuus. (Quod ante me Cyrillus annotauit.) Hic (οὔτε προφήτης) sentire uidentur Ioannẽ nullo 27
modo esse prophetã. (Antea sciscitabãtur inuidentes gloriae Christi, nunc uersi in iram ter/ 27
ritant, dicentes, Qua tandem autoritate facis ista, si neq; Christus es, neq; illius praecursor
Helias, neq; omnino propheta. At Ioannes non se negarat esse prophetã, sed illum prophe/
27: sed eum | tam quem promiserat Moses esse se negat: [non negarat autem se esse prophetã] quem pro/ 35
miserat Esaias.) Etiamsi in nonnullis Graecorum exemplaribus additur articulus utrobiq;.
Atq; ita Chrysostomũ apparet legisse, uel hoc argumẽto, quod cum annotarit alibi ὁ προφή
της, dictum cum articulo, nullũ mouerit scrupulũ de articulo mox omisso} (Theophylactus 27
aperte declarat se hic addidisse articulũ, arguens Pharisaeorũ inscitiã, qui putarint prophetã
illum quem promiserat Moses alium quempiã esse à Christo, quũ idem sit Messias à pro/
phetis promissus, & propheta promissus à Mose. Iidem in hoc errarunt, quod existimarent
19-22: | Heliam praecursorẽ fore prioris aduentus, quũ prophetia loquatur de aduentu secundo.)
legatur Stetit pro stat | *Medius autẽ uestrum stetit.) Melius {legitur,} ut in Aggaeum citat diuus Hieronymus, 19
Medius autem uestrum stat. Quod frequenter in his uerbis (quae significant actionem ma/ 27
nentem ut γέγηθα δέδοικα) praeteritum tempus pro praesenti usurpetur, quemadmodũ iam
*16: entries reversed | locis aliquot admonuimus. <Apertius etiam quod legit Cyprianus libro aduersus Iudaeos 22
secundo cap. xviij. In medio uestri stat.>
*↑ | *Ipse est qui post me uẽturus.) Totidem uerbis repetit ea quae superius posuerat, de quo
iam admonuimus.
{Cuius non sum dignus.) Eius ex superfluo repetitum est iuxta proprietatem sermonis 19
Hebraici.}
1:28 19: Vulgarius | Haec in Bethania facta sunt.) Admonet etiam Chrysostomus, {& huius aemulus Theo/ 19
Bethania pro | phylactus} in uetustioribus & emendatioribus exemplaribus non legi Bethaniam, sed Be/
Bethabara | thabaran, quod Bethania non sit trans Iordanem, nec in deserto, sed citra Iordanem proxi/
ma Hierusalem (Ita legit & Origenes citatus in Catena) Suidas aut quisquis is fuit alius ho 27
Thabara | minumue, deumue, corrigit hunc locum, & pro Bethania supponit Thabara θαβαρά. Ex
locis Hebraicis diui Hieronymi nihil admodum comperti licuit excerpere, quod istorum
uitio deprauata sint apud omnes autores bonos omnia. Quanquã is eodem in ordine me/
minit Bethaniae uillae, quae absit ab Aelia, hoc est, Hierosolymis bis mille passus, in latere
Bethaiba | montis Oliueti, ubi Christus Lazarum amicum reuocarit in uitam, ac mox subijcit Betha/
ibam, quae fuerit trans Iordanem, ubi Ioannes baptizauit in poenitentiam. Vnde Hierony/
mi quoq; tempore durabat consuetudo, ut qui cuperent in Christo renasci, eo in loco uitali
gurgite abluerentur. Neque dubium esse puto, quin hic sit locus, quem designat Ioannes,
utcunq;

19 utcunque uariatum est loci uocabulum{maxime cum protinus coargui possit, Bethaniam ul-
27 tra Iordanem non esse, nec in deserto(Glossa quædam admonet, forte fuisse duas Bethani-
35 as, nec ego negarim potuisse fieri)[Iosephus libro antiquitatum decimo septimo cap. decimo meminit Bathaniæ, utrobique per a, de testamento Herodis maioris loquens, qui Philip
po filio Gaulonitidem & Trachonitidem, Bathaniã & Paneada destinauit, Cuius nominis ac rei meminit eiusdem operis ac libri cap. 16. secundum quosdam codices 17. Hanc au 19: cavilletur
tem Bathaniam opinor trans Iordanem esse.]Quod si quis obijciat ad rem nihil attinere, *Locus ad testi*
quo sint hæc gesta loco, sciat secus sensisse Euangelistam, qui ad rei narratæ comprobatio- *monij pondus*
nem putauit attinere loci quoque testimonium.} *facit*

Altera autem die.) τῇ ἐπαύριον, id est, Postero die siue postridie. ut intelligas diem pro-
19 xime secutum. Nec est Vidit, sed uidet βλέπει{præsentis temporis. Habet autem hæc tem- *Temporis*
poris ἐναλλαγὴ miram gratiam in narrando, cum imaginamur iam geri quod gestum nar- *enallage*
ramus. Hæc leuicula non tam subinde admonerem, ni perspicerem hanc diligentiam, uel
illud præstaturã, ne posthac codices sacri facile queant deprauari, aut si deprauati fuerint,
his adminiculis possint restitui.}

Agnus dei.) ὁ ἀμνὸς, id est, Ille agnus: ut unum & insignem agnum accipiamus, de quo *ὁ ἀμνὸς*
19.27 dixerit Esaias, Velut agnus coràm tondente obmutuit{Indicauit & hoc Chrysostomus(ac *Ille agnus*
Theophylactus. Habet articulus nõ solum emphasim dignitatis, ut diximus, uerum etiam
relationis, Hic est agnus ille de quo prædixit Esaias. Sic & paulo post, Hic est filius dei, appositus est Græcus articulus, ὁ υἱὸς, designans eum non generali piorum appellatione dici
filium dei, sed peculiari quadam & insigni ratione.)

Peccata mundi.) τὴν ἁμαρτίαν τοῦ κόσμου, id est, Peccatum mundi, numero singulari, Ac *peccatũ non*
plus quiddam expressit, quàm si dixisset, peccata. Hic agnus, ipsa est innocentia. Et solus à *peccata*
suis tollit peccatũ, hoc est, ipsam tyrannidem, & uim omnium peccatorum, ut iam nullũ sit
19 in eis peccatum{Nam quemadmodũ idem Ioannes in epistola sua, summam omnis impietatis, & ceu mundũ uitiorum omniũ malignitatem uocat, cum scribit mundũ in maligno
positum, ita hic peccatũ mundi uocat omniũ uitiorum colluuiem. Consentiunt cum Græ
cis exemplaribus duo uetustissimi codices, quorum testimonium non semel adduximus:
27 (consentiente Constantiensi.) Denique sic hunc adducit locum Origenes homilia in Nume-
22 ros decima. Rursum eiusdem operis homilia uicesima quarta⟨Item Augustinus libro ad-
35 uersus Faustum 12. cap. 30. ex fide ueterum codicum⟩[Rursus ad Bonifacium libro 3. etiam
in excusis uoluminibus manet integra lectio. Quin & diuus Thomas quo probet, esse in
homine unum peccatum originis, non multa, profert hunc Ioannis locum]Annotatum est
& illud à doctis, quod dixerit αἴρει, id est, Tollit, non remittit: uel quia penitus tollit, quod *Tollit præsen*
non poterat Ioannes, uel quia in se recepit. Tollimus enim onera, quæ nobis ipsis imponi- *tis temporis* 19-27: ut
mus. Annotauit & temporis rationem Chrysostomus, nõ esse dictũ tulit aut tollet, sed tol-
lit, uerbo præsentis temporis: quod ab illo semper proficiscatur omnis purgatio criminum,
ueluti dicas, Elleborũ purgat cerebrũ, significans illi perpetuã & natiuã inesse uim purgan
di capitis. Id eo libẽtius admonuimus, quod tollit facile uerti poterat in tollet, scribarũ uitio.}
19 Venit uir.) Venit, præsentis est temporis, aut certe futuri ἔρχεται.{Quod ante dixerat
per participium ὀπίσω μου ἐρχόμενος, hic per uerbum extulit. Quanquam in utroque anceps
est temporis significatio. & tamen interpres illic per uerbum futuri temporis reddidit, hic
per uerbum præsentis temporis, etiamsi sensus fermè idem existit. Iam enim succedere
cœperat Iesus in prædicationem Baptistæ, & illo extincto, prorsum erat successurus. Iam
tum igitur qui prius sequebatur, dicitur anteuertisse, cum tam insigni patris testimonio
commendatus esset.}
19 {Ego nesciebam eum.) Malim interpretari, Et ego non noueram eum: præsertim cum *Ego nesciebã*
ita sonent Græca. κἀγὼ οὐκ ᾔδειν αὐτόν. Et ad huius loci quæstionem explicandã lectio hæc *eum, excussus*
est accommodatior. Nam dictu mirum quam sese torqueat hic diuus Augustinus, dum cona- *sensus*
tur expedire, qui consistat, ut cum Ioannes paulo ante baptismum dixerit, Ego abs te de- *Quomodo Io*
beo baptizari, & tu uenis ad me: nũc dicat se ignorasse quis esset, antequã spiritus colum- *annes non no*
bina specie descendens Christũ designasset, Nimirum intelligebat esse Messiam, à quo fa- *uit Christum* 19-22:
tetur sibi baptismi munus fuisse postulandũ. Ex hac difficultate sic conatur elabi, ut dicat continues: quem ante
addition to p. 231 digito ostenderat alius

& ante Ioannem nouiſſe Chriſtum,ſed quiddam tamen ex indicio ſpiritus didiciſſe quod
prius ignorarat,nempe hoc,quod ſibi Chriſtus reſeruaſſet baptizandi autoritatem.id col/
ligi ex his quæ ſequuntur, Hic eſt qui baptizat in ſpiritu ſancto.Atq; equidem hanc inter/
19-27: fuiſſe puto | pretationem id temporis oportunam uiſam arbitror refellendis[præſertim apud rudem po 35
19-27: rebaptizandos | pulum]hæreticis , qui contendebant denuo baptizandos eſſe , qui à malis epiſcopis eſſent
baptizati,Etenim ſi Chriſtus eſt autor baptiſmatis,ſacerdos nihil aliud ꝙ miniſter, nō par
19-27: ↓ [• | eſt,ob miniſtri uitium irritari boni autoris beneficium:cęterum ut ingenue, ſed tamē cum
coactam violentam | pace tanti uiri dicam,coactiorem uiolentioremq;[&]quam[communis hominū ſenſus non 35
Penſitata Auguſtini interpretatio | facile amplectatur , niſi forte mihi meus imponit ſenſus]. Primum enim ſi ideo baptiſmus
non datur homini puro,quod uis baptiſmi fluat ab ipſo Chriſto, hac ratione nullum ſacra/
mentum eſt homini datum : quandoquidem in omnibus Chriſtus eſt, qui largitur uim &
efficaciam,ſacerdos nihil eſt aliud,ꝙ alienæ liberalitatis adminiſtrator . Neq; quiſquā un/
quam hæreticorum tam craſſe delirauit,ut ſibi ſumeret autoritatem ſuo nomine baptizan
di,ſed iuxta præſcriptum Euangelicum[tingebāt & illi]: In nomine patris & filij & ſpiritus 35
ſancti.Mirum igitur eſt hoc unum latuiſſe Ioannem,quod & malis hominibus eſt notum,
& cum cætera ſciret omnia[quæ cōmemorat Auguſtinus,quod eſſet dominus, quod eſſet 35
Chriſtus,quod eſſet Ieſus , quod eſſet natus ex uirgine , quod eſſet ipſo poſterior & prior:]
ob hoc unum ſpiritum ſanctū deſcendiſſe de cœlo,ne diutius hoc neſciret . Iam quod nuſ/
quam in ſcriptura ſacra legitur,quiſquam hominum dixiſſe baptiſma ſuum , cum Paulus
ſuum dicat Euangelium (Nam & hoc argumentum adducit Auguſtinus) reſpondere po/
teſt,publica eccleſiæ conſuetudine comprobatum receptumq;,ut his uerbis peragatur ba/
Baptizat & homo | ptiſmus , Ego baptizo te in nomine patris, & filij, & ſpiritus ſancti. Si baptiſmus Græcis
idem eſt quod Latinis baptizatio[ſiue tinctio], & utiq; baptizatio eſt eius qui baptizat , ſi/ 35
cut ſcriptio eius qui ſcribit,quid uetat aliquo modo baptiſmum hominis uocari,non uelut
autoris,ſed uelut miniſtri?‹Alioqui quo ore dicit(ſacerdos)baptizo,ſi nō baptizat?›At Pau/ 27
Euangelium Pauli | lus ſuum alicubi dicit Euangelium,ſed idem aliâs appellat Euangeliū dei , & Euangelium
19: Pauli | Ieſu Chriſti. Dei, uelut autoris.Chriſti quod is primus prædicauerit,autor & ipſe Paulo,
Euāgeliū dei | qui muneris huius functionem à Chriſto delegatam ſuſceperit.Quemadmodum idem &
cæteris Apoſtolis prædicandi baptizandiq; uices mandauit,ut irent in orbem uniuerſum,
prædicarent Euangelium omni creaturæ,baptizantes eos in nomine patris,& filij, & ſpiri
tus ſancti.‹Ita baptiſmus dici poteſt hominis adminiſtrantis,& idem negari poteſt eſſe ho/ 22
minis , quemadmodum Chriſtus apud Ioannem negat ſermonem ſuum eſſe ſuum›[Alio/ 35
qui nec Ioannis baptiſma debuit dici Ioannis, cuius autorem habuerit deum. Illud uerum,
quod in literis ſacris poſt Ioannē,nullius baptiſmus dicitur,niſi Chriſti:& hoc fortaſſe ſen/
ſit Auguſtinus , qui licet obſcurius,tamen hoc agit in præſenti loco : non ut oſtendat ſim/
pliciter baptiſmi autorem unicum eſſe Chriſtum,potius quàm hominē: ſed ut euincat ba/
ptiſmum à quocunq; datum,in nomine patris,filij,& ſpiritus ſancti ratum eſſe, nec iteran/
dum,licet ab improbo impioue datum.Sic enim ratiocinatur,Si Chriſtus eſt autor baptiſ/
mi,nec hanc autoritatem ulli mortalium tradidit,non poteſt illius donum miniſtri quamli/
bet impuri uicio corrumpi.Hoc ſpiritus ſanctus paſſus eſt Ioannem aliquandiu neſcire, ut
poſtea monitus redderet alijs indubitatum,quod ſeorſum didicerat.Etiamſi in hac tota di/
ſputatione mihi uidetur nonnihil coactius,& aliquid datū illi tempori,ac plebeis auribus.]
Solutio Chryſoſtomi | Chryſoſtomus ingenue fatetur, Chriſtum diu fuiſſe ignotum Ioanni , quod probabile ſit
eum qui nullis adhuc penè miraculis uulgo innotuiſſet,Ioanni,qui pleranq; ętatem in de/
Infantia Ieſu fabuloſa | ſerto exegerat,notum non fuiſſe.Nam miracula quæ de Chriſti infantia circunferebantur
fabulas eſſe.Explicat autem nodum hac ratione,ut dicat id quod dictum eſt, Et ego neſcie
bam eum,non eſſe referendum ad proximum tempus,quo Ieſus uenit ad baptiſmum , ſed
ad longinquius,quo nondum‹Ieſus›miraculis inclaruerat.Atqui ea temporis longinquitas 22
rectius,opinor,explicatur per præteritum pluſquamperfectum,Et ego nō noueram eum.
‹Theophylactus propius accedit ad commētum Auguſtini , Nouerat illum eſſe Meſſiam, 27
non nouerat eum eſſe,qui baptizaturus eſſet ſpiritu ſancto›Quanquam mihi ne hæc qui/
dem interpretatio per omnia ſatisfacit , quod ipſa ſermonis ſeries planè declarat Chriſtum
ignotū fuiſſe Ioanni, donec columbæ indicio certior eſſet factus . ſic enim legimus, Et ego
neſciebam

[• 19-27: quam ſenſus etiam communis reſpuat. Primum

nesciebam eum,sed qui misit me baptizare in aqua,ille mihi dixit, Super quem uideris spi
ritum descendentem.Nec huius est instituti, nec meæ tenuitatis est huiusmodi nodos ex/
plicare. Veruntamen admonere lectorem fas est,ut expendat num simplicius sit,dicere di/ *Opinio Eras.*
uino consilio factũ,ut Ioanni gradibus quibusdam Christus innotesceret,quo certius esset
& exploratius illius de Christo testimonium.Quemadmodũ passus est & Apostolos con/
tantius credere, quo nobis certius fidem faceret,eorum,quæ ipsi non temere credidissent.
Cum diceret Ioannes, Ego abs te debeo baptizari, & tu uenis ad me,magnum quendam
& eximium uirum agnoscebat, qui suo baptismo non egeret, forte nondum certus hunc
esse filium dei.Proinde nesciebat eum,quatenus nondum compertum habebat, signo non
dum ædito,quo pater id certum esse uoluit:eo prodito,libere ac palàm confessus est filium
dei.Sciebat aut uenisse,aut iam uenturum Messiam:an is esset, nondum explorato noue/
rat.Ac subinde repetit,Et ego nesciebam eum.Partim ut ipse tandem certissimo argumen
to intelligatur agnouisse,quem prius non nouerat,partim, ne minus ponderis haberet Io/
annis testimonium,si cognato & familiari redditũ uideretur. Nunc datur ne de facie qui/ *Christus de facie ignotus cognato*
27 dem noto,nec aliter cognito, quàm indicio symboli cœlestis.(Cyrillus aliter extricat se ab
hac quęstione,Nesciebam ex me,sed ex afflatu spiritus indicioq; patris cognoui.Hęc opi/
35 nio mollior fuerit,si quis ᾔδειν uertat noueram,pro nouissem,nisi pater admonuisset.[Ex/
pende lector num ita possit accipi,non noueram eum,id est,nõ acceperam ius illum in om
nium notitiam perferendi. Mihi noueram non alijs, quemadmodum & filius dei nescisse
dicitur extremum diem.Augustinus sic explicat,nouerat eum Ioannes, quia multa de illo
tenebat,non nouerat, quia quædam illius ignorabat. Quidam,ut indicatum est, sic expli/
cant,Nesciebam eum,nimirũ de facie,Messiam uenisse sciebam spiritu, quis esset ille cer/
tum non sciebam, nec audebam palàm pronunciare, donec diuinitus esset demonstratus.]
Porrò quod Ioannes exultans in utero Christum agnouit, magis ad matres & ad nos per/
tinet,quàm ad Ioannem,Nisi forte quum saxa scinderētur moriente domino,saxis sensum da/
tum fuisse contendemus.)Neq; uero me fallit ilico reclamaturos hic,quibus illud unice stu
dio est,diuorum doteis in immensum attollere.quasi indignum sit,si Ioannes,qui nondum
natus, spiritu prophetico Christum nondum natum senserit, eum iam grandis ignorarit.
Verum etiam atq; etiam uidendum istis,ne dum nimium laudes sanctorum exaggerant,
non satis habeant rationem sapientiæ consilijq; diuini,qui sic totu incarnationis & redem/
ptionis negocium temperauit,ut alia uia non potuerit efficacius fieri. Et moderatius feret
hoc de Ioanne dici, qui tale quiddam meminerit à Chrysostomo tribui uirgini matri. quæ *Chrysosto/*
humano quodã affectu dixerit filio, Vinum non habent.Sed præstat ipsius uerba subscri/ *mus gradus fi*
bere,ea sunt in Ioannem homilia uicesima: Optabat enim,inquit, ut iam hominũ gratiam *dei ponit etiã*
cõciliaret,& ipsa clarior filij gratia efficeretur,& fortasse aliquo humano afficiebatur affe/ *in Maria*
ctu, quemadmodum & fratres eius,cum dixerunt, Ostende teipsum mundo, cupidi eius
miraculis sibi famam comparare.Ideo asperius respondit,Quid tibi & mihi est mulier? Et
aliquanto inferius Siquidem nondum debitam de ipso opinionem habebãt.sed more ma/
trum Maria,iure omnia filio se præcepturam censebat,cum tanquam dominum colere &
27 reuereri fas esset.Si nihil uolumus latuisse Ioannem,autore Augustino,(quomodo)ignora *Ioannes quæ/*
uit,quod in Christo præcipuum* erat? Cum enim Christus esset fons & autor salutis,& ba *dã ignorauit* *↓
ptismus ad salutem est ianua, qui potest nescire baptismi ueri autorem esse Christum,qui
Christũ esse nouerit?Perinde quasi deu norit aliquis, qui nesciret an summe sapiens esset.
Atq; idem Hieronymi Gregorijq; consensu dubitauit, num descensurus esset ad inferos, 19: Omnium
cum mittit discipulos percontatum:Tu es qui uenturus es,an alium expectamus? Verum 19-22: Atque
hac quidem in re nihil pronuncio.Tantum erudito lectori cogitandi materiã subministro,
libenter amplexurus,si quid illi rectius suggesserit Christi spiritus.

Sed ut manifestet in Israel.) Græcis abest præpositio τῷ ἰσραὴλ. Atq; ita legisse Chry/
sostomum apparet ex homilia uigesima. }

Altera die.) Rursus ἐπαύριον, id est,Postero die,quod modo admonuimus.

Et respiciens Iesum.) ἐμβλέψας, id est,Intuitus,ut ipse cum aliâs sæpe,tum mox uertit,
19 Intuitus autem eum Iesus dixit.{Nam proprie respicit,qui flexo in tergum uultu aspicit.}

Vbi habitas.) ποῦ μένεις, id est, Vbi manes.Idem est uerbum quod eodem in loco nunc

* 19-22: pone pugnat cum rationem Christi

Idem uerbũ uertit manere, nũc habitare. Et uiderũt ubi maneret.) πῶ μένει. Et rursum, Apud eũ man
narie uertit serũt.) παρ᾽ αὐτῷ ἔμειναν {Id admonere uisum, ne qs in uerbis philosophari cupiẽs, labi possit. 19
interpres Hora autem erat quasi decima.) Nonnullis non probatur quasi, pro fermè, & fateor in
Quasi pro usitatius esse apud autores emendate loquentes. Etiamsi sic alicubi loquitur Suetonius.
fermè Quanquam apud hunc & alia quædam reperiũtur noue dicta. Porrò hora nominata non
solum ad fidem narrationis facit, uerum etiam ad explicandam auiditatem Apostolorum,
qui cum esset tempus uespertinum, tamen ambiunt, ut cum Christo priuatim colloquan-
tur: simulq; miram Christi humanitatem, qui non iusserit eos postridie ad se redire, excu-
sans noctem imminentem. {Iudæis enim ab exortu solis horas numerantibus, sexta meridi- 27
es est, decima uergens ad uesperam.)
Bariona Tu es [Simon] filius Ioanna.) ὁ υἱὸς ἰωνᾶ, id est, Filius Iona, quod Hebraice בַּר יוֹנָה bar 35
iona, quod alibi uertit, Filius Ioannis. {In uno uetustissimo codice scriptum repperi, Filius 19
Iona non Ioanna, iuxta Græcam lectionem.} (Concordabat exemplar Constantiense. Nec 27
hic ociose additus est articulus, Nec enim simpliciter significat eum filiũ Iona, sed ex my-
stica paterni nominis significatione declarat illius eximiam felicitatem.)
Cephas Syrũ Vocaberis Cephas quod &.) Cephas Hieronymus in Hebraicis nominibus negat He
uerbum bræum esse uerbum, sed Syrum, & apud illos sonare, solidum. Vnde qui tradunt Græcorum nominum ἐτυμολογίας, & πέτραν hinc dictam uolunt, quod non facile moueatur.
In crastinum.) ἐπαύριον. Quod superius bis uertit Altera die, tandẽ mutauit in crastinum. at ne id quidẽ satis Latine aut cõmode, {cum dicendũ esset, Postero die, aut postridie.} 19
19-22: margin: A Bethsaida ciuitate.) Grece est, ἀπὸ βηθσαϊδὰ ἐκ τῆς πόλεως, id est, A Bethsaida de ciuita
Petra stabilitate te. quasi Bethsaida sit regio, in qua sit ciuitas. Quanq̃ D. Hieronymus in locis Hebraicis o-
stendit Bethsaidã esse ciuitatẽ Galileę, uicinã stagno Genezareth, patriã triũ Apostolorũ,
Andreę, Petri, Philippi. Vnde uidet̃ ἐκ prępositio superesse. pręsertim cũ nec apud Chrysostomũ [uersum] addat̃, nec apud Cyrillũ, {nec in uetustis Latinorũ exẽplaribus. Nisi forte 19
Peculiaris ser hoc suo more dixit Ioãnes, ut in suo quisq; stilo habet aliquid peculiare. Nã proximo capi-
mo Ioannis te simili forma est usus ὡς δὲ ἦν ἐν ἱεροσολύμοις, ἐν τῷ πάσχα, ἐν τῇ ἑορτῇ, id est, Cum aũt esset
[Articuli uis Hierosolymis in pascha, in festo. Cũ appositiue cohęreat pascha & festũ, ceu genus & species, tamẽ iterauit pręposition̄e, perinde quasi dicerẽ, Accepi literas à pręceptore à Philip-
19: Vulgarium po, pro, à pręceptore Philippo. Et apud Theophyl. Grecũ, cõperio pręposition̄e additam.}
Inuenit Philippus Nathanaël.) Inuenit prima syllaba acuta pronũciandũ est, est enim
pręsentis tẽporis. Quanq̃ Latinius erat reperit, εὑρίσκει, uelut obuiũ. Ac paulo superius, Inuenimus Mesiã. {Etiãsi Chrysostomus diuersum approbat sensum, cũ ait, Inuenire enim 19
quęrẽtis est. Verũ huius rei arbitriũ penes lectorẽ esto. Admonet hic idem Chrysostomus
additũ articulũ, cum unicũ illũ Christũ Iudęis promissum & expectatũ uellet intelligi, τὸν
μεσσίαν. Alioqui reges om̃es & sacerdotes, imò om̃es deo sacri, Mesię dicunt̃ & Christi.}
↓ ! Iesus filius Filiũ Ioseph à Nazareth.) ! {Vtrum ne Ioseph fuit Nazaręus, an Christus? Nã Latinus
Ioseph sermo prorsus anceps, cũ Grece sit expeditus ac certus τὸν ἀπὸ ναζαρὲθ, hoc est, Nazarenum
16: Nathanahel siue è Nazareth oriundũ. {Id ne cui dubiũ esse posit, facit articulus p̃positioni pręposit{us.} 19
A Nazareth A Nazareth potest aliquid.) {In nonnullis Græcis scriptũ erat pronunciatiue, cum per
pro Naza- interrogation̄e quoq; posit accipi. quemadmodũ annotauit & diuus Augustinus, {qui pu 22
ræus tat id quod sequitur ex æquo cõgruere utriq; pronunciationi}. Tametsi quod consequitur
Varia lectio magis suadet, ut per interrogation̄e legatur, quod uideatur uelut interroganti responsum,
ueni & uide. {Atq; hũc in modũ legit Chrysostomus, indicans hanc interrogation̄e esse hæ 19
sitantis de nomine loci, cum prophetia promisisset Christum proditurum ex Bethlehem.}

EX CAPITE SECVNDO

Canæ duæ IN Cana Galilęæ.) Hieronymus indicat duas esse Canas, {maiorem iuxta Si 19
donem, & minorem in tribu Aser.} Ad distinctionem igitur alterius additum
est Galilęę τῆς γαλιλαίας. Est enim in Galilęa gentium, {oppidum quod Hie- 19
ronymus in Hebraicis locis testatur ætate sua adhuc extitisse.}
Quid mihi & tibi.) Gręce reddidit. Nam Latine dicendũ erat, Quid mi
16-19: Hydriae hi tecum? τί ἐμοὶ καὶ σοί; Hydria Græca uox est, nam Plautus uocat aqualem, Quandoqui
aequales dem & ὑδρία ab aqua nomen habet Græcis.

Metretas

! 16: Inuenit ne a Nazaret 16-19: an fuit Joseph

A 1519 Graeci legunt

Metretas binas.) id est, Cados. Quanquã utraq; uox Græca est, sed Latinis usurpatur cadus apud Horatium: Nardi paruus onyx eliciet cadum, atq; apud Plinium. Metreta est
19 apud Catonem & Columellam. Est autem {cadus siue metreta} mensura congiorũ decem,
19 {ut docet copiosius noster Budæus, libro de Asse quinto, si quis forte plura desiderabit.}

Metretá 16-27: duas
Cadus

Architriclino.) Græca uox est, significat eum qui præfectus est apparando conuiuio. Triclinium locus tribus constratum lectis ad discumbendum.

Architriclinus à tribus lectis accubitorijs

19 Vsq; adhuc.) ἕως ἄρτι, id est, Vsq; nunc {siue Vsq; ad hoc tempus.}
19 {Numularios sedentes.) κερματιστὰς dixit, non τραπεζίτας, id est, Mensarios. Sunt autem κέρματα minutiæ æris, unde cermatistę, qui maiores nummos minutulis commutant, non sine quæstu, qui mos & hodie durat apud Italos.}

Et cum fecisset quasi flagellum.) Quasi, non additur in Græcis codicibus, καὶ ποιήσας
27 φραγέλλιον, id est, Facto flagello {Latinã uocẽ corrupte pronũciauit ex uulgi cõsuetudine.}
* Oues quoq; & boues.) Non est quoq; Græcis, sed que, τά τε πρόβατα, ouesq;.

Latina uoce usus Euangelista *↓

Zelus domus tuæ comedit me.) Extat id testimonium Psalmo sexagesimo octauo.† †↓
19 {Soluite templum hoc &c.) ἐγερῶ. Græca uox anceps est ad id quod est excitare iacentem, dormientem, aut mortuum, & excitare ædificium, hoc est, extruere. Nam & in hunc
22 sensum usurpatum comperimus excitare ⟨apud Suetonium in Caligula: Et in indicium uictoriæ, altissimam turrim excitarunt.⟩

Quadraginta sex annis.) Quanquam alienius est à nostro instituto, tamen admonere uisum est, quod serio nec semel indicat Augustinus, hunc numerum repperiri in nomine Adam si Græcis scribatur literis ἀδὰμ, quod geminũ alpha notet duo, delta quatuor, my quadraginta. Id commenti, quanquam ab alijs repertum ac proditum est, ut ipse testatur, demiror tamen tam graui uiro tantopere arrisisse, cum ne quid aliud dicam, Hieronymus rideat Græcam allegoriam in uocabulis Hebraicis. Fortasse nonnihil fuisset, si hisce literis apud Hebræos hic numerus signaretur. Huic simillimum est, quod annotauit quatuor literis, quibus scribitur Adam designari quatuor plagas, ἀνατολὴν, δύσιν, ἄρκτον, μεσημβρίαν. Quod quidem & ante hunc annotauit diuus Cyprianus, sed homo fuit uterq;.}

Annotatio frigida de nomine Adam

19.22 * Quod ipse nosset omnes.) Omnia est Græce τὰ πάντα {in nonnullis, in alijs secus} ⟨Augustinus legit, nosset omnes.⟩ *↓

EX CAPITE TERTIO

19 {Quod à deo uenisti magister.) Magister nominandi casus est, non uocandi, Deus te doctorem misit, non homo. Nam διδάσκαλος est, licet magister usurpatum reperias pro doctore.}

19-27: ueneris

Nisi quis renatus.) γεννηθῇ, id est, Genitus siue natus fuerit. Et in antiquis-
22 simis codicibus Latinis, natus fuerit, est, non renatus ⟨Itaq; citat Augustinus libro aduersus Faustũ 24. cap. 1. Itaq; scriptum est in codice aureo⟩ Valla genitus mauult, quod è uiro quoq; gignatur aliquis, cum è muliere nascamur.

Renatus pro natus

Quomodo potest homo renasci.) γεννηθῆναι, id est, Nasci siue gigni, concordantibus & antiquis nostris. Item in sequentibus nasci est non renasci.

Et nasci denuo.) ἄνωθεν. Quo aduerbio usus est & Lucas in præfatione Euangelij sui,
19 quod nos uertimus Ab integro {Chrysostomus annotauit Gręcam uocem ancipitem esse. Nam idem pollere quod πάλιν, id est, iterum, ut referatur ad tempus retroactum, aut ἀπὸ τῶν ἄνω, id est, superne siue de supernis. In quem sensum usurpatur Ioannis cap. 19. Non haberes potestatem in me ullam, nisi tibi datum esset desuper. Posteriorem sensum sequitur Cyrillus, interpretans uelut è cœlo nasci, qui per spiritum sanctum renascitur. Annotauit hoc prior Origenes, edisserens epistolæ Pauli ad Romanos caput sextum, quo tamen in loco rursus Origenis interpres de suo nonnihil addidit.}

Nasci denuo ἄνωθεν

22 ⟨Ex aqua ac spiritu sancto.) In Græcis non additur sancto, nec apud Augustinum, qui adducit hunc locum lib. aduersus Faustum 24. cap. 1. Nam ut distingueret cœlestem generationem a terrestri crassaq;, proposuit duo elementa liquidiora, aquam & aërem. Quin nec in aureo codice additur sancto.⟩

Spiritus ubi uult spirat.) Vbi, loci aduerbium est, non temporis. Valla mauult spirat quò uult, nam mox uertit ita ποῦ ὑπάγει, id est, quò abeat. Est enim simile de flatu, re qui-

Spiritus pro uento †

u 3 dem

* 16: 'Quod ipse nosset omnes)' precedes 'Oves quoque et boves)'.
† 16: octavo, quod ab Hebraeis ita legitur: Ki qin'ath beythekha 'ahalathni we-herpoth qorpheykha naphelu 'alay Nisi quis renatus)

dem inuisibili, sed tamen efficaci {Atq; hic spiritũ accipere uidetur pro flatu huius aëris, 19
ut intelligas similitudinem duci ab hoc spiritu, re, cum non uideatur efficacissima, ad im/
petum illius diuini spiritus. Atq; ita prorsus interpretatur Chrysostomus homilia 25. cumq;
hoc Cyrillus (ac Theophylactus) [& Augustinus lib. de quæstionibus ueteris & noui testa/ 27.35
menti, quæst. 59.] apertissime testans, docendi gratia adhibitum exemplum de aëris impe/
19: cavilletur — tu, ne quis hoc meum somnium esse clamitet.}
Tu es magister in Israel.) τοῦ ἰσραὴλ, Israel genitiui casus, ut intelligas magistrum eius
gentis {Nec hic abest articulus, σὺ εἶ ὁ διδάσκαλος, hoc est, Ille doctor, cuius tam celebris 19
est opinio. Quod quo magis exprimeremus, uertimus, Tu es ille magister Israelis.}
{Si terrena dixi uobis & non creditis.) Variant hic Græcorum codices: quidam habent, 19
καὶ οὐκ ἐπιστεύσατε, id est, Non credidistis. Alij rursus, οὐ πιστεύετε, id est, Non creditis. Nihil
igitur causæ fuerit cur protinus radas scripturã: præsertim cum in huiusmodi uerbis præ/
teritum tempus pro præsenti soleat usurpari. Cæterum quod sequitur Credetis, in emen/
datis exemplaribus Græcis est πιστεύσητε. id est Credituri sitis, ob uim modi potentialis.
Ascẽdit pre/ — Et nemo ascendit in cœlũ.) Ascendit, Græcis præteriti temporis est, οὐδεὶς ἀναβέβηκεν.
teriti tẽporis — ne quis putet de futura ascensione intelligi. Siquidem illud agit, se ideo solum loqui de su/
perna renascentia, quod unus omnium è cœlis descendisset.}
Christus fuit — Qui est in cœlo.) ὁ ὢν ἐν τῷ οὐρανῷ. Participium uerti poterat per præteritum imperfe/
in cœlo — ctum, Qui erat in cœlo, uidelicet anteq; descenderet. {Sic enim filius hominis dicitur fuisse 19
27: terris — in cœlo, (aut uersari in cœlis,) sicut dominus gloriæ dicitur crucifixus, ob proprietatum in 27
hypostasi duas complectentem naturas communionem.}
Exaltare pro — {Et sicut Moses exaltauit serpentem.) Sunt quibus exaltandi uerbũ non satis Latinum 19
in altũ tollere — habeatur. Mihi non placuit mutare, quod uox ipsa nõ uideatur absona: pręsertim cũ apud
probum uoca — Senecam, certe non pessimum opinor autorem reperiatur: atq; etiam apud Columellam.
bulum — (Sic enim deus dilexit mundum.) Ab hoc loco uideri poterant uerba Euangelistæ, pro/ 27
sequentis & explanantis sermonem quem cœperat Iesus cum Nicodemo. Non enim pro/
sequitur, quomodo discesserit Nicodemus, aut quid ad hæc tam miranda responderit. Si/
mile quiddã indicauimus & in primo capite, De plenitudine eius accepimus omnes. Nec
dissimilis casus, accidisse uidetur Paulo in epistolę ad Galatas cap. 2. ubi sermonẽ cum Pe/
tro cœptum non absoluit, sed ueluti Galatis interpretans prosequitur.)
Iudico pro — Non enim misit deus filium suum in mundum, ut iudicet mundum.) Iudicet positum
condemno — est pro condemnet, quomodo subinde reperitur apud Paulum, ac cæteros, ut opponatur
illi quod sequitur, Vt seruetur mundus per eum. Idem sentiendum in his quæ sequuntur,
Qui credit in eum non iudicatur. Et, Iam iudicatus est. Et mox,
Hoc est autem iudicium.) Iudicium pro condemnatione positum est.
Omnis enim qui male agit.) ὁ φαῦλα πράσσων, id est, Qui mala agit, tametsi sensus idem
est, nisi quod male agere dicitur, & qui male habet (ac malis affligitur.) 22
Locus apud — Qui de terra est, de terra loquitur.) In Græcis exemplaribus adduntur aliquot uerba,
nos mutilus — ὁ ὢν ἐκ τῆς γῆς ἐκ τῆς γῆς ἐστιν, καὶ ἐκ τῆς γῆς λαλεῖ, id est, Qui est de terra, de terra est, & de ter/
ra loquitur. Perinde quasi dicas, Qui è terra profectus est, is terrenus est, & terrena loquitur.
De terra lo/ — Neq; enim loquitur de terra, quod erat, περὶ τῆς γῆς, sed ἐκ τῆς γῆς, hoc est, è terra uelut hu
16-19: atque qui quid — milia. Atque ita legit Chrysostomus ac Theophylactus {cumq; his Cyrillus (& Hilarius in 19.27
item Vulgarius — præfatione cõmentariorũ quos scripsit in psalmos mysticos). Ad eundem modũ scriptum
reperio in uetustissimis Latinorũ exemplaribus, Qui de terra est, de terra est, & de terra lo
) 19-27: licet — quitur (Consentiebat codex Cõstantiensis, & meus ueteris typographiæ) [quanq;] in codice 27.35
Corsendoncensi, manifestissima uestigia testabatur erasam hanc particulã alterã, De terra
est. Augustinus legit, Qui de terra est, terra est, & de terra loquitur, id cõfirmant ea quę se/
quuntur. Nam si nõ esset (inquit) illuminatus, terra terrã loqueretur. Cæterũ parum atten/ 22
tus lector scripturã mutauit, quod ociosa uideretur iteratio, De terra est, de terra est. Non ani
maduertit aũt singulis opponi singula: Qui de cœlo uenit cœlestis est, hoc est, supra om/
nes est, & cœlestia loquitur, & cœlestia facit baptizans spiritu. Qui è terra profectus est,
humilis est ac terrenus, & hinc loquitur unde est, hoc est, humilis humilia, & uterq; suã refert
originem. Dilucidius aũt erat, si extremæ particulæ addidisset articulũ, τὰ ἐκ τῆς γῆς λαλεῖ.}

Et qui

Et qui de cœlo uenit.) Venit,est præsentis temporis, ὁ ἐρχόμενος, nisi quod hæc parti
19 cipia duobus temporibus deseruiunt{præsenti & præterito imperfecto}Atq; ita uertendū
erat & ὢν, Qui è terra erat terrenus est,at qui de cœlo profectus erat,is supra omnes est.

Signauit.) ἐσφράγισεν, id est,Obsignauit,hoc est,signo cōfirmauit.Nam sigillum ad/ditum rem certam efficit. *Signat pro obsignat*

19 {Nō enim ad mensuram dat deus spiritum.) Euangelista pronomen omisit τούτῳ, siue
αὐτῷ, quod ex his quæ præcedunt & cōsequuntur satis liqueret de quo loqueretur.Id au
tem fit crebrius apud Græcos q̃ apud Latinos.Nos igitur ne quid offenderet lectorē,pro
nomen de nostro apposuimus in uersione duntaxat. Dictum est autē figura prouerbiali,
Dat ad mensuram, pro eo quod est,dat parce, aut mediocriter.Qui largiter & effuse dat,
nō metit quod dat aut numerat,sed cumulatim profundit.Alioqui gratia in Christo qua/
27 tenus homo fuit, finita dici possit}{& hic uidetur Euangelista suum sermonem attexuisse
sermoni Ioannis.Neq; enim absoluit quid acciderit discipulis.)

Ad mensurā dare 19-22: tr. 3/4/172

19 {Et omnia dedit in manu eius.) Incertū est an abusus præpositione,senserit omnia filio
tradita in manū, an omnia nobis dari per manū illius, quod iuxta proprietatem Hebraici
sermonis in præpositio significationē habeat instrumenti: sed priorem sensum Græci se/
quuntur interpretes,& mihi magis arridet.}

19: margin: Amphibologia

Sed ira domini manet.) μένει, id est,Manebit.Quanq; accētu mutato erit manet μενεῖ:
atq; ita legitur in nōnullis exemplaribus,ac mea quidē sententia,rectius. Fides aufert pec
22 catum,infidelitas relinquit peccatum,manet autem quod nō tollitur{Quanq; Cyprianus
aduersus Iudæos lib.2.cap.26.legit manebit. Et quod interpres uertit,Qui non credit, ele
27 ganter reddidit ille,Qui dicto nō est audiens}{Græcis diuersæ uoces sunt πιστεύων, & ἀπει
θῶν, quarum posterior magis sonat inobedientem.)

EX CAPITE QVARTO

PEr mediam Samariā,) Mediam non additur, nec in Græcis codicibus,nec
19.22 in antiquis{Latinorū}exemplaribus{magnopere cōsentientibus}{ac ne in au/
19 reo quidem,}διὰ τῆς Σαμαρείας. Atq; ita legit Chrysostomus:{Vnde mirum ui/
deri potest,unde hoc inoleuerit in uulgatis exemplaribus, nisi forte quispiā
sic interpretatus est,per Samariam,per mediū Samariæ, atq; id alius in con
textum transtulit,qua quidem occasione deprehendimus cōplureis irrepsisse mendas.}

Sedebat sic supra fontem.) οὕτως, addit, μιμηλῶς, ut gestus exprimat hominis lassi, *Sic,pro sim/plicite[r]*
19 uel,sic,nempe quia fatigatus.{Atq; hæc dictio consimilem ad modum usurpata reperitur
27 apud Terentiū,aliosq; probos autores}{Chrysostomus subindicat habere significationem
neglectus sic,id est non in sella,aut cōmodo loco,sed neglectim humi, ut se locus fesso de/
19 derat.Idem admonet Theophylactus)Et melius erat ad fontē,q̃ supra fontē{sic enim ha/
27 bebatur in uulgatis exemplaribus,tametsi in antiquis legitur super,nō supra}{Sextam ho/
ram expressit,ut intelligeremus dominum nō solum itineris labore,uerum etiam æstu me
ridiano fuisse fatigatum.)

Super non supra 19-27: licet

Non enim coutuntur.) συγχρῶνται. Vocem Græcam facticia Latina reddidit.Quis e/
nim unq; dixit couti, aut quis intellecturus sit, couti esse, habere cōmercium & mutuam
uitæ cōsuetudinem:Nam & Latinis usus,familiaritatē significat.Et utimur his cum qui/
19 bus agimus cōsuetudinem{Cæterū couti & cousus inauditæ uoces sunt.}

16: factitiam
Couti mutuū habere commercium

Tu forsitan petisses.) σὺ ἂν ᾔτησας, Tu poposcisses. Interpres pro ἂν cōiunctione ex/
pletiua,posuit aduerbiū dubitantis,cum ἂν magis affirmet.Cæterum cum apud Euange
listam utriq; uerbo sit addita cōiunctio ἂν petisses & dedisset, in priore uertit forte, & in
posteriore nō uertit.Atqui aut erat omittendū utrobiq;,aut utrobiq; addendum.

Forsitan pro utique

Neq; in quo haurias.) ἄντλημα, id est,Haustrū.Nā eo uerbo usus est Lucretius,quan
doquidem hauritoriū Vallę parum nitidū uidetur.Et Latinius erat, Quo haurias, quàm
in quo haurias.

22 Altus.) βαθύ, id est,Profundus{Nam altus ambigua uox est.}

Et pecora eius.) θρέμματα. Quæ uox omne animantis genus complectitur,ab alendo
27 dicta{ut βοσκήματα.)

In æternum.) εἰς τὸν αἰῶνα, id est,In æuum.

19-27: Et: 1/4/2/3 Sermo absurdus Quia non habeo uirum.) Quęso quid ex hisce uerbis percipi potest, nisi mulierem di
xisse, quod Christus non habuerit uirum? Usqueadeo nihil referre putamus, quomodo lo
quamur, aut quid auditurus sit qui legit? Omittenda igitur erat, si usquam alias, hoc loco
coniunctio ὅτι quia: aut mutato uerbi modo, uertendum erat hoc pacto, Bene dixisti te ui
rum non habere{siue Bene dixisti, nō habeo uirum.}Quod si nunquam interpres omisis 19
set Græcam coniunctionem, poterat uideri superstitione factum. Cæterum cum alicubi
16: addenda deprehendatur omisisse, mirum cur hic putarit addendam.
Qui adorent eum.) τοὺς προσκυνοῦντας αὐτόν, id est, Adorantes se, siue qui adorent se.
Apparet interpretem fugisse amphibologiam pronominis reciproci{quod accipi poterat, 19
illos adorare seipsos. Ea uitari poterat, si dixisset, Qui adorent ipsum.}
Quia messias uenit.) ἔρχεται. Quod Græci nonnunquam usurpant pro futuro, tametsi
præsentis temporis uox est. Hoc loco magis quadrabat ueniet, propter id quod sequitur:
Cum ergo uenerit ille. Et ueniet legitur in antiquis & emendatis codicibus Latinis.
Et continuo.) καὶ ἐπὶ τούτῳ, id est, In hoc{siue interim}nimirum cum hæc dicerentur. 19
Quid pro cur Quid cum muliere loqueretur.) ὅτι μετὰ γυναικὸς ἐλάλει, id est, Quod cum muliere lo
queretur, siue loquutus esset. Interpres pro ὅτι legisse uidetur τί. Non enim mirabantur
quid esset quod cum illa fuisset colloquutus, sed illud admirabātur, Christum cum Sama
ritana paupercula tam familiariter colloquutum esse. Porrò muliere positum est pro ea,
ut hominem, aliquoties pronominis uice usurpamus. Nec enim apostolis noua aut suspe
cta res erat Christum cum muliere colloqui. Quod diximus, propemodum ex Chrysosto
mi interpretatione licet conijcere{Astipulatur nobis & ueterum exemplariorum fides, in 19
quibus scriptum est: Et mirabantur, quia cum muliere loquebatur, hoc est, mirabant eum
Samaritani abominabiles Iudæis cum muliere colloqui}Nam quod sequitur, Quid loqueris cum illa, magis uertendū erat,
Cur loqueris cum illa, nimirum Samaritana. Abhorrebant enim Iudæi à cōmercio Sama
ritanorum. Videtur siquidem discipuli uoluisse dirimere colloquium Christi cum mulie
re, uerum nō ausi sunt hoc facere.
{Et dicit illis hominibus.) Illis, interpres addidit de suo, nec omnino intempestiuiter 19
Græce tantum est, τοῖς ἀνθρώποις. Ac rursum Hominibus dictū est pro eis.}
Nunquid aliquis.) μήτις, id est, Num quis.
19: voluntatem eius qui missit me) {Ut perficiam opus eius.) Græci legunt, καὶ τελειώσω, Et perficiam, atque ita Chrysosto 19
mus. Licet hoc ad sensum parui referat}Et potest hac in parte repeti ἵνα, quasi dicas, utque 22
perficiam opus eius⟩Et
↓** ** {Quod adhuc.) Cōiunctio ὅτι nō erat uertenda, cum ipsorum uerba referat.} 19
*16-27: entries reversed *Quatuor menses.) Græcis unica dictio est, τετράμηνον, id est, Quadrimestre.
16-27: Poterat *Et messis uenit.) ἔρχεται. Poteras esse, Et uentura est.
16-27: sermo verus **In hoc[enim]est uerbū uerum.) ὁ λόγος cum articulo, ut intelligas de eo sermone quem 35
modo dixerat. Porrò præfatus est uerum esse, cum rem nouam & incredibilem subijciat.
Propter sermonem eius.) Eius, ad Christum referendum est, nō ad mulierem, αὐτοῦ, un
de melius erat ipsius.
Saluator mundi.) Græci addunt Christus, ὁ σωτὴρ τοῦ κόσμου ὁ χριστός.
Regulus βασιλίσκος Quidam regulus.) τις βασιλικός, id est, Quidā regalis. Tametsi legendum opinor βα
σιλίσκος, etiamsi cōstanter reclamant Græcorū exemplaria. Quin & interpretes, qui scri
bunt{in hoc euangelium}hunc basilicon dictum{aiunt} quod esset generis regij, uel quod 19
magistratu, munereque regio fungeret. In hanc fermè sententiam Chrysostomus, nisi quod
illic regulum lego, nō regalem, haud scio interpretis'ne an librarij uitio.⟨Certe Theophyla 27
ctus citra cōtrouersiam legit βασιλικός, id est, regius⟩[Et Hieronymus in cap. Esa. 65. admo 35
net de aula regia fuisse, quem rectius diceremus Palatinū]Et paulo post,
Incipiebat eñ mori.) ἤμελλε γὰρ ἀποθνήσκειν, id est, Erat enim moriturus{siue, Nam age 19
bat animā, hoc est, tendebat ad mortē}quod tamen hic data opera sic aliquoties uertit.
Melius habuerit.) κομψότερον ἔσχεν, id est, Melius, siue cōmodius habuisset.
{Hoc iterum secundum.) Uideri poterat dixisse, Iesum duo secunda signa fecisse, & al 19
tera uox superesse, etiāsi Græca sic habent. Sensit hoc incōmodi Chrysostomus, quid au
tem ille nō sentit? putatque secundum, data opera additum, quo magis inculcaret Galilæo
rum in

** 19-27: 'Quod adhuc)' precedes 'In hoc ... verum)'.

rum incredulitatem, qui cum prius uidissent miraculum in nuptijs, ac rursum hoc de sana
to puero, tamen persistebant diffidere Christo.}

EX CAPITE QVINTO

ESt autem Hierosolymis probatica.) ἔστι δὲ ἐν τοῖς ἱεροσολύμοις ἐπὶ τῇ προβατικῇ
27 κολυμβήθρα, id est, Est autem (Hierosolymis) super probaticā, siue ad probati-
22 cam piscina. Nam Græcis probatica datiuus est, piscina nominatiuus. ⟨Atq;
ita sane uidere est in codice aureo, super probatica: cōsentientibus exempla
27 ribus S. Donatiani.⟩ (In constantiensi codice sciolus quispiam eraserat præpo
sitionem, super.) Sonat autem probatica, quasi dicas ouilla siue pecualis, ut uertit Hierony | Probatica quid
19 mus. {Quanquam ex Chrysostomo aut Cyrillo certum deprehendi non potest de loci hu-
ius lectione.} Et piscina hoc loco significat nō uiuariū piscium, sed in qua natatur, uel Græ- | Piscina natatoria
ca uoce id attestante, quæ dicta est παρὰ τὸ κολυμβεῖν, id est, à natando.
35 Quæ cognominatur [Hebraice] Bethsaida.) Græce est, βηθεσδά, id est, Bethesda. Quan | Bethesda pro Bethsaida legendum
quam eadem uox et apud diuum Hieronymū erat deprauata. Quod uel hinc colligi licet,
quod cum antea Betsaida nominasset ciuitatē Galileæ patriā trium apostolorū, Andreæ,
Petri, Philippi, iuxta stagnum Genezareth, aliquanto post subijcit rursum Bethsaida piscinam, quæ fuerit Hierosolymis cognomento probatica, quam nos, inquit, pecualē possu
mus interpretari. Hæc quinq; quondam porticus habuit. Ostendunt gemini lacus, quorū
unus hybernis pluuijs adimpleri solet, alter mirum in modum rubens, quasi cruētis aquis,
antiqui in se operis signa testat. Nam hostias in ea lauari à sacerdotibus solitas ferunt, unde & nomen acceperit. Ita fermè Hieronymus. Porrò quod ait, hinc nomen inditū, non so
lum pertinet ad uocem Græcam πρόβατον, quæ pecudem aut ouem sonat, uerum etiā ad
Hebraicam בֵּי־עֵדֶר. Siquidem Hebræis בַּיִת domus dicta est, עֵדֶר grex, siue pecus. Ap | Probatica locus, cuius pars est piscina
paret igitur totum eum locum dictam probaticā, in quo fuerit aliqua pars seruata in usus
natare uolentium. Hugo Carrensis admonet piscinam dictum per antiphrasin, quod mi-
nime haberet pisces. Quemadmodum sorores diaboli dictæ sunt Parcæ, quod nemini par | Carrensis etymologia
cant. Nimirum hæc etymologia simillima est illi, quam attulit de sycomoro: Sycomorus,
inquit, dicitur quasi sicut morus, quod sit similis moro. Ad hunc sanè modum, nō est magnum ingentia condere uolumina, si libeat huiusmodi nænijs miseras contaminare char-
19 tas. {Ne uero quisq; existimet hæc à me calumniandi morbo dici. Imò consulendum arbi-
trabar studijs quorundā, qui scriptorē hunc & alios huic similes, uelut addicti, nulloq; dele
ctu legunt, alij quod cardinalis fuerit, alij quod ordinis dominicalis. Verum ut audio, Car | 19: Praedicorum
rensem in numerum cardinaliū ascitum fuisse, ita in diuorum numerum asscriptum nō le | Quare conducat indicare quorundam errata
go. Quod si maxime fuisset factum, tamen eatenus debetur sanctis uiris reuerentia, ut si
quid errarint, nam errāt & sancti, citra personæ contumeliā, ueritati patrocinemur. Quan
quam et in alios parcius dicendū est q; res ipsa meretur, ut quod coarguimus eos, publicæ
utilitati, quod moderatius id facimus, Christianæ modestiæ datum uideatur.}
Et mouebatur aqua.) Antiqui codices habent, Et mouebat aquam, καὶ ἐτάρασσε τὸ ὕ-
δωρ, id est, Et turbabat aquam. Quanq; alij rursus habebant, ἐταράσσετο τὸ ὕδωρ. τὸ *articulus occasio fuit erroris, cum eadē syllaba possit esse & finis uerbi. Chrysostomus sic in- | * ↓
27 terpretatur hunc locum, ut sentire possis ab angelo solitam turbari *aquā. (Certe Theophy- | * ↓
lactus legit ἐτάρασσε τὸ ὕδωρ, id est, Turbabat illam aquam.)
Et qui prior.) Vetusti codices, consentientibus Græcis exemplaribus habent, Qui er
go primus ὁ οὖν πρῶτος ἐμβὰς, id est, Qui igitur primus ingressus fuisset.
22 Descendisset in piscinam.) In piscinam ⟨hoc loco⟩ nec est in antiquis, nec in Græcis. ue- | Additum aliquid
22 rum hoc aliquis explicandi gratia de suo adiecit, ⟨repetens è proximo loco, quod Euangelista maluit subaudiri.⟩
Post motionem aquæ.) μετὰ τὴν ταραχήν, id est, Post turbationem. quod ante dixit | 16-27: motum
ἐτάρασσε τὸ ὕδωρ.
19 {Cognouisset quia iam multū tempus haberet.) Quando literatoris officio fungimur, | 19-27: quod
nō grauabimur & hoc admonere, hic subaudiendū quod mox præcessit, In infirmitate.}
Dum uenio enim ego.) ἐν ᾧ δὲ ἔρχομαι ἐγώ, In quo autē uenio, ut ad uerbum reddam.
uertendum aūt erat, Cæterum, interea dum ego uenio alius ante me descendit.

Tolle

* 16: Sentences: articulus .... verbi and Chrysostomus .... aquam reversed

Grabbatum quid
{Tolle grabbatum tuum.) Mirum est unde Græci scribant, κράββατον, per duplex ββ, 19
cum Martialis primam huius dictionis syllabam corripuerit in epigrãmate: Sed si nec fo/
19-22: mundi
cus est, nudi nec sponda grabati. Præsertim cum Perottus etymologiã uocis petat a Græ/
cis, dictum enim putat κράβατον, quasi καράβατον, à κάρα caput, & βατὸν peruium. Quod
uerum sit nec ne, in præsentia nõ disputo. Certe lectuli genus est, seu lecticæ potius. In ma
gno Græcorum etymologico reperio κρεββάτιον dictum παρὰ τὸ κρεμᾶν τὰς βάσεις. id est, à
suspendendo pedes, quod sic in lecticis portarentur, ut pedibus non contingerent terram.}
⟨Homo ille.) Non est ille apud Græcos, sed interpres expressit uim articuli ὁ ἄνθρωπος.⟩ 22
Declinare ἐκνεύειν
Iesus em declinauit à turba.) ἐξένευσεν. Incertũ à νεύειν an à ξενεύειν. {Hesychius indi 19
cat ἐκνεύειν idem esse qđ enatare, à uerbo νεῖν, cũ ita scribit, ἐκνεύσας, ἐκκολυμβήσας.} Nec est,
A turba constituta in loco.) alioqui addidisset articulum ὄχλου τοῦ ὄντος ἐν τόπῳ, sed Ie
sus subduxit sese cum turba esset in loco, quod inter plurimos facile est unum aliquem la/
tere, quem deinde non agnoscas. Vnde magis dictũ uidetur à ξενεύειν, uelut peregrinum,
& ignotum fieri. Vt ne dicam, quod ὑγιὴς Sanus, magis pertinet ad integritatem mem/
brorum, quàm morbum ueluti febrim. Nam morbo opponitur bona ualetudo: uitio cor/
poris, opponitur debilitas.
Iam pro posthac
Iam noli.) μηκέτι, id est, Ne post hac. Quanquam recte uertit interpres, callentibus lin
guam Latinam, apud quos idem ualet iam, quod posthac.
{Propterea persequebantur Iudęi Iesum, quia hæc faciebat in sabbato.) In Græcorũ co 19
dicibus additum reperio, καὶ ἐζήτουν αὐτὸν ἀποκτεῖναι, fortassis ob hoc, quia sequitur. Pro/
pterea magis quærebant eum interficere. &c. sed reclamantibus magno consensu Latino
rum codicibus.}
(Pater meus usq; modo.) ὁ πατήρ μου. Annotat Cyrillus addito patri articulo, non decla 27
rari, quemuis patrem, sed deum, hoc est illum uere patrem.)
Nisi quod uiderit patrem.) ἐὰν μή τι βλέπῃ, id est, Nisi quid uiderit, aut certe Nisi uide
rit, Nam τι frequenter additur ex proprietate Græci sermonis.
(Et maiora his.) καὶ μείζονα τούτων. Quod hic ausus est interpres quur non idem ausus 27
est apud hunc Euangelistam capite decimoquarto, & maiora horum faciet. Vbi totidem
uerbis scriptum est, μείζονα τούτων.)
Sed transiet.) ἀλλὰ μεταβέβηκεν, id est, Transijt, præteriti temporis, non futuri. {Nam 19
transijt facile deprauatum est in transiet} [Transijt legit Theophylactus citans in Lucæ ca/ 35
put 23. Lectioni astipulatur illius commentum. In supplicium inquit non uenit, sed uiuit
æternam uitam. Porrò qui uiuit, iam ad uitam transijt.] ⟨In aureo codice scriptum erat tran/ 22
sit⟩ (in Constantiensi transijt.) 27
22-27: Filius enim non
⟨Neque enim pater iudicat quenquam.(Cyprianus pro οὐδένα legisse uidetur οὐδέν. 22
Sic enim refert: Nihil pater iudicat. Ad eundem modum citat libro ad Quirinum tertio,
capite trigesimotertio.⟩
{Et pater dedit ei potestatem iudicium facere.) καὶ, coniunctio sublata est in uulgatis 19
exemplaribus, licet in uetustis reperiatur addita. Proinde nos reposuimus quoque, ut in/
telligamus & hoc autoritatis accessisse, ut liceret & iudicis personam gerere, ueluti pater/
ni regni consortem.}
Articulus cur omissus
Quia filius hominis est.) Mirum est hic neutrę dictioni Græcum articulum præponi,
ὅτι υἱὸς ἀνθρώπου ἐστίν. Cur autem hic omissus sit, equidem meam coniecturam in medium
afferam. Opinor enim hic particulã hanc, Quia filius hominis est, nihil aliud ualere quàm
Chrysostomus ab Augustino dissentiens
quia homo est, & ad eam sententiam exprimendam erat superuacuus articulus. Atq; hic
mecum facit diuus Augustinus, qui subindicat iudicandi potestatem, quæ semper fuerit
Christo, rursus eidem traditã à patre uelut homini. Etiamsi lectionis distinctionem, quam
sequitur Augustinus, non probat Chrysostomus: ostendens hanc, quam uulgus sequitur,
esse cuiusdam Pauli Samosatensis hæretici, nec putat omnino consistere sensum, cũ Chri/
stus non ideo acceperit iudicandi potestatem, quod esset homo. Nam si ob id accepisset,
danda erat eadem omnibus hominibus. Proinde distingui iubet ad hunc modum: Et de/
dit ei potestatem iudicium quoq; faciendi, atq; hic colon intercedat. Deinde subijciatur:
Quia filius hominis est, nolite mirari hoc: ut sensus sit, Quod dixi de potestate dandi ui/
tam

tam æternam,quod de poteſtate iudicãdi, ne uobis uideatur incredibile,eo quod me con
ſpiciatis hominẽ eſſe.Quin ex ipſa Cyrilli interpretatione colligere licet eum cum Chry/
ſoſtomo ſentire.Quanquam interpres confudit diſtinctionem. Verum de ratione diſtin/
guendi ſermonis,ſuum cuiqꝫ permitto iudicium.Omnes hac in parte pro me faciũt,quod
filius hominis ſimpliciter pro homine poſitũ eſt.Nam Chryſoſtomus ita ſcribit:Nõ enim
propterea accepit iudicium,quia homo eſt.Nam nihil prohibuiſſet omnes homines iudi/
ces eſſe.Item Cyrillus,Nolite,inquit,mirari,ſi cum me hominem eſſe uideatis,ſuſcitaturũ
27 tamen mortuos me pollicear.(Theophylactus ſimiliter diſtinguit,ut hæc particula nõ pen
deat à ſuperioribus,ſed referatur ad ſequentia:Quia filius hominis eſt,nolite mirari. Ne/
gat eſſe mirandum,quod ei qui filius eſſet hominis data eſſet tanta autoritas,quum idem
eſſet dei filius,Diuinam enim naturam declarat ex generali mortuorũ reſurrectione,quæ
ſoli filio dei ſeruata eſt.)
22 ⟨Et audient uocem filiȷ̃ dei.) In Græco codice ſcriptum erat,Et audient uocẽ eius,quod
paulo ane ſe uocauerit filium dei. Et ideo dure uidetur hic repeti Filiȷ̃ dei.Exemplaria di/ 22: hominis
27 ui Donatiani(cumqꝫ his Conſtantienſe)ſuffragabanẽ Græcæ lectioni.⟩
Et procedent,qui bona fecerunt.) Eſt nõnihil momenti in diſtinctione,ut poſt uerbum Diſtinctio
procedent,addas hypodiaſtolen, ut intelligamus nõ bonos ſolum proceſſuros, ſed omnes
quicunqꝫ uocem audierint.Deinde ſubnectãtur duæ partes,altera bonorum,altera malo/
rum. Si quis attentius legat Auguſtinum hæc ediſſerentem,ſentiet illum hoc ſubnotaſſe.
Scio craſſulum eſſe quod dicturus ſum, ſed tamen quoniam hoc opus paratur imperitio/
ribus,non piguerit admonere procedent Græcis eſſe, ἐκπορεύσονται, id eſt, exibunt,ſiue
prodibunt. Loquitur enim de ȷ̃s, qui prodituri ſunt è monumentis ad uocem angeli tuba
22 canentis.⟨Alioqui procedit,quod bene ſuccedit,aut prouehitur.⟩
27 (Verum eſt teſtimonium eius quod perhibet de me.) Eius pronomen nec apud Græ/
cos additur,nec in uetuſtis codicibus.)
Ego autem habeo teſtimonium maius Ioanne.) Interpres reddidit Græca bona fide. Maius Ioanne
Nam ſi explanatius uoluiſſet exprimere, Habeo teſtimonium maius teſtimonio Ioannis,
addidiſſet alterum articulum fœmininum, τὴν μαρτυρίαν μείζω τῆς τοῦ ἰωάννου. Et tamen du/
bium non eſt,quin hic ſit ſenſus Euangeliſtæ.Neqꝫ enim confertur teſtimonium cum Io/
anne,ſed teſtimonium patris tum teſtimonio Baptiſtæ.}
19 Ea ipſa.) Ea referendum ad ſuperiora, ipſa ad ſequentia {Opera enim quæ dedit mihi
pater,ut perficiam ea,ipſa opera &c.Hæc diſtinctio manet etiamnum in peruetuſtis Lati Ipſa pro
norum exemplaribus. Ea, additum eſt ex proprietate ſermonis Hebraici. Ipſa,poſitũ pro per ſe
ultro,ſiue per ſeſe. Opera quæ facio ultro teſtantur qui ſim,etiamſi nullus teſtetur homi/
num.Cæterum iteratio operum,ad aſſeuerationem facit.
27 Scrutamini ſcripturas.) ἐρευνᾶτε. Non minus Græcis quàm nobis incertũ eſt(utrum
ſcrutamini imperandi modo dictum ſit an indicandi. Et uterque ſenſus tolerabilis eſt,niſi
35 quod Cyrillus putat indicandi modo dictum [Vos] ſcrutamini ſcripturas, &[iȷ̃dem] in eo
35 quod eſt præcipuum,non creditis ſcripturis) [Chryſoſtomus præfans arripere uidetur im/
perandi modum,annotans quod non dixerit legite,ſed ſcrutamini:enarrans,indicãdi mo/
dum,quum ait, nunquid admiramini ſcripturas. Non enim ſcrutarentur niſi mirarentur.]
Vos putatis.) ὑμεῖς δοκεῖτε. Græcus ſermo anceps. & ſic accipi poteſt, Vos uidemini
aut uidemini uobis.
Claritatem.) δόξαν. Miror quare non maluerit gloriam hoc loco. Tametſi δόξα, non 16: doxa
eſt anceps ad claritatem,ſed ad gloriam & opinionem. Claritas pro gloria
22 Non accepiſtis.) οὐ λαμβάνετε, id eſt,Non accipitis⟨uerbo præſentis temporis.⟩
27 In quo uos ſperatis.) ἠλπίκατε, id eſt, Speraſtis, tametſi bene uertit interpres (id eſt
ſpem collocaſtis.)
Si enim crederetis, &c.) εἰ γὰρ ἐπιστεύετε μωσῇ, ἐπιστεύετε ἂν ἐμοί, id eſt,Si
enim crediſſetis Moſi,credidiſſetis utique mihi.Rurſum pro
19 ἂν poſuit forſan, haud ſanè in loco {eum id in du/
bium uocet interpres, quod Chri/
ſtus affirmat.}

Ex capite

EX CAPITE SEXTO

MVltitudo magna.) πολὺς ὄχλος, id eſt, multa turba.
Ad eum.) πρὸς αὐτὸν, id eſt, Ad ſe {prima pronominis uocali aſpirata. 19
Quod tamen haud ſcio quo caſu in Eccleſiaſticis libris apud Græcos non
obſeruatur.}
Piſces Et duos piſces.) καὶ δύο ὀψάρια. Et apud Terentium in Adelphis piſces
16: vocatur ὀψάρια obſonium uocantur.⟨Siquidem opſon Græci uocant edulium quod additur pani, præſer- 22
tim coctum: unde obſonare lautius ueſci. & ὀψοφάγοι obſonatores, olim male audiebant.
ὀψάριον autem diminutiuum eſt ab ὄψον.⟩
Quid [ſunt] inter tantos.) εἰς τοσούτους, id eſt, Inter tam multos, ſiue inter tot. De numero 35
loquitur, non de magnitudine hominum.
Erat autem fœnum.) χόρτος, Herba, ſiue gramen.
Diſtribuit diſcumbentibus.) Græca nonnihil diſſonant, καὶ εὐχαριστήσας διέδωκε τοῖς μαθηταῖς, οἱ δὲ μαθηταὶ τοῖς ἀνακειμένοις, id eſt, Et cum gratias egiſſet, diſtribuit diſcipulis, diſcipuli uero diſcumbentibus. Nam ad eum fermè modum referunt & cæteri euangeliſtæ,
ipſum non dediſſe turbæ, ſed diſcipulis, deinde diſcipulos diſtribuiſſe multitudini {ſed ma- 27
gno conſenſu reclamantibus Latinis codicibus: [Vnde ſubolet hic aliquid ex alijs Euange 35
liſtis adiectũ] ex Chryſoſtomo ac Theophylacto non potuit diuinari quid legerint, in con
textu Theophylactus habet qđ eſt in Græcis codicibus, in Chryſoſtomo uerſo erat, quod
habetur in Latinis codicibus.}
Quantum uolebat De piſcibus quantum uolebant.) ὅσον ἤθελον, id eſt, Quantum uolebat, nempe Ieſus,
non quantum illa multitudo. Siquidem is erat qui ſuo arbitratu augebat commeatum il-
19: potest lum alioqui exiguum. Atque ita legit Cyrillus {Licet ex Chryſoſtomo non poſſit certum 19
colligi quid legerit} Cæterum una mutata literula erat, uolebant ἤθελον, {quemadmodum 19
19: Vulgarium lego apud Theophylactum ⟨& in nonnullis alijs exemplaribus⟩ Auguſtinus legit, quan- 22
tum ſufficiebat. Niſi forte illic Auguſtinus ſuis uerbis, euãgeliſtæ ſenſum explicuit, quem
admodum fecit pauloante: Accepit autem dominus Ieſus panes, gratias egit, iuſſit frangi
panes, poni ante diſcumbentes.} ⟨æditio Aldina [non] conſentit cum noſtra lectione, habet 22·35
enim ἤθελον. non ἤθελον.⟩
Ne pereant.) μή τι ἀπόληται, id eſt, Ne quid pereat {niſi & malis ſupereſſe.} 19
Duodecim cophinos fragmentorum.) Legi poterat, & Fragmentis, ut referatˀ ad uer-
{19-27: bum Impleuerunt.
Duo decim cophinos {Ex quinque panibus hordeaceis & duobus piſcibus.) Hæc particula, Et duobus piſci 19
fragmentorum bus, non adijcit in Grecanicis codicibus. atq; his ſuffragabatˀ utrunq; exemplar Latinum
uetuſtiſſimum} ⟨Suffragabatur & æditio fratrum Amorbachiorum, ex peruetuſtis ac ſi de 22
liſſimis exemplaribus. Deniq; ſuffragatˀ codex aureus⟩ {cum Conſtantienſi.} 27
Propheta ille Quia hic eſt uere propheta.) Quia, prætermittendũ erat. Nec ſimpliciter uertendum
erat, propheta, ſed Ille propheta ὁ προφήτης, Siquidem ex uaticinio Malachiæ expectaba
tur Helias, aut illi ſimilis {Item ex promiſſo Moyſi.} 19
Vt raperent eum, & facerent eum.) Vtroq; loco ſe ⟨aut ipſum⟩ dicendũ erat, non eum. 22
{Fugit iterũ.) ἀνεχώρησε, id eſt, Seceſſit} [ſiue ſubduxit ſe.] {Mirum quur hic interpreti li- 19.35.27
buerit à Græco ſermone diſcedere.}
Vt aũt ſero factũ eſt.) ὀψία. Sero pro ueſpere ſemper utitur. Legimus apud Liuiũ ſe-
rum diei, pro ſera parte diei. Sero non reperimus, niſi aduerbialiter uſurpatum.
Cum aſcendiſſent nauim.) εἰς τὸ πλοῖον. Cur hic oblitus eſt ſuæ nauiculæ? Nec eſt,
16: Ascendisset Aſcendiſſent.) ſed ἐμβάντων, id eſt, Ingreſſi nauim, aut certe Conſcenſa naui.
Et proximũ naui fieri.) Nimium Græce uertit, καὶ ἐγγὺς τοῦ πλοίου γινόμενον, id eſt, Na
ui appropinquare, ſiue Accedere ad nauim.
Fuit ad terrã Fuit ad terram.) ἐγένετο ἐπὶ τῆς γῆς, Facta eſt in terra {ſiue Appulit terræ.} 19
Quam ibat.) εἰς ἣν ὑπῆγον, id eſt, Ad quam ibant, nempe apoſtoli.
Altera die.) τῇ ἐπαύριον. id eſt, Poſtero die. [Quod tamen recte uertit interpres.] 35
16-27: Quod Nauicula Quia nauicula alia.) πλοιάριον. Hic uere diminutiuũ eſt nomen.
Gratias agentes deo.) Hæc uerba, in altero exemplari non habebantur, in altero diuer
ſa, ἔφαγον τὸν ἄρτον, εὐχαριστήσαντος τοῦ κυρίου, id eſt, Vbi comederant panem, cum gratias
egiſſet

19 egisset dominus.{Quanquam uetusti codices cum nostra æditione consentiunt, astipulan
te & Augustino. Nam quid legerit Chrysostomus & Cyrillus, parum liquebat ex illorum
interpretatione.}
Quando huc uenisti.) πότε ὧδε γέγονας. Hic γέγονας, uertit, uenisti. Cur non & paulo
ante: ἐγγύς ἦν ὧδε γῆς, id est, Venit in terram.
Pater signauit.) ἐσφράγισεν. Vt intelligas autoritate patris, ac testimonio comproba- 16: autoritatem Signauit pro confirmauit
tum, sicut aliàs admonuimus.
Non dedit uobis panem.) τὸν ἄρτον, id est, Illum panem. Neque enim negat ullum panem fuisse datum per Mosen, sed non illum eximium, de quo sensit scriptura diuina. Item
paulo post, Panis enim dei est. Nam ille panis dei est.
27 (Ac mox, pater meus dat uobis.) multi Latinorum codices pro dat, habebant dabit, sed
mendose, nec enim hic dat habet rationem temporis, sed potestatis. Dat enim qui solus po
test dare. Græcis est, δίδωσι, non δώσει.)
19 * {Panis enim uerus est.) Græci legunt, Panis enim dei est, consentientibus & uetustissi *↓
22·27 mis exemplaribus,<atque in his codice aureo>(cum Constantiensi.)
35 [Qui credit in me non sitiet in æternum.) Græcis est πώποτε, id est, Vnquam, Atque
itidem habet codex aureus.]
Quia dixisset ego sum panis uiuus.) Hic nō additur uiuus, sed tantum, ἐγώ εἰμι ὁ ἄρτος 16: dixit 19: dixi &
19 ὁ καταβὰς ἐκ οὐρανοῦ, id est, Ego sum panis ille qui descendit de cœlo{Consentiente cū Græ
cis, utroque uetustissimo codice, (atque etiam Donatianicis) Et paulo superius panis uitæ legi when? not 1519
tur, & non panis uiuus.}
Nónne hic est filius Ioseph.) οὐχ οὗτός ἐστιν ἰησοῦς ὁ υἱὸς ἰωσήφ, id est, Nónne hic est Iesus fi
19 lius Ioseph: consentiunt & antiquissima exemplaria Latinorū, {adstipulante & Augustino. Quo magis miror, quo cōsilio Iesus, è uulgatis exēplaribus fuerit sublatus. Nam hoc
loco Iesu nomen uelut hominis plebei per contemptum additur. quemadmodū & hodie
uulgus hominem nulla præditum dignitate, proprio compellat nomine.}
In uicem.) μετ᾽ ἀλλήλων, id est, Inuicem: siue inter uos. 16-27: In inuicem
Docibiles.) διδακτοὶ τοῦ θεοῦ, id est, Dociles dei, ut accipiamus passiue. Testimonium est θεοδίδακτοι
apud Esaiā capite quinquagesimo quarto, Vniuersos filios tuos doctos à domino. Nam
hinc diuus Hieronymus indicat sumpsisse Ioannem. At cur igitur nō dixit in Esaia, sed in
prophetis: Proinde diuus Hieronymus citat consimilem huic sententiam ex Hieremię ca
pite trigesimo primo. Porrò quod Hieronymus iuxta ueritatem Hebraicam trāstulit, Do-
27 ctos à deo, Septuaginta uerterūt (διδακτοὺς θεοῦ, id est) Discipulos dei, ut intelligas passiue
accipiendū esse nō actiue. ! Laurētius indicat in quibusdam exemplaribus scriptum fuisse !↓
διδακτικός, in alijs διδακτούς, ac posteriorem lectionem magis approbat. Cuius sententię
& ipse subscribo. διδακτικός enim dicitur, qui est appositus ad docendum, interprete Hieronymo. Vnde Paulus inter cæteras dotes, uult episcopum esse διδακτικόν, hoc est, idone
um ad docendum, ut suo commōstrabimus loco. Docilis autem est is, qui facile discit. Do
cibilis, uox est Latinis auribus inaudita. Paulus in epistola ad Thessalonicenses, composita extulit dictione, quod diuisit Ioannes, αὐτοὶ γὰρ ὑμεῖς θεοδίδακτοί ἐστε, id est, Nam uos ipsi
à deo docti estis. Quanquam hoc docti, non est participium Græcis, sed nomen, Vnde interpres studuit nomen nomine reddere, consimiliter composito. Homerus citharœdum αὐ-
τοδίδακτον appellat, qui non ex arte, sed afflatu numinis caneret, ex seipso doctus, Αὐτοδί- αὐτοδί-δακτος
δακτος δ᾽ εἰμί, θεὸς δέ μοι ἐν φρεσὶν οἴμας παντοίας ἐνέφυσεν. Proinde hoc loco non erat uerten
dum, Docibiles dei, sed docti à deo. Vt consentiat cum eo quod præcessit, Nisi pater qui
misit me, traxerit eum. hoc nimirū est esse θεοδιδάκτους, trahi patris afflatu.
27 *(Hic est panis de cœlo descendens.) ὁ καταβαίνων, Hic usus est participio præsentis tem 27: Ego sum
poris, nullum certum indicans tempus, Sentit enim nullum panem de cœlo descendere,
aut descendisse præter ipsum. Nam idem & manna uerum erat. Quoniā aūt quod manna figurarat iam erat exhibitum, mutat tempus participij, ὁ καταβάς.)
22 *<Carnē suā dare ad māducādū.) Apud Grecos nō addit suā, sed interpres expressit uim
articuli τὴν σάρκα, nimirū intelligi uolens carnē illā de qua prius est locutus Iesus. Alioqui
omisso articulo poterat esse sensus, Quomodo hic dabit nobis edendā carnē humanam.>
x Visi

* 22·27: 'Carnem suam .... manducandum)' follows 'Panis enim verus est)' and in 27 is followed by 'Hic est panis .... descendens)'
! 16: active. Hebraeis est. We-khol banayikh limmudhey 'adhonai Laurentius

Vt si quis ex ipso mãducauerit.) ἵνα τις ἐξ αὐτοῦ φάγῃ καὶ μὴ ἀποθάνῃ, Vt quis ex eo edat
& non moriatur{Quanquam hoc ad sensum haud ita multum habet momenti.} 19
(Si quis manducauerit ex hoc pane.) Mirũ quid secutus Hilarius libro de triade ineffa 27
bili decimo, locum hunc his refert uerbis, Si quis mãducauerit de pane meo uiuet in æter
num, significans in hoc esse mysterium diuinæ naturæ assumentis humanam, quod cum
affirmet se esse panem qui de cœlo descenderit, tamẽ eundem panem appellet suũ. Quan
quam hunc locum ueteres interpretãtur de doctrina cœlesti, Sic enim dixit panem suum,
ut frequenter dixit sermonem suum.)

Litigare. μάχεσθαι

Litigabant ergo.) ἐμάχοντο, id est, Pugnabant, siue decertabant.
(Carnem suam.) τὴν σάρκα in Græcis non additur suam, sed articulus τὴν refert eam 27
carnem de qua fecerat mentionem, De sua autem carne loquutus est.)

↓✱

✱ Non habebitis.) οὐκ ἔχετε, id est, Non habetis{præsentis temporis. Quanquam uideri 19
potest temporis catachresis.}
Sicut misit me uiuens pater, & ego uiuo.) Addenda erat interpreti particula, quæ re-

16: ratio

spondet Sicut, quo dilucidior redderetur oratio, Quemadmodũ misit me pater qui uiuit,
ita & ego uiuo propter patrem. Præterea ὁ τρώγων, id est, Qui mãducat me, participium
accommodãdum erat uerbo cui adhæret ζήσεται, uiuet, Qui ederit me, ipse quoq; uiuet
propter me.(Potest & sic distingui sermo, ut contexatur è duabus partibus, quarum utra- 22
que duobus constet membris. Quemadmodũ misit me uiuens pater, & quemadmodum
ego uiuo propter patrem, ita qui ederit me, uiuet ipse quoq; propter me. Cum hac distinctione cõgruit interpretatio diui Augustini: laborat enim quomodo cõstet collatio. Non
enim sic nos uiuimus propter filium dei, quemadmodum ille uiuit propter patrem.)(Vide 27
tur autem abusus præpositione διὰ, cui addidit accusandi casum pro paterno.)
Qui de cœlo descendit.) καταβάς. Præteriti temporis est descendit.

↓✱ Sermo inabso lutus

✱ Si ergo uideritis filium hominis.) Aliquid subaudiendum, quo sermo fiat absolutus.
Quid igitur si uideritis ἐὰν οὖν θεωρῆτε, significans id futurum, quod admirabilius sit, nem
pe ut redeat in cœlum, unde uenerat.
Ex hoc.) ἐκ τούτου, id est, Ex eo, ut subaudias tempore.
Diabolus est.) Miror hic placuisse uocem Grȩcam, dicere poterat, Delator est, siue ca
lumniator{est.(Sic enim designat Iudam proditorem)} Et tamen nos reliquimus{(diaboli uo 19.27
cem)} quod uiderimus Chrysostomum, diabolum propemodũ interpretari pro Satana.}

EX CAPITE SEPTIMO

[16-27: est

IN Galilæam, non enim uolebat in Iudæam.) Euangelista scripsit{in Galilȩa 35
[& in Iudæa. ἐν γαλιλαίᾳ, & ἐν ἰουδαίᾳ.{Nam ambulare positum est pro uer 19
sari. Quod genus est illud: Cum bonis ambula, pro eo quod erat, Cum bo-

↓⌐ Non uolebat pro non ua lebat 19-27: ambulare

nis uiris habe cõsuetudinem.[In eo quod sequitur Chrysostomus nobiscum 35
facit.]Non enim legit, Non uolebat in Iudæa ambulare, sed non poterat in Iu
dæa ambulare. Quod quo magis perspicuũ fiat, ipsius uerba subscribam: Post hæc ambu
labat Iesus in Galilæa. Non enim habebat potestatem in Iudæa! Atq; ut palam sit Chryso
stomum Euangelistæ uerba recensere, præmiserat, quod his uerbis Euangelista significat,
moxq; subijcit, Quid dicis beate Ioannes, non enim habebat potestatem in Iudæa ambula

Habeo pro possum ↓I 19: eum I

re, qui potest omnia quæ uult? & c.(Ac mox, Quum enim eum non habere potestatem di- 27
cit, tanquam de homine qui humana operaret dicit)Ex his palàm fit Chrysostomũ non le
gisse ἤθελε, sed εἶχεν ἐξουσίαν]. Et offensus quispiam sententia, quod absurdum uideretur
non potuisse illic uersari Iesum, qui cum uisum esset, è medijs insidiantiũ manibus elabe-
batur, mutauit, εἶχεν ἐξουσίαν in ἤθελεν, id est, ualebat in uolebat. Siquidem in Latinis uoci
bus facilis lapsus fuerat. Et à nobis hic error uideri poterat ortus, nisi tantus esset secus le-
gentium consensus.[Quanquam cum Chrysostomo consentit Cyrillus, qui locum hunc 35
enarrans, ita loquitur: Ambulabat, id est, cõuersabatur in Galilæa, quod non ultro nec libenter, sed necessario factum adiecta causa ostendit. Idcirco, inquit, in Galilæa cum alieni
genis longo tempore fuit, quia Iudæi quærebãt ipsum interficere. Etenim quum ait eum
nolentem uersatũ in Galilæa, significat illi non licuisse uersari in Iudæa.]Proinde nos rem
lectoris arbitrio relinquimus, licet grauis esse debeat Chrysostomi[& Cyrilli]autoritas. In 35
Theophy-

✱ 16: 'Non habebitis)' follows 'Si ergo ... hominis)'.
⌐ 19-27: consuetudinem. Hoc sanè loco Chrysostomus unus omnium, quos viderim, variat lectionem. Non enim
I 19-27: Quod infinito additum sonat, poterat.

27 Theophylacto legit ἤθελεν, etiamsi ex interpretatione nō satis liquet quid legerit.{Quin 19: Vulgario
subodorari licet, & Augustinū legisse ualebat, quum ait non ipse perdiderat potestatem,
35 sed nostram consolabat͠ fragilitatem)[Habemus igitur tres autores haudquaq̃ leues, qui
legunt non ualebat. Theophylactus fuit recentior, & haud scio an post Græcos Romanæ
ecclesiæ fœderatos. Quod si ob huiusmodi scrupulos phas est mutare scripturam, mutan
dus erat locus Marci sexto. Et non poterat ibi uirtutem ullam facere, nisi quod paucos infirmos impositis manibus curauit, & mirabat͠ propter incredulitatem eorum. Item illud
apud eundem capite primo. Ita ut non posset manifeste intrare in ciuitatē. In his non uerba mutanda sunt, sed uerborum sensus inquirēdus. In Iudæa nō poterat uersari, quia nolebat præueniri tempus passionis. Apud Marcum nō poterat multa miracula edere, quia
obstabat incredulitas hominum. Iudæam autem hic appellat, non totam Iudęorum regio
nem, in qua erat & Galilæa, sed eam quæ duas tribus complectitur, Iuda & Beniamin.]
19 Scenophegia.) σκηνοπηγία, scenopegia. Quæ uox composita{Græcis}dicta est à fi- **Scenopegia**
gendis tabernaculis. Nostri perperam addunt aspirationem, quam Græca dictio respuit.
35 Et quærit[ipse]in palàm esse.) καὶ ζητεῖ αὐτὸς ἐν παῤῥησίᾳ εἶναι, id est, Et quærit ipse in li- **In palam**
19 bertate esse, hoc est, libere & audacter loqui.{Quanq̃ iuxta Chrysostomi interpretationē
ἐν παῤῥησίᾳ εἶναι, planè uidetur usurpatum pro celebrem esse, quod cognati illius iudicarēt
hoc ad gloriam eius facere, ut declararet se mundo. Porrò an reperiat͠ apud probos autores In palàm, sicut in coram, alijs excutiendum relinquo.}
Ego enim non ascendam.) ἐγὼ οὔπω ἀναβαίνω, id est, Nondum ascendo, alioqui menti- **Nondum**
19 tus uideri poterat, qui se negarit ascensurum, cum tamen ascenderit.{Idq̃ palàm indicauit **ascendo**
35 Chrysostomus, ne cui nostra leuis sit autoritas}[Cyrillus legit. Ego nō ascendo. exponens
hoc sermone significasse legis ceremonias abolendas, sed paulatim. Ascendit igitur & nō
22 ascendit, quasi mox subducturus sese](In exemplaribus Donatiani scriptū erat: Ego enim
27 nondum ascendam)(Rursus in uetusto exemplari quod habebat͠ Louanij in collegio Canonicorum Martinensium: consentiebat codex constantiensis.)
Murmur multus.) γογγυσμὸς πολὺς, id est, Murmuratio multa, siue murmur multum,
27(ut legit Augustinus.)
Nemo tamen palàm loquebat͠.) παῤῥησίᾳ ἐλάλει, id est, Libere loquebatur.
Iam autem festo mediante.) Vtinam tam feliciter, q̃ audacter interpres expressisset
uocem Græcam μεσούσης, id est, Mediante. Cæterum Latine dicendū erat, Cum dimidiū
festi peractum esset, aut Circa medium festi.
27 (Propterea Moses dedit uobis circuncisionem. In superiore loco est legis, hic circunci-
sionis mentio. Hoc admoneo, quod in Latinis aliquot codicibus hic quoque habebatur
legem.)
Mihi cur indignamini.) ἐμοὶ χολᾶτε, id est, Mihi succensetis. & cur aduerbium, nō ad- **χολᾶν**
22·19 ditur, nec in Grę co, nec in antiquis exemplaribus(ne in aureo quidem codice)tantum est,
Mihi indignamini.}
Nolite iudicare secūdum faciem.) κατ᾽ ὄψιν, id est, Secundum aspectum, hoc est, uul-
19 gari more{nimirum ex his quæ corporalibus cernuntur oculis. Augustinus sermone de
uerbis Apostoli decimonono citat hoc modo, Nolite iudicare personaliter, sed iustum iudicium iudicate. Quanquam Græcis non est κατὰ προσώπου, & tamen πρόσωπον, ab aspe-
35 ctu dicitur}[πρόσωπον autem interdum uertunt personam, ut κωφὸν πρόσωπον, id est, muta persona.]
19 Ecce palàm.) ἴδε παῤῥησίᾳ λαλεῖ, id est, Libere loquitur, siue audacter loquit͠.{Omissa
est nobis cōiunctio καὶ quæ tamen uim habeat aduersatiuam, quemadmodum paulo superius, Et in sabbato circumciditis hominem. Ne quis admiretur, tamē, à nobis additum,
quo proprietatem sermonis magis explicaremus.}
Nunquid uere cognouerunt quia hic est Christus.) In nonnullis Græcorum exempla
ribus repetitur uere ἀληθῶς, Num uere cognouerunt hunc esse uere Christum? Ad eum
quidem modum legit Theophylactus. Cæterū apud Chrysostomum non additur. 16-19: Vulgarius
Ego scio eum: & si dixero, &c.) Græca sic habent, ἐγὼ δὲ οἶδα αὐτὸν ὅτι παρ᾽ αὐτοῦ εἰμι,
κἀκεῖνός με ἀπέστειλεν. ἐζήτουν οὖν, id est, Ego uero noui eum, quia ab eo sum, & ille me misit.

 Quærebant

Quærebant igitur,&c. Antiquiſſimi codices propemodum cõſentiunt cum Græcis. Nam
Additum aliquid ſic habent. Ego ſcio eum, quia ab ipſo ſum, & ipſe miſit me. Quærebant ergo eum apprehendere. {Proinde conſentaneum uero eſt, ea uerba} Et ſi dixero, quia non noui eum, ero ſi- 19
milis uobis mendax, {e} fine proximi capitis huc tranſcripta fuiſſe à ſtudioſo quopiam con- 19
ferente loca, moxq; à parum attento in contextum relata {quum nec Auguſtinus nec Chry 27
ſoſtomus in commentarijs ſuis attingant hanc particulam.)

16: 'et si dixero... mendax' included in following para., see below.

19-22: margin: Gentes Graeci ↓!

In diſperſionem gentium iturus eſt.) ἑλλήνων, id eſt, Græcorum, quod tamen aliquoties pro quibuſuis gentibus uſurpat. Vt paulo poſt, Docturus gentes, τοὺς ἕλληνας, id eſt,
Græcos. !

Locus obſcurus explicatus

Qui credit in me, ſicut dicit ſcriptura.) Ita diſtinguit Ioannes Chryſoſtomus, ut Sicut
dicit ſcriptura, referatur ad uerbum credit in me. Et id quod ſequitur: Flumina de uentre
eius fluent aquæ uiuæ, uerba ſint Chriſti, & non ſcripturæ: ut hic ſit ſenſus, Scriptura monet ut mihi credatur. Nam de me teſtificatur. Ergo qui crediderit in me, iuxta quod ſcriptura monet, futurum eſt, ut ille concepto ſpiritu meo effundat flumina efficacis doctrinæ.
(Id apertius etiam tradit Theophylactus, admonens ut ita diſtinguamus, Qui credit in me, 27
ſicut dicit ſcriptura: & interpoſito puncto, ſubijciantur, flumina de uentre eius &c. quaſi
moneat ipſi credendum, ob ſcripturas potius hoc iubentes quàm propter miracula.) Ad
hanc diſtinctionem confugit Chryſoſtomus, quod ea uerba quæ ſequuntur, nuſquam legantur in diuinis literis. Etiamſi Lyranus ex Solomone citata putat {ſequutus opinor auto 22
ritatem Hieronymi, qui in prologo ſuper pentateuchum, indicat hunc locum non eſſe in
libris à Septuaginta uerſis, ſed ex Hebræorũ fontibus petendum. Idem apertius etiam affir
mat in prologo Paralipomenon. Thomas cõiectat locum eſſe Prouerbiorum capite quinto: Deriuentur fontes tui foras, & in plateis aquas tuas diuide. Verum hanc coniecturam
ipſa refellit res. cum enim interpretatio Septuaginta, nihil hic diſſentiat à noſtra æditione
eccleſiaſtica, conſequitur, ut aut hic non ſit locus de quo ſenſit Hieronymus, aut translatio
qua utitur eccleſia, non reſpondeat Hebraicæ ueritati. Sic enim legunt Græci, ὑπερεκχέσθω
σοι τὰ ὕδατα ἐκ τῆς σῆς πηγῆς, εἰς δὲ τὰς πλατείας διαπορευέσθω τὰ σὰ ὕδατα, id eſt, Effundan
tur tibi aquæ, è tuo fonte, & in plateas tuas diriuentur tuæ aquæ. Proinde aut Chryſoſtomo ſubſcribendum eſt, aut alius quærendus locus. Quin & Auguſtinus ſic enarrat hunc
locum, ut hæc uerba tribuat Chriſto, Qui crediderit in me. Scribit enim hunc in modum:
Vnde enim dixerit dominus, Si quis ſitit, ueniat ad me, & bibat, & qui credit in me, flumina de uentre eius fluent aquæ uiuæ, conſequenter expoſuit Euangeliſta dicens. Auguſtinus dominum loquentem facit, de citata ſcriptura nulla mentio.} Cæterum quod Carrenſis
uelut ex Chryſoſtomo autore mutat aquam uiuam, in fontem uiuum, quid ſibi uelit, ipſe
uiderit. Nihil enim huiuſmodi reperies apud Chryſoſtomum, uerum (is) ex alio loco citat, 27
Fiet in eo fons aquæ ſalientis in uitam æternam. [Deniq; illud extra cõtrouerſiam eſt, hanc 35
partem, flumina de uentre eius, non ad Chriſtum pertinere, ſed ad hominẽ credentẽ. Alio
qui ſermo eſſet inabſolutus.]

19-35: margin: Super est aliquid

Nondum erat ſpiritus, quomodo intelligendum

Nondum erat ſpiritus datus.) Pro datus, Græce eſt, ſanctus, nec additur datus. Cæterum offenſus quiſpiam prima ſermonis fronte, quaſi ſpiritus ſanctus aliquando non fuerit, pro ſanctus fecit, datus. Atqui nihil erat periculi. Agit enim non de ſubſtantia ſpiritus
ſancti, uerũ de illo munere & afflatu, quo Apoſtoli ſubito mutati ſunt in alios uiros. Atq;
id propemodum licet ex Chryſoſtomi uerbis colligere. {Quanquam apud hunc ſemel atq; 19
iterum repetitur ſpiritus datus, (quemadmodũ & apud Theophylactũ,) conſentientibus & 27
uetuſtiſsimis exemplaribus Latinis. Itaq; ſuper hac re nihil pronuncio, niſi in Græcorũ co
dicibus conſtanter haberi ſcriptum, Nondum enim erat ſpiritus ſanctus.} Certe Theophylactus {cuius exemplar eſt apud prædicatores Baſilienſes} plane legit ſpiritus ſanctus, & in- 19
terpretatur, Non erat {id eſt} Non erat datus. {Imò ſi quis attentius legat Auguſtini com- 19.22
mentarium, comperiet & ipſum legiſſe quemadmodum comperimus ſcriptum in Græco
rum uoluminibus. Etiamſi ſcriba ſubinde admiſcet datus. Sic enim mouet quæſtionem:
Sed quid eſt quod ait, Non erat ſpiritus datus, quia Ieſus nondum erat glorificatus? In euidenti eſt intellectus. Non enim non erat ſpiritus dei qui erat apud deum, ſed nondum erat
in eis qui crediderant in Ieſum. Ita enim diſpoſuit dominus Ieſus, nõ eis dare ſpiritũ iſtum,
de quo

16: Caeterum
16-19: Vulgarus

! 16: graecos. Caeterum illa, & si dixero quia nescio eum ero similis vobis mendax non adduntur in exemplaribus graecis, imo ne in latinis quidem emendatioribus. Qui credit

de quo loquimur,nisi post resurrectionem suam,& hoc non sine causa. Ac mox mouet al/
teram quæstionem,quomodo negetur fuisse spiritus dei in sanctis, cum legamus prophe/
tas, Simeonem, Annam uiduam,non caruisse spiritu sancto,Zachariam repletum spiritu
sancto,in uirginem matrem descendisse spiritum sanctum.Ad quam ita respondet,ut fatea
tur eundem quidem fuisse spiritum,sed modum donationis fuisse diuersum.Quod si Au/
gustinus legisset datus,nullus erat locus priori quæstioni. Neq; secus legisse uidetur Ori/
genes.Sic enim scribit.Neq; enim uenerat super aliquem ipsorum credentiũ in Iesum spi/
35 ritus sanctus,sicut testatur Ioannes.Spiritum sanctum audis,dati nulla mentio.⟩Quin & di
uus Hieronymus ad Hedibiam quæstione 9. ita citat hunc locũ,ut datus supersit,Ait enim
subijciens,non quod non esset spiritus sanctus &c.Si additum fuisset datus,non erat occur
27 rendum quæstioni.⟨Ego arbitror primam scripturam, nec datus habuisse, nec sanctus, sed
35 sanctus adiectum à Græcis, datus à nostris.[In codice constantiensi latino, datus recentio/
re manu superscriptum erat in interuallo uersuum. Chrysostomus in Acta Apost. hom.3
& 2. legit,Nondum enim erat spiritus]. Annotandum & illud quod apud Græcos hic non
additur articulus, sed est πνεῦμα ἅγιον, quod ut dixi non loquitur de natura spiritus,sed de
spiritus ui,ac perinde sonat,non erat spiritus,id est, discipuli adhuc erant carnales.)

Ex illa ergo turba.) πολλοὶ οὖν ἐκ τοῦ ὄχλου ἀκούσαντες, id est, Multi igitur de turba cum
audissent.

19 Maledicti sunt.) ἐπικατάρατοι,{id est, Deuoti siue execrabiles.}

22.27 ⟨Scrutare scripturas.) Scripturas apud Græcos non additur,⟨ne apud Chrysostomum
quidem,quanquam non omnino perperam additum est. Tametsi potest idem & alijs con/
iecturis exquiri præter scripturas.⟩Tantum est ἐρεύνησον. Græcæ lectioni suffragantur codi
22.27 ces sancti Donatiani⟩& constantiensis.⟩

Ex Galilæa propheta non surgit. οὐκ ἐγήγερται, id est, Non surrexit, siue exortus est,ut
19 intelligas neminem exortum.{Atq; ita legit Chrysostomus. Colligunt enim ex præteritis
22 quod futurum est}⟨In Augustini commentarijs legitur surget, sed adijcit, Sed dominus pro
35 phetarũ inde surrexit,quasi legerit & ipse surrexit.⟩[Arbitror tamen germanam esse lectio/
nem quam sequitur interpres.]

27 ⟨Et reuersi sunt unusquisq; in domum suam.) Hæc clausula non additur apud Chryso/
stomum,ne apud Theophylactum quidem.⟩

EX CAPITE OCTAVO

ADDVCVNT autem scribæ & pharisæi mulierẽ.) Historia de muliere adul/
tera, non habetur in plerisq; Græcis exemplaribus. In nonnullis adiecta erat
in calce. Atq; adeo Chrysostomus nullam facit huius mentionem, edisserens
Euangelium Ioannis, legens hoc contextu, Scrutare & uide, quia à Galilæa
propheta non surgit. Rursum igitur Iesus illis loquutus est, dicens, Ego sum
lux mundi,&c. Et ad eundem modum legit Theophylactus,cum alioqui perpetuam in to
35 tum Ioannis Euangelium commentationem scripserit.[Vnde mirum est Chrysostomum
alibi,uidelicet homilia 60.huius historiæ meminisse, Sic enim scribit inter cætera: Vt quũ
rogarũt,an liceret censum dare Cæsari, & an lapidanda esset adultera.Nisi forte putãdum
19 est,alterum exemplum à studioso quopiam adiectũ esse]{Tametsi diuus Augustinus hunc
locum & enarrat in commentarijs,& subinde citat in operibus suis}Quin & diuus Hiero/
nymus in dialogo aduersus Pelagianos secundo, cum uehemẽter egeret huius testimonio
loci,quo quidem in casu solet & ex apocryphis adducere testimonia, tamen hanc allegans
historiam, ingenue fatetur, non in omnibus haberi codicibus,In euangelio, inquit, secun/
dum Ioannem,in multis & Græcis & Latinis codicibus inuenitur de adultera muliere,quę
22 accusata est apud dominũ.⟨Eusebius Cæsariensis ecclesiasticæ historiæ libro tertio, indicat
hanc historiam de muliere adulterij delata apud dominum, additam Euangelio Ioannis,ex
Euangelio quod inscribitur secundum Hebræos.Arbitror autẽ Eusebium sentire de euan/
gelio apocrypho Nazoræorum. Alioqui si hæc historia haberetur in Euangelio quod scri/
psisse creditur Matthæus, illuc potius restituenda erat, unde fuisset decerpta. Nec Hiero/
nymus rem tantam dissimulasset.At fieri potuit, ut quod ab Euangelio Ioannis perierat,in
apocrypho extaret, aut ut Ioannes post,hanc partem adiecerit euangelio suo.Itaq; factum

Historia de muliere adultera in multis non est

16-19: Vulgarius

X 3 ut in

[16: scripserit. Ad haec diuus Augustinus, cum in hoc evangelium diligenter ac copiose scripserit, hunc locum ne attigit quidem, quin +

⟨ 16-22: dominum. Cyrillus hic magnam evangelii partem reliquit intactam. Unde quid is legerit, certum sciri non potest. 22: Eusebius 16-19: Nos tamen quoniam p. 246.

ut in quibusdam codicibus haberetur, in quibusdam non haberetur. Postremo fieri potest, ut in apocryphis multa uera referantur. Ex ueris igitur hanc historiam adiectam, quæ iam autoritatem habet: nõ quod in apocryphis scripta fuerit, sed quod eam Papias è suo doctore audierit, quodq́ hanc ecclesiæ consensus, ut euangelio dignam cõprobarit. Proinde nos,

16-19: tamen {quoniam iam ubiq; recepta est, præsertim apud Latinos, noluimus suo mouere loco, maxi 19
me cum & nos in uno quodam exemplari Græco partem hanc asscriptam compererimus. Et satis liquet in ijs exemplaribus, quibus usus est Laurentius, non abfuisse, uel hoc argumento, quod unum atq; alterum huius historiæ locum excutit.}

{Deprehensa est in adulterio.) κατειλήφθη ἐπ' αὐτοφώρῳ μοιχευομένη, hoc est, Deprehensa 19
est in ipso facto cum adulteraretur. φωρᾶν enim est deprehẽdere in facinore ipso. Et huiusmodi deprehensionem αὐτοφώρου appellat.}

Sine peccato ἀναμάρτητος — Sine peccato est.) ἀναμάρτητος. Quod non solum significat eum qui non peccauit, sed qui peccare non possit, ut indicauit Hieronymus in dialogis aduersus Pelagium.

Audientes autem hoc unus post unum.) Græca dissonant, οἱ δὲ ἀκούσαντες καὶ ὑπὸ τῆς συνειδήσεως ἐλεγχόμενοι, ἐξήρχοντο εἷς καθεῖς, id est, At illi cum audissent, & à conscientia redarguerentur, exierunt singillatim. Quanq; aliter legit Valla (Et secus habet æditio Aldina). 22

A senioribus.) Addunt hic Græci (quidam codices) ἕως τῶν ἐσχάτων, id est, Vsque ad 22
postremos.

Et remansit solus.) κατελείφθη, id est, Relictus est: [siue desertus est. Mirum quur pu 35
tarit à Græca uoce recedendum.]

Forsitan & patrem.) Rursum coniunctionem ἂν uertit in forsitan, cum id Christus asfirmet potius quàm uocet in dubium. (Augustinus offensus aduerbio, monet forsitan hic 27
non esse dubitantis sed increpantis.)

Vos deorsum estis. ἐκ τῶν κάτω, id est, Ex inferis, siue, Ex ijs, quæ inferne sunt. Antiqui libri habent, Vos (de) deorsum estis. Ac mox, ἐκ τῶν ἄνω, id est, è supernis, quod articulus 22
additus (aduerbio) uim habeat nominis adiectiui. 27

Principium τὴν ἀρχὴν — Principium qui & loquor.) Principium, non est hic nominatiui casus, ut Christus dixerit se esse principium, nec accusatiui, id quod diuus existimat Augustinus, propterea quod non cohæreat cum ijs quæ præcedunt, sed aduerbium. Sic enim Græci dicunt τὴν ἀρχὴν, pro primo, seu principio: quemadmodum τέλος pro postremo, aut deniq; aduerbialiter.

16: responderet — {ut subaudias præpositionem κατὰ.} Nec est Græce qui ὃς, sed ὅτι, id est, quia, uel quod, 19

Varij sensus huius loci principiũ qa & loquor — Quanquam his quoq; cognitis, sensus apud Græcos nonnihil habet ambiguitatis. Potest enim hic esse sensus, ut rogatus Iesus quis esset, responderit, Hoc primo loco dicam, is sum qui loquor uobiscum. Nam cætera de me indigni estis qui audiatis. Aut si legimus ὅτι, non ὃς, ut constanter habent Græci codices, assentientibus & latinis aliquot exemplaribus, in quibus scriptum est, Principium quia & loquor uobis, potest hic esse sensus, Primum id sum, quod etiam dico uobis. Non explico quicquid sum indignis, hoc primum dico, me missum esse à patre, & præconem uitæ, id quod iam dudum dico uobis. Siquidem Græca uox ὅτι anceps est, ad quod nomen {si asscribas hypodiastolen, ὅ, τι} & quia coniunctionem 19
{si subnotaris ὑφὲν} [Vt referat quod præcessit, nisi credideritis, quod ego sum. Nam hæc 19. 35
uox deo peculiaris est, ego sum. Et alibi dixit, Antequam Abraham fieret, ego sum. Rogantibus igitur, tu quis es, tecte significãs se deum esse, respondit, principio hoc sum, quod iamdudum loquor uobis, quum toties dicam ego sum.] Potest accipi tertius quoq; sensus, ut hæc cohæreant cum his quę proxime sequuntur, Multa habeo de uobis dicere. primum

16: quo — ob id ipsum quod loquor uobis, quo beneficio uos præbetis indignos. Multa habeo quæ de uobis dicam, hoc est, multa sunt de quibus uos accusem & cõdemnem, plura habiturus, si dicam quis sim, nimirum deus & homo. Nam id accessisset illis ad cumulum impietatis, cum hæc ipsa quæ audierant, inflamment illos ad consilium occidendi. In hunc fermè sensum edisserit Chrysostomus, & hũc sequutus Theophylactus. Quorum uterq; sic accipit,

16-19: Vulgarius — Chrysostomi sententia — ut Christus nihil respõdere dignatus sit ad id quod interrogarãt, Tu quis es: ut qui digniores essent, qui audirent quid ipsi essent, nimirum impij, rebelles, scelerati, & quis esset Christus, cui insidiabantur {Id quo lectori sit exploratius, Chrysostomi uerba subscribam. Prin 19 long addition to p.
cipium quia & loquor uobis, hoc est, sanè indigni estis qui sermones meos audiatis, & quis sim

{16: insidiabantur. Caeterum Augustinianam interpretationem, vel ipsa refellit res, neque enim competit in Christum absoluta principii appellatio, cum proprietas filii sit esse ab alio. Quanquam Augustinus vel hoc ipsum debebat graecis litteris, quod per eas intellexerit principium esse foeminini generis apud graecos, & casus accusativi, quod si adolescens eas literas discere maluisset quam fastidire, nimirum earundem beneficio vidisset, & illud τὴν ἀρχὴν adverbii vice poni, qua quidem in re nihil offensus est Chrysostomus quippe qui graeci sermonis formam agnosceret. At deus bone quot verbis hic agit Augustinus, dum persuadere conatur principium sic accipiendum, quasi dixisset, credite me esse principium.

Quia patrem...) p. 248

sim intelligatis. Vos ut me tentetis semper loquimini, mihi autem non attenditis, & in o-
mnibus uos reprehendere nunc non possum. Hoc enim significat, Multa habeo de uobis lo
qui & iudicare. Expende lector num & hunc in modum accipi possit, ut hæc pars, Principio quod & loquor uobis, pertineat ad ea quæ præcesserunt, In peccatis uestris moriemini
&c. Primum ob hoc quoq; ipsum quod hæc loquor uobis. Quod si quid suffragarentur ex
emplaria, uideo commode posse legi hoc pacto, τὴν ἀρχὴν ὁ καὶ λαλῶν ὑμῖν, ut sit sensus, Prin
cipio sum ille qui etiam loquor uobis, siue, qui loquitur uobis. Non quod autor esse uelim
nouæ lectionis, sed quo lectorem admoneam, si quid forte reperiat in exemplaribus bonæ
fidei. Porrò quod additũ est, Principio, quasi plura sit additurus, pertinet ad id quod sequitur, Multa habeo de uobis dicere & iudicare. Cæterum diuus Augustinus huc detorquet Augustini sen
hunc locum, ut hæc uerba, Tu quis es, perinde ualeant ac si dixissent, Quẽ te esse dicis, aut tentia pensi-
quem te esse credimus? Et quasi sic interrogassent, Christus respondit, Principium quia & tata
loquor uobis. Quæritis quid debeatis credere? credite me esse principiũ. Quæ quidem interpretatio utinã tam esset apposita, q̃ ille frequenter eam inculcat ac repetit, uelut asseue-
ratione molliens quod re durius erat. Quanquam illud certe sensit, principium hoc in loco
fœminini generis esse, casus accusatiui. Quod ni sensisset, nullo scrupulo offenso, statim
pronunciasset, Tu quis es, responsum esse, sum principiũ. Etiãsi me non fugit, Ambrosium
hunc locum adducere iuxta Augustini opinionem, libro Hexaemerôn primo, cap. secun- 19: 4
27 do (Sicut, inquit, in euangelio dei filius, dicentibus sibi tu quis es? respondit, initium qui &
22 loquor uobis (& rursus quarto) Et illud in euangelio pręcipue, quod interrogatus dominus
27 quis esset, respondit, Initiũ, quod & loquor uobis.) Idem de fide lib. tertio cap. quarto. Nec
de principio residet aliquid quęstionis, quum interrogatus in carne Tu qui es, responderit,
principium qui & loquor uobis. Ambrosius non consuluit Græca, & ideo non sentit scru-
pum: Augustinus quia consuluit torquetur, sed quod adfert, de casu accusandi plane durũ
est, & à nemine Græcorum annotatum.) Coactius mihi uidetur & illud quod addit, Quia
& loquor uobis. Nam ex sensu colligo eum quia, legisse non qui. Ait enim, Et addidit, Qui 19-22: Augustinum
& loquor uobis, id est, quia humilis propter uos factus, ad ista uerba descendo. Nam si prin
cipium sicuti est, ita maneret apud patrem, & non acciperet formam serui, & homo loqueretur hominibus, quomodo ei crederent, cum infirma corda intelligibile uerbum sine uoce
sensibili audire non possint? Ergo, inquit, credite me esse principium, quia ut credatis non Principium
solum sum, sed & loquor uobis. Ex hisce uerbis satis liquet, Augustinum quia, legisse non quia &c.
qui: presertim cum idem libro de Genesi ad literam referat hoc pacto, Principium, quod &
22 loquor uobis (ut modo citauimus ex Ambrosio.) Verũ si fas est à tantis uiris dissentire, neu
tra interpretationis pars mihi probatur. Ambrosius aliud agens adducit hunc locum. Augustinus sedulo protulit in mediũ, quod tum ueniebat in mentem, mutaturus ni fallor, sen
tentiam, si propius rem fuisset intuitus, aut si Græcorum cõmentarios excussisset. Quamuis idem hunc Ioannis locũ in eam sententiã citat, cum aliâs frequenter, tum in libro aduer
sus ἀνώνυμον legis aduersariũ cap. tertio, hinc colligens ac demonstrans Christũ recte dici
principiũ. Ac mihi uidetur Augustinus aliquoties in tuendis ijs quæ semel dixerit, paulo
constantior q̃ res postulat. Quod si huic puero Græcæ literæ tam dulces fuissent q̃ erant
Romanæ, nec ipse postea senex deplorasset adolescentiæ fastidiũ, & felicius diuinas literas
tractasset, Græcorum libris adiutus. Magis autem admiror Ambrosiũ, qui pulchre Græce
nosset, quiq; sacrorũ uoluminum interpretationem ex Græcorum cõmentarijs haurire solet, hic cum Augustino cõsentire, atq; ex hoc loco docere Christum recte dici principium,
cum aliâs, tum libro de fide tertio, cap. quarto. Quin & illud annotandum, neq; Chrysosto
mum, neq; Theophylactum quicq; hoc loco offendi, cũ offenderetur Augustinus, opinor 19: Vulgarium
quod Græci sermonis formam agnoscerent, scirentq; τὴν ἀρχὴν aduerbij uice poni, quemadmodum οὐδ' ἀρχὴν, pro nequaq;, & τέλος pro deniq;. Cæterum ut mihi grauis est Chry
sostomi autoritas, ita interpretatio minus uidetur coacta. Vnus adhuc scrupus restare po 19: habet animum meum
terat, quod τέλος aut ἀρχὴν, quoties aduerbij uim habent, incertum sit an soleant apud au- 19: non meminerim
22 tores articulo præposito usurpari (Sed ad hunc modũ usurpauit Gregorius Nazianzenus usquam
sermone de paschate, οὐκ ἐπιορκήσεις, ἐκεῖνος. σὺ δὲ οὐδὲ ὀμῇ τὴν ἀρχὴν, id est, Non peierabis, ille,
27 tu uero, nec iuraueris omnino.) Et Galenus in libello de optimo docendi genere, ἀλλ' οὐδὲ δι-

 δασκαλίαν

διδάσκαλον τὴν ἀρχὴν ἐναργῶς οἶμαι δεδιδάχθαι, id eſt, uerum in nulla prorſus eruditione arbi/
tror fuiſſe inſtitutum.) Iam & in hoc laborat Auguſtinus quomodo Chriſtus dicatur princi
pium, cum eſſe ab alio, pugnet cũ principij ratione. Pater enim ſimpliciter & abſolute prin
cipium uocatur. Abſolute dico, non perfecte, cum hæc appellatio perfecte cõpetat & in fi/
lium, ſed ita ut nihil nominari poſsit, cuius non ſit principium. Siquidem pater principium
eſt omnium & creatorum & increatorum. Filius patris certe principium dici nõ poteſt, ut
neq; (totius) deitatis, quemadmodum ſentit Auguſtinus.* Quanquam Paulus in epiſtola ad 22
Coloſſenſes, eum principium uocat abſolute, ſed addens primogenitus ex mortuis, & pau
lo ſuperius dixerat, Primogenitum omnis creaturæ.[Quod aũt in Apocalypſi dicitur prin/ 35
cipium & finis, cõſtat intelligendum, Chriſtum eſſe initium & cõſummationem eccleſię,
quam priore aduentu conſtituit, poſteriore perficiet]. (Et hic locus fuit impetitus atrocibus 22
calumnijs. Ad quas quoniam abunde, ni fallor, reſponſum eſt nobis ſemel, atq; iterum ædi
to libello, neq; res paucis uerbis repeti poteſt, nolim hoc uolumen amplius onerare. Petat
inde, ſi cui lubet exactius cognoſcere.)

Quomodo filius principium

↓ *

Patrem dicebat deum

Quia patrem eius dicebat deum.) Antiqui codices habent, Quia patrem eis dicebat.
(Nam in cõſtantienſi recenti manu neſcio quis addiderat) deum, (quũ tamen locus nõ eſſet.) 27
Græci ſic, ὅτι τὸν πατέρα αὐτοῖς ἔλεγεν, Quod patrem eis dixiſſet, nec additur deum. Sen/
ſus autem uidetur hic, non intellexiſſe Iudæos cum Ieſus de patre loqueretur, quid uocaret
patrem. Nam aliud quiddam uidebatur ſignificare ꝙ quod uulgo patrem uocant. (Neque 22
enim ignorare poterant, quod de patre loqueretur, cum pauloante manifeſte de patre ſuo
loquatur.) {Quin hæc fortaſſe ſentẽtia, ut eſt ſimplicisſima, ita maxime probabitur eruditis, 19
ut accipiamus Chriſtum patrem eis dicere deum, pro eo quod erat, De deo patre loquere/
tur. Quem in modum intellexiſſe uidetur Chryſoſtomus: Cum multa diceret de patre ſuo,
non intelligebant, illum de patre cœleſti loqui, cum eum pro homine ſimplici haberent. Re
ceptus eſt enim & hic ſermonis color, hunc dico, pro de hoc dico.}
Vere diſcipuli mei eritis.) Græci legunt ἐστὲ, id eſt, Eſtis. Interpres legiſſe uidetur ἔσεσθε.
(Quemadmodum & hodie legitur in nonnullis.) Et item paulo poſt, Vere liberi eritis. ὄντως 22
ἐλεύθεροί ἐστε, id eſt, Vere [ſiue reuera] liberi eſtis. 35
(Et ueritas liberabit uos.) ἐλευθερώσει, id eſt, liberos reddet. Annotauit hoc loco & diuus 27
Auguſtinus Græcæ uocis emphaſim. Nam Latinis liberari dicuntur qui ſubducũtur à pe/
riculo aut morbo, at Græca uox ad libertatem pertinet quæ ſeruituti opponitur. Item Lati
nis liber dicitur, qui periculum effugit, ſed Græca uox ingenuum ſonat, & nulli ſeruituti
obnoxium. Id ita eſſe declarat Iudæorum ſtomachus, Nemini ſeruiuimus unquam.)
[Sermo meus non capit in uobis.) οὐ χωρεῖ, id eſt, non habet locum in uobis, quia uos non 35
eſtis capaces illius.
Et uos quæ uidiſtis apud patrem ueſtrum facitis.) Chryſoſtomus in Catena aurea cita/
tus, legit facite pro facitis, quod ποιεῖτε Græca uox ſit ambigua. Atqui ita ſenſiſſe Chryſo/
ſtomum nec ex ipſius interpretatione ſatis liquet, quæ non minus ambigua eſt ꝙ ipſe con/
textus. Ex Auguſtino quid legerit non poteſt certo colligi.]
Si filij Abrahæ eſtis.) εἰ τέκνα τοῦ ἀβραὰμ ἦτε, τὰ ἔργα τοῦ ἀβραὰμ ἐποιεῖτε, id eſt, Si Abra
ham filij eſſetis, opera Abrahæ faceretis, ut cohæreat cum eo quod ſequitur, Nunc autem
quæritis me interficere. Antiquiſsimus codex habebat facitis, non facite. (Interpres legiſſe 22
uidetur ποιεῖτε.) (Et hanc arbitror fuiſſe germanam lectionem. Ratiocinatur enim dominus 27
ex ſignis reciprocis, ſiue ut dialectici loquuntur, conuertibilibus. Si animal eſt ſentit, ſi ſen/
tit animal eſt. Ponit enim hanc definitionem, Filius eſt qui patrem imitatur, ſi eſtis filij A/
brahæ, uti(q;) facitis illius opera, ſi facitis, eſtis filij, ſed non facitis, non eſtis igitur.)
Diligeretis uti(q;) me.) Cur hic non dixit, diligeretis forſitan? Nam eadem eſt coniunctio
ἂν eodem modo poſita, quam toties uertit forſitan & forte. **

↓ **

Mẽdax et pater mendacij

19-22: + Cyrillus

Quia mendax eſt & pater eius.) ὅτι ψεύστης ἐστὶ καὶ ὁ πατὴρ αὐτοῦ. Sermo quidem Græcis anceps eſt, ſed
interpretes referunt αὐτοῦ, non ad diabolũ, ſed ad ψεῦδος, id eſt, mendaciũ. Ad eum modum
interpretatur Chryſoſtomus ac Theophylactus, diuus Hieronymus, in explanationibus
Eſaiæ, atque item diuus Auguſtinus, Vt ſit omnis homo mendax, cæterum diabolus men
dacij pater, qui primus omnium mendacium produxerit: Eritis ſicut dij. {Ex hoc ſanè loco 19
Manichæi

* 19: neotericum Theologorum vulgus loquitur
** : see p. 249, first variant *

Manichæi errorem suũ hauserũt, ut diabolo darent patrẽ, opinor, mali principiũ, ut autor est diuus Augustinus. Porrò ut horũ iure optimo detestor ineptiam, ita nõnihil obstat nostrorum interpretationi, quod apud Græcos additur articulus, ὁ πατὴρ, quo magis certus aliquis pater designatur. Verum hoc quicquid est, erudito lectori discutiendum relinquo.} ὁ πατὴρ

19 * Arguet {me de peccato}) Antiquissimi codices habent, arguit. Itidem & Græci ἐλέγχει, ut arguit positum sit pro, Possit me arguere, & arguere dixit, pro conuincere, non pro accusare. Nam id est ἐλέγχειν. *16: follows 'Diligentis ubique me)' p. 248

19 Inhonorastis.) {In nõnullis erat ἀτιμάζετε, non ἠτιμάσατε} id est, Contumelia afficitis. An
22 tiqui habent, inhonoratis, consentientibus Græcis (quibusdam.)

Ero similis uobis mendax.) Hinc erat transcriptũ quod indicauimus additũ superius. Nam hoc loco legit & interpretatur etiam Chrysostomus. 16-27: probatur

Quinquaginta annos.) Chrysostomus legit quadraginta, adijciens commenti uice, ac Quinquaginta annos non dum habes
19 si iam propè accederet ad eam ætatem. Eaq; lectio magis mihi probaretur {si modo codex
27 mendo uacaret} (quem ego planè suspicor uitiatum à librarijs, præsertim quum Theophylactus planè legat quinquaginta, addẽs curiosum esse quærere quur maluerint dicere quinquaginta quàm quadraginta, Sic enim in mentem uenisse Iudeis. Non enim tam respiciebant ad ętatem Christi, quàm ad longitudinem temporis quod intercesserat ab Abraham usq; ad Christum) Nec est quod faciamus Christũ senili fuisse uultu ob labores. Cuius sen 19-27: vacat
35.19 tentiæ [Carrensis] {meminit} Sed ut dixi fieri potest, ut in Chrysostomo librarius ex quinqua 16-27: cum
27 ginta fecerit quadraginta, præsertim cum tantus sit exemplariorum consensus (Diuus Irenæus lib. 2. cap. 39. & 40. legit quinquaginta, sed affirmat dominum maiorem annis quadraginta prædicasse Euangelium. Idq; confirmat partim autoritate huius loci, partim eorum qui prædicabant sese hoc ex ipso Ioanne Euangelista audisse. Verum Eusebius lib. 3. cap. 39. notat Papiam Ioannis Euangelistæ discipulum, quod ex Apostoli uerbis non satis intellectis tradiderit quędã unde data est alijs erroris ansa. Et inter hos numerat Irenęum, Addit ex Papiæ libris perspicuum esse eum uirum exigui fuisse ingenij)

Antequam Abraham fieret.) πρὶν ἀβραὰμ γενέσθαι, id est, Priusquam Abraham esset, siue
22 fuisset. Fortassis interpres uerterat, foret, quod librariorum errore mutatũ sit in fieret (Nos transtulimus Antequam Abraham nasceretur, ut distingueremus rationem qua est Abra
19 ham ab ea qua semper est Christus) {Nam hoc loco philosophat̃ Augustinus, quod Abraham factus dicitur, Christus esse. At in eo non philosophat̃ Chrysostomus, sed in hoc duntaxat, quod in Abraham usus est uerbo præteriti temporis, in Christo præsentis. Quomodo de se prædicat deus, Ego sum qui sum.} 19: Iam {Iam.... sum. forms last sentence of preceding entry

19 Abscondit se.) ἐκρύβη, id est, Occultatus est {Quanquam rectè sensum expressit interpres, & uitauit amphibologiam.

Et exiuit de templo.) Post hæc uerba nõnulli Græcorum codices habebãt, διελθὼν διὰ μέσου αὐτῶν, καὶ παρῆγεν οὕτως, id est, Transiens per medium illorũ, & pręterijt sic. Quę quidem uerba quando nec apud Chrysostomum reperio, nec apud Augustinum, nec in uetustis Latinorũ exemplaribus, suspicor à studioso quopiam addita ex Lucę capite quarto: ubi Iesus simili modo elabitur è manibus Iudæorũ. Aliquis igitur loca confinia conferens, quod alibi abundabat, alibi adiecit. Deinde ut quod sequit̃ cum superiore narratione connecteret, interposuit. Et sic præterijt, nimirum dilapsus inter eos, qui uitæ illius insidiabantur, quod sequitur, Præteriens autem. Proinde non ueriti sumus hæc ceu superuacua præ 19-22: nec apud Cyrillum Additum aliquid aliunde
27 termittere (etiamsi Theophylactus & legit & interpretatur exponens, sic, id est, facile.)

EX CAPITE NONO

27 (ET prętericns Iesus.) Iesus in uetustis Latinorum exemplaribus nõ additur.)

Hic aut parentes.) An parentes dicendum erat, non aut. Nam aut disiun
19 git, an interrogat, {& ita legit diuus Augustinus. Porrò Græca uox ἢ anceps est ad aut & an.}

22 Et liniuit.) καὶ ἐπέχρισε, Illeuit, siue (inunxit.)

In natatoria.) εἰς κολυμβήθραν, id est, in piscina. Nam sic ante uerterat. Sonat autem na
19 tatorium {ut antea admonuimus.}

Quod interpretatur missus.) שלח Hebræis mittere, inde שילח.

Vicini

[16-27: Carrensis autorem nominet Chrysostomum donum, quem ille habuerit alium Chrysostomum a nostro diversum. Mirum autem, si Chrysostomus ipse secum pugnat 16: Antequam Abraham 19-27: sed ut
} 19-22: consensus. Vulgarius haud dubie legit quinquaginta, tribuens hoc Iudaeorum insaniae, quod hominem triginta tres annos ferme natum quinquagenario compararint 19: Iam hoc loco 22: Theophylactus
22: Antequam Abraham fieret)

↓* *Vicini qui uiderant.) Addenda est coniunctio, Et qui uiderant, consentientibus antiquis & Græcis exemplaribus. (Viderant eum qui uicini non erant.) 27

Quia mendicus erat.) ὅτι τυφλὸς ἦν, id est, Quod cęcus esset. {Quanquam Augustinus 19
Cæcus pro mendicus legit mendicus, non cęcus, consentientibus peruetustis Latinorũ codicibus, quos quidem
uiderim omnibus. Proinde mihi πτωχὸς magis arridet quàm τυφλὸς, præsertim cum appo-
↑19-22: + Cyrillo sitius sit ad sensum. Ob id enim notus erat cæcus ille, non quod cæcus esset, sed quod publice mendicus} & mendicus legit Theophylactus.) 27

↓* *Et abij & laui.) ἀπελθὼν δὲ καὶ νιψάμενος ἀνέβλεψα, id est, Cum abijssem autem & la-
uissem, recepi uisum.

Video ἀνέβλεψα Et uideo.) καὶ ἀνέβλεψα, id est, Et uisum recepi. {Ac mox,} 19
Quomodo uidisset.) πῶς ἀνέβλεψεν, id est, Quomodo uisum recepisset.

** 16: entries reversed ** Schisma erat.) σχίσμα Græca uox est, dissensionem poterat uertere. Nam hoc significat
schisma, siue diuisionem siue dissidium. paulo post uertit dissensionem, (alibi scissuram.) 27

Qui pro quia **De eo qui aperuit tibi oculos.) Græce est, ὅτι ἤνοιξεν, id est, quia aperuit, ut sit sensus, Quē
tu putas esse illum, ex hoc quod, ut dicis, aperuerit tibi oculos?

De se loquatur.) λαλήσει, id est, Loquetur, futuri temporis.

Extra synagogam fieret. (ἀποσυνάγωγος, id est, Alienus à congregatione, quod nunc
uulgo uocant excommunicatum.

Maledixerũt ergo ei.) Nō est hic male precati sunt. sed ἐλοιδόρησαν, id est, cōuiciati sunt.

Audit, Exaudit Peccatores deus nō audit.) Quod hic transtulit audit, idem mox uertit exaudit, Si quis
dei cultor est, & uoluntatem eius facit, hunc exaudit. Hoc admonendũ duxi, ne quis Græci sermonis ignarus, putet hic latere mysterium, in quo explicando ridicule tumultuetur.
uerum ita libuit interpreti ludere, tametsi in re plus quàm seria.

Non poterat quicq̃.) οὐκ ἠδύνατο, id est, Non potuisset, siue nō posset. {Pro οὐδέν addidit 19
quicq̃} necessario recedens à Græcis uerbis. [Alioqui qui non potest nihil, aliquid potest.] 22·35

Peccatum uestrum manet.) Igitur deest, ἡ οὖν ἁμαρτία, id est, Peccatum igitur, nimirum
ob id quod cum sitis cęci, uobis tamen oculati uidemini.

EX CAPITE DECIMO

Ouile ouium perißologia In ouile ouium.) εἰς τὴν αὐλὴν τῶν προβάτων, id est, In septum, siue stabulum
ouium. {Alioqui cum ouile non possit esse nisi ouium, superuacaneum erat 19
addere ouium. Cæterum αὐλὴ & aliarum pecudũ potest esse} Nam αὐλὴ non
nunquam atrium, nonnunquam mansionem, aliquoties septum significat.

+ 16-21: entries reversed +Hoc prouerbium.) παροιμίαν. Prouerbium parabolæ loco uidetur usur-
passe, quod pleraq; prouerbia metaphoram habeant admixtam.

Diuersa lectio +Quid loqueretur eis.) Trifariam hic locus habetur apud Græcos, οὐκ ἔγνωσαν ἃ ἐλάλει
αὐτοῖς, id est, Non intelligebant quæ loquebatur ipsis. Aut οὐκ ἔγνωσάν τινα, ἢ ἃ ἐλάλει αὐτοῖς,
id est, Non sciebant ulla, nisi quæ loquebatur illis. In quibusdam ita scriptum erat, οὐκ ἔγνωσαν, τίνα ἦν ἃ ἐλάλει αὐτοῖς, id est. Non cognouerunt quæ essent quæ locutus esset ipsis.

↓• • Quotquot uenerunt.) Græci πρὸ ἐμοῦ, id est, ante me, Quod tamen additũ uideri potest ab exponere uolente locum hunc.

↓• *Articuli uis* • Ego sum pastor bonus,) ὁ ποιμὴν ὁ καλός. Vtriq; nomini suum addidit articulum, Ego
sum pastor ille bonus, siue egregius.

Et non pertinet ad eum de ouibus.) καὶ οὐ μέλει αὐτῷ περὶ τῶν προβάτων, id est, Non curat
oues, aut Non est illi cura ouium. Potest enim ad nos pertinere, quod tamen curæ non sit.

Cognoscũt me meæ.) γινώσκομαι ὑπὸ τῶν ἐμῶν, id est. Cognoscor à meis. {etiamsi laudo 19
quod fecit interpres.}

(Oportet me adducere.) ἀγαγεῖν, id est, ducere, quod interpretatur Theophylactus con 27
gregare, Nam uterq; grex carebat pastore.)

↓• • Fiet unum ouile & unus pastor.) Primum perijt nobis uenustas Gręcanici schematis
quod situ erat in ποιμνὴ & ποιμὴν, id est, Ouili & pastore, utcunq; reddi poterat, unũ ouile,
& unus opilio. tametsi Græcis ποιμνὴ magis grex est q̃ ouile, autore Valla. Et in nōnullis
exemplaribus Græcis non additur coniunctio, &, uerum est, Fiet unũ ouile, unus pastor.
Quanq̃ & illud, Et unus pastor, uideri potest adiectitiũ, cum non attingat Chrysostomus
hunc

* 16: Et abii & lavi) precedes 'Vicini qui viderunt)'
• 16-21: 'Quotquot venerunt) & 'Ego sum pastor bonus)' reversed, with 'Fiet unum ... pastor)' intercalated between them.

19.35{hunc edisserens locum} ac ne Augustinus quidem,[licet hic posterior attingat, sermone de
19 uerbis domini secundum Ioannem 49.& sequenti 50]Etenim cum se designarit unum pastorem,nihil restabat nisi ut fieret unum ouile, Gentibus ac Iudæis in unã religionem con-
27 spirantibus. Theophylactus tamen legit ut nos legimus,(Vnum ouile & unus pastor, atque
etiam interpretatur.}

Dissensio iterum facta est. Et hic σχίσμα est.

Facta sunt encænia.) id est,Initialia,ut uerbum uerbo reddam,à καινὸν nouum, ἐγκαι-
19 νόω,innouo,initio,dedico. Sacer apud Iudæos dies ob memoriã instaurati{templi}post diu- *Encænia*
tinam in Perside captiuitatẽ.Scribendũ est autem encænia per æ diphthongũ, quod κενὸν
per epsilon Græcis sonat inane. Quanquam inuitus occupo lectorem, & chartas huiusmodi
næniis impleo, tamen haud mihi tempero, quin uel animi causa referam quod bellam huius *16: penultimam*
uocis etymologiam adferat Hugo Carrensis, cuius homo suauis antepenultimam sylla- *Taxatus Car-*
bam per e uult scribi encenia,quæ composita sit ab en,quod est in,& neos nouũ:& ce adie- *rensis*
ctio est illi intensiua.Nihil mirum est quosdam hæc nescire. Illud mirum inueniri tam im-
19 pudentes,qui quod prorsus non intelligunt,non uereantur tanta{cum}autoritate docere.
27 (Animam nostram tollis.) Quum Græce sit αἴρεις, miror quur interpres Chrysostomi
35 pro tollis uerterit,perdis,quũ hic sonet suspendis)[Solus Alcuinus in Catena uidetur priorem sequi sensum, Ait enim,suspensos & incertos dimittendo tolleret,qui uenit,ut animas
19 Dic nobis palàm.) παῤῥησίᾳ, id est,Libere{siue ingenue}Quanquam id non (saluaret.]
male uertit hoc sanè loco.

Loquor uobis.) εἶπον ὑμῖν, id est,Dixi uobis.

Quia non estis ex ouibus meis.) Hic addunt Græci,quemadmodum dixi uobis,καθὼς
19 εἶπον ὑμῖν{licet refragantibus magno cõsensu Latinorũ exemplaribus. Apparet adiectum
à studioso quopiam,quod idem dixisset aliquanto superius.}
19 * Non peribunt.) καὶ οὐ μὴ ἀπόλωνται,id est,Et non pereant{nisi quod ἀπόλωνται διωκτι- *↓
κῶς positum uidetur,quemadmodũ & aliàs uidere est, οὐ μὴ, geminatum subiunctiuo iun-
35 ctum potentialem modum efficere}[Aut futuri temporis addere significationem.]

Pater quod dedit mihi.) Secus habẽt Græca, ὁ πατήρ μου ὃς δέδωκέ μοι μείζων πάντων ἐστί, *Duplex lectio*
19 id est,Pater qui dedit mihi maior omnibus est{siue maximus omniũ est}Siquidẽ hoc argu- *16-22:*
27 mento probat neminẽ esse,qui poterit oues rapere de manibus patris,quod potentior(sit ad *is sit eripere*
19 seruandũ quam aduersarius ad eripiendũ)Ita legit Chrysostomus{& huic cõcinens Theophy- *19: Vulgarius*
lactus}Quanquam Augustinus diuersam sequit lectionẽ.Et facilis est lapsus in Græcis dictio-
27 nibus μείζων ac μεῖζον, & ὃ & ὅς.(Iuxta lectionẽ Augustini,potest accipi de ecclesia,cuius ad-
uersarii plurimi sunt,sed maior est uirtute pusillus ille grex,nõ ex sese,sed quia pater dedit
* Sustulerunt ergo lapides.) Græci addunt πάλιν,id est,Iterum. (filio.) *↓

Et non potest solui scriptura.) Soluitur quod destruitur, & soluitur quod explicatur.† *Ordo perturbatior* †↓
Quanquam obscurior & confusior est aliquanto sermo totus. Proinde dilucidius ita reddi
poterat:Si illos uocauit deos ad quos sermo dei factus est, & non potest solui scriptura:ut *19-27: margin:*
hic sit interrogatio.Deinde subiiciamus, Me quẽ pater sanctificauit & misit in mundum, *Soluere per explicare*
19 uos dicitis blasphemare quod dixerim, filius dei sum.{Aut hoc modo, Et non potest solui
scriptura,subaudi,de eo quem pater sanctificauit & misit in mundum. deinde altero initio
27 sequatur, Vos me dicitis blasphemare,quod dixerim,filius dei sum}(Potest & hunc in mo- *Et non potest*
dum accipi,Nonne scriptum est in lege uestra,ego dixi dii estis, & non potest solui scrip- *solui scriptu-*
tura:ut sit sensus.si hoc scriptum est in lege,& quod scriptum est,uerum sit oportet &c.In *ra quomodo*
eum certe sensum refert Hilarius in psalmum 154.Rursus lib.de trin.7.Cum enim,inquit, *intelligendũ*
lex huius nominis appellationem sanctis hominibus decerneret, & sermo dei indissolubi-
lis cõfirmaret,hanc impartiri nominis professionem.Item in Psalmo. Sed dominus inquit
in Euangeliis nos errore nuncupationis huius liberauit dicens,Ego dixi dii estis,& filii ex-
celsi omnes,Et adiecit,Si ergo illos dixit deos ad quos uerba dei facta sunt,& nõ potest solui scriptura,indissolubilis deos sermo est,homines deos nuncupãtis. Sic igit est ordinãdus *27: dei*
sermo,Si illos dixit deos,ad quos sermo dei factus est,& quod scriptum est falsitatis argui
non potest,quomodo uos me quẽ pater sanctificauit & misit in mundum, dicitis blasphemare,eo quod dixi me esse filium dei. Quidam codices addunt coniunctionem,&, Et uos
dicitis

* 16: 'Sustulerunt .... lapides)' follows 'Non peribunt)'

† 16-27: explicatur, quemadmodum apparet hoc loco accipiendum. Quanquam

dicitis, ea perturbat sensum, nec est apud Græcos, nec in uetustis Latinorum codicibus.)
⟨Cyprianus adducens hunc locum libro aduersus Iudæos cap. quinto non addit scriptura⟩ 22
Quærebāt eū apprehendere.) Et hic addūt πάλιν, id est, Rursum, q ante tētarint idem.

EX CAPITE VNDECIMO

* 27: entries reversed

(ET Lazarus à Bethania.) Latinius erat Bethaniensis, etiamsi apud Græcos 27
non additur articulus ὁ ἀπὸ Βηθανίας.)
* Et Marthæ sororis.) αὐτῆς, ut eius ad Mariā referatur, non ad Lazarum.
Quanquam & harum frater erat Lazarus. (Quidam codices habebant so- 27
rorum, sed reclamantibus Græcis atq etiam nostris uetustioribus.)
Vt glorificetur filius dei per eum.) δι' αὐτῆς, id est, Per eam, ut pertineat ad infirmita-
tem, non ad Lazarum. Atq ita legitur & in Latinis codicibus emendatioribus {nomina- 19
tim in exemplari Corsendoncensi} & Constantiensi. In codice aureo scriptū erat, filius ho- 22
minis, pro filius dei ⟨consentiebat Constantiensis.⟩ 27

19-27: diei

Duodecim horæ quid

{Nonne duodecim horæ sunt?} Quanquam hoc extra huius operis institutum esse ui- 19
deo, tamen quando incidit, libet admonere, mihi hoc loco ueterum interpretationem coa-
ctiorem uideri, cum germanus sensus in promptu sit. Augustinus Christum interpretatur
diem, duodecim horas Apostolos. Chrysostomus bifariam exponit: Aut nihil esse timendum ijs, qui sibi nullius flagitij conscij sunt: aut luce nihil esse timendum, multo magis his
qui Christo, qui lux erat mundi adhærebant. Atq in his quidem interpretationibus, ut nihil est absurdum, ita simplicius mihi uidetur, ut accipiamus Christum dixisse, nihil adhuc
esse periculi, nondum enim adesse tempus mortis suæ. Quemadmodum [Lucæ 13.] respon- 35
dit [pharisæis denunciātibus quod Herodes uellet eum interficere, sanitates perficio] hodie 35
& cras, & tertio die consummor. Et passionis tempus, uocat potestatem tenebrarum, & ho
ram impiorum. Dies habet suas horas, nec is nostro arbitrio fit breuior aut longior, & ego
tempus habeo præscriptum, quo debeam redimendi orbis negocium peragere. Id Iudæorum malicia non potest anticipari, proinde nihil est, quod mihi timeatis. Porrò suum illud
tempus & aliâs diem uocat: Optauit Abraham uidere diem meū, uidit & gauisus est. ⟨The 27
ophylactus ab hac sententia minimum abest, qui diem uocat tempus quod præcessit passionem, noctem tempus quo captus est. Et apud nos dies æquinoctialis duntaxat habet duo-

Hora diei apud Iudæos

decim horas, alijs temporibus uel plures uel pauciores, sed ut ante dixi, puto horas apud
Iudæos fuisse inæquales, semper tamen inter exortum & occasum intercessisse duodecim
horas, & noctem siue longissimam siue breuissimā totidem horis fuisse distinctam, quum
apud nos qui pares habemus horas, aliquando dies non habeat nisi octo horas, aliquando
sedecim. Nec in quibuslibet regionibus dies ac noctes eiusdem sunt longitudinis. Porrò
qui inæqualibus horis utebantur a meridie, qui status est, sumebant certitudinem, cui respondebat μεσονύκτιον.⟩ [Inæquales autem horas dico, nō quod sint inæquales horæ diei no 35
cturnis, sed quod ipsæ sibi sunt inæquales. Velut huius diei horæ cras erunt longiores usq
ad solstitium æstiuū, noctis breuiores. A meridie igitur qui status est, sumitur non initium
diei sed dimensio, ut pars antemeridiana diuidatur in sex partes, pomeridiana in totidem.
Itidem à medio noctis.]

* 16: entries reversed

*Et moriamur.) Vt moriamur ἵνα ἀποθάνωμεν, cōsentiētibus & antiquis exemplaribus.

Proprietas Græci sermonis

*Multi autem ex Iudæis uenerant ad Martham.) τὰς περὶ μάρθαν καὶ μαρίαν. Non agnouit
hoc loco Valla formam Græcanici sermonis, quo dicunt illi τοὺς ἀμφὶ πλάτωνα, pro Plato-
ne ipso [οἱ περὶ τὸν ἐπίκουρον pro ipso Epicuro] Non enim inuisebāt eas quæ circa illas erant, 35

Taxatus Valla

sed ipsas in luctu cōstitutas, id quod palàm arguunt quæ sequuntur, Vt consolarentur eas
de fratre suo. ⟨Vsus est simili forma sermonis in Actis Apostolorum⟩ [Lucas cap. 13.] 22.35
Vtiq domine.) ναὶ κύριε, quod aliâs uertit, etiam.
{Ego credidi quia tu es.} Frequēter admonuimus in huiusmodi uerbis ad affectū perti- 19
nentibus, præteritū tēpus usurpari loco præsentis, γέγηθα, gauisus sum, pro gaudeo. δέδια,

Credidi pro credo

metui pro metuo. ἤλπικα, speraui pro spero. Itaq nō ueriti sumus p credidi uertere credo.}
Qui in hunc mundum.) Hunc, non additur Græcis εἰς τὸν κόσμον, id est, In mundum.
Nec est uenisti, sed ὁ ἐρχόμενος, id est, Veniens, siue qui uenis, aut, Christus ille qui in mun
dum uenturus erat.

Silentio

19-27: iis qui missi erant ab Herode hodie
19-27: oportet me operari

Silentio dicens.) Qui uocare potuit silens: Græce est λάθρα, hoc est, clanculum.
19 Illa ut audiuit, surrexit.) ἐγέρεται, surgit.{atque ita scriptum uidemus in uetustis Latino- Surgit
35 rum codicibus}[Et uenustius est uerbum præsentis temporis.]
Et uenit.) Item præsentis temporis ἔρχεται. Et castellum hic oppidulum aut uicum significat, ne quis imaginetur palatium, aut arcem tyrannicam.
Iam fœtet.) ἤδη ὄζει, id est, Iam olet. quæ uox Græcis anceps est, & uerecundius est
olet, quàm fœtet.
Ligatus manus & pedes institis.) Synecdochen Græce extulit. Et institis Græcis est Institæ
κειρίαις, quæ uincula sunt sepulchralia.
19 {Sudario.) Euangelista Græce scribens, Latino usus est uerbo, quod & aliâs facit. {19-27: Et in
Congregauerunt ergo pontifices & pharisæi consilium.) Hoc loco in nonnullis Græcorum codicibus additum uidemus κατὰ τοῦ ἰησοῦ, id est, Aduersus Iesum, sed id suspicor ex
alio Euangelista asscriptum.}
* Cum esset pontifex.) ἀρχιερεὺς, id est, Summus sacerdos. Et rursum, Sed cum esset pon *↓
tifex, ἀρχιερεὺς ὤν.
Cogitauerunt ut interficerent. συνεβουλεύσαντο, id est, Consultabant, siue Consilium
19 inibant{inter se.}
* Apud Iudæos.) ἐν τοῖς ἰουδαίοις, id est, Inter Iudæos. *↓
27 (Quæ dicitur Effrem.) Græci legunt ἐφραίμ. Atque ita refert Hieronymus in locis Hebraicis. In Chrysostomo uerso, nescio quo casu, pro Ephraim legit Ephrata, nisi forte eiusdem loci uocabulum uarie pronunciatur. Nam & Hieronymus in dictione Ephron, significare uidetur eandẽ esse Ephraim & Ephron. Quin & Ephrata est in tribu Iuda, quemadmodum & illa uocabula.)

EX CAPITE DVODECIMO

22 LIBRAM unguenti.) λίτραν.(Videri poterat Euangelista)Latinam uocem in
22 flexisse in Græcam,(nisi λίτρα Iulius Pollux testaretur uocem esse à uetustis
scriptoribus Græcis usurpatam, ut probabilius sit Latinos eam uocem à Græcis sumpsisse mutuo)mutata litterula. ꟾ ꟾ 16-19: β in T
Nardi pistici.) De hoc dictũ est in Marco. Nam iisdẽ uerbis utitur uterque. 16: Luca
Non quod de egenis pertinebat ad eum.) ὅτι περὶ τῶν πτωχῶν ἔμελεν αὐτῷ, Quod de egenis curaret. Simile illi quod paulo superius indicauimus, Et nõ[pertinet ad eum de ouibus. [16: est
Et loculos habens.) τὸ γλωσσόκομον εἶχεν, id est, Marsupium, seu potius scrinium in quo
pecuniæ reconduntur. Dictum à lingua, opinor, quod linguæ speciem haberent eiusmodi.
Sinite illam.) ἄφες αὐτήν, Sine eam, consentientibus & uetustissimis exemplaribus Sinite, pro
nostris. Ad unum enim Iudam id dictum est, non ad omnes: quod consentaneum sit illum sine
prohibiturum fuisse.
Vt in diem sepulturæ meæ seruet illud.) Græca dissident, εἰς τὴν ἡμέραν τοῦ ἐνταφιασμοῦ
τετήρηκεν αὐτό, id est, In diem sepulturæ meæ seruauit illud. Iam enim illa præueniebat se-
pulturam Christi. Quanquam pro seruauit, Chrysostomus legit fecit, si modo non fallit in- 16: Quanquam ...
35 terpres, nam Græci codicis non erat copia.[Alioqui pro τετήρηκεν legisse uidetur πεποίηκεν.] copia forms last sentence
Me autem non semper habebitis.) Vtrunque uerbum est præsentis temporis: Pauperes of preceding note
semper habetis uobiscum, me uero non semper habetis, ἔχετε, ἔχετε.
19 In crastinum.) ἐπαύριον, quod aliquoties uertit Altera die.{Vertendum erat postridie,
siue postero die.}
19 {Ramos palmarum.) τὰ βαΐα τῶν φοινίκων. Est autem βαΐον proprie ramus palmæ, inde
dictus, quod non facile reuellitur, eo, quod hæc arbor natura sursum nitatur aduersus depri- Palma diuersa à buxo
mentis manum, παρὰ τὸ βιάζεσθαι. Quidam illiterati palmam eandem putant quæ buxus
est, quam & uulgus palmam appellat.}
35 Inuenit Iesus asellum.) εὑρὼν δὲ ὁ ἰησοῦς ὀνάριον,[Verti poterat]Nactus Iesus asellã. Etenim] 16-27: id est
Græcis diminutiuum est neutri generis, quod ad utrunque sexum possit accommodari.
Ecce rex tuus.) Locus est apud Zachariam cap. nono. Quanquam Euangelista decer-
35 psit è prophetia, quæ ad hanc rem pertinebant.[Nam prophetia priore loco refert asinam.
Ecce rex tuus ueniet tibi iustus & saluator, ipse pauper, & ascendens super asinã & pullum
y filium

* 16: 'Apud Iudaeos)' precedes 'Cum esset pontifex)'.

filium asinæ. Matthæus item narrat Christum insedisse asinæ. Ego puto uaticinium non la
borasse de sexu, sed tantum uoluisse intelligi Mesiæ aduentum fore mansuetum & humi
lem iuxta mundum. Et fortasse ut nomine liberorum continentur & filiæ, ita nomine pul-
] 16-19: Quanquam lorum continentur asinæ.] Hisce de rebus nōnihil attigimus in Matthæum {de osanna quo- 19
que aliâs dictum est.}

Totus mūdus pro mundus Ecce mundus totus abit post eum.) Totus, non additur apud Græcos. Cæterum apud
Augustinum additum quidem est, uerum ex ipsius interpretatione conijcere licet illum se
16: caeterum ex ipsorum cus legisse, sic enim scribit Augustinus: Quid autem inuides cæca turba, quia post eum ua
16: illos dit mundus, per quem factus est mundus: Et Chrysostomus, Mundum, inquit, hoc loco tur
bam appellat (Similia dicit Theophylactus, mundum legens non totum mundum.) 27

Quidam gentiles.) ἕλληνες, id est, Græci. quod frequenter uertit, gentiles, cum gentiles dicantur ἐθνικοί.

Clarifica.) δόξασόν, id est, Glorifica. Item in sequentibus, Et glorificaui, & glorificabo,
{seu potius, Et illustraui, & rursus illustrabo.} 19

32 *Omnia traham ad me* Omnia traham.) πάντας ἑλκύσω. id est, Omnes traham. Ad eum certe modum constan
ter habent exemplaria Græca: atq; in eum sensum interpretatur Chrysostomus, ut de hominibus duntaxat intelligatur, & sensus sit, non modo Iudæos, uerumetiā Græcos ac Bar- 19
16: legit, non omnes baros esse trahendos. Quanquam diuus Augustinus {nominatim etiam admonet} omnia le 19
gendū, non omneis: [Nam] ita disserit: Non aūt dixit omnes, sed omnia. Non enim omnium 35.19
est fides. Non ita q; hoc ad uniuersitatem hominum retulit, sed ad creaturę integritatem, id
19: margin: Cyrillus contaminatus est, spiritum & animā, & corpus, & illud quod intelligimus, & illud quod uiuimus, & illud
quod uisibiles & cōtrectabiles sumus. Ac mox, Aut si omnia ipsi homines intelligēdi sunt,
omnia prædestinata ad salutē possumus dicere, ex quibus omnibus ait nihil esse periturum
cum de suis ouibus loqueretur. Aut certe omnia hominū genera, siue in linguis omnibus,
siue in ætatibus, siue in gradibus honorum omnibus, siue in artium licitarū & utilium professionibus omnibus, & quicquid aliud dici potest secundum innumerabiles differentias
(See Appendix A (&c. Theophylactus cōsentit cum Chrysostomo.) Verum ut ad id quod agitur recurramus,} 27
16: inter admodum tenue discrimen est in Græcis uocibus πάντας & πάντα, nec ad sensum magni 19
refert: præsertim cum Christus omnem creaturam uocet omne genus hominum.}

35 *Modicum lumen in uobis non recte accipi uulgo* Adhuc modicum lumen.) ἔτι μικρὸν χρόνον τὸ φῶς μεθ' ὑμῶν ἐστι, id est, Adhuc pusillū tēporis lumen uobiscum est {siue ad breue tempus.} Vt non intelligas pusillum luminis in illis su 19
peresse, sed Christum qui lux erat mundi, morte subducturum se breui. & in hunc sensum
interpretatur Chrysostomus (& hunc secutus Theophylactus.) Diuersam lectionem sequi 27
uidetur Augustinus {interpretans hoc esse modicum lumen, quod sibi conscij intelligerent, 19
quid dixisset Exaltari à terra, cum iam tum in animo haberent eum tollere in crucem,} aut 27
quod intelligerent Christum manere in æternum) Nec est in uobis, sed μεθ' ὑμῶν, id est, Vo
biscum, ut intelligerent breui discessurum. Quanquam, ut ingenue dicam, opinor χρόνον (& 27
16: uoluit apud Græcos) additum à quopiam, qui uoluerit locum explanatiorem reddere {præsertim 19
cum idem Ioānes capite proximo consimili modo loquatur, τεκνία ἔτι μικρὸν μεθ' ὑμῶν εἰμί.
Atque hinc sanè ansa erroris, quod non addiderit χρόνον. alioqui non fuisset locus lapsui} (& 27
tamen ne μικρὸν posset referri ad lumen obstabat articulus ἔτι μικρὸν τὸ φῶς. Si sensisset pau
lulum luminis dixisset μικρὸν φῶς.)

< 16-19: id est Tanta signa.) τοσαῦτα. {Sensus esse potest} tot signa, {siue tam multa.} 22.19

Domine quis credidit auditui nostro.) Testimonium extat apud Esaiam cap. liij. sed iu
xta septuaginta magis quàm Hebræam ueritatē citat. Addidit enim ex illis domine, quem
admodum Paulus in epistolis hunc eundem adducens locum. Nam Hebræis sic habet {in- 19
Euangelista nec cum Hebræo nec cum 70 per omnia consonat terprete Hieronymo}: Quis credit auditui nostro, & brachium domini cui reuelatum est:
Cæterum testimonium proximum, quod ex eiusdem prophetæ capite sexto retulit, nec ad
Hebræa, nec ad æditionem septuaginta satis respondet, sensum modo delibauit Euangelista. Verum de hoc aliâs nonnihil annotauimus.

Et indurauit cor eorum.) καὶ πεπώρωκεν αὐτῶν τὴν καρδίαν, id est, Et excæcauit cor eorum. [Interpres legisse uidetur ἐσκλήρωκεν.] 35

16: E De synagoga {nō} eijcerent.) ἀποσυνάγωγοι γένωνται. De quo paulo superius admonuimus. 19

Et non

[. 16: omnes, haud tamen testatus graeca, quod ait Laurentius, sed suum secutus exemplar. Deinde ne id quidem verum est, quod addit eum nusquam solere testari graeca, quod certe compluribus facit locis. Est autem admodum

[. 19-27: omneis, & cum hoc ita consentiens Cyrillus, ut dubium non sit quin alteruter ab altero sit mutuatus, aut certe a studioso quopiam aliquid sit assutum, id quo magis sit perspicuum utriusque | 27: qui volet, faciat locorum collationem verba subscribentur. Augustinus ita differit

{16: Et mirum est hic sopuisse Carensem. Nec

19.22 }19: Rursus suo more Augustini commentum sequitur Cyrillus. Then as { above

{16: habet Mi he'emin lishemu'athe(y)nu u-zeroa' 'adhonai 'al mi niglathah id est quis

19 ✱ Et non custodierit.) καὶ μὴ πιστεύσῃ, id est, Et non crediderit.{Alij legisse uidentur, καὶ μὴ τηρήσῃ. ad sensum perpusillum refert.} ✱ 16: entries reversed
✱ Qui spernit me.) ὁ ἀθετῶν, Qui reijcit, ita legit Cyprianus. ⌈ ⌈↓

EX CAPITE DECIMOTERTIO

27 (COENA facta.) δείπνου γενομένου. Diuus Augustinus putat hic factam accipi pro cœpta, siue parata, quemadmodum in sacris literis dicitur dies factus, quum exortus est sol, non quum peractus dies. Nam post legitur accubuisse, & buccellam tradidisse Iudę. Et olim cœnaturi lauabant, nisi forte, quod post actum est, ad secundas mensas pertinere uidebitur.) *Facta pro cœpta*

Omnia dedit ei pater.) Cur non sibi potius, quam ei, &, Dedisset potius, quam dedit? 27: margin note omitted

✱✱ Cum accepisset linteum.) καὶ λαβὼν λέντιον, id est Sumpto linteo. Mirum unde hæc uox Latinorum demanarit ad Iudæos aut Græcos. Quanquam id crebro faciunt Euangelistæ. *Linteum Græce usurpatum* ✱✱↓

19 {Et ponit uestimenta sua.) τὰ ἱμάτια. Summas uestes intelligit, ne quis Iesum planè nudum fuisse putet cum lauaret discipulis pedes. Idem uerbum capite decimo nono, uertit eodem modo, Portans spineam coronam & purpureum uestimentum, τὸ πορφυροῦν ἱμάτιον, cum hic haud dubie pallium regale significet.} 19-27: λέντιον

27 (Et cœpit lauare.) καὶ ἤρξατο νίπτειν. Quoniam prius dicitur cœpisse, ac mox sequitur, Quum ergo uenisset ad Petrum, Chrysostomus suspicatur eum exorsum ab ipso Iuda, quo magis eum hoc honore reuocaret, ab instituto scelere. Sed dissentit Augustinus, non ferens ut apostolorum principi, quisquam anteferatur. Mihi tamen magis arridet Chrysostomi suspitio, Non enim arbitror Christum hunc principatum in huiusmodi ceremonijs obseruasse, præsertim quum id temporis hoc ageret, ut omnem affectum ambitionis ex animis suorum reuelleret. Cum Chrysostomo consentit Theophylactus. Origenes qui citatur in Catena putat Christum omnibus lotis tum demum uenisse ad Petrum: Chrysostomus arbitratur Iudæ impudentia factum, quod prior sit lotus, post hunc tamen uentum ad Petrum: hoc argumento quod solus Petrus recusauit, recusaturis nimirum & cæteris, nisi Petri castigati exemplum illos terruisset. Verum Origenes hoc feruori Petri tribuit, quod solus horruerit lotionem.) *Ordo apostolorum in lauando*

✱✱ Non habebis partem.) οὐκ ἔχεις, id est, Non habes, præsentis temporis uerbo. ✱✱↓

19 {Magister ac domine.) Hæc apud Euangelistas nominandi casus sunt, ὁ διδάσκαλος καὶ
27 κύριος.(Nam & absentem sic appellabant, ut Ioannes, Dominus est: unde nihil erat incommodi, si uertisset, magistrum ac dominum, & sensus esset plenior.)

Alter alterius lauare.) Græce est ἀλλήλων, hoc est, Inuicem, siue Alij aliorũ. Quanquam id quidem & apud Laurentium linguæ censorem defendi posset.

Nec apostolus maior est eo qui misit illum.) Non est allusio in uocibus apud Euangelistam, sed in rebus. Apostolus enim dicitur à uerbo ἀποστέλλειν, quod est proprie cum mandatis mittere. πέμπειν, quomodocunque mittere. Poterat ita reddere πρεσβευομένοιαν, Non est legatus maior eo qui se legauit.}

Leuabit contra me.) Leuauit est & in Græcis, & in uetustissimis nostris exemplaribus ἐπῆρεν, ut sit præteriti temporis uerbum.⌈ 16-27: super

Leuabit contra me calcaneum suum.)⌉Desumptum est ex psalmo quadragesimo, nec id ⌈16: Id
19 ad uerbum curat adducere. Nam Hebræa sic habent{interprete Hieronymo: Sed & homo pacificus meus, in quo habui fiduciam, qui manducabat panem meum, leuauit contra me plantam}Septuaginta uerterunt ad hunc modum, καὶ γὰρ ὁ ἄνθρωπος τῆς εἰρήνης μου ἐφ' ὃν ἤλπισα, ὁ ἐσθίων ἄρτους μου ἐμεγάλυνεν ἐπ' ἐμὲ πτερνισμόν. {↓

19 Amodo.) ἀπ' ἄρτι, Posthac{seu potius Ex hoc tempore, nisi aduerbium ἀπ' ἄρτι, libeat referre ad uerba sequentia, γένηται, & πιστεύσητε.} 16: Ad modo

Protestatus.) ἐμαρτύρησε, id est, Testatus est.

Innuit ergo huic Simon Petrus.) Græca sic habent, νεύει οὖν τούτῳ Σίμων Πέτρος, πυθέσθαι τίς ἂν εἴη περὶ οὗ λέγει, id est, Innuit igitur huic Simon Petrus, ut interrogaret quis esset de
27 quo diceret.(Innuit autem præsentis temporis est.)

Intinctum panem.) ψωμίον, id est, Buccellam siue offulam. *Buccella Offula*

Dedit Iudæ.) Dat, δίδωσι, & ἐμβάψας, ut intelligas ipsum Christum intinxisse.

⌈✱✱ 16: Cum accepisset linteum) + Non habebis partem) placed at end of Cap. XII + followed by: Maior eo qui misit illum) μείζων τοῦ πέμψαντος. Nam Apostolus dicitur, qui mittitur alieno nomine perinde, quasi dicas, non est legatus maior eo qui se legavit. Ex Cap. XIII

{ 16: habent. Gam 'ish shelomi 'asher bataḥti bo 'okhel laḥmi higdil 'alay 'aqev Septuaginta

Iudæ Simonis ſchariotis.) ἰούδα σίμωνος ἰσκαριώτῃ, id eſt, Iudæ Simonis Iſcariotæ, ut Iſca
16: casu riotæ ſit dandi caſus, & Iudas intelligatur Simonis filius. 22
Poſt buccellam.) Quod modo uertit bis Panem, nunc uertit buccellã, ne quis exiſtimet aliquid diuerſum eſſe apud Græcos. Eſt autem ψώμιον proprie offula panis intincta iuri.
(Deus clarificabit eum in ſemetipſo.) ἐν αὐτῷ. Rectius habebat ſcriptura, ἐν αὑτῷ, ut refe 27
ratur ad patrẽ, quanquam ſcio diſcrimen hoc in libris præſertim ſacris non obſeruari perpetuo. Et opinor hic præpoſitionẽ in, iuxta ſermonis Hebraici proprietatem uſurpatam uice per.)
Filioli.) Nonnulli codices habebant τέκνα, id eſt, Filij, nonnulli τεκνία diminutiue Filioli. Cyrillus legiſſe uidetur τεκνία diminutiue.

Modicum ſub audi tempus

(Adhuc modicum.) ἔτι μικρόν, adhuc pauliſper, de quo ſupra monui.) 27
In hoc cognoſcent omnes quod mei diſcipuli eſtis, ſi dilecti &c.) Mira nota qua ſit diſtinguendus Chriſtianus à cæteris, Nõ dixit, ſi hoc aut illo titulo uocemini, ſi his aut illis ueſcamini cibis, ſi ſic aut ſic ueſtiamini, ſi tales aut tales obſeruetis ceremonias, ſi tot ac tales exhauriatis preces, ſed ſi dilexeritis uos inuicem, nec id ſanè uulgari more, uerum ſi ſic dilexeritis inuicem ſicut ego dilexi uos. Hanc igitur notam cum præſcripſerit ipſe Chriſtus uelut unicam ac certam, nonne neceſſe eſt fieri, ut noſtro uitio nomen Chriſti male audiat inter ethnicos, qui cum hæc legerint, aut certe audierint, conſpiciunt apud Chriſtianos, tot iam ſeculis principem cum principe, regnum cum regno, ciuitatem cum ciuitate iugibus conflictari bellis, ut omittam inſaniſsimas apud iudices lites, & acres omnium inter ſe de quamlibet friuola cauſa digladiationes. Atque hæc cum faciamus, tamen ob titulum & ceremonias, neſcio quas, Chriſtiani nobis ipſi uidemur.

16: aut — 19-27: margin: Nota Christianorum peculiaris

EX CAPITE DDCIMOQVARTO

ET ait diſcipulis ſuis.) Hæc in uetuſtis codicibus non addebantur, ac ne in 22
Græcis quidem omnibus. Adiecta uidentur ab erudito quopiam ad concinnandam ſermonis ſeriem.

Ex iiſdem uerbis quadruplex ſenſus

Creditis in deum.) Vtrobique anceps eſt uerbum πιστεύετε, πιστεύετε, an ſit Creditis, an Credite. Vnde quadrifariam legi poteſt, Creditis in deum, & in me creditis. Atque ita legiſſe uidet ex interpretatione ſua Chryſoſtomus, quaſi fides quam habebant in deum, & in dei filium Ieſum, illis abunde præſidio eſſet futura aduerſus perſecutionũ procellas. Aut ſic, Credite in deum, & in me credite, ut utrunque iubeat fieri, ne tur
bentur. (Ad hunc modũ citat Hilarius libro de trin. nono.) Tertio modo ſic, Creditis in deũ. 27
& in me credite, ut ſit ſenſus, Creditis in deum, ut Iudæi, credite & in me, ut ſitis Chriſtiani. Quarto ſic, Credite in deum, & in me creditis: ut ſit ſenſus, Credite in deum, quod ſi facitis,
eadem opera in me quoque creditis. Cyrillus interpretatur utrunque uerbum imperandi mo 35
do: hoc tamen loco ſignificantius erat, confidite ſiue fiduciam habete in me.
Si quo minus.) εἰ δὲ μή, id eſt, Sin minus, uel alioqui.
Quia uado parare.) Quia ὅτι non eſt in quibuſdam Græcis codicibus, quanquam ſuperflue additur, niſi ſit cauſalis coniunctio. Ergo hic etiamſi aderat, non erat uertenda, ſed tantum, In domo patris mei manſiones multæ ſunt, quod ſi ſecus eſſet, dixiſſem uobis, Vado parare uobis locum, ſiue, Quod eo paraturus uobis locum. Cæterũ haud aſſentior hac in parte Laurentio uolenti, Alioqui dixiſſem uobis, finem eſſe prioris ſententiæ, dein de alteram ſubijci, Vado parare uobis locum. Nam omnino cohærent hæc duo, cum hic ſenſus ſit, In domo patris mei iam paratæ ſunt multę manſiones, ut non mihi uni, ſed omnibus item meis ſit locus. Quod ſi ſecus eſſet, dixiſſem me iam abire ad parandas eas manſiones:
nunc nihil opus, cum paratæ ſint, & uos breui ſequuturos expectent. Porrò quod abeo, ad 35
breue tempus abfuturus, non ob id abeo ut parem manſiones quæ iam paratæ ſunt, ſed ut uiam in cœlum mea morte uobis aperiam. Nam ante inuium erat iter. Quod autem dicit, iterum uenio pro ueniam, aut reditus celeritatem indicat, aut certam promiſsi fidem.

Reiecta Valle annotatio

16-19: eam parare — 16: sit sensus

Vis articuli

Ego ſum uia ueritas & uita.) Annotandũ ſingulis horum nominum apponi articulum, ἡ ὁδὸς, ἡ ἀλήθεια, καὶ ἡ ζωή, ut intelligamus non quamlibet uiam, aut ueritatem, aut uitam, ſed ueram illam & unicam.
Et patrem meum utique cognouiſſetis.) ἐγνώκειτε ἄν. Recte uertit ἂν in utique, quod alias uertit in Forſitan, cum hoc ſit confirmantis, illud addubitantis.

Et amodo

Et amodo cognoſcetis.) γινώσκετε, id eſt, Cognoſcitis, ſuffragantibus & antiquis exem
27 plaribus, ut ſit uerbum indicatiui modi præſentis temporis (Conſentiente & interpretatio-
19 ne Cyrilli, & Auguſtini ſi quis expendat) {Atque amodo quod Græcis eſt ἀπ᾽ ἄρτι, iam ſemel
35 atque iterum poſuit pro nunc} [Euidentius itaque uertiſſet, & iam nunc cognoſcitis eum. Ita
Cyrillus.]
Et non cognouiſtis.) ἔγνωκας, id eſt, Cognouiſti me Philippe. ſic enim legit Chryſoſto- Non cognouiſti
19.27 mus, ut Philippus ſit huius orationis (occaſio) & huic uni dicat, Non cognouiſti me. {Neque
ſecus legit Hilarius libro de trinitate ſeptimo. Nam ſequitur, Non credis, Mox ſubijcitur,
non creditis mutato numero. Et diuus Auguſtinus annotauit hic commutatum eſſe nume
rum, quum prius ſolus Philippus eſſet obiurgatus.)
Qui uidet me.) ὁ ἑωρακὼς ἐμὲ, ἑώρακε τὸν πατέρα, id eſt, Qui uidit me, uidit patrem, nec Qui uidit
19 additur apud Græcos coniunctio, & utrunque uerbum præteriti temporis eſt. {Aſtipulantur
omnibus Græcorum codicibus quædam uetuſta Latinorum exemplaria, ac nominatim o-
mnium uetuſtiſſimum ex bibliotheca diui Pauli apud Londinum.}
Nō creditis quia ego in patre, & pater in me eſt.) Ad hūc ſane modū legit Auguſtinus. Non creditis pro credite
Verum Cyrillus & Chryſoſtomus, nō addunt οὐ, quod paulo ante Philippū obiurgarit per
huiuſmodi interrogationē. Cæterū omnib. iubet, ut credāt, Credite quod ego in patre &c.
Alioqui propter opera.) εἰ δὲ μή. Quod modo trāſtulit, Si quo minus, hic tolerabiliter uer
tit Alioqui, hoc eſt, etiamſi alias non creditis, uel ipſis cōmoti factis credite, id quod prope-
modū non eſt credere. Neque enim proprie credimus quod uidemus, ſed experimur potius.
Et maiora horum.) καὶ μείζονα τούτων, id eſt, Maiora his. Sed interpres per obliuionem Interpres oſcitans
reliquit Græcum genitiuum, cum nihil eſſet opus.
19 {Et quodcunque petieritis patrem.) Patrem non additur nec in Græcis, nec in antiquis ex 16-19: ut oscitans
19.22 emplaribus, (nec apud Auguſtinum (interpretem, qui cum inter diſſerendum toties repetat
eadem uerba, nullam patris facit mentionem, niſi occaſione illorum uerborum, Vt glorificetur pater in filio). Nec uertendum erat Quodcūque, ſed quicquid, ὅτι ἄν, ſiue ut alij legunt,
22 ὃ ἐάν. Ac mox non eſt eadem dictio Græca, ſed ἐάν τι, id eſt, Si quid petieritis) (In nonnullis
etiam uetuſtis exemplaribus habebatur Quodcūque petieritis me in nomine meo. Atque id
35 pronomē additum repperi in æditione Aldina, cum adornarem tertiam æditionem) [Cyril- 22: hanc
lus ac Theophylactus non addunt, & commodius omittitur. Chriſtus enim ubique autorita
tem defert patri, ipſe tectius indicat diuinam naturam ſuam, quum pollicetur ſe præſtatu-
rum quicquid à patre peterēt in nomine filij. Erat enim aduocatus, cui nihil negabat pater.]
Et alium paraclitum.) Iam illud notius eſt, quam ut ſit admonendum, paracletum per e ſcri- Paracletus
bendum in penultima, eamque producendam, cum Græce ſit παράκλητος per ita. At hoc lo
35 co commodius erat uetere Cōſolatorem [aut aduocatum] ne quis duos paracletos imagina
retur. Nam quod hactenus loquutus eſt, conſolandi gratia locutus eſt. Ita paracletus erat
19 {Chriſtus} Pollicetur autem ſeſe & alterum miſſurum conſolatorem, nempe ſpiritum uerita
35 tis. [Paulus Chriſtum appellat aduocatum noſtrum apud deum, & idem de ſpiritu ſcribit,
quod interpellat pro nobis gemitibus inenarrabilibus.]
Quia non uidit eum.) οὐ θεωρεῖ, id eſt, Non uidet, præſentis temporis, quemadmodum 16-27: Quoniam
eſt in emendatioribus etiam Latinis. Ac mox:
Apud uos manebit.) Manet eſt, μένει, niſi mutato accentu legimus μενεῖ. 16-22: legamus
Non relinquam uos orphanos.) Orphanos Græca uox eſt, ſed tamen Latinis uſurpata.
Etymologiam quam adferunt Græci non libet aſſcribere, quod mihi uideatur ineptior. Sonat autem orphanus, orbum parentibus, ac deſtitutum præſidijs amicorum.
Vos aūt uidebitis.) θεωρεῖτε, id eſt, Videtis, conſentientibus & antiquis exemplaribus.
Et manifeſtabo ei meipſum.) ἐμφανίσω, qđ magis ſignificat tacite & clam indicare. Vnde
& ἔμφασις dicta, quod tacitā habeat uim. Idque magis cōgruit cū afflatu, quo ſe deus inſinuat
19 in animos ſuorū. {Domine quid factū eſt.) τί γέγονεν, id eſt, Quid accidit? Sermo prouer
bialis eſt, de re noua ſubitaque. Quanquam, Quid factū eſt, in eundem ſenſum dixit Martialis,
Quid factum eſt rogo, quid repente factum? }
Et ſermonem quem audiſtis non eſt meus.) Non ſine cauſa miratur Valla, quid interpre Sermonem quem audiſtis
ti uenerit in mentem, qui hoc ſermonis genus affectarit in oratione ſoluta, quod uix tole-

ratur apud Poetas in carmine, præsertim cum Græcis non sit Sermonem, sed sermo, ὁ λό/
γος. Certe diuus Augustinus legit. Sermo quem audistis, non Sermonem quem audistis.
16-19: depravatum Vnde planè suspicor hunc locum scriptoris errore fuisse mutatum.{Nec est Audistis, apud 19
Græcos, sed ἀκούετε, Auditis, licet reclamantibus exemplaribus nostris. Nam ex Chryso/
stomi interpretatione, quid legerit non quibat colligi.{Certe Theophylactus legit auditis.} 27
[Idem legisse Cyrillum indicat quod enarrans ait. Qui enim per me priscis loquutus est, is 35
etiam nunc ad uos hæc per me loquitur.]Etiamsi facilis est lapsus in ἀκούετε & ἠκούετε. Pro/
inde super hac re non censeo digladiandum, præsertim cum sensus fermè maneat idem.}

Paracletus autem spiritus sanctus.) Duriuscule cohærent duo nomina substantiua, præ/
sertim cum prius sit masculini generis, posterius neutri, ὁ παράκλητος, & τὸ πνεῦμα. Pro/
inde commodius reddidisset ad hunc modum: Cæterum paracletus ille qui est spiritus san/
ctus, quem spiritum missurus est pater in nomine meo. Adduntur enim Græcis utrobique
articuli ὁ & τό.{Et articulus postpositiuus, quem, Græcis non potest referri, nisi ad spiri/ 19
tum, est enim ὃ non ὅς.} Porro quod accentus huius dictionis paracletus offendit Vallam,
potest nonnullum inijcere scrupulum quibusdam superstitiosis uerius quàm religiosis, qui
16: + cardinem, imò puppim simul ac proram, quod aiunt, Christianæ pietatis in hoc consiste/
16: putent re putant, si rite ac legitime persoluerint preces illas quas uocant horarias. Ad quod qui/
dem præstandū cum alia requirūtur innumera, tum illud in primis, ut uerba singula plene
Verba sacra cōuenit etiam emendate pronunciare & articulate proferantur. At, qui paraclitus penultima correpta sonant, quoties quoties id
faciunt, deum, si non una syllaba, certe uno fraudant tempore. Quandoquidem iuxta
grammaticorum leges, syllabæ longæ bina sunt tempora, breui unicum. Neque uero sunt
audiendi, qui dicere solent, minuta res est syllabæ tempusculum, cum magis spectandum
sit, quem fraudes, quàm quantulo fraudes. Quanquā ut & horum causam nonnihil, quod
licet, adiuuem, uideo ueteres Latinos in usurpandis Græcanicis uocibus, syllabæ quanti/
tatem, iuxta rationem accentus Latini commutasse, id quod in idolo facit. Prudentius, uir
quouis etiam seculo inter doctos numerandus. Cæterum illud non paulo durius, quod in
κύριε ἐλέησον, quæ uerba toties quotidie repetunt, diuinas aures duabus fraudant syllabis,
ex domino trisyllabo disyllabum, & ex miserere quadrupede tripedem reddentes. Iam ue/
Kyrie eleeson ro cum id flagitij singulis diebus fortasse centies aliquando committatur, si quis rationem
subducat, quadraginta, aut quinquaginta annorum, & in summam redigat, non uideo, sa/
tis fore, si quis solidum annum nihil aliud iteret quàm κύριε ἐλέησον, idque septem distinctis
19: Quando syllabis.{Nam par est, opinor, deo restitui, si quid illum fraudauimus. Quandoquidē sex/ 19
centis legibus cauetur, ut homini reponat homo, si uel numulus subtractus fuerit. Etenim
19: paululum si sacrilegium est, paulum auri tollere de sacro, quanto grauius sacrilegium est, ipsum om/
nis autorem sacri, re longe sacratissima fraudare? Iam uero non sacrilegum modo, uerum/
etiam contumeliosum ac blasphemum uidetur, quod assidue ex Christo, Cristum faciunt,
nec alio uocabulo regem suum compellant, quàm quo galeæ aut galli cristas essent com/
pellaturi. An hanc cōtumeliā laturus sit Christus maximus optimus, si tam morosus esset,
quàm ipsi sunt in alios superstitiosi, aut tam iniquus erga homines deus, quàm ipsi iniqui
sunt homines in hominem? Non auderes apud regem homuncionem uerba faciens, pro
Ferdinando Perdinandum dicere, neque pro Philippo Pilippum, & non uereris in arcanis il/
Criste, pro lis sacris, ubi nephas est uel iota deprauare, dicere Cristæ pro Christe. Vt ne quid interim
Christe cauiller de accentu ab ultima perperam in primam trāslato syllabam. Cum tantum habeat
ea res momenti, ut subita metamorphosi ex uia facias canciunculā, si pro οἶμος pronuncies
οἰμός, aut ex portu monile, si pro ὅρμος, ὁρμός{aut ex opulenta ciuitate pigrum hominem si 27
Quantum ua pro ἄργος dicas, ἀργός.}Neque uero conuenit eos, hæc ut iocosa ridere, qui alijs in rebus his
leat accentus aliquanto leuioribus tam Iudaice sunt anxij.{Verum ego quidē istos, ne cui uidear durior, 19
lubens excusarim à culpa duntaxat capitali, quandiu per imprudentiā errarunt. Cæterum
posteaquam moniti sunt amanter ab ijs, qui hisce in rebus sapiunt, cum eadem opera pos/
sint recte pronunciare, qua perperam pronunciarūt, si postea perstiterint in male solitis, &
reiecta spretaque doctiorum admonitione, scientes iam errare pergant, non uideo sanè quo
pacto queant à graui crimine excusari. Neque enim istis suffragabitur similiter errantium
turba. Siquidem deus iudex, ut non corrumpitur, ita nec opprimitur. Iam uero quid dicen/
dum

19: long addition

dum arbitramur de ijs, qui quum plus quinquaginta annis tam periculose errarint, & errarint non in his solum, admoniti non solũ non resipiscunt, ac monitori gratias agunt, uerum
etiam Sardonio quodam risu exibilant atq; explodunt, pro hoste ducunt benemerentem,
conuitijs insectantur, hæreticũ clamitant. Et tamen dictu mirum, qui hic tam fortes sunt, q̃ Superba in-
sint infirmi, aut certe uideri uelint, in ijs quæ ipsi sibi persuaserunt. Nos superbos uocant, scitia
si quid tale uel amice per occasionẽ admoneamus: ipsi sancti ac modesti sibi uidentur, qui
malunt in confesso errore persistere, ne quid ignorasse uideantur, ac prius habent fratrem
benemerentem uel hæreseos labe aspergere, quàm suum agnoscere lapsum. Atqui ab istis
27 libenter exegerim, si quoties inciderit in canone (missæ) pro pater pronunciaret aliquis pha
ter, pro filium pilium, num laturi sint? Non opinor. Imò uerberibus citius exigerẽt patrem
& filium. Atqui, tolle assuetudinem, per se grauius etiam est ex Christo cristam facere, ex
kyrie eleeson, kyrghe layson, & in tam paucis dictionibus, tot modis peccare, ut plura sint
27 errata, quàm syllabæ. (Quoniam autem ludus literarius semper ad ecclesię curam pertinuit
prouidendum erat & illud, ut pueri germanã ac ueram Latini sermonis pronunciationem Pronunciatio
imbiberent, quandoquidem ita uisum est patribus ut in templis non nisi Latine peragan- uitiata uulgò
tur sacra. Nunc huius rei tanta est negligentia, ut Italus Germanum Latine pronuncian-
tem non intelligat, nec Germanus Gallum, imò nec inferioris Germaniæ qui sit, intelligat
superioris Germaniæ sermonem. Adeo tota pronunciatio petitur non ex grammaticæ re-
gulis, sed ex uulgi consuetudine. Quod idem accidit apud Græcos, apud quos idem sonant, iota, η, υ, οι, ει, ῃ. Nec discrimen est inter ο, & ω, Et post accentum acutum sæpe
breuis uidetur quæ longa est, ut ταπείνωσις, Rursus idem accẽtus sæpe facit uideri longam
quæ breuis est, ut θεολόγος. Atqui olim etiam populus exibilabat histrionem, si syllabam
longam saltasset breuem. Hæc omnia restituere difficillimum fuerit, quædam tamen ex
uulgata pronunciatione restitui possunt. Apud Gallos adhuc audias diphthongum οι &
αι, ου, & ευ, in fide, facto, fulgure seu puluere & duo. Itidem in lingua nostra, hollandi-
cam dico, in fœno, tenaci, sene, mendacio. Quin & quantitatis manifestum habent discrimen, quoties uocalem sequitur consonans. Eam quum uolunt significare longam, nec accentus id potest indicare, aut duplicem scribunt uocalem, aut addita uocali scribunt diphthongum. Græci μῦς sonant acutam & breuem, at Hollandi pronunciant longam &
circunflexam, quemadmodum arbitror ueteres pronunciasse, quasi diphthongo dicãt μῦς.
Item quum album dicunt sonant i breue, quum latum, i longum, quum solutum dicunt sonant o breue & acutum, quum callidum, sonant o longum & circunflexum. Id imitari fa-
cillimum esset in dictionibus quæ desinunt in consonantem: ut in καλὸς & καλῶς, ut ω so-
netur quasi geminũ οο. Hoc discrimen obscurius fiet in medijs syllabis, & tamen hic quoq;
seruari poterit, ut malum pro improbo, primam habeat acutam & breuem, malum pro
pomi genere, eandem habeat longam & circunflexam, quasi dicas maalum. Et quemadmodum nos distinguimus accentu & productione syllabæ, certum à sapiente, ita distingui
potest latine, uis & lis, à bis. Similiter fex & lex, à nex. Galli quemadmodum acuunt om- Gallorum
nes ultimas, ita & producunt. Iesus bene sonant, sed animus aut Christus non bene. Ve- pronunciatio
rum in his labentibus publica omnium consuetudo utcunq; patrocinatur. In hoc tamen ad
monui, ut litteratores paulatim emendent quod deprauauit usus. In paracletis, idolis, & similibus inique sibi ignoscunt, qui tam morosi sunt in alios, si quid forte secus pronun-
ciarint quàm ipsi, etiam si id rectius fuerit.) Atq; hæc obiter admonui non meo stomacho
consulens, qui ne tantulum quidem alienis erroribus soleam commoueri, sed ipsorum con
sulens saluti. Etenim si superbum est, non ferre male errantem in rebus diuinis, multo su-
perbissimum est, in ijsdem non ferre bene monentem. Nunc ad id quod instituimus sese 19-22: Sed iam
referat animus, sed si prius unum illud admonuerimus, in uocibus Græcis à nobis receptis,
ut simplicius ac facilius est, ita rectius quoq; esse, si latinum sequamur accentum, propterea quod Græcus accentus pro eius linguæ legibus subinde migret alio, uelut ἰάκωβος ἰα-
κώβου. Latinus non item. Itaq; qui nominandi casu sonet paracletus secunda acuta, recte
quidem pronunciet iuxta Græcos, uerum si idem faciat in paterno dandiq; casu, iam neq;
Grece pronunciabit, neq; Latine.} 19-27: margin:
19 Et suggeret uobis.) ὑπομνήσει, id est, Commonefaciet, {siue submonebit, ut magis ad suggero, doceo

uerbum exprimam.}Duo posuit, διδάξει Docebit & commonefaciet. Docemur quæ nescie
bamus, commonemur eorum quæ iam exciderant.{Et mox, 19
16: dicam Omnia quæcunque dixero uobis.) Græcis est εἶπον, dixi, aut certe dixerim. Nam di
16-22: aut ··· dixerim xero futuri temporis est.
placed at end of entry (Pacem relinquo.) Annotauit hoc Augustinus quod in priore particula non additur 27
meam, in secunda additur. Id quoniam ad lectionis integritatem attinet uisum est admo
nere, ne quis scriba deprauet.)
Neqꝫ formidet.) δειλιάτω.) Quod proprie est ob ignauiam refugere, & detrectare pe
riculum{animoqꝫ pauido esse.} 19
Abeo, & Vado & uenio ad uos.) ὑπάγω καὶ ἔρχομαι, id est, Abeo & uenturus sum ad uos, hoc est.
uenio Discedo mox rediturus{etiamsi posterius uerbum ambiguum est.} 19
[Quia pater maior me est.) Secundum Hilarium pater maior est filio autoritate, hoc est, 35
ratione principij, quia à patre filius, non contra, quam interpretationem probat & Cyrillus
in Thesauro libro 2. Quod autem Hilarius dicit. Patrem esse maiorem filio, filium tamen
non esse minorem, intelligendum est patrem esse principiũ filij, qui natura tamen sit æqua
lis patri, eò quod eadem sit natura patris & filij. In diuinis personis ordo quidẽ est, inæqua
litas non est: quemadmodum distinctio est, diuersitas nulla est.]
Gauderetis utiqꝫ.) Offenditur Laurentius, quod ἂν uerterit Vtiqꝫ, quod ea coniunctio
sit expletiua, quanquam ne hæc quidem omnino nullum habent usum.
16: ueniet Venit enim princeps.) ὁ τοῦ κόσμου τούτου ἄρχων, id est, Venit enim ille huius mundi prin
ceps{ob articulũ appositũ}ut diabolum intelligamus.[Additũ est etiam pronomen τούτου, ne 19. 35
mundũ uniuersum intelligamus. Quanqꝫ Cyrillus enarrãs nõ addit huius.]Deinde ἔρχεται
potest esse ueniet futuri temporis, propter instantem passionem & accusationem. Hiero
nymus in commentarijs Osee citat Veniet.{Certe præteriti temporis esse non potest.} 19

EX CAPITE DECIMOQVINTO

Tempus præ OMNEM palmitem in me non ferentem fructũ tollet.) Græce est αἴρει, id est,
sẽs aliquoties Tollit, præsentis temporis:(in exemplari Constantiensi, quidam ex i, fece 27
actionem si rat e, inflexo fastigio): & eum, additum est, iuxta proprietatem sermonis
gnificat sine Hebraici. Ac mox:
tempore Purgabit eum.) καθαίρει, Purgat, ut actionem & functionem patris decla
ret absqꝫ ratione temporis.
Fructum plus Fructum plus.) ἵνα πλείονα καρπὸν, id est, Vt plus fructus,(aut copiosiorem fructum.)id 27
quod uideri potest deprauatum à librario, nisi altum dormiuit interpres.
⟨Vos palmites.) κλήματα. Augustinus libro aduersus literas Petiliani primo capite quin 22
to, legit Sarmenta, pro palmitibus.⟩
Missus est Mittetur foras.) ἐβλήθη ἔξω, id est, Missus est foras, uel potius Eiectus est foras.(Cum 27
hoc congruit quod sequitur & arescit.)Item,
Et arescit.) ἐξηράνθη, id est, Exaruit. In hoc certe suffragãtibus antiquis codicibus,(quan 27
Mittitur, quam in Constantiensi uigilauerat rasor ille.)Vnde probabile est, & mittetur, pro mittitur,
& ardet quoniam id erat in procliui, à librarijs deprauatum, maxime cum sequatur Et ardet. Osten
19: margin: dit enim per similitudinẽ quid fieri soleat, ut per eam intelligamus quid in nobis futurum
Dormitans interpres sit, ni manserimus in uite.
16-19: eum Solœcismus Et colligent ea.) καὶ συνάγουσιν αὐτὰ, id est, Colligunt eos, ut subaudias palmites. Vetu
manifestus stissimus codex Latinus habet Colligent eos, nẽpe palmites, qui Græcis sunt neutri gene
ris.(& ardent non ardet. Duplex fuit hic erroris occasio: altera quod subito mutatˉ numerus 27
in palmes, & palmites: altera quod etiã apud Græcos est uerbũ singularis numeri καίεται.
Numerus pro Verũ in priore meminisse debebat, quod in his quæ genus rei significant subinde mutatur
numero in col numerus. Etenim nihil refert, utrum dicas Elephantus post decem annos parit, an elephan
lectiuis aut ti pariunt. Hic speciẽ palmitis distinxit à stirpe. In altero non animaduertit, nominibus neu
speciem signi tri generis numeri pluralis addi uerbum singularis numeri. Et ne soli Græci sic uideantur
ficantibus legere, in codice Cõstantiensi in ea, & in ardet erat rasura, ut agnoscas fuisse scriptum, eos,
& ardent. Ex Chrysostomo non liquet quid legerit, Theophylactus nobiscum facit, Nec è
Cyrillo, nisi quod exempli meminit, ex quo subindicat hæc de uite & palmitibus dici.)
Mittent

Mittent.) βάλλουσι, id est, Mittunt, & in hoc suffragantibus antiquissimis exemplaribus: quanquam aptius erat, Conijciunt.

Fructum plurimũ.) καρπὸν πολὺν, id est, Fructum multũ, siue ut alibi uertit, Copiosum.

Quàm ut animam.) ἵνα τὶς τὴν ψυχὴν id est, Vt quis animam. Quàm nec additur, nec est addendum. Etenim si addas quàm, significas unam hanc esse charitatem maiorem ea — *Sermonis absurditas*
22 quam habuit Christus, si quis animam impendat amicis ⟨Certe codex aureus non addit,⟩
27 (nec Constantiensis.)

19.22 Iam non dicam.) οὐκ ἔτι λέγω, id est, Iam {non} dico, {siue, posthac non dico} ⟨Suffragatur Græcæ lectioni codex aureus.⟩

Scitote quia me.) γινώσκετε. Græca uox anceps est ad Scitote & scitis.

Me priorem uobis. ἐμὲ πρῶτον ὑμῶν, id est, Me qui sum primus uestrum, siue me prius quàm uos. Nam sermo Græcus anceps est ad utrunque sensum, quanquam posterior magis
19.22 probatur, {ut πρῶτον aduerbium sit} & superlatiuum usurpatum uice comparatiui. — 22: & superlatiuum ... comparatiui placed at end of next entry

Mementote sermonis mei.) Mei non est in Græcis codicibus, sed interpres expressit emphasim articuli Græci τοῦ λόγου.⟩

Nunc autem excusationem non habent.) πρόφασιν, Prætextum. Plus enim quiddam di- — *Excusatio πρόφασις*
27 xit, quàm si dixisset Excusationem. (Nam & qui iustam excusationem non habent, tamen prætexunt aliquid, Istis erat adempta omnis tergiuersatio.)

19 Odio habuerunt me gratis.) Vaticinium est psalmo sexagesimooctauo {iuxta nostram supputationem.} — { 16: sone ay humam / octauo / cum autem

Cum autem uenerit paracletus, quem ego mittã uobis à patre spiritũ ueritatis.) τὸ πνεῦμα, Quoniam neutri generis est, incertum est utrius sit casus, nominandi, an accusandi. Cæterum magis conueniebat spiritus. Interpretatur enim quis sit ille consolator, nempe spiritus ueritatis. Non enim mittendo fit spiritus, sed qui spiritus est mittitur.

Qui à patre procedit.) ἐκπορεύεται. Quod elegãter uerti poterat, & proficiscitur, nisi pro- — *Spiritus à patre prodiens*
cessionis uocabulum aures iam omnium occupasset. Atqui proprie procedit, qui pompa quadam prodit in publicum, uelut sponsus procedit, aut sponsa. Quod Vergilius dixit: — 16: procedat
Tandem progreditur.

Et uos testimoniũ perhibebitis.) Græce est μαρτυρεῖτε, id est, Testimonium perhibete, ut sit imperandi modus, aut testimoniũ perhibetis. Atque ita scriptum fuisse suspicor ab interprete. Sane Cyrilli interpres uertit perhibete, nimirum suum sequutus exemplar, nõ nostram æditionem. Quanquam mihi uidetur accõmodatius Perhibetis μαρτυρεῖτε, hoc est, ipsi
27 estis testes, & mox adijcit causam, Quia ab initio mecũ estis. (In Cõstantiẽsi erat perhibetis)

EX CAPITE DECIMOSEXTO

Absque synagogis.) Græcis composita dictio est ἀποσυνάγωγος, quasi dicas, Alienus à synagoga, & Interdicent uobis synagogam. — 16: synagoga

Sed uenit hora.) ἔρχεται. Venit, aut præsentis est temporis, aut futuri. Hic magis uertendum erat, Veniet, siue instat. Et Tempus potius quàm hora. — *Hora, pro tempore*

Arbitretur obsequium se præstare.) δόξῃ λατρείαν προσφέρειν τῷ θεῷ, id
27 est, Videatur cultum exhibere deo & sacrificium offerre. (Obsequium apud Latinos longe aliud sonat.)

Reminiscamini.) μνημονεύητε, id est, Memores sitis, siue Memineritis. Reminiscimur enim proprie quæ nobis exciderant.

Et iam non uidebitis.) καὶ οὐκ ἔτι θεωρεῖτε, id est, Non amplius uidetis. Quanquã apparet eum abusum tempore. Item est οὐκ ἔτι, id est, Postea, siue deinde. — 16: uidebitis

27 Ille spiritus.) Ille non refertur ad spiritum quantum ad uocem, sed ad paracletum, (id est, consolatorem,) ἐκεῖνος τὸ πνεῦμα, id est, Ille qui est spiritus. Nam spiritus, ut diximus, apud Græcos neutri generis est.

Docebit uos omnem.) Græce nõ est docebit, sed ducet, ὁδηγήσει, & in omnẽ ueritatem.

27 Modicum & non uidebitis.) θεωρεῖτε, id est, Videtis (suffragantibus & uetustis Latinorum exemplaribus) Quanquam ut dixi, uidetur abuti tempore, cum sequatur mutato uerbo ὄψεσθε, Videbitis. Cæterum quod modicum pro pusillo posuit, suo more facit, cum La- — *Modicũ, pro pusillum*
27 tinis modicum dicatur moderatum, à modo (Hic ad tempus refertur μικρόν.)

Plorabitis

Plorabitis & flebitis.) κλαύσετε καὶ θρηνήσετε, id est, Plorabitis & lamentabimini, siue
lugebitis. Nemo tollet à uobis.) οὐδεὶς αἴρει, id est, Nemo tollit, uerbo præsentis tempo/
ris. [Hoc est, nemo potest tollere.] 35
<In nomine meo. Hebræis in nomine alicuius fieri dicitur, quod autoritate ac uirtute cu 22
iuspiam fit. Id non uideo quomodo Latine possit exprimi. Siquidem In nomine meo, non
est elegantiæ Romanæ. Sub nomine meo, non prorsus idem exprimit. Nomine meo, certe
ambiguum est. Proinde fortassis præstiterit hunc sermonẽ inter eos numerare, quos opor/
teat peculiari sacrarum scripturarum linguæ condonare.>

Ipse, pro ultro

Ipse enim pater.) αὐτὸς, apud Græcos quiddam habet, quod haud scio, an sit apud La/
tinos, ut ultroneum significet. sensus enim est, Non dico me rogaturum pro uobis, ut uo/
bis faueat, iam enim ultro uos diligit, etiam nemine rogãte. Vnde & αὐτόματα uocant illi.
Ecce uenit hora & iam uenit.) Prius Venit, præsentis est temporis, ἔρχεται, quo tamen
Græci aliquoties in significationem futuri utuntur. Grȩcis diuersa sunt uerba, Venit & ue
nit <cum posterius sit ἐλήλυθεν,> Vnde rectius erat, Instat hora & iam adest. 22
In mundo pressuram habebitis.) ἔχετε, præsentis temporis, Habetis.

EX CAPITE DECIMOSEPTIMO

{POTESTATEM omnis carnis.) Carnem, hominem uocat. 19
Et omne quod dedisti ei, det eis uitam æternam.) Suspicor hanc loquendi
formam ab Hebræis sumptã, quare sensus erat reddendus potius quàm uerba.}

16-22: solum qui

Te solum uerum deum.) σὲ τὸν μόνον ἀληθινὸν θεόν, id est, Te qui solus ue
rus es deus. Hic locus {præter cæteros} Arianis præbuit occasionem erroris, ut 19

↓C

dicerent solum patrem esse uere ac proprie deum: ((quum quod solum dixit, non excludat 27
filium, sed separet uerum deum à dijs gentium)) <Cyprianus libro aduersus Iudæos secundo 22
capite primo, pro Deum legit dominum, nisi malumus hoc librarijs imputare.> [Diuus Au 35
gustinus locis aliquot distinctione propellit Arianos, sic ordinans: ut cognoscant te, & quẽ
misisti Iesum Christum solum uerum deum, quæ distinctio quum dura sit apud latinos, a/
pud Grȩcos durior est, ob articulum additum τὸν, etiam si sententia quam adfert Augusti/
nus uerissima est. Verum ante mysterium passionis Christus diuinam naturam sic indicijs
prodidit, ut non nisi post resurrectionem clare intelligeretur. Nec tantum est tribuendum
hæreticis, ut horum odio scripturam torqueamus. Hic exclamabunt scio, quod sacros eccle
siæ doctores taxem, qui scripturam interdum ad uictoriam detorserint. Suaues homines,
ipsi fatentur in illis sacris doctoribus esse multas opiniones, quas si quis tueatur, conijcien/
dus sit in rogum: & mihi clamant, o cœlum, o terra, quod indicem eos uno atque altero loco
scripturam ad uictoriam accommodasse, uel quia sic esse interpretãdam sibi persuaserint,
uel quia hoc sibi in conflictu cum impijs permiserint.]

↓*

* Clarifica me.) Verbum clarificandi toties hic repetitum Græce est Glorificare, δόξασόν.
Et claritate δόξῃ, id est, Gloria.

↓**

** <Priusquam mundus fieret.) Græce est, πρὸ τοῦ τὸν κόσμον εἶναι παρὰ σοί. id est, priusquam 22
mundus esset: Interpres legisse uidetur γενέσθαι, pro εἶναι <Hieronymus hunc citãs locum ad 27
Fretelam, legit esset, & Græce legit εἶναι.>

Filius perditionis, & similia

{Nisi filius perditionis.) Et hic color sermonis peculiaris est Hebræorum, qui pro epithe 19
to addunt genitiuũ substantiuũ, deus pacis, deus pacificus, lex mortis, lex mortifera, filij in
obedientiæ, filij inobedientes. Alioqui quid est filius perditionis, nisi quẽ peperit perditio?}
<Sicut tu me misisti in mundum, ita & ego misi eos in mundum.) Potest & hic esse sen/ 22
sus, si legamus coniunctim, Sicut tu me misisti in mundum, & sicut ego eos misi in mun/
dum, ita pro eis quoque sanctifico meipsum, ut quemadmodum ego sancte prædico uerita/
tem tuam, ita prædicent & illi quod à me didicerunt. Si placet hæc lectio, omittendum est
aduerbium ita. In aureo codice non additur ita.>

EX CAPITE DECIMOOCTAVO

Torrens cedron

TRANS torrentem Cedron.) τῶν κέδρων. Articulus additus indicat Cedron
non esse nomen Hebraicum, sed Cedrorum. Opinor torrentem ita dictum,
quod hinc & hinc cedros haberet, quemadmodũ dictus est mons oliuarum.
Diuus Hieronymus meminit huius nominis in locis Hebraicis, indicans tor/
rentem

Long addition to p. 2.. 19

C 19-22: deum: haud scio an haec sentientes, quod nostri theologi non negant, solum esse <filio pariter + spiritui sancto> principium diuinitatis <cum ipse sit a nullo> 19: only, to 'Nisi filius perditionis)' | 22: deitatis 22
22: only, to Cyprianus.

* 16-27: Clarifica me) forms first entry of Cap. 17.
** 22-27: forms second entry of Cap. 17.

rentem ac uallem esse eius nominis ad orientalem plagam urbis Hierosolymitanæ. Atque
haud scio, an a situ loci uocabulum loco sit inditũ, quum idem inibi testetur Cedem quod
22 est apud Ezechielem, ab Aquila & Symmacho uersum fuisse orientem. Etiamsi Capnion
noster putat ab obscuritate dictum Hebræis, & uocem Cedron Hebraicam esse, non Græcam, cum Hebræi Cedros arazim appellent. Fit autem huius torrentis mentio, libro Regum secundo capite decimoquinto, quẽ transisse legitur Dauid, fugiens Absalonem. Rursum libro Regum tertio, capite decimoquinto, Asa simulacrum Priapi exussit in torrente
Cedron. Item libro Regum quarto, capite uigesimotertio, Iosias rex prophanum lucũ qui
22 erat in domo domini, exussit in conualle Cedron. Atq; ex primo loco non satis liquet, quid
senserint interpretes de Cedron. Sic enim legimus, καὶ ὁ βασιλεὺς διέβη τὸν χειμάῤῥουν κέδρων.
In secundo loco uidemus additum articulum, καὶ ἐνέπρησε ταῦτα ἐν τῷ χειμάῤῥῳ τῶν κέδρων.
Rursus tertio loco bis ponitur κέδρων absq; articulo, εἰς τὸν χειμάῤῥουν κέδρων, καὶ κατέκαυ-
σεν αὐτὸν ἐν τῷ χειμάῤῥῳ κέδρων. Nec secus legitur libri Regum tertij capite secundo, quanquam ordo narrationis hic in Græcis codicibus dissidet à nostris exemplaribus Latinis, καὶ
διαβήσει τὸν χειμάῤῥουν κέδρων. Neq; tamen negarim hæc omnia committi potuisse culpa
librariorum Græce scientium, Hebraice nescientium. Proinde nõ inuitus subscribo senten
35 tiæ Capnionis. [Tradit enim se dominus potestati tenebrarum.]

Sinite hos abire.) Fateor alienius esse ab instituto meo, tamen quoniam incidit commo *Sinite hos abire*
de, libet admonere. Noui quendam magni nominis theologum, qui hæc uerba Christi tor
sit ad defendendam clericorum immunitatem, quasi Christus præceperit principibus, ne
sacerdotes grauarent exactionibus, ac tyrannide. Sententiam uehementer probo. Melius
enim cum principibus ageretur, si suis stipendijs essent contenti. Verum id ex hoc loco ridicule colligitur mea quidem sententia, quum Christus hic agat personam ueri pastoris, di
scipuli populum repræsentent Christianum. Docet igitur ut quoties ingruit procella perse
cutionis, episcopus pro suorum incolumitate, suum caput periculis obijciat, & illis quoad
possit, consulat, secus q̃ aliquando facit principum ac pontificũ uulgus, par existimãtium
ut unius capitis tuendi gratia, totus populus, imò tot populi, se, suos, ac sua perdant.

*35 Cohors autem & tribunus.) Cohors Græce est, σπεῖρα, id est, Funis, siue caterua, & tri
bunus est χιλίαρχος, id est, Præfectus mille uiris. [Diuus Augustinus cumq; hoc alij com
plures in hoc laborant, ut de negatione Petri narrationem Euangelicam redigãt in concor
diam. Propterea quod Ioannes cap. 18. uideatur à cæteris omnibus dissentire, nec ea dissonantia tantum obstrepit in libris Latinis, uerumetiam in Græcis. Quo magis mirandũ est,
nec Chrysostomum hac discrepantia fuisse offensum. Sic enim refert Ioannes: Iesum fuisse
comprehensum, & ligatum primum ad Annam abductum: eò secutũ Petrum, atq; ibi primum negasse Iesum. deinde post multa, subiungit Iesum ab Anna ad Caiapham missum,
ubi eum bis negauit Petrus: ex qua narratione declaratur primam negationem apud Annam esse factam, reliquas duas apud Caiapham, cæteris Euangelistis magno consensu nar
rantibus, omnes Petri negationes, in ædibus Caiaphæ factas esse. Sensit hic non nihil scrupuli & Ioannes Gerson, qui testatus uarios uarie hac de re sensisse, addit sibi uideri Augustinum in hac fuisse sentẽtia ut omnes negationes crederet esse factas in domo Annæ. Verum ex Cyrilli cõmentarijs uidetur hæc tota quæstionis difficultas explicari, qui & legens
& interpretans satis declarat, & in Græcis & in nostris codicibus quædam uerba fortassis
scribarum incuria prætermissa. Nam Græca sic habent ἡ οὖν σπεῖρα, καὶ ὁ χιλίαρχος, καὶ οἱ ὑπη
ρέται τῶν ἰουδαίων συνέλαβον τὸν ἰησοῦν, καὶ ἔδησαν αὐτὸν, καὶ ἀπήγαγον αὐτὸν, πρὸς ἄνναν πρῶτον,
ἦν γὰρ πενθερὸς τοῦ καϊάφα, ὃς ἦν ἀρχιερεὺς τοῦ ἐνιαυτοῦ ἐκείνου, ἦν δὲ καϊάφας ὁ συμβουλεύσας τοῖς ἰουδαί
οις, καὶ τὰ λοιπά: quæ nostra translatio consentiens habet hunc in modum. Cohors autem
& tribunus & ministri Iudæorum comprehenderunt Iesum, ligauerunt eum & adduxerunt eum ad Annam primum. Erat autem socer Caiaphæ qui erat pontifex anni illius:
Erat autem Caiaphas qui consilium dederat Iudæis &c. Cyrillus autem ut habetur latinus
legit hunc in modum. Cohors ergo & tribunus & ministri Iudæorum comprehenderunt
Iesum, & ligauerunt eum & adduxerunt eum ad Annam primũ, Erat enim socer Caiaphę,
qui erat pontifex anni illius. Et interiecto commentario subijcit, miserunt autem eum ad
Caiapham pontificem, erat autẽ Caiaphas qui consilium dedit Iudæis, quia expedit unum

hominem

< 19: Porrò Cedron apud Hebraeos ita legitur quasi numeri sit singularis. Sinite
* 35 further expansion.

hominem mori pro populo. Sequebatur autem Iesum Petrus. Vnde liquet inter hęc uerba
qui erat pontifex anni illius, & inter hæc. Erat autem Caiaphas, qui consilium dederat, præ
termissa fuisse hæc, & miserũt eum ligatum ad Caiapham pontificem, ut deinde sequatur,
Erat autem Caiaphas qui cõsilium dederat Iudæis: & hoc ordine lectionis omnes negationes intelligentur esse factæ in domo Caiaphæ, nulla Annæ. Quid aũt senserit Gerson non
satis intelligo, quum ex Augustini uerbis tale nihil posśit colligi, nec in alijs Euãgelistis ullus est scrupulus, nisi quod omnes prætermittũt historiæ partem de Iesu ducto ad Annam,
Siquidem Matthæus refert eum simul ut captus est fuisse ductum ad ædes Caiaphæ, idem
narrant Marcus & Lucas, nisi quod nomen tacent, tantum uocant principem sacerdotum, cætera conueniunt: solus igitur scrupulus remanet in Ioanne, qui solus narrat eum pri
mum ductum ad Annam, quod is ut interpretatur Cyrillus, cum Iuda pactus fuerat: huic
ubi satis factum est, sine mora ductus est uinctus ad Caiapham, uelut autoritate præminen
tem: Quid sit apud Annam actum non legitur, quicquid autem actum narratur, actum est
in ædibus Caiaphæ. Restat adhuc unus scrupulus, qui cõueniat ut aliquanto post Ioannes
prosequens historiæ narrationem, scribat, & misit eum Annas ligatum ad Caiapham pontificem. Non enim prosequitur ordinem rerum gestarum, sed ad gradum reuocat narratio
nẽ, ut id quod cœperat de negatione Petri perficiat, id quod & Cyrillus subindicat his uerbis: quasi currentem equum, narrandi progressum, Euangelista utiliter reuocat, & ad prio
ra rursum orationem reducit. Quare sic? Quia negationem Petri tertio factam exponere
uoluit. repetit ergo breuiter & missum ab Anna Iesum ad Caiapham iterũ dicit, Petrumq́ʒ
interrogatum exponit: Hactenus Cyrillus. astipulatur huic sentẽtiæ & Cyrilli lectio. Non
enim legit, Et misit eum Annas, sed misit igitur eum Annas. Solet autem hæc dictio esse re
uocantis orationem à digresśione. Hoc quicquid est uolui communicatum esse studiosis,
citra cuiusquam præiudicium.]

Ad prunas.) ἀνθρακιὰν πεποιηκότες, id est, Congestis prunis, ita ut fit in atrijs magnatũ,
quod fumi minus habeant.

Ad Caipham ,p à Caiapha

Adducunt ergo Iesum ad Caiapham in prætorium.) ἀπὸ τοῦ καϊάφα, id est, A Caiapha,
nimirum à domo Caiaphæ. Atq́ʒ ita legitur & in nostris exemplaribus, uel mediocriter e-
mendatis. Ad eundem modum legit Chrysostomus & Cyrillus, ut ne memorem de Theo-

16-19: Vulgario

phylacto {Nec est Græcis, Adducunt, sed ducunt, ἄγουσι.} Diuus Augustinus deceptus ex- 19
emplari deprauato uęhementer laborat hoc loco, conans expedire, qui conueniat in præto
rium fuisse ductum Iesum, quum legatur adductus ad Caiapham. Quandoquidem præto-

Pensitata Augustini sententia

rium nihil aliud erat, q̃ʒ domus præsidis. Aut igitur, inquit, aliqua urgente causa de domo Annæ, quò ad audiendum Iesum ambo conuenerant, Caiphas perrexit ad prætorium
præsidis, & socero suo Iesum reliquerat audiendum: aut in domo Caiphæ Pilatus prætorium acceperat, & tanta domus erat, ut seorsum habitantem dominum suum, seorsum iudi
cem ferret {Ac mox, Non introierunt, inquit, in prætorium, hoc est, in eam partem do- 19
mus quam Pilatus tenebat, si ipsa erat domus Caiphæ. Porrò quum in uulgatis typogra-
phorum exemplaribus habeatur à Caipha non ad Caipham, tamen Augustinum ita legisse ex ipsa liquet interpretatione, quum quærit, sed si ad Caipham, cur in prætorium? Cæterum nihil erat causæ, cur in has angustias conijceret Augustinus, tum se, tum pontificem ac præsidem, ut duo summo magistratu pręditi, duo diuersissimæ religionis ac gentis,
sub ijsdem tectis habitare cogerentur} Res ipsa in expedito est, totus error è menda scriptoris ortus, torsit Augustinum. Atqui cum {tantopere} hæreret, {ut nec sibi satisfaceret} mirum 19
est, non consuluisse Græcos codices, aut certe Latinos emendatiores. Primum {Iesus} addu- 19

16: Ille

ctus est ad Annam, is uinctum misit ad Caipham generum, illinc cum tota nocte nihil re-

[Tropus ignotus

spondisset, mane deductus est ad ædes præsidis (Deprauandi occasio hinc nata est, quod le- 27
ctor non agnouit tropum sermonis, quo dicimus ad nos pro eo quod est ad ædes nostras, &
à uobis est, id est ab ædibus uestris. Similem errorem indicauimus Marci quinto. Ab archi
synagogo. Est autem hic tropus synecdoches species, qua possessorem indicamus nomine
rei possessæ. Quale est Vergilianum illud. Iam proximus ardet Vcalegon. Item illud ex
Eunucho. Eamus ad me, id est, ad ædes meas.)

<Ministri mei utiq́ʒ decertarent.) Cum Græcis constanter sit ἠγωνίζοντο, mirum, quid 22
sequutus

sequutus Cyprianus libro aduersus Iudæos secundo, capite uigesimooctauo, legerit, Mi/
nistri mei turbarentur.⟩

EX CAPITE DECIMONONO

22⟨ ET dicebant, aue. In Latinis codicibus adduntur hæc: Et ueniebant ad eum, &
27 dicebant⟩aue. Id in Græcis non est, nec uideo qui congruat, ni forte alij percu/
tiebant, alij salutabant.)
19 Et exinde.) ἐκ τούτου, id est, Ex eo{ut subaudias tempore.}
Lithostratus.) λιθόστρωτος. Græce sonat, quasi dicas lapide stratus. Atque
19 ita legitur in uetustis exemplaribus Latinis{lithostrotos.}Quanquam admodum inuitus in
huiuscemodi nugis facio iacturā temporis, tamen operæpretium est audire, quàm belle Græ/
cam uocem λιθόστρωτος interpretentur duo magni nominis scriptores, Nicolaus Lyranus,
& Hugo Carrensis. Nam prior ille lichostratus, inquit, Græcum est uerbum, & dicitur à li/
chos lapis, & stratus quod est pauimentum, siue stratura. Posterior autem, lichostratus, in/
quit, Græce est iudiciū, siue iudiciale. Obsecro te candide lector, quid efficiant ij, qui quic/
quid habent eruditionis ex huiusmodi scriptoribus hauriunt, ex dictionarijs, ex summulis,
undecunque iam plus decies congestis ac refusis, idque ab ijs, qui si quid forte nacti fuerint eru
ditum in bonis autoribus, aut prætermittunt quia nō intelligunt, aut si attigerint, contrecta
tione conspurcant & contaminant. Nihil autem tam fortunatum, quod isti non reddant ali
quo pacto deterius, & horum nænias uelut oracula legimus, in his consenescimus. Proinde
tales euadimus ipsi, quales sunt ij, in quorum scriptis assidue uersamur. Cęterum ut ad rem
redeā, λίθος, lithos, non lichos Græcis lapis est & στρωννύω, sterno, inde στρωτὸν dicitur quod
22 quocunque modo stratum est, & στρῶμα, quod insternitur⟨In codice aureo lithostrotus recte
27 scriptum erat⟩quemadmodum & in Constantiensi.)Cæterum Gabbata locum æditum so/
nat Hebræis. Vnde apparet locum fuisse æditiorem accommodum iudicio.
19 {Non habemus regem nisi Cæsarem.) Cæsar hoc loco significat imperatorem Roma/
num. Nam id cognominis etiamsi non fuit ortum à Iulio, tamen ab hoc imperij usurpato/
re, in successores tyrannidis eius deriuatū est. Porrò quod regem uocat, non imperatorem,
hoc est, βασιλέα, non αὐτοκράτορα, sciendum est, Græcis & imperatorem Romanum dici
βασιλέα.
Et baiulans sibi crucem.) Græci legunt, Crucem suam, τὸν σταυρὸν αὐτοῦ. Hoc tametsi ad
sensum nihil interest, tamen admonitum uolui lectorem, ne continuo radat.}
19 Et titulum Pilatus.) Euangelista Latina uoce usus est, τίτλον{ut supra in linteo & prę/
22 torio}Matthæus uocauit αἰτίαν. Dicere poterat ἐπιγραφὴν, id est, Inscriptionem ⟨quem/
admodum dixit Lucas.⟩
19 In suam.) εἰς τὰ ἴδια, id est, In sua, concordantibus & antiquissimis uoluminibus {hoc
27 est, In suum ius}⟨Sic etiam interpretatur Ambrosius in libello ad uirginem.)
27 ⟨Vas aceto plenum.) Quum Græce sit σκεῦος, tamen Hilarius locum hunc adducens
commentario in psalmum lxviij. legit, pro uas, concha, ueluti uasis genus exprimens.
Tradidit spiritum.) Cyrillus hic subijcit & interpretatur de uelo templi scisso, quod nec
in Latinis codicibus, nec in Græcis additum comperitur: & tamen ille huic particulæ, pro/
prium caput tribuit, ne quis casu factum existimet.⟩
19 Lancea latus eius aperuit.) ἔνυξε, id est, {Fodit siue}pupugit. Interpres legisse uidetur ἤνοι/
35 ξε, quod significat, Aperuit.[Mirum unde nata sit fabula, quæ iactat de perfosso Christi la
tere Mattheum diuersa scripsisse, uidelicet domini latus lancea fuisse perfossum antequam
emitteret spiritum, quum Ioannes id factum narret, posteaquā expirasset. Atqui quum ea
lectio nusquam reperiatur apud Matthæum nec in libris Græcorum nec in libris Latino/
rum, nec huiusce rei quisquam ullam omnino faciat mentionem, ex tam multis qui loca a/
pud Euangelistas dissonantiæ speciem habentia conati sunt in concordiam redigere, ueri/
simile est, hoc esse commentum glossographorum, quos ipsa res docet nō minus impuden
tes fuisse quàm indoctos: quemadmodū in pandectas, quum nihil haberēt quod adferrent
de Diomedis & Glauci permutatione, ridiculam ex se fabulam confinxere. Ita qui glosse/
mata scripsit in primam Clementinarum, non intelligens causam quur Clemens quintus,
aut Ioannes 23. qui Clementinas edidit, pronunciarit Ioannem Euangelistam dum narrat
z Christo

Marginal notes:
16: Licostratus
19: Lichostratus
Lithostrotus
16-27: theologicae rei primores
Ridicula interpretatio duorum
16: fuisset
Imperator
See Appendix for anti-Jewish note (19 & 22)
Titulus τίτλος
16-22: Caetere vexaverunt

{ 16: latinis, caeterum in graecis codicibus non est golgotha, sed gabatha. Quanquam
19: iudicio. Caeterum in nonnullis Graecis codicibus non est Golgotha, quemadmodum legimus in vulgatis exemplaribus, sed Gabbata. verum reclamantibus vestustis exemplaribus Latinis, atque ipso denique Hieronymo; γαββαθα legit Vulgarius. Non habemus

Christo exanimi latus fuisse perfossum, rectum tenuisse narrationis ordinem, affinxit apud Matthæum in quibusdam exemplaribus contrarium legi, & addit eum locum à Ioāne pontifice sublatum fuisse ex Euangelio Matthæi. Atqui complura sunt loca in quibus uidetur Euangelistarum sermo inter se pugnare, nec huiusmodi scrupulis medemur rasuris aut assumentis sed expositione. Ex eius Clementinę fragmentis probabilius colligi potest, fuisse doctores scholasticos, qui senserint Ioannem posterius narrasse quod prius erat factum. Si quidem ante narrauit quod Iesus post gustatum acetū inclinato capite tradiderit spiritum, dein prosequitur, quomodo ad maturādam mortem damnatorum fregerint crura duobus latronibus. Mox accesserūt ad Iesum idem facturi, ni comperissent eum iam esse mortuū. Nō fregerūt, inquit, eius crura, sed unus militū lancea percussit latus eius. Hoc illi sic uidentur accepisse, quasi miles ille uiuo domino latus aperuerit, antequā latronibus frangerētur crura, quasiq; dominus ex eo uulnere fuerit mortuus, ut nō fuerit opus frāgere crura. Græcum uerbum est ἔνυξε indefiniti temporis, quod si quis uertat pupugerat, haberetur sensus quem illi uolebant. Verum eam opinionem damnat hæc clementina scribēs scholæ Bononiensi, declarans que accipiendum rem eo gestam ordine, quo narrat Euangelista. Quod autem miles lancea pupugit latus Iesu, non erat crudelitatis, sed explorantis an certa mors esset. Quemadmodum in hostium strage, si dubitatur an qui iacet exanimi similis, adhuc spiret, pugione percutiunt pedem aut tibiam. Ad eum ictum commouet sese, qui nondum est plane mortuus. Horum nihil casu gestum est, sed omnia numinis prouidētia, ne quis iactaret Christum non fuisse uere mortuū. Illud leuiculum, quod sermo Græcus anceps est, eo quod αὐτοῦ ad lanceam referri potest, lancea sua percussit latus. Interpres uertit αὐτοῦ τὴν πλευρὰν, id est, latus eius ut αὐτοῦ Christum notet. Nulla esset ambiguitas si seruaretur differentia quam grammatici tradunt inter αὑτοῦ prima aspirata, & αὐτοῦ prima tenui.]

{Et ille scit quia uera dicit.) Sensus anceps est etiam Græcis, utrum Christus sciat quod 19
Euangelista uera narret, an ipse Ioannes sibi conscius sit, quod uera loquatur. loquitur enim de se, ueluti de tertia persona.}

16-27: compunxerunt
Cōpunxerunt
insultarunt
↓ {

Videbunt in quem transfixerunt.) Est apud Zachariam capite duodecimo. Iuxta æditionem Septuaginta legitur ad hunc modū: Et aspicient ad me, pro eo quod insultauerunt, καὶ ἐπιβλέψονται πρός με, ἀνθ' ὧν ὠρχήσαντο. Hebraica ueritas sic habet, {interprete Hieronymo} 19
Et aspiciunt ad me quem confixerunt. Diuus Hieronymus indicat Septuaginta lapsos similitudine elementi. Nam si legatur, דקרו sonat ἐξεκέντησαν, id est, Compunxerunt. Sin autem contrario ordine literis commutatis רקדו sonat ὠρχήσαντο, id est, Saltauerunt. Itaq; Ioannes neq; magnopere respexit quid uertissent Septuaginta, & ex Hebræo sensum magis curauit appendere, q; annumerare uerba. Citat hunc locum idem Hieronymus in libello ad Pammachium de optimo genere interpretandi.

Et ligauerunt eum.) αὐτὸ, id est, Illud, nempe corpus. (Atq; ita legit Augustinus.) 27

EX CAPITE VIGESIMO

Sudarium

CVCVRRIT ergo.) τρέχει, id est, Currit, uerbo præsentis temporis.

Inuolutū in unū locū.) In uno loco, quanq; Græca præpositio anceps est.

Et sudarium.) Latina usus est uoce Græce scribens. Nam illi κεφαλόδεσμον appellant, autore Polluce.

Abierunt ergo iterum discipuli ad semetipsos.) Quid est, Iterum abire, an iam semel abierant? Proinde Rursus erat dicendū, non Iterū. Et Ad se dixit, pro Domū suā.

Et uidit duos angelos.) καὶ θεωρεῖ, id est, Cernit, siue uidet, præsentis temporis.

Duos angelos in albis.) Interpres reddidit Græcam figuram, iuxta quam illi in purpura uocant hominem purpuratum: unde nos uertimus Albis amictos.

Conuersa est retrorsum & uidit.) Rursus est θεωρεῖ, id est, Videt, præsentis temporis.

↓ * * ⟨Ascendo ad patrem meum.) In hoc sermone semel duntaxat additur articulus, πρὸς τὸν 22
πατέρα μου καὶ πατέρα ὑμῶν, καὶ θεόν μου, καὶ θεὸν ὑμῶν. Siue quod articulus præcedens seruit & reliquis partibus, siue quod hoc pacto magis exprimitur quod sensit Christus, se accedere ad eum qui esset pater sibi communis cum discipulis, atq; idem deus, sibi cum illis communis. Sic & Paulus alicubi, Deus & pater domini nostri Iesu Christi. Etenim si dixisset τὸν θεόν μου, uisus fuisset, alium dicere patrem suum, alium deum suum.⟩

Quia

{ 16: habet We-hibbitu 'elay 'eth 'asher daqaru id est + aspiciunt

* 22-27: 'Ascendo .... meum)' placed before 'Dixit ergo .... pax vobis)' p. 267.

Quia uidi dominum, & hæc dixit.) ὅτι ἑώρακε τὸν κύριον, καὶ ταῦτα εἶπεν αὐτῇ. id est,
27 Quod uidisset dominum, atque is hæc dixisset sibi.(Interpres legisse uidetur ἑώρακα, nec refert ad sensum.)

* Dixit ergo eis iterum, pax uobis.) Vides ut nihil magis inculcauit Christus suis, quàm pacem. In extrema illa oratione, quàm sollicite mandauit suis, ut inter sese amarent, quoties iterat hoc suum præceptum: Deinde quàm enixe obsecrat patrem, ut illi unum essent. Non ait, Concordes, sed unum, & addidit insigne exemplum summi consensus: Sicut tu & ego unum sumus. Hic rursus non contentus semel dixisse: Pax uobis, repetit Pax uobis, & non pudet hodie Christianum populum, nihil aliud quàm belligerari: Ferendum utcunque, si tantum insaniret populus. Nihil aliud aucupantur plerique principes, imò quod fœdius est, non solum incitant ad hæc sacerdotes, uerum ipsi belligerantur. Qui profitentur Euangelium pacis, plebem ad bella cohortantur: & quorum erat inflãmare ad pietatem, hi classicum canunt, & huc detortis sacris literis, pacificum illum ac mansuetissimum Christum, belli faciunt autorem. Qui si rediret in hanc ætatem, dispeream, nisi durius tractandus sit ab hoc Pharisæorum genere, quàm ab illis olim fuit acceptus. Verum hæc πάρεργα. Annotandum & illud, quod semel & iterũ precatus pacem, deinde insufflato spiritu dixit, Quorum remiseritis peccata, &c. Qui ex his posterioribus cristas erigunt, & tyrannidem quandam sibi uindicant, cur non meminerunt eorum quæ mox præcesserunt: Omnia plena dissidijs, litibus, bellis. Toti turgemus mundano spiritu, & tamen placemus nobis autoritate
19 commissa remittendi, aut retinendi peccata{Tuere autoritatem, sed cura ut adsit spiritus, per quem ille tribuit autoritatem.}

Christus nihil diligentius docuit, quàm concordiam — 16: mandatum — 16-19: summae unionis

Autoritas remittendi peccata datur, sed prius dato spiritu sancto

Fixuram clauorum.) τύπον, id est, Figuram. atque ita legitur in quibusdam codicibus
19 Latinorum {Certe in exemplari Corsendoncensi manifestum rasuræ uestigium, declara-
27 bat prius scriptum fuisse figuram, non Fixuram,(Constantiense sine rasura habebat, figuram,)etiamsi mihi neutrum uerbum satis arridet. Sentit enim uestigium uulneris ex clauis impressum. Augustinus enarrans epistolam Ioannis, uertit Cicatrices.}Verum ut Latinis exiguum est discrimen inter fixuram & figuram, ita Græcis inter τόπον & τύπον.(Apud Irenæum lego figuras.)

Fixuram pro figura — 19: cicatricem

19 Incredulus, sed fidelis.) ἄπιστος, ἀλλὰ πιστός, id est, Infidelis,{sed fidelis,}siue Incredulus, sed credulus, aut credens, ne pereat προσονομασία. Etenim quod scribit Valla, fidelem Latinis sonare bonæ fidei hominem magis quàm credentem, hoc est, non qui habeat alteri fidem, sed qui præstet fidem, uere quidem dicit, uerum ea uox iam ab omnibus Christianis scriptoribus in hunc sensum est usurpata.

Dominus meus & deus meus.) Hic est unus locus in quo palàm Euangelista Christo
19 dei uocabulũ tribuit.{Alioqui cum innumera sint argumenta in libris noui testamenti, quibus euidenter liquet pijs mentibus, Christum deum pariter atque hominem fuisse, tamen in
35 frequẽs est aperte dici deum, quod tam cœleste mysterium aures adhuc[plurimorum]illius ætatis uix laturæ uidebãtur. Qua de re paulo copiosius dicemus in Annotationibus, quas scribemus in prioris ad Timotheum epistolæ caput primum}. Nec est quod cauilletur hæreticus, hoc à discipulo dictũ: agnouit Christus, utique repulsurus si falso dictus fuisset deus, præsertim cæteris audientibus discipulis.

Christus aperte dictus deus

22 ⟨Qui non uiderunt & crediderunt.) οἱ μὴ ἰδόντες καὶ πιστεύσαντες. Augustinus in eo quem paulo ante citauimus loco, uertit, Et credunt, quod apud Græcos rarum non est in uerbis affectuum, præsertim quæ notãt actum manentem. Neque enim qui credidit, credere desijt, sicut qui cœnauit cœnare desijt.⟩

EX CAPITE VIGESIMOPRIMO

ET illa nocte nihil prendiderunt.) Et iterum: Afferte de piscibus quos prendidistis. In nonnullis habebatur, Ceperunt & cepistis. Græce est, ἐπίασαν & ἐπιάσατε,
35 [nisi quod magis proprie πιάζομεν id est, prendimus, fugiẽtia. Nam capimus quomodocunque.]

22 ** Nunquid pulmentariũ habetis.) προσφάγιον,⟨quod mox appellat ὀψάριον.⟩ inde dictum quod addatur pani, & Num quod dicendum erat, aut certe nunquid pulmen-
35 tarij. Tunica succinxit se.) τὸν ἐπενδύτην διεζώσατο, id est, Pallio, siue penula[aut toga.]

Pulmentariũ προσφάγιον **↓

Z 2 Nam

** 16: 'Piscem & piscibus)' and 'Et cum tanti)' from p. 268, follow 'Nunquid ... habetis)'.

Nam tunica uestis est interior. Ependytes dicta, quod superne induatur. [Sed ut Romæ po 35
pulus infimus tunicatus appellatur apud Flaccum, quod pro toga tunicis uteretur, ita uerisimile est piscatoribus, tunicam fuisse summam uestem.]
Prunas positas.) ἀνθρακιὰν, ignis est ex congestis carbonibus.
16: piscem 19-27: pisce ↓* *Piscem & piscibus.) ὀψάριον, ὀψαρίων. Hic palàm apparet ὄψον & ὀψάριον eius nominis
diminutiuum pro pisci accipi, cum dicatur ab ὀπτῶ, quod est, asso.
↓** Tanti pro tot **Et cũ tanti.) τοσούτων ὄντων, id est, Cũ tot essent. De numero loquit̃, nõ de magnitudine.
Et accepit panem & dabat eis.) Venit, accipit, & dat, omnia Græcis præsentis sunt tem
poris, ἔρχεται, λαμβάνει, δίδωσι. ⟨Suffragatur Græcæ lectioni codex aureus.⟩ 22
Hoc iam tert o.) τοῦτο ἤδη τρίτον. id est, Hac iam tertia uice. [Tertium erat latinius.] 35
16: Petrus 19-27: Petre Simon Ioannis.) σίμων ἰωνᾶ. id est, Simon Iona. Quanquam in nonnullis erat ἰωάννου
quemadmodum & in Luca.
Diligis me plus his?) Cur interpres non uitauit amphibologiam, dicẽs, Diligis me plus
q̃ hi? Alioqui {Diligis me plus his} poterat intelligi, Diligis me plus q̃ hos. 19
Amo Tu scis quia amo te.) Quod modo Diligis erat, nunc mutat Amo. Verum uariauit &
ἀγαπῶ Euangelista Græcam uocem, prius illud est, ἀγαπᾷς, posterius, φιλῶ, quibus tamen citra
Amo discrimen est usus {Id quod indicauit & Augustinus libro de ciuitate dei decimoquarto, ne 19
φιλῶ quis arbitratus subesse mysterium in hac uarietate frustra philosophetur} Apud Latinos
amo uehementius est, quàm diligo.
Oues, agni Pasce agnos meos.) Bis dixerat, βόσκε, id est, Pasce, siue ale, semel ποίμαινε, id est, Rege, ut pastor regit gregem. Nec est ubiq; Agnos, sed bis πρόβατα, id est, Oues, seme ἀρνία.
Nec in his opinor ullum esse discrimen. Illud obiter est admonendum, qui ex hoc loco glo-
riantur sibi commissum gregem domini, eos primum oportere meminisse à Petro ter exa-
16: gregis curam ctum amorem erga Christum, neq; quemlibet amorem, sed ardentiorem cæteris: deinde
Episcoporum ter item commissam illi curam gregis. Illud nimirum significatum est, non esse idoneum sa
summa in gre cerdotio, nisi qui neglectis omnibus, nihil amet, nisi Christum, hoc est ueritatem, innocen-
gem charitas tiam, pietatem. Ad hæc nihil huic antiquius esse debere, q̃ incolumitatem gregis sibi crediti. Proinde quæso quid frontis est istis quibusdam, qui prophanis, imò sceleratis principum obsequijs, qui pecunijs huc penetrant, qui sacerdotium nihil aliud, q̃ quæstum ac tyrannidem esse putãt {Nec meminerunt q̃ attente quibusq; legibus Christus suas oues Pe 19
tro commiserit}⟨Nec commiserit deuorandas, sed pascendas. Pascendas exemplo piæ ui- 22
tæ, pascendas Euangelicæ doctrinæ pabulo, siue lac desiderabunt, siue solidum cibum: pascendas etiam opum subsidio, si res ita poposcerit.⟩
Quò tu non uis.) ὅπου οὐ θέλεις. At cur non & superius itidem uertit, Ibas ubi uolebas,
cum sit idem aduerbium Græcum? quanquam ego malim utrobique, Quò ibas, quò uolebas, & Ducet quò non uis.
Qui tradet.) ὁ παραδιδοὺς, id est, Qui tradit.
[Sic eum uolo Sic eum uolo manere.) Quum omnia Græcorum exemplaria constanter habeant scri-
19-27: manere ptum, ἐὰν αὐτὸν θέλω μένειν, nemini dubium esse potest, quin coniunctio si, mutata sit in ad
margin: Manifestum uerbium sic, idq; non interpretis uitio, sed errore librarij. Siquidem apud Latinos facilis &
mendum in latinis procliuis prolapsus est, à si, in sic, ob uocum affinitatem. Cæterũ apud Græcos nihil simi-
codicibus le est (inter,) ἐὰν & οὕτως, ut hac occasione lapsus uideri possit interpres. Nec uero solum 27
consentiunt exemplaria Græcorum, uerũetiam interpretes Cyrillus, Chrysostomus, Theo
16-19: Vulgarius phylactus. Quanquam in his uoluminibus Chrysostomi nuper excusis, ab indocto quopiam si, mutatum erat in sic. Verum ipsa interpretatio palam arguit Chrysostomum si legisse, dum in hanc disserit sententiam, Christum noluisse respõdere Petro, quid esset factu-
16: responsionem rus de Ioanne, sed uoluisse temerariam & curiosam illius interrogationem retundere: at id
non fecit, si respondit illum mansurum. Quin & diuus Hieronymus primo aduersus Ioui-
nianum libro, citat hunc locum iuxta Græcam ueritatem. Et tametsi solent huiusmodi om
nia ad semel publicitus receptum errorem deprauari, tamẽ haud scio quo casu factum est,
ut hic locus etiamnũ in uulgatis exemplaribus (apud Hieronymum) manserit incorruptus. 27
Qui si maxime fuisset corruptus, tamen ipse disputationis tenor arguit Hieronymum si, le
gisse non sic. {Et quanquam ad rei comprobationem satis erat tantus Græcorum codicum 19
omnium

*and ** 16: follow 'Nunquid pulmentarium habetis)' p. 267.

omnium consensus, tamen in exemplari, cuius copiā nobis fecit bibliotheca canonicorum
Corsendoncensiū, palàm scriptū est, Si eum, non Sic eū. Nec dubito quin itidem scriptum
22 fuerit in Paulino codice, nisi quod extrema pagella nos destituerat. In uetusto codice, quē
uidimus in bibliotheca collegij, quod est Brugis diuo Donatiano sacrum, asscriptum erat
utrunq;, si sic, nec locus carebat rasura. Astipulātur nobis uetustissimi codices, quorum au
27 toritatem sequuti sunt Basileæ fratres Amorbachij. Item codex Euāgelicus qui ob uetusta
tis miraculum seruatur in bibliotheca collegij Constantiensis, cuius inspiciendi copiam no
bis fecit uir candidissimi pectoris Ioannes Botzemus eius sodalitij canonicus, bis citra ullū
19 rasuræ uestigium habebat, si eum. Inter uetustiores solus Augustinus quibusdā legisse uidetur, Sic eum uolo manere: uir ille quidem, quod negari non potest, sanctus, integer, acu-
19 to præditus ingenio, uerum pro ingenij simplicitate impense credulus, neq; perinde muni- 16: ad haec
19 tus præsidio linguarum, etiamsi non omnino rudis fuit Græcanicæ literaturæ, at nō eousq; destitutus
doctus, ut græcos interpretes expedite posset euoluere. Adde quod & sero uenerit ad Chri
stiani nominis professionē, & mox iuuenis ad episcopale munus raptus est, ut ferè docen-
19 do discere cogeretur quod doceret, & scribendo disceret, quod scriberet, ut ipse alicubi fate 16: didicit 16: didicit
tur. Proinde si quid etiam laberetur, uir alioqui maximus, nō erat tamen conuitijs insectan
dus, quod nimium acerbe fecit hoc loco Valla. Augustinus, inquiens, ne hic quidem Græ- *Augustinus*
cam consulens ueritatem, speret se inter falsa uerum inuenire. Et aliquanto post odiosius, *defensus ad-*
Nunc in tanta re uel euāgelica, uel ad euangelium pertinente, Græci fontis ueritate omis- *uersus Vallā*
sa, postulat ut sibi credamus, &c. Imò siquis attentius excutiat expositionem Augustini,
comperiet & illum legisse, Si eum, non sic eum, atque illud sic ab indocto quopiam corruptum. Etenim quum fatetur obijci posse, dominum non dixisse quidem quod Ioannes non
esset moriturus, sed tamen innuisse, nōne satis aperit quid legerit? Nam rogatus quomodo
uelit sterni lectum, si respondeat, sic uolo manere, nō significat uelle instratum manere, sed
clare explicat. At si respondeat, quid si ita uelim manere, subsignificat nolle sterni, sed sic,
27 ut in dubio relinquat quid uelit: uelut in comœdia qui sic loquitur, Quid si tibi eam nolo
uendere, coges tu me, non negat se uelle uendere, sed indicat sibi liberum esse uendere aut
non uendere. Atq; hæc dixerim, non quod impium existimem alicubi dissentire ab Augu *Error manife*
stino, sed quod nolim eum sine causa reprehendi. Porrò quanquam hæc non faciunt hære- *stus etiam in*
ticum, si sic, legas pro si, tamen error tam manifestarius nō est dissimulandus in literis euan *uocibus non*
gelicis. Et ut fateor, non insectandum conuitijs qui sic labatur, ita commiserandum aio, ac *est ferendus*
subleuandum. Excusatur is qui per imperitiam literarum his uerbis baptizauit, In nomine
patri, & filia, & spirita sancta. Nemo tamen sciens laturus sit huiusmodi baptizatorem. 16-27: patria
Quin ipse Augustinus nō probabat, quod populus in templis caneret: Super ipsam autem 16: negat ferendum
floriet, pro florebit, etiam si sciret deum non offendi solœcismis. Quanto minus dissimulan
dum, si tanto fœdior menda in Euangelicas irrepserit literas? Quod si Latinus interpres in
dicandi modum uertisset in modum subiunctiuum, non perinde lubricus fuisset lapsus: Si 16-27: imperandi
eum uelim manere donec ueniam. Vt ne repetam interim, quod ipse sermonis contextus
refellit istorum lectionem. Sequitur enim, Et non dixit Iesus, quod discipulus ille non mori
tur. Quod si superius legamus, Sic eum uolo manere, planè dixit eum non moriturum, do
nec ueniret, quod Ioannes dictum fuisse negat. Nec ambigit Ioannes, quin Christus manere dixerit, non mori, uerum negat id affirmasse Christum, sed in ambiguo reliquisse, ut ea
27 res nihil attineret ad Petrum. (Iam quum in omnibus Græcis codicibus summus sit consen
* sus, quū in tot uetustis Latinorū libris reperiatur scriptura cum Græcis consentiens, quum *
Cyrillus à Trapezontio uersus obtineat germanam scripturam, quæ quidem non semel re
petitur, & liber est excusus Lutetiæ ex autoritate theologorū, sicut indicat præfatio, quum
eadem lectionis integritas maneat apud Hieronymum, Deinde quum Hieronymi, Chryso
stomi, Cyrilli, nec dubito quin Theophylacti interpretatio (Nam hic extrema pagina deci-
derat) non patiatur aliud legi, q̄ si eum uolo, tamen theologus quidam Cartusianus ædito
libro fortiter asseuerat, sic esse legendum ex autoritate Grecorum & Latinorum omnium,
duobus fretus argumentis: primum quod sic habet codex Chrysostomi latine uersi, & indi
ligenter excusi, deinde quod sic hodie recitatur in ecclesia. Hanc enim legem nobis præscri
bit, ut eam scripturā habeamus pro germana, quam obtinuit usus uulgaris. Atqui codices

z 3 declarant

16: linguarum, sine quibus haec ut paren, tractari non queunt is cum iuvenis asscitus esset ad munus episcopale, ac pene neophytus, id quod fieri vetuit Paulus ne licuit quidem quiquam nescire doctoris locum occupanti. Proinde docendo

16: scriberet. Profecit tamen, praesertim ubi se coepit ad Hieronymi conferre aemulationem. Nec est insectandus vir tam pius, sicubi non assequitur quod affectat, sed tolerandus magis. At e diverso non sunt audiendi, qui illum nemini non anteponunt, ipsi etiam Hieronymo, quo scientia sacrarum literarum tanto fuit inferior, ut impudentissimum sit, alterum cum altero conferri. Porro

* 27: Long expansion to p. 270.

declarant, ante annos trecentos aut quadringentos, publicum usum habuisse, si. Hæc igitur tum erat germana lectio iuxta huius præscriptum. Sed quoniam nunc deprauato loco, publicus usus habet sic, quæ prius erat germana lectio, nunc est notha. Tantum ualet usus, ut eadem res sit uitrum & gemma. Sed asscribam Cyrilli uerba, quibus declarat quid legerit. Hunc igitur, inquit, ita domino dilectũ quum respexisset Petrus, statim interrogauit quis uitæ illi terminus immineret. Sed quoniam curiosa magis ꝙ utilis rerum alienarum inquisitio est: respondet quidem, sed ita ut rogantis animum abducat ad alia: nec mortis expertem futurum Ioãnem ait, sed si eum uolo manere donec uenio, quid ad te? id est audisti Petre quæ ad te pertinent, cur aliena quæris? cur diuinæ iustitiæ secreta rimaris? Nam si etiam uellem minime istum mori, quid tu unꝙ emolumenti, aut quid cõsolationis cõsequereris? Non erit ergo prudens curiosus, si quid passurus sit, utrũ etiam alij eadem subibunt an non cum aliorum calamitate pericula sua non mitigentur. Quamuis communiter insitum esse hominibus uideatur, ut optent, si quid periculi subituri sint, nõ esse solos, sed cæteros etiam aut uidere similia pati, aut saltem audire perpessos fuisse, uel omnino idem passuros. Quin & in Catena quum multi frustulatim citentur, tamen bonus aliquis casus uno loco seruauit integram lectionem, in his quę ut arbitror referuntur ex Theophylacto, Opus tibi commissum attende & perfice, hunc uero si uoluero manere hic, quid ad te? Solus Augustinus inter ueteres legisse potest uideri, Sic eum uolo manere, deceptus mendo codicis, & ob id offensus absurditate sermonis torquet sensum uarijs interpretationibus. Vt autẽ intelligas hoc librariorum temeritate factum esse, Priore loco lector offensus hoc sermone, Dixit ei Iesus: Si eum uolo manere, donec ueniam, non animaduertens si positum pro an, aut quid si, & hanc partem referri ad id quod sequitur, quid ad te, uertit si in sic, & particulam quid ad te separauit à superioribus, Mox ubi uidit repetitum, si eum uolo manere, nec perinde iam congruere, si, quid ad te, separes à superioribus, reliquit si, piguit tamen restituere, quod ante mutarat. Ita factum est ut in nonnullis codicibus prior locus habeat, sic, posterior si. Deinde uariante scriptura, quum in alijs sic, in alijs si reperiretur, aliquis asscripsit alterum in margine, tandem utrunꝙ relatum est in contextum. Hoc deprauandi genus frequenter offendimus in Hieronymo & Cypriano. Si quando citabatur ab illis aliter scriptura, ꝙ uulgo legitur, offensus scriba doctulus mutauit quod citabat̃ ex sua memoria iuxta uulgatam æditionem. Post ubi uideret eadem sæpius repeti, sensit non esse lapsum scribarum, desijtꝙ mutare. Itaꝙ uariabat lectio in principijs & in medijs aut fine. Posteaquã uero res tot argumentis perspicua est, si quis in codicibus uulgatis erasisset superfluam c, aut in templo pronuntiasset, si eum uolo manere, non erat carpendus sed imitandus, si modo mutatæ lectionis rationẽ redderet, Nunc ego nec radendi, nec in templis aliter pronunciandi sum autor, tantum indico germanam lectionem ex fide utriusꝙ linguæ codicum, & ex interpretatione probatissimorum ecclesiæ doctorum. Ita qui ueritati commonstratæ non credat, fortasse pertinax dici posit, qui reclamet, impudens, qui monstratorem negligat, ingratus, qui nõ assequatur tam euidentia, tardus. Cæterum qui pro errore inueterato docet quod rectum est, nec ingerit noua, sed uetera restituit, hunc si quis falsarium seditiose clamitet, & mundum in illum scriptis furiosis concitet, quæso quo nomine donandus uidetur? Vt ego taceam, res ipsa loquitur. Et tamen hi se iactant absolutos theologos, nec minus sibi uidentur pij ꝙ docti, abominandum facinus arbitrantes, si pro scaro uescantur ouilla, & meram religionem esse ducunt, si bene monentẽ sic calumnientur. Tale sanctorum genus gignunt nobis, linum & lana, corium & pannus, pisces & fabæ, nigror & albor, nomina & tituli. Excitet dominus spiritum suum in omnibus.)

Sancti quos gignunt cæremoniæ sine spiritu

〈Donec ueniam.) Fallit hic ut ita loquar, Christus suos discipulos in Donec ueniam. Ex 22
pectabant enim mox uenturum regnum Israel. Sequi erat mori morte uiolenta. & Manere
non significat, simpliciter non mori, sed non mori ad exemplum Christi.〉

Exire, pro diuulgari

∗ 27: entries reversed

∗Exiuit sermo inter fratres.) Quomodo exijt, si erat inter fratres? {quanꝙ sic usus est hoc 19
uerbo Suetonius} (in Nerone. Exijt, inquit, post scenicas coronas opinio.) Proinde dilucidius 27
ac Latinius erat, Permanauit rumor inter fratres, hoc est, ad Christianos cæteros. & quod
illic erat dictum paucis audientibus, id serpsit ad plures uulgante fama.
∗(Quia non moritur.) Rectius erat, Quod non moreretur. Quanꝙ cõmodius erat omit- 27
tere

tere coniunctionem, propter id quod sequitur, Sed si eum uolo manere. Neque enim Dixit
ei, refertur ad Ioannem, sed ad Petrum. Hoc obiter adijcere uisum est, quod quidam eruditus hoc loco putauit non posse coniunctionem omitti citra incommodum.)

Nec ipsum arbitror mundum capere posse.) Hic Augustinus offensus hyperbola, cape 16: rursum
19 re non ad spatium loci refert, sed ad animum. {Verum} ad eundem modum, nec unam pagi-
nam diuinæ sapientiæ capere possit mundus. Nihil tale Chrysostomus, & Cyrillus, ingenue
19 fatentur hyperbolen esse {Sentit autem incredibilem uim, ac multitudinem librorum} Est e- Hyperbole
nim Græcis χωρῆσαι, quod de spatio loci proprie dicitur, ut annotauimus in eum locum,
Non omnes capiunt hoc uerbum. Nec est, posse capere apud Græcos, sed tantum χωρῆσαι,
22.27 id est, capere, siue capturum (Certe in aureo codice posse non additur) (Ne in Constantiensi quidem) Deinde qui scribendi sunt, melius erat, Qui scribendi forent.

FINIS ANNOTATIONVM IN IOANNEM

Appendix A

From p. 78, ¶ (second footnote) continued:

Liberet alterutrum, cum olim post divortium utrique liberum fuerit novum inire matrimonium. Non expedit

From p. 151, ⁊ (second footnote) continued:

19: margin: Christus & Sermo dictus

19: margin: Sermo dilectur filius dei

in Lucam a se versis, cum ait alterum in verbis ludere. Iam quod negat Valla, Christum usquam sermonem dici, sed duntaxat verbum, promptum est refellere, cum passim reperiatur, non apud Lactantium modo, quem is unum excipit, verum etiam apud Hilarium, Cyprianum, Prudentium: denique hoc ipso loco interprete Hieronymo, quod liquet ex iis quae modo ex eius catalogo retulimus: atque adeo in ipsiis prophetarum oraculis. Omnipotens sermo tuus domine de regalibus sedibus venit. Neque vero libet refellere, quod hoc loco simul et Origines & Ambrosius philosophantur. Quomodo verbum cerni dicatur, cum auribus non oculis sentiatur sermo, nisi quod, ut dixi, simplicius arbitror, hic sermonem accipi, pro rei gestae narratione. Quod genus est, videamus hoc verbum quod factum est nobis. Proinde etc. as ⟨ 16. variant (p. 151)

19: margin: Verbum ipsa gesta

From p. 254, line 26:

C 19-22: differentias & c. Cyrillus ad hunc modum. Verum cum non omnium sit fides, quomodo omnia se tracturum esse dicit ad seipsum? Atqui non hoc ad universitatem hominum retulit, sed ad ipsius hominis integritatem, scilicet animam & corpus, secundum quod intelligimus et vivimus. Non enim animas nostras solum, sed & corpora reduxit ad immortalitatem & c. Aut si per omnia ipsi homines intelligendi sunt, omnia praedestinata ad salutem possumus dicere, aut certe omnia hominum genera, secundum innumerabiles differentias. Arbitror non posse videri casum quod in tam multis penè ad verbum consentiunt. Verum

From p. 265, line 29:

⁅ 19-22: βασιλέα. Quidam eruditi ratiocinantur ex hoc evangelii loco Judaeos omneis debere tributum imperatori horum temporum, velut hac voce obligati. Quod si verum est non mediocris iniuria fit imperatori Rhomano horum temporum, in quo nomen hoc superesse videtur. Cui nec Judaei Hispani, quorum maxima turba est, nec Judaeis peiores Marani plerique, ut audio, nec apud Italos quicquam pendunt, ne teruncium quidem & tamen hic census ad ingentem pecuniae summam assurgeret. Praeterea non abest prorsus et contumelia. Caesarem cui jus totius orbis debetur, cum a Rhomanis excludatur, a quibus solis regis habet titulum, sceleratissimorum Judaeorum regem facere, cum nemo lenonum, aut haereticorum rex dici velit. Ad haec illud excutiendum, cum hanc vocem soli pontifices emiserint, num ad universum Judaeorum populum pertineat. Postremo an hoc jus habeat, cui pontifex nondum pede suo coronam vere Caesarem imposuerit nam his ritibus affirmant imponi qui tenent ceremonias. Verum haec doctioribus expenda relinquo. Et baiulans...)

Eruditus es ueritatem.) Græcis est non ἀλήθειαν, sed ἀσφάλειαν, id est, Certitudinem.
Nam ueritas & fides constabat etiam ijs quæ iam in catechismo didicerat. Cæterum ἀσφα
λὲς dicitur, quod certum est ac tutum, & in quo nullum sit lapsus aut erroris periculum.
Hinc enim Græca uox dicta est à σφάλλομαι, labor, & α particula priuatiua. Certius enim
scimus, quæ scripto & ordine cognoscimus, maxime si prius eadē ab alijs audierimus, aut
etiam ab ijsdem eadem. Quandoquidem ipsa narrationis constantia, cum primis fidem ar
rogat rebus. Iam hæc pleraq; typis fuerant excusa, cum pro operis instituti ratione, ueterū 16
Theologorum commentarios excutientem & undecunq; uenantem, quod ad præsens fa
16: Sllestadiensis ceret negocium, Beatus ille meus Rhenanus Slestadiensis, cui iuge studium est, in morem
Beatus Rhenanus Slestadiensis. apiculæ per omne politiorum scriptorum genus circunuolitandi, & undecūq; quod ad in
staurandas bonas literas conducit, excerpendi, nec id sanè minore iudicio, quàm sedulita
te, cōmodum submonuit (quod mihi sanè tum tēporis (hoc est, in prima huius operis ædi 19, 22
tione) nō ueniebat in mentem) hanc Lucæ præfationem, & apud Gulielmum Budæum Pa
Gulielmus Budæus risiensem extare, Latinitate donatam. Gaudebam profecto, quod tantum meæ sententiæ
nactus essem altipulatorem. Sed rursum dolebam, quod penè sero. Etenim cum amico tam
docto libenter sentimus: & tanta est hominis in literis autoritas, ut si quid ille dissentiret,
non dubitarem calculum, quod aiunt, reducere, & recantato suffragio nostro in eius senten
tiam pedibus discedere. Quid enim eo uiro in perquirendo diligentius, quid in iudicando
acrius, aut exactius, quid in tradendo plenius aut uberius, quid in pronunciando incorru
ptius? Deniq; quid in explicando castius, aut politius? Vt prorsus alterum in hisce Cisal
pinis regionibus proferre non possimus, qui cunctas eruditi uiri dotes, ac numeros omēs
tam absolute præstiterit. Quanquàm idem subinde maior seipso nobis prodit, ipse sui ui
ctor, quod quidem uictoriæ genus Plato putat omnium esse pulcherrimū. Etenim cum in
placitis philosophorum, in quibus uertendis primū ingenij sui specimē ædidit, omnes à ter
go reliquerit, mox in annotationibus, quas scripsit in Pandectas Iuris Ciuilis, dictu mirum
quanto interuallo seipsum superarit. Ac rursum in libro de asse & partibus eius, deum im
mortalem quantum addidit, tum eruditionis, tum iudicij, tum eloquentiæ, uir nimirum di
gnus, qui non unius hominis ætatem duret bonis literis, quæ illi ob id quoq; magis debent
16: illo quod gratis ab eo coluntur. Quid dixi gratis? Imò magno (tum ualetudinis, tum) rei fami 22
16: gratis dico liaris dispēdio, nec id sanè citra tædium odiose iugiterq; reclamantium & obstrepentiū, affi
{16+ nium (cognatorū) collegarū, qui literas nullas, uel assis faciunt, nisi unde nonnihil accrescat
arcæ nummariæ. Alijs sanè literæ, & rem & famā ac nobilitatem, pepererunt. Hic honestissi
mo loco natus, tum in re præclara, ad hæc insigni munere regio (iam olim) cohonestatus, do 19
mesticum splendorem uniuersum iuuandis & ornandis literis impendit. Habet nimirum
16-19: tum eam uim insignis eruditio, ut immortalem famam conciliet, non solū suis autoribus quālibet
obscuris, uerūetiam potētissimis regibus. Quis enim est regum omniū illustrior Homero,
Homerus mendicus si uerum narrant Græci, etiam mendico? Cui principū sua bella, triūphi, columnæ, tituli, py
ramides, imagines, ceræ, monumenta, tantum apud uniuersos mortales peperere nominis,
quantum homini obscurissimo suæ literæ? Deinde quot (is) eximios duces, quot optimates 19
ac reges immortalitati cōsecrauit, quorū ne nomina quidem teneremus, nisi ille fidelius suis
insculpsisset libris, quàm uulgus insculpit saxis, aut æri. Atq; haud scio, an ulla uia præstan
tior ad immortalitatem emergēdi. Siquidem gloria quæ paratur opibus ac bellis, nō dispu
tabo in præsentia, cuiusmodi sit, uera ne an falsa, certe paucis hominibus plurimorum para
tur malo. Hæc eos quoq; nobilitat, quos carpit ac damnat. Talem olim habuit Italia Cice
Angelus Politianus. ronem ac Vergilium, nuper Theodorū Gazam, ac Politianum. Quorum utriq; plurimis
nominibus debent bonæ literæ: imò totus debet orbis illorū ingenijs non mediocriter ad
iutus. Verum istis fortasse cum literis ex æquo constat ratio, ut omnibus collatis paginis cō
16-22: illis periatur, illos, ob rem simul ac famam additā, non minus debere literis, quàm ipsis debeant
literæ, tot uigiliarū ac laborū nomine. Cæterū qui suo uictu, ciboq;, quod aiunt, negocium
agunt literarium, & priuatis cōmodis promouent rem omniū, nec ab illis fortunam uelut
autoramentū accipiunt, sed suam fortunam ultro literis prouehendis & illustrandis impen
16: iis dūt, his haud scio, an ulla meritis par gratia rependi possit. Atq; utinā hæc mens esset omni
bus, ut de hac laude iuberet certare cum Italis, à quibus tot egregijs prouocamur exemplis,
potius

potius quàm de ditione, nescio qua, quæ primum tanto Christiani sanguinis emitur impendio, deinde non æstimando destitutæ & exhaustæ patriæ malo, postremo incertum quamdiu duratura, ut sunt rerum humanarum plusquam æstuariæ uices. Hic & qui uincit, & qui uincitur, nullius incõmodo, sed omnium bono id facit. Neq; uero desunt ubiq; iam gentium, qui ad hoc pulcherrimum certamen accingantur, uerum mea sententia, nemini id cessit felicius, quàm Budæo. Proinde cuiusmodi proceres superior ætas dedit Italiæ Hermolaum Barbarum, & Picum Mirandulanum, eiusmodi præsens ætas dedisse uidetur Galliæ Budæum, Germaniæ Bilibaldum Pirchemerum Norembergicæ ciuitatis apud Germanos omnibus penè nominibus principis senatorem. Quorum uterq; non solum domestica fortuna, ac maiorum suorum imaginibus, uerum etiam uitæ ac morum integritate rem literariam illustrant, simul & cõmendant. Budæanam igitur translationem ex annotamentis illius quæ scripsit in Pandectas iuris Cæsarei, non grauabor hoc loco subijcere, quo maior sit fides apud lectorem nostræ castigationi, cum perspexerit utrosq; nos non de composito, sed fortuito penè per omnia consensisse, nimirum idem secutos silum nempe rem ipsam: Quandoquidem, inquit, multi agressi sunt enarrationem astruere de rebus inter nos compertissimis, quemadmodum tradidere nobis, qui spectatores ipsi fuerunt iam inde ab initio, ministriq; ipsius uerbi, certum est, & mihi assectatori pridem omniũ assiduo, deinceps tibi scribere, optime Theophile, ut agnoscas eorũ sermonũ cer-
19 titudinem, in quibus ipse institutus es. ⟨Quod Budæus uertit Inter nos, Græce est, ἐν ἡμῖν, quod in utrumuis sensum accipi potest, uel inter nos, ut hic uertit, uel in nobis, ut intelligamus certam persuasionem non esse in quibuslibet, sed in paucis.⟩ Cæterũ quod Valla putat ἄνωθεν non sonare à principio, sed altius, uerum dixisset, si fuisset ἀνώτερον. Cæterum ἄνωθεν significat à summo initio rei cuiuspiam, quemadmodum Christi uestis dicitur ἄνωθεν contexta, hoc est, à summo usq; ad imum, & uelum templi scissum, ἄνωθεν, hoc est, à summo. Proinde Lucas summum initium uocat, quod exorsus sit nõ à genealogia & natiuitate Christi, sed ipsius etiam Ioannis: ut qui præcursor fuerit euangelij, præcederet itẽ
22 in narratione. ⟨Et tamen ἄνωθεν aduerbium, non potest referri ad Verbum γράψαι, nisi repetas quod præcessit, sed ad participium παρηκολουθηκότι, ut hic nihil aliud sonare possit, quàm ab initio siue ordine.⟩

Budeus in Gallia.
Pirchemerus in Germania.
16: Birchemerum

16: perspexerint

Anothen à summo siue rursum.

⟨↓

⟨19: narratione. Atque in hunc sensum fuerit commodius accipe, propterea quod sequitur ἐφεξῆς i. ordine sive deinceps. Quanquam hic sensus congruit, etiamsi ἄνωθεν interpretis denuo. De vice Abia⟩